충북대학교 법학전문대학원 총서 5

행정소송세미나

최 선 웅 저

진 원 사

이 책은 충북대학교 법학전문대학원 법학연구소의 지원에
의하여 출판되었음

머 리 말

이 책은 법학전문대학원에서 행정소송에 관하여 중요한 주제들을 선정하여 보다 심도 있는 토론을 하기 위한 교재로서 활용하는 것을 목적으로 한다. 다른 법보다는 특히 행정법은 실체법, 절차법 및 소송법과 유기적 관련성을 갖는다고 할 수 있다. 이러한 점에서 행정소송세미나와 같은 심화학습은 행정법 전반을 이해하는 데에 필수적인 과정이라고 할 수 있다.

우리나라 행정소송에서는 실제로는 본안에서의 위법심사절차가 중요함에도 불구하고 우리나라의 이론·실무에서는 아직은 그에 이르지 아니하고 대상적격 내지는 원고적격 등 소송요건론에 과도한 관심을 갖고 있는 것이 현실이라고 할 수 있다. 그러나 이것은 법원을 위한 이론이지 국민을 위한 이론이 아니다. 다시 말해서 소송요건은 본안심사를 위한 것이므로 국민에게 가급적 본안심사의 길을 터주는 것이 국민의 헌법권인 재판청구권을 실질적으로 보장하는 길이라고 할 수 있다. 재판청구권의 주체는 국민이고 법원은 이를 보장하는 지위에 있다. 따라서 법원의 행정에 대한 재판권은 국민의 헌법권인 재판청구권에 후위에 있는 것이다. 향후 본안에서의 심리에 관한 많은 관심을 가져야 할 때라고 생각한다.

행정법총론과 마찬가지로 행정소송에 있어서도 이론상으로는 여전히 독일의 이론이 아직도 범람하고 있는데 이러한 독일에서의 논의의 전제는 독일 행정소송에서의 심리원칙이 직권탐지주의라고 할 수 있다. 그러나 우리나라 행정소송에서는 - 물론 우리나라 행정소송에서 직권탐지주의를 어느 정도 인정할 것인가에 관해서는 논란의 여지가 있으나 - 적어도 직권탐지주의를 원칙으로 하지 아니하고 변론주의를 원칙으로 하는 있다는 점에서 독일의 이론은 우리나라에서는 그대로 통용될 수 없다. 따라서 우리나라 행정소송은 국민의 헌법권인 재판청구권 및 행정재판권을 규정한 헌법과, 행정소송에서의 심리원칙 등에 관한 행정소송법 규정 등에 관한 검토가 필수적으로 선행되어야 한다.

이 책에서는 아직 행정소송 전반에 걸쳐 모든 영역을 다루지는 못하고 필자가 그 동안 관심을 가졌던 부분이 그 주요 대상으로 하여 행정소송의 심도 있는 학습을 위하여 이 책을 펴내고자 한다. 다만 최소한도로 일반적인 기본교재로서의 활용성도 높이기 위하여 필요한 경우에 각 부분의 필수적이고 기본적인 내용의 서술과 판례를 요약·정리해 놓기도 하였다. 그리고 본문 각 장 또는 각 절 내용의 말미에 필요한 경우에는 토론할 문제와 최신의 행정 관련 판례를 제시하여 토론을 유도하고 판례의 경향을 일별함으로써 유기적이고도 효율적인 학습을 기하도록 하였다. 앞으로 보다 많은 완성된 모습으로 거듭남을 약속드린다. (이 책은 기본적으로 세미나를 위한 교재이므로 본문과 관련된 자세한 내용 및 주석은 『행정소송의 원리』(진원사, 2007판)와, 이 책에서 교과서류와 외국문헌을 제외하고 제시된 참고문헌 등을 참고하시기를 바랍니다.)

이 책을 펴냄에 있어서는 먼저 진원사의 양진수 사장님께서 각종 편의를 제공함에 감사드린다. 그리고 특히 현재 충북대학교 법학전문대학원에 재학중인 도승활 원생이 강도 높은 학업 이수과정을 감내하면서도 어렵게 시간을 내어 원고정리 등에 흔쾌히 헌신하여 이 책이 출간될 수 있게 된 데에 고마운 마음을 전하고자 한다. 도 원생이 명실공히 이론과 실무를 겸비한 법조인으로서 무궁한 발전을 이루기를 기원한다.

2011년 2월 10일

연구실에서

저자 씀

목 차

제1편 서 설 / 21

제2편 소송요건론 / 167

제3편 위법심사론 / 255

제4편 소송절차론 / 409

제1편

서 설

제1장 행정소송의 기초

제1절 행정소송의 의의

Ⅰ. 행정소송의 의의

1. 행정소송의 개념

행정소송은 주로 사익 간의 권리를 실현하거나 분쟁을 조정하는 민사소송과 달리 국민의 권익을 실현하기 위하여 국민과 행정 간의 분쟁을 조정한다고 하는 공·사익의 적절한 조정을 그 목적으로 하는 절차라고 할 수 있다.

2. 법적 근거

우리나라 행정소송법 제1조[1)]에 따르면, 행정소송은 "국민의 권리 또는 이익"이라고 하는 사익 이외에도 "공법상의 권리관계 또는 법적용"과 관련하여 공익도 고려하여야 한다는 점을 명시적으로 밝히고 있다는 점에서 행정소송이 공·사익의 조정절차라고 하는 소송법적 근거가 된다.

3. 행정소송의 목적

우리나라 행정소송법 제1조의 규정 중 전단 즉 "이 법은 행정소송절차를 통하여 행정청의 위법한 처분 그 밖에 공권력의 행사·불행사 등으로 인한 국민의 권리 또는 이익의 침해를 구제하고,"라는 부분은 개인의 권익구제인 행정구제를 규정한 것이라고 할 수 있다. 그리고 제1조 후단 즉 "공법상의 권리관계 또는 법적용에 관한 다툼을 적정하게 해결함을 목적으로 한다."라는 부분은 행정에 대한 적법성통제인 행정통제를 규정한 것이라고 할 수 있다. 다시 말해서 우리나라 행정소송법 제1조 전단은 국민의 권익구제인 행정구제를 후단은 행

1) 행정소송법 제1조(목적) 이 법은 행정소송절차를 통하여 행정청의 위법한 처분 그 밖에 공권력의 행사·불행사 등으로 인한 국민의 권리 또는 이익의 침해를 구제하고, 공법상의 권리관계 또는 법적용에 관한 다툼을 적정하게 해결함을 목적으로 한다.

정에 대한 적법성통제인 행정통제를 규정하였다는 점에서 우리나라 행정소송이 행정구제와 행정통제를 동시에 수행하는 소송법적 근거가 된다.

4. 우리나라 행정소송의 본질

우리나라 행정소송은 행정구제와 행정통제를 동시에 수행하면서 실체적인 공·사익을 적절하게 조정하는 절차이다.

Ⅱ. 행정소송과 민사소송

1. 문제상황

민사소송상의 제 제도가 행정소송에서 인정되는가 여부에 관한 문제는, 우리나라에서는 민사소송과 행정소송이 일정 부분 중복되어 운영될 수밖에 없는 소송현실때문에 일어나는 문제로서 이는 결국은 행정소송과 민사소송 간의 관계설정 문제라고 할 수 있다.

종래부터 우리나라 행정소송에서는 변론주의와 처분권주의에 근거한 민사소송상의 제 제도가 인정될 수 있는가가 논의되어 왔는데, 이는 민사소송과 행정소송 양 소송의 제도가 일정 부분 중첩적인 관계에 있다는 것을 의미한다. 따라서 민사소송상의 제 제도로서 변론주의하에서만 원칙적으로 인정되는 주장책임, 주관적 증명책임, 자백, 그리고 변론주의뿐만 아니라 처분권주의와도 밀접한 관련을 가지는 화해 등이, 공·사익의 적절한 조정절차인 행정소송에서도 인정되는지 여부가 문제로 되고 있다.

2. 사법재판국가

행정구제와 행정통제를 목적으로 하고 공·사익을 조정하는 절차인 우리나라 행정소송을 실제로 운영함에 있어서는, 기존의 민사소송상의 제 제도에 의존할 수밖에 없는 것이 현실이다. 이러한 점은 헌법구조 내지 정책상 우리나라가 행정재판국가가 아닌 사법재판국가이기 때문에 더욱 그러하다고 할 수 있다.

3. 준용규정

행정소송과 민사소송의 관계설정의 문제가 나오게 되는 실정 소송법적 계기는, 우리나라 행정소송법 규정에 있어서는 민사소송상의 제 제도에 관하여 전부 망라하여 명시적으로 규정하지 아니하고 단지 행정소송법 제8조 제2항[2)]에 의하여 민사소송법에 의한다고 하는 준용규정만을 두고 있기 때문에 그러하다. 다시 말해서 이와 같은 단지 입법기술상의 준용규정만으로는 행정소송에 있어서 민사소송상의 제 제도가 어느 정도 인정될 것인가가 불확실하게 되는 문제점이 있게 된다.

4. 소송원칙

사익을 다루는 민사소송상의 제 제도는 사적자치의 소송법적 표현이라고 할 수 있는 변론주의 내지는 처분권주의에 근거하고 있다. 따라서 종래부터 사익 이외에 공익도 다루는 행정소송에 있어서는 처분권주의와 변론주의에 근거한 민사소송상의 제 제도가 인정되는지 여부가 문제되어 왔고, 나아가 인정된다고 하더라도 어느 정도 인정될 수 있는 것인가에 관하여 다투어져 왔다.

5. 행정소송과 민사소송의 관계 설정

우리나라 행정소송에 있어서 민사소송상의 제 제도가 인정된다고 하더라도, 민사소송에서 운영되는 바와 같이 그 모습 그대로 즉 원형을 그대로 유지한 채로 행정소송에서 인정되는가 하는 문제도 제기된다.

사익만을 고려하는 민사소송과 달리 행정소송에서는 사익 이외에 공익도 고려하여야 하기 때문에 사익을 관철하기 위한 민사소송상의 제 제도가 민사소송에서의 원형을 그대로 유지한 채 사익 이외에 공익도 고려하여야 하는 행정소송에서 그대로 인정된다는 것이 반드시 합리적이고 바람직하다고만은 할 수 없기 때문이다. 주로 사익만을 대상으로 하고 사적자치에 근거한 처분권주의와 변론주의에 근거한 민사소송상의 제 제도가, 행정소송에 있어서 민사소송에서와 같은 정도로 있는 그대로의 모습으로 관철될 수 없다는 것은 어쩌면 당연한 일인지도 모른다.

따라서 행정소송에 있어서는 민사소송상의 제 제도가 원형 그대로 인정되지 아니하고 어느 정도 변형되어 인정될 여지는 얼마든지 있다고 할 수 있다. 이

2) 2002. 1. 26. 법률 제6627호로 개정된 행정소송법 제8조(법적용례) 제2항: 행정소송에 관하여 이 법에 특별한 규정이 없는 사항에 대하여는 법원조직법과 민사소송법 및 민사집행법의 규정을 준용한다.

는 사익만을 고려하는 민사소송과 달리 행정소송은 공·사익을 조정하는 절차를 그 본질로 하기 때문이다.

요컨대 행정소송에 있어서 민사소송상의 제 제도가 변형될 여지가 있다고 하는 것은 민사소송과 달리 행정소송은 공·사익의 적절한 조정절차라고 하는 행정소송의 본질에 관한 문제로 된다.

Ⅲ. 우리나라 행정소송의 정체성

1. 행정소송의 독자성

비록 우리나라의 사법제도가 아무리 행정사건을 비롯하여 민사사건도 함께 취급하는 일원적인 사법제도를 가지고 있는 국가라는 것을 감안한다고 하더라도, 우리나라 행정소송에 있어서 실제 소송실무가 사실상 변론주의에 의하는 민사소송의 심리절차와 마찬가지로 운영된다고 하면 이는 문제가 아닐 수 없다.

예컨대 행정소송법 제26조에 직권심리에 관한 규정이 있음에도 불구하고 이러한 행정소송법상의 직권심리제도를 민사소송법 제292조에 규정된 보충적 직권증거조사제도와 같이 운용하고 있는 것 자체가 문제라고 할 수 있다. 바로 이러한 점이 우리나라 행정소송이 민사소송으로부터 구별 내지는 독립하여 독자적인 지위를 뚜렷하게 가지지 못하고 있는 근본적인 원인이 된다고 할 수 있다.

이와 같이 행정소송의 실무가 민사소송과 마찬가지로 운용된다고 하는 것은, 결국 국민의 권익구제라고 하는 행정소송의 목적 이외에도 공법상의 권리관계 또는 법적용에 관한 다툼을 적정하게 해결함을 목적으로 한다는 행정소송법 제1조상의 행정소송의 목적 내지는 기능이 민사소송과 구별되어 제대로 뚜렷하게 부각되지 않는다는 것을 의미하게 된다.

이와 같은 문제는 궁극적으로 우리나라 행정소송이 민사소송으로부터 어느 정도 구별될 수 있는가라고 하는 우리나라 행정소송의 독자성 확립의 문제로 된다. 이는 현재 우리나라 행정소송에 있어서 - 물론 이러한 이론적인 의문이 일단 해소되고 나면 차후부터는 그 중요성의 정도가 떨어지겠지만 - 가장 기본적이며 본질적인 중요한 문제라고 할 수 있다.

우리나라 행정소송의 독자성 확립의 구체적인 과제로는 우선 변론주의와 처분권주의에 의하는 민사소송상의 제 제도인 주장책임, 주관적 증명책임, 자백,

화해 등등이, 공·사익의 적절한 조정절차인 행정소송에서도 인정되는지 여부라고 할 수 있다. 그런데 이와 같은 문제는 근본적으로 변론주의 내지는 직권탐지주의, 처분주의 등과 관련된 우리나라 행정소송에서의 심리원칙과 직결되는 문제라고 할 수 있다.

전술한 바와 같이, 우리나라 행정소송은 사익 이외에도 공익을 고려하여야 할 뿐만 아니라 행정구제와 행정통제를 동시에 수행한다고 할 수 있다. 따라서 행정소송에서는 사적자치를 기초로 하는 민사소송상의 처분권주의가 제한될 수 있을 뿐만 아니라, 민사소송상의 변론주의도 일정 정도로 제한되고 그 대신에 공익을 이유로 직권탐지주의가 어느 정도 인정될 수 있는 여지가 있게 된다.

이러한 점들이 우리나라 행정소송의 독자성을 확립하기 위한 선결과제가 된다고 할 수 있다.

2. 독자성 확립의 과제

우리나라 행정소송에 있어서 변론주의와 직권탐지주의와 같은 본질적이고도 핵심적인 내용을 결정함에 있어서는, 민사소송상의 제 제도를 행정소송에 준용할 수 있는 단순한 입법기술상의 준용규정인 행정소송법 제8조 제2항만에 의하는 것만으로는 충분하지 못하다고 할 수 있다.

보다 근본적으로 우리나라 행정소송이 국민의 헌법상의 권리 즉 헌법권인 재판청구권을 실질적으로 제대로 보장하고 있는가라고 하는 헌법권인 재판청구권의 보장과, 이러한 헌법권인 재판청구권을 실제로 보장할 의무가 있는 법원을 비롯한 사법제도에 관한 규정을 포함하여, 나아가 공·사익을 적절히 조정하여야 하는 행정소송절차에 있어서 바람직하고 적절한 심리원칙이 무엇인가 및 이와 같은 연장선상에 있는 우리나라 행정소송의 목적 내지는 기능 내지는 행정소송의 본질 등을 함께 고려하여 결정하여야 한다.

그뿐만 아니라, 행정과 국민 간의 정보우위 등 행정과 국민 간의 실질적 평등의 보장 여부, 비교법적으로 다른 나라와 구별될 수 있는 변호사강제제도의 채택 여부, 소송비용의 다과, 소송기간의 장단, 법원에의 접근 및 활용의 용이성, 그리고 법관, 법원직원을 포함한 법원의 인적자원의 대국민 서비스의 기대정도 등 소송제도적이고 입법정책적인 측면, 그리고 우리나라의 현실에 기초를 둘 수밖에 없는 학설상의 해석과 판례의 추이 및 전망도 포함하여 소송실무상의 현실적인 측면 등 제 측면에서 포괄적으로 접근하여야만 한다.

Ⅳ. 행정소송법의 개정 문제

최근 주지하는 바와 같이 우리나라에서는 행정소송법의 개정이 현안으로 되어 있다. 그 주요내용으로는 행정행위의 개념을 비롯한 항고소송의 대상 및 유형, 항고소송의 원고적격의 확대, 화해, 가구제제도, 의무이행소송 및 예방적 금지소송의 신설 등을 들 수 있다. 이러한 개정안은 종래 우리나라 행정소송이 그간에 항고소송, 항고소송 중에서도 취소소송을 중심으로 운영되는 행정소송의 현실을 개선하기 위한 것이라고 할 수 있다.

이 들 내용 중에서 화해, 가구제 등의 인정문제가 있는데 이는 종래부터 논의되어 온 행정소송에 있어서의 민사소송상의 제 제도의 인정문제라고 할 수 있다. 또한 행정소송에서의 특유한 개정논의라고 할 수 있는 행정소송의 대상, 유형 및 원고적격의 문제도 결국은 행정소송이 민사소송과 어느 정도 구별되어 독자적인 운영을 할 수 있는가를 결정짓는 중요한 문제라고 할 수 있다. 따라서 이는 결국 행정소송과 민사소송의 관계설정의 문제와 밀접한 관계를 맺게 되는 것이고 궁극적으로 행정소송의 독자적 성격의 확립문제로 귀착하게 된다. 이러한 것은 특히 우리나라는 독일이나 프랑스와 같은 정도로 인적·물적으로 분리·독립하여 행정사건을 처리하는 소송제도를 가지고 있지 아니하다는 점에서 더욱 그러하다고 할 수 있다.

그런데 최근 우리나라 행정소송법의 개정에 있어서는 우리나라의 실정에 적합하다는 등 합리적인 이유가 있어서라기보다는 특정 외국의 행정재판제도나 특정 집단의 이익만을 추구하는 개정을 기도하려고 하는 세력이 등장하고 있다는 점에서 문제가 있다.

토론할 문제

1. 행정소송이란 무엇인가?
2. 행정소송과 민사소송의 이동
3. 바람직한 행정소송법의 개정방향
4. 행정소송법 개정안의 내용
5. 민사소송상의 제 제도가 행정소송에서 어느 정도 인정되는가?

관련판례

Ⅰ. 민사소송의 준용절차

2009. 4. 28.자 2009무12 결정 〔문서제출명령에대한이의〕 (공2009, 765)

[1] 문서제출신청의 허가 여부에 관한 재판 절차 및 심리 내용

[2] 문서제출신청을 받은 법원이 상대방에게 이에 대한 의견진술 기회를 부여하지 않고 문서제출명령의 요건에 관하여 별다른 심리도 하지 않은 채 문서제출신청 바로 다음날 한 문서제출명령은 위법하다고 한 사례

[1] 문서제출신청의 허가 여부에 관한 재판을 할 때에는 그때까지의 소송경과와 문서제출신청의 내용에 비추어 신청 자체로 받아들일 수 없는 경우가 아닌 한 상대방에게 문서제출신청서를 송달하는 등 문서제출신청이 있음을 알림으로써 그에 관한 의견을 진술할 기회를 부여하고, 그 결과에 따라 당해 문서의 존재와 소지 여부, 당해 문서가 서증으로 필요한지 여부, 문서제출신청의 상대방이 민사소송법 제344조에 따라 문서제출의무를 부담하는지 여부 등을 심리한 후, 그 허가 여부를 판단하여야 한다.

[2] 문서제출신청 후 이를 상대방에게 송달하는 등 문서제출신청에 대한 의견을 진술할 기회를 부여하는 데 필요한 조치를 취하지 않은 채 문서제출명령의 요건에 관하여 별다른 심리도 없이 문서제출신청 바로 다음날 한 문서제출명령은 위법하다고 한 사례.

Ⅱ. 행정소송의 허용성

2009. 11. 2.자 2009마596 결정 〔가처분이의〕 (공2009, 2010)

구 도시 및 주거환경정비법에 따른 주택재건축정비사업조합이 수립한 사업시행계획이 인가고시를 통해 확정된 후의 쟁송 방법(=인가된 사업시행계획에 대한 항고소송) 및 이러한 항고소송의 대상이 되는 행정처분의 효력이나 집행 혹은 절차속행 등의 정지를 구하는 방법(=행정소송법상 집행정지신청)

구 도시 및 주거환경정비법(2007. 12. 21. 법률 제8785호로 개정되기 전의 것)에 따른 주택재건축정비사업조합은 관할 행정청의 감독 아래 위 법상 주택재건축사업을 시행하는 공법인으로서, 그 목적 범위 내에서 법령이 정하는 바에 따라 일정한 행정작용을 행하는 행정주체의 지위를 가진다 할 것인데, 재건축정비사업조합이 이러한 행정주체의 지위에서 위 법에 기초하여 수립한 사업시행계획은 인가고시를 통해 확정되면 이해관계인에 대한 구속적 행정계획으로서 독립된 행정처분에 해당하고, 이와 같은 사업시행계획안에 대한 조합 총회결의는 그 행정처분에 이르는 절차적 요건 중 하나에 불과한 것

으로서, 그 계획이 확정된 후에는 항고소송의 방법으로 계획의 취소 또는 무효확인을 구할 수 있을 뿐, 절차적 요건에 불과한 총회결의 부분만을 대상으로 그 효력 유무를 다투는 확인의 소를 제기하는 것은 허용되지 아니하고, 한편 이러한 항고소송의 대상이 되는 행정처분의 효력이나 집행 혹은 절차속행 등의 정지를 구하는 신청은 행정소송법상 집행정지신청의 방법으로서만 가능할 뿐 민사소송법상 가처분의 방법으로는 허용될 수 없다.

2008. 12. 11. 선고 2008두6554 판결 〔보상금지급청구기각결정처분취소〕 (공 2009, 36)

구 특수임무수행자 보상에 관한 법률상의 보상금지급대상자의 확정방법 및 특수임무수행자 보상심의위원회의 의결을 거치지 않고 직접 보상금을 청구하는 소송의 적부(=부적법)

특수임무와 관련하여 국가를 위하여 특별한 희생을 한 특수임무수행자와 그 유족에 대하여 필요한 보상을 함으로써 특수임무수행자와 그 유족의 생활안정을 도모하고 국민화합에 이바지함을 목적으로 제정된 구 특수임무수행자 보상에 관한 법률(2006. 9. 22. 법률 제7978호로 개정되기 전) 및 구 시행령(2007. 5. 2. 대통령령 제20041호로 개정되기 전의 것)의 각 규정 취지와 내용에 비추어 보면, 같은 법 제2조, 같은 법 시행령 제2조, 제3조, 제4조 등의 규정들만으로는 바로 법상의 보상금 등의 지급대상자가 확정된다고 볼 수 없고, 특수임무수행자보상심의위원회의 심의·의결을 거쳐 특수임무수행자로 인정되어야만 비로소 보상금 등의 지급대상자로 확정될 수 있다. 따라서 그와 같은 위원회의 결정은 행정소송법 제2조 제1항 제1호에 규정된 처분에 해당하므로, 특수임무수행자 및 그 유족으로서 보상금 등을 지급받고자 하는 자의 신청에 대하여 위원회가 특수임무수행자에 해당하지 않는다는 이유로 이를 기각하는 결정을 한 경우, 신청인은 위원회를 상대로 그 결정의 취소를 구하는 소송을 제기하여 보상금 등의 지급대상자가 될 수 있다. 이와 달리 신청인이 국가를 상대로 직접 보상금 등의 지급을 구하는 소는 부적법하다.

참고문헌

최근의 행정소송법 개정논의에 관해서는 다음과 같은 문헌을 들 수 있다.

김광수, 일본 개정 행정소송법, 행정법연구 15호 (2006.상반기) (2006.05) 67-94.

김광수, 행정소송법의 개정방향, Juris forum 3호 (2003.08).

김남진, 의무이행소송의 허용성과 요건 등 : 행정소송법의 개정안과 관련하여, 고시연구 32권 12호 (381호) (2005.12).

김남진, 취소소송과 법률상 이익 : 행정소송법 제12조의 개정과 관련하여, 고시연구 32권 7호 (376호) (2005.07).

김남진, 취소소송과 법률상 이익 : 행정소송법 제12조의 개정과 관련하여, 법률신문 3368호 (2005.06).

김남진, 행정소송과 가구제의 확충 : 행정소송법의 개정과 관련하여, 고시연구 32권 9호 (378호) (2005.09).

김남철, 법규명령에 대한 항고소송의 문제점 : 행정소송법개정안을 중심으로, 공법학연구 6권 1호 (2005. 2).

김연태, 의무이행소송과 예방적 금지소송의 쟁점 검토 : 법무부 행정소송법 개정시안을 중심으로, 고려법학 49호 (2007.11) 289-324.

김중권, 행정소송법 개정 소고, 법률신문 3142호 (2003.01) 13-13; 김중권, 행정소송법개정안의 문제점에 관한 관견, 법률신문 3315호 (2004.11) .

김철용, 행정소송법의 개정작업을 촉구한다, 법률신문 3350호 (2005.03) 13-13.

김해룡, 행정소송법 개정안에 대한 고찰 : 새로운 행정행위 개념의 도입과 그에 대한 항고소송제도를 중심으로, 공법연구 34집 3호 (2006.02).

김해룡, 행정소송법 개정에 있어서의 법적 쟁점, 고시계 49권 8호 (570호) (2004.08).

류지태, 프랑스 행정법에 비추어 본 행정소송법 개정논의, 고려법학 40호 (2003.06).

류지태, 프랑스 행정법에 비추어 본 행정소송법 개정논의, 현대공법이론의 제 문제 : 천봉석종현박사 화갑기념논문집 (2003.10).

박균성, 소의 이익에 관한 행정소송법 개정방안, 경희법학 39권 2호 (2004.12).

박균성, 처분과 명령에 대한 항고소송 : 대법원 행정소송법 개정의견을 중심으로, 고시계 52권 11호 (609호) 8-23.

박균성, 행정소송법 개정안의 주요내용과 의미, 법률신문 3333호 (2005.01).

박균성, 행정소송법의 개정에 따른 주요 쟁점, 공법학연구 6권 1호 (2005.02).

박정훈, 행정소송법 개정의 기본방향 : 행정소송의 구조·종류·대상을 중심으로, 현대공법학의 과제 : 청담 최송화교수 화갑기념논문집 (2002.06).

박정훈, 행정소송법 개정의 주요쟁점, 공법연구 31집 3호 (2003.03).

백윤기, 행정소송법 개정에 관한 소고 : 대법원과 법무부 개정안의 상호비교를 중심으로, 행정법연구 18호 (2007.하반기) (2007.08) 399-420.
법원행정처, 행정소송법 개정자료집, Ⅰ, Ⅱ, Ⅲ, 대법원 법원행정처, 2007.
석종현, 행정소송법 개정(안)의 처분개념 : 법무부개정안을 중심으로, 고시계 52권 11호 (609호) 24-39.
신봉기, 기관 분쟁 및 쟁송에 관한 연구 : 행정소송법 개정방향과 관련하여, 토지공법연구 16집 1호 (2002. 9).
이광윤, 행정소송법개정안 비판론에 대한 소견, 법률신문 3339호 (2005.02).
이원우, 항고소송의 원고적격과 협의의 소의 이익 확대를 위한 행정소송법 개정방향, 행정법연구 제8호, 2002년 상반기, 행정법이론실무학회, 2002.
정하중, 행정소송법개정안의 문제점, 고시연구 31권 12호 (369호) (2004.12).
정하중, 행정소송법개정안의 문제점, 법률신문 3311호(2004.11).
정하중, 행정소송법의 개정방향, 공법연구 31집 3호(2003.03).
정하중, 행정소송법의 개정작업을 앞두고, 고시연구 29권 8호 (341호) (2002.08).
조만형, 의무이행소송 도입을 위한 행정소송법 개정의 과제, 토지공법연구 24집 (2004.12).
조홍식, 원고적격의 정치경제학(II): 대법원의 행정소송법 개정안에 나타난 객관소송관을 글감으로 하여, 헌법실무연구 6권 (2005.12).
최의호, 일본 행정사건소송법의 개정 경과와 내용 : 우리나라 행정소송법 개정안과 대비하여, 재판자료, 제111집 : 외국사법연수논집 [26-하] 제111집 [26-하] (2005.12) 5-36.
한견우, 행정소송의 소송관과 우리나라 행정소송의 문제점, 고시연구, 1991. 1.
한국법제연구원, 한 · 일 행정소송법제의 개정과 향후방향, Revision and Prospects of Korean and Japanese Administrative Proceedings Laws, 한국행정판례연구회, 2003.
함인선, 행정소송법 개정에 있어서의 원고적격의 확대문제 : 취소소송을 중심으로 한 한·일 비교법적 검토, 공법연구 33집 5호 (2005.06).
홍준형, 항고소송의 대상 확대 : 행정소송법 개정시안에 대한 입법론적 고찰, 공법연구 33집 5호 (2005.06).
홍준형, 행정소송법 개정의 내용과 방향, (순간)법제 574호 (2005.10).

제2절 행정소송의 종류

Ⅰ. 의 의

행정소송법은 제3조에서 행정소송의 종류를 항고소송, 당사자소송, 민중소송, 기관소송으로 나눈다. 항고소송과 당사자소송은 주관적 소송이고 민중소송과 기관소송은 객관적 소송이다.

Ⅱ. 항고소송

1. 의 의

항고소송은 행정소송법 제3조 제1호에 따르면, 행정청의 처분등이나 부작위로 인하여 권리·이익을 침해받은 자가 그 처분등이나 부작위의 위법을 다투기 위하여 제기하는 소송을 말한다.

행정소송법 제4조는 항고소송을 취소소송, 무효등확인소송, 부작위위법확인소송의 3가지의 소송의 유형으로 구분하였다.

이 경우 행정소송법 제4조에 위 3가지의 소송유형 이외에도 추가적인 소송유형을 인정할 수 있다고 하는 견해가 예시적 열거설이라고 할 수 있고, 그 반대로 위 3가지의 소송유형에 한정하여 인정된다고 하는 것이 제한적 열거설이다. 예시적 열거설에 따르면 행정소송법 제4조의 소송유형을 법정항고소송 또는 유명항고소송이라고 하고, 추가적으로 인정가능한 소송유형을 법정외항고소송 또는 무명항고소송이라고 하게 된다.

2. 취소소송

(1) 의 의

행정소송법 제4조 제1호에 따르면, 취소소송은 행정청의 위법한 처분등을 취소 또는 변경하는 소송을 말한다. 일반적으로 행정처분은 공정력이라는 효력을 갖게 되는데 취소소송은 바로 이 처분의 공정력을 배제하여 당해 처분의 효력을 소멸시키는 제도라는 것이다. 이러한 취소소송의 제기에 의하여 행정처분을 취소시켜야 한다는 것을 이른바 취소소송의 배타적 관할이라고도 한다.

(2) 성 질

1) 주관소송과 객관소송

취소소송의 성질에 관하여 이를 취소소송의 권리구제적 기능에 근거를 두는 것이 주관소송설이라고 할 수 있고, 이에 반하여 취소소송의 객관소송설이 주장되기도 한다. 객관소송설은 헌법 제107조 제2항은 독일과 달리 권리침해를 전제로 하지 아니하고, 법원조직법 제2조 제1항의 법률상의 쟁송에는 주관소송 이외에도 객관소송이 포함된다는 것 등을 근거로 한다.[3)]

2) 형성소송과 확인소송

취소소송은 일단 성립한 처분의 효력을 소멸시키고, 취소소송의 인용판결에 대하여 대세효를 인정한다는 점에서 형성소송설이 주장되나, 이에 반하여 취소소송은 처분의 위법성을 선언한다는 점에서 확인소송설이 주장되기도 한다.

(3) 소 송 물

취소소송의 소송물 즉 심판대상이 무엇인가에 관하여 처분의 위법성 일반이라고 하는 설과 개개의 위법사유라고 하는 설이 대립한다. 전자가 통설인바, 당해 처분이 적법한 것으로서 청구기각을 하기 위하여는 모든 적법요건이 구비되어 있어야 하고, 위법사유의 어느 하나라도 인정되는 청구인용판결을 하게 된다는 의미에서 위법성일반이라고 한다.

최근에는 처분에 의견청취절차를 거쳐 이유제시가 행하여지고 이유제시에서 처분사유가 특정되어 있는 경우에는 그 처분사유와 처분과는 불가분의 관계에 있으므로 취소소송의 소송물은 처분의 위법성 일반으로 이해하는 통설에 문제점이 있다는 지적을 하기도 한다.[4)]

3. 무효등확인소송

(1) 의 의

무효등확인소송은 행정청의 처분이나 재결의 효력 유무 또는 존재 여부를 확인하는 소송으로서, 처분등의 무효확인소송·유효확인소송·부존재확인소송·

---

3) 이에 관하여는 후술하는 객관소송설 참조.
4) 김철용, 행정법Ⅰ, 박영사, 2010, 637면.

존재확인소송 및 실효확인소송 등이 이에 속한다.

(2) 성 질

무효등확인소송의 성질에 관하여는, 무효등확인소송은 적극적으로 처분등의 효력을 소멸시키거나 그 효력을 부인하는 것이 아니라, 그 효력의 유무 또는 존부를 확인·선언하는 소송이라고 하는 확인소송설, 기본적으로 무효·취소의 상대화이론을 전제로 하여 무효등확인소송을 기본적으로 행정권의 우월적 지위에서 행한 행위의 효력을 다투는 점에서 취소소송과 그 성질을 같이한다는 항고소송설, 실질적으로 일종의 확인소송이지만 형식적으로 처분의 효력의 유무를 직접 소송의 대상으로 한다는 점에서 항고소송의 성질을 아울러 갖는다고 하는 준항고소송설의 대립이 있다.

준항고소송설이 일반적이라고 할 수 있다.

(3) 소 송 물

무효등확인소송의 소송물은 처분등의 효력 유무 또는 존재 여부라고 하는 것이 일반적이다.

(4) 판 례

대법원 2001. 7. 10. 선고 2000두2136 판결 【인감발급무효】
[1] 행정소송법 제35조 소정의 '법률상 이익'의 의미
[2] 인감증명발급 무효확인을 구하는 소의 적법 여부(소극)

[1] 항고소송인 무효등확인소송에 있어서 소의 이익이 인정되기 위하여는 행정소송법 제35조 소정의 '법률상의 이익'이 있어야 하는바, 그 법률상의 이익은 당해 처분의 근거 법률에 의하여 보호되는 직접적이고 구체적인 이익이 있는 경우를 말하고 간접적이거나 사실적, 경제적 이해관계를 가지는 데 불과한 경우는 여기에 해당되지 아니한다.

[2] 인감증명행위는 인감증명청이 적법한 신청이 있는 경우에 인감대장에 이미 신고된 인감을 기준으로 출원자의 현재 사용하는 인감을 증명하는 것으로서 구체적인 사실을 증명하는 것일 뿐, 나아가 출원자에게 어떠한 권리가 부여되거나 변동 또는 상실되는 효력을 발생하는 것이 아니고, 인감증명의 무효확인을 받아들인다 하더라도 이로써 이미 침해된 당사자의 권리가 회복되거나 또는 곧바로 이와 관련된 새로운 권리가 발생하는 것도 아니므로 무효확인을 구할 법률상 이익이 없어 부적법하다.

대법원 2000. 11. 14. 선고 99두5481 판결 【면직무효확인등】
무효등확인소송에 준용되는 행정소송법 제13조 제1항 소정의 '그 처분 등에 관계되는 권한이 다른 행정청에 승계된 때'의 의미

무효등확인소송에 준용되는 행정소송법 제13조 제1항은 "취소소송은 다른 법률에 특별한 규정이 없는 한 그 처분 등을 행한 행정청을 피고로 한다. 다만, 처분 등이 있은 뒤에 그 처분 등에 관계되는 권한이 다른 행정청에 승계된 때에는 이를 승계한 행정청을 피고로 한다."고 규정하고 있고, 여기서 '그 처분 등에 관계되는 권한이 다른 행정청에 승계된 때'라고 함은 처분 등이 있은 뒤에 행정기구의 개혁, 행정주체의 합병·분리 등에 의하여 처분청의 당해 권한이 타 행정청에 승계된 경우뿐만 아니라 처분 등의 상대방인 사인의 지위나 주소의 변경 등에 의하여 변경 전의 처분 등에 관한 행정청의 관할이 이전된 경우 등을 말한다.

대법원 1996. 1. 23. 선고 95누12736 판결 【시군통합절차무효】
행정청이 한 여론조사의 무효확인을 구하는 소송의 적부

행정소송법 제45조는 민중소송 및 기관소송은 법률이 정한 경우에 법률이 정한 자에 한하여 제기할 수 있다고 규정하고 있고, 행정청이 주민의 여론을 조사한 행위에 대하여는 법상 소로서 그 시정을 구할 수 있는 아무런 규정이 없으며, 행정소송법 제46조는 법률에서 민중소송을 허용하고 있는 경우에 그 재판절차를 규정한 것에 불과하므로, 원심이 여론조사의 무효확인을 구하는 소송을 각하한 것은 정당하다.

4. 부작위위법확인소송

(1) 의 의

행정소송법 제4조 제3호에 따르면, 부작위위법확인소송은 행정청의 부작위가 위법하다는 것을 확인하는 소송을 말한다. 즉 부작위위법확인소송은 행정청이 상대방의 신청에 대하여 상당한 기간 내에 일정한 처분을 할 의무가 있음에도 불구하고 이를 방치하는 경우 이러한 부작위가 위법하다는 확인을 구하는 소송이다.

(2) 성 질

부작위위법확인소송의 성질에 관하여는, 먼저 행정권의 부작위의 위법성을

확인한다는 점에서는 확인소송의 성질을 가지고 있으며, 다음으로 소극적인 행정권의 공권력의 행사로 발생한 위법상태의 배제를 구한다는 점에서는 항고소송의 성질을 가지고 있다고 한다.

(3) 소 송 물

부작위위법확인소송의 소송물은 부작위의 위법성이다. 따라서 부작위의 위법확인에 그치므로 행정청에게 의무를 부담시키는 의무이행소송과 차이가 있다고 할 수 있다.

(4) 판 례

> 2009. 7. 23. 선고 2008두10560 판결 〔부작위위법확인의소〕 (공2009, 1442)
>
> [1] 인사위원회의 심의를 거쳐 3급 승진대상자로 결정된 사실이 대내외에 공표된 4급 공무원으로부터 소청심사를 통한 승진임용신청을 받은 행정청이 그에 대하여 적극적 또는 소극적 처분을 하지 않는 경우, 그러한 행정청의 부작위가 위법한 것인지 여부(적극)
>
> [2] 부작위위법확인의 소의 제소기간
>
> [3] 당사자가 적법한 제소기간 내에 부작위위법확인의 소를 제기한 후, 동일한 신청에 대하여 소극적 처분이 있다고 보아 처분취소소송으로 소를 교환적으로 변경한 후 부작위위법확인의 소를 추가적으로 병합한 경우, 제소기간을 준수한 것으로 볼 수 있는지 여부(적극)
>
> [1] 4급 공무원이 당해 지방자치단체 인사위원회의 심의를 거쳐 3급 승진대상자로 결정되고 임용권자가 그 사실을 대내외에 공표까지 하였다면, 그 공무원은 승진임용에 관한 법률상 이익을 가진 자로서 임용권자에 대하여 3급 승진임용을 신청할 조리상의 권리가 있고, 이러한 공무원으로부터 소청심사청구를 통해 승진임용신청을 받은 행정청으로서는 상당한 기간 내에 그 신청을 인용하는 적극적 처분을 하거나 각하 또는 기각하는 등의 소극적 처분을 하여야 할 법률상의 응답의무가 있다. 그럼에도, 행정청이 위와 같은 권리자의 신청에 대해 아무런 적극적 또는 소극적 처분을 하지 않고 있다면 그러한 행정청의 부작위는 그 자체로 위법하다.
>
> [2] 부작위위법확인의 소는 부작위상태가 계속되는 한 그 위법의 확인을 구할 이익이 있다고 보아야 하므로 원칙적으로 제소기간의 제한을 받지 않는다. 그러나 행정소송법 제38조 제2항이 제소기간을 규정한 같은 법 제20조를 부작위위법확인소송에 준용하고 있는 점에 비추어 보면, 행정심판 등 전심절차를 거친 경우에는 행정소송법 제20조가 정한 제소기간 내에 부작위위법확

인의 소를 제기하여야 한다.

[3] 당사자가 동일한 신청에 대하여 부작위위법확인의 소를 제기하였으나 그 후 소극적 처분이 있다고 보아 처분취소소송으로 소를 교환적으로 변경한 후 여기에 부작위위법확인의 소를 추가적으로 병합한 경우, 최초의 부작위위법확인의 소가 적법한 제소기간 내에 제기된 이상 그 후 처분취소소송으로의 교환적 변경과 처분취소소송에의 추가적 변경 등의 과정을 거쳤다고 하더라도 여전히 제소기간을 준수한 것으로 봄이 상당하다.

헌법재판소 2008.9.25. 선고 2008헌마456 전원재판부 【2009학년도대학신입학생입학전형안내취소등】

교육과학기술부 장관이 신활력지역으로 선정된 시 지역까지 농 · 어촌학생특별전형의 지원자격을 부여하는 대학에 대하여 시정조치를 하지 않은 부작위(이하 '이 사건 부작위'라고 한다)가 헌법소원의 대상이 되는 공권력 불행사에 해당하는지 여부(소극)

헌법의 명문규정으로부터 혹은 헌법 해석상 피청구인 교육과학기술부 장관이 서울대학교의 2009학년도 대학 신입학생 입학전형(농 · 어촌특별전형 지원자격)과 관련하여 고등교육법 제60조에 규정된 시정명령 등을 할 의무가 있다고 보이지는 않으므로 이 사건 부작위에 대한 심판청구는 교육과학기술부 장관에게 헌법에서 유래하는 구체적 작위의무가 인정되지 않는 공권력의 불행사를 대상으로 한 것이어서 부적법하다.

대법원 2008.4.10. 선고 2007두18611 판결 【부작위위법확인의소】

4급 공무원이 당해 지방자치단체 인사위원회의 심의를 거쳐 3급 승진대상자로 결정되고 임용권자가 그 사실을 대내외에 공표한 경우, 그 공무원에게 승진임용 신청권이 있는지 여부(적극)

지방공무원법 제8조, 제38조 제1항, 지방공무원임용령 제38조의3의 각 규정을 종합하면, 2급 내지 4급 공무원의 승진임용은 임용권자가 행정실적 · 능력 · 경력 · 전공분야 · 인품 및 적성 등을 고려하여 하되 인사위원회의 사전심의를 거치도록 하고 있는바, 4급 공무원이 당해 지방자치단체 인사위원회의 심의를 거쳐 3급 승진대상자로 결정되고 임용권자가 그 사실을 대내외에 공표까지 하였다면, 그 공무원은 승진임용에 관한 법률상 이익을 가진 자로서 임용권자에 대하여 3급 승진임용 신청을 할 조리상의 권리가 있다.

대법원 2008.3.20. 선고 2007두6342 전원합의체 판결 【하수도원인자부담금부과처분취소】

행정소송법 제35조에 규정된 '무효확인을 구할 법률상 이익'이 있는지를 판단

할 때 행정처분의 무효를 전제로 한 이행소송 등과 같은 직접적인 구제수단이 있는지를 따져보아야 하는지 여부(소극)

행정소송은 행정청의 위법한 처분 등을 취소·변경하거나 그 효력 유무 또는 존재 여부를 확인함으로써 국민의 권리 또는 이익의 침해를 구제하고 공법상의 권리관계 또는 법 적용에 관한 다툼을 적정하게 해결함을 목적으로 하므로, 대등한 주체 사이의 사법상 생활관계에 관한 분쟁을 심판대상으로 하는 민사소송과는 목적, 취지 및 기능 등을 달리한다. 또한 행정소송법 제4조에서는 무효확인소송을 항고소송의 일종으로 규정하고 있고, 행정소송법 제38조 제1항에서는 처분 등을 취소하는 확정판결의 기속력 및 행정청의 재처분 의무에 관한 행정소송법 제30조를 무효확인소송에도 준용하고 있으므로 무효확인판결 자체만으로도 실효성을 확보할 수 있다. 그리고 무효확인소송의 보충성을 규정하고 있는 외국의 일부 입법례와는 달리 우리나라 행정소송법에는 명문의 규정이 없어 이로 인한 명시적 제한이 존재하지 않는다. 이와 같은 사정을 비롯하여 행정에 대한 사법통제, 권익구제의 확대와 같은 행정소송의 기능 등을 종합하여 보면, 행정처분의 근거 법률에 의하여 보호되는 직접적이고 구체적인 이익이 있는 경우에는 행정소송법 제35조에 규정된 '무효확인을 구할 법률상 이익'이 있다고 보아야 하고, 이와 별도로 무효확인소송의 보충성이 요구되는 것은 아니므로 행정처분의 무효를 전제로 한 이행소송 등과 같은 직접적인 구제수단이 있는지 여부를 따질 필요가 없다고 해석함이 상당하다.

대법원 2007.10.26. 선고 2005두7853 판결 【어장시설물등철거명령취소】 [미간행]
부작위위법확인의 소의 요건

부작위위법확인소송은 처분의 신청을 한 자로서 부작위의 위법의 확인을 구할 법률상 이익이 있는 자만이 제기할 수 있는 것으로서(행정소송법 제36조) 당사자가 행정청에 대하여 어떤 행정행위를 하여 줄 것을 신청하지 아니하였거나 당사자가 그러한 행정행위를 하여 줄 것을 요구할 수 있는 법규상 또는 조리상의 권리를 가지고 있지 아니하는 등의 경우에는 원고적격이 없거나 항고소송의 대상인 위법한 부작위가 있다고 할 수 없어 그 부작위위법확인의 소는 부적법하다고 할 것이다.

대법원 2005. 4. 14. 선고 2003두7590 판결 【공사중지명령철회신청거부처분위법확인】
행정청이 행한 공사중지명령의 상대방이 그 명령 이후에 그 원인사유가 소멸하였음을 들어 행정청에 대하여 공사중지명령의 철회를 신청하였으나 행정청이 이에 대하

여 아무런 응답을 하지 않고 있는 경우, 그러한 행정청의 부작위의 위법 여부(적극)

행정청이 행한 공사중지명령의 상대방은 그 명령 이후에 그 원인사유가 소멸하였음을 들어 행정청에게 공사중지명령의 철회를 요구할 수 있는 조리상의 신청권이 있다 할 것이고, 상대방으로부터 그 신청을 받은 행정청으로서는 상당한 기간 내에 그 신청을 인용하는 적극적 처분을 하거나 각하 또는 기각하는 등의 소극적 처분을 하여야 할 법률상의 응답의무가 있다고 할 것이며, 행정청이 상대방의 신청에 대하여 아무런 적극적 또는 소극적 처분을 하지 않고 있는 이상 행정청의 부작위는 그 자체로 위법하다고 할 것이고, 구체적으로 그 신청이 인용될 수 있는지 여부는 소극적 처분에 대한 항고소송의 본안에서 판단하여야 할 사항이라고 할 것이다.

Ⅲ. 당사자소송

1. 의 의

당사자소송은 행정소송법 제3조 제2호에 따르면, 행정청의 처분등을 원인으로 하는 법률관계에 관한 소송 그밖에 공법상의 법률관계에 관한 소송으로서 그 법률관계의 한쪽 당사자를 피고로 하는 소송을 말한다.

2. 종 류

(1) 실질적 당사자소송

실질적 당사자소소송은 공법상의 법률관계에 관한 소송으로서 그 법률관계의 한쪽 당사자를 피고로 하는 소송을 말한다. 즉 공법상의 법률관계에 있어서 대등한 권리주체 간의 소송을 말하는 것으로서 당사자소송의 일반적인 형태이다. 예컨대 공법상 계약, 공법상의 금전청구를 그 예로 들 수 있다.

(2) 형식적 당사자소송

1) 의 의

행정청의 처분등을 원인으로 하는 법률관계에 관한 소송으로서 그 법률관계의 한쪽 당사자를 피고로 하는 소송을 말한다. 예컨대 토지취득보상법상 수용위원회의 토지 등의 수용재결과 관련하여 보상액에 다툼이 있어 토지소유자와 사업시행자가 이를 다투는 경우, 처분청이 피고가 되지 아니하고 토지소유자와 사업시행자가 원고와 피고가 되어 실질적으로는 처분등을 다투는 것이지만, 형식적으로는 당사자소송의 형태를 취하고 있는 것이다.

2) 형식적 당사자소송의 일반적 인정문제

형식적 당사자소송은 처분 등을 원인으로 하는 법률관계에 있어서 한쪽 당사자를 피고로 하는 소송을 말하는데, 이 경우 개별법의 근거 없이도 행정소송법 제3조 제2호만으로 일반적으로 형식적 당사자소송이 인정되는가의 문제이다.

이에 관하여는, 행정소송법에는 민중소송, 기관소송과 달리 개별법에 의한 제한이 없다는 점에서 긍정설이 주장되기도 하나, 개별규정이 없는 경우에는 원고적격, 피고적격, 제소기간 등 소송요건이 불분명하다는 부정설이 다수설이다.

3. 성 질

당사자소송은 국민의 권익을 보호를 목적으로 한다는 점에서는 주관소송이고 항고소송이다. 그러나 특히 형식적 당사자소송은 처분등이 원인이기는 하나 처분 그 자체가 아니라 그로 인한 법률관계를 대상으로 한다는 점에서는 항고소송과 다르다고 할 수 있다. 그러나 그 법률관계는 공법상의 법률관계라는 점에서는 민사소송과 다르다.

4. 판 례

2010. 5. 27. 선고 2008두5636 판결 〔퇴직수당청구〕 (공2010, 1275)

구 공무원연금법에 의한 퇴직수당 등의 급여를 받으려고 하는 사람이, 그에 관한 공무원연금관리공단의 결정을 대상으로 항고소송을 제기하는 등으로 구체적 권리를 인정받지 않은 상태에서, 곧바로 공무원연금관리공단 등을 상대로 한 당사자소송으로 급여의 지급을 소구할 수 있는지 여부(소극)

구 공무원연금법(2008. 2. 29. 법률 제8852호로 개정되기 전의 것) 제26조 제1항, 제3항, 제83조 제1항, 구 공무원연금법 시행령(2008. 2. 29. 대통령령 제20741호로 개정되기 전의 것) 제19조의3 등의 각 규정을 종합하면, 구 공무원연금법에 의한 퇴직수당 등의 급여를 받을 권리는 법령의 규정에 의하여 직접 발생하는 것이 아니라 위와 같은 급여를 받으려고 하는 자가 소속하였던 기관장의 확인을 얻어 신청함에 따라 공무원연금관리공단이 그 지급결정을 함으로써 구체적인 권리가 발생한다. 여기서 공무원연금관리공단이 하는 급여지급결정의 의미는 단순히 급여수급 대상자를 확인·결정하는 것에 그치는 것이 아니라 구체적인 급여수급액을 확인·결정하는 것까지 포함한다. 따라서 구 공무원연금법령상 급여를 받으려고 하는 자는 우선 관계 법령에 따라 공단에 급여지급을 신청하여 공무원연금관리공단이 이를 거부하거나 일부 금액만 인정하는 급여지급결정을 하는 경우 그 결정을 대상으로 항고소송을 제기하는 등으로 구체적 권리를 인정받은 다음 비로소 당사자소송으로 그 급여의 지급을 구하여야 하고, 구체적인 권리가 발생하지 않은 상태에서 곧바로 공무원연금관리공단 등을 상대로 한 당사자소송으로 급여의 지급을 소구하는 것은 허용되지 않는다.

2009. 11. 2.자 2009마596 결정 〔가처분이의〕 (공2009, 2010)

구 도시 및 주거환경정비법에 따른 주택재건축정비사업조합이 수립한 사업시행계획이 인가고시를 통해 확정된 후의 쟁송 방법(=인가된 사업시행계획에 대한 항고소송) 및 이러한 항고소송의 대상이 되는 행정처분의 효력이나 집행 혹은 절차속행 등의 정지를 구하는 방법(=행정소송법상 집행정지신청)

구 도시 및 주거환경정비법(2007. 12. 21. 법률 제8785호로 개정되기 전의 것)에 따른 주택재건축정비사업조합은 관할 행정청의 감독 아래 위 법상 주택재건축사업을 시행하는 공법인으로서, 그 목적 범위 내에서 법령이 정하는 바에 따라 일정한 행정작용을 행하는 행정주체의 지위를 가진다 할 것인데, 재건축정비사업조합이 이러한 행정주체의 지위에서 위 법에 기초하여 수립한 사업시행계획은 인가·고시를 통해 확정되면 이해관계인에 대한 구속적 행정계획으로서 독립된 행정처분에 해당하고, 이와 같은 사업시행계획안에 대한 조합 총회결의는 그 행정처분에 이르는 절차적 요건 중 하나에 불과한 것으로서, 그 계획이 확정된 후에는 항고소송의 방법으로 계획의 취소 또는 무효확인을 구할 수 있을 뿐, 절차적 요건에 불과한 총회결의 부분만을 대상으로 그 효력 유무를 다투는 확인의 소를 제기하는 것은 허용되지 아니하고, 한편 이러한 항고소송의 대상이 되는 행정처분의 효력이나 집행 혹은 절차속행 등의 정지를 구하는 신청은 행정소송법상 집행정지신청의 방법으로서만 가능할 뿐 민사소송법상 가처분의 방법으로는 허용될 수 없다.

2009. 9. 17. 선고 2007다2428 전원합의체 판결 〔총회결의무효확인〕 (공2009, 1648)

[1] 도시 및 주거환경정비법상의 주택재건축정비사업조합을 상대로 관리처분계획안에 대한 조합 총회결의의 효력을 다투는 소송의 법적 성질(=행정소송법상 당사자소송)

[2] 도시 및 주거환경정비법상의 주택재건축정비사업조합이 같은 법 제48조에 따라 수립한 관리처분계획에 대하여 관할 행정청의 인가·고시가 있은 후에, 그 관리처

분계획안에 대한 총회결의의 무효확인을 구할 수 있는지 여부(소극)

[3] 도시 및 주거환경정비법상의 주택재건축정비사업조합을 상대로 관리처분계획안에 대한 총회결의의 무효확인을 구하는 소를 민사소송으로 제기한 사안에서, 그 소는 행정소송법상 당사자소송에 해당하므로 행정법원의 전속관할에 속한다고 한 사례

[4] 주택재건축정비사업조합의 관리처분계획에 대하여 그 관리처분계획안에 대한 총회결의의 무효확인을 구하는 소가 관할을 위반하여 민사소송으로 제기된 후에 관할 행정청의 인가고시가 있었다는 사정만으로 그 소가 이송된 후 부적법 각하될 것이 명백한 경우에 해당한다고 보기 어려워, 위 소는 관할법원인 행정법원으로 이송함이 상당하다고 한 사례

[1] 도시 및 주거환경정비법상 행정주체인 주택재건축정비사업조합을 상대로 관리처분계획안에 대한 조합 총회결의의 효력 등을 다투는 소송은 행정처분에 이르는 절차적 요건의 존부나 효력 유무에 관한 소송으로서 그 소송결과에 따라 행정처분의 위법 여부에 직접 영향을 미치는 공법상 법률관계에 관한 것이므로, 이는 행정소송법상의 당사자소송에 해당한다.

[2] 도시 및 주거환경정비법상 주택재건축정비사업조합이 같은 법 제48조에 따라 수립한 관리처분계획에 대하여 관할 행정청의 인가·고시까지 있게 되면 관리처분계획은 행정처분으로서 효력이 발생하게 되므로, 총회결의의 하자를 이유로 하여 행정처분의 효력을 다투는 항고소송의 방법으로 관리처분계획의 취소 또는 무효확인을 구하여야 하고, 그와 별도로 행정처분에 이르는 절차적 요건 중 하나에 불과한 총회결의 부분만을 따로 떼어내어 효력 유무를 다투는 확인의 소를 제기하는 것은 특별한 사정이 없는 한 허용되지 않는다.

[3] 도시 및 주거환경정비법상의 주택재건축정비사업조합을 상대로 관리처분계획안에 대한 총회결의의 무효확인을 구하는 소를 민사소송으로 제기한 사안에서, 그 소는 행정소송법상 당사자소송에 해당하므로 전속관할이 행정법원에 있다고 한 사례.

[4] 주택재건축정비사업조합의 관리처분계획에 대하여 그 관리처분계획안에 대한 총회결의의 무효확인을 구하는 소가 관할을 위반하여 민사소송으로 제기된 후에 관할 행정청의 인가·고시가 있었던 경우 따로 총회결의의 무효확인만을 구할 수는 없게 되었으나, 이송 후 행정법원의 허가를 얻어 관리처분계획에 대한 취소소송 등으로 변경될 수 있음을 고려하면, 그와 같은 사정만으로 이송 후 그 소가 부적법하게 되어 각하될 것이 명백한 경우에 해당한다고 보기 어려우므로, 위 소는 관할법원인 행정법원으로 이송함이 상당하다고 한 사례.

2009. 9. 24. 선고 2008다60568 판결 〔재건축결의부존재확인〕 (공2009, 1735)

[1] 행정청이 도시 및 주거환경정비법 등 관련 법령에 의하여 행하는 조합설립인가처분의 법적 성격 및 조합설립인가처분이 있은 후에 조합설립결의의 하자를 이유로 그 결의 부분만을 따로 떼어내어 무효 등 확인의 소를 제기하는 것이 허용되는지 여부(소극)

[2] 도시 및 주거환경정비법상 주택재건축정비사업조합에 대한 행정청의 조합설립인가처분이 있은 후에 조합설립결의의 하자를 이유로 민사소송으로 그 결의의 무효 등 확인을 구한 사안에서, 그 소는 행정소송의 일종인 당사자소송으로 제기된 것으로 봄이 상당하고, 이송 후 관할법원의 허가를 얻어 조합설립인가처분에 대한 항고소송으로 변경될 수 있어 관할법원인 행정법원으로 이송함이 마땅하다고 한 사례

[1] 행정청이 도시 및 주거환경정비법 등 관련 법령에 근거하여 행하는 조합설립인가처분은 단순히 사인들의 조합설립행위에 대한 보충행위로서의 성질을 갖는 것에 그치는 것이 아니라 법령상 요건을 갖출 경우 도시 및 주거환경정비법상 주택재건축사업을 시행할 수 있는 권한을 갖는 행정주체(공법인)로서의 지위를 부여하는 일종의 설권적 처분의 성격을 갖는다고 보아야 한다. 그리고 그와 같이 보는 이상 조합설립결의는 조합설립인가처분이라는 행정처분을 하는 데 필요한 요건 중 하나에 불과한 것이어서, 조합설립결의에 하자가 있다면 그 하자를 이유로 직접 항고소송의 방법으로 조합설립인가처분의 취소 또는 무효확인을 구하여야 하고, 이와는 별도로 조합설립결의 부분만을 따로 떼어내어 그 효력 유무를 다투는 확인의 소를 제기하는 것은 원고의 권리 또는 법률상의 지위에 현존하는 불안·위험을 제거하는 데 가장 유효·적절한 수단이라 할 수 없어 특별한 사정이 없는 한 확인의 이익은 인정되지 아니한다.

[2] 도시 및 주거환경정비법상 주택재건축정비사업조합에 대한 행정청의 조합설립인가처분이 있은 후에 조합설립결의의 하자를 이유로 민사소송으로 그 결의의 무효 등 확인을 구한 사안에서, 그 소가 확인의 이익이 없는 부적법한 소에 해당하다고 볼 여지가 있으나, 재건축조합에 관한 설립인가처분을 보충행위로 보았던 종래의 실무관행 등에 비추어 그 소의 실질이 조합설립인가처분의 효력을 다투는 취지라고 못 볼 바 아니고, 여기에 소의 상대방이 행정주체로서의 지위를 갖는 재건축조합이라는 점을 고려하면, 그 소가 공법상 법률행위에 관한 것으로서 행정소송의 일종인 당사자소송으로 제기된 것으로 봄이 상당하고, 그 소는 이송 후 관할법원의 허가를 얻어 조합설립인가처분에 대한 항고소송으로 변경될 수 있어 관할법원인 행정법원으로 이송함이 마땅하다고 한 사례.

2009. 10. 15. 선고 2008다93001 판결 〔관리처분계획안수립결의무효〕 (공2009, 1832)

[1] 도시 및 주거환경정비법상의 주택재건축정비사업조합을 상대로 관리처분계획

안 또는 사업시행계획안에 대한 조합 총회결의의 효력 등을 다투는 소송의 법적 성질(=행정소송법상 당사자소송)
[2] 도시 및 주거환경정비법상의 주택재건축정비사업조합을 상대로 관리처분계획안과 사업시행계획안에 대한 총회결의의 무효확인을 구하는 소를 민사소송으로 제기한 사안에서, 그 소는 행정소송법상 당사자소송에 해당하므로 행정법원에 전속관할이 있다고 한 사례

[1] 도시 및 주거환경정비법에 따른 주택재건축정비사업조합은 관할 행정청의 감독 아래 위 법상의 주택재건축사업을 시행하는 공법인(위 법 제18조)으로서, 그 목적 범위 내에서 법령이 정하는 바에 따라 일정한 행정작용을 행하는 행정주체의 지위를 갖는다. 따라서 행정주체인 재건축조합을 상대로 관리처분계획안에 대한 조합 총회결의의 효력 등을 다투는 소송은 행정처분에 이르는 절차적 요건의 존부나 효력 유무에 관한 소송으로서 그 소송결과에 따라 행정처분의 위법 여부에 직접 영향을 미치는 공법상 법률관계에 관한 것이므로, 이는 행정소송법상의 당사자소송에 해당하고, 재건축조합을 상대로 사업시행계획안에 대한 조합 총회결의의 효력 등을 다투는 소송 또한 행정소송법상의 당사자소송에 해당한다.
[2] 도시 및 주거환경정비법상의 주택재건축정비사업조합을 상대로 관리처분계획안과 사업시행계획안에 대한 총회결의의 무효확인을 구하는 소를 민사소송으로 제기한 사안에서, 그 소는 행정소송법상 당사자소송에 해당하므로 행정법원에 전속관할이 있다고 한 사례.

대법원 1991.8.27. 선고 91누1738 판결 【고시내용무효확인】
가. 고시 일부조항에 대한 무효확인의 소와 민중소송
나. 고시 자체의 무효확인을 구하는 청구가 행정소송의 대상이 되는지 여부

가. 행정청의 고시 일부조항이 상위법규인 법률, 시행규칙 및 헌법 등에 반하여 무효이므로 그 확인을 구한다는 소송은 행정소송법 제3조 제3호가 규정하고 있는 민중소송이고 이는 같은 법 제45조에 의하여 법률이 정한 경우에 법률에 정한 자에 한하여 제기할 수 있다.
나. 행정소송의 대상이 될 수 있는 것은 구체적인 권리의무에 관한 분쟁이어야 하고 일반적, 추상적인 법령이나 고시 자체로서 국민의 구체적인 권리의무에 직접적인 변동을 초래하는 것이 아닌 것은 그 대상이 될 수 없는 것이므로 구체적인 권리의무에 관한 분쟁을 떠나서 고시 자체의 무효확인을 구하는 청구는 행정소송의 대상이 아닌 사항에 대한 것으로서 부적법하다.

Ⅳ. 민중소송과 기관소송

1. 의 의

(1) 민중소송

민중소송은 국가 또는 공공단체의 기관이 법률에 위반되는 행위를 한 때에 직접 자기의 법률상 이익과 관계없이 그 시정을 구하기 위하여 제기하는 소송을 말한다.

(2) 기관소송

기관소송은 국가 또는 공공단체의 기관상호간에 있어서의 권한의 존부 또는 그 행사에 관한 다툼이 있을 때에 이에 대하여 제기하는 소송을 말한다. 다만, 헌법재판소법 제2조의 규정에 의하여 헌법재판소의 관장사항으로 되는 소송은 제외한다.

다만 기관소송이 동일한 법주체 내부의 기관간의 소송으로 한정하는 견해와, 이에 한정하지 아니하고 비한정설이 주장되기도 한다.

2. 성 질

민중소송과 기관소송은 사인의 개인적인 권리·이익을 직접 보호하는 것을 목적으로 하는 것이 아니라 행정의 객관적인 적법성을 확보 내지는 공공의 이익의 보호를 목적으로 하는 소송을 말한다.

제3절 행정소송에서의 헌법논의 문제

Ⅰ. 서 설

행정소송도 물론 다른 소송과 마찬가지로 헌법에 규정된 재판에 관련된 국민의 권리와 재판제도에 관한 규정에서부터 비롯되어 인정되고 시행되는 것이다. 그렇다고 한다면, 적어도 우리나라 행정소송을 논의함에 있어서는, 물론 필요하면 다른 나라의 헌법도 참조해야 하지만, 궁극적으로는 반드시 다른 나라가 아닌 바로 우리나라의 헌법권인 재판청구권의 실질적인 보장과 우리나라의 사법제도와 밀접한 관련성을 가지면서 논의하는 것이 원칙적으로 선행되어야 한다.

뿐만 아니라 우리나라는 물론 다른 나라의 소송법에 관한 이론을 논의하는 경우에도, 이와 같은 재판청구권 및 재판제도에 관한 헌법규정은 물론이고, 나아가 헌법제정과정과 헌법정책 등도 포함하여 전반적인 검토를 하여야 한다.

Ⅱ. 용어상의 문제 - 기본권과 헌법권

독일 "기본법" 혹은 독일 "헌법" 내지는 "기본권"이라고 하는 용어문제와 관련하여, 우리나라에 있어서 종래부터 일본의 영향을 받아서 독일 "기본법"과 "기본권"이라는 용어를 사용하여 왔다.

그러나 종래 우리나라에 있어서 독일 헌법에서의 용어인 "Grundgesetz"를 "기본법"으로 "Grundrecht"를 "기본권"으로 번역하는 것은 의문이라고 할 수 있다. 그 대신에 독일 "헌법"이라는 용어와 "헌법권"이라고 하는 용어가 타당하다고 할 수 있다. "Grundgesetz"는 본래부터 임시적, 잠정적인 규정이고 이는 독일 헌법 제146조에서 "Grundgesetz"는 헌법의 효력발생일에 그 효력을 상실한다는 것에서 확인된다고 할 수 있다. 예컨대 Konrad Hesse에 따르면, 원래 "Grundgesetz"은 과도기(Überganszeit)의 일종의 잠정적 규정(eine vorläufige Ordnung)을 의미하였으나 점차 지속적인 규정(mehr und mehr dauerhafte Ordnung)으로 되었고, 따라서 "Grundgesetz"가 "헌법(Verfassung)"의 의미를 가지게 되었다고 한 것에서 보는바[5]와 같이 우리가 굳이 독일의 "Grundgesetz"를 "기본법"이라고 번역할 필요는 없을 것이다. 따라서 독일의 "Grundgesetz"를 "독일 헌법"이라고 번역함이 타당하다고 생각한다.

또한 주지하다시피, 독일 헌법은 전문이 있고, 그 다음 제1장이 "Die Grundrechte"이다. 따라서 독일 헌법이 "Grundrechte"이라고 명칭을 부여한 것만이 "Grundrechte"이라는 인상을 줄 우려가 있으나, 이 제1장에서의 "Grundrechte" 이외에 즉 독일 헌법 제33조 제1항, 제2항, 제3항, 제101조 제1항, 제103조, 제104조 등의 규정상의 권리도 "Grundrechte"임에 분명하다고 한다.[6]

---

5) 예컨대 Konrad Hesse, Grundzüge des Verfassugsrechts der Bundesrepublik Deutschland, 20. Aufl., Rn. 88.

6) 예컨대 Konrad Hesse, Rn. 277.

어쨌거나 우리나라는 독일의 "기본법(Grundgesetz)"과 특히 독일 특유의 역사적 산물인 "제도적 보장 및 제도보장(institutionellen und Institutsgarantien, 또는 Einrichtungsgarantien)"과 관련된 "기본권(Grundrechte)"의 역사를 전혀 공유하지 아니한다고 할 수 있다. 다만 독일에서 논의되고 있는 인류보편의 가치인 "헌법(Verfassungsrecht)"과 "헌법상의 기본적 권리(verfassungsrechtliche Fundamentalrechte)"와 관련된 "인권(Menschenrechte)" 내지는 "국민의 권리(Bürgerrechte)" 등을 참조할 뿐이다. "기본권(Grundrechte)"이라는 것은 "독일 기본법상의 권리 내지는 인간의 권리"를 의미한다고 할 것이다. 따라서 우리는 "기본권"이라는 용어를 쓰더라도 이는 "Grundgesetz"상의 "Grundrechte"가 아니고 "Verfassungsrecht"상의 "verfassungsrechtliche Fundamentalrechte"의 의미로 번역하여 쓴다고 해야 할 것이다.

매우 타당하게도 우리나라 헌법에서는 독일 헌법과 달리 "기본권(Grundrechte)"이라는 용어를 전혀 안 쓰고 있는 것이다. 다만 "권리"(전문, 제10조 등), "기본적 인권(제10조)"이라는 용어 등을 쓸 뿐이다. 따라서 우리는 굳이 "기본권"이라는 용어를 사용하지 않고서도 "헌법상(또는 헌법적)의 인간의 권리", "헌법상(또는 헌법적)의 권리", 더 줄여서 "헌법권" 등으로 쓰면 될 것이다.

물론 이러한 "헌법권" 등의 용어가 반드시 헌법에서 창설된 권리만을 의미하는 것은 아니고 경우에 따라서 인간의 권리의 확인, 선언, 창설뿐만 아니라 헌법에는 명시적인 규정의 유무에도 불구하고 헌법적인 가치를 가지는 인간의 권리 모두를 포함할 수 있는 의미로도 쓸 수 있을 것이다. 이는 영미의 헌법상의 권리 즉 "Constitutional rights"가 반드시 실정권만을 의미하는 것이 아니라 천부인권 사상에 근거하는 것을 보아서도 그러하다고 할 수 있다. 따라서 헌법권은 반드시 헌법에 명문의 규정이 있는 권리에만 한정하는 의미는 아닌 것이다.

다만 헌법이 아닌 법률차원에서는 기존의 관행에 따라서 헌법재판소법에는 "기본권"(헌법재판소법 제68조 제1항, 제75조 제2항)이라는 용어를 쓰고 있는 문제가 있으나, 그것은 어디까지나 헌법재판소법 제68조 제1항에서 "공권력의 행사 또는 불행사로 인하여 헌법상 보장된 기본권을 침해받은 자"에서 "헌법상 보장된 기본권"이 정식명칭이고 이는 "헌법상 보장된 기본적 권리(헌법 제10조)"의 줄임말을 의미한다고 하면 될 것이다.

Ⅲ. 일본과 독일의 헌법제정과정과 사법제도

1. 일 본

(1) 헌법제정과정

제2차 세계대전 후 특히 미국의 주도로 일본이 다시금 세계침략을 획책하는 제국주의 정책을 시행하는 것을 아예 헌법적인 단계에서부터도 금지시키고자 하였다. 그 결과 일본 헌법 제9조에서 전쟁의 포기, 전력 및 교전권이 부인되었고, 제31조에서 적법절차가 채택되었으며, 제76조에서는 영미식의 사법제도를 채택하여 특별법원은 설치될 수 없을 뿐만 아니라 행정기관을 종심으로 하는 재판을 할 수 없다는 규정을 가지게 되었다.

(2) 사법제도

일본은 이러한 헌법규정에 영향을 받아서 일반 사법법원에 귀속되게 된 행정사건재판뿐만 아니라 특히 영미식의 인권보장의 원리가 도입된 형사재판에 있어서도 과거 관헌국가적 직권주의적 경향이 어느 정도 탈색되게 되었다. 일본에서는 미국식의 법의 지배와 적법절차와 그리고 사법재판국가가 도입됨으로 인하여 행정재판제도 자체가 부정된다고 하는 것이 일반적인 견해라고 할 수 있다.

현재까지도 뜻있는 일본의 지식인들이 전후 보수우익의 줄기찬 반대에도 불구하고 이러한 헌법상의 내용을 그대로 여전히 고수하려고 한다는 점이 일본에서 행정재판의 확장에 소극적인 태도를 견지하게 되는 한 중요한 원인이 된다고 할 수 있다.

(3) 당사자주의와 직권주의

일반적으로 행정소송에 비하여 직권주의적 요소는 형사소송에서 보다 강하게 나타난다고 할 수 있다. 한편, 일본의 형사소송에는 어느 정도 미국 형사소송상의 당사자주의가 도입되었고, 이러한 일본의 형사소송에서의 당사자주의에 관한 논의가 우리나라 형사소송에도 도입되어 소개된 지도 이미 오래 전의 일이다. 물론 일본에서 당사자주의가 자발적으로 도입된 것이 아니었고 전후 패전의 책임을 지고 그 대가로 미군정이 일본을 순치시켜 통치함에 있어서 보다 용이하게 하기 위한 소송제도상의 개혁의 일환으로 도입된 것이었다는 점에서는 여러 가지 문제가 있기는 하다.

그러나 오늘날 미국식의 당사자주의적 형사절차가 일본의 형사절차로 하여금 과거 군국주의적 색채를 어느 정도 청산하고 인권보장의 방향으로 나아가는 데 일조한 사실은 그 누구도 부정할 수 없는 역사적인 사실이다.

2. 독 일

(1) 독일의 헌법제정과정과 사법제도

일본은 철저하게 일방적인 미국의 주도에 의하여 제국주의에 대한 헌법적인 보장책이 확보된 반면에, 독일은 그 정도에 있어서는 일본보다는 매우 취약하다고 할 수 있다.

독일은 전후 당시 유럽에서의 전승국인 미국, 영국, 프랑스, 소련 등의 미묘한 국제정치의 역학관계상 독일에 대한 개혁조치를 시행함에 있어서, 미국이 주도한 일본에서의 경우와 달리, 그 어느 국가도 주도권을 행사하지 못하였다.

그 결과로 인하여, 독일은 단지 침략전쟁만이 독일 헌법 제26조상 부인되는 정도에 그치고 헌법 규정에 적법절차가 규정되지 아니하였다. 그에 따라서 독일의 형사소송법, 행정소송법 등 공법소송에는, 그래도 물론 현재는 과거의 경우보다는 많이 완화되었다고는 하더라도, 2차세계 대전 전의 종전의 직권주의 내지는 직권주의적 색채를 완전히 탈색하지 못하여 어느 정도 그대로 잔존시키고 있다고 할 수 있다.

(2) 행정의 역할과 임무의 한계와 절차경시

현재 독일에서 현대 행정의 특수성이 강조되고 그리고 또한 행정이 어느 정도 민주화되었다는 점에서 행정에 대하여 정당성이 부여된다고 하는, 즉 이른바 행정의 역할과 임무를 강조한다고 하더라도, 그 이면에서는 언제나 적법절차를 경시 내지는 생략하려고 기도한다는 점에서는 단지 독일식의 행정의 역할 내지 임무의 강조라고 하는 측면이 있다. 바로 이러한 이유에서 일본뿐만 아니라 일본과 같은 추축국인 독일로부터도 전쟁의 직·간접적인 피해를 입은 우리로서는 독일식의 행정의 역할 내지 임무라고 하는 것을 매우 경계하여 제한적으로 보아야 한다.

특히 종래부터 우리나라에서는 군부독재 등의 등장으로 본래 책임과 절차가 강조되지 아니하고 이러한 책임과 절차가 현실에서 철저하게 실천되지 아니한 역사를 가지고 있다. 따라서 제왕적 대통령을 비롯한 행정의 역할과 임무의 강조라는 것은 결국 특정 정치권력이 민주주의라는 이름을 등에 업고 스스로 독단적인 이니셔티브를 쥐고 제 마음대로 모든 것을 좌지우지할 구실만을 줄 것이라는 사실은 그 누구도 부정할 수 없을 것이다.

따라서 책임과 절차가 실천되지 아니한 행정의 역할과 임무라고 하는 것은, 아무리 현대 행정의 특수성과 민주적 정당성을 반영하여, 입법, 사법과 달리, 행정만이 공익을 증진시킬 수 있다고 하더라도, 그 이면에 또 다시 기회만 주어진다고 한다면 아니 제 스스로 기회를 만들어서라도 언제 어디로 분출할지 모르는 제어불가능한 에네르기의 위험성이 항상 도사리고 있다는 사실을, 단지 우리나라의 과거 오욕과 회한으로 얼룩진 역사적인 경험에서 뿐만 아니라, 나아가 인류의 역사·경험칙상 절대로 간과해서는 안 된다.[7)]

Ⅳ. 헌법권인 재판청구권

1. 헌법권인 재판청구권 규정의 의의

우리나라 행정소송에 관한 기존의 논의가 단지 민사소송법과 행정소송법이라고 하는 법률적인 차원에서의 소송법 규정만을 비교하여 설명하는 데에만 치중하고 있다는 점에서도 문제가 있다.

주어진 법률을 최대한 활용하여 해석하는 것이 일차적인 과제이겠지만 그것만으로 도저히 바람직한 해석이 불가능한 경우가 있을 수 있다. 그러한 경우에는 예컨대 행정소송의 지도이념이 되는 소송원칙이 무엇인가, 또는 그와 연장선상에 있는 행정소송의 목적 내지 기능이 어떠한가뿐만 아니라 나아가 헌법권인 재판청구권을 실질적으로 제대로 보장하고 있는가라고 하는 헌법정신에도 비추어 검토하여 보아야 한다.[8)]

---

7) 물론 독일도 전후 반성에 철저를 기한 것은 사실이다. 그렇다고 하나 어쨌든 일본과 함께 세계전쟁을 일으켜 전 인류를 위험에 빠뜨린 전력이 있다는 엄연한 역사적인 사실을 흔히 지나치기가 쉬우나 절대로 간과해서는 안 된다. 전쟁의 책임을 단지 Hitler 개인에게 전가시킬 수만은 없는 독일 국민 전체의 차원에서의 책임이라는 점에서 더욱 그러하다. 예컨대 질서, 통합 등 일사불란함을 강조하거나 또는 정치적인 사실상의 힘에 의한 결단의 강조하는 이론 등 법학자를 비롯한 독일 국민 전체의 차원에서 인류를 전쟁으로 몰아넣는 불행한 사태를 야기하는 데에 일조하였다는 점을 절대로 잊어서는 안 된다. 이 점은 언제나 독일이라는 나라를 접하는 데 있어서 가져야 하는 기본적인 시각이라고 할 것이다.

행정소송은 헌법에 규정된 재판에 관련된 국민의 권리와 사법제도에 관한 규정에서부터 인정되어 시행되는 것이다. 그렇다고 한다면, 적어도 우리나라 행정소송을 논의함에 있어서는, 물론 필요하면 다른 나라의 헌법도 참조해야 하지만, 궁극적으로는 반드시 다른 나라가 아닌, 바로 우리나라의 헌법권인 재판청구권의 실질적인 보장과 우리나라의 사법제도와 밀접한 관련성을 가지면서 그 성질을 파악하여야 하는 것이 원칙이다.

헌법상의 국민의 권리인 헌법권인 재판청구권이 실질적으로 제대로 보장되는가의 관점에서 본다면, 헌법에 재판청구권이 보장되었다고 명목상으로 선언하는 규정만으로는 재판청구권이 제대로 보장되는 것이 아니라는 것은 다언을 요하지 않는다. 예컨대 행정소송에서 권익구제방법인 출소의 길을 제대로 보장하기 위해서는 행정소송에 있어서 소의 종류의 완벽한 구비도 재판청구권의 실질적 보장을 위한 하나의 필수적인 요소임이 분명하다.[9] 따라서 제반 여건이 제대로 구비되지 아니한 경우에는 경우에 이는 실질적인 재판의 거부이고 국민의 헌법상의 권리인 헌법권인 재판청구권을 부정하는 의미를 가질 수도 있다.

2. 독일 헌법과의 비교법적 고찰

(1) 우리나라 헌법 제27조의 재판청구권과 포괄적 권리구제

사법에 관한 헌법규정은 국민의 헌법상의 권리인 헌법권인 재판청구권과의 관련하에서만 그 의미가 있다. 헌법상 재판청구권의 주체는 어디까지나 국민이지 재판하는 법원이 아니다. 다시 말해서 법원은 국가기관인 한 본래 국민의 헌법상의 권리인 재판청구권의 보장에 봉사하는 것을 그 본분으로 한다는 점에서 그 존재가치가 있을 뿐이다. 따라서 법원이 본안에서 심판하는 그 내용이 반드시 독일식의 "포괄적인 권리구제"의 보장과 연관된 "주관성"이 있어야 하는

8) 물론 이러한 과정을 충분히 거치고 난 후 즉 행정소송에서 민사소송상의 제 제도뿐만 아니라 행정소송 자체의 고유한 제 제도가 그 제도적인 중대한 의문이 해소되고 정착되어서 제대로 운용되는 경우에는 행정소송의 소송원칙이나 헌법규정 등이 굳이 전면에 나설 필요는 없다.

9) 나아가 현실적인 소송절차에 있어서도 적어도 대한민국의 평균적인 국민이라고 한다면 그에 합당한 정도의 서비스 즉 변호인의 조력을 받아야 하고 과도한 소송비용을 부담하여서는 안되고 재판을 진행함으로 인하여 생업에 지장을 받아서는 안 될 뿐만 아니라 법관을 포함한 법원직원의 친절한 설명이 있어야 하는 등의 적절한 법적서비스를 받을 권리가 있다. 이러한 제반 여건이 바람직한 어느 정도의 일정 수준에 도달할 때까지 우리의 관심권에서 벗어나서는 안 된다.

가 여부와 필연적으로 관련시켜 생각하여야만 할 본질적인 문제는 아니다.

우리나라 행정소송은 본래 독일식의 "포괄적인 권리구제"마저도 포괄하는 즉 "권리침해를 요건으로 하지 아니하는" "포괄적인 재판"을 보장하고 있는 국민의 헌법상의 권리인 헌법권으로서의 헌법 제27조의 재판청구권에 입각해 있다. 따라서 우리나라 헌법상의 권리인 재판청구권 규정인 헌법 제27조를 독일 헌법 제19조 제4항과 같이 권리침해로 좁혀서 해석하지 않으면 안 될 무슨 논리필연적 내지는 선험적인 이유가 전혀 없다.

(2) 독일 헌법 제19조 제4항과 독일 행정소송법 제42조 제2항

주지하다시피 독일 헌법 제19조 제4항 제1문은 "누구든지 공권력에 의하여 자신의 권리가 침해된 경우에는, 출소의 길이 열려 있다"고 규정되어 있다. 이에 따라 독일 행정소송법 제42조 제2항은 "법률이 달리 정함이 없는 한, 원고가 행정행위 또는 그 거부나 부작위에 의해 자신의 권리가 침해되었음을 주장하는 때에만 소가 허용된다."라고 규정하고 있는 것이다.

우선 독일 헌법의 규정은 예컨대 누구든지 공권력에 의하여 자신의 권리가 침해된 경우에는 권리보호청구권이 보장되는 것으로 이해되고 있다. 즉 독일 헌법 제19조 제4항은 개인의 주관적 권리보호청구권을 보장하는 것이 최우선적이고, 법원은 개인의 권리구제를 보장함과 동시에 객관적 통제의 임무도 수행한다고 한다. 독일 행정소송법 제42조 제2항은 이러한 독일 헌법 제19조 제4항을 실현하기 위한 법률차원에서의 규정임은 물론이라고 할 수 있다.

(3) 독일 헌법 제19조 제4항과 우리나라 행정소송법 제1조

그런데 이와 같은 독일 헌법 제19조 제4항의 그 실질적인 내용이라고 할 수 있는 포괄적 권리구제의 내용은, 사실은 우리나라 행정소송법 제1조에서 "행정소송절차를 통하여 행정청의 위법한 처분 그 밖의 공권력의 행사·불행사 등으로 인한 국민의 권리 또는 이익의 침해를 구제하고, 공법상의 권리관계 또는 법적용에 관한 다툼을 적정하게 해결함을 목적으로 한다."고 규정하고 있는 내용 중 전단에서의 "행정소송절차를 통하여 행정청의 위법한 처분 그 밖의 공권력의 행사·불행사 등으로 인한 국민의 권리 또는 이익의 침해를 구제하고"와 사실상 같다고 할 수 있다. 즉 독일 헌법 제19조 제4항의 규정 내용은 사실상 우리나라 행정소송법 제1조 전단의 규정내용과 같다고 할 수 있다.[10)]

(4) 우리나라 헌법 제27조의 재판청구권과 독일 헌법 제19조 제4항의 포괄적 권리구제의 관계

전술한 바와 같이, 독일 헌법 제19조 제4항의 내용은 헌법 제27조상의 헌법권인 재판청구권을 구현하기 위하여 제정된 법률차원인 우리나라 행정소송법 제1조의 전단에 규정된 내용에 완전히 그대로 포섭될 수 있다고 할 수 있다. 요컨대 독일 헌법 제19조 제4항은 포괄적 권리구제를 규정하고는 있으나 어쨌든 그 내용은, 우리나라 헌법 제27조상의 헌법상의 국민의 권리 즉 헌법권인 재판청구권에 한 내포로서 포함될 수 있다.

이와 같은 대응방법은 우리나라 헌법 제27조는 권리침해에 한정되지 아니하고 있다는 점에서 확인가능하다. 그리고 이에 더하여 결정적으로, 독일 행정소송법에는 그 해당하는 규정이 없는, 우리나라 행정소송법 제1조에는 개인의 권익구제와 행정에 대한 적법통제 양 측면을 가지고 있고, 우리나라 헌법 제27조는 이러한 행정소송법 제1조가 지도이념적인 상위의 규정이라는 점을 주목한다면, 헌법 제27조는 당연히 행정소송법 제1조에 규정된 권익구제와 행정통제를 지도하는 상위의 이념적 성격을 가지게 된다는 점에서도 확인가능하다.

따라서 우리나라 헌법 제27조상의 헌법상 권리인 헌법권인 재판청구권은, 독일 헌법 제19조 제4항에서와 같은 포괄적 권리구제에 한정하여 규정하고 있지 아니하고 이를 포함할 수 있다는 점에서 특히 그러하고, 또한 행정소송법 제1조를 지도하는 상위의 이념적인 규정으로서의 기능도 한다는 점 등에서, 매우 포괄적이고 개방적인 규정의 성격을 가지고 있다고 보아야 한다.

---

10) 또한 우리나라에서는 헌법상 보장되는 권리의 침해에 관한 구제는 헌법재판소법 제68조 제1항에 거듭하여 규정되어 있다. 따라서 공권력에 의한 침해에 관한 한 우리나라는 헌법재판소법과 행정소송법에서 이중으로 담보되어 있다고 할 충분히 법적 근거가 있다고 할 수 있다. 따라서 행정소송법 제1조, 헌법재판소법 제68조 제1항과 이 양 규정의 지도이념적인 규정인 헌법 제27조의 규정을 종합적으로 검토하면, 우리나라 헌법 제27조도 권익구제와 행정통제 양 자를 모두 포괄하는 규정의 성격을 갖는 것으로 보아야 함은 물론이다. 이 점에서 보더라도 헌법재판소법 제68조 제1항에서 법원의 재판을 제외한 것은, 법원의 재판 역시 공권력의 행사 중의 하나임에 분명하다는 점, 그리고 사법이 헌법상의 권리를 제대로 보장하지 않을 가능성이 실제로 언제라도 잠재되어 있다는 점에서 헌법 제27조의 재판청구권에 명백히 위반되는 것으로서 위헌의 소지가 전혀 없다고는 할 수 없다.

3. 공권의 2요소설의 문제점

누구든지 자신의 권리가 침해된 경우에는 제소할 수 있다고 하는 이른바 포괄적 권리구제가 독일 헌법 제19조 제4항에 규정되었다고 하는 독일은 몰라도, 우리나라의 경우에는 일반적으로 행정에게 일정한 공익활동을 해야 할 의무가 부과되고 그것에 국민의 사적인 이익이 관련되는 경우에만 국민이 행정에 대하여 일정한 공법상의 청구권인 공권이 성립한다고 보아서는 부족하다.

왜냐하면 국민의 사적이익과 관련된 행정의 공적의무를 공권의 성립요소라고 파악한다고 하더라도 이러한 공권을 궁극적으로 관철시킬 현실적인 수단이 불충분하다면 이는 공권을 실질적으로 무의미한 것으로 만들기 때문이다. 따라서 공권의 성립에 있어서 이러한 국민의 사적인 이익의 실현을 위한 행정의 공적의무를 관철시킬 수 있는 현실적인 수단 즉 재판청구권을 실질적으로 보장하기 위해서는 예컨대 행정소송에 있어서 소의 종류의 완비도 당연히 재판청구권의 실질적 보장의 핵심적인 한 내용으로 보아야 한다. 그렇다고 한다면 우리나라 행정소송에 있어서는 소의 종류가 완비되었는가 여부도 공권의 한 성립요소로 보아야 한다.

따라서 오히려 국민의 사적이익과 관련된 행정의 공적의무를 관철시킬 현실적인 수단이 완비되지 아니하면 이는 국민을 행정과의 비대칭적인 관계에 빠뜨리게 된다는 점에서 이는 공권의 성립요건 이전의 국민과 국가 간의 관계설정에 있어서 기본적으로 충족되어야 하는 기본 전제 요건의 문제가 된다.

요컨대 재판청구권이 헌법상 명문으로 보장되고 있다고 하더라도 국가의 공권력을 상대로 실질적으로 다툴 수 있는 방법이 봉쇄된다고 한다면 헌법권인 재판청구권을 유명무실화 한다는 점에서도 문제이다.

4. 행정소송의 종류의 문제

물론 재판청구권의 보장의 정도도 각 나라의 현실적인 사정에 따라 다르기 마련이다. 그러므로 예컨대 행정소송에서 소의 종류의 다양성의 정도도 각 나라의 사정에 따라 다르다고 하는 것은 당연한 일이다.

독일은 누구든지 자기의 권리가 침해된 경우에는 최소한 출소의 길이 보장된다는 것을 독일 헌법은 제19조 제4항에서 명백히 선언하고 있다. 그뿐만 아니라 이러한 이와 같은 독일 헌법규정을 구체적으로 법률차원에서 구현하고 있는 독일 행정소송법은 다양하게 다종의 소의 종류 등을 완비하여 규정하고 있다. 이와 같은 독일의 헌법 및 행정소송법의 경우와 비교하여 보면, 물론 우리나라가 독일사회에 비하여 정치·경제·사회·문화 등등 및 그 외에 법의식 등 다방면에서 발전되지 못하였는지 여부는 별론으로 하더라도, 우리나라 행정소송법에 있어서 관계 규정이, 물론 제한적인 열거인지 여부는 다투어질 수 있다고 하더라도, 소의 종류에 관한 명시적인 규정이 부족한 것은 명백한 사실이라고 할 수 있다.

이런 차원에서 본다면, 우리나라 법률차원인 행정소송법에서 의무이행소송 등 소의 종류에 관한 규정이 독일의 행정소송법과 헌법 규정에 비하여 부족하다는 점은, 우리나라 헌법상의 국민의 권리인 헌법권인 재판청구권의 실질적 보장이라는 점에 비추어 보아서도 분명히 문제가 있을 수 있다.

그리고 물론 이 경우 행정소송법을 개정하여 소의 종류의 관한 규정을 명시적으로 밝히는 것이 현재로서는 가장 명확하고 현실적인 방법이라고 할 수는 있다. 그러나 이와 같이 행정소송법이 개정되기 전이라고 하더라도, 헌법상 재판청구권의 실질적 보장이라고 하는 측면에서나, 또한 이러한 헌법상의 재판청구권의 이념적인 정신을 이어받아 제정된 행정소송법에서 지도이념이 되는 행정소송법 제1조 등에 비추어 보면, 행정소송의 종류를 규정하고 있는 우리나라 행정소송법 제3조 규정을 단지 제한적 열거규정으로 해석하지 아니하고 예시적 열거규정으로 해석하여야만 할 근거가 충분하다고 할 것이다. 따라서 이와 같이 해석하게 된다면 의무이행소송의 인정문제는 자연스럽게 해소될 수 있는 성질의 것이라고 할 수 있다.

5. 헌법권인 재판청구권의 실질적 보장

우리나라 헌법 제27조는 독일 헌법 제19조 제4항 규정보다도 적어도 권리침해를 요건으로 하지 아니한다는 점에서는 매우 포괄적인 재판청구권을 규정하고 있다고 할 수 있다. 그럼에도 불구하고, 법률적인 차원인 우리나라 행정소송법에서 의무이행소송을 포함한 소의 종류가 다양하게 명시적으로 규정되어 있지 아니하는 문제점이 있다.

이러한 관계로 인하여 예컨대 우리나라 행정소송에 있어서는 의무이행소송의 인정 여부가 학설상 다투어지고 있다. 그러나 소위 행정의 일차적 판단권과 관련된 권력분립 등의 이유로 대체로 부정적인 것이 일반적이다. 따라서 의무이행소송의 인정 여부는 입법적인 결단만이 종국적인 해결책으로 제시되고 있다. 이런 점에서 적어도 현재의 우리나라 행정소송에 있어서는, 이른바 개인적 공권의 성립요건의 제3의 요소가 아직도 그 논란의 여지가 충분히 있다고 할 것이다.

그러므로 예컨대 출소의 길이 헌법상 보장되었을 뿐만 아니라 나아가 법률상으로도 소의 종류가 거의 완벽히 보장된 독일에 있어서는 이제 이른바 공권의 제3의 요소를 더 이상 논의하지 않는다고 해서 문제될 것은 특별히 없다. 그렇다고 해서 즉 독일에서 공권의 제3의 요소로서 재판청구권이 논해지고 있지 않다고 해서 우리나라도 독일과 마찬가지로 재판청구권이 당연히 실질적으로 보장되어 공권의 제3의 요소로서 의미가 없게 된 것이 아님은 분명하다.

따라서 우리나라 헌법에 재판청구권이 명시적으로 규정되어 있고 그에 따라서 현재와 같은 행정소송법이 제정되었다는 사정만 가지고는 헌법상 국민의 권리인 헌법권인 재판청구권이 실질적으로 보장되었다고 할 수는 없다. 그리하여 국민의 재판청구권을 실질적으로 보장한다는 것을 제대로 실천한다는 관점이 무엇보다도 중요하다고 할 것이다. 그런데 우리나라에 있어서는, 헌법상의 권리인 헌법권인 재판청구권을 실현하는 구체적인 법률 차원 즉 행정소송법에서 국민이 활용할 수 있도록 규정된 소의 종류가 현실적으로 부족하다. 이는 현실적으로 우리나라 행정소송에서 운영되는 소의 종류의 다양성 정도가 국민의 권익구제에 불충분하게 된다는 것을 의미한다. 그렇다고 한다면 이는 국민의 헌법상의 권리인 헌법권인 재판청구권을 침해하는 것이라고 할 수 있다.

V. 헌법 제107조 제2항의 의미

헌법 제107조 제2항은 "명령·규칙 또는 처분이 헌법이나 법률에 위반되는 여부가 재판의 전제가 된 경우에는 대법원은 이를 최종적으로 심사할 권한을 가진다."라고 규정하고 있다. 이 규정은 헌법 제107조 제1항과 함께 특히 "재판의 전제성"이라는 점과 관련하여 규범통제에 관하여 대법원과 헌법재판소 간의 일종의 권한 내지는 관할쟁의와 같은 문제가 발생하고, 이에 관하여는 첨예하게 다투어지고 있다.

어쨌든간에 위 헌법 제107조 제2항 규정에서는 "처분이 헌법이나 법률에 위반되는 여부가 ..... 대법원이 심사한다"고 규정하고 있다는 점에서, 처분의 위헌·위법 여부를 대법원을 비롯한 모든 법원이 본안에서 심사함에 있어서 반드시 주관성을 완전히 배제하고 심사할 것을 요구하고 있는 규정이라고 할 수는 없다. 즉 헌법 제107조 제2항은 주관성의 배제를 명시적으로 규정한 것으로는 볼 수 없다.

오히려 유의할 것은 헌법 제107조 제2항에 있어서 중요한 점은 명령·규칙 또는 처분을 최종적으로 심사할 권한을 적어도 행정부에게 인정하지 아니한다는 점이다. 이 점에서 헌법 제107조 제2항은 우리나라가 과거 관헌국가적 행정재판제도를 채택한 것이 아니라 영미식의 사법재판국가를 채택한 것임을 확인하는 규정의 성격도 갖는다고 할 수 있다.

사실 이른바 객관소송설에서 행정의 적법성통제나 객관적 법질서의 통일을 중시한다는 것은, 과거 프로이센의 관헌국가적 행정쟁송제도를 갖춘 법치국가(Rechtsstaat)하에서의 행정의 행정행위와 사법의 판결이 동등하다고 하는 데에서 비롯한 행정 내부의 통제 내지는 감독기능의 강조에서 비롯된 것에 불과한 것이라고 할 수 있다.

VI. 헌법권인 재판청구권과 행정소송법 규정의 해석 방법

우리나라 행정소송법상의 제 규정은 우리나라 헌법 제27조상 국민의 권리인 헌법권인 재판청구권의 근본정신과 이를 보장하기 위한 규정인 헌법 제5장 제101조 이하의 법원에 관한 규정 등에 근거하여 제정되고 해석되어야 하는 것은 당연한 것이다.

우리나라 헌법권인 재판청구권은 헌법적인 가치를 가지는 권리 즉 헌법적 권리를 보장하기 위한 것이라는 점에서 물론 국민의 주관적인 권익구제를 그 중요한 한 내용으로 하고 있음은 틀림없는 사실이다. 그러나 그것만이 아니라 그 이외에도 헌법권인 재판청구권에는 다양한 내용이 포함되어 논의될 수 있다. 예컨대 행정소송에서의 소의 종류의 보장이나 나아가 실제 재판에서 제대로 실질적인 재판이 이루어질 것을 요구하는 것도 포함하여 논의할 수 있다.

따라서 예컨대 행정소송에서의 소의 종류의 보장과 같은 문제는 행정소송법상의 제 규정 중에서 헌법상의 국민의 권리인 헌법권인 재판청구권의 정신을 이어받아 행정소송의 지도이념이 되는 우리나라 행정소송법 제1조의 목적규정의 정신과 관련하여 고찰하여야 할 문제이기도 하다. 특히 우리나라 행정소송법 제1조의 규정은, 일본은 물론이고 독일에서조차도 없는 규정으로서, "국민의 권리 또는 이익의 침해를 구제"와 아울러 "공법상의 권리관계 또는 법적용에 관한 다툼을 적정하게 해결함"을 동시에 목적으로 한다고 규정하고 있다.

따라서 행정소송법상의 제 규정 내지는 문제도 행정소송법 제1조의 정신과 이와 불가분의 관계를 이루어 행정소송의 근간을 결정하는 행정소송법 제26조 그리고 궁극적으로는 헌법상의 국민의 권리인 헌법권인 재판청구권의 실질적 보장이라고 하는 측면에서 종합적으로 검토하여야 한다.

토론할 문제

1. 헌법상의 권리 즉 헌법권과 행정소송제기권의 관계
2. 기본권이라는 용어의 적절성
3. 공권 2요소설이 우리나라에서 타당한가?
4. 행정소송의 유형과 재판청구권
5. 행정소송법 규정의 해석과 헌법권인 재판청구권의 실질적 보장
6. 독일 헌법 제19조 제4항과 우리나라 헌법 제27조의 관계

제4절 객관소송설의 문제[11)]

Ⅰ. 객관소송설의 공과와 문제점

1. 객관소송설의 공과

객관소송설은 독일 행정소송제도와 프랑스 행정쟁송제도를 비교하면서, 결론적으로 우리나라 행정소송의 구조가 주관적 성질이 강한 독일의 행정소송과는 상당히 거리가 있고 오히려 객관적 성질이 강한 프랑스의 행정쟁송과 상당히 가까운 것이라고 평가하고 있다.

이와 같은 객관소송설이라고 하는 일련의 주장은 일단 바람직한 우리나라 행정소송의 모습을 상정해 볼 수 있다는 점에서는 일면 매우 긍정적인 측면을 가지고 있다. 또한 종래와 달리 행정소송에서의 객관적 성격을 새삼스럽게 강조하여 주장하면서 우리나라 행정소송의 성질로 객관성을 인정할 수 있다고 한다는 점에서, 우리나라 행정소송에 있어서 기존의 주관성에 치우친 논의와 상대적인 균형을 이루고 행정소송에 관한 논의 자체를 풍부하게 한다는 점에서 매우 바람직한 일이다.

2. 객관소송설의 문제점

객관소송설이, 위에서 본 바와 같은, 우리나라 행정소송의 논의에 있어서 적지 않은 공과를 기여함에 그치지 아니하고, 거기에서 한걸음 더 나아가서 우리나라 행정소송에서 주관성을 완전히 배제하고 특히 항고소송의 본안에 있어서의 법원 심판권의 내용만을 염두에 두고 우리나라 행정소송을 객관소송이라고 이론구성하려는 것을 겨냥하는 것이라고 한다면 이는 문제라고 할 수 있다.

우리나라 행정소송에서는 주관성을 완전히 배제할 수는 없다. 이는 정도의 문제이지 본질적인 성질을 달리하는 문제는 아니다.

---

11) 이에 관한 상세한 내용 및 주석은, 최선웅, 행정소송의 원리, 진원사, 2007, 67면 이하 참조.

Ⅱ. 객관소송설의 개별 논거에 대한 구체적 검토

1. 개 요

전술한 헌법규정과 행정소송법 규정에 관한 해석문제에 관한 기초적인 고찰 하에서, 실제로 객관소송설이 주장하는 개별적인 논거에 관해서 그 주장내용과 문제점을 구체적으로 고찰하도록 한다.

이하에서는 취소소송의 대상, 관할경합 문제, 소송물론, 행정의 일차적 판단권과 행정절차, 행정절차의 사법절차화, 적법절차경시의 문제, 본안판단선취와 취소소송중심주의, 원고적격, 처분사유의 추가·변경, 재판청구권에 관한 헌법규정, 행정소송의 재판수수료, 피고 행정청의 특정문제, 소송상화해, 위법판단시, 취소판결의 대세효, 사정판결제도 등에 관한 객관소송설의 주장내용과 그 문제점을 차례로 고찰하기로 한다.

2. 취소소송의 대상

객관소송설은 항고소송에서는 국민의 권리구제와 직·간접적인 관계가 전혀 없이도 법원이 위법성 판단을 할 수 있는 모든 것을 취소소송의 대상으로 한다고 하여 명령 등 행정입법에 대하여도 법원의 관할을 인정하려고 한다.

그런데 이러한 객관소송설의 진정한 의도는, 국민의 권익구제의 확장이라고 하기보다는, 명령 등에 대한 행정소송을 인정하려고 하는 데에 있다. 다시 말해서 객관소송설은 국민의 권익구제의 확대보다는 법원의 행정에 대한 무제한의 통제, 즉 법원의 사물관할의 확대에만 관심을 가지고 있는 것이다.

이러한 점에서 객관소송설은 국민의 권익구제의 확장이라고 하는 차원에서 처분개념을 넓히는 우리의 학설·판례상의 노력을 희석시키는 결과가 된다. 다양한 소의 종류의 완비 여부가 불확실하고 특히 주관적 성격이 강한 이행소송[12]이 해석상 그 인정이 용이하지 않고 현실적으로 취소소송 이외에 달리 뚜렷한 구제의 길이 없는 상황하에서, 가급적 국민의 권익구제를 위하여 궁여지책으로 부득이하게 협소한 처분개념에서 벗어나 쟁송법적 처분개념의 외연을 넓히는 우리 특유의 노력을 외면하게 된다.

---

12) 현재 대법원의 주도로 이루어지고 있는 행정소송법 개정시 의무이행소송이 입법화되는 것으로 알려져 있다. 최송화, 한국의 행정소송법 개정과 향후방향, 한·일 행정소송법제의 개정과 향후방향, 한국법제연구원·한국행정판례연구회, 2003. 4. 18. 92면 참조.

3. 관할경합 문제

객관소송설하에서는 처분개념을 헌법재판소의 관할과 관련하여 설명하기도 한다. 즉 기존의 처분개념이 매우 협소함으로 인하여 처분성이 부정되어 항고소송의 대상이 될 수 없는 행정작용에 관해서는 헌법소원의 보충성이 적용되지 않기 때문에 헌법소원이 가능하게 되어 있다는 점을 지적한다.

국민의 권익구제에 있어서는 국가기관 간의 권한의 소재불명의 위험부담을 일방적으로 국민만이 감수해서는 안 된다. 왜냐하면 국민에게 법이 개정되거나 판례가 변경될 때까지 참고 기다리라고 할 수는 없기 때문이다. 이런 점에서 국민의 권익구제를 소홀히 하여 헌법재판소에 호소하는 사태를 야기한 법원이 헌법상의 재판청구권을 침해하였는지 여부를 심사하는 헌법소원을 인정하자는 주장도 나오는 것이고 그 근거도 충분하다고 본다.

4. 소송물론

객관소송설을 주장하는 견해에서는 항고소송의 소송물을 "계쟁처분 및 계쟁처분과 규율내용에 있어 기본적 사실관계가 동일한 처분의 위법성 일반"이라고 주장하는 경우도 있다.

이는 형사소송에서의 기본적 사실관계 동일설과 유사한 설명방법에 의하는 것이라고 할 수 있다. 그런데 행정구제와 행정통제를 목적으로 하는 행정소송과 인권보장을 최우선적으로 보장하는 형사소송은 그 차원을 전혀 달리한다. 따라서 형사소송에서 생성된 예컨대 기본적 사실관계 동일설을 우리 판례가 행정소송에 가져와 사용한다고 하더라도 그 의미하는 바는 형사소송에서 논하고 있는 그러한 의미는 아니라고 할 수 있다.

5. 행정의 일차적 판단권과 국민의 권익구제

객관소송설은 행정의 일차적 판단권을 존중하여 본안에서 행정의 입장을 충분히 드러내어 국민을 설득하는 장으로 활용하여 국민의 승복률을 제고하자고 하는 것이다.

그런데 본안심사의 활성화는 법원의 심리에 있어서의 구술변론의 활성화, 집중심리주의를 비롯하여, 법원이 국민 위에서 군림하지 아니하고 대국민에게 서비스하는 자세를 확립하거나, 변호사의 확충 및 그에 근거한 변호사강제제도 등 제도적인 개선을 헌법상 국민의 권리인 헌법권인 재판청구권을 실질적으로 보장하려고 하는 차원에서 검토되어야 한다.

따라서 본안심사의 활성화를 이루기 위한 선행작업으로 논리필연적이거나 선험적으로 객관소송설을 주장하거나 나아가 프랑스식 행정재판을 의식하여야만 하는 것은 의문이다.

6. 행정절차의 사법절차화

객관소송설이 중점을 두고 있는 본안에서의 법원의 실질적 심사의 내용은, 법원의 재판의 단계가 아니라 그에 선행하여 행정이 국민을 상대로 하는 실체적인 행정과정 내지는 행정절차에서 이미 충분히 이루어졌어야 할 내용이라는 점을 간과한 것이다. 다시 말해서 사전에 충분히 행정이 국민을 납득시키는 과정 내지는 절차를 거쳤다는 전제가 충족되고 난 후에 비로소 법원의 단계에서 본안에서의 실질적인 심사가 행하여져야 한다는 것을 간과한 점에서 문제이다.

사전적인 행정절차가 제대로 작동하게 된다면 특별히 사후적인 법원의 실질적인 심사를 강조할 일이 아니다. 다만 사법에 대해서 소위 행정의 일차적 판단권을 강조하는 만큼 먼저 그에 상응하는 행정절차가 제대로 기능하여야 하는 것은 물론이다.

최근 성급하게 독일에서의 현대 행정의 특성을 고려한 행정의 역할과 임무나 이와 같은 연장선상에서 여전히 소위 행정의 일차적 판단권을 강조하는 것은, 결과적으로 행정절차의 사법절차화라는 문제점을 낳게 되는 것이다. 그리고 이는 결국 적정한 행정절차를 경시하거나 생략하려고 하는 것으로 귀착된다는 점에서 근본적인 문제점이 있게 된다.

7. 적법절차경시의 문제

1996. 12. 31. 법률 제5241호로 행정절차법이 제정됨으로써 행정절차가 법률적 단계에서 전면적으로 시행되게 되었다. 그러나 이러한 행정절차법이 제정되기 전이라고 하더라도 행정은 당연히 헌법 제12조상 적법절차의 이념적인 적용을 받아 행정절차를 시행하여야 함은 물론임에도 이에 대하여 주저하고 있고, 이에 대하여 별다른 반응을 보이지 않는 것이 학계 및 실무의 현실이라고 할 수 있다.

특히 독일 헌법에는 적법절차조항이 없다는 점 등에서 독일에서는 적법절차를 비롯한 절차적 사고의 빈약이라고 하는 문제점을 지적할 수 있다. 이는 독일의 헌법뿐만 아니라 독일의 행정소송을 비롯하여 형사소송에 있어서도 기본적인 문제가 된다고 할 수 있다. 따라서 이와 같이 절차적 사고가 빈약한 독일의 형사소송 및 행정소송 나아가 독일 헌법 이론에 우리나라가 일방적으로 의지하는 것은 문제라고 아니할 수 없다. 이는 시급히 시정되어야 하는 것이다.

8. 본안판단 선취와 취소소송중심주의

객관소송설에 의하면, 항고소송에서의 본안판단의 선취라고 하는 현상을 실제 법원이 행정소송을 본안에서 심리함에 있어서 주관성을 배제하고 위법 여부만을 심리한다고 하는 즉 행정소송의 본안에서의 주관성 단절의 의미로 인식한다.

현재 우리나라에서의 대법원은 민·형사는 물론이고 조세·특허를 비롯한 모든 행정사건을 최종적으로 관장하는 일원적인 사법재판국가의 성격을 갖는다. 따라서 본래 우리나라에서의 본안판단 선취문제는 민사소송을 제외시켜 놓고 단지 행정소송에서만 논의하여 해결할 수 없는 문제이다.

이는 또한 우리나라 행정소송의 경우 이행소송이 부정되어 이행소송이 그 중심에 있지 못하고 항고소송이면서도 형성소송인 취소소송중심주의로 운영되는 결과 취소라고 하는 형성권의 행사의 요건의 구비 여부가 일단 행정소송에서의 승패를 좌우하는 관건이 된다는 점에서도 더욱 그러한 현상이 있게 되는 원인이 된다.[13)]

9. 원고적격

객관소송설은 행정에 대한 적법성통제를 목적으로 하기 때문에 원고적격은 기본적으로 확장하려고 한다.

---

13) 그 외에도 여러 가지 이유가 있겠지만, 예컨대 법관이 물론 종래와 같이 격무에 계속해서 시달리기도 하겠지만, 이제는 과거에 누렸던 기득권이 축소되는 등 선택의 폭이 좁아진 결과 승진스트레스도 받고 초조하기도 하겠지만, 법관은 소송당사자가 정당한 재판을 수행하지 않으려 하고 소송의 결과인 승패에 승복하지도 아니하는 그러한 소송문화에서 오는 도피현상, 즉 이왕이면 가급적이면 본안심리를 거쳐서 판결이유를 써야 하는 기각 대신에 요건심리 단계에서 단 한 마디로 끝낼 수 있는 각하를 선호한다고 하는 법관의 본안기피 현상은 우리의 소송현실에서는 엄연히 존재하는 사실이라고 할 수 있다.

기존의 원고적격에 관한 4가지의 각 학설, 즉 권리회복설, 법률상보호이익설, 보호가치이익설 및 적법성보장설의 명칭은, 원고적격을 인정받기 위하여 갖추어야 할 제 요소 중 어느 한 측면만을 강조하는 것에 지나지 아니한다고 할 수 있다. 또한 행정소송에서의 원고적격의 확장문제는 행정소송법 제12조의 "법률상 이익"이라는 원고적격에 관한 직접적인 근거규정이다(원고적격론의 입법적 해결설의 입장). 그렇다면 이제는 특정 학설의 명칭의 고집이나 그 당부를 떠나서 개별·구체적으로 어느 경우에 원고적격을 근거지울 수 있는가에 초점을 맞추는 것이 바람직하다.

10. 처분사유의 추가·변경

처분사유의 추가·변경의 문제에 있어서 "기본사실동일설"이라는 기준을 사용함으로써 형사소송과 유사하게 이론구성하려는 견해가 있으나, 행정소송은 공익과 사익의 조정이고, 형사소송은 인권보장이 지도이념이므로 기본적으로 행정소송과 형사소송은 그 기본적인 소송원리 소송구조가 다르다

11. 재판청구권에 관한 헌법규정

객관소송설에 따르면, 우리나라 법원조직법 제2조 제1항에서의 "일체의 법률상 쟁송"이 국민의 주관소송에 한정되는 것은 아니고 객관소송도 포함한다고 해석하여야 한다고 한다.

어떤 의미에서는 독일보다도 포괄적인 재판청구권을 규정하고 있는 우리나라 헌법하에서는 법원조직법 제2조 제1항에서의 "일체의 법률상 쟁송"이 국민의 주관소송에 한정되는 것은 아니고 객관소송도 포함한다고 해석하는 것은 물론 타당하다.

우리나라 헌법 제27조는 독일 헌법 제19조 제4항에서 규정한 바와 같은 포괄적 권리구제에 한정하지 아니하는 규정의 성격을 갖는다고 해석하는 것이 당연한 것이라는 점에서 보면, 우리나라 법원조직법 제2조 제1항이 주관소송에 한정되지 아니하고 객관소송도 포함된다고 해석한다는 것은, 위와 같은 우리나라 헌법 제27조의 정신을 법원조직법 제2조 제1항이 이어받아 재확인하고 있는 것을 부연설명하는 것에 지나지 않는다고 할 수 있다.

12. 행정소송의 재판수수료

독일의 행정소송이 철저한 주관소송이라는 결정적 징표라고 하는 것으로 행정소송의 재판수수료가 소가에 따라 또는 일정금액으로 징수되는 점을 들면서 우리나라 행정소송의 수수료가 이와 다르다는 점에서 객관소송임을 알 수 있다고 한다.

그러나 우리나라의 행정소송의 수수료 문제는 우리나라 행정소송이 독일과 달리 의무이행소송이나 일반이행소송 등 이행의 소가 사실상 인정되지 아니하고 취소소송중심으로 운영되고 있는 현실을 감안하여야 한다.

13. 피고 행정청의 특정문제

독일은 우리나라처럼 행정청이 아니고 행정주체가 피고가 되는 것은 행정소송이 행정청의 결정의 위법성을 다투는 데 중점이 있는 것이 아니라 행정주체에 대한 원고의 권리를 실현한다는 점에 있다는 단적인 단적인 징표가 되는 반면 우리나라는 이와 다르다고 한다.

그러나 우리나라 행정소송에서는, 독일과 달리 의무이행소송을 비롯한 일반이행소송이 명문으로 인정되고 있지 아니하다는 등의 이유로 부정적이어서, 행정청이 권리주체가 되어도 독일의 경우와 달리 직접적으로 권리실현을 위한 이행을 할 위험도 없다는 점도 고려하여야 한다.

14. 소송상화해

우리나라 행정소송에서는 민사소송상의 처분권주의가 행정소송법 제8조 제2항에 의하여 준용되어 인정된다. 따라서 행정소송에서 소송상화해의 인정 자체가 무조건적으로 처분권주의에 반한다고만 볼 수 없다. 즉 우리나라 행정소송에서는 소송상화해의 인정 자체가 불가능한 것만은 아니다. 그럼에도 불구하고 우리 판례는 소송상화해에 대하여 부정적인 태도를 취하고 있는바, 객관소송설은 이것이 우리 행정소송이 민사소송과는 달리 객관소송이라는 점을 의미하는 하나의 징표가 될 수 있다고 한다.

그러나 우리나라의 판례가 소송상화해에 대하여 부정적이라는 것은 현재까지는 부정적이라는 것이지 장래에도 언제까지나 절대적으로 금지한다고 하는 의미는 아니다. 다만 불명확성을 제거하기 위하여 행정소송법의 개정시 그 입법화를 고려할 수는 있을 것이다. 물론 행정소송에서의 소송상화해의 인정 여부도 입법정책적인 측면이 있다고 할 수 있다.

15. 위법판단시

(1) 내 용

행정소송이 주관소송으로 되면 될수록 행정청의 당초의 결정은 관심사에서 멀어져 소송과정에서 원고의 권리와 피고 행정청의 의무를 확정하는 데 중점이 두어지게 되므로, 판단기준시도 판결시로 후퇴하고 처분사유의 추가·변경도 자유롭게 되는데, 이는 말하자면 행정소송이 전형적인 주관소송인 민사소송으로 접근하게 된다고 한다.

그러나 우리나라 행정소송에서와 같이 의무이행소송이나 일반이행소송이 행정소송법상 명문으로 인정되지 아니하는 체제에서는 상정하기 어려운 급부시점에 가장 근접한 최후의 시점인 판결시로 할 수는 없다는 점도 고려하여야 한다. 물론 위법판단시의 채택문제 역시 기본적으로 입법정책적인 것에 불과하다고 할 수도 있다.

(2) 판 례

2010. 1. 14. 선고 2009두11843 판결 〔시정명령등취소〕(공2010, 339)
항고소송에서 행정처분의 위법 여부 판단 기준

항고소송에서 행정처분의 위법 여부는 행정처분이 있을 때의 법령과 사실상태를 기준으로 판단하여야 하며, 법원은 행정처분 당시 행정청이 알고 있었던 자료뿐만 아니라 사실심 변론종결 당시까지 제출된 모든 자료를 종합하여 처분 당시 존재하였던 객관적 사실을 확정하고 그 사실에 기초하여 처분의 위법 여부를 판단할 수 있다.

16. 취소판결의 대세효

독일에서는 형성적 효과는 명문의 규정이 없이도 그 성질상 당연히 인정되는 것인데, 우리나라 행정소송법 제29조 제1항에서 취소판결의 대세적 효력를 명시하고 있다는 것은 형성적 효과에 관한 단순한 주의적 규정이 아니라 프랑스에서와 같이 위법성을 확정하는 기판력이 대세적 효력이라는 점을 명백히 하기 위한 것이라고 보아야 한다고 한다.

취소판결의 대세효 역시, 그것이 독일에서처럼 제3자가 취소판결의 효력을 부인할 수 없다고 하는 소극적 의미인지 아니면 프랑스의 월권소송에서와 같이 절대적 기판력을 의미하는 것인지는 별론으로 하고, 기본적으로 입법정책적인 것에 불과하다고 할 수 있다.

17. 사정판결제도

(1) 내 용

행정소송법 제28조의 사정판결제도에 관해서 보면, 사정판결의 요건은 "처분등을 취소하는 것이 현저히 공공복리에 적합하지 아니하다고 인정하는 때"라고 규정되어 있는데, 이는 취소소송이 단지 개인에 대한 개별적인 문제에 국한된 것이 아니라 행정입법 등 국민 전체에 미치는 행정작용을 대상으로 하는 경우가 있음을 전제로 하는 것이라고 할 수 있다고 한다.

사정판결이 허용되는 경우는 현저히 공공복리에 적합하지 아니하다고 인정하는 때라는 것이다. 그런데 사정판결은 전형적인 공·사익의 적절한 조정이 필요한 것이므로, 오히려 이러한 사정판결은 공·사익의 적절한 조정을 목적으로 하는 행정소송의 본질에 적합한 제도이고 이는 개인의 권익구제 및 행정에 대한 적법통제를 동시에 규정한 우리나라 행정소송법 제1조에 규정된 행정소송의 목적에도 제대로 합당하다고 할 수 있다.

(2) 판 례

2009. 12. 10. 선고 2009두8359 판결 〔예비인가처분취소〕 (공2010, 135)

[1] 제3자에게 경원자(競願者)에 대한 수익적 행정처분의 취소를 구할 당사자 적격이 있는 경우

[2] 법학전문대학원의 설치·운영에 관한 법률 제13조에 정한 '당해 심의'의 범위

[3] 법학전문대학원의 설치인가 심사기준 중 법원행정처장 등에 대한 의견수렴절차 후에 추가변경된 법조인 배출실적 등의 사항에 대하여 다시 위 의견수렴절차를 거치지 않은 것이 법학전문대학원의 설치·운영에 관한 법률 제21조의 절차에 위배되었다고 할 수 없고, 그 심사기준들이 교육과학기술부장관이 재정지원을 하여 제출된 용역보고서에 제시되지 않았었다고 하더라도 설치인가 심사기준을 설정함에 있어 신뢰이익을 침해하였거나 재량권을 일탈·남용한 위법이 없다고 한 사례

[4] 교육과학기술부장관이 법학전문대학원 설치인가를 할 때 고려해야 할 사항

[5] 사정판결을 하기 위한 요건인 '현저히 공공복리에 적합하지 아니한가' 여부의 판단 방법 및 사정판결제도의 위헌 여부(소극)

[6] 전남대에 대한 법학전문대학원 인가처분을 법학전문대학원의 설치·운영에 관한 법률 제13조에 위배되었음을 이유로 취소하는 것은 사정판결을 하기 위한 요건인 '현저히 공공복리에 적합하지 아니한 경우'에 해당한다고 인정한 사례

[1] 인·허가 등의 수익적 행정처분을 신청한 수인이 서로 경쟁관계에 있어서 일방에 대한 허가 등의 처분이 타방에 대한 불허가 등으로 귀결될 수밖에 없는 때 허가 등의 처분을 받지 못한 자는 비록 경원자에 대하여 이루어진 허가 등 처분의 상대방이 아니라 하더라도 당해 처분의 취소를 구할 원고 적격이 있다. 다만, 명백한 법적 장애로 인하여 원고 자신의 신청이 인용될 가능성이 처음부터 배제되어 있는 경우에는 당해 처분의 취소를 구할 정당한 이익이 없다.

[2] 법학전문대학원의 설치·운영에 관한 법률 제13조 제1호의 규정을 법학교수인 위원 본인과 심의대상 대학에 한정하여 보면 '법학교수인 위원이 심의대상인 대학에 재직하는 경우 당해 심의에 관여하지 못한다'라는 규정이 된다. 여기에서 '당해 심의'는 그 문언상 '법학교수인 위원이 재직하는 대학에 대한 심의'라고 볼 것이지만, 그것을 '법학교수인 위원이 재직하는 대학만을 다른 대학과 분리하여 독립적인 심의의 대상으로 삼은 경우'에 한정할 것은 아니다.

[3] 법학전문대학원의 설치인가 심사기준 중 법원행정처장 등에 대한 의견수렴절차 후에 추가·변경된 법조인 배출실적, 대학경쟁력 및 사회적 책무성 등의 사항에 대하여 다시 별도로 위 의견수렴절차를 거치지 않은 것이 법학전문대학원의 설치·운영에 관한 법률 제21조의 절차에 위배되었다고 할 수 없고, 그 심사기준들이 교육과학기술부장관이 재정지원하여 제출된 용역보고서에 제시되지 않았었다고 하더라도 설치인가 심사기준을 설정함에 있어 신뢰이익을 침해하였거나 재량권을 일탈·남용한 위법이 없다고 한 사례.

[4] 법학전문대학원의 설치·운영에 관한 법률이 우수한 법조인의 양성을 그 목적(제1조)으로 하면서도, 그 시행령에 교육과학기술부장관으로 하여금 법학전문대학원의 설치인가 등에서 지역 간 균형을 고려하도록 하는 규정(제5조)을 두고 있고, 헌법 제120조 제2항 및 제122조가 국토의 균형있는 발전에 관한 국가의 의무 등을 선언하고 있는 점을 종합하여 보면, 교육과학기술부장관은 교육역량이 우수한 대학의 선발과 지역 간 균형이 서로 조화를 이루는 범위 내에서 법학전문대학원에 대한 설치인가를 하여야 한다.

[5] 행정처분이 위법한 때에는 이를 취소함이 원칙이고 그 위법한 처분을 취소·변경하는 것이 도리어 현저히 공공의 복리에 적합하지 않은 경우에 극히 예외적으로 위법한 행정처분의 취소를 허용하지 않는다는 사정판결을 할 수 있으므로, 사정판결의 적용은 극히 엄격한 요건 아래 제한적으로 하여야

하고, 그 요건인 '현저히 공공복리에 적합하지 아니한가'의 여부를 판단할 때에는 위법·부당한 행정처분을 취소·변경하여야 할 필요와 그 취소·변경으로 발생할 수 있는 공공복리에 반하는 사태 등을 비교·교량하여 그 적용 여부를 판단하여야 한다. 아울러 사정판결을 할 경우 미리 원고가 입게 될 손해의 정도와 구제방법, 그 밖의 사정을 조사하여야 하고, 원고는 피고인 행정청이 속하는 국가 또는 공공단체를 상대로 손해배상 등 적당한 구제방법의 청구를 당해 취소소송 등이 계속된 법원에 청구할 수 있는 점(행정소송법 제28조 제2항, 제3항) 등에 비추어 보면, 사정판결제도가 위법한 처분으로 법률상 이익을 침해당한 자의 기본권을 침해하고, 법치행정에 반하는 위헌적인 제도라고 할 것은 아니다.

[6] 법학전문대학원이 장기간의 논의 끝에 사법개혁의 일환으로 출범하여 2009년 3월초 일제히 개원한 점, 전남대 법학전문대학원도 120명의 입학생을 받아들여 교육을 하고 있는데 인가처분이 취소되면 그 입학생들이 피해를 입을 수 있는 점, 법학전문대학원의 인가 취소가 이어지면 우수한 법조인의 양성을 목적으로 하는 법학전문대학원 제도 자체의 운영에 큰 차질을 빚을 수 있는 점, 법학전문대학원의 설치인가 심사기준의 설정과 각 평가에 있어 법학전문대학원의 설치·운영에 관한 법률 제13조에 저촉되지 않는 점, 교수위원이 제15차 회의에 관여하지 않았다고 하더라도 그 소속대학의 평가점수에 비추어 동일한 결론에 이르렀을 것으로 보여, 전남대에 대한 법학전문대학원 인가처분을 취소하고 다시 심의하는 것은 무익한 절차의 반복에 그칠 것으로 보이는 점 등을 종합하여, 전남대에 대한 법학전문대학원 인가처분을 같은 법 제13조에 위배되었음을 이유로 취소하는 것은 사정판결의 요건인 현저히 공공복리에 적합하지 아니한 경우에 해당한다고 인정한 사례.

Ⅲ. 독일식 이론구성에 근거하여 객관소송설을 비판하는 견해의 문제점

1. 견해의 소개와 기본적 문제점

한편 위에서 고찰한 바와 같은 행정소송의 객관적 성격을 주장하는 견해를 비판하면서 그 이론구성을 철저히 독일식으로 전개하는 또 하나의 일단의 견해[14]가 있다.

14) 예컨대 정하중, 행정소송의 개정방향, 행정소송제도의 개편방향, 한국공법학회 제105회 학술발표회, 2002, 12면 이하; 김중권, 행정소송법 개정 소고, 법률신문, 제3142호, 2003년 1월 27일자, 13면 이하; 김연태, 행정소송의 기능: 취소소송을 중심으로, 고려법학, 제38호, 고려

이러한 견해는 먼저 결과적으로는 우리나라 행정소송의 이론을 독일식 이론의 범위 내에서만 구성하려고 한다는 점에서 기본적인 문제가 있다. 예컨대 우리나라 행정소송법 제1조의 목적규정을 행정소송이 순수한 객관소송이라는 주장에 대한 비판으로 원용함은 타당하다. 그러나 그러한 비판의 목적이 독일식의 주관소송을 우리나라 행정소송에서 그대로 관철하려는 데에 있는 것이라고 한다면 이 또한 문제이다.

2. 처분개념 문제

위와 같은 독일식 이론구성에 근거한 견해는, 객관소송설에서 주장하는 처분개념에 대하여 "지금까지 행정의 행위형식론을 중심으로 발전되어 온 행정실체법의 도그마틱을 근본적으로 위태롭게 만드는 결과를 가져올 것은 자명하다"라고 주장한다.

물론 이렇게 주장하는 것은, 객관소송설이 국민의 권리구제와 직·간접적인 관계가 전혀 없이도 법원이 위법성 판단을 할 수 있는 모든 것을 취소소송의 대상으로 하는 즉 취소소송을 이를테면 "만물소송"으로 이론구성한다는 점을 비판하고자 한다는 점에서는 이해가 된다.

그런데 다만 이러한 견해가 이에 그치지 아니하고 무조건적으로 독일식의 강학상의 행정행위 개념에 집착한다고 하면 이는 또 다른 문제를 일으킨다. 예컨대 행정행위의 개념을 넓히지 않아도 별로 불리하지 않게 오히려 제소기간이 있는 취소소송(Anfechtungsklage)보다 유리하기까지 한 점도 있는 금지소송(Unterlassungsklage)등의 소를 이용할 수 있는 독일과 달리, 일단 다양한 소의 종류의 완비 여부가 해석상 부정적이고, 현실적으로 그 당부를 떠나서 취소소송중심주의로 운영되고 있는 우리나라의 사정을 도외시하게 된다는 점에서는 의문이다.

우리나라 행정소송에 있어서 국민의 권익구제를 위하여 학설 및 판례가 일치하여 불가피하게 처분개념을 쟁송법적으로 파악하고 있음은 주지의 사실이다. 그럼에도 불구하고, 독일식의 강학상의 행정행위 개념에 집착하는 것은 결과적으로 우리나라에 있어서 헌법상의 권리인 헌법권인 재판청구권에 기초를 둔 국민의 권익구제를 소홀히 할 수 있는 여지를 준다는 점에서 중대한 문제이다.

대학교 법학연구원, 2002, 211면 이하 참조.

3. 사법부국가라는 비판의 허구성

위와 같이 독일식 이론근거에 기초하여 객관소송설을 비판하는 견해 중에서, 객관소송설에 대하여 예컨대 "법치국가를 사법부국가나 소송국가로 오도할 우려가 있다"라고 하는 비판을 검토해 보자.

이러한 지적은 독일 나아가 미국 등지에서는 사법제도를 비판할 때 일반적으로 흔히 통용되는 관용구일지는 모른다. 그러나 적어도 우리나라에서 우리가 그러한 지적을 차용할 정도로 즉 "국민의 권리구제의 확대가 특정 부처(아마 사법부를 지칭한 듯함; 필자 주)의 사물관할의 확대로 이어짐을 경계하여야 할" 정도로, 즉 우리나라 국민이 변호사 없이도 법원의 공정하고도 강력한 힘에 의지하여 그 힘을 믿고 마구 소를 제기해 본 적이 있었는지, 그리하여 소송사태가 난무하고 그 결과 사법이 입법 내지는 행정에 비하여 비정상적으로 비대해져서 이제는 오히려 입법 내지는 행정이 위축당하는 그러한 사태를 걱정할 정도의 우려 내지는 위험이 현존하는지가 우선 매우 의심스럽다.

물론 최근 우리나라에서 혐오시설의 부지설정 등과 관련하여 소가 제기되는 등 집단 내지 지역이기주의, 환경오염, 소비자보호 등이 문제되고, 나아가 국가간의 환경적, 경제적인 분쟁과 국제적인 경제적 차이의 극복을 위한 남북문제가 이슈화되고 있는 것은 사실이다. 그러나 이러한 문제는 종래의 분쟁해결 시스템으로는 그에 대한 적절할 해결이 안 되므로 새로운 분쟁해결 시스템이 개발되어야 한다는 차원의 문제이다. 나아가 이러한 문제는 우리나라에만 일어나는 특수한 문제인 것은 전혀 아닌 것이고 바로 이러한 현상에 대해서는 현재 전 세계가 모두 나서서 지혜를 짜서 해결하여야 할 현대사회의 문제라고 하는 성격을 갖고 있다.

4. 행정의 일차적 판단권의 의미

(1) 주장의 내용

이 독일식 이론에 근거하여 객관소송설을 비판하는 견해는, 위에서 고찰한 바와 같이, 객관소송설은 "사법부국가"를 건설하자는 것으로서 결과적으로는 행정의 일차적 판단권을 침해한다고 주장한다.

(2) 행정의 일차적 판단권의 의의

그런데 앞에서 고찰한 바, 흔히 오해하는 바와 같이, 객관소송설을 주장하는 견해는, 무조건 소위 행정의 일차적 판단권을 침해한다고 하는 이론만은 아니다.

그럼에도 불구하고 객관소송설은 결과적으로는 불가피하게 사법의 권한의 확대라는 측면은 있는 것은 사실이고 그러한 점에서 보면 행정의 일차적 판단권을 침해한다는 측면이 없는 것은 아니다.

그러나 앞에서도 언급한 바와 같이 행정의 일차적 판단권의 침해문제는 오토 마이어식의 행정법과 과거 프로이센의 행정쟁송제도에 근거하여 설명하던 시절의 연혁적인 문제에 지나지 않는다고 할 수 있다. 그리고 나아가 현재 우리나라의 현실 상황을 보건대 의무이행소송의 인정이 부정적인 상황하에서 지나치게 행정의 일차적 판단권만을 강조한다는 것은 결과적으로 국민의 권익구제만을 더욱 어렵게 한다는 점에서 문제가 있다.

5. 평 가

어쨌든 우리나라에서의 행정소송의 객관소송설을 독일식 이론에 근거하여 비판하는 견해는 물론 독일에서는 그 의미가 있을지 모른다. 그러나 철저하게 독일식 이론적인 근거만을 가지고, 우리나라 행정소송에서의 객관적 성격설을 비판하는 데에 원용한다는 것 자체부터가 문제라고 할 수 있다.

그뿐만 아니라, 그 주장하는 논거 자체가 우리나라가 아닌 독일이라는 외국의 현실에 기초한 논거라는 점에서 우리나라의 현실을 철저하게 도외시한다는 점에서도 문제이다.

나아가 이와 같은 주장의 근저에 만일 궁극적으로 우리나라에 적합한 이론구성을 시도조차도 한번 제대로 해보지도 아니하거나 아예 이를 미리 원초적·태생적·생리적으로 거부하고, 그 대신에 우리나라가 아닌 다른 나라인, 예컨대 독일식의 이론구성만을 거의 무비판적으로 기본적으로 상정해 놓고 그것만을 염두에 두고 그것만을 기준으로 하고 그것에만 치중하여 그 범위 내에서만 의도적으로 안주하려는 태도라고 한다면 거기에 더 큰 문제가 있다고 할 것이다.

Ⅳ. 결론적 고찰

1. 현실적 소송이론의 구축 - all or nothing과 trade -off

소송제도를 심판의 대상으로부터 판결의 효력까지, 다시 말해서 절차의 개시부터 절차의 종료까지 전부 망라하여 논리의 일관성의 측면에서 이를 관철시켜 고찰하는 것도 그 나름대로의 의미는 있다.

그러나 예컨대 소송절차가 복심, 사후심이냐 또는 그 중간형태인 속심이냐는 것은 현실의 세계에서는 존재할 수 없는 하나의 전형에 지나지 아니하는 이미 진부한 것에 지나지 않는다. 이러한 것은 사실자료의 수집·제출에 관한 심리원칙이 예컨대 변론주의, 직권탐지주의 또는 그 절충과는 논리필연적 혹은 선험적으로 연결되어야 하는 것은 아니다.

따라서 변론주의냐 직권탐지주의냐는 본래 결코 갈 수 없는 나라(utopia)인 이상적인 전형을 상정해 본 것에 불과한 것뿐이고, 현실에서는 그 어느 한 쪽을 선택하여 관철하는 전부 아니면 전무(all or nothing)의 문제가 아니고 그보다는 어느 정도의 선에서 절충될 수 있는가라고 하는 균형(trade-off)의 문제라고 할 수 있다. 그렇다고 한다면 이러한 소송제도에서의 현실적인 균형은 논리만으로 해결하거나 설명할 수 있는 논리필연적이고 타협이 불능한 한 극단적인 것이 아니라 오히려 절충적인 성질의 것이라고 할 수 있다.

2. 입법정책과 소송제도적 현실

행정소송의 성질이 주관성, 객관성이냐의 문제도 위와 마찬가지의 관점에서 보아야 한다. 따라서 이와 같은 연장선상에서 본다면 우리나라 행정소송을 어떤 한 가지 이상을 염두에 두고 심판의 대상에서부터 위법판단의 기준시나 판결의 효력까지도 망라하여 굳이 일사불란하게 이를 관철시켜 이론구성할 필요까지는 없다.

해석상 분명하지 않으면 가급적이면 일단 국민에게 이익이 되는가 여부를 기준으로 하고 일정한 경우 입법정책적이고 소송제도적인 현실을 반영하여 고려하면 된다. 요컨대 행정소송도 소송이니만큼 각국의 현실과 입법정책의 영향이 크게 작용하므로, 소송이론적인 것에만 집착하기보다는 각국의 소송제도적이고 입법정책적인 현실적인 측면에서 접근하는 것이 훨씬 바람직하다고 할 수 있다.

우리나라의 현실 정치상황을 보건대 국민의 입장에서는 언제든지 그 태도가 돌변할 가능성이 있는 공권력에 대항하여 나의 권익이 제대로 구제되어야 한다는 것은 여전히 의미를 갖는다고 할 수 있다. 이러한 공권력에 대한 구제는 국민의 헌법상의 권리로 규정된 헌법권인 국민의 재판청구권의 실질적 보장에 비추어 보면 최소한도의 보장이라고 할 수도 있을 것이다.

독일에서도 여전히 행정소송에서 주관성을 배제하지 아니하고 유지하고 있는 것은 단순히 독일 헌법과 행정소송법상의 규정이 그렇기 때문만은 아니라고 할 수는 없는 문제이다. 따라서 적어도 국민의 권익구제를 확충하여야 하는 우리나라의 현 단계에 있어서, 행정소송에서 주관적 성격의 완전한 포기를 논의한다는 것은 - 오히려 심지어 행정소송에서 주관성이 강하면서도 권리구제의 사각지대가 거의 해결되었다고 하는 독일에서는 어떨지 몰라도 - 기존의 국민의 권익구제를 위한 우리의 학설·판례상의 노력을 무력화하고 결과적으로 국민의 권익구제를 소홀히 한다는 점에서 현실적이지 아니하다. 이것이야말로 우리나라 행정소송에서 주관성을 완전히 포기할 수 없는 현실적이고도 실질적인 이유이다.

요컨대 위에 들고 있는 객관소송설의 그 어떠한 논거도 우리나라 행정소송에서 단지 객관성을 강조하기 위한 논거로 원용할 수 있을지는 몰라도 그렇다고 해서 주관성을 완전히 배제하는 결정적인 논거는 될 수 없다.

3. 소송원칙과 소송제도

(1) 소송원칙과 소송제도의 채택

본래 심리절차상의 원칙상 대륙법계 국가에서는 주관적 권리구제는 변론주의와 객관적 법질서 통일은 직권주의 내지는 직권탐지주의와 조화를 이루기가 쉽다. 이 점에서 민사소송은 변론주의, 행정소송은 직권탐지주의와 연결되기가 쉽다고 할 수 있다.

그러나 우리나라에 비하여 객관성이 강한 프랑스와 주관성이 강한 독일은 그 심리절차에서 모두 직권주의 내지는 직권탐지주의적인 경향이 강하다는 점에서 본다면, 주관성과 변론주의, 객관성과 직권탐지주의는 반드시 연결되는 논리필연적인 것은 아니다. 물론 독일과 프랑스의 행정쟁송제도가 우리나라와 같이 단순 비교할 수 있는 행정소송제도인가는 별론으로 하고, 따라서 이 점에서 매우 제한적인 의미만을 가지고 있기는 하다.

위와 같이 소송원칙과 소송제도가 논리필연적인 관계에 있는 것은 아니라고 하는 현상은 극히 당연한 일이다. 각 나라의 역사, 법계, 권력분립의 목적과 실제, 소송제도, 입법정책, 국제정치상 외국의 간섭의 정도, 심지어 국민성도 다르기 때문이다. 다시 한번 강조하자면 이 문제는 정도의 문제이고 현실의 문제이지 논리나 본질만의 문제는 아니다. 다만 그 정도가 어느 정도인가는 각국 현실의 제반 사정에 따라 다른 것뿐이다.

따라서 이러한 관점에서 보면 우리나라 행정소송의 심리절차가 변론주의와 직권탐지주의의 절충적인 형태이고 현재는 변론주의가 원칙이고 직권탐지주의가 보충적이라는 하는 점도 우리나라 행정소송에서 주관성을 완전히 포기할 수 없는 소송원칙상의 이유가 된다고 할 수 있다.

(2) 각 국의 비교

현재의 우리나라의 법규정과 소송원칙, 법원의 조직과 구성 그리고 재판절차와 심리 등 전반적인 실제를 놓고 비교하여 보면 다음과 같이 말할 수 있다. 즉 우리나라 행정소송의 독자성을 확립하는 것이 우리의 궁극적인 과제이기는 하지만 적어도 현재까지는, 독일 나아가 프랑스와 달리 행정소송이 민사소송과 그 분리의 정도가 약하다고 하는 점에서, 우리나라 행정소송에서 주관성을 완전히 배제하기는 어렵다는 현실을 보여주고 있는 것이 아닌가 한다.

그런데도 우리나라보다 상대적으로 민사소송으로부터 독립이 강하다고 할 수 있는 독일의 행정소송의 경우 보호규범론과 관련된 주관성이 지나치게 강하다는 점은 문제라고 할 수 있다. 그러나 이는 오히려 각 나라 사정 - 예컨대 특히 독일 특유의 헌법관과 같은 사정 - 에 따라서 자연스럽게 나타나는 것에 불과한 것이 아닌가 한다. 그리고 이러한 것은 충분히 예견될 수 있는 제 현상 중에 하나에 불과한 것으로서 우선은 독일 사람들이 자기네 현실에 맞게 스스로 고민하여 해결하여야 할 선결문제의 성격을 갖는다고 할 수 있다.

우리는 그 과정이나 결과가 시사하는 바를 우리의 실정에 맞는 한도 내에서 참조하면 그것으로 족하다. 어쨌든 우리나라 행정소송은 주관성·객관성, 변론주의·직권탐지주의가 개방적이고 탄력적으로 조화를 이룰 수도 있다는 것을 보여준다는 점에서 일찍이 어느 나라도 시도한 적이 없었고 시도할 수도 없었던 어떤 의미에서는 모범적인 한 전형을 보여주는 것이 틀림없다.

4. 헌법권인 재판청구권의 실질적 보장과 권력분립정신의 구현

(1) 헌법권인 재판청구권의 실질적 보장

행정의 일차적 판단권이 침해되는지 여부가 문제되는 경우는 언제나 문제가 되는 일반적인 것이라기보다는 특히 "중대한 공익"과 관련된 예외적인 특수한 경우의 문제라고 할 수 있다.

이 경우에는 기왕에 벌어진 행정소송에서 다른 사건의 경우라면 판결하기에 충분할 정도로 양측의 주장이 이미 개진된 후이기는 하나, 문제는 소위 행정의 일차적 판단권을 또 다시 경유할 필요가 없이 법원이 직접 판단하는 것이 헌법권인 재판청구권의 실질적 보장에 기초하는 국민의 권익구제의 필요성과 공익에 관한 적정한 재판에 합당하는가의 판단 기준이 중요하다고 할 수 있다.

이러한 판단 기준을 설정함에 있어서는 과거의 관헌국가적 행정쟁송의 연혁을 갖는 행정의 일차적 판단권의 존중이라는 기준을 내세울 수는 없고, 사법재판국가하에서 국민의 재판청구권의 실질적 보장이라고 하는 국민에 대한 재판서비스라는 측면에서 고려하여야 한다. 행정소송도 헌법권인 재판청구권의 실질적 보장에 이바지하여야 함은 물론이고 이를 우리나라 행정소송법 제1조가 국민의 권익구제와 공법상의 권리관계 또는 법적용에 관한 다툼을 적정하게 해결함을 목적으로 규정함에서 확인할 수 있다.

(2) 권력분립정신의 구현

행정의 일차적 판단권과 관련된 판단 기준을 설정함에 있어서는 단순히 행정의 일차적 판단권 자체의 침해와 법원의 사물관할의 확대, 나아가 국회의 입법형성의 자유 등 그 어느 한 측면만을 고려해서는 안 된다고 할 수 있다.

국민이 권익을 구제받음에 있어서는 원칙적으로 행정이든 사법이든 나아가 입법까지 가릴 필요가 없는 것이 원칙이다. 바로 이러한 측면에서 입법, 행정, 사법의 제 측면이 검토되어야 하고, 이는 궁극적으로는 헌법상 국민의 권리인 헌법권인 재판청구권을 명목만이 아닌 실질적으로 제대로 보장하고 있는가에 따라서 판단하여야 한다.

요컨대 이 나라는, 행정관, 사법관, 나아가 입법관만의 나라가 아니라, 그들은 우리를 위해서 존재하여야 하는 그러한 우리 모두의 우리나라이다. 이것이

권력분립의 정신이다.

5. 종합적 평가

이상에서 고찰한 바와 같이 우리나라 행정소송의 성질을 객관소송으로 성격지우려고 하는 견해의 문제점과, 그리고 이러한 객관소송설을 철저하게 독일식 이론에 근거하여 비판하는 견해의 문제점을 고찰하였다.

결국 이 들 양 이론은, 흔히 알려진 바와 같이, 프랑스와 독일의 행정재판의 객관성과 주관성의 어느 한 측면을 강조한 것에 불과한 것이다. 이 점에서 진정으로 우리나라의 행정소송의 성격을 파악했다고 볼 수 없다. 어쨌든지 적어도 우리나라 행정소송에서 객관과 주관의 조화문제가 제기되었다는 점에서는 그 의의가 있다고 할 수 있고, 이러한 문제를 검토해 볼 만한 가치는 충분히 있다고 생각된다.

물론 전술한 바와 같이, 우리나라 행정소송법을 객관성을 강조하여 해석할 여지는 충분히 있을 수는 있다. 우리나라가 대륙법계 국가를 벗어나 완벽하게 영미법계 국가로 나아가지 아니하는 한 행정소송에 있어서 객관적 성질은 오히려 당연한 것이다. 더구나 객관적 성질을 주장하는 견해 스스로도 어느 정도 주관성을 인정하지 않을 수 없다고 인정하고 있음에서도 보는 바와 같이, 우리나라 행정소송에서 주관성을 완전히 배제하지 아니하고 객관성을 강조하여 해석할 여지는 얼마든지 충분히 있다고 본다.

행정소송의 목적, 행정소송에서의 변론주의와 직권탐지주의에서 고찰하는 바와 같이, 입법정책적인 면에서 본다고 하더라도 우리나라 행정소송법의 해석상, 주관성과 객관성이 현실적으로 다양한 스펙트럼하에서 공존할 수밖에 없는 사익과 공익을 적절하게 상쇄해 가거나 어우러져 포용할 수 있다는 점에서, 그리고 그 수위 조절을 현실에서의 발전 추이의 정도를 보아가면서 연동시킬 수 있다는 점에서 다양하고 복잡한 현대 사회에 탄력적으로 대응하는 좋은 방안이 된다고 할 수 있다.

또한 행정소송은 공익을 위하여 국민의 무제한적인 희생을 요구하는 것은 아니다. 그렇다고 해서 국민의 권익의 구제를 위해서 중대한 공익을 희생시키는 것도 아니다. 이와 같이 공·사익을 적절하게 조정하는 적정한 절차가 행정소송의 본질이다.

저마다의 주관에 따라서 우리나라의 소송현실을 어떻게 보는가에 관한 인식의 차이는 있을 수 있는 것이지만, 어느 한쪽을 강조하는 것이 궁극적으로 그 다른 어느 한쪽을 완전히 배제하는 것이 아니라고 한다면, 그 어떠한 이론이나 주장도 원칙적으로 우리나라 행정소송법 규정 자체에 어긋나는 것은 아니다. 왜냐하면 우리나라 행정소송법 규정 자체가 이를 충분히 포섭할 수 있을 정도로 탄력적이고 개방적으로 규정되어 있기 때문이다. 이 점에서 우리나라 행정소송법은 독자성이 있고 우수하다고 할 수 있다.

실체적인 공·사익의 적절한 조정 및 그 절차에 있어서 심리원칙인 변론주의·직권탐지주의 간의 적절한 조정적 소송절차화, 요컨대 실체에 값가는 절차 그 것이야말로 우리나라 행정소송법의 독자성이자 우수성이다.

토론할 내용

1. 객관소송설의 공과와 문제점
2. 행정의 일차적 판단권과 국민의 권익구제
3. 행정절차의 사법절차화
4. 적법절차 경시의 문제
5. 본안판단 선취와 취소소송 중심주의
6. 원고적격의 확대
7. 처분사유의 추가·변경
8. 현행 행정소송법 규정상 소송상 화해는 인정가능한가?
9. 취소판결의 대세효
10. 우리나라가 사법국가라는 비판의 문제점
11. 독일 행정소송의 문제점

참고문헌

김연태, 행정소송의 기능: 취소소송을 중심으로, 고려법학, 제38호, 고려대학교 법학연구원, 2002.

김중권, 행정소송법 개정 소고, 법률신문, 제3142호, 2003년 1월 27일자.

박정훈, 인류의 보편적 지혜로서의 행정소송 - 다원적 법비교를 통해 본 우리나라 행정소송의 현상과 발전방향, 재판관할과 소송유형을 중심으로 -, 법학, 서울대학교, 제42권 제4호, 2001. 12.

박정훈, 취소소송의 성질과 처분 개념, 고시계, 2001. 9.

박정훈, 취소소송의 소송물에 관한 연구, 취소소송의 관통개념으로서 소송물 개념의 모색, 법조, 2000. 7.

박정훈, 행정소송법 개정의 기본방향 - 행정소송의 구조·종류·대상을 중심으로 - 현대 공법학의 과제, 청담 최송화교수화갑기념논문집, 2002. 6.

박정훈, 행정소송법 개정의 주요쟁점, 행정소송제도의 개편방향, 한국공법학회, 제105회 학술발표회, 2002.

박정훈, 헌법과 행정법 - 행정소송과 헌법소송의 관계, 법학(서울대), 제39권4호(109호), 1999. 2.

박정훈, 환경위해시설의 설치·가동 허가처분을 다투는 취소소송에서 인근주민의 원고적격 - 독일법의 비판적 검토와 행정소송법 제12조의 해석을 중심으로 - , 판례실무연구(IV), 박영사, 2000.

박정훈, 환경위해시설의 설치·가동 허가처분을 다투는 취소소송에서 인근주민의 원고적격 - 독일법의 비판적 검토와 행정소송법 제12조의 해석을 중심으로 - 행정법연구 제6호, 2000년 하반기, 행정법이론실무연구회, 2000.

이원우, 항고소송의 원고적격과 협의의 소의 이익 확대를 위한 행정소송법 개정방향, 행정법연구 제8호, 2002년 상반기, 행정법이론실무학회, 2002.

정하중, 행정소송의 개정방향, 행정소송제도의 개편방향, 한국공법학회 제105회 학술발표회, 2002.

한견우, 행정소송의 소송관과 우리나라 행정소송의 문제점, 고시연구, 1991. 1.

제5절 의무이행소송의 도입 문제

Ⅰ. 서 설

종래부터 우리나라 행정소송에 있어서는 의무이행소송이 인정되는가가 논의되어 왔다. 다시 말해서 우리나라 행정소송에서 소의 종류가 헌법상의 권리인 헌법권인 재판청구권을 실질적으로 보장할 수 있을 정도로 완비되었는가라는 점에 관한 다툼의 한 내용으로서 우리나라 행정소송에서 의무이행소송이 인정되는가가 논의되어 왔다. 이에 관하여 행정소송법 제4조의 항고소송의 종류가 한정적 열거인지 아니면 예시적 열거인지에 관하여 다투어 지고는 있으나 하여튼 행정소송법상 의무이행소송을 인정하는 명시적인 명문의 규정이 없는 것만은 틀림없다.

현재로서는 우리나라에서 의무이행소송의 문제는 주로 소위 행정의 일차적 판단권이 침해된다고 하는 점에서 권력분립상의 문제가 있다는 이유로 부정적이라고 할 수 있다. 다시 말해서 의무이행소송의 도입은 행정과 사법 간의 권력분립상의 문제를 일으키는데 소위 행정의 일차적 판단권을 침해한다고 한다. 그와 더불어 행정소송의 심리원칙과 관련하여서, 행정소송에서 의무이행소송이 도입되게 되면 우리나라 행정소송에서는 변론주의를 기본구조로 한다는 점에서 본안에서의 실제 실질적인 심리가 곤란하다고 한다.

Ⅱ. 의무이행소송과 행정의 일차적 판단권

1. 행정의 일차적 판단권에 대한 연혁적 검토

과거 프로이센의 행정쟁송 시절로부터 연유하는 즉 법치국가(Rechtsstaat)에서는 법률의 지배하에 행정의 행정행위와 사법의 판결이 동등하다는 것에 근거한 소위 행정의 일차적 판단권의 존중이라고 하는 것을 적어도 현재의 우리나라에서까지 계속해서 언급하는 것 자체부터가 문제이다. 현재 우리나라 행정소송이 과거 관헌국가의 행정쟁송제도는 아니라는 것이 분명하다는 점은 그 누구도 부인하지 않는다는 점에서 더욱 그러하다. 게다가 과거 관헌국가적 행정쟁송제도를 가졌던 독일에서도 제2차 세계대전에서 패전한 후 특히 영·미국의 영향에서 비롯한 것이기는 하지만 여하튼 현재에는 이미 의무이행소송(Verpflichtungsklage)뿐만 아니라 일반이행소송(allgemeine Leistungsklage)까지 널리 인정되고 있는 실정이다.

이러한 점등을 고려하면, 적어도 일반 사법재판제도를 취하는 우리나라 행정소송에서 의무이행소송을 저지하기 위한 논거로서 제시되고 있는 소위 행정의 일차적 판단권이라고 하는 논거 자체는 이미 그 존립기반을 상실한 것이라고 할 수 있다.

2. 행정재판제도와 헌법권인 재판청구권

과거 오토 마이어 시절의 형식적 법치주의가 아니라 현재 실질적 법치주의가 완성되고 헌법상 국민의 권리인 헌법권인 재판청구권이 실질적으로 보장되고 그에 상응하는 사법국가제도의 정비라고 하는 것이 현재 우리나라 헌법의 기본적인 구조라고 할 수 있다. 이러한 관점에서 보면, 행정쟁송제도는 그 목적이나 기능이 행정의 권한존중보다는 헌법상 국민의 권리인 헌법권인 재판청구권을 실질적으로 보장하여야 한다는 점에 있어서는 이론의 여지가 있을 수 없다. 따라서 과거의 행정의 권한존중으로서의 행정재판국가적 전통은 우리나라 현행 헌법상 국민의 권리인 헌법권인 재판청구권의 실질적 보장이라는 측면에서 재고되어야 한다.

3. 행정의 일차적 판단권과 객관소송설

최근 우리나라에서 행정소송의 성질에 관하여 객관성을 강조하여 주장하는 견해가 대두되었다. 이러한 주장에 따르면, 우리나라 행정소송의 구조는 주관성에 치우친 독일 제도와는 상당히 거리가 있고 오히려 프랑스 행정쟁송제도와 상당히 가까운 것이라고 한다.

그런데 기본적으로 프랑스 행정쟁송제도는 우리나라의 행정소송과는 다른 제도이므로 동일 차원에서 검토할 수 없는 한계가 있다.

4. 행정의 일차적 판단권과 국민의 권익구제

(1) 법치국가의 원리

소위 행정의 일차적 판단권이라고 하는 것이 실제적으로 문제가 되는 경우를 그 내용적인 측면에서 보면, 행정청이 정상적으로 제대로 행사하였어야 할 판단권을 제대로 행사하지 아니하였다는 것을 의미한다. 이와 같이 행정 스스로 일차적 판단권의 행사를 거부, 방관하고 있는 경우를 포함하여 위법하게 행사한 경우 국민의 권익실현에 장애가 된다. 따라서 그러한 장애를 국가가 제거하여야 한다는 것은 법치국가에 있어서 국가의 기본적인 책무가 되는 것이고 이것은 어찌보면 지극히 당연한 것이라고 할 수도 있다.

(2) 행정의 일차적 판단권과 기회비용

행정의 일차적 판단권이 주로 문제되는 경우는 어느 경우에나 즉 모든 행정이 하는 모든 일에 걸쳐서 늘상 문제되는 일반적인 것이 아니라, 극히 특수하고 예외적인 경우에 한정되는 문제이다. 게다가 최근의 새만금사건에서 보듯이 신속하게 분쟁이 해결이 되지 아니하는 경우 그 기회비용은 천문학적이라는 점에서 분쟁해결의 실효성을 위해서 행정의 일차적 판단권만을 주장할 일은 아니다.

(3) 행정의 일차적 판단권과 국민의 권익구제의 비교·형량

행정이 일차적 판단권을 위법하게 행사하였거나 또는 일차적 판단권의 행사를 거부 내지는 방관하고 있음으로 인하여 국민의 권익구제가 장애가 되어 이를 마땅히 국가가 제거하였어야 할 시점에서 또 다시 행정의 일차적 판단권이 문제가 된다는 것을 국민이 납득하기가 어렵다. 원래 행정의 일차적 판단권이 제대로 행사되었어야 함에도 불구하고 그렇지 못하여 발생한 부적절한 상태가 행정에 의하여 시정되지 아니하고 지속된 결과 그로 인하여 국민이 받은 권익의 장애를 제거하고자 하는 시점에서 또다시 행정의 일차적 판단권이 문제시 한다는 것을 의미하므로, 이는 자기모순적이다.

(4) 행정과 사법에 대한 무차별성

권익의 구제를 받는 국민의 입장에 서게 되면, 특히 국민의 법감정상 국민 자신의 권리를 구제받기 위하여 그 상대방인 권한행사주체가 행정이어야 하는가 아니면 사법이어야 하는가에 관하여는 그 어느 쪽도 무차별하다는 점도 반드시 고려되어야 한다. 예컨대 국민이 국가를 상대로 행정소송으로 다투는 마당에 같은 국가기관인 사법이 행정의 일차적 판단권을 존중하여야 하기 때문에 어떠한 결정도 할 수 없다고 하는 점을 국민에게 납득시킬 방법이 도저히 없다고 할 수 있다. 국민은 자신의 권익을 구제받기 위한 최종적인 권한이 어떠한 국가기관에 속하여야만 정당한가라고 하는 이른바 행정과 사법 간의 권한쟁의문제에는 관심이 없고 오히려 무차별한 문제로서 중요하다고 생각하지 않는다고 할 수 있다. 이 점에서 최종적인 권익구제의 판단의 주체가 반드시 행정이어야 하는가 아니면 사법이어야 하는가에 관한 이론상의 논의가 있을 수는 있으나 적어도 국민에게 이러한 문제에 대하여 관심을 가지라고 요구하는 것은 헌법상의 국민의 권리인 헌법권인 재판청구권에 비추어 문제가 된다고 할 수 있다.

(5) 판결의 취지에 따른 재처분의무와 행정의 일차적 판단권

국민이 실제 행정소송을 통하여 권익구제를 받을 만한 충분한 이유가 있고 따라서 승소가능성이 있어서 재판을 수행한 결과 승소한 국민이라고 한다면, 법원의 판결에 대하여는 다른 국가기관인 행정이라고 하더라도 법원의 판결의 취지대로 당연히 이행할 것이라고 충분히 기대할 수 있고 그렇게 기대할 자격도 충분하다고 할 수 있다. 그러한 국민의 기대는 권력분립원칙이나 법치국가원리에도 어긋나는 것이 아닌 지극히 정당한 것이다. 본래 권력분립원칙은 국민의 권리를 보장하기 위하여 수단시 되는 원리에 불과한 것이지 분립된 권력 자체, 즉 법원으로부터 간섭받지 않는다고 하는 의미에서의 행정의 일차적 판단권을 국민이 보장하기 위한 원리는 아니다. 따라서 행정의 일차적 판단권이라고 하는 국가의 분립된 권력을 위하여 또는 그러한 이유만으로 국민에게 자신의 권익을 희생할 것을 강요할 수는 없음은 물론이다.

이러한 점에서 종래 부작위위법확인소송의 경우 승소해도 단순히 부작위가 위법임을 확인하는 것에 그치고 따라서 행정에 대한 후속적인 조치인 재처분의무에 법원의 판결의 취지가 아무런 실질적인 기능도 하지 못한다는 식의 해석은 국민의 헌법상의 권리로서 헌법권인 재판청구권에 비추어 의문이 전혀 없는 것은 아니라고 할 수 있다.

Ⅲ. 의무이행소송과 심리원칙

행정소송에서 의무이행소송이 인정되지 아니한다고 하는 주요한 근거인 소위 행정의 일차적 판단권이라는 문제 이외에도, 설령 우리나라 행정소송에 있어서 의무이행소송이 입법화된다고 하더라도 실제 행정소송에서의 심리절차에 있어서 특히 우리나라 행정소송에서는 변론주의를 기본구조로 한다는 점에서 실제 실질적인 심리가 곤란하다는 점이 지적되기도 한다.

우리나라 행정소송에서는 소송자료의 수집·제출의 책임을 당사자의 활동에 맡기는 변론주의를 원칙으로 하고 경우에 따라서 법원이 공익까지 감안하여 직권으로 증거도 조사할 수 있을 뿐만 아니라 심지어 나아가 당사자가 주장하지도 아니한 사실까지도 조사하여 판단한 결과를 판결의 기초로 삼을 수도 있다. 이런 점에서 우리나라 행정소송의 심리원칙은 변론주의와 직권탐지주의가 절충될 수 있는 구조로 되어 있다고 할 수 있다.

이러한 점을 고려한다면, 실제 우리나라 행정소송의 심리절차에서는 오늘날 다양한 공·사익의 조정이 필요한 만큼 활발한 실질적 심리가 그 심리원칙상 가능할 뿐만 아니라 기대된다고 할 수 있다. 따라서 이 점에서 보더라도 우리나라 행정소송의 심리절차는 오히려 독일식의 직권탐지주의의 목적인 실체적 진실에 변증법적으로 더 가깝게 접근하기 좋은 심리절차상의 모범적인 한 방법이 될 수 있다.

Ⅳ. 의무이행소송과 위험부담 및 국가의 책무

국민과 국가 간의 권한쟁의와 같은 것에서 비롯된 예컨대 의무이행소송의 존부불명의 위험부담을 어쨌든 언제나 국민만이 부담하게 된다고 하는 것은 현대 헌법상 그 합리적인 근거를 찾을 수 없다. 본래 국민과 국가 간에는 존부불명의 확정 정도가 아니라 그 전단계로서 단지 의심스럽기만 해도 원칙적으로 국민의 이익으로 하는 것이 바람직한 것은 헌법상 당연하고, 행정과 사법은 공히 국민의 이익을 보장하여야 할 의무가 있는 국가기관임이 분명하기 때문이다.

어쨌든 의무이행소송과 같은 것의 인정 여부에 있어서 국민이 일방적으로 그 위험부담을 부담하게 되는 존부불명의 사태를 야기함에 있어서 행정, 사법은 물론이고 입법까지 포함하여 그 원초적인 책임이 있다고 할 수 있다. 왜냐하면 입법, 행정, 사법은 국민을 위하여 각기 자신의 능력이 닿는 한도 내에서는 최대한 이와 같은 위험부담의 사태를 사전에 예방할 무한책임과 의무를 담보하고 있기 때문이다. 또한 이들 국가기관이 이에 미처 대처하지 못하였다고 하더라도 반드시 사후적으로라도 궁극적으로는 최소한 국민에 대하여 그와 같은 불리한 사태라고 하는 결과를 제거할 책임과 의무가 또한 있다고 할 수 있다.

이와 같이 국민의 권익보장을 위하여 사전적 의미든 혹은 사후적 의미든 간에 입법, 행정, 사법이 국민에 대하여 무한담보책임과 의무가 있으면서도, 입법, 행정, 사법이 각자 적극적으로 나서서 국민이 감수하여야 할 위험부담을 제거하려고 하지 아니하고 수수방관하고 있다고 한다면, 이는 국민을 볼모로 입법, 행정, 사법이 서로 그 책임을 전가하고 있는 것이라고 할 수밖에 없다. 입법, 행정, 사법이 위험부담에 국민을 빠뜨리는 것만으로도 이미 입법부작위이고 행정편의주의이고 실질적인 재판의 거부라는 비난을 면할 수 없다.

그뿐만 아니라 적어도 최소한 사법에 관련된 헌법상의 국민의 권리인 헌법권인 재판청구권을 결과적으로는 직접적으로 침해하는 것에 해당한다는 점에서 이는 헌법상의 국민의 권리인 헌법권 위반의 문제가 있다는 점에서 더욱 문제가 있다. 이런 점에서도, 최소한 또 다시 이러한 사태가 야기되는 것을 미연에 방지하기 위해서라도, 우리나라 행정소송에서 의무이행소송 등의 인정 여부에 관한 논의가 헌법권인 재판청구권의 실질적 보장 측면에서 재검토되어야 할 충분한 이유가 있다고 할 수 있다.

토론할 문제

1. 행정의 일차적 판단권을 보장하여야 하는 이유와 그 비판
2. 행정과 사법의 권한쟁의와 국민의 권익구제 중 어느 것이 우선되어야 하는가?
3. 행정과 사법의 무차별성
4. 권력분립이 의무이행소송의 인정에 장애가 되는가?
5. 국민의 재판청구권에 근거하여 의무이행소송 인정 주장은 가능한가?

관련판례

대법원 1995. 3. 10. 선고 94누14018 판결 【부작위위법확인】

[1] 검사가 압수 해제된 것으로 간주된 압수물의 환부신청에 대하여 아무런 결정·통지도 하지 아니한 경우, 부작위위법확인소송의 대상이 되는지 여부

[2] 검사에 대한 압수물 환부이행청구소송이 허용되는지 여부

[1] 형사본안사건에서 무죄가 선고되어 확정되었다면 형사소송법 제332조 규정에 따라 검사가 압수물을 제출자나 소유자 기타 권리자에게 환부하여야 할 의무가 당연히 발생한 것이고, 권리자의 환부신청에 대한 검사의 환부결정 등 어떤 처분에 의하여 비로소 환부의무가 발생하는 것은 아니므로 압수가 해제된 것으로 간주된 압수물에 대하여 피압수자나 기타 권리자가 민사소송으로 그 반환을 구함은 별론으로 하고 검사가 피압수자의 압수물 환부신청에 대하여 아무런 결정이나 통지도 하지 아니하고 있다고 하더라도 그와 같은 부작위는 현행 행정소송법상의 부작위위법확인소송의 대상이 되지 아니한다.

[2] 검사에게 압수물 환부를 이행하라는 청구는 행정청의 부작위에 대하여 일정한 처분을 하도록 하는 의무이행소송으로 현행 행정소송법상 허용되지 아니한다.

대법원 1992.12.22. 선고 92누13929 판결 【징발수용토지에대한징발해제청구등】

행정청의 위법 또는 부당한 부작위에 대하여 의무이행소송을 허용하지 아니하는 것이 헌법 제23조에 위배되는지 여부(소극)

행정소송법 제3조와 제4조가 행정청의 부작위가 위법하다는 것을 확인하는 소송을 규정하고 있을 뿐 행정청의 부작위에 대하여 일정한 처분을 하도록 하는 의무이행소송에 관하여는 규정하고 있지 아니하여, 행정청의 위법 또는 부당한 부작위에 대하여 일정한 처분을 하도록 청구하는 소송을 허용하지 아니한 것이, 국민의 재산권을 보장한 헌법 제23조에 위배된다고 볼 수 없다.

대법원 1992.2.11. 선고 91누4126 판결 【보존문서정정등】

[1] 행정소송의 대상이 되는 행정처분의 의의

[2] 육군병원의 입원기록 작성행위가 항고소송의 대상이 되는 행정처분인지여부(소극)

[3] 행정소송법상 의무이행소송이나 의무확인소송의 허용 가부(소극)

[4] 상고심에서의 청구취지정정의 허용 가부(소극)

[1] 행정소송의 대상이 되는 행정청의 처분이라 함은 행정청의 공법상의 행위로서 특정사항에 대하여 법규에 의한 권리의 설정 또는 의무의 부담을 명하거나 기타 법률상 효과를 발생하게 하는 등 국민의 권리의무에 직접 관계가 있는 행위를 말한다.

[2] 육군병원의 입원기록은 병원에서 환자를 치료, 관리하는 등 업무집행의 편의와 사실증명의 자료로 삼기 위하여 작성되는 것으로서 이로 인하여 바로 환자의 권리의무에 영향을 미치는 것은 아니라 할 것이므로 위 입원기록의 작성행위는 항고소송의 대상이 되는 행정처분이라고 할 수 없다.

[3] 현행 행정소송법상 의무이행소송이나 의무확인소송은 인정되지 않으며, 행정심판법이 의무이행심판청구를 할 수 있도록 규정하고 있다고 하여 행정소송에서 의무이행청구를 할 수 있는 근거가 되지 못한다.

[4] 법률심인 상고심에서는 청구취지의 정정이 허용되지 아니한다.

대법원 1989.9.12. 선고 87누868 판결 【어업권말소등록무효확인등】

[1] 도지사의 어업권등록 행위가 무효확인소송의 대상인 행정처분인지 여부(소극)

[2] 행정소송법상 의무이행 소송이 허용되는지 여부(소극)

[1] 어업권의 어업권원부에의 등록은 도지사의 어업권면허처분을 전제로 하는 직권행위에 불과하여 도지사의 어업권설정에 관한 등록행위는 어업권을 부여하는 행정처분이 아니고, 같은 이치에서 이러한 어업권은 일정한 소멸사유(존속기간의 만료, 어장의 멸실, 어업권의 포기, 면허의 취소등)가 발생하면 어업권소멸의 등록을 기다리지 않고 바로 소멸하므로 도지사의 어업권소멸에 관한 등록행위도 어업권을 소멸시키는 행정처분이 아니어서 도지사의 어업권 등록행위는 무효확인 소송의 대상이 될 여지가 없다.

[2] 행정심판법 제3조에 의하면 행정청의 위법 또는 부당한 거부처분이나 부작위에 대하여 의무이행 심판청구를 할 수 있으나 행정소송법 제4조에서는 행정심판법상의 의무이행심판청구에 대응하여 부작위위법확인소송만을 규정하고 있으므로 행정청의 부작위에 대한 의무이행소송은 현행법상 허용되지 않는다.

헌법재판소 2008.10.30. 선고 2006헌바80 전원재판부 【국가유공자등예우및지원에관한법률제6조제3항등위헌소원】

[1] 당해사건인 행정소송에서 청구인의 국가유공자해당 여부에 대한 재거부처분(이하 '이 사건 재거부처분'이라 한다)이 무효로 판단되어 그 판결이 확정된 경우에 국가보훈처의 국가유공자 해당 여부의 판단에 있어서 보훈심사위원회의 심의·의결을 거치도록 한 '국가유공자 등 예우 및 지원에 관한

법률'(2002. 1. 26. 법률 제6648호로 개정된 것, 이하 법명은 '예우 및 지원법' 이라 한다) 제6조 제3항의 위헌 여부가 재판의 전제성을 갖는지 여부(소극)

[2] 행정소송법 제4조에서 항고소송의 유형으로 '의무이행소송'을 도입하고 있지 않은 것이 부진정입법부작위로서 헌법재판소법 제68조 제2항의 헌법소원 심판의 대상이 되는 법률에 대한 헌법소원심판청구에 해당하는지 여부(소극)

[1] 헌법재판소법 제68조 제2항에 의한 헌법소원에 있어서는 법률이 헌법에 위반되는지 여부가 당해사건의 재판의 전제로 되어야 하는데, 당해사건에서는 이 사건 재거부처분은 재결의 기속력에 위반되어 무효라고 판단하였고 이 판결은 대법원에서 최종 확정되었는바, 이 부분 청구에 대하여 승소한 당사자인 청구인은 재심을 청구할 수 없고, 이 부분 청구에 있어서는 당해사건에서 청구인에게 유리한 판결이 확정된 마당에 국가보훈처의 국가유공자 해당 여부의 판단에 있어서 보훈심사위원회의 심의·의결을 거치도록 한 예우 및 지원법 제6조 제3항에 대하여 헌법재판소가 위헌결정을 한다 하더라도 당해사건 재판의 결론이나 주문에 영향을 미치는 것도 아니어서 이 법률조항은 재판의 전제성이 인정되지 아니한다.

[예우 및 지원법 제6조 제3항 부분에 관한 재판관 조대현의 반대의견]

구체적 규범통제제도인 위헌법률심판제도는 헌법에 위반되는 법률을 실효시켜 헌법의 최고규범력을 보장하기 위한 제도로서 구체적인 분쟁해결이나 개인의 권리구제를 목적으로 하는 제도가 아니다. 따라서 재판의 전제성은 심판대상 법률이 당해사건에 적용되고 그 위헌 여부에 따라 논리적·추상적으로 재판의 의미와 내용이 달라질 수 있는 가능성이 있으면 인정되는 위헌법률심판의 개시요건에 불과하고, 청구인의 심판청구의 이익이나 심판의 필요성을 따져서 위헌법률심판이 제청신청인이나 청구인을 유리하게 하거나 재심의 기회를 주는 경우에만 재판의 전제성이 인정된다고 볼 수는 없다.

이 사건에서 예우 및 지원법 제6조 제3항은 당해사건의 재판에 적용되고, 당해사건 재판과정에서 그 위헌여부가 쟁점으로 되고 있으므로 이 부분 청구는 재판의 전제성이 갖추어졌다고 보아야 하며, 청구인이 다른 사유로 승소판결을 받고 확정되었다고 하더라도 재판의 전제성이 없어졌다고 볼 수 없다.

[2] 의무이행소송의 성격은 취소소송이나 확인의 소인 부작위위법확인소송과는 본질적으로 다르고, 소송요건, 본안 요건, 판결의 효력, 집행 방법 등에 있어서도 본질적으로 구별되는 별도의 소송유형이라는 점, 행정청의 1차적 판단권이 존중되어야 한다는 권력분립적 요청, 법치행정의 요청 및 국민의 효율적인 권리구제의 요청, 사법권의 정치화·행정화를 막고 부담을 경감하

여야 한다는 사법자제적 요청, 국가 주도의 발전과정과 행정권의 역할에 대한 고려, 행정기관과 법원의 수용태세 등을 고려하여 현행 행정소송법에 도입되지 않은 입법경위 등을 종합하면, 행정소송법 제4조가 의무이행소송을 항고소송의 하나로 규정하지 아니한 것은 의무이행소송에 대한 입법행위가 없는 경우(입법권의 불행사)에 해당하는 것이지, 항고소송의 유형을 불완전·불충분하게 규율하여 입법행위에 결함이 있는 경우(입법권 행사의 결함)라고 보기 어렵다. 따라서 이 사건 헌법소원심판청구 중 행정소송법 제4조에 대한 청구 부분은 실질적으로 입법이 전혀 존재하지 않는 의무이행소송이라는 새로운 유형의 항고소송을 창설하여 달라는 것으로 헌법재판소법 제68조 제2항에 의한 헌법소원에서 허용되지 않는 진정입법부작위에 대한 헌법소원 심판청구이므로 부적법하다.

참고문헌

김남진, 의무이행소송의 필요성과 가능성, 법률신문 3412호 (2005.11) 13.

김남진, 의무이행소송의 허용성과 요건 등 : 행정소송법의 개정안과 관련하여, 고시연구 32권 12호 (381호) (2005.12) 14-24.

김연태, 의무이행소송과 예방적 금지소송의 쟁점 검토 : 법무부 행정소송법 개정시안을 중심으로, 고려법학 49호 (2007.11) 289-324.

이석재, 행정소송법상 의무이행소송, 송무자료집 9집, 대검찰청 고등검찰청, (2005.12) 387-405.

조만형, 의무이행소송 도입을 위한 행정소송법 개정의 과제, 토지공법연구 24집 (2004.12) 185-212.

조만형, 현행 행정소송법의 문제점 : 의무이행소송의 도입과 개정안을 중심으로, 법학논총 11집 2호, 조선대학교 법학연구소, (2004.12) 231-249.3

제6절 외국법 및 외국이론의 문제점

Ⅰ. 문제의 제기

우리나라의 법과 외국법과의 비교 내지는 외국법 내지는 외국이론의 도입을 주장하면서 우리나라의 현행법 규정 자체를 도외시한다거나 또는 기존의 해석이나 실무를 송두리째 무시하고 곡해하거나 궁극적으로는 부정하려고 한다면 이는 문제가 아닐 수 없다. 이러한 태도는 일제 식민지에서 벗어난 지 해방 후 반세기가 훨씬 지났음에도 불구하고 아직도 일본의 잔재를 불식하지 못하는 것과 마찬가지로 사대주의에 빠져 외국의 것이라고 한다면 무조건적으로 추종 내지는 모방하려고 하는 것에 지나지 않는 것이다. 나아가 극단적으로 말해서 우리나라가 단순히 외국법이나 이론의 수계나 승계의 차원으로 전락하는 것이 되고 만다.

Ⅱ. 행정소송의 논의방향의 착오 문제

우리나라 행정소송에 있어서 논의의 방향성은 공익을 이유로 민사소송상의 변론주의가 제한되고 그 대신에 직권탐지주의가 인정되고 그 인정되는 정도에 따라서 민사소송상의 제 제도가 행정소송에서는 어떠한 모습으로 인정될 수 있는가가 관심의 대상이라고 할 수 있다. 따라서 우리나라 행정소송에서는 일정한 공익이 관련되는 경우 변론주의 대신에 직권탐지주의를 어느 정도 인정할 수 있는가라고 하는 문제로부터 출발하게 된다.

이에 반하여 독일의 행정소송에 있어서는 직권탐지주의로 인한 법원의 부담을 경감시키기 위하여 직권탐지주의를 어느 정도 완화할 수 있는가에 관심을 가지고 있다. 즉 독일의 행정소송에서는 직권탐지주의를 현실적으로 관철하기 어렵다는 것을 인식하고 그 대책을 강구하고 있다고 할 수 있다.

따라서 우리나라 행정소송에 있어서는, 독일 행정소송에서 논의되고 있는 바와 같이, 법원의 부담을 경감하기 위하여 직권탐지주의를 완화하는 데에 관심이 있는 것이 아니다. 오히려 우리나라 행정소송에서는 공익을 이유로 법원의 부담을 가중하기 위하여, 물론 그 정도의 차이에 관해서는 다투어지지만, 직권탐지주의를 인정하려고 하는 것이다. 이 점에서 독일의 행정소송과 우리나라 행정소송에 있어서 그 지향하는 문제방향이 정반대이다.

그러므로 특히 독일적 상황하에 있는 독일 행정소송의 이론을 있는 그대로 독일과 다른 상황에 처해 있는 우리나라의 행정소송에 가져와 논의하려는 것 자체부터가 원천적으로 문제가 아닐 수가 없다. 나아가 독일 행정소송의 이론을 우리나라 행정소송에서의 이론을 논증함에 있어서 유력한 증거로 사용하는 것도 독일적인 상황을 우리나라의 상황과 동일한 잣대를 가지고 단순 비교하는 것이 되므로 이 또한 문제가 아닐 수 없다.

Ⅲ. 독일의 "Verwaltungsgerichtsordnung"의 번역문제

독일의 "Verwaltungsgerichtsordnung"을 일본학자들의 "행정재판소법"의 번역에 근거하여 주로 "행정법원법"으로 번역함이 일반적이나, 독일의 "Verwaltungsgerichtsordnung"은 우리나라의 현행법 중의 "행정소송법"에 해당함은 물론이다.

우리나라의 경우, 행정소송법 제8조 제2항에 의하여, 비록 준용의 형식이기는 하지만, 민사소송법 이외에도 법원조직법도 준용되고 있고, 나아가 2002. 1. 26. 법률 제6627호로 개정된 신 행정소송법 제8조 제2항에 의하여 민사집행법의 규정을 명시적으로 준용하도록 규정하게 되어 행정소송법이 보다 자체완결적 규정을 가지도록 조문상 정비하려고 한다는 점, 우리나라 헌법상의 규정을 보더라도 우리나라는 민사사건, 형사사건은 물론이고, 행정사건도 역시 일원적으로 귀속되는 헌법상 사법재판국가제도를 채택하였다는 점, 이는 비록 아직은 전국적이지 못하고 서울에 한정되었지만 일단 우리나라에서도 행정법원이 신설되었고 차후에 그 증설이 예견되기는 하나 대법원을 정점으로 하는 헌법상 사법재판국가제도임에는 전혀 불변이라는 점, 비록 독일과 같이 세분화된 법원의 조직을 갖추고 있지는 않으면서도 흔히 행정소송, 조세소송, 특허소송 등의 명칭을 사용하고 있다는 점, 그리고 근본적으로는 우리나라는 독일, 프랑스를 비롯한 대륙법계 국가는 물론이고 과거 명치헌법하의 일본에서의 행정재판소와 같은 관헌국가적 행정쟁송제도의 역사를 전혀 공유하지 않았다는 점 등 제반 사정을 고려하여 보면, 독일의 "Verwaltungsgerichtsordnung"을 "행정법원법"이 아니라 "행정소송법"으로 번역함이 타당하다고 생각된다.

이에 비하여 현재 일본의 경우에는 일본국 행정사건소송법 제1조(이 법률의 취지) "행정사건소송에 관하여는 다른 법률에 특별한 정함이 있는 경우를 제외하고는 이 법률이 정하는 바에 의한다"하고, 또 제7조(이 법률에 정함이 없는 사항) "행정사건소송에 관하여 이 법률에 규정이 없는 사항에 관하여는 민사소송의 예에 의한다"라고 하여 민사소송법이나 형사소송법과 달리 유독 행정"사건"소송을 특정하고 있다는 점, 우리나라 행정소송법상의 준용규정보다 매우 포괄적인 적용을 의미하는 "민사소송의 예에 의한다"라고 규정한 점, 일본에서는 40여 개조에 불과한 현행 "행정'사건'소송법"과 달리 250여 개조로 개정안을 구성하여 논의한 경우 "행정'소송'법안"이라고 하였다는 점, 그리고 현재의 그들의 굳어진 용례 및 행정소송에 관한 일반적인 시각 등을 감안하면, 아직까지는 일반적인 의미의 행정소송법 이외에도 법률명과 명실상부하게 "행정사건에 관한 법"이라는 의미 그대로, "행정소송법" 이외에도, 경우에 따라서는 "행정사건소송법"으로 써도 무방하다고 생각된다.

물론 경우에 따라서 우리나라의 경우에도 "행정사건"이라는 용어를 쓰는 경우가 있다. 그러나 예컨대 법원조직법 부칙(1994. 7. 27.) 제2조(행정사건에 관한 경과조치)에서 "행정법원이 설치될 때까지"라고 하는 규정은 그러니까 전국에 행정법원이 개설될 때까지 잠정적인 관할을 정하기 위한 것에 지나지 않는 것이지 특별한 본질적인 내용을 가지는 것이 아니다.

Ⅳ. 모델(model)식 접근방법의 문제

법비교 자체가 매우 유용한 것임에 틀림없고 이는 세계적으로 일반화된 법학방법론으로 이미 정착했다고 할 수 있다.

그러나, 다른 경우도 마찬가지이겠지만, 우리나라의 법과 다른 나라의 법을 비교하는 경우에 있어서는, 최소한 각 나라의 정치·경제·사회·문화·역사 등등 그 외에 법의식, 법제도, 법현실 등등은 물론이고 나아가 심지어 국민성 등 문화인류학적인 기초적인 이해 등이 선행되지 않으면 안 된다.

그럼에도 외국의 해석이나 이론만을 놓고 우리나라와 단순 비교하는 것은 무수한 다른 조건은 동일하다고 하는 전제 즉 ceteris paribus로부터 출발하는 모델(model)식의 접근방법에 불과한 것이라고 할 수 있다. 따라서 단 한 가지 전제라도 틀리게 되면 아무런 의미가 없게 된다.

V. 외국이론의 수입문제

1. 외국이론의 직수입

일본이 2차 세계대전 후 미국의 일방적인 주도이기는 했지만 어느 정도 영미식의 법의 지배, 내지는 적법절차의 세례 - 물론 제대로 세례를 받았는지는 별론으로 하고 - 를 받았다는 사실을 주목할 필요가 있다.

일본은 헌법에 적법절차조항을 명시하고 영미식의 법의 지배에 따른 사법제도를 갖추고 행정재판이 부정되고 특히 형사절차에 있어서 영미식 형사절차의 인권보장의 원리 등이 도입되어 당사자주의가 어느 정도 정착되었다고 할 수 있다. 헌법이나 사법제도를 비롯하여 각종 단행 법률을 놓고 보면 우리나라가 독일보다는 일본에 가깝게 되었다는 것은 그 누구도 부정할 수 없는 사실이다.

따라서 일본을 경유하지 아니하고 프랑스나 독일 등 유럽 본토로부터 직수입을 하는 것은 좋은데 직수입하고자 하는 유행이 결과적으로 오히려 법치국가(Rechtsstaat)하에서의 법률의 지배(Herrschaft des Gesetzes)와 대립되는 또 하나의 중요한 원리인 법의 지배(rule of law)라든가 적법절차(due process of law)가 경시되는 데로 귀착하게 된다고 한다면, 이는 주어진 능력 이상으로 애쓰고 직수입한 보람이 상당부분 상쇄될 뿐이라고 할 수 있다. 특히 직수입의 결과 예컨대 독일의 이론에의 종속정도가 과거 일본에 종속된 경우보다 크다고 한다면 이 또한 역시 문제가 아닐 수 없다.

2. 역사와 현실의 왜곡과 연구소재의 제약

무분별한 외국 이론의 수입은 우리나라의 역사나 현실을 제대로 직시하지 아니할 뿐만 아니라 우리나라의 역사와 현실을 특정 외국의 역사나 현실에 억지로 꿰어 맞추거나 심지어 우리나라의 역사와 현실을 왜곡하는 문제점을 낳기도 한다.

한편 연구소재에 있어서도 외국에서 논해지거나 외국문헌에 그 전거가 있는 소재는 그 종류를 가리지 아니하고 무조건 중요하게 취급하고, 그 반대로 현실적으로 우리나라에서 문제가 되는 소재에 관하여 정작 외국에서는 아무런 전거나 논의가 없으면 중요하지 않다는 식의 사대주의에 젖기가 쉽다.

3. 상이한 실정법규정의 간과

법이론은 일차적으로 실정법을 소재로 하는 것이 당연하다. 법규정이 어떻게 되어 있는가에서부터 출발하는 것이 연구의 기본이다. 물론 실정법규정만이 절대적인 것이라고 강조하는 것은 절대로 아니다. 하여튼지 예컨대 우리나라의 법과 외국의 법이 그 조문상 상이하게 규정되어 있음에도 불구하고 이에 대하여 아무런 설명조차 없을 뿐만 아니라 아무런 관심을 가지지 아니하고 무작정 외국법규정에 근거한 외국법이론만을 논의하는 것은 문제가 아닐 수 없다.

4. 독자적 사고능력의 저하와 정체성의 상실

외국법이론에만 의존하게 되는 문제점으로 독자적 사고능력의 저하와 정체성의 상실을 들 수 있다. 특정한 나라에 편중된 지식의 일방적인 수입만을 강요하고 그것에만 의존하는 풍토는 계속해서 우리만이 아니라 우리의 후손에게도 나쁜 유산으로 물려줄 뿐이고 이는 결과적으로 우리의 정체성을 상실하게 된다. 또한 우리나라의 현실 내지는 외국에서의 실질과 동떨어진 외국 언어의 설명적 기능과 같은 미시적인 테크닉에만 집착해서는 거시적인 큰 흐름을 잃을 수도 있다는 점에서도 문제이다.

5. 우리의 자세 확립

우리나라에 있어서는 물론 선진법문화 국가와의 법비교는 아직도 매우 중요하다. 이것에 이의를 달 사람은 아무도 없을 것이다. 그러나 단순히 외국의 법이나 법제도를 수계하자는 차원이 아니고 외국과 대등한 입장에서 참고하기 위하여 법비교를 한다는 것이라고 한다면, 그렇다면 제대로 법비교를 하기 위해서라도 먼저 우리나라의 정체성을 확립하여야 한다. 그리고 난 다음에야 비로소 제대로 된 법비교를 할 수 있다.

해방 후 50년이나 지났다. 아직도 이 가게 저 가게 돌아다니면서 계속해서 아이쇼핑만 할 것인가. 비록 처음에는 아주 매우 유치한 수준으로 보일지는 모르겠지만 이제라도 최소한 가능한 영역에서 우리나라의 역사와 우리나라의 현실에 근거한 우리나라의 법과 법문화와 법소재를 가지고 우리 스스로 독립적으로 사고하는 훈련을 해야 한다.

Ⅵ. 소송법해석과 소송제도적 현실

소송제도적인 현실도 소송법의 해석 못지않게 소송에서의 승패를 좌우한다는 점에서 현실적으로 매우 중요한 문제라고 할 수 있다.[15)]

예컨대 우리나라 행정소송에 있어서 특히 국민을 행정과 대등하게 놓고 이론구성을 할 수 없는 현실적인 이유가 된다. 따라서 외국의 이론도 최소한 그 나라의 변호사사정등 소송현실이 우리나라와 어느 정도 현격한 차이가 있는지를 반드시 확인하고 받아들일 일이다. 그렇지 아니한 특히 소송법에 관한 외국의 이론이라는 것은 그 나라에서는 어떨지 몰라도 적어도 우리나라의 현실에 제대로 맞는다고 할 수 없다. 이런 점에서 변호사제도를 비롯한 소송제도적 현실은 행정소송은 물론이고 어떠한 소송이론을 검토함에 있어서도 반드시 고려하여야 한다.

그리고 이와 같이 우리나라에 있어서 소송제도적 현실을 감안한 이론이 비논리적이라는 비난을 받을 만한 이유가 전혀 없다. 특히 그 비논리라는 비난의 근거가 단지 우리의 이론이 외국의 이론과 다르다고 한다든지 또는 그 전거가 외국의 이론에서는 찾아 볼 수 없다고 하는 것은 도저히 수긍할 수 없고 이해할 수 없는 것이라고 할 수 있다.

Ⅶ. 행정소송법 개정 논의의 문제점

기존의 시행중인 현행법으로도 얼마든지 충분한 설명이 가능함에도 불구하고, 굳이 특정 국가의 법과 유사하게 개정하지 않으면 안 될 무슨 특별한 사정이 있다는 점에 대한 증명이나 설득과정조차 없이, 때로는 막연한 개인적인 배경이나 취향에까지도 근거하기도 하는 것이기도 하지만, 특정 국가의 입법의 도입을 겨냥한 개정입법을 주장한다는 것 자체는 이제 현재의 우리나라의 수준을 감안하면 도저히 있을 수 없는 일이다.

현재의 행정소송법 개정논의에 있어서 행정과 사법의 주도권경쟁이 필요 이상으로 행정과 사법 간의 권한쟁의로 변질되는 감이 없지 않다. 그리고 이와

15) 이런 점에서 각국의 소송제도에 있어서는 각 나라의 국민이 얼마나 자신의 권리가 제대로 실현되는가라고 하는 것은 이론이나 모델 이전에 실제로 어느 정도 권리가 제대로 실현되고 있는가라고 하는 실태파악이 최우선시 되어야 함은 물론이다.

같은 행정과 사법의 관계에 관한 논의를 함에 있어서 외국 중 특히 독일 내지는 프랑스의 행정소송 관련 법규정이나 이론에만 그 근거를 둔 논의가 주류를 이루고 있다는 점도 문제점이라고 할 수 있다. 이와 같이 특정 외국에 편중되어 개정논의가 이루어진다고 하는 것은 경우에 따라서는 종래부터 국민의 권익구제를 위한 우리나라의 독자적인 학설과 판례의 노력을 무시하게 되는 경우도 있을 수 있다.

주지하는 바와 같이, 우리나라 행정소송에서는 현실적으로 직접적이고 종국적인 권익구제의 첩경인 의무이행소송의 인정이 여의치 않는 등의 원인으로 인하여 부득이 취소소송중심주의로 운영될 수밖에 없는 사정이 있다. 따라서 국민의 권익구제를 위하여는 부득이하게 독일의 실체법적인 처분개념에서 어쩔 수 없이, 물론 완전히는 아니지만, 일부 이탈할 수밖에 없고 그리하여 이른바 쟁송법적 처분개념을 안출하여 사용하고 있고 이에 병행하여 원고적격을 확대하려고 하는 등의 노력을 하는 전통적인 우리나라의 학설과 판례에 어떠한 영향을 미치는가에 관해서도 최소한의 고려는 해야 할 것이다.

토론할 문제

1. 외국이론의 직수입의 문제점

2. 우리나라 행정소송을 일본, 독일, 프랑스 등 특정국가의 행정소송과 비교하는 문제

3. 우리나라, 일본, 독일의 행정소송법 규정의 이동

4. 우리나라와 독일 행정소송의 논의 방향의 이동

5. 외국의 이론의 근거가 되는 규정이 우리나라의 실정법 규정과 다른 경우에 이론에 영향을 미쳐야 하는가?

6. 바람직한 행정소송법 개정의 방향

제7절 한국적 법치주의

Ⅰ. 우리나라 행정소송법의 기본구조

우리나라 행정소송법은 그 규정상 공·사익의 적절한 조정이라는 실체면과 그러한 실체적인 공·사익의 적절한 조정을 실제로 심리하는 절차면에서 변론주의와 직권탐지주의라는 절차도 적절하게 조정된다는 점 즉 절차의 적정을 기할 수 있다는 점에서 실체면과 절차면이 서로 상응하도록 매우 유연하고 탄력적으로 규정되어 있다.

이러한 점에서 우리나라 현행의 행정소송법은 일본은 물론이고 특히 절차면에서 문제가 있는 독일과 차별화된 입법이라는 것을 확인할 수 있고, 바로 이 점에서 우리나라의 현행 행정소송법의 우수성을 부각시킬 수 있고, 이는 궁극적으로 나아가 우리나라 행정소송의 독자성 확립에 도움이 된다.

우리나라 행정소송법 제26조는 행정소송법 제1조와 제대로 상응하여 심리원칙에 관하여서 그 절충을 인정하는 가능규정의 형식을 취하고 있다는 점에서 탄력적이고 개방적이고 바로 이 점에서 독창적 규정이다. 이런 점에서 본다면, 우리나라 행정소송법 제1조의 목적규정 및 제26조의 심리원칙에 관한 규정은 우리나라 행정소송의 근간을 이루는 근본결단규정이다.

우리나라 행정소송법 규정의 구조가 입법정책상 현실의 추이에 따라 다양한 공, 사익의 관계를 포괄할 수 있고 또한 그 공·사익의 적절한 조정을 해결하는 적절한 절차에 있어서도 심리원칙인 변론주의와 직권탐지주의를 적절하게 조정할 수 있는 즉 심리원칙 간의 적절한 조정과도 일치한다는 점에서 매우 바람직한 입법태도이다. 나아가 실체적 공·사익의 적절한 조정과 이러한 조정을 위하여 변론주의와 직권탐지주의 간의 적절한 절충을 이루는 심리원칙에 의한 적절한 절차적 조정이라고 하는 우리나라 행정소송절차는 개인의 권익구제를 주로 하고 그 한도 내에서 적법성통제를 기한다고 하는 우리나라 행정소송의 목적 내지는 기능과도 제대로 조화를 이룬다.

Ⅱ. 우리나라 행정소송법의 독자성과 우수성

1. 행정소송의 목적과 본질

"현재" - 즉 따라서 앞으로는 어떨지 모르나 - 우리나라 행정소송의 목적 내지 기능면에서 보면, 개인의 권익구제를 주로 하고 그 한도 내에서 적법성통제를 기한다고 하는 절충적인 행정소송의 목적을 취하고 있다고 하는 것이, 사실자료의 수집·제출에 관하여 변론주의를 주로 하고 공익을 이유로 직권탐지주의를 가미한다고 하는 사실자료에 관한 심리원칙과 상관관계를 갖는다는 점에서 타당하다.

물론 사실자료의 수집·제출과 심리원칙 즉 예컨대 변론주의와 직권탐지주의는 논리필연적으로 연결되는 것은 아니다. 그러나 위와 같이 입법하고 해석하는 것이 실체적 공·사익의 적절한 절차적 조정인 행정소송에서의 목적 내지는 기능을 사실자료의 제출책임에 관한 심리원칙 간의 적절한 절차적 조정이라고 하는 행정소송에서의 적절한 조정적인 심리원칙과 일치한다는 점에서 매우 바람직하다. 또한 부수적으로는 실체와 절차를 통일적으로 파악하여 논리의 경제성도 기할 수 있다는 점에서 큰 장점이 있다.

2. 실체와 절차의 조화

입법정책적인 면에서 본다고 하더라도 우리나라 행정소송법의 해석상, 주관성과 객관성이 현실적으로 다양한 스펙트럼하에서 공존할 수밖에 없는 사익과 공익을 적절하게 상쇄해 가거나 어우러져 포용할 수 있다는 점에서, 그리고 그 수위 조절을 현실에서의 발전 추이의 정도를 보아가면서 연동시킬 수 있다는 점에서 다양하고 복잡한 현대 사회에 탄력적으로 대응하는 좋은 방안이 된다고 할 수 있다.

또한 이러한 실체적인 공·사익의 적절한 조정 내지는 충돌은 당연히 절차상으로도 실체적인 공·사익의 적절한 조정에 합당한 절차를 통하여 해결하는 것이 가장 이상적이다. 따라서 공·사익의 적절한 조정절차인 행정소송에서 변론주의와 직권탐지주의가 절차에서 어느 정도 적절하게 조정되는 것이 바람직하다. 이것이야말로 실체와 절차가 조화를 이루는 길이다.[16]

---

16) 물론 실체와 절차의 조화가 절대적인 것은 아니다. 실체든 절차든 어느 한 쪽을 극단화하는

3. 우리나라 행정소송법의 독자성과 우수성

상대적으로 직권탐지주의가 지배하는 독일의 행정소송과 변론주의가 지배하는 일본의 행정소송에 비하여, 우리나라 행정소송이 탄력적이고 개방적이라는 점에서 바람직한 입법태도라고 할 수 있다.

이러한 것은 법규정 면에서, 독일, 일본에도 없는 우리나라만의 규정인 우리나라 행정소송법 제1조에서 "이 법은 행정소송절차를 통하여 행정청의 위법한 처분 그 밖에 공권력의 행사·불행사등으로 인한 국민의 권리 또는 이익의 침해를 구제하고, 공법상의 권리관계 또는 법적용에 관한 다툼을 적정하게 해결함을 목적으로 한다."라는 규정에서 확인할 수 있다.

또한 이 규정과 심리절차상 상응하는 규정인 행정소송법 제26조에서 "법원은 필요하다고 인정할 때에는 직권으로 증거조사를 할 수 있고, 당사자가 주장하지 아니한 사실에 대하여도 판단할 수 있다."라고 규정하여 사실자료와 증거자료를 포함한 소송자료의 수집·제출에 관한 심리원칙의 해석상 변론주의를 주로 하고 일정한 공익이 관련되는 경우 변론주의를 제한하고 직권탐지주의를 가미 또는 절충한다고 하는 것에서도 확인할 수 있다.

실체적인 공·사익의 적절한 조정 및 그 절차에 있어서 심리원칙인 변론주의·직권탐지주의 간의 적절한 조정적 소송절차화, 요컨대 실체에 값가는 절차 그것이야말로 우리나라 행정소송법의 독자성이자 우수성이다.

Ⅲ. 한국적 법치주의의 토착화를 위한 제언

현재 진행되고 있는 행정소송법 개정작업의 판단 기준은 국민의 권익구제에 있어야 한다. 이러한 국민의 권익구제라는 점에서는 입법, 행정, 사법이 공히 대국민 서비스 정신에 투철하여야 한다. 이는 우리나라의 헌법정신의 실천이다.

또한 이러한 개정작업을 하기 위한 논의를 함에 있어서 외국의 제도나 이론을 참고하는 경우 어느 나라의 것이 우리에 맞는다고 주장하기 전에, 가령 예

것은 많은 문제점을 발생한다. 따라서 실체나 절차 어느 한쪽에 치우치게 입법화되면 반드시 이론은 그 반대쪽을 포용하려고 한다. 이런 점에서 처음부터 소송법상의 구조가 실체와 절차가 조화할 수 있는 절충적인 구조로 되어 있다는 것은 매우 바람직하다고 할 수 있고, 여기에서 우리나라 행정소송법 제26조의 구조가 실체와 절차를 절충할 수 있는 소송법적 근거를 제공한다는 점에서 매우 바람직한 입법이라고 할 수 있다.

컨대 왜 독일은 우리나라까지 포함하는 국제적인 비난을 받으면서까지도 권리침해라는 주관성을 헌법에서는 물론이고 행정소송에서도 버리지 못하고 여전히 고수하고 있는 이유가 무엇인가, 왜 일본행정법학자들은 스스로가 영미식의 법의 지배에 편입되었다고 하고 따라서 헌법상 행정재판제도 자체가 부정되었다고 하고, "행정소송법"도 아니고 "행정법원법"도 아닌 행정"사건"소송법이라고 그들 스스로 자신을 격하시켜도 전혀 싫다는 표정이 아닌지도 곰곰이 생각해 보아야 한다.

우리나라는 어떠한 나라인가. 독일, 일본과 같은 대륙법계 국가이면서도 위양국 즉 독일, 일본으로부터 직·간접적으로 전쟁의 피해를 입은 나라이다. 흔히 일본만이 우리의 가해자로만 생각하여 무조건적인 배격의 대상으로 생각해서는 안 된다. 이 점에서는 독일도 자유로울 수 없다. 물론 지금의 독일은 아니겠지만 과거 독일도 여하튼 우리에게 일정 정도의 빚을 진 나라임에 틀림없다. 이 점은 누가 상기시키지 아니하여도 절대로 잊혀질 수 없는 - 그네들의 표현을 빌면 - 본래 있었던(wie es eigentlich gewesen ist) 역사적 사실이다.

다만 독일은 제2차 세계대전 후 당시 유럽의 국제정치상 주도권의 다툼의 문제로 인하여 영국·미국의 간섭이 있었다고 하더라도 여전히 대륙법계를 고수할 수가 있었고 따라서 행정소송, 형사소송 등 공법소송에서 직권주의 색채를 어느 정도 온존시킬 수 있었다. 이에 반하여 일본은 미국의 일방적이고 주도적인 영향이라고 하는 타의에 의해서이기는 하지만, 헌법상 영미식의 법의 지배하에 들어가 행정재판제도가 부정되고 예컨대 형사소송에서도 적어도 독일에 비해서는 직권주의가 퇴색하고 당사자주의가 어느 정도 인정되고 있다.

이러한 것들은 우리에게는 단지 우연한 역사적 사실에 불과한 것이다. 적어도 우리나라는 독일의 "Grundgesetz"나 "Grundrechte"의 역사나 과거 프로이센이나 프랑스에서 있었던 권력분립 목적의 역사나 그와 관련된 행정쟁송제도의 역사를 전혀 공유하지 아니한다. 따라서 만일 공유하고 있다고 한다면 그것은 어쩔 수 없는 이유로 강요된 공유이거나 단지 공유하고 있다고 생각하는 상상 속의 공유일 뿐이다.

우리의 법학의 거의 전부 그 중에서도 특히 공법은, 과거에는 일본이 독일로부터 수입하였고 지금은 바로 독일, 프랑스 등으로부터 직수입하는 것이긴 하지만, 어쨌든 이는 그네들의 역사와 현실에 기초를 둔 것에 불과한 것이다. 이들 독일등의 대륙법계 국가에 근거를 둔 공법문화가, 우리나라에서 어느 정도 법문화를 체계화하는 데에 일조한 평가를 받기도 할 뿐만 아니라, 특히 과거의 개발독재가 활동하기 위하여 능률적이고 효과적인 법문화를 급조하는 데에도 유력한 역할과 기능을 하기도 하였다. 그러나 현재의 우리의 입장에서는 지금까지도 아직도 적법절차 등 절차적인 면에서 낙후되었을 뿐만 아니라 경직되기 쉬운 직권주의적인 색채가 강한 독일이나 프랑스 등의 대륙법계의 공법에만 의존해서는 안 된다.

물론 우리나라도 세계화 전략상 EU를 의식하지 않을 수 없다. 그러나 독일이 EU 내에서의 예컨대 프랑스와의 주도권 쟁탈을 의식하거나 또는 그 기저에는 또 다시 있을지도 모르는 세계로의 진출이라고 하는 국가목적에 통합하기 위한 일사불란한 움직임의 일환으로, 물론 독일학자[17] 스스로가 프랑스의 행정쟁송제도의 연구결과의 반영이라고 밝히기는 하지만, 행정소송을 주관소송에서 객관소송으로 몰고 가려고 하는 것은 아닌가 하는 의구심을 과거의 독일의 전력에 비추어 보아 떨쳐 버릴 수가 없다.

더군다나 이러한 독일의 세계화 전략에 우리가 적극 동참하지 않으면 안 될 정도로 무슨 반드시 필연적으로 도달하여야 할 역사발전법칙의 한 단계에 서 있지도 않다.

또한 우리나라 형사소송에서도 직수입의 관계상 다시 독일식의 직권주의로 선회하는 경향도 있다고는 하지만 기존의 직권주의 이외에도 일정 부분 미국식의 형사소송에 뿌리를 둔 일본의 당사자주의적 형사소송의 영향을 받아들여 이를 논의하고 있는 것도 틀림없는 사실이다.

이러한 제반 사정 및 특히 헌법, 형사소송 등도 포함하여 보건대, 현재 우리는 적어도 행정법 내지는 행정소송에 있어서만큼은 독일이나 프랑스 등 특정 나라의 것만을 고집해서는 안 된다고 생각된다.

본래 우리는 서양의 최정예 최극단 최절정의 지식인들이 사멸하는 최후의 순간에 그렇게 막연한 동경심에 사로잡혀 최후의 숨을 몰아쉬면서 우리의 의사와 관계없이 자기들이 이름 붙여 불렀던 동양인이다. 서양인들은 주관과 객관이 대립하는 것으로 보기가 쉽다(dichotomy). 그러나 우리는 주관과 객관 이를 조화시킬 능력이 있다.

이제 어느 정도 외국의 정형을 우리의 의사와 관계없이 자의반 타의반 두루

---

17) 예컨대, Bleckmann, Zur Dogmatik des Allgemeinen Verwaltungsrecht Ⅰ, Nomos Verlagsgesellsachaft, Baden-Baden, 1999. 참조.

섭렵하게 되었다면 이제는 우리식의 법제도를 우리 스스로가 결정하여야 할 때이다. 발달한 선진외국의 이론 자체에만 치중하여 그것만을 근거로 하여 이론구성하는 것도 물론 중요하고 의미 있는 일이긴 하지만, 그것보다는 우리의 역사와 현실을 똑바로 직시하고 건전한 상식과 교양에 근거하여 순리대로 사고한다고 하면, 그 결과가 내용에 있어서 다소 기존의 선진외국의 이론과 체계상의 문제점이 드러날 수도 있고 또 그것이 지적된다고 할지라도 그러한 결과 자체는 우리에게 가장 적합한 것만은 분명하다.

아직도 여전히 우리나라에 있어서는 제왕적 대통령제의 순치가 한국적 민주주의의 토착화의 한 중요한 내용이라고 한다면 - 그런데 이 "한국적 민주주의의 토착화"라는 문구는 이미 과거 자신의 주어진 권한을 일탈·남용한 정권이 선점하여 사용한 용어였다는 이유로 그 본래의 좋은 의미가 퇴색해 버린 용어례로 되어서 아직도 거의 모두가 쓰기를 거부할 정도라는 점에서 역설적으로 어느 의미에서는 그에 도달하기가 그리 쉽지 않기는 하겠지만 -, 이제 이와 걸맞은 바람직한 사법부의 개혁도 역시 기대하면서 한국적 법치주의의 토착화에 대한 논의가 있어야 할 때라고 생각한다.

토론할 문제

1. 우리나라 행정소송의 기본구조
2. 행정소송의 목적
3. 우리나라 행정소송의 독자적 성격
4. 한국적 법치주의는 가능한 것인가?
5. 한국적 법치주의의 내용으로 어떠한 것을 상정할 수 있는가?
6. 법치주의와 법의 지배의 관계

제2장 행정소송의 목적[1)]

제1절 서 설

Ⅰ. 의 의

어떤 한 절차에 있어서 절차목적을 단 하나가 아니라 여러 개의 절차목적들로 다원적으로 파악하는 경우 다른 절차의 절차목적들과 중복되는 경우가 있게 된다. 그렇다고 하더라도 일반적으로 특정 절차에 있어서는 다른 절차와 구별되는 당해 절차에서만 특유하게 강조되는 절차목적이 있기 마련이다. 이를 절차목적에서 보게 되면, 각 개별 절차목적은 각 개별 절차 또는 그 근거가 되는 절차법에 따라 그 차지하는 비중이나 정도를 달리하면서 나타나게 된다.

Ⅱ. 다른 소송의 목적

국가가 자력구제를 금지시키고 소송절차를 통하여 권리를 구제해 주는 민사소송에 있어서 절차목적은 주관적 권리의 확정과 실현에 있다. 따라서 민사소송에 있어서 절차목적은 다른 절차 예컨대 행정소송이나 형사소송과는 달리 일반적으로 개인의 사권의 보호 내지 실현이라는 측면이 우선시된다고 할 수 있다. 형사소송에 있어서는 민사소송이나 행정소송과 달리 무엇보다도 형사절차상의 특유한 인권보장의 원리가 다른 절차에 비하여 특별히 강조된다고 할 수 있다.[2)] 헌법소송에서는 권력분립이나 헌법의 수호 등이 그 절차의 목적으로 된다고 할 수 있다.

---

1) 이에 관한 상세한 내용 및 주석은, 행정소송의 목적에 관한 일 고찰, 행정법연구, 제13호, 2005, 19-52면 참조.

2) 우리나라 형사소송에 있어서 기본적 인권보장과 실체적 진실의 발견의 조화가 문제되고 있다. 강구진, 형사소송법원론, 학연사, 1982, 22면 이하 참조.

Ⅲ. 종래의 견해

일반적으로 행정소송의 목적 내지 기능으로는 국민의 권익구제라고 하는 행정구제와 행정에 대한 적법성통제라고 하는 행정통제를 들 수 있다. 그 중에서도 전자의 목적 즉 행정구제를 행정통제에 우선시하여 온 것이 그간의 주류적인 견해라고 할 수 있다.

Ⅳ. 행정소송법 제1조

우리나라 행정소송의 목적에 관한 논의에 있어서 특별히 관심을 가져야 할 것은, 독일 행정소송법(VwGO) 그리고 일본 행정사건소송법과는 달리, 우리나라 행정소송법은 제1조에서 행정소송의 목적에 관한 명문의 근거규정을 가지고 있다는 점이다. 1951. 8. 24. 법률 제213호로 제정된 행정소송법은 제1조에서, "행정청 또는 그 소속기관의 위법에 대한 그 처분의 취소 또는 변경에 관한 소송 기타 공법상의 권리관계에 관한 소송절차는 본법에 의한다."라고 규정되어 있었다. 그 후 1984. 12. 15. 법률 제3754호로 행정소송법이 전문 개정된 뒤로부터 제1조에서 [목적]이라는 표제하에서, "이 법은 행정소송절차를 통하여 행정청의 위법한 처분 그 밖에 공권력의 행사·불행사 등으로 인한 국민의 권리 또는 이익의 침해를 구제하고, 공법상의 권리관계 또는 법적용에 관한 다툼을 적정하게 해결함을 목적으로 한다."라고 규정하게 되었고, 이 조문은 현재까지 그대로 유지되어 오고 있다.

Ⅴ. 논의의 방향

따라서 우리나라 행정소송의 목적을 논의함에 있어서는 행정소송법 제1조의 목적규정과 분리해서 논할 수는 없다. 게다가 행정소송의 목적과 우리나라 행정소송법 제1조 간에 체계적이고 합리적인 관계설정을 모색해 볼 현실적인 필요성이 나타나게 된다. 나아가 이러한 원리적인 행정소송의 목적이 행정소송의 실체심리에서 어떻게 반영되어 구현될 수 있는가의 문제와 직결되는 변론주의 및 직권탐지주의와 관련되는 행정소송법상의 관련 규정들과도 유기적인 관련 속에서 검토할 필요성도 있다. 이념적인 절차목적은 그 이념을 구현하는 실제

소송에서 소송자료의 수집책임의 분배에 관한 변론주의와 직권탐지주의와 같은 심리원칙과 밀접한 관계를 맺기 때문이다.

또한 우리나라 행정소송의 목적을 논함에 있어서는 실제 행해진 심리의 결과인 판결의 효력 내지는 기속력과 관련된 규정들은 물론이고 우리나라 헌법상의 재판청구권과 관련된 규정들도 고려하여야 한다. 물론 이러한 헌법 및 실정소송법상의 규정들 간의 분석만으로 모든 것이 다 규명된 것은 아니다. 우리나라 행정소송의 운영실태, 행정소송과 다른 제 소송 즉 민사소송, 형사소송 및 헌법소송의 관계, 나아가 우리나라가 사법재판국가인가 행정재판국가인가라고 하는 헌법정책을 포함한 입법정책을 포괄적으로 고려하여야만 체계적이고 합리적인 고찰이 가능하다고 할 수 있다.

제2절 민사소송의 목적[3)]

Ⅰ. 개 관

우리나라에서 민사소송의 목적에 관한 학설로서 주장되는 것으로는 사권보호설, 사법질서유지설, 사권보호 및 사법질서유지설, 분쟁해결설, 절차보장설 및 다원설 등이 내용이 소개되고 있다.

Ⅱ. 학설의 내용

1. 사권보호설

사권보호설은 개인의 권리를 중시하는 개인주의·자유주의의 입장에서 민사소송이 개인의 사법상 권리를 보호하기 위하여 존재한다고 한다. 이러한 사권보호설 대해서는 사익의 보호라는 개인적 측면에서만 설명하려는 것은 개인권리의 과잉의식이라는 비판이 있다.

---

3) 우리나라 민사소송에서는 민사소송의 목적에 외에 민사소송의 이상에 관한 논의가 있다. 이와 관하여는, 호문혁, 민사소송에 있어서의 신의성실의 원칙, 민사소송법연구 I, 법문사, 1998. 5. 88면 이하; 호문혁, 민사소송에 있어서의 신의성실의 원칙, 인권과 정의, 대한변호사협회, 제166호, 1990, 24면 이하; 호문혁, 민사소송에 있어서의 신의성실의 원칙, 판례월보, 제222호, 1989; 호문혁, 민사소송에 있어서의 신의·성실의 원칙 : 개정안 제1조의 검토, 고시계 34권 4호(제386호), 1989. 3., 59-64면 참조.

2. 사법질서유지설

사법질서유지설에 따르면, 국가는 개인의 주관적 목적과는 다른 그 자체의 목적이 따로 있다고 하는 전체주의 내지는 국가지상주의의 입장에서 민사소송이 국가의 사법질서를 유지하기 위하여 존재한다고 한다. 이 설에 대해서는 권리보호를 구하는 당사자를 소송절차의 단순한 객체로 전락시킬 위험성이 있고, 그 바탕에는 전체주의적 국가관이 숨어 있다고 한다.

3. 사권보호 및 사법질서유지설

사권보호 및 사법질서유지설에 따르면, 민사소송의 목적은 사권의 보호인 동시에 사법질서의 유지라고 한다. 이 설에 대해서는, 어느 한 편의 소송목적만을 강조하는 경우에는 그와 어긋나는 다른 견해는 후퇴할 수밖에 없을 것이므로 권리보호와 사법질서유지를 동시에 민사소송의 목적으로 삼는 것은 곤란하다고 한다.

4. 분쟁해결설

분쟁해결설은 민사소송의 목적을 개인의 주관적 목적을 떠나 객관적 파악하여, 분쟁을 해결하기 위하여 민사소송이 존재한다고 한다. 그러나 민사소송이 분쟁해결수단임은 틀림없으나 분쟁해결수단은 민사소송에 국한되지 아니하며 화해·조정·중재 등도 분쟁해결수단이 되므로 이들과 구별이 애매하게 된다는 비판이 있다.

5. 절차보장설

절차보장설은 민사소송의 목적을 판결이라고 하는 소송의 결말에서 찾을 것이 아니고 소송의 과정 그 자체를 중시하여 소송과정에서 당사자 사이의 공격과 방어를 이루어야 할 가치를 정당하게 평가하고 그로부터 소송목적을 찾아야 한다고 한다. 이러한 절차보장설에 대해서는 당사자의 대등변론의 보장이 소송제도의 수단은 될 수 있어도 목적 자체가 될 수 없다는 비판이 따른다.

6. 평 가

본래 개인주의·자유주의가 강하게 대두되는 시기에는 사권보호설이, 개인주의가 퇴색하는 시기에는 분쟁해결설이, 전체주의가 풍미하는 시기에는 법질서유지설이 주로 주장되었는데, 오늘날은 사권보호설과 법질서유지설을 종합하여 양자가 모두 민사소송의 목적이라고 하는 견해가 많이 주장된다고 한다.

최근 우리나라의 민사소송에 있어서는 이러한 사권보호설, 사법질서유지설 뿐만 아니라 절차보장설 등을 포함하여 다양한 견지에서 포괄적으로 민사소송의 목적을 논의하고 있다. 예컨대 사권보호와 사법질서유지를 취하는 견해, 사권보호, 사법질서유지 및 분쟁해결을 취하는 견해, 사권보호, 사법질서유지, 분쟁해결에다가 절차보장설도 포함하는 견해가 나오고 있다. 뿐만 아니라 아예 사권보호, 사법질서유지, 분쟁해결, 절차보장, 당사자 간의 공평, 절차의 적정·신속, 소송경제 등 그 내용에 있어서 다소 중복은 있더라도 조정되어야 할 민사소송의 목적(가치)으로서 인식되어야 할 것이라고 하는 견해, 생동하는 민사소송의 모습과 본질을 제대로 파악하기 위해서는 다양한 목적들을 고려한다고 하는 견해도 등장하고 있다.

Ⅲ. 민사소송과 변론주의

민사소송의 목적에 관한 사권보호설은 사적자치의 소송법상의 표현이라고 하는 변론주의를 자연스럽게 강조하게 된다고 할 수 있다. 변론주의는 소송자료를 수집함에 있어서 그 책임을 법원이 아니라 당사자에게 맡기는 심리원칙으로서 이는 우리나라는 물론이고 독일의 경우도 일반적으로 인정되는 민사소송상의 기본적인 소송원칙이다. 변론주의는 민사소송을 관통하는 대원칙임에도 불구하고 민사소송법에는 변론주의를 인정하는 명문의 근거 규정은 없다.[4)]

Ⅳ. 시 사 점

우리나라는 건국헌법 이래로 연혁적으로 행정소송을 일반법원의 관할로 인

4) 예컨대 민사소송법규칙 제69조, 제134조 제1항, 제146조, 제288조, 제204조, 제292조, 제256조, 제257조, 제258조 등의 규정이 간접적으로 민사소송에 변론주의가 채택되어 있음을 말하는 근거라고 할 수 있다.

정한다는 점에서 행정재판국가라기보다는 사법재판국가에 속한다고 할 수 있다. 따라서 우리나라에 있어서는 소송법규정이나 소송제도 그리고 재판실무상 행정소송은 민사소송과 상호 밀접한 관계를 맺을 수밖에 없다. 이는 소송법규정상으로도 행정소송에 있어서는 행정소송법 제8조 제2항의 규정에 의하여 민사소송법규정을 준용하고 있을 뿐만 아니라 민사소송은 절차의 일반법이라는 점에서도 더욱 그러하다.

위에서 고찰한 바와 같이, 민사소송에 있어서 절차목적을 다원적으로 파악하는 경향이 증가한다는 것은 민사소송의 목적을 어느 한 가지로 관철할 필요가 없다는 점을 반증한다고 할 수 있다. 이는 민사소송과 밀접한 관계에 있는 행정소송의 목적에 관한 논의에 있어서도 어느 한 가지의 목적만을 관철시키는 것을 고집할 논리필연적인 이유는 없다는 점을 시사한다고 할 수 있다.

한편 민사소송의 심리원칙은 사적자치의 소송법상의 표현인 변론주의인데 이는 행정소송법 제8조 제2항에 의하여 행정소송에서도 인정된다는 점에서 행정소송과 깊은 관계가 있다. 우리나라 행정소송에서는 민사소송상의 변론주의가 준용되어 인정될 뿐만 아니라, 공익과 관련된 경우에는 행정소송법 제26조에 의하여 직권탐지주의도 일정부분 인정된다. 따라서 이러한 행정소송에서의 변론주의와 직권탐지주의에 관한 행정소송법 제8조 제2항, 제26조의 규정들과 행정소송의 목적에 관한 행정소송법 제1조의 규정 간의 합리적이고 체계적인 관계설정이 문제가 된다.

제3절 학설의 내용

I. 개 요

행정소송의 목적에 관한 논의에 있어서는 기본적으로 행정소송에 의하여 달성하고 하는 목적이 무엇인가의 문제, 그리고 이러한 행정소송의 목적을 실정소송법상 채택하는 것이 입법형성의 자유에 속하는 입법정책에 속하는가의 문제가 있다. 그러나 주로 우리나라 행정소송의 목적에 관한 논의에 있어서 그 견해의 대립이 의미가 있는 것으로는, 행정소송의 목적인 행정구제와 행정통제 중 어느 것을 우위로 하는가라고 하는 행정소송의 목적들 간의 우열문제와, 현행 행정소송법 제1조를 어떠한 행정소송의 목적을 입법화한 것인가라고 하는 현행 행정소송법 제1조의 해석론 문제로 나누어 볼 수 있다.

Ⅱ. 행정소송의 목적과 입법정책적 문제

1. 행정소송의 목적

앞에서 인용한, "행정소송이 국민의 권익구제를 위한 것임과 동시에 행정의 적법성을 확보하기 위한 것이라는 것을 부정할 수는 없을 것이다."라고 하는 바와 같이, 우리나라의 행정소송에 있어서 행정소송의 목적에 관한 견해를 종합하면, 행정소송의 목적 내지 기능을 국민의 권익구제와 행정에 대한 적법성 통제 즉 행정구제와 행정통제 2가지로 파악하고 있다.

최근 행정소송의 객관적 성격을 강조하는 견해가 등장하고 있다. 그러나 이 견해도 행정소송의 객관적 성격을 강조한 것에 불과한 것이고 따라서 아무리 행정소송이 객관적 성격을 강조하더라도 결국은 주관적 성격을 완전히 배제하는 것은 아니라고 스스로 인정한 것으로 보인다. 따라서 이 견해도 기본적으로는 행정소송의 주관적 성격을 완전히 배제하고 있는 것은 아니다.

2. 입법정책적 문제

행정소송에서 행정구제와 행정통제를 실정소송법규정에서 실제로 어느 정도 채택하는가는 나라마다 다르고 소송유형에 따라서 다르게 나타날 수 있는 기본적으로 입법정책적인 것이다. 따라서 기본적으로 행정구제와 행정통제 양자가 공존하고 있는 것이고 다만 그 정도차이만 있는 것으로 보는 것이 주류적인 견해라고 할 수 있다. 물론 전술한 바와 같이, 최근의 행정소송의 객관적 성격을 강조하는 견해도 행정소송의 주관적 성격을 완전히 배제하는 것은 아니라는 점에서 일단 행정소송에서 행정구제와 행정통제의 공존을 인정하는 것이라고 본다.

Ⅲ. 행정구제와 행정통제 간의 우위문제

1. 문제방향

행정소송의 행정구제기능과 행정통제기능이라고 하는 두 가지의 기능이 공존한다는 것과 현실적으로 어느 한 기능이 다른 기능에 비하여 우위에 있는가는 차원을 달리하는 별개의 문제이다. 전술한 바와 같이, 행정소송에서 행정구제와 행정통제 중 어느 것을 우위에 놓을 것인가의 문제도 결국은 나라마다 다르고 또 같은 나라라고 하더라도 소송유형에 따라서 다를 수 있다는 점에서 기본적으로 입법정책적인 문제라고 할 수 있다.

그런데 우리나라 행정소송에 있어서는 이와 같은 각 국가별 입법정책에 관한 논의나 아니면 같은 국가 내에서의 소송유형별로 행정구제기능과 행정통제기능의 우열 여부에 관하여 논의되고 있는 것은 아니다. 우리나라 행정소송에 있어서는 행정소송 중에서 항고소송, 그 항고소송 중에서도 특별히 취소소송이라고 하는 소송유형 하나만을 놓고서 행정구제의 기능과 행정통제의 기능 중 어느 기능이 우위에 있는가 여부 즉 행정구제우위론과 행정통제우위론 간에 견해의 대립이 집중되고 있다는 점이 그 특징이라고 할 수 있다.

2. 행정구제우위론

행정소송의 행정구제 및 행정통제라고 하는 양 목적 내지는 기능의 우위문제에 있어서 전자 즉 행정구제가 주된 목적이고, 후자 즉 행정통제는 종된 목적이라고 하는 것이다. 이는 위 양 기능 간에 우열을 밝히고 있는 견해들 중에서는 종래부터 다수설적인 견해라고 할 수 있다.

이 견해에 따르면, 법치국가원리의 구성요소로서 행정에 대한 법적 통제가 행해져야 하는 근본적인 이유는 역시 국민의 권리보호에 있다고 한다. 왜냐하면 법원은 행정소송을 통하여 행정권에 대하여 전면적 통제를 행할 수 있는 것이 아니라, 행정권의 행사(특히 처분)가 국민의 권익을 침해하는가 여부를 심사하는 한도 내에서만 행정통제를 할 수 있기 때문이라고 한다.

또한 행정소송의 제도적 측면에서 행정소송은 궁극적으로는 법치주의 자체의 구체적 실현을 확보함으로써 국가적 이익에 봉사하는 것이나, 직접적으로는 위법한 행정작용등으로 인하여 권익을 침해당한 자의 개인적 이익을 충족시키는 것이라고 하거나, 또는 당사자의 소제기에 의하여 행정소송이 개시된다는 점을 중시하여 행정통제는 행정구제의 심사과정에서 행정작용의 위법 여부를 심사하여 이루어지는 것이므로, 행정통제는 어디까지 행정구제에 부수적으로 행해지는 것이라고 하는 것도 이와 같은 취지라고 한다.

이는 전술한 독일 행정소송에 있어서의 행정소송의 목적에 관한 통설과 그 궤를 같이 한다.

3. 행정통제우위론 - 최근 행정소송의 객관적 성격을 강조하는 견해

이와 관련하여 최근에 주목할 것으로는, 우리나라 행정소송 특히 항고소송의 성격이 객관적 성격을 가진다고 하는 일련의 주장이 있다. 이 견해는 특히 독일 행정소송의 경우 독일 헌법 제19조 제4항의 규정이 포괄적인 권리침해를 구제한다는 점을 전제로 하여 행정소송의 목적이 권리침해의 구제 즉 주관소송이 된 결과 본안에서 위법성을 판단함에 있어서 권리침해의 견련성을 요구하는 문제점이 있다는 것을 지적한다.

이와 달리 우리나라 행정소송의 경우에는 헌법 제107조 제2항에 의하면 처분이 헌법이나 법률에 위반되는지 여부를 심사한다고 하는 본안에서 위법성을 판단함에 있어서 권리침해와 관계없이 위헌·위법만을 심사하므로 독일과 달리 객관소송이라는 것이다. 따라서 위 주장은 결론적으로 우리나라 행정소송의 구조는 독일 제도와는 상당히 거리가 있고 프랑스 제도와 상당히 가깝다고 한다.

최근의 행정소송법 개정안은 행정소송의 객관적 성격을 강조하는 입장을 반영하는 것이라고 할 수 있다.

Ⅳ. 행정소송의 목적과 행정소송법 제1조의 관계

행정소송의 목적과 행정소송법 제1조의 관계에 관하여 명확하게 견해를 표명하고 있는 경우는 오히려 소수에 속한다고 할 수 있다. 어쨌든 우리나라에 있어서 행정소송의 목적을 행정소송법 제1조와 관련시켜 설명하는 경우를 보면, 전술한 바와 같이, 행정소송법 제1조가 행정구제기능을 명시하고 있다고 하는 견해와, 행정소송법 제1조가 주관적 권리구제소송으로서의 측면과 행정통제의 측면을 함께 규정하고 있다는 견해로 나누어진다.

V. 평 가

이상에서 본 바와 같이 우리나라 행정소송에 있어서는 행정구제의 기능과 행정통제의 기능은 기본적으로 입법정책적인 것이고, 현재 우리나라 행정소송에서는 이 양 기능을 모두 다 갖고 있다는 것이 다수설이다. 행정소송의 목적과 행정소송법 제1조의 관계에 관하여는 비교적 논의가 활발하게 행해지지 아니하고 있다고 할 수 있다.

최근에는 행정소송의 목적 내지 기능에 관하여 행정소송의 객관적 성격과 주관적 성격을 대비시켜 특히 전자 즉 행정에 대한 적법성통제의 기능을 강조하는 일련의 경향이 있고, 이러한 경향이 행정소송법 개정안에 영향을 미치고 있는 것이라고 할 수 있다.

제4절 판 례

우리나라 행정소송의 목적 내지 기능과 관련된 대법원 판례로는 다음과 같은 것을 들 수가 있다.

> 더우기, 행정소송은 원래 위법한 행정작용을 시정함으로써 국민의 권익을 보호하기 위하여 마련된 제도이고, 개인간의 분쟁이나 이해의 대립의 해결 조정을 목적으로 하는 민사소송과는 성질을 달리하는 특수성을 지니며, 이 점에서는 민사소송의 특별소송이라고도 할 수 있다. 따라서, 위법한 행정처분에 인하여 침해된 국민의 권익은 행정소송절차에 의하여 신속 확실하게 구제되어야 할 것이다. 행정소송상의 이행소송에 의하라함은 또 모르되 민사소송에 의한 구제방법이 있다 하여 행정소송의 소익을 좁히는 것은 행정소송제도를 마련한 취지에도 어긋나고 그만큼 국민의 권리구제를 어렵게 하는 것이 될 것이다.[5]

> 납세자의 주장이 정당한 것이라면 세무서장의 거부결정은 위 국세기본법 제51조의 규정을 위반하여 납세자에게 환급할 돈을 환급하지 아니하므로 손해를 끼치고 있음이 명백한 것이고 행정소송제도의 목적이 위법한 행정활동으로부터 국민의 권익을 보호하려는 면이 있음도 경시할 수 없는 것이므로 세무서장의 의사표시를 확인적 의미밖에 없다 하여 행정소송의 대상이 될 수 없다고 하는 것은 불합리하다.[6]

---

5) 대법원 1982. 3. 23. 선고 80누476 판결(공1982상, 441).

6) 대법원 1989. 6. 15. 선고 88누6436 전원합의체 판결(공1989, 1096)(밑줄 필자). 단 위 인용부분은 다수의견이 아니라 소수의견이다.

> 어떤 행정청의 행위가 행정소송의 대상이 되는 행정처분에 해당하는지는 그 행위의 성질과 효과 그 밖에 행정소송제도의 목적 내지 사법권에 의한 국민의 권리보호의 기능을 고려하여 합목적적으로 판단하여야 한다[7]

위 판례 인용된 대법원 판례 중 "행정소송은 원래 위법한 행정작용을 시정함으로써 국민의 권익을 보호하기 위하여 마련된 제도"[8]라고 하는 부분이 통설에서 말하는 행정소송의 목적 내지는 기능에 가장 가까운 표현이다. 또한 "행정소송제도의 목적 내지 사법권에 의한 국민의 권리보호의 기능"[9]이라는 표현만으로는 오히려 행정구제의 측면에 기울고 있다고도 할 수 있으나, 행정통제에 대한 부분은 이미 그 표현에 내재해 있는 것으로 볼 수 있다.

이 밖에도 실제 우리나라 대법원 판례에는 국민의 권익구제를 의식한 판례가 많다고 할 수 있다. 즉 앞에 인용한 행정소송의 대상에 관한 판례 이외에도 법률상 이익에 관하여는 "행정소송상의 이행소송에 의하라함은 또 모르되 민사소송에 의한 구제방법이 있다 하여 행정소송의 소익을 좁히는 것은 행정소송제도를 마련한 취지에도 어긋나고 그만큼 국민의 권리구제를 어렵게 하는 것이 될 것"[10]이라고 하거나, 그 외에도 협의의 소익[11], 확인의 이익[12], 하자 있

7) 대법원 1984. 2. 14. 선고 82누370 판결(공1984상, 520)(밑줄 필자). 같은 취지의 판결로는 다음을 들 수 있다. 대법원 2003. 5. 13. 선고 2003두643 판결.

8) 위 인용된 대법원 1989. 6. 15. 선고 88누6436 전원합의체 판결(공1989, 1096).

9) 위 인용된 대법원 1984. 2. 14. 선고 82누370 판결(공1984상, 520).

10) 대법원 1982. 3. 23. 선고 80누476 판결(공1982상, 441). 그 외에도 다음과 같은 판결을 들 수 있다. "공공기관의 정보공개에 관한 법률의 목적, 규정 내용 및 취지 등에 비추어 보면, 국민의 정보공개청구권은 법률상 보호되는 구체적인 권리라 할 것이므로, 공공기관에 대하여 정보의 공개를 청구하였다가 공개거부처분을 받은 청구인은 행정소송을 통하여 그 공개거부처분의 취소를 구할 법률상의 이익이 있다 할 것이다." 대법원 2003. 3. 28. 선고 2000두9212 판결(밑줄 필자). 이와 동일 취지의 판례로는, 대법원 2003. 3. 11. 선고 2001두6425 판결(공2003상, 997), 대법원 2003. 3. 11. 선고 2002두2918 판결, 대법원 2003. 3. 14. 선고 2001두4610 판결, 대법원 2003. 3. 14. 선고 2002두6439 판결 등을 들 수 있다.

11) "행정소송법 제12조 후문이 규정하는 "처분의 취소로 인하여 회복되는 법률상 이익"의 유무는, 원래 항고소송의 목적 기능을 어떻게 이해하며 국민의 권익신장을 위하여 어느 범위에서 재판청구권의 행사를 허용할 것인가의 문제와 관련된 것으로서 이를 위 조항에 대한 일의적 문리적 형식적 해석에 의하여 판별할 수는 없고, 구체적인 사안별로 관계법령의 규정 및 그 취지를 살펴서 현실적으로 권리보호의 실익이 있느냐를 기준으로 판단되어야 할 것인바, 위에서 살펴본 바에 의하면, 제재기간이 정하여져 있는 제재적 행정처분에 있어서는 그 처분의 전력을 내용으로 한 가중요건이 규칙으로 규정되어 있는 경우에도 제재기간이 지난 후에 그 처분의 취소를 구할 실질적 이익이 있다고 보아야 할 것이다. 소의 이익의 범위를 확대하여 국민의 권리구제 기회를 확대하려는 시도는 권리보호 범위의 확대경향과 또한 그에 대한 수

는 행정행위의 치유[13], 행정심판을 청구하는 서면의 취지[14], 심사청구기간[15], 권리구제의 신속[16], 권리구제의 지연[17] 등에 관하여 판례는 주로 국민의 권익

요가 상존하고 있는 현대사회의 상황에 맞는 적절한 태도로서 계속 유지되어야 할 것이다." 대법원 1995. 10. 17. 선고 94누14148 전원합의체 판결(공1995하, 3544).

12) "행정처분에 대한 무효확인의 소에 있어서 확인의 이익은 그 대상인 법률관계에 관하여 당사자 사이에 분쟁이 있고, 그로 인하여 원고의 권리 또는 법률상의 지위에 불안·위험이 있어 판결로써 그 법률관계의 존부를 확정하는 것이 위 불안·위험을 제거하는 데 필요하고도 적절한 경우에 인정되는 것이고, 그것이 권리구제에 간접적이거나 우회적인 수단에 지나지 않는 경우에는 허용되지 않는다고 할 것인데" 대법원 1999. 8. 20. 선고 97누14323 판결. 이와 동일 취지의 판결, 대법원 1989. 10. 10. 선고 89누3397 판결(공1989, 1690), 대법원 1991. 9. 10. 선고 91누3840 판결(공1991, 2551), 대법원 1992. 9. 8. 선고 92누4383 판결(공1992, 2914), 대법원 1998. 9. 22. 선고 98두4375 판결(공1998하, 2593), 대법원 2000. 11. 14. 선고 99두5481 판결(공2001상, 53) 등 참조.

13) "하자 있는 행정행위의 치유는 행정행위의 성질이나 법치주의의 관점에서 볼 때 원칙적으로 허용될 수 없는 것이고 예외적으로 행정행위의 무용한 반복을 피하고 당사자의 법적 안정성을 위해 이를 허용하는 때에도 국민의 권리나 이익을 침해하지 않는 범위에서 구체적 사정에 따라 합목적적으로 인정하여야 할 것" 대법원 1992. 5. 8. 선고 91누13274 판결(공1992, 1874). 이와 동일 취지의 판례, 대법원 1995. 9. 26. 선고 95누665 판결(공1995하, 3550), 대법원 1996. 12. 20. 선고 96누9799 판결, 대법원 2002. 7. 9. 선고 2001두10684 판결(공2002하, 1962) 등 참조.

14) "심판청구인은 일반적으로 전문적 법률지식을 갖고 있지 못하여 제출된 서면의 취지가 불명확한 경우도 적지 않으나, 이러한 경우에도 행정청으로서는 그 서면을 가능한 한 제출자의 이익이 되도록 해석하고 처리하여야 하는 것이다." 대법원 2000. 6. 9. 선고 98두2621 판결(공2000하, 1660). 이와 동일 취지의 판결, 대법원 1993. 6. 29. 선고 92누19194 판결(공1993하, 2166), 대법원 1995. 6. 16. 선고 94누14100 판결(공1995하, 2598), 대법원 1995. 9. 5. 선고 94누16250 판결(공1995하, 3410), 대법원 1995. 11. 10. 선고 94누12852 판결(공1995하, 3931), 대법원 1996. 7. 30. 선고 95누11276 판결(공1996하, 2692), 대법원 1997. 2. 11. 선고 96누14067 판결(공1997상, 782), 대법원 2003. 4. 25. 선고 2001두1369 판결(공2003상, 1333) 등 참조.

15) "권리구제의 폭을 확대하기 위하여 산업재해보상보험법을 개정하여 심사청구 및 재심사청구의 기간을 늘린 목적에 부합하는 것이라고 하겠다." 대법원 2000. 9. 8. 선고 99두1151 판결(공2000하, 2128).

16) "위법한 행정처분에 인하여 침해된 국민의 권익은 행정소송절차에 의하여 신속 확실하게 구제되어야 할 것이다. 행정소송상의 이행소송에 의하라함은 또 모르되 민사소송에 의한 구제방법이 있다하여 행정소송의 소익을 좁히는 것은 행정소송제도를 마련한 취지에도 어긋나고 그만큼 국민의 권리구제를 어렵게 하는 것이 될 것이다." 대법원 1982. 3. 23. 선고 80누476 판결(공1982, 441).

17) "조사지침상의 행정불복절차 명칭과 같은 '재조사청구'라는 명칭하에 처분청을 상대로 지가를 재조사하여 줄 것을 청구하고 있고, 그 신청 취지나 이유의 기재 등이 전치절차로서의 재조사청구와 전혀 다를 바 없어 처분청인 피고로서는 위 재조사청구에 대한 심사를 함으로써 자기 시정의 기회를 충분히 가졌을 뿐만 아니라 그 후 다시 전치절차로서의 재조사청구를

구제를 강조하는 측면에서 검토하고 있음을 알 수 있다.

제5절 구체적 검토

I. 기본적인 문제점

우리나라 행정소송법 규정체계상 행정소송법 제1조에서 목적규정을 두고 있다는 점은 행정소송의 목적에 관한 규정이 없는 독일의 행정소송법이나 일본의 행정사건소송법과 명백히 구별된다. 우리나라 행정소송법 제1조 이외에도 행정심판법 제1조, 행정절차법 제1조, 민사소송법 제1조 등의 규정을 이와 관련된 독일 및 일본 등의 관련 절차법규정과 비교하면, 우리나라는 일반적으로 절차법상에 목적, 이상 내지는 원칙에 관련된 규정을 두어서 어느 정도 당해 절차의 목적, 이상 내지는 원칙 등 절차의 성격을 비교적 명확하게 한다는 점에서 체계적이라고 할 수 있다. 또한 이러한 규정들이 실제 절차의 운영이나 개별 절차법규정을 해석함에 있어서 지도이념으로 기능할 뿐만 아니라 하나의 유력한 근거 내지 지침의 기능도 한다는 점에서 매우 바람직하다.

그럼에도 불구하고 우리나라 행정소송의 목적에 관한 기존의 논의들 중 상당수가 행정소송의 목적을 우리나라 행정소송법 제1조를 비롯한 행정소송법상의 제 관련 규정을 비롯한 우리나라 헌법 제27조상의 재판청구권 등의 규정 나아가 우리나라 판례를 비롯한 소송실무 내지는 소송제도와 관련시켜 전개하지 아니하고 있다는 데에 기본적인 문제점이 있다. 이러한 문제점을 가진 견해들은, 일본, 독일 등 외국의 행정소송에서라면 상관이 없을지 몰라도, 관련 실정법상의 명문규정이 엄연히 존재하는 우리나라에 있어서는 해석론은 물론이고 심지어 아무리 입법론이라고 하더라도 결코 바람직스러운 태도라고 할 수 없다. 따라서 우리나라 행정소송의 목적에 관한 논의에 있어서는 최소한 행정소송법 제1조를 비롯한 행정소송법규정으로부터 출발하여야 하고, 나아가 행정소

하더라도 이미 앞서의 재조사과정에서 밝힌 견해와 다른 결론을 기대할 수 없는데도 다시 재조사절차를 거치도록 하는 것은 토지소유자 등에게 불필요한 부담을 줌으로써 오히려 권리구제를 지연시키는 결과가 되어 앞에서 본 제도 설정의 취지와도 어긋나므로 원고의 위 재조사청구는 조사지침에 따른 전치절차로서의 재조사청구이거나 적어도 전치절차를 거치는 효력은 발생시킨다고 보아야 할 것이다." 대법원 1995. 9. 26. 선고 94누11514 판결(공1995하, 3536).

송 이외에 행정심판을 포함한 행정쟁송을 논의함에 있어서는 행정심판법 제1조의 규정도 당연히 포함시켜 함께 논의하여야 한다.

이와 같이 행정소송의 목적에 관한 논의를 함에 있어서 행정소송법 등 관련 규정을 포함시켜야 함은 물론이고 보다 포괄적인 접근방법이 필요하다. 즉 행정소송의 목적이 무엇인가라고 하는 다분히 지도이념적이고 해석지침적인 원리적인 개념에만 집착하여 머물 것이 아니라, 이러한 원리적인 행정소송의 목적이 행정소송에서 어떻게 구현될 수 있고 실제로 어떻게 구현되고 있는가를 행정소송법은 물론이고 소송제도 전반에 걸쳐서 검토할 필요가 있는 것이다.

따라서 법원에서 실체에 관한 심리원칙이 변론주의인가 아니면 직권탐지주의인가 등과 관련된 행정소송법 제8조 제2항 및 제26조의 규정, 판결의 효력 내지는 기속력과 관련된 규정 예컨대 행정소송법 제30조, 제31조 등의 규정과도 관련시켜 검토하여야 한다. 나아가 현재 실무상 행정소송이 어떻게 운영되고 있는가라고 하는 행정소송의 현실태, 거시적으로 사법재판국가인가 행정재판국가인가라고 하는 문제 또 우리나라 헌법상의 재판청구권의 실현을 위한 제소송 즉 민사소송, 행정소송, 형사소송[18]을 비롯한 헌법소송 등 제 소송과의 유기적인 관계를 고찰하여야 전 행정소송의 이론과 실무에 걸쳐서 체계적이고 합리적인 조망이 가능하다고 할 수 있다.[19]

---

18) 우리나라 형사소송에 있어서 기본적 인권보장과 실체적 진실의 발견의 조화가 문제되고 있다. 특히 적법절차와 실체적 진실발견 간의 관계설정이 어려운 과제라고 할 수 있다. 대한민국 헌법이 1987. 10. 29 개정되면서 적법절차조항(헌법 제12조)이 규정되게 되었는데, 이러한 헌법 개정 전에도 이미 형사소송에서 적법절차를 강조하는 견해가 있었다. 이제는 우리나라 형사소송에 있어서 적법절차는 논자에 따라서 그 강조의 정도의 차이는 있어도 이미 보편화되었다고 할 수 있다.

전반적으로 보아 적법절차적인 관점이 특히 우리나라에 비하여 낙후되어 있다고 할 수 있다. 일반적으로 직권주의적 요소는 행정소송보다는 형사소송에서 보다 강하게 나타난다. 그런데 미국 형사소송의 영향을 받은 일본의 형사소송의 도입으로 우리나라 형사소송에서도 어느 정도 당사자주의적인 요소가 나타난다. 이러한 점도 우리나라 행정소송이 형사소송과의 균형관계상 대륙법계 국가들에서처럼 직권주의가 강하게 인정되기 어려운 간접적인 증거가 된다고 할 수 있다.

19) 이런 점에서 우리나라 실정법규정과 실정제도와 무관하게 외국의 이론이나 제도에만 주로 의지하여 전개하고 있는 이론 그 자체는 우리나라와 관련성이 없을 뿐만 아니라 무엇보다 이는 궁극적으로 우리나라의 현실이나 역사성을 무시한다는 점에서 언제나 기본적인 문제점이 있다.

Ⅱ. 용어상의 문제

1. "권리" 구제와 "권익" 구제

우리나라 행정소송의 목적 내지는 기능에 관한 논의에 있어서 용어가 통일되어 있지 못한 점도 문제이다. 행정소송의 행정구제기능과 행정통제기능 중 후자 행정통제기능에 관하여는 "행정통제"라는 용어 외에도 "적법성보장" 이라는 용어가 사용되고 있으나, 사법이 행정작용의 적법성 여부를 심사함으로써 사법에 의한 행정에 대한 통제가 이루어지게 된다는 점에서 그 실질적인 의미상의 차이는 없다.

그런데 전자 즉 행정소송의 행정구제기능에 관하여는 "행정구제" 이외에도 "권익구제", "권리구제", "권리·이익구제" 등의 용어가 사용되고 있다. 이들 표현 중 "권리구제"라고 하는 표현은 다분히 독일식 표현을 의식한 것이라고 할 수 있다. 즉 "권리구제(Rechtsschutz)"라고 하는 것은, 전술한 바 있는, 독일 헌법 제19조 제4항을 비롯하여 독일 행정소송법 제42조 제2항, 제113조 제1항 제1문, 제5항 제1문 등 실정법상 규정에 의한 일련의 주관적 권리의 구제를 실천하는 과정에서 보듯이 궁극적으로 독일 헌법상의 권리구제절차보장과도 연결되는 개념이라고 할 수 있다.

이와 같은 용어선택문제에 있어서, 실익이 없는 우리나라 행정소송에 있어서의 권리와 법률상 이익의 동일 여부에 관한 논의를 의식할 필요는 없기는 하다. 하지만 적어도 우리나라 행정소송법 제1조에서 "국민의 권리 또는 이익의 침해를 구제하고"라는 명문의 규정을 가지고 있음에도 불구하고 굳이 독일식의 "권리구제"라는 용어를 고집할 필요는 없다고 본다. 따라서 "권리구제"를 제외한 "행정구제" 또는 "권익구제(권리·이익구제, 권익은 권리·이익의 준말)"라는 용어 등을 사용하는 것이 바람직하다고 하겠다.

이는 또한 특히 1996. 12. 31. 법률 제5241호로 제정되고 1998. 1. 1.부터 시행된 우리나라 현행 행정절차법 제1조가 [목적]이라는 표제하에서, "이 법은 행정절차에 관한 공통적인 사항을 규정하여 국민의 행정참여를 도모함으로써 행정의 공정성·투명성 및 신뢰성을 확보하고 국민의 권익을 보호함을 목적으로 한다."라고 규정한 행정절차법의 목적규정과, 1984. 12. 15 법률 제3755호 제정시부터 행정심판법은 제1조 [목적]이라고 하는 표제하에서, "이 법은 행정심판절차를 통하여 행정청의 위법 또는 부당한 처분 그 밖에 공권력의 행사·불행사 등으로 인한 국민의 권리 또는 이익의 침해를 구제하고, 아울러 행정의 적정한 운영을 기함을 목적으로 한다."(밑줄 필자)라고 한 행정심판법의 목적규정과 균형을 맞추기 위해서도 바람직하다.

특히 행정심판법 제1조는 문맥상 전단은 행정구제 후단은 행정통제를 보다 명백하게 규정하고 있다는 점에서, 행정심판을 포함하는 행정쟁송의 목적을 논의함에 있어서는 행정심판법 제1조가 그 법적근거로서 논의되어야 함은 물론이다. 또한 대한민국 법률연혁집에서도 "현행 행정소송법은 1951년 제정 시행된 이래 30여 년간 주요내용의 개정이 이루어지지 아니하여 발전하는 행정상황에 부응하지 못할 뿐 아니라 국민의 권리구제에도 미흡한 실정이므로 이를 전면 개정하여 국민의 권익을 최대한 보호함과 아울러 행정목적의 실현에도 지장이 없도록 하려는 것임."[20]이라고 하고 있다는 점도 하나의 참고자료가 된다고 할 수 있다.

행정소송의 목적 내지 기능과 관련하여 우리나라 대법원 판례는 "권리"[21] 또는 "권익"[22]이라는 표현을 혼용하여 쓰기도 한다. 다만 행정심판법에서는 "권익", 또는 "권리나 이익"이라고 하고 있고[23], 특히 새로이 제정된 행정절차법의

20) 대한민국 법률연혁집, 제9편 민사법 제3장 행정소송에서의 변론주의와 직권탐지주의, 민사절차 행정소송법 연혁, 한국법제연구원, 491-1면(밑줄 필자).

21) "어떤 행정청의 행위가 행정소송의 대상이 되는 행정처분에 해당하는지는 그 행위의 성질과 효과 그 밖에 행정소송제도의 목적 내지 사법권에 의한 국민의 권리보호의 기능을 고려하여 합목적적으로 판단하여야 한다" 대법원 2003. 5. 13. 선고 2003두643 판결. 그 외에 대법원 1982. 3. 23. 선고 80누476 판결(공1982상, 441), 대법원 1984. 2. 14. 선고 82누370 판결(공1984, 520) 참조.

22) "행정소송제도의 목적이 위법한 행정활동으로부터 국민의 권익을 보호하려는 면이 있음도 경시할 수 없는 것이므로 세무서장의 의사표시를 확인적 의미밖에 없다 하여 행정소송의 대상이 될 수 없다고 하는 것은 불합리하다." 대법원 1989. 6. 15. 선고 88누6436 전원합의체 판결(공1989, 1096). "행정소송법 제12조 후문이 규정하는 "처분의 취소로 인하여 회복되는 법률상 이익"의 유무는 원래 항고소송의 목적·기능을 어떻게 이해하며 국민의 권익신장을 위하여 어느 범위에서 재판청구권의 행사를 허용할 것인가의 문제와 관련된 것으로서" 대법원 1995. 10. 17. 선고 94누14148 전원합의체 판결(공1995하, 3544)(필줄 필자). 그 외에 대법원 1984. 2. 14. 선고 82누370 판결(공1984, 520) 참조.

23) 행정심판의 경우 "권익"이라는 용어를 쓴 예로는, "단원에 대하여는 지방공무원의 보수에 관한 규정을 준용하는 이외에는 지방공무원법 기타 관계 법령상의 지방공무원의 자격, 임용, 복무, 신분보장, 권익의 보장, 징계 기타 불이익처분에 대한 행정심판 등의 불복절차에 관한 규정이 준용되지도 아니하는 점" 대법원 2001. 12. 11. 선고 2001두7794 판결(공2002상, 306)을 들 수 있다. "권리 또는 이익"이라는 용어를 쓴 예로는, "행정심판법 제19조, 제23조의 규정 취지와 행정심판제도의 목적에 비추어 보면 행정소송의 전치요건인 행정심판청구는 엄

목적에 관해서 판례는 오히려 "권익"[24]이라는 표현을 주로 사용하고 있다.

2. "주관소송", "객관소송"과 "주관소송적 기능", "객관적소송적 기능"

우리나라 행정소송에 있어서 주관(적) 소송과 객관(적) 소송이라는 개념은 종래부터 일반적으로 행정소송의 목적에 따라서 행정소송의 종류 내지는 유형을 분류하여 설명하는 개념으로 사용하여 왔다. 주관소송이라 함은 개인의 권익구제를 직접(주된) 목적으로 하는 소송을 말하고, 이에 비하여 객관소송이라 함은 행정통제를 직접(주된) 목적으로 하는 소송을 의미한다. 행정소송은 일반적으로 국민의 권익구제를 제1차적인 목적으로 한다는 점에서 원칙적으로 주관적 소송의 성격을 갖는다. 그 반면에 객관소송은 개인의 권익구제와는 직접적인 관계가 없는 공익실현 혹은 행정의 적법성보장을 직접목적으로 한다. 이에 따라서 일반적으로 우리나라 행정소송에 있어서는 항고소송과 당사자소송은 주관소송이고, 기관소송과 민중소송은 객관소송으로 분류하여 왔다. 행정구제와 행정통제 이 양자 간의 실익으로는, 주관소송은 권익의 침해를 받은 자만이 소를 제기할 수 있다는 제기요건상의 제한이 있으나, 객관소송은 개인적 이해관계에 대한 다툼과는 직접적인 관계가 없으므로 이러한 소제기자격의 제한이 없으므로 직접적인 이해관계인 이외의 자에게도 제소권이 부여된다고 한다.

그런데 최근에는 이와 같은 소송유형을 범주적으로 분류하기 위하여 주관소

격한 형식을 요하지 아니하는 서면행위로 해석되므로, 위법 부당한 행정처분으로 인하여 권리나 이익을 침해당한 자로부터 그 처분의 취소나 변경을 구하는 서면이 제출되었을 때에는" 대법원 2000. 6. 9. 선고 98두2621 판결(공2000하, 1660). "구 지방세법(1998. 12. 31. 법률 제5615호로 개정되기 전의 것, 이하 같다)은 행정심판의 필요적 전치주의를 채택하여 지방세법에 의한 처분으로서 위법 또는 부당한 처분을 받았거나 필요한 처분을 받지 못함으로써 권리 또는 이익의 침해를 당한 자는 이의신청 및 심사청구를 할 수 있는데(구 지방세법 제72조 제1항)", 대법원 2003. 8. 22. 선고 2001두3525 판결(공2003하, 1963) 등을 들 수 있다.

24) "행정청이 당사자와 사이에 도시계획사업의 시행과 관련한 협약을 체결하면서 관계 법령 및 행정절차법에 규정된 청문의 실시 등 의견청취절차를 배제하는 조항을 두었다고 하더라도, 국민의 행정참여를 도모함으로써 행정의 공정성·투명성 및 신뢰성을 확보하고 국민의 권익을 보호한다는 행정절차법의 목적 및 앞서 본 청문제도의 취지 등에 비추어 볼 때, 위와 같은 협약의 체결로 청문의 실시에 관한 규정의 적용을 배제할 수 있다고 볼 만한 법령상의 규정이 없는 한, 이러한 협약이 체결되었다고 하여 청문의 실시에 관한 규정의 적용이 배제된다거나 청문을 실시하지 않아도 되는 예외적인 경우에 해당한다고 할 수 없다." 대법원 2004. 7. 8. 선고 2002두8350 판결(공2004하, 1347). 동일 취지의 판례 대법원 2003. 12. 11. 선고 2003두7668 판결 참조.

송과 객관소송이라는 개념을 사용하기보다는, 항고소송 특히 취소소송의 성질을 새로이 규명하는 과정에서 "주관(소송)적 기능(성격)" 내지 "객관(소송)적 기능(성격)"이라는 용어를 사용하는 경우가 있다. 이는 취소소송의 성격이 주관적인 소송의 성격이 강한가 아니면 객관적 소송의 성격이 강한가의 문제 즉 주관성과 객관성 간의 우열이나 정도의 차이 혹은 양자 간의 스펙트럼을 분석하여 설명하기 위한 개념으로서 사용하고 있는 것이다. 이러한 개념은 실제 행정소송의 실제운영이나 해석에 있어서 뿐만 아니라 나아가 행정소송법 개정과 같은 입법론에 관한 논의를 함에 있어서 하나의 유용한 분석의 도구로서 사용될 수 있다는 점에서 매우 유용하다.

Ⅲ. 절 충 – 입법정책

본래 행정소송에 있어서 행정구제기능과 행정통제기능이라고 하는 것은, 우리나라 헌법 제27조상의 재판청구권의 실현으로 행정을 상대로 행정소송을 제기하여 권익구제를 받겠다고 하는 국민의 권익구제기능 측면과, 이러한 국민이 권익구제를 받기 위하여 제기한 소에서 행정에 대한 사법심사를 하는 법원의 행정통제기능 측면에서 본 것이다. 행정은 국민의 권익에 일정한 영향을 미치는 주체이고 그와 동시에 그 자신 스스로는 사법의 심사대상이 된다. 즉 행정구제와 행정통제는 하나의 동일한 행정소송을 놓고서 국민과 법원 양 측면에서 본 것이다. 이와 같이 불고불리원칙에 의하여 권익구제를 받기 위하여 소를 제기하는 국민과 그 국민이 권익구제를 바라고 제기한 소에서 행정에 대하여 사법심사를 하는 법원이 각각 행정을 매개로 불가분의 관계를 맺는 한 행정구제와 행정통제는 상호 관련을 맺고 동시에 기능하는 것이다. 이는 자명하다.

주관소송은 개인의 권익을 보호 즉 행정구제를 하여 주기 위하여 인정되는 소송이고 객관소송은 개인의 이익이 아니라 행정의 적법성의 확보라고 하는 공익보호 즉 행정통제를 하기 위하여 인정되는 소송임이 원칙이다. 그렇다고 한다면 결국 주관소송과 객관소송은 행정구제와 행정통제라고 하는 행정소송의 목적을 실제 소송에서 구체적으로 실현하기 위한 행정소송의 제 유형에 각각 투영할 수 있는 하나의 이념형(Idealtypus)을 상정해 본 것에 불과한 것이다. 따라서 절대적으로 순수한 주관소송이나 객관소송의 모습이란 현실적으로 애시당초 그 존립이 불가능한 것이고 설령 가능하다고 하더라도 바람직한 것도 아니한 것이다. 이런 의미에서 주관소송과 객관소송의 절충형태가 이미 예견된 것이고 실제로도, 물론 당연히 정도의 차이는 있으나, 어느 정도 절충되는 것이 일반적이라고 할 수 있다.

따라서 행정소송에 있어서 행정구제와 행정통제를 어느 정도 절충시킬 것인가 즉 다시 말해서 주관소송적 성격과 객관소송적 성격을 어느 정도 가진 소송으로 절충시킬 것인가는 기본적으로 각 나라의 입법정책(rechtspolitisches Problem)에 의존하는 문제라고 할 것이다. 즉 선험적이거나 논리필연적인 것은 아닌 것이다. 이런 점에서 행정소송의 목적 내지 기능이 행정구제와 행정통제라고 하는 것을 부정할 사람이 없다는 말은, 결국 행정구제와 행정통제라고 하는 행정소송의 목적과 각각 연결된 소송형태인 주관소송과 객관소송이 전부 아니면 전무(all or nothing)가 아니라 어느 정도 절충되는 것이고 그 결과 현실적인 행정소송의 형태는 주관소송적 성격과 객관소송적 성격 간의 일종의 절충형태(trade-off)를 취하게 된다는 것을 의미한다.

이러한 행정구제와 행정통제라는 목적을 행정소송의 제 유형에 각각 투영해 볼 수 있는 주관소송과 객관소송 간의 절충의 모습은 우리나라 취소소송의 현실적인 운영에서 잘 나타난다. 주지하다시피 현재 우리나라 소송실무에서는 주관소송의 전형인 의무이행소송[25]이 인정되지 아니한다. 따라서 국민의 권익구제수단은 취소소송에 의존할 수밖에 없는 것이 현실이다. 이런 상황하에서 우리나라 행정소송은 가급적 국민의 권익구제를 위하여 궁여지책으로 부득이하

25) 행정소송에 있어서 의무이행소송이 인정되지 아니한다는 것은 확고한 판례의 입장이다. "행정심판법 제4조 제3호가 의무이행심판청구를 인정하고 있고 항고소송의 제1심 관할법원이 행정청의 소재지를 관할하는 고등법원으로 되어 있다고 하더라도, 행정소송법상 행정청의 부작위에 대하여는 부작위위법확인소송만 인정되고 작위의무의 이행이나 확인을 구하는 행정소송은 허용될 수 없다" 대법원 1992. 11. 10. 선고 92누1629 판결(공1993상, 124); "행정소송법 제3조와 제4조가 행정청의 부작위가 위법하다는 것을 확인하는 소송을 규정하고 있을 뿐 행정청의 부작위에 대하여 일정한 처분을 하도록 하는 의무이행소송에 관하여는 규정하고 있지 아니하여, 행정청의 위법 또는 부당한 부작위에 대하여 일정한 처분을 하도록 청구하는 소송을 허용하지 아니한 것이, 국민의 재산권을 보장한 헌법 제23조에 위배된다고 볼 수 없다" 대법원 1992. 12. 22. 선고 92누13929 판결(공1993상, 627); "검사에게 압수물 환부를 이행하라는 청구는 행정청의 부작위에 대하여 일정한 처분을 하도록 하는 의무이행소송으로 현행 행정소송법상 허용되지 아니한다" 대법원 1995. 3. 10. 선고 94누14018 판결(공1995상, 1630); 의무이행소송의 인정 여부에 관한 문제는 헌법상의 재판청구권의 실질적 보장의 측면에서 검토하여야 한다는 것에는, 최선웅, 행정소송에서의 석명의무의 인정근거 - 우리나라 행정소송의 독자성을 모색하며 -, 행정법연구, 2003년 상반기, 2003, 69-77면 참조.

게 독일식의 실체법적인 협소한 처분개념에서 벗어나 쟁송법적 처분개념에 의지하여 그 외연을 넓히거나 그에 발맞추어 원고적격도 확장하고 있는 등의 노력을 기울여 왔던 것이다.

따라서 행정소송법이 개정되어 의무이행소송등이 인정된 뒤[26]라고 한다면 몰라도, 여하튼 현재로서는 국민의 권익구제를 위해서는 부득이 취소소송의 대상인 처분등의 개념이나 원고적격을 넓히는 것이 어쨌거나 가장 현실적인 방안임에 틀림없고 궁극적으로 헌법상의 재판청구권을 가장 합리적으로 보장하는 길이다. 이러한 국민의 권익구제의 편의를 도모한다는 전통적인 우리나라 행정소송의 이론과 현실을 감안한다면 취소소송의 주관적 성격을 완전히 배제하는 것은 현실적으로도 무리하다고 하겠다.[27]

이런 점에서 앞에서 인용한 행정소송에서 행정구제와 행정통제의 성격이 있다는 것을 부정할 사람이 없다고 하는 말은, 사실 우리나라의 취소소송의 본안에서는 위법성 여부를 심사하게 된다는 점에서 취소소송의 대상이 주관성과 분리되고 또한 위법성과 권리침해의 견련성을 요구하는 독일과 비교해서 다소 취소소송의 객관적 성격이 있다는 점을 부정할 사람이 없음에도 불구하고, 우리나라 소송현실을 감안하여 불가피하게 취소소송을 국민의 권익구제를 위하여 운영하지 않을 수밖에 없고 따라서 주관적 성격을 인정하지 않을 수밖에 없다는 의미로도 이해할 수 있는 것이다.

Ⅳ. 행정구제와 행정통제의 우열문제

우리나라 행정소송의 목적에 관한 논의에 있어서 행정구제와 행정통제 간의 우열 여부에 관하여 명확히 입장을 밝히지 아니하는 경우가 다수라고 할 수 있다. 또한 나아가 행정구제와 행정통제의 유기적 기능을 강조하여 그 우열을 비교하는 것 자체를 거부하는 견해가 없는 것은 아니다. 그러나 행정소송의 행정구제와 행정통제 간의 그 우위 여부를 비교함으로써 행정소송의 실제운영이나 해석 나아가 입법론에 있어서 유용한 설명적 기능[28]을 한다는 점에서 비교하

---

26) 현재 대법원의 주도로 이루어지고 있는 행정소송법 개정시 의무이행소송이 입법화되는 것으로 알려져 있다. 최송화, 한국의 행정소송법 개정과 향후방향, 한·일 행정소송법제의 개정과 향후방향, 한국법제연구원·한국행정판례연구회, 2003. 4. 18., 92면 참조.

27) 최선웅, 행정소송에서의 석명의무의 인정근거 - 우리나라 행정소송의 독자성을 모색하며 -, 행정법연구, 2003년 상반기, 2003, 68면, 123면.

는 것 자체를 거부할 필요는 없다.

전술한 바와 같이, 행정소송의 목적 내지 기능들 간의 우열의 문제에 있어서 행정구제가 주이고 행정통제가 종이라고 하는 것이 다수설의 입장이다. 그런데 이 행정구제가 "주"이고 행정통제가 "종"이라고 하는 표현은 마치 행정통제를 위한 법원의 심사강도나 정도가 행정구제를 위해서 무조건 약화된다는 의미만을 보여주는 문제점은 있다. 주·종이라는 것은 행정소송도 불고불리의 원칙상 행정소송이 제기되어야 즉 행정구제의 심사과정의 기회에 비로소 행정통제가 이루어진다는 점을 의미하는 것뿐이다. 행정소송에 있어서 처분권주의는 행정소송법 제8조 제2항의 준용규정에 의하여 민사소송법 제203조가 준용되어 인정된다.[29] 이 점에서 행정구제를 주로 하고 행정통제를 종으로 하는 "주·종관계"로 설명하는 것보다는 행정구제 심사과정의 기회에서 행정통제가 이루어진다는 점에서 "부수적"인 기능으로 이해하는 것이 보다 타당하다. 사실 "부수적"이라는 것은 당사자 처분권주의원칙상 행정소송도 당사자의 소제기에 의하여 개시된다는 것을 설명하는 것에 지나지 아니한다. 이는 행정구제가 전제되지 아니하는 행정통제가 불가능하다는 점을 의미한다. 이런 점에서 본다면 행정통제를 강조하는 것은 결국은 일정부분 행정구제의 강화에 이바지하는 결과가 된다. 이점에서는 사실 행정구제와 행정통제 간의 우열 논의의 결과는 일정부분 상쇄된다고도 할 수 있다.

요컨대 "부수적"이라는 것은 처분권주의에 의하여 일단 개시된 행정구제의 심사기회에 행정통제가 행해진다는 것 즉 행정구제가 전제된 행정통제를 의미한다.

그런데 전술한 바와 같이, 행정통제의 우위론에 근거하여 최근 우리나라에 있어서 행정소송의 객관적 성격을 강조하여 주장하는 이론은 주관성에 치우친 독일 행정소송의 문제점을 지적하고, 객관소송의 성격을 가진 프랑스의 제도에 비추어 바람직한 우리나라 행정소송의 모습을 상정해 볼 수는 있다는 점에서는 기존의 주관성에 치우친 논의와 상대적인 균형을 이루고 논의 자체를 풍부

---

28) 행정소송의 기능 중에서 어느 기능을 중시하는가에 따라 행정소송에 관한 구체적 해석론에 학설이 대립이 발생하게 된다(예: 원고적격, 의무이행소송의 허용성 등)고 하는 것에는, 주석 행정소송법, 행정소송 총설 [김철용 집필부분], 3면 주5) 참조.

29) 다만 처분권주의의 제한 등의 소극적인 한계는 특히 행정소송법 제1조상의 공법상의 권리관계 또는 법적용에 관한 다툼을 적정하게 해결하여야 한다는 즉 공익에 관한 적정한 재판에 비추어 설정되어야 한다.

하게 한다는 점에서도 매우 바람직한 일이다.

그런데 이와 같이 행정소송의 객관적 성격을 강조하는 견해가 이에 그치지 아니하고 한걸음 더 나아가서 우리나라 행정소송에서 주관성을 완전히 배제하고 항고소송의 본안에 있어서 법원 심판권의 내용만을 염두에 두고 행정소송을 순수한 객관소송이라고 이론구성한다는 것이라면 이는 문제다. 우리나라 행정소송에 있어서 주관성을 완전히 배제할 수는 없다. 즉 이는 정도의 문제이지 본질적인 성질을 달리하는 문제는 아니다. 또한 우리나라 행정소송은 본래 독일 헌법 제19조 제4항에 근거한 독일식의 '포괄적인 권리구제'마저도 포괄하는 즉 '권리침해를 요건으로 하지 아니하는' '포괄적인 재판'을 보장하고 있는 국민의 헌법상 권리로서 헌법 제27조의 재판청구권에 입각해 있다. 이런 점에서 우리나라 헌법상 권리인 재판청구권을 독일 헌법 제19조 제4항과 같이 권리침해로 좁혀서 해석할 하등의 이유가 전혀 없다. 즉 독일 헌법 제19조 제4항이 권리구제절차의 보장이라고 하는 주관적 성격을 갖는다는 점을 비판하는 것 자체는 독일에서는 의미가 있는지 몰라도, 적어도 독일과 다른 우리나라의 헌법구조와 행정소송법 규정 아래에서는 별다른 큰 의미가 있는 것은 아니다.

한편, 전술한 바와 같이, 이와 같은 프랑스식 행정소송의 객관적 성격을 강조하는 견해와 정반대의 방향에 서서 독일식의 행정소송의 주관적 성격만을 강조하는 견해는 어쨌든 결과적으로는 우리나라 행정소송에 관한 이론을 독일 헌법 제19조 제4항 등 독일의 헌법구조와 행정소송법 규정에 근거한 독일식 이론의 범위 내에서만 구성하고, 우리나라 행정소송법 규정을 독일식으로 개정하려고 한다는 점에서 기본적인 문제가 있다고 할 것이다.

이러한 기본적인 문제점을 가지고 있는 주관성만을 강조하는 견해와 객관성만을 강조하는 견해 이 양자는 구체적인 문제에 들어가서 우리나라 행정소송의 본안심사에 있어서 독일식의 권리침해와 위법성 간의 견련성(Rechtswidrigkeitszusammenhang)이 요구되는가 여부에 관해서 다투고 있다. 즉 우리나라 취소소송에서는 본안에서 권리침해를 요구하지 아니하고 위법성일반을 심사한다는 점에서 프랑스의 월권소송과 같이 객관적 성격을 갖는다고 하거나, 그럼에도 여전히 권리는 요건심리단계에서 선취하여 심리되고 위법성은 본안에서 심리되는 것이므로 전체적으로 보아서 여전히 독일 행정소송제도와 본질적인 차이가 없다고 한다.

우리나라 행정소송에서의 본안에서는 권리침해를 요구하지 아니하는 점은 독일과 다른 점이라고 할 수는 있다. 이는 독일 행정소송법 제42조 제2항, 제

113조 제1항 제1문과 궁극적으로는 독일 헌법 제19조 제4항 등을 규정하고 있는 독일과 그러한 규정이 없거나 다르게 규정된 우리나라와의 차이에서 나타나는 문제이기도 하다.

그런데 우리나라 행정소송의 본안에서 위법성 여부만을 심사한다고 해서 국민의 권익침해(독일의 권리침해)와 전혀 무관하다고 하기는 어렵다. 현행 행정소송구조상 처분권주의에 의한 권익구제 즉 행정구제가 전제되지 아니한 행정통제는 불가능하기 때문이다. 따라서 본안에서, 개별 위법사유이든 위법성 일반이든 간에, 또는 굳이 주관적 권리와 객관적 법과의 관계를 언급하지 않는다고 하더라도, 위법 여부에 대한 법원의 최종적인 판단은 국민이 처분권주의에 의하여 소를 제기하여 궁극적으로 달성하고자 하는 권익구제가 최종적으로 이루어지는가 여부와 적어도 효과면에서는 불가분의 관계를 이룬다.

특히 재량행위인 경우 국민의 권익은 행정의 공익과 함께 비례원칙에 의거하여 재량권의 범위를 일탈·남용하였는지 여부를 판단함에 있어서 본질적인 형량요소이다. 또한 독일 행정소송에서의 직권탐지주의와 달리 우리나라 행정소송에 있어서 행정소송법 제8조 제2항의 준용규정에 의하여 민사소송상의 변론주의가 인정되므로 원고인 국민은 본안에서 자신의 권익을 적극적으로 주장하여 현출시킬 수 있는 방법이 있고 또 법원은 이를 심리하여야 한다는 점에서 국민의 권익은 본안에서 실질적이고도 본질적이다.

이런 점에서 위법성견련성에 관련된 독일과 우리나라의 차이라고 하는 것은, 권익구제가 전제가 되는 행정통제를 상정하는 한 실질을 압도할 정도로 그렇게 중대한 차이는 아니라고 본다. 이러한 점은 취소소송의 법적 성질이 주관소송이든 객관소송이든 나아가 형성소송이든 확인소송이든 관계없이 적어도 이행소송이 인정되지 아니하는 우리나라의 행정소송현실에 있어서는 중요한 실천적인 의미가 있다.

보다 근본적으로 본안에서 독일식의 위법성견련성을 요구할 것인지 아니면 프랑스식의 위법성만을 심사할 것인지 여부도, 전술한 바와 같이, 주관소송과 객관소송의 절충의 문제와 마찬가지로 결국 사법재판국가인가 아니면 행정재판제도라고 하는 헌법정책을 포함한 입법정책적인 문제인 것에 불과한 것이지, 선험적이거나 논리필연적인 것은 전혀 아니다.

어쨌든 우리나라의 행정소송에 있어서 독일식의 이론을 주장하고 독일식의 법개정을 주장하는 것이나 그렇다고 프랑스식의 이론을 주장하고 프랑스식의 법개정을 주장하는 것 양자 모두는 기본적으로 우리나라 실정법과 법제도뿐만 아니라 소송현실을 도외시한다는 점에서 문제가 있다고 할 것이다.

더군다나 후술하는 바와 같이, 우리나라 행정소송은 우리나라 행정소송법 제1조, 제8조 제2항, 제26조 등 우리나라 실정법규정은 주관과 객관 양자를 모두 아우르는 절충하는 구조로 되어 있다는 점에서, 위 주관성과 객관성 어느 한 쪽에 치우쳐 있는 나라를 추종하는 것 자체가 문제라고 할 수 있다.

V. 행정소송의 목적과 행정소송법 제1조의 관계

독일이나 일본과 달리, 우리나라 행정소송법은 제1조에서 행정소송의 목적규정을 가지고 있다는 점에서 이 규정을 행정구제와 행정통제라고 하는 행정소송의 목적과의 관계설정을 모색해 볼 필요성은 있다. 전술한 바와 같이, 행정소송법 제1조와 행정소송의 목적과의 관계에 관하여는 행정소송법 제1조 전체가 행정구제를 근거 짓는다는 견해와, 행정소송법 제1조는 행정구제뿐만 아니라 특히 "법적용에 관한 다툼을 적정하게 해결함을 목적으로 한다"라고 하는 부분이 행정통제를 밝힌 것이라고 하는 견해로 나누어진다.

먼저 전자의 견해 즉 행정소송법 제1조 전체가 행정구제의 법적 근거라고 하는 견해는 사실 그 문맥상 행정소송의 목적으로 행정구제와 행정통제를 뚜렷하게 대비시키서 행정소송법 제1조는 전자 즉 행정구제만의 법적 근거가 되고 따라서 후자 즉 행정통제의 법적 근거가 될 수 없다고 명백하게 설명하고 있지는 아니하다. 특히 최근의 이른바 객관소송설과 관련시켜 논급하고 있지도 아니하다. 이 견해는 단지 행정소송의 목적 내지 기능으로 행정구제와 행정통제를 언급하면서 단지 행정소송의 행정구제기능 측면을 행정소송법 제1조가 명시적으로 규정하고 있다고 설명하는 데에 불과한 것이고, 따라서 행정통제에 관하여는 적극적으로 어떠한 법적 근거를 제시하고 있지는 아니 하는 것이다.

또한 만일 이 견해가 행정소송법 제1조가 행정통제를 제외하고 행정구제만을 한정하여 법적으로 근거하고 있다고 주장한다면, 이는 전술한 독일 헌법 제19조 제4항 및 독일 행정소송법 제42조, 제113조 제1항 제1문, 제5항 제1문 등의 규정이 국민의 주관적 권리구제만을 근거 짓고 그리고 행정소송법상 목적규정이 없는 독일에서의 해석방법을 그대로 답습한 것이라는 점에서 문제가 있다. 다시 말해서 국민의 주관적 권리구제의 기회에 심사대상이 되는 행정작용을 법원이 그 적법 여부를 심사한다는 점에서 적법성통제가 이루어진다고 하는 독일식의 해석방법을 답습한다는 것은, 결과적으로는 우리나라 현행 행정소송법 제1조의 규정 중 특히 후단의 규정을 도외시하게 된다는 점에서 의문이다. 더군다나 우리나라는 주관적 권리구제만을 부각시키는 독일식의 헌법규정이나 행정소송법의 규정은 가지고 있지 아니하다. 따라서 우리나라 헌법 제27조상의 재판청구권을 독일 헌법 제19조 제4항의 권리구제조항으로 한정하여 해석하거나 우리나라 행정소송법을 독일 행정소송법에 한정하여 해석하여야 할 하등의 이유가 없다.

우리나라 행정소송법 제1조의 규정상 전단은 행정구제를, 후단은 행정통제를 모두 포괄시킬 수 있는 문장구조로 되어 있다는 점에서 체계적임이 분명하다. 따라서 만일 우리나라 행정소송법 제1조의 명문의 규정에도 불구하고 위에서 본 바와 같은 독일식의 권리구제만을 규정하고 있다고 한다면 이는 결국 우리나라 행정소송법 제1조 규정을 부당한 해석에 의하여 개정하여 그 후단 부분을 삭제시킨 결과가 된다는 점에서 문제이다.

다음으로, 전술한 바와 같이, 행정소송법 제1조는 후단 즉 "공법상의 권리관계 또는 법적용에 관한 다툼을 적정하게 해결함을 목적으로 한다."라고 하는 표현 중에서 "법적용에 관한 다툼"만이 행정소송의 행정통제기능에 해당한다고 하는 견해가 있다. 이 견해는 행정소송법 제1조 후단의 "공법상의 법률관계와 법적용에 관한 다툼"을 "공법상의 법률관계에 관한 다툼"과 "법적용에 관한 다툼"으로 분리한다. 그리하여 전자 즉 "공법상의 법률관계에 관한 다툼"이라는 부분이 공법상 당사자소송의 근거규정이 되고 후자 즉 "법적용에 관한 다툼"이라는 부분이 행정통제기능의 근거가 된다고 한다.

그러나 행정소송법 제1조 후단의 "공법상의 법률관계와 법적용에 관한 다툼"은 위와 같이 "공법상의 법률관계에 관한 다툼"과 "법적용에 관한 다툼"으로 분리되는 것이 아니라, "공법상의 법률관계에 관한 다툼"과 "공법상의 법적용에 관한 다툼"으로 분리되는 것이다. 즉 "공법상의"라고 하는 공통분모를 가진 "법률관계에 관한 다툼"과 "법적용에 관한 다툼"으로 분리되는 것이고, 따라서 "공법상의"는 이 양자를 공통으로 수식하는 수식어일 뿐이다. 그리고 행정소송에서 적정하게 재판하여야 할 목적의 대상이 "공법상의 권리관계 또는 법적용에 관한 다툼"이 되므로, 이는 결국 "공법상의 권리관계 또는 법적용에 관한 다툼을 적정하게 해결함"으로 합쳐지게 되는 것이고 바로 이것이 행정소송의 행정통제목적의 법적근거가 되는 것이다.

따라서 현행 행정소송법 제1조 중에서 전단 즉 "이 법은 행정소송절차를 통하여 행정청의 위법한 처분 그 밖에 공권력의 행사·불행사 등으로 인한 국민의 권리 또는 이익의 침해를 구제하고,"라는 부분이 국민의 권익구제인 행정구제의 법적 근거이다. 그리고 제1조 후단 즉 "공법상의 권리관계 또는 법적용에 관한 다툼을 적정하게 해결함을 목적으로 한다."라고 하는 부분이 행정에 대한 적법성통제인 행정통제의 법적 근거가 된다. 물론 그렇다고 해서 행정소송법 제1조의 문언에 따라서 항고소송, 당사자소송, 객관소송 등 기존의 행정소송을 범주적으로 분류하는 것 자체가 불가능한 것은 아니다. 어디까지나 행정소송법 제1조는 이러한 행정소송의 범주적 분류도 아우를 수 있는 행정소송의 목적규정이기 때문이다.[30]

다만 전술한, 최근 행정소송의 객관적 성격을 강조하는 견해는 우리나라 행정소송의 목적과 우리나라 행정소송법 제1조의 관계에 관해서는 아무런 언급이 없다.

요컨대 우리나라 행정소송법 제1조 전단은 행정구제 후단은 행정통제의 법적 근거이다.

Ⅵ. 판례에 대한 평가

전술한 바와 같이 판례의 설시내용을 액면그대로 받아들여 판단한다면, 우리나라 판례는 행정소송의 권익구제기능을 중시하는 경향으로 보인다. 그러나 판례가 행정구제목적을 중시하여 설시하고 있다는 것과, 판례가 국민의 권익구제를 어느 정도 중시하여 실제로 반영시키고 있는가는 별개의 문제이다.

현재 판례는, "어떤 행정청의 행위가 행정소송의 대상이 되는 행정처분에 해당하는지는 그 행위의 성질과 효과 그 밖에 행정소송제도의 목적 내지 사법권에 의한 국민의 권리보호의 기능을 고려하여 합목적적으로 판단하여야 한다"[31]라고 하여 "권익구제"라고 하는 행정소송의 목적을 고려한다고 하면서도, 실제

---

30) "동조가 규정하는 목적은, 각각 항고소송, 당사자소송 및 객관소송을 염두에 두고 규정한 것으로 이해할 수 있습니다. 또한, 다른 측면에서 보면, 이 조항은 행정소송이 가지는 주관적 권리구제소송으로서의 측면과 객관적인 행정통제의 측면을 함께 규정한 것으로 볼 수 있습니다." (최송화, 현행 행정소송법의 입법경위, 공법연구 제31집 제3호, 한국공법학회, 2003, 4면.

31) 대법원 1984. 2. 14. 선고 82누370 판결(공1984상, 520).

로는 "항고소송의 대상이 되는 행정처분은 국민의 권리의무에 직접관계가 있는 행위를 가리키는 것이고, 상대방 또는 기타 관계자들의 법률상 지위에 직접적인 법률적 변동을 일으키지 아니하는 행위 등은 항고소송의 대상이 되는 행정처분이 아니라고"[32]하여 행정처분의 대상을 매우 좁게 인정하고 있는 것이다.[33] 이는 종래부터 판례가 그 판시에서 내세우고 있는 국민의 권익구제를 실로 무색하게 하는 것이다.

이와 같이 판례가 국민의 권익구제에 소홀히 한 결과, 이제는 이러한 종래의 대법원의 태도를 시정하는 것은 기대하기가 어렵게 되었다고 할 수도 있다. 사실 이러한 판례가 종래의 태도를 하루아침에 바꾸는 것은 판례의 변경과정을 거쳐야 하는 부담이 있으므로 이러한 판례의 부담을 덜어주기 위해서 행정소송법을 개정할 필요성도 있기는 하다.

그러나 사실 특별한 사회의 변혁이 없는 상황하에서 급진적인 법개정은 많은 부작용이 따르기 마련이고, 또한 법을 개정한다고 하더라도 해석의 문제가 여전히 남는 경우도 있게 마련이다. 따라서 현재 실무상 예컨대 의무이행소송의 인정과 같이 명백히 오로지 법개정만이 아니면 해결되기 어려운 상황이 아니라고 한다면, 법원은 행정소송법이 개정되기 전이라도 현행법상 허용하는 한도 내에서 탄력적인 운영을 기하도록 노력해야 할 것이고 노력하였어야 한다.

국민의 권익구제와 관련되는 국가기관 간의 관할의 존부불명은 국가기관 간의 권한쟁의에 의한 권한상실이라는 불이익으로 이어질지언정 국민의 권익구제의 공백상태라고 하는 국민의 불이익으로 전가되는 것은 결코 바람직하지 않다.

의무이행소송의 인정문제나 헌법재판소와 대법원 간의 관할 다툼도 기본적으로 이와 같은 시각에서 보아야 한다. 모든 경우에 무조건 법이 개정할 때까지 참으라고 하는 것은 헌법상 보장된 재판청구권의 침해문제가 있다고 할 수 있다.

---

32) 대법원 1995. 3. 14. 선고 94누9962 판결(공1995상, 1636).

33) 그 결과 토지대장, 임야대장 등 각종 대장, 권고 등과 같은 행정지도 등도 처분에서 제외되었다. 다만 최근에 지적공부 소관청의 지목변경신청 반려행위가 항고소송의 대상이 되는 행정처분에 해당한다고 하는 판례가 있을 뿐이다(대법원 2004. 4. 22. 선고 2003두9015 전원합의체 판결(공2004상, 907)). 또한 거부처분이 행정소송의 대상이 되기 위해서는 법규상 또는 조리상의 신청권의 존재를 요구(예컨대 대법원 2003. 9. 23. 선고 2001두10936 판결(공2003하, 2090))하고, 최소판결의 기속력의 객관적 범위(예컨대 대법원 2002. 7. 23. 선고 2000두6237 판결(공2002하, 2081)), 부작위위법확인소송에 있어서의 응답의무(예컨대 대법원 2004. 2. 13. 선고 2003두10602 판결) 등이 주로 비판의 대상이다.

Ⅷ. 행정소송법 개정안 제1조상의 목적규정

행정소송법 개정안에 따르면 제1조 (목적) 규정을 "이 법은 행정소송절차를 통하여 행정청의 위법 또는 부당한 처분 그 밖에 공권력의 행사·불행사 등으로 인한 국민의 권리 또는 이익의 침해를 구제하고, 공법상의 권리관계 또는 법적용에 관한 다툼을 적정하게 해결하며, 아울러 행정의 적정한 운영을 기함을 목적으로 한다."[34] 라고 규정하기로 하였다고 한다. 이는 행정의 적법성보장에 중점을 두는 법안의 지향점을 명시한 규정이라고 한다.[35]

현행 행정소송법 제1조와 비교하면 개정안 제1조는 "아울러 적법한 행정을 보장함을 목적으로 한다."라는 부분이 추가되었다.[36] 그런데 만일 이 추가된 부분만을 행정소송의 객관적 성격이라고 해석한다고 하면, 개정안 제1조의 그 앞 부분 즉 "이 법은 행정소송절차를 통하여 행정청의 위법한 공권력의 행사·불행사 등으로 인한 국민의 권리 또는 이익의 침해를 구제하고,"는 물론이고, 그에 이어서 나오는 "공법상의 권리관계 또는 법적용에 관한 다툼을 적정하게 해결하며," 부분도 개인의 권익구제로 한정되게 된다는 점에서 문제이다.

즉 "공법상의 권리관계 또는 법적용에 관한 다툼을 적정하게 해결하며,"는, 전술한 바와 같이, 그 앞 부분 "이 법은 행정소송절차를 통하여 행정청의 위법한 공권력의 행사·불행사 등으로 인한 국민의 권리 또는 이익의 침해를 구제하고,"라고 하는 개인의 권익구제라고 하는 행정구제기능과 또 하나의 다른 행정

34) 2004『행정소송법 개정안』공청회, 대법원, 2004, 신·구 조문 대비표, 203면.

35) 최송화, 한국의 행정소송법 개정과 향후방향, 한·일 행정소송법제의 개정과 향후방향, 한국법제연구원·한국행정판례연구회, 2003, 89면; 최송화, 한국의 행정소송법 개정과 향후방향, 행정판례연구 Ⅷ, 박영사, 2003, 442면.

36) 그 외에 행정소송법 개정안에서는 현행 행정소송법 제1조의 "위법한 처분 그 밖에 공권력의 행사·불행사"가 개정안에서는 "처분 그 밖에" 부분이 삭제되게 되어 있다. 이는 개정안의 실질적이고 핵심적인 개정내용인 명령·규칙·처분을 모두 항고소송의 대상으로 포괄하기 위한 상위개념으로서 소위 "광의의 행정행위"이라는 용어를 사용하기 위한 것이라고 한다. 즉 항고소송의 대상을 확대하면서도 그 동안의 학설과 판례가 발전시켜 온 처분개념을 유지하는 방안으로 항고소송의 대상이 되는 행정작용을 행정행위라 지칭하고, 현행법상의 처분개념을 행정행위 개념의 한 유형으로 볼 수 있다는 것이다. 최송화, 한국의 행정소송법 개정과 향후방향, 한국법제연구원·한국행정판례연구회 공동주체 국제학술회의 한·일 행정소송법제의 개정과 향후방향, 한국법제연구원·한국행정판례연구회, 94-95면; 최송화, 한국의 행정소송법 개정의 향후방향, 행정판례연구 Ⅷ, 박영사, 2003, 448면 참조. 이러한 최송화 교수의 제안에 따라서 행정소송법 개정안 제2조 제1항 제1호에서 "행정행위"로 개칭하기로 합의하기로 하였다고 한다. 박정훈, 2004『행정소송법 개정안』공청회, 대법원, 2004, 28면.

소송의 행정통제기능이라고 하는 객관적 성격을 갖는 것이다. 여기에다가 행정소송법 개정안에서 추가하는 "아울러 적법한 행정을 보장함을 목적으로 한다." 라고 하는 것은 객관성 성격이 가장 잘 나타나는 표현이고 이는 그 바로 앞의 "공법상의 권리관계 또는 법적용에 관한 다툼을 적정하게 해결하며,"에 연결되어 내용적으로 합체관계에 있다고 할 수 있다.

그렇다고 한다면 개정안 제1조를 "이 법은 행정소송절차를 통하여 행정청의 위법한 공권력의 행사·불행사 등으로 인한 국민의 권리 또는 이익의 침해를 구제하고, 아울러 공법상의 권리관계 또는 법적용에 관한 다툼을 적정하게 해결하여 적법한 행정을 보장함을 목적으로 한다.(밑줄 필자)"라고 하던지, 아니면 행정심판법 제1조[37]의 규정의 예에 따라서 간명하게 "이 법은 행정소송절차를 통하여 행정청의 위법한 공권력의 행사·불행사 등으로 인한 국민의 권리 또는 이익의 침해를 구제하고, 아울러 적법한 행정을 보장함을 목적으로 한다.(밑줄 필자)"라고 규정하는 것이 타당할 것이다.

제6절 결론적 고찰

주관소송과 객관소송은 행정구제와 행정통제라고 하는 행정소송의 목적을 실제 소송에서 구체적으로 실현하기 위한 행정소송의 제 유형에 각각 투영하여 볼 수 있는 하나의 이념형(Idealtypus)을 상정해 본 것에 불과한 것이다. 따라서 주관소송과 객관소송의 절충형태가 이미 예견된 것이고 실제로도, 물론 당연히 정도의 차이는 있으나, 어느 정도 절충되는 것이 일반적이라고 할 수 있다. 그런데 행정소송에 있어서 행정구제와 행정통제를 어느 정도 절충시킬 것인가 즉 다시 말해서 주관소송적 성격과 객관소송적 성격을 가진 소송으로 어느 정도 절충시킬 것인가는 기본적으로 각 나라의 입법정책에 의존하는 문제라고 할 것이다.

요컨대 행정소송에 있어서 행정구제와 행정통제 목적 간 및 그 소송형태인 주관소송과 객관소송 간 절충의 문제는 입법정책의 문제이다.

문제는 이러한 절충에 대한 법적 근거인데, 이는 결국 행정소송법 제1조는

37) 행정심판법 제1조 (목적) 이 법은 행정심판절차를 통하여 행정청의 위법 또는 부당한 처분 그 밖에 공권력의 행사·불행사 등으로 인한 국민의 권리 또는 이익의 침해를 구제하고, 아울러 행정의 적정한 운영을 기함을 목적으로 한다.

물론이고, 행정소송에서 사익을 중시하는 민사소송을 준용하는 규정인 행정소송법 제8조 제2항, 공익을 이유로 직권탐지를 규정한 행정소송법 제26조를 비롯한 행정소송법 전체의 체계 속에서 고찰할 필요성이 있다.

전술한 바와 같이, 우리나라 행정소송법 제1조의 규정 중 전단 즉 "이 법은 행정소송절차를 통하여 행정청의 위법한 처분 그 밖에 공권력의 행사·불행사 등으로 인한 국민의 권리 또는 이익의 침해를 구제하고,"라는 부분이 개인의 권익구제인 행정구제, 후단 즉 "공법상의 권리관계 또는 법적용에 관한 다툼을 적정하게 해결함을 목적으로 한다."라는 부분이 행정에 대한 적법성통제인 행정통제를 규정한 것이다.

요컨대 행정소송법 제1조 전단은 국민의 권익구제인 행정구제를, 후단은 행정에 대한 적법성통제인 행정통제를 규정한 것이다.

그런데 행정소송법 제1조가 단지 이와 같은 행정소송의 목적 내지 기능으로서 행정구제와 행정통제를 규정하였다는 것만 가지고는 현실적으로 실제 행정소송에서 실체심리가 어떻게 행해지고 있는지 여부 즉 행정구제와 행정통제의 성격이 어느 정도로 구체적으로 구현되는지 여부를 알 수가 없다. 여기서 행정소송의 실체심리면을 고찰할 필요성이 나타난다. 이를 위해서는 행정소송의 목적 규정인 행정소송법 제1조는 물론이고, 행정소송에서 사익을 중시하는 민사소송의 변론주의를 준용하는 규정인 행정소송법 제8조 제2항, 공익을 고려하기 위하여 직권탐지를 규정한 행정소송법 제26조를 비롯한 행정소송법 전체 속에서 체계적 합리적으로 고찰할 필요성이 있다.

행정소송법 제1조 후단의 "적정한 재판"이라고 하는 것은 모든 소송[38]이 추구하여야 할 목적이자 이상인 것은 분명하므로 행정소송에서 적정한 재판을 하여야 한다는 점을 다른 소송과 달리 볼 것은 아니다. 그러나 행정소송에서는 적정하게 재판하여야 할 대상이 "공법상의 권리관계 또는 법적용에 관한 다툼"이 되고 이는 물론 사익이 아니라 공익과 관련되는 것이다.

따라서 행정소송법 제1조의 규정 중 전단은 개인의 권익구제인 행정구제 즉 사익에 관한 규정으로, 후단은 행정에 대한 적법성통제인 행정통제 즉 공익에 관한 규정으로 나누어지는 것이다. 이는 행정소송에 있어서는, 주로 사익과 관련된 민사소송과는 달리, 사익 이외에 공익도 고려하여야 한다는 점을 명시적

38) 적정한 재판의 이념은 민사소송뿐만 아니라 형사소송을 포함한 모든 절차의 이념이라고 할 수 있다.

으로 밝힌 것이다. 이런 점에서 우리나라 행정소송법 제1조는 행정소송의 본질이 실체적 공·사익 간의 적절한 조정을 목적으로 하는 절차라는 것을 명정한 것이다.

요컨대 행정소송법 제1조는 행정소송의 목적에 관한 규정인 동시에 실체적 공·사익 간의 조정적 절차라고 하는 행정소송의 본질에 관한 규정이기도 한 것이다.

따라서 이와 같이 실체적 공·사익의 조정을 그 본질로 하는 절차인 행정소송은 그 실체심리에 있어서는 사익에 관한 민사소송에서의 변론주의를 준용하는 행정소송법 제8조 제2항[39)]뿐만 아니라 나아가 공익과 관련된 경우 직권탐지주의를 인정하는 규정인 행정소송법 제26조[40)]와 불가분의 관계를 가지게 된다. 이와 같은 기본구조가 우리나라 행정소송법 전체의 체계 속에 내재해 있다고 보아야 하고 이러한 기조에서 행정소송절차의 개시, 진행, 종료 등 전 소송절차를 이해하고 해석하여야 한다.

요컨대 행정소송법 제1조는 행정소송의 목적이자 본질과 관련된 규정일 뿐만 아니라, 나아가서 행정소송의 실체심리에 있어서 사익에 관련된 변론주의 이외에 공익과 관련된 직권탐지주의의 가능성을 열어 놓은 규정이다.

근본적으로 본래 행정소송은 그 본질이 실체적 공·사익의 조정적 절차라고 하는 점에서 그러한 실체에 어떠한 절차원칙이 바람직한가 즉 실체와 절차의 조화 문제는 얼마든지 논해질 수가 있는 문제이다. 이와 같은 행정소송에 있어서 실체와 절차의 조화 문제가 우리나라 행정소송법 규정 중에서 특히 공익을 이유로 직권심리를 인정하는 근거 규정인 행정소송법 규정의 의미범위 내에서 포섭되어 법적 근거를 확보할 수 있게 된다면 이는 더욱 바람직스럽다고 할 수 있다.

무엇보다도 본질적으로 우리나라 행정소송법 제26조는 가능규정의 형식을 취하고 있다는 점에서 강행규정으로 규정됨으로써 경직되어 있는 독일의 행정소송법 제86조 제1항[41)]과 결정적으로 구별된다. 우리나라에 있어서도 극히 예

39) 행정소송법 제8조 제2항 행정소송에 관하여 이 법에 특별한 규정이 없는 사항에 대하여는 법원조직법과 민사소송법 및 민사집행법의 규정을 준용한다.

40) 행정소송법 제26조(직권심리) 법원은 필요하다고 인정할 때에는 직권으로 증거조사를 할 수 있고, 당사자가 주장하지 아니한 사실에 대하여도 판단할 수 있다.

41) §86 I VwGO [직권탐지주의]: 법원은 사실관계를 직권으로 조사하여야 한다; 이 경우 관계인을 참여시켜야 한다. 법원은 관계인의 주장과 증거신청에 구속되지 아니한다. 이 조문의 원

외적으로 우리나라 행정소송을 독일의 행정소송과 동일시하여 우리나라 행정소송법 제26조의 규정을 독일의 행정소송법(VwGO) 제86조 제1항과 마찬가지로 직권탐지주의가 원칙이라고 하는 견해가 전혀 없는 것은 아니다. 그러나 이러한 견해는 독일 행정소송에서의 논의의 내용인 직권탐지주의를 완화하는 방향과 우리나라 행정소송에서의 논의의 내용인 변론주의를 원칙으로 하고 직권탐지주의적 요소 내지는 직권탐지주의를 보충 내지 가미하는 데에 있어서 그 범위에 관한 견해의 대립이라고 하는 방향을 혼동하고 있다는 점에서 기본적으로 문제가 있다. 즉 별다른 근거 없이 우리나라 행정소송법과 독일의 행정소송법을 동일시하고 있다는 점에서 문제이다.

우리나라 행정소송법 제26조의 규정은 그 해석상 민사소송법 제292조[42]상의 보충적 직권증거조사에 한정되지 아니하고 그것을 넘어서서 증거자료에 관한 원칙적인 직권증거조사뿐만 아니라 사실자료에 관한 직권탐지주의가 인정될 여지가 있다는 점에서 '개방적'인 규정이고, 그 인정 여지가 '가능규정'의 형식으로 규정되어 있다는 점에서 '탄력적'인 규정이다. 이러한 점에서 우리나라 행정소송법 제26조는 독일, 일본과 구별되는 '독창적'인 규정이라고 할 수 있다.

요컨대 우리나라 행정소송법 제26조는 실체적 공·사익을 조정하는 절차의 실체심리에 있어서 변론주의와 직권탐지주의를 절충적으로 포괄하는 개방적이고 탄력적이고 독창적인 규정이다.

이와 같이 사익이 아니라 공익이 관련된 "공법상의 권리관계 또는 법적용에 관한 다툼"을 법원이 실제로 심리함에 있어서 법원을 규율하는 규정이 바로 행정소송법 제26조의 규정이다. 따라서 법원이 일정한 중대한 공익과의 관련성이 있다고 판단되는 경우에 이를 심리하여 적정하게 해결을 하기 위해서 "직권으로 증거조사를 할 수 있고", 심지어 나아가 "당사자가 주장하지 아니한 사실에 대하여도 판단할 수 있다."[43]

문은 다음과 같다. §86 I VwGO [Untersuchungsgrundsatz]: Das Gericht erforscht den Sachverhalt von Amts wegen; die Beteiligten sind dabei heranziehen. Es ist an das Vorbringen und an die Beweisanträge der Beteiligten nicht gebunden.

42) 민사소송법 제292조 (직권에 의한 증거조사) 법원은 당사자가 신청한 증거에 의하여 심증을 얻을 수 없거나, 그 밖에 필요하다고 인정한 때에는 직권으로 증거조사를 할 수 있다.

43) 행정소송법 제26조의 규정 중 "법원이 필요하다고 인정할 때에는"이라는 것은, 법원이 직권으로 증거를 조사하고 나아가 당사자가 주장하지도 아니한 사실에 관하여서도 판단하지 않으면 안 될 정도로 즉 법원이 직권으로 탐지를 해야 할 정도로, 공법상의 권리관계 또는 법적용에 관한 다툼이 일정한 중대한 공익과의 관련성을 갖는 경우라고 판단되는 때를 의미한다.

이런 점에서 보면, 우리나라 행정소송에서는 일정한 중대한 공익이 관련되는 행정의 적법성통제에 관하여는 직권탐지주의에 의하여 심리할 수 있다. 즉 사익이 관련된 민사소송의 경우에는 행정소송법 제8조 제2항에 의하여 민사소송상의 변론주의에 의하고, 공익이 관련되는 행정소송의 경우에는 변론주의가 일정 부분 제한되고 그 대신에 행정소송법 제26조에 의하여 직권탐지주의가 인정된다. 다시 말해서 공·사익 간의 다툼이 있고 그 적절한 조정이 문제되는 경우에는 그것을 심리하는 절차에서도 사익만을 위한 민사소송상의 변론주의가 어느 정도 제한되고 그 제한되는 부분에 대신하여 직권탐지주의가 인정되는 것이다.

입법정책적인 면에서 보면, 우리나라 행정소송법 제26조는 제1조 및 제8조 제2항과 함께 그 해석상 현실적으로 다양한 스펙트럼(spectrum)하에서 공존할 수밖에 없는 사익과 공익을 적절하게 조정하고 포용할 수 있다. 그뿐만 아니라 그 수위 조절을 현실의 발전 추이에 탄력적으로 연동시킬 수 있다는 점에서 다양하고 복잡한 현대 사회에 탄력적으로 대응하는 좋은 입법적인 규정이라고 할 수 있다.

실체적인 공·사익의 충돌은 당연히 절차상으로도 실체적인 공·사익의 적절한 조정에 합당한 절차를 통하여 형량하여 심사하는 것이 가장 현실적이자 이상적이라고 할 수 있다. 나아가 실체적 공·사익의 조정과 그 절차에 있어서 변론주의와 직권탐지주의 간의 절충이라고 하는 우리나라 행정소송은 개인의 권익구제와 행정에 대한 적법성통제를 한다고 하는 우리나라 행정소송의 목적 내지는 기능과도 제대로 조화를 이룬다는 점에서 매우 바람직한 입법태도이다. 또한 변론주의와 직권탐지주의는 개인의 권리구제와 적법성통제의 상호 상관관계 속에서 파악하는 것이 효용성이 있고 논리상 일관성을 기하게 되는 점도 있다.

요컨대 행정소송법 제1조, 제8조 제2항 및 제26조 등 3개 조문은 실체심리면에서 우리나라 행정소송의 골간을 이루고 지탱하는 三鼎立規定이다.

실체적인 공·사익을 변론주의와 직권탐지주의가 적절하게 절충된 절차에서 적절하게 형량하여 심사하는 방식, 요컨대 실체에 상응하는 절차 이것이야말로 우리나라 행정소송법의 독자성이자 우수성이다.

토론할 문제

1. 민사소송의 목적과 행정소송의 목적이 다른 이유

2. 객관소송설과 행정소송의 목적

3. 행정소송법 제1조는 행정소송의 목적의 근거규정이 될 수 있는가? 만일 근거규정이 된다고 한다면 그 내용은 어떠한가?

4. 권익구제와 권리구제

5. 행정소송의 목적과 행정소송의 심리원칙

6. 행정소송법 제1조와 제26조의 관계

제3장 행정소송에서의 소송원칙[1)]

제1절 서 설

종래 우리나라 행정소송의 소송원칙에 관하여는 단지 민사소송의 심리원칙인 변론주의의 영향을 크게 받은 것으로 보는 것이 일반적이었다고 할 수 있다. 그런데 최근에 와서는 독일의 행정소송의 직권탐지주의의 영향을 일부 받아서 행정소송에서 직권탐지주의의 일부 가미 내지는 보충이라고 하는 견해가 오히려 대세를 이루고 등장하게 되었다.

그러다 보니 기존의 민사소송상의 보충적 직권증거조사와 독일식의 직권탐지주의 간의 관계설정이 분명하게 해명되지 않게 되는 문제점이 있게 된다고 할 수 있다. 이러한 문제의 발생은 바로 이와 직접적으로 연결되는 규정인 우리나라 행정소송법 제26조가 그 의미범위에 있어서 의문의 여지가 없는 명확한 규정이라고 할 수 없기 때문에 발생한다고 할 수 있다.

이와 같이 행정소송법 제26조의 의미에 관해서는 이 규정만으로는 명확하지 해명될 수 없기 때문에, 행정소송법상의 기타 다른 규정은 물론이고 관련되는 민사소송법상의 제 규정을 포함하여 포괄적이고 체계적으로 검토할 필요성이 생기게 된다.

따라서 행정소송의 심리원칙에 관한 행정소송법 제26조를 해석함에 있어서는 이와 유사한 제도인 민사소송법 제292조상의 보충적 직권증거조사는 물론이고, 행정소송의 목적 내지는 본질에 관련된 규정인 행정소송법 제1조, 행정소송법에 민사소송법을 준용할 수 있는 근거규정인 행정소송법 제8조 제2항 등과 함께 체계적으로 고찰하여야 한다. 또한 변론주의와 직권탐지주와 다른 차원에 있으면서도 행정소송법 제8조 제2항에 의하여 준용되는 민사소송법 제203조의 처분권주의도 이와 함께 고려하여야 한다

1) 이에 관한 상세한 내용 및 주석은, 최선웅, 행정소송의 원리, 진원사, 2007, 117-133면 참조.

제2절 행정소송의 목적과 본질

우리나라 행정소송법 제1조는 행정소송의 본질이 실체적 공·사익 간의 적절한 조정을 목적으로 하는 절차라는 것을 명정한 것이다. 다시 말해서 행정소송법 제1조는 행정소송의 목적에 관한 규정인 동시에 실체적 공·사익 간의 조정적 절차라고 하는 행정소송의 본질에 관한 규정이기도 하다.

따라서 이와 같이 실체적 공·사익의 조정을 그 본질로 하는 절차인 행정소송은 그 실체심리에 있어서는 사익에 관한 민사소송에서의 변론주의를 준용하는 행정소송법 제8조 제2항[2)]뿐만 아니라 나아가 공익과 관련된 경우 직권탐지주의를 인정하는 규정인 행정소송법 제26조[3)]와 불가분의 관계를 가지게 된다. 이런 점에서 행정소송법 제1조는 행정소송의 목적이자 본질과 관련된 규정일 뿐만 아니라, 나아가서 행정소송의 실체심리에 있어서 사익에 관련된 변론주의 이외에 공익과 관련된 직권탐지주의의 가능성을 열어 놓은 규정이다.

이와 같은 행정소송법 해석에 관한 기본구조가 우리나라 행정소송법 전체에 내재해 있다고 보아야 한다. 그럼에도 불구하고 우리나라 행정소송에서의 실무가 사실상 변론주의에 의하는 민사소송의 심리절차와 마찬가지로 운영된다고 하는 것은 행정소송의 목적 내지는 기능이 제대로 뚜렷하게 민사소송과 구별되어 나타나지 않는다는 것을 의미하게 된다.

제3절 준용규정

행정소송의 심리원칙에 관한 본질적으로 중요한 입법사항을 단순한 입법기술상의 준용규정인 행정소송법 제8조 제2항의 규정에 의하여 근거지울 수는 없다고 할 수 있다.[4)]

특히 행정소송법 제8조 제2항이 일정한 공익이 관련되는 경우에 변론주의가 제한되고 직권탐지주의가 가미된다고 하는 즉 공익과 관련하여 적극적으로 직

---

2) 행정소송법 제8조 제2항 행정소송에 관하여 이 법에 특별한 규정이 없는 사항에 대하여는 법원조직법과 민사소송법 및 민사집행법의 규정을 준용한다.

3) 행정소송법 제26조(직권심리) 법원은 필요하다고 인정할 때에는 직권으로 증거조사를 할 수 있고, 당사자가 주장하지 아니한 사실에 대하여도 판단할 수 있다.

4) 다만 준용규정인 행정소송법 제8조 제2항에 의하여서는 변론주의나 처분권주의가 행정소송에서는 공익을 위하여 제한될 수는 있다.

권탐지주의를 인정한다는 것에 대하여는 제대로 근거부여를 할 수는 없다.

따라서 행정소송의 심리원칙을 파악함에 있어서는 행정소송의 근본결단규정인 행정소송법 제1조와 제26조를 상대적으로 경시하고 단순히 입법기술상의 준용규정에 지나지 아니한 행정소송법 제8조 제2항에 의하여 해석하는 방식의 접근방법은 문제라고 할 수 있다.

제4절 직권심리

Ⅰ. 의 의

1. 행정소송법 제26조의 의의

변론주의를 원칙으로 하는 민사소송상의 제 제도를 행정소송에서 인정할 수 있는가 내지는 인정한다면 그 한계는 어디까지인가, 또는 민사소송의 경우보다 적극적으로 확장하여 인정할 수 있는가 등에 관한 문제는, 행정소송에서의 심리원칙이 어떠한가 즉 행정소송의 심리원칙이 변론주의인가 직권탐지주의인가 혹은 그 절충형태인가에 의하여 직·간접적으로 영향을 받게 된다.[5)]

특히 소송의 심리면에서 변론주의를 원칙으로 하는 민사소송상의 당사자와 법원과 관련된 제 제도를 행정소송에 도입하는 문제 및 그 인정 및 한계설정 또는 확장적으로 적용하는 문제는, 행정소송에서 사실자료의 수집·제출의 책임이 법원에 있는가 아니면 당사자에게 있는가에 따라서 달라진다.

2. 민사소송상 보충적 직권증거조사와의 관계

우리나라 행정소송의 실무에 있어서 법원은 민사소송상의 보충적 직권증거조사를 행정소송에서도 그대로 유지하고 있다. 이러한 우리나라의 민사소송의 실무는 직권증거조사에 관한 규정이 폐지되기 전의 일본의 구 민사소송법하의 보충적 직권증거조사의 영향을 그대로 이어 받은 것이다.

그런데 민사소송상의 보충적 직권증거조사라고 하는 것은 변론주의에 의하는 민사소송에서 변론주의의 폐해를 어느 정도 수정하자는 차원에서 인정되는

5) 예컨대 변론주의의 보충이라고 하는 민사소송상의 석명의무가 공법상의 권리관계 또는 법적용 즉 공익이 관련된 경우 인정되는 직권탐지주의적인 요소가 행정소송에서는 어느 정도 인정되는가에 따라서 그 인정 내지는 한계, 나아가 확장적인 적용 등의 영향을 받게 된다.

것이므로, 어디까지나 변론주의를 원칙으로 하고 있다는 점에서 직권증거조사는 보충적이고 예외적일 수밖에 없게 된다. 즉 변론주의에 의하는 민사소송에서는 사실자료에 대하여 법원에 대하여 탐지의무를 인정한 것은 아니다.

이 점에서 민사소송상의 보충적 직권증거조사는 문맥상 직권탐지가 일부 가능한 것으로 규정한 우리나라 행정소송법 제26조와의 관계가 문제가 된다.

Ⅱ. 종래의 학설

처분권주의와 변론주의를 기본원칙으로 한다는 점에 이론의 여지가 없는 민사소송의 소송원칙과는 달리 행정소송의 소송원칙에 관하여는 견해가 일치하지 않고 있다. 특히 사실자료의 수집·제출에 관한 심리원칙의 근거규정인 행정소송법 제26조의 해석에 관하여 학설이 대립하고 있는 실정이다.

Ⅲ. 가능규정설의 제창

1. 개방성, 탄력성, 독창성

변론주의와 직권탐지주의는 본래 이념형(Idealtypus)에 지나지 아니하고 입법정책(rechtspolitische Entscheidung)상 절충되는 것이 일반적이고 현실의 모습이라고 할 수 있다. 우리나라 행정소송법 제26조는 직권탐지주의가 원칙인 독일 행정소송법 제86조 제1항 §86 I VwGO[6]의 경우와 달리 " … 할 수 있고, … 할 수 있다"라는 "가능규정"의 형식으로 규정되어 있다. 특히 이와 같이 가능규정의 형식으로 규정되어 있다는 점을 주목하면, 우리나라 행정소송법 제26조는 직권탐지주의적 요소가 인정될 여지가 있다는 점에서 "개방적"인 규정이고, 그 인정 여지가 "가능규정"의 형식으로 규정되어 있다는 점에서 "탄력적"인 규정이고, 이러한 점 등에서 특히 독일과 구별되는 "독창적"인 규정의 성격을 갖는다고 할 수 있다.

6) §86 I VwGO [직권탐지주의] 법원은 사실관계를 직권으로 조사하여야 한다; 이 경우 관계인을 참여시켜야 한다. 법원은 관계인의 주장과 증거신청에 구속되지 아니한다. 이 조항의 원문은 다음과 같다. §86 I VwGO [Untersuchungsgrundsatz] Das Gericht erforscht den Sachverhalt von Amts wegen; die Beteiligten sind dabei heranziehen. Es ist an das Vorbringen und an die Beweisanträge der Beteiligten nicht gebunden.

2. 적정한 재판

문제는 행정소송법 제26조상의 어느 경우가 "법원이 필요하다고 인정할 때인가" 이다. 즉 어느 경우가 법원이 필요하다고 인정할 때에 해당하고 그 경우에 법원이 직권으로 증거조사를 할 수 있고, 당사자가 주장하지 아니한 사실에 관하여 판단할 수 있는가의 판단 기준이 문제된다.

이는 결국 막연하기는 하지만 공법상의 권리관계 또는 법적용에 관한 다툼 즉 일정한 공익이 관련되는 경우라고 하지 않을 수 없다. 즉 행정소송의 목적 규정인 행정소송법 제1조상에서 "공법상의 권리관계 또는 법적용에 관한 다툼을 적정하게 해결함을 목적으로 한다"고 규정하고 있으므로, 공법상의 권리관계 또는 법적용에 관한 다툼 즉 일정한 공익이 관련되어 다툼이 있는 경우에는 적정하게 재판하여야 한다고 하는 "공익에 관한 적정한 재판"이 일단 그 판단 기준이 된다.

물론 "적정한 재판"이라고 하는 것은 모든 소송[7])이 추구하여야 할 목적이자 이상인 것은 분명하므로 행정소송에서 적정한 재판을 하여야 하는 것이 다른 소송과 달리 특별히 공익으로 볼 것은 아니다.

그러나 행정소송에서는 "공법상의 권리관계 또는 법적용에 관한 다툼"을 적정하게 해결하여야 한다. 즉 적정하게 재판하여야 할 목적의 대상이 "공법상의 권리관계 또는 법적용에 관한 다툼"이 되므로, "공법상의 권리관계 또는 법적용에 관한 다툼"이라는 것은 바로 행정소송의 대상이 "공익이 관련된 다툼"이라는 것을 의미한다. 따라서 "공법상의 권리관계 또는 법적용에 관한 다툼을 적정하게 해결함"이 바로 "공익이 관련된 다툼을 적정하게 해결함"이 된다.

이러한 공익이 관련된 다툼을 행정소송에서 법원이 실제로 심리함에 있어서 법원을 규율하는 규정이 바로 행정소송의 심리절차에 관한 규정인 행정소송법 제26조의 규정이다. 즉 행정소송법 제26조의 규정에서의 "법원이 필요하다고 인정할 때에는"이라는 것은, 법원이 직권으로 증거를 조사하고 나아가 당사자가 주장하지도 아니한 사실에 관하여서도 판단하지 않으면 안 될 정도로 즉 법원이 직권으로 탐지를 해야 할 정도로, 공법상의 권리관계 또는 법적용에 관한 다툼이 일정한 중대한 공익과의 관련성을 갖는 경우라고 판단되는 때를 의미한다.

---

7) 예컨대 2002. 1. 26. 법률 제6626호로 전문 개정된 민사소송법 제1조(민사소송의 이상과 신의성실의 원칙) 제1항 법원은 소송절차가 공정하고 신속하며 경제적으로 진행되도록 노력하여야 한다.

따라서 법원이 일정한 중대한 공익과의 관련성이 있다고 판단되는 경우에 즉 법원이 직권으로 탐지하여야 하는 경우에 그 공익이 관련된 다툼을 적정하게 해결을 하기 위해서 그 공익을 심리함에 있어서 "직권으로 증거조사를 할 수 있고", 심지어 나아가 "당사자가 주장하지 아니한 사실에 대하여도 판단할 수 있다." 이런 점에서 보면, 우리나라 행정소송에서는 일정한 중대한 공익이 관련되는 경우 직권탐지주의에 의하여 심리할 수도 있고, 경우에 따라서는 법원이 반드시 직권탐지주의에 의한 심리를 하여야 하는 경우도 있을 수 있다는 것을 명정하고 있다.

3. 변론주의와 직권탐지주의의 절충적 구조

우리나라 소송에서는 사익이 관련된 민사소송의 경우에는 변론주의에 의하고, 공익이 관련되는 행정소송의 경우에는 변론주의가 일정 부분 제한되고 그 대신에 직권탐지주의가 인정된다. 다시 말해서 공·사익 간의 다툼이 있고 그 적절한 조정이 문제되는 경우에는 그것을 심리하는 절차에서도 공익을 제대로 조정하기 위해서는 사익만을 위한 민사소송상의 변론주의가 어느 정도 제한되고 그 제한되는 부분에 대신하여 직권탐지주의가 인정된다. 즉 우리나라 행정소송은 변론주의와 직권탐지주의가 절충되어 있는 구조라고 할 수 있다.

우리나라 행정소송에서 법원은 민사소송에서와 같이 변론주의에 시종일관하여 전적으로 당사자에게 그 소송의 추이 즉 궁극적으로는 소송에서의 승패를 맡겨서는 안 된다. 이를 위해서 우리나라 행정소송에서는 일정한 중대한 공익이 관련되는 경우 적정한 재판을 위해서 변론주의에 의하는 민사소송에서와 같이 당사자의 주장·증명에만 의존해서는 안 되고 직권으로 증거조사를 할 뿐만 아니라, 나아가 심지어 당사자가 주장하지 아니한 사실까지도 직권으로 판단하라고 하는 즉 일정한 중대한 공익이 관련된 경우 적정한 재판을 위해서 직권탐지주의가 인정된다.

Ⅳ. 판례의 재해석

1. 일건 기록상 현출되어 있는 사항

우리 법원은 공익이 관련된 경우 적정한 재판을 위해서 직권탐지주의가 발동하여야 하는 사항에 관하여 "일건 기록상 현출되어 있는 사항"에 머무르고 있는 것은 주지의 사실이다.[8] 이는 다시 말해서 우리나라 행정소송법 제26조의 규정은 공·사익의 적절한 조정을 위하여 그 공·사익의 적절한 조정을 위한 절차에서도 절차원칙 간의 적절한 조정을 꾀한다는 점에서 매우 탄력적이고 개방적이고 바람직한 규정이므로, "법원이 필요하다고 인정할 때"이라고 하는 것은 결국 직권탐지가 인정되는 범위는 언제든지 사태의 추이에 따라서 적절한 조정이 가능한 것이 원칙이다. 그런데 다만 종래 우리 법원은 그 범위를 "일건 기록상 현출되어 있는 사항"을 판단 기준으로 하고 있다.

2. 의미 범위

법원이 "일건 기록상 현출되어 있는 사항"을 판단 기준으로 하는 것은 사실상 당연한 귀결일 수 있다.[9] 그러나 공·사익의 적절한 조정절차라고 하는 행정소송법 제26조의 규정 정신을 몰각하고, 법원이 직권으로 탐지할 대상을 "일건 기록에 나타난 사항"이라고 하였다고 하여 사실상 직권탐지의 대상의 범위가 "일건 기록에 나타난 사항"에만 한정된다고 해석하는 것은 의문이다.

우리 법원이 "일건 기록에 현출된 사항"이라고 하는 것은 현재 법원이 직권탐지하여야 할 의무범위를 "일건 기록에 현출된 사항"으로 본다는 것뿐이다. 그리하여 "일건 기록에 현출된 사항"이라고 하는 한도 내에서도 직권으로 당사자가 주장하지 아니한 사실을 탐지할 의무를 위반하였다는 이유로 판결을 취소할 수 있다. 따라서 그 반대해석상 행정소송법 제26조의 규정은 매우 중대한 공익이 관련된 경우 "현실적으로 기록에 현출되지 아니한 사항"을 법원이 직권

---

8) "행정소송법 제26조에 "법원은 필요하다고 인정할 때에는 직권으로 증거조사를 할 수 있고, 당사자가 주장하지 아니한 사실에 대하여도 판단할 수 있다"고 규정하고 있기는 하나 이는 행정소송의 특수성에서 연유하는 당사자주의, 변론주의에 대한 일부 예외규정일 뿐 법원이 아무런 제한 없이 당사자가 주장하지 아니한 사실을 판단할 수 있는 것은 아니고 일건 기록상 현출되어 있는 사항에 관하여서만 직권으로 증거조사를 하고 이를 기초로 하여 판단할 수 있을 따름이라 할 것이다(당원 1986. 6. 24. 선고 85누321 판결; 1988. 4. 27. 선고 87누1182 판결 각 참조)." 대법원 1991. 11. 8. 선고 91누2854 판결(공1992상, 130), 밑줄 필자.

9) "기록을 살펴보면 원심이 사정판결을 하였어야 한다는 점은 피고가 상고심에 이르러 비로소 주장하는 새로운 사실이고 원심에서는 주장한 바 없었음이 명백하고 또 기록상 이 사건 처분을 취소하는 것이 현저히 공공복리에 적합하지 않다는 자료가 현출되어 있지도 아니하므로 원심판결에 논지가 지적하는 바와 같은 판단유탈 및 심리미진의 위법이 있다고 할 수 없다. 논지는 이유 없다." 대법원 1991. 11. 8. 선고 91누2854 판결(공1992상, 130), 밑줄 필자.

으로 탐지하는 것을 원천적으로 금지하는 규정은 아니다. 그 결과 중대한 공익이 관련되는 경우 법원이 "일건 기록에 현출되지 아니한 사항"을 직권으로 탐지하여 판단하였다고 하여 위법한 판결이 되는 것은 아니다.[10] 그렇다고 한다면 법원이 직권으로 탐지할 사항의 범위는 장차 공·사익의 적절한 조정절차인 행정소송의 추이에 따라 변동될 여지가 충분하다고 할 수 있다.

현재의 우리 법원이 설시하고 있는 "일건 기록에 현출된 사항"이라는 것은 그 범위 내에서 법원이 직권으로 탐지를 한 경우에는, 경우에 따라 법원이 직권탐지의무를 해태한 책임을 부담하지 아니한다고 하는 사실상의 장애사유로 본다고 하는 최소한의 소극적인 기준의 의미에 불과하다. 따라서 일정한 중대한 공익상 필요한 경우 법원이 심지어 "일건 기록에 나타나지 아니한 사항"을 직권으로 탐지하지 아니하여도 언제나 무방하다는 뜻이라고 해석하여서는 안된다. 그렇다고 해서 법원에게 중대한 공익이 관련된 경우 무제한의 직권탐지의무를 부과하는 것은 사실상 불가능하다. 이는 아무리 행정소송에서 직권탐지주의가 원칙이라고 하는 독일의 행정소송의 경우에서도 실제로 불가능하기는 마찬가지라고 할 수 있다.[11]

결국 그렇다면 문제는 법원이 공법상의 권리관계 또는 법적용이라고 하는 공익이 관련되어 직권으로 증거조사를 하고 당사자가 주장하지도 아니한 사실을 판단할 수 있는 경우가 어느 경우인가에 관한 판단 기준이라고 할 수 있다. 그런데 이는 결국 막연하기는 하지만 행정소송법 제1조상의 공법상의 법률관계 및 법적용에 관한 즉 공익이 관련된 적정한 재판이 그 판단 기준이 되는 것이고 구체적으로는 결국은 판례의 축적을 기다릴 수밖에 없는 문제라고 할 것이다. 어쨌든 이는 법원에게 그 판단이 완전히 일임된 즉 통제받지 아니하는 재량영역은 아닌 것만은 분명하다.

이에 관하여 판례는 법원이 공익을 이유로 적극적인 직권심리를 하여야 함에도 불구하고 그러하지 아니한 경우에는 우리 법원은 "행정소송상의 심리부진

---

10) 법원이 "일건 기록에 현출된 사항"이라는 것은 법적으로 중요한 의미가 있는 것은 아니고 법원이 심판의 대상이 되는 실질적 내용을 간파하여 이미 어느 정도 구체적 타당성을 기하는 결론을 미리 염두에 두고 이를 소위 가장적 이유제시(Scheinbegründung)의 차원에서 언급한 것에 불과한 것뿐이다.

11) 우리나라 행정소송법은 1994. 7. 27. 법률 제4770호로 제18조가 개정되어 행정심판이 임의절차화되고 행정소송은 3심제로 되었다. 이 점에서 종래 2심제인 경우보다 활발한 사실심리가 이루어 질 수 있게 되었다고 할 수 있다.

인 불법의 판결"이라는 이유로 파기환송한 바가 있다.[12)]

제5절 처분권주의

우리나라 행정소송에 있어서는 처분권주의가 소의 제기 단계뿐만 아니라, 특히 행정소송의 심리범위와 관련된 불고불리원칙의 예외가 행정소송법 제26조에 의하여 인정된다고 하는 것이 현재 일반적인 설명방법이라고 할 수 있다.

처분권주의와 행정소송법 제26조의 직권심리는 각각 그 대상을 소송물과 소송자료로 달리하고 그 소송법적 인정근거를 달리한다. 그렇다고 한다면 우리나라 행정소송법 제26조를 처분권주의와 결합시켜 설명하는 것 자체는 이들 이질적인 차원의 소송원칙들 간의 혼동이라고 하는 문제를 야기한다.

그런데 이러한 혼동의 문제를 야기하는 설명방법은 그 대부분이 종래부터 판례의 설시내용을 그대로 인용 내지는 원용하고 있다는 사실로 미루어 보아서는 사실 판례의 설시방법으로부터 연유한다고 할 수 있다. 따라서 판례의 설시내용이 과연 그러한 혼동을 야기하는 것인지를 면밀히 검토할 필요가 있다.

우리나라 행정소송에서는 이와 같은 이질적인 소송원칙들 간의 혼동 내지는 소송법적으로 인정되는 경로의 문제가 현재 학설로까지 뚜렷하게 대립되어 활발하게 논하여지고 있지는 아니하다. 또 일견 그다지 중대한 실익이 있어 보이지도 아니하는 단지 소송원칙들 간의 일종의 개념 내지는 체계정립의 문제에 불과하다고 할 수도 있다.

그러나 현재 행정소송법을 개정하는 것이 목하 현안이 되어 있는 우리나라에서는 소송원칙 등을 비롯하여 행정소송의 전체적인 골격 내지는 체계를

12) "원래 행정소송은 일반 민사소송과 기 취의를 달리하여 기 대상이 개인 간의 사권분쟁을 해결하는 것보다 행정청의 공적 처분의 적·부적을 판단함에 유함으로 행정소송법 제9조 제10조도 법원은 필요한 경우에는 직권으로서 증거조사를 할 수도 있고 또 당사자가 주장하지 않는 사실에 관하여도 판단할 수 있다고 규정하였다. 고로 본건과 여한 사안에 있어서는 좀 더 사정을 파악할 수 있는 정도로 심리를 계속하여 신중 처리하여야 될 것인데 원심과 여히 형식에 치중하여 진실을 발견치 못한 것은 심리부진의 판결이 아니라고 할 수 없음. (중략) 이 사실만을 고찰하더라도 본당 및 별당은 하시던지 수리 입주할 수 있는 정도로 명도되어 있는 것을 규지할 수 있는 동시에 관재청의 행정처분이 극히 적절하다는 귀결에 지하고 원고의 주장은 일종의 구실에 불과한 것을 역연히 증명할 수 있는 것이다. 이것은 당사자의 변론 전취지에 의하여 원심이 능히 찰지할 수 있는 자료가 노현한데 불과하고 차를 탐구 추급 심리함이 없이 간과한 것은 행정소송상의 심리부진이라고 아니할 수 없는 불법의 판결이라 운함에 있다." 대법원 1953. 7. 20. 선고 53누12 판결(집1-4, 행25), 밑줄 필자.

세우려고 노력하는 것이 중요할 뿐만 아니라 오히려 시급한 문제라고 아니할 수 없다.

제6절 석명의무

Ⅰ. 석명의무의 의의

민사소송에서 변론주의를 보완 내지는 수정하는 제도로서 법원의 소송지휘권과 관련하여 대표적으로 인정되고 있는 것이 법원의 석명권인데, 이러한 석명권은 법관의 권능 내지는 권한이라는 관점에서 본 것이고 이것을 법관이 행사하여야 하는 의무라는 관점에서 파악하게 되면 석명의무가 된다. 우리나라 행정소송에서도 판례상 민사소송과 거의 같은 시기에 또 거의 같은 내용을 가지고 일찍부터 인정되어 왔다.[13)]

Ⅱ. 독일 행정소송상 석명의무의 특징

우리나라와 일본과 달리 독일은 변론주의에 의하여 지배되는 민사소송과 직권탐지주의가 지배하는 행정소송을 법문상 완전히 분리시켜서 규정하는 방식을 취하였다. 즉 우리나라와 달리 독일에서는 예컨대 석명의무가 본래 민사소송상 변론주의를 보충하는 제도로 인식되는 것과는 별도로 직권탐지주의를 취하는 행정소송에서 석명의무가 행정소송법상 명문의 규정을 가지고 인정되고 있다. 따라서 독일에서는 예컨대 석명의무가 민사소송법상의 명문의 규정(§139 ZPO)과는 별도로 행정소송법상에서도 명문의 규정(§86 Ⅲ VwGO)을 두게 됨으로 인하여 적어도 석명의무에 관한 한 우리나라와 같이 행정소송에서의 민사소송상 규정의 준용문제가 처음부터 아예 없게 된다.

그러나 다만 민사소송에서 변론주의의 보충으로 인정되는 석명의무가 직

13) "심안하니 귀속재산소청심의회의 판정을 대상으로 하는 행정소송은 소송의 이익이 없다 함이 본원의 판례로 하는 바임으로 원고의 본소청구는 소송의 이익이 없다 하여 기각함이 정당하다 인정되는 바이나 행정소송법 제6조에 의하면 피고의 지정이 그릇된 경우에는 이를 경정하게 할 수 있는 것이므로 원심은 마땅히 석명권의 행사에 의하여 피고를 경정케 한 후 재판을 함이 상당하다 인정하고 원판결을 파기하여 원심에 환송키로 하는 바이다." 대법원 1955. 4. 15. 선고 53누32 판결(집2-3, 행1).

권탐지주의가 지배하는 독일의 행정소송에서 명문의 규정으로 인정되는 상황으로 인한 파생적인 문제 즉 직권탐지주의와 석명의무의 관계를 해명할 필요가 있게 된다. 여기서 석명의무를 변론주의의 보충으로 인식하고 있는 민사소송뿐만 아니라 특히 직권탐지주의가 지배하는 독일 행정소송과 관련시켜서 고찰할 필요가 있게 된다.

왜냐하면 독일의 행정소송에서는 직권탐지주의가 원칙적으로 지배하기 때문에 일견 직권탐지주의와 석명의무가 상호 모순관계에 있는 것이 아닌가에 관한 의문이 생기게 되기 때문이다. 실제 이 점에 관하여 후술하는 바와 같이, 적어도 변론주의가 인정되는 우리나라 행정소송에서는 그럴 필요가 없겠지만, 독일의 행정소송에서는 특히 실익이 없는 의견이 대립하기 때문이다.

이는 독일의 행정소송에서는 직권탐지주의가 원칙이라는 점에서 나타나는 현상일 뿐인 것이고 따라서 그 점에서는 독일 행정소송에서의 논의가 우리나라 행정소송에서의 논의에 그대로 적용될 수 없는 매우 제한적인 의미만을 갖게 되는 원인이 된다. 물론 우리나라 행정소송의 소송원칙상 직권탐지주의가 - 물론 그 정도의 문제는 있으나 - 일정한 정도로 인정되는 한도 내에서는 독일에서의 논의가 우리나라의 경우에도 일정 부분 참고는 될 수 있다.

그런데 독일 행정소송의 경우, 심리원칙 내지는 소송원칙, 행정소송의 성격, 목적 내지는 기능 등에서 보건대, 개인의 권리구제라고 하는 주관성을 못 버리면서도 그 소송절차는 직권탐지주의에 경직되어 있다는 점에서, 즉 공·사익의 적절한 조정을 직권주의적 경향에 편중된 절차에 의하여 해결한다는 점에서 독일 행정소송의 기본적인 문제점이 있다.

이와 같이 독일법학은 실체면에 상응하는 정도의 노력을 절차면에 기울이지 아니하는 문제점이 있다. 따라서 독일법학은 언제나 실체와 절차가 조화를 이루지 못하고 적법절차 등 특히 주로 절차적인 면에서 낙후성을 면치 못하고 기본적으로 행정소송(형사소송도 마찬가지이다) 등 공법소송에서 직권주의적 색채가 강한 독일의 문제점을 또 한번 보여주는 사례라는 것을 지적하지 않을 수 없다.

Ⅲ. 석명의무의 인정근거

후술하는 석명의무의 의의 내지는 연혁에서 보는 바와 같이, 독일, 일본, 우리나라의 경우를 비교하여 보면, 각국의 상황에 따라서 석명의무의 의무성을 인정하고 있는 점은 공통적이다. 다만 민사소송과 행정소송에서 석명의무를 명문으로 각각 규정하고 있는 독일과 달리, 일본과 우리나라는 민사소송법에 석명의무의 근거규정을 두고 행정소송의 경우 이를 준용하는 형식을 취하고 있다. 따라서 일본과 우리나라의 경우에는 변론주의의 폐해를 시정하는 제도로서의 민사소송상 석명의무가 행정소송에서는 어떠한 모습으로 인정되어야 하는가라는 문제로 된다. 이는 특히 우리나라 행정소송에서는 공익이 관련된 직권탐지주의가 어느 정도 인정될 여지가 있음으로 인하여 공익이 관련된 적정한 재판의 목적상 공익이 관련된 사항에 관한 석명의무가 인정되므로 변론주의가 지배하는 민사소송에서의 석명의무와는 다르게 된다.

그런데 문제는 이러한 것을 단순한 입법기술상의 준용규정인 행정소송법 제8조 제2항만으로는 제대로 설명할 수 없다는 데에 있다. 즉 단순히 민사소송법의 규정을 준용한다고 하는 준용규정만으로는 변론주의를 원칙으로 하는 민사소송과 다르게 공익이 관련되어 어느 정도 직권탐지주의적 요소를 가지는 행정소송의 독자성을 제대로 체계적으로 부각시키지 못하게 되는 문제점이 있다.

이에는 여러 가지 원인이 있을 수 있는데 특히 우리나라의 법제도와 법규정이 주로 일본을 참조하여 유사하게 규정하였을 뿐만 아니라 일본 학설의 영향을 직접적으로 받았다는 점을 들 수 있다. 즉 일본의 경우 물론 행정소송의 특수성 내지는 독자성을 강조하는 견해가 전혀 없는 것은 아니나, 일본 행정사건소송법 제7조에서 민사소송법의 규정이 포괄적으로 준용하도록 되어 있을 뿐만 아니라 사실상 행정소송은 민사소송과 별 차이가 없다고 하는 것이 오늘날 학계와 실무 간의 일반적인 견해라고 할 수 있다.

제7절 결론적 고찰

1) 행정소송의 심리원칙에 관한 행정소송법 제26조 규정은 행정소송법 제1조의 공법상의 권리관계 또는 법적용 즉 공익이 관련된 적정한 재판이라고 하는 부분과 함께 생각하면, 우리나라 행정소송법은 변론주의를 원칙으로 하고 다만 일정한 공익이 관련되는 경우에 그러한 공익에 관하여 적정한 재판을 위하여는 변론주의를 제한하고 직권탐지주의를 가미하고 있다. 그렇다고 한다면 행정소송의 심리원칙과 관련된 우리나라 행정소송법 제26조의 규정은 행정소송의 목적과 관련된 행정소송법 제1조의 규정과 결합하여 행정소송의 지도이념적인

규정이 되고, 바로 이러한 점에서 행정소송을 민사소송과 구분 짓는 우리나라 행정소송의 소송원칙상의 근본결단규정이 된다.

우리나라 행정소송에 있어서 이러한 사실자료의 수집·제출책임의 분배는 일차적으로는 심리원칙에 관한 규정인 행정소송법 제26조와 이와 일정한 관련을 맺는 행정소송의 목적규정인 행정소송법 제1조에 의하여 정하여지게 된다. 따라서 사실자료의 수집·제출에 관한 심리원칙을 규정한 행정소송법 제26조는 행정소송의 목적규정인 행정소송법 제1조와 함께, 입법기술상의 준용규정인 행정소송법 제8조 제2항이 있음에도 그에 우선하여, 행정소송을 민사소송과 구별시켜 주는 행정소송의 특수성·독자성의 근거규정이 되고 행정소송의 기본구조를 결정하고 이를 지도하는 행정소송법상의 소송원칙에 관한 근본결단규범이 된다.

2) 우리의 행정소송에 있어서는 기본적으로 민사소송상의 제 제도를 행정소송에 도입, 인정문제 내지는 해석문제는 원칙적으로 행정소송법 제8조 제2항에 의하여 준용되어 인정된다. 그러면서도 행정소송법 제1조와 결합한 제26조의 견지에서 그 수위가 조절되어야 한다.[14)]

3) 이런 점에 행정소송법 제1조, 제8조 제2항 및 제26조 등 3개 조문은 실체심리면에서 우리나라 행정소송의 골간을 이루고 지탱하는 삼정립규정(三鼎立規定)이다.

4) 행정소송에서의 처분권주의[15)]는 행정소송법 제1조상의 국민의 권익구제의 목적, 행정소송법 제8조 제2항의 준용규정에 의한 개정된 민사소송법 제203조에 의하여 처분권주의는 원칙적으로 허용된다. 다만 처분권주의의 제한 등의

14) 이 점이 특히 직권탐지주의를 완화하려는 데서 출발하는 독일의 경우와 다르다.

15) 우리나라 행정소송상 처분권주의는 행정소송법 제26조와는 일단 관계가 없다. 다만 행정소송법 제26조에서 변론주의와 직권탐지주의가 상호 절충되어 있는 규정이라는 점은 우리나라 행정소송에서 처분권주의를 해석함에 있어서 하나의 시사점을 준다고 할 것이다. 그러나 행정소송법 제26조는 사실자료의 수집·제출에 관한 심리원칙에 관한 규정이다. 따라서 일단 행정소송상 처분권주의는 민사소송을 준용하는 행정소송법 제8조 제2항에 의하여 행정소송에서 인정된다고 할 수는 있다. 그러나 행정소송에서의 처분권주의도 변론주의와 마찬가지로 공익상의 이유로 인하여 일정 정도로 제한되어야 할 필요가 있으므로, 행정소송에서 처분권주의가 인정되었다고 하는 것만으로 끝난 것이 아니라 오히려 그 한계를 설정하는 것이 더욱 중요한데 이 역시 단순한 준용규정인 행정소송법 제8조 제2항에 의해서라기보다는 행정소송법 제1조에 의하여야 한다.

소극적인 한계는 특히 행정소송법 제1조상의 공법상의 권리관계 또는 법적용에 관한 다툼을 적정하게 해결하여야 한다는 즉 공익에 관한 적정한 재판에 비추어 설정되어야 한다.

5) 우리나라에서 민사소송의 제 제도를 행정소송에서 논의함에 있어서, 본래 직권탐지주의가 지배하는 독일의 행정소송에서 민사소송의 제 제도 예컨대 석명의무를 직권탐지주의와 모순되지 않도록 설명하거나 직권탐지주의를 현실적으로 관철시키기가 불가능하므로 그 완화를 모색하기 위하여 구성된 이론을 무분별하게 수입하는 문제도 경계해야 한다.

즉 독일의 행정소송은 행정소송법 규정상(§86 I VwGO) 직권탐지주의가 지배하므로 처음부터 이 직권탐지주의를 현실적으로 관철시키는 것이 불가능하다는 전제하에서 어떻게 하면 이러한 직권탐지주의를 완화할 수 있는가로부터 출발하기 때문에, 변론주의를 기본원칙으로 하면서 공익을 이유로 직권탐지주의적인 요소를 인정해야 하는 우리와 최종 도착점은 피차 중간점으로 수렴하겠지만 어디까지나 그 출발점은 전혀 반대방향에 서 있다는 점을 항상 잊어서는 안 된다.

이런 점에서 본다면 우리의 경우는 독일적인 상황과는 그 출발부터 근본적으로 다르므로 독일의 이론을 그 찬부 여부를 막론하고 우리나라 행정소송에서의 이론을 논증함에 있어서 원용하는 것 자체도 큰 문제이다.

어쨌거나 적어도 직권탐지주의를 완화하려는 독일과 달리 우리나라에서는 민사소송상의 제 제도를 행정소송에서 논의하는 것 자체는 민사소송상의 제도가 행정소송에서 공익을 위하여 어떠한 모습으로 나타나야 되는가이고 이는 행정소송이 민사소송과 어느 정도 구별되는가라고 하는 궁극적으로는 우리나라 행정소송의 독자성의 인정 문제와 연결되는 본질적이고도 중요한 문제이다.

토론할 문제

1. 행정소송법 제26조의 의의
2. 판례의 일건 기록상 현출되어 있는 사항의 의미
3. 행정소송에서의 석명의무의 특징
4. 우리나라 행정소송의 독자적 성격
5. 행정소송법 제1조, 제8조 제2항, 제26조의 관계
6. 한국적 법치주의가 가능한가?

제4장 행정소송에서의 준용규정[1)]

제1절 서 설

현재 우리나라 행정소송에서는 민사소송상의 제 제도가 어느 정도 인정될 수 있는가가 논의되고 있다. 이는 특히 우리나라 행정소송법은 민사소송상의 제 제도에 관하여 전부 망라하여 명시적으로 규정하지 아니하고 행정소송법 제8조 제2항[2)]에서 행정소송에 관하여 행정소송법에서 특별히 규정이 없는 사항에 관하여는 민사소송법의 규정을 준용하는 방식을 취하기 때문에 더욱 그러하다고 할 수 있다. 이러한 규정은 행정소송법이 민사소송법을 기본 전제로 한다는 것을 알 수가 있다. 민사소송은 모든 절차의 일반법이다.

그런데 이러한 절차의 일반법으로서의 민사소송법을 행정소송법에 어느 정도 준용할 수 있는가는 각국에 사정에 따라 다르다. 이는 기본적으로 행정소송에 대한 각국의 입법정책상의 차이 특히 행정소송에 있어서의 소송자료에 관한 심리절차의 차이에서 온다.

---

1) 이에 관한 상세한 내용 및 주석은, 최선웅, 행정소송에서의 준용규정에 관한 일 고찰, 행정법연구, 제12호, 2004, 365-379면 참조.

2) 1951. 8. 24. 법률 제213호로 제정된 행정소송법 제14조에서 "本法에 特別한 規定이 없는 事項은 法院組織法과 民事訴訟法의 定하는 바에 依한다."라고 규정하여 지속되어 오다가, 1984. 12. 15. 법률 3754호로 개정된 행정소송법 第8條 (法適用例)에서, "제1항 行政訴訟에 대하여는 다른 法律에 특별한 規定이 있는 경우를 제외하고는 이 法이 정하는 바에 의한다. 제2항 行政訴訟에 관하여 이 法에 특별한 規定이 없는 사항에 대하여는 法院組織法과 民事訴訟法의 規定을 準用한다."라고 규정하였다. 이 제2항의 규정은 2002. 1. 26. 법률 제6627호로 개정되어 "행정소송에 관하여 이 법에 특별한 규정이 없는 사항에 대하여는 법원조직법과 민사소송법 및 민사집행법의 규정을 준용한다."라고 규정하여 민사집행법의 규정이 추가되게 되었다.

제2절 독일과 일본의 경우

Ⅰ. 독일의 경우

1. 의 의

독일 행정소송법 자체의 많은 규정에서 법원조직법(GVG)(예컨대 §§ 4, 55 VwGO)과 민사소송법(ZPO)(예컨대 §§ 54, 57, 62, 64, 98, 105, 123, 153, 159, 166, 167, 183 VwGO)을 준용하고 있다. 그런데 독일 행정소송법 제173조(§173 VwGO)는 그러한 개별적인 준용규정 이외에도 행정소송법이 명시적으로 규정하지 않거나 또는 명시적으로 준용하지 아니하는 한, 일반적으로 법원조직법과 민사소송법을 준용하도록 규정하고 있다.

2. 독일 행정소송법(VwGO) 규정의 의미

독일 행정소송법 제173조(§173 VwGO)[3]에서 양 절차의 성질의 원칙적 차이에 의하여 배제되지 아니하는 한 법원조직법(GVG) 및 민사소송법(ZPO)의 규정을 준용한다고 규정하고 있다.

3. 준용 여부에 관한 판단 기준

행정소송법이 명시적으로 확정적으로 규정하지 아니하여 규율에 흠결이 드러나서 보충을 필요로 하는 경우, 그리고 행정소송과 민사소송 간의 원칙적으로 차이 특히 행정소송법상의 직권탐지주의와 모순되지 아니하고 그리고 행정법원의 절차에서 존재하는 공익이 그 적용을 배제하지 아니하는 경우에 준용된다고 한다.

준용의 정도는 단지 보충적으로(subsidär)만 준용되는 것이므로, 따라서 행정

---

3) 독일 행정소송법 제173조 [민사소송법 및 법원조직법의 준용] 이 법률에 절차에 관한 규정이 없는 경우는, 양 절차의 성질의 원칙적 차이에 의하여 배제되지 아니하는 한, 법원조직법 및 민사소송법의 규정을 준용한다. 이 조문의 원문은 다음과 같다. §173 VwGO [Entsprechende Anwendung der ZPO und des GVG] Soweit dieses Gesetz keine Bestimmungen über das Verfahren enthält, sind das Gerichtsverfassungsgesetz und die Zivilprozeβordnung entsprend anzuwenden, wenn die grundsätzlichen Unterschiede der beiden Verfahrensarten dies nicht ausschlieβen.

소송법(VwGO)에 달리 정함이 없는 한 행정법원의 절차에서는 민사소송법(ZPO)이 적용된다는 의미는 결코 아니라고 한다. 그러나 어느 정도 민사소송법과 법원조직법이 준용되는지 여부는 논란의 여지가 있다고 한다.

4. 준용규정에 의한 전체적인 유추관계(Gesamtanalogie)설

최근 독일에서는 독일 행정소송법 제173조(§173 VwGO)의 준용규정에 의하여 민사소송과 전체적인 유추관계(Gesamtanalogie)에 있다는 주장이 있다. 즉 독일 행정소송법 제86조 제1항 때문에 행정소송과 민사소송 간의 원칙적인 차이가 생겨나는 것이 아니므로 민사소송의 책임체계를 유추적용하는 데에 문제가 없다고 한다. 따라서 독일 행정소송에서는 민사소송에서와 마찬가지로 당사자가 진정한 주장책임 내지는 증명책임을 부담하게 된다고 한다.

Ⅱ. 일본의 경우[4)]

1. 규정의 의의

일본 행정사건소송법은 제7조(이 법률에 정함이 없는 사항)에서 "행정사건소송에 관하여 이 법률에 규정이 없는 사항에 관하여는 민사소송의 예에 의한다"라고 규정하고 있다.

2. 해석에 관한 논의

일본의 행정소송에서는 그들 스스로 행정"사건"소송법이라고 일종의 격하(?)하는 명칭을 쓰기는 한다. 그런데 이를 행정소송의 중요성을 인정하지 않는다고 한다는 의미에서의 격하라고 하기에는 곤란한 문제점이 있다. 일본은 영미식의 법의 지배하에 있는 것이고, 사법재판국가로서 행정재판이 부인된다. 따라서 일본이 과거 명치헌법하에서 관헌국가적 행정쟁송제도를 가졌다고 하더라도 그러한 전통은 전후 새로운 헌법하에서는 단절된 것이다.

그렇기 때문에 일본학자 스스로도 행정"사건"소송이라고 하는 것은 전후 새로운 헌법하에서는 일본은 단일한 사법재판제도 국가이고, 따라서 최고법원하

4) 일본 행정사건소송법 규정상으로는 준용이라는 용어를 사용하지는 아니한다. 다만 이를 후술하는 바와 같이 준용이라고 해석하고 있다.

에서 민사, 형사, 행정이 모두 일원적으로 귀속되어 있다는 것을 의미한다. 따라서 일본에서는 더 이상 과거의 행정쟁송이 존재하지 아니한다는 뜻이 포함되어 있다.

일본은 제2차 세계대전 후에 미국의 일방적인 영향을 받은 신 헌법하에서 제9조 전쟁의 포기, 전력 및 교전권의 부인, 제31조 적법절차의 보장 등의 규정도 있지만, 특히 제76조에서 "모든 사법권은 최고법원과 법률이 정하는 바에 의하여 설치되는 하급법원에 속한다. 특별법원은 이를 설치할 수 없다. 행정기관은 종심으로서 재판을 할 수 없다"라는 규정을 가짐으로서 평화헌법을 가지게 되었고 법계로서도 미국식의 법의 지배와 사법국가체제로 편입되었고 따라서 행정재판제도는 부인된다고 하는 것이 일반적이다. 물론 이는 일본이 또 다시 제국주의 정책을 시행하는 것을 헌법적인 단계에서부터 금지시키고자 하는 것이다. 따라서 행정사건 수 자체도 우리보다 훨씬 적은 문제도 있기는 하겠지만 현재 적극적으로 행정법원의 설치도 고려하고 있는 것 같지는 않다.

이런 점에서 일본은 전후 보수우익의 반대에도 불구하고 뜻있는 지식인들은 비록 미국의 일방적인 영향이라고 하는 타의에 의한 것이기는 하지만 헌법상의 내용을 그대로 고수하려고 하고 있다. 따라서 이러한 경향이 일본에서 저간에 행정재판의 확장에 적극적인 태도를 취하지 못하고 소극적으로 머물게 되는 한 원인이 되었다고 보인다.

요컨대 일본의 학설은 행정사건소송에 관하여는 그 성질에 반하지 아니하는 한 민사소송에 관한 규정이 포괄적으로 적합하게 준용되는 것을 의미한다는 것이다. 이 점은 앞서 본 바와 같이 우리의 판례가 구 행정소송법 제14조의 "민사소송의 정하는 바에 의한다"와 신 행정소송법 제8조 제2항의 "준용한다"를 구별하지 아니하고 준용의 의미로 이해하는 것과 같다고 할 수 있다.

제3절 결론적 고찰

1. 종래의 논의의 문제점

종래 일반적으로 민사소송상의 제 제도를 우리나라 행정소송에서 논의함에 있어서는 단순한 입법기술상 행정소송법상의 준용규정인 행정소송법 제8조 제2항에 의하여 준용될 수 있는가 여부에만 의존하여 검토하여 왔다고 할 수 있다.

본래 준용규정의 특성상 우선적으로 처분권주의와 변론주의를 원칙으로 하는 민사소송상의 제 제도가 행정소송에서 인정될 수 있는가 없는가 여부가 그 일차적인 관심사가 된다. 그 결과 우리나라 행정소송에서 민사소송상의 제 제도를 인정하는 것 자체부터가 행정소송에서는 공익을 고려하여야 한다는 이유로 제한적 내지는 부정적으로 논의되어 왔음이 일반적이다.

그리하여 우리나라 민사소송상의 제 제도가 행정소송에서 그 인정 여부가 문제될 경우에 행정소송에 미치는 영향 전반에 걸쳐서 충분한 논의가 이루어지지 아니한 채 그때그때마다 사안에 따라 주로 소극적, 제한적으로 검토하는 방법에만 의존하여 왔다고 할 수 있다. 따라서 우리나라 행정소송의 독자성을 체계적으로 정리함에 소홀히 하게 되고 그 결과 우리나라 행정소송의 제 모습을 제대로 구축할 수 없게 되었다.

그뿐만 아니라 이러한 다소 경직된 고찰방법은 우리나라 행정소송이 새로운 공·사익의 적절한 조정이라고 하는 현실적으로 변화된 상황에 대처하기 어렵게 만드는 원인이 될 수도 있다.

예컨대 이제는 과거와 달리 상황이 변하여 예컨대 행정실체법에서 현대행정의 특성상 당사자 간의 합의에 의한 행정이라고 하는 계약적인 요소가 등장함에 발맞추어서 우리나라 행정소송에서도 민사소송상의 제도 예컨대 당사자 간의 원만한 해결을 도모하는 화해의 도입이 현실적으로 필요하게 되었다. 그럼에도 불구하고 이전에 그 도입에 있어서 견지하여 온 기존의 부정적인 태도를 하루아침에 갑자기 바꾸기가 어려울 뿐만 아니라 바꾼다고 하더라도 상당한 시일을 요하게 되어서는 새로운 행정수요를 충족시켜야 하는 시대적·현실적인 요구에 유연하고 탄력적으로 대응하기가 매우 곤란하게 되었다.

이는 가장 현실적이어야 이상적인 소송제도마저 시대적 요구를 외면하게 되는 결과가 되는 것이라는 점에서 문제이다. 또한 이는 궁극적으로 공·사익의 적절한 조정절차인 행정소송법이 현실적인 공·사익의 실체 변화를 적절한 조정적 절차로서 제대로 뒷받침하지 못하게 되어 결국 행정실체법의 발전의 장애로 되돌아 오게 되는 악순환만 되풀이하게 될 뿐이라는 점에서도 문제이다.

물론 우리나라 행정소송에서는 직권탐지주의가 어느 정도 인정되는가에 관해서는 다투어질 수 있으나 우리나라 행정소송에서도 적어도 변론주의는 인정된다고 할 수는 있다. 따라서 일반적으로 민사소송상의 제 제도는 그 준용규정인 행정소송법 제8조 제2항에 의하여 쉽게 인정될 수도 있다.

그러나 문제는 우리나라 행정소송에서는 공익이 관련된 직권탐지주의가 일정 부분 가미되어 있다고 하게 되면 변론주의에 의하는 민사소송과 달리 우리나라 행정소송에서는 민사소송상의 제도가 인정된다고 하더라고 그 제도적 한계를 설정할 필요성이 당연히 나타나게 된다. 그런데 우리나라 행정소송에서 그와 같은 제도의 한계를 설정한다는 것 자체가 바로 공·사익의 적절한 조정을 그 핵심적인 내용으로 하는 것을 의미하는 것이 된다.

따라서 이는 곧 공·사익의 적절한 조정의 적절한 절차화라고 하는 행정소송의 본질과도 연결되는 문제로 된다. 그렇다고 한다면 즉 우리나라 행정소송에서는 민사소송상의 어떤 한 제도의 인정 그 자체보다도 그러한 제도의 한계를 설정하는 것 자체가 바로 공·사익의 적절한 조정절차를 의미하는 것이므로, 어쩌면 오히려 그 제도적인 한계의 설정이 어렵고도 중요한 문제로 된다.

경우에 따라서는 일반적으로 우리나라 행정소송에서 공익이 관련되어 그 인정이 소극적·부정적으로 논의되는 민사소송상의 제 제도와 달리, 예컨대 민사소송상의 석명권 내지는 석명의무와 같은 것은 우리나라 행정소송에서는 민사소송의 경우와 달리 일단 중대한 공익이 관련되는 사항에 관하여 법원의 석명이 행해질 것이 예견될 수도 있다. 따라서 우리나라 행정소송에서는 변론주의에 의하는 민사소송의 경우보다는 석명을 오히려 적극적으로 확대하여 인정할 필요성이 충분히 있을 수도 있다.

그런데 이와 같이 우리나라 행정소송에서 민사소송상의 제도를 인정함에 있어서 공익을 이유로 그 제도의 한계를 설정하거나 또는 확장적으로 인정해야 한다는 것과 같은 즉 공·사익의 적절한 조정과 관계되는 문제를, 우리나라 행정소송의 소송원칙과 관련된 입법결단적인 기본골격과 관계없는 주로 부수적인 사항을 규율하기 위하여 규정된 입법기술상의 준용규정인 행정소송법 제8조 제2항에 의해서만으로는 합리적, 체계적으로 제대로 근거지어 설명하기가 매우 곤란하다는 데에 그 근본적인 문제점이 있다.

요컨대 우리나라 행정소송에서는 공·사익의 적절한 절차적 조정을 그 핵심적인 내용으로 하고 있다. 사익이 관련되는 민사소송과 달리 사익 이외에도 공익이 관련되는 우리나라 행정소송에서는 민사소송상의 제 제도가 그대로 인정되는 것은 반드시 바람직하지 않다. 따라서 우리나라 행정소송에서 공익과 관련하여 민사소송상 제 제도의 인정 및 한계설정 또는 그 확장적 인정 등과 같은 논의를 하는 것은 곧 실체적 공·사익의 적절한 절차적 조정이라고 하는 행정소송의 본질과 관련되는 문제로 된다. 이러한 우리나라 행정소송의 본질적이고도 핵심적인 내용의 결정에 있어서는 단순한 입법기술상의 준용규정인 행정소송법 제8조 제2항만에 의하여 그 준용 여부만을 결정해서는 그 근거부여가 충분하지 못하다.

2. 준용규정의 형식과 의미

(1) 준용규정의 형식

현재 우리나라 행정소송에서는 민사소송상의 제 제도가 인정될 수 있는가가 논의되고 있다. 이는 특히 우리나라 행정소송법은 민사소송상의 제 제도에 관하여 전부 망라하여 명시적으로 규정하지 아니하고 단지 행정소송법 제8조 제2항[5]에 의하여 민사소송법에 의한다고 하는 준용규정만을 가지고 있기 때문에 그러하다.

이와 달리 독일의 경우에는 민사소송은 변론주의로부터 출발하고 행정소송은 직권탐지주의로부터 출발하여 일단 그 출발부터 심리원칙상 서로 구별되어 민사소송과 행정소송이 상대적으로 상호 독자적인 지위를 가진다는 전제하에서 소송상의 제 제도가 논의되고 있다. 이러한 점에서 변론주의를 원칙으로 하고 어느 정도 직권탐지주의가 인정되는가라고 하는 우리나라 행정소송과는 근본적으로 그 출발부터가 분명히 다르다.

독일은 행정소송법(VwGO) 제86조 제1항[6]에서 보는 바와 같이 독일 행정소송의 심리원칙은 직권탐지주의가 원칙이므로 사실자료의 수집·제출의 책임이 원칙적으로 법원에게 있게 된다. 그런데 소송실무상 행정소송에서 직권탐지주의를 철저히 관철시킨다는 것 즉 사실자료의 수집·제출의 책임을 전적으로 법원에게 두고 이를 관철시킨다고 하는 것은 현실적으로 도저히 불가능한 일로서 이는 결국은 법원의 부담만을 가중시키게 되는 것을 의미한다. 따라서 독일의 행정소송에서는 이러한 법원의 부담을 경감시키기 위한 해결책을 모색하는

---

5) 2002. 1. 26. 법률 제6627호로 개정된 행정소송법 제8조(법적용례) 제2항: 행정소송에 관하여 이 법에 특별한 규정이 없는 사항에 대하여는 법원조직법과 민사소송법 및 민사집행법의 규정을 준용한다.

6) §86 I VwGO [직권탐지주의]: 법원은 사실관계를 직권으로 조사하여야 한다; 이 경우 관계인을 참여시켜야 한다. 법원은 관계인의 주장과 증거신청에 구속되지 아니한다. 이 조문의 원문은 다음과 같다.

것이 독일의 행정소송의 현안이 되고 있다.

이는 결국 독일의 행정소송에서 직권탐지주의라고 하는 심리원칙의 관점에서 보면 직권탐지주의를 어느 정도 완화시키는 방책을 모색하는 것이 된다. 실제로 독일에서는 이를 위해서 독일 특유의 공동체사상에 입각하여 독일의 행정소송에서는 당사자의 참여 내지는 협력이라는 명목 아래 법원의 부담을 경감시키기 위한 여러 가지 방안을 강구하고 있다. 그러나 사실 그 실질적인 내용은 직권탐지주의를 완화하고 그 대신에 변론주의를 원칙으로 하는 민사소송상의 내용을 행정소송에 도입하여 일부나마 민사소송의 효과를 누려보자고 하는 것이다.

(2) 준용규정의 의미

본래 준용 그 자체는 입법기술상 법규정의 간결화를 기할 수 있다는 점에서는 장점이 있으나 어느 정도 수정 내지는 변경을 가하여 적용해야 하는지 그 기준이 분명하지 아니하므로 해석의 여지가 상존하게 되는 문제점이 있다. 이는 준용규정은 각 개별 법률의 근간을 이루는 기본결단적인 내용과는 관계없이 주로 부수적, 기술적인 사항과 관련되기 때문이다. 따라서 준용규정은 그 성질상 주로 소극적·제한적인 적용을 의미하는 것이지 적극적·확장적 적용과는 친하지 않다는 문제점은 있다.

특히 준용규정만으로는 행정소송에서 민사소송상의 제도가 인정된다고 하더라고 공익이 관련되는 경우 그 한계를 적극적으로 설정하기가 곤란하다. 행정소송에서 직권탐지주의가 일정 부분 인정되기는 하지만 여전히 변론주의가 원칙이라고 하는 한 변론주의를 원칙으로 하는 민사소송상의 제 제도를 오히려 손쉽게 인정할 수는 있다.

그러나 행정소송에서는 그러한 민사소송상의 제 제도가 도입되었다고 하는 것만으로 문제가 다 해결되는 것이 아니다. 일반적으로 공·사익의 적절한 절차적 조정을 목적으로 하고 공익을 이유로 직권탐지주의원칙이 어느 정도 가미되어 있는 우리나라 행정소송에서는, 민사소송상의 제 제도의 인정보다는 오히려 공익을 이유로 민사소송상의 제 제도를 어느 정도 제한할 수 있는가가 더욱 중요하다.

3. 판례의 내용과 평가

(1) 판례의 내용

우리나라 행정소송법은 제8조 제2항의 준용규정과 관련하여 대법원은,

> 심안하니 귀속재산소청심의회의 판정을 대상으로 하는 행정소송은 소송의 이익이 없다 함이 본원의 판례로 하는 바임으로 원고의 본소청구는 소송의 이익이 없다 하여 기각함이 정당하다 인정되는 바이나 행정소송법 제6조에 의하면 피고의 지정이 그릇된 경우에는 이를 경정하게 할 수 있는 것이므로 원심은 마땅히 석명권의 행사에 의하여 피고를 경정케 한 후 재판을 함이 상당하다 인정하고 원판결을 파기하여 원심에 환송키로 하는 바이다.[7)]

라고 판시하여 일찍부터 행정소송의 경우에도 석명의무를 준용하여 인정하여 왔다. 물론 다음과 같이 명시적으로 행정소송법 제8조 제2항에 의하여 준용되어 인정한다고 판시한 바가 있다.

> 행정소송법 제8조 제2항은 행정소송에 관하여 이 법에 특별한 규정이 없는 경우에는 민사소송법을 준용한다고 하고 있는바, 조세소송에서도 법원의 석명의무 및 법률사항 지적의무를 규정한 민사소송법 제126조의 규정이 준용된다.[8)]

이와 달리 일반 행정소송의 경우에는 준용 여부를 언급하지 아니하고 바로 석명권의 내용 및 한계를 직접 판단하는 경우가 있으나 이는 석명권이 인정된다는 것을 당연히 전제로 하고 있다는 점에서는 마찬가지이다.[9)]

사실 우리나라 행정소송법이 행정소송법 제8조 제2항상의 준용규정을 처음부터 가지고 있었던 것은 아니다. 즉 1951. 8. 24. 법률 제213호로 제정된 구 행정소송법 제14조는 "본법에 특별한 규정이 없는 사항은 법원조직법과 민사소송법의 정하는 바에 의한다"라고 규정하여 "준용한다"가 아니라 "민사소송법의 정하는 바에 의한다"라고 규정하였다. "준용한다"라는 규정은 1984. 12. 15. 법률 제3754호로 개정된 구 행정소송법 제8조 제2항 즉 "행정소송에 관하여 이 법에 특별한 규정이 없는 사항에 대하여는 법원조직법과 민사소송법의 규정을 준용

---

7) 대법원 1955. 4. 15. 선고 53누32 판결(집2-3, 행1).

8) 대법원 1997. 8. 22. 선고 96누5285 판결(공1997하, 2939). 이와 같은 동일 취지의 판례는 다음과 같다. 대법원 1995. 2. 28. 선고 94누4325 판결(공1995상, 1500), 대법원 1996. 7. 30. 선고 95누16165 판결(공1996하, 2729), 대법원 1996. 10. 15. 선고 96누7878 판결(공1996하, 3468).

9) 예컨대 대법원 2000. 3. 23. 선고 98두2768 판결(공2000상, 1067).

한다"[10]에서부터 나타난다.

그럼에도 판례는 1984. 12. 15. 개정되어 명시적인 준용규정이 시행되기 이전인 1960년대부터도 위 구 행정소송법 제14조를 준용의 의미로 이해하여 왔다고 할 수 있다.

(2) 평 가

이러한 판례의 해석방법은 일본의 행정사건소송법의 규정과 그 해석을 그대로 답습한 것으로 보인다. 즉 일본의 학설은 행정사건소송에 관하여는 그 성질에 반하지 아니하는 한 민사소송에 관한 규정이 포괄적으로 적합하게 준용되는 것을 의미한다는 것이다. 이 점은 앞서 본 바와 같이 우리의 판례가 구 행정소송법 제14조의 "민사소송의 정하는 바에 의한다"와 신 행정소송법 제8조 제2항의 "준용한다"를 구별하지 아니하고 준용의 의미로 이해하는 것과 같다고 할 수 있다.

그러나 위와 같은 태도는 특히 우리나라 행정소송법의 독자성을 간과한 것이다.

즉 우리나라 행정소송법은 특히 일본과 달리 "그 성질에 반하지 아니하는 한" 민사소송을 포괄적으로 준용하는 것에서 그치지 아니한다. 우리나라 행정소송법에서 사실자료의 수집·제출에 관한 심리원칙에 관한 규정인 행정소송법 제26조가 행정소송의 목적규정인 행정소송법 제1조와 함께 입법기술상의 준용규정인 행정소송법 제8조 제2항에 우선하여 행정소송을 민사소송과 구별함으로써 행정소송의 특수성·독자성의 근거규정이 되고 행정소송의 기본구조를 결정하는 행정소송법상의 소송원칙에 관한 근본결단규범으로서 행정소송에 관한 해석기준으로서 기능도 하고 있다.

이러한 점에서는 단순히 입법기술상의 포괄적인 준용차원에 머무르고 있는 일본과는 분명히 다르다.

---

10) 2002. 1. 26. 법률 제6627호로 개정된 행정소송법 제8조(법적용례) 제2항: 행정소송에 관하여 이 법에 특별한 규정이 없는 사항에 대하여는 법원조직법과 민사소송법 및 민사집행법의 규정을 준용한다.

제4절 결 어

우리의 행정소송에 있어서는 기본적으로 민사소송상의 제 제도를 행정소송에 도입, 인정문제 내지는 해석문제는 원칙적으로 행정소송법 제8조 제2항에 의하여 준용되어 인정되는 것이나, 그러면서도 행정소송법 제1조와 결합한 제26조의 견지에서 그 수위가 조절되어야 한다는 것이다. 이 점이 특히 직권탐지주의를 완화하려는 데서 출발하는 독일의 경우와 다르다.

예컨대 민사소송상의 자백, 화해 등의 행정소송에의 도입은 원칙적으로 행정소송법 제8조 제2항에 의하여 인정될 수 있으나, 그러나 행정소송법 제1조의 공익규정 내지는 제26조에 의하여 가미되어 있는 직권탐지주의를 이유로 어느 정도 제한되어야 한다고 해야 한다. 즉 우리 행정소송은 공식상의 이유로 직권탐지주의가 어느 정도 가미되어 있으므로 즉 행정소송의 특수성을 감안하여 처분권주의와 변론주의가 지배하는 민사소송의 제 제도를 그대로 도입하는 것은 곤란하고 이를 적절히 조절하여야 한다는 것이 기본적으로 올바른 태도이다.

그렇다고 해서 우리 행정소송에 있어서 언제나 민사소송의 제 제도를 소극적·제한적으로만 도입 내지는 해석하여야 하는 것은 아니다. 예컨대 민사소송에서 상대적으로 소극적으로 인정되고 있는 석명의무는 행정소송의 준용규정에 의하여 행정소송에서도 인정되는데, 행정소송에서의 석명의무는 변론주의가 지배하는 민사소송에서 인정되고 있는 정도에 그쳐서는 아니 된다. 즉 행정소송의 심리원칙은 행정소송법 제1조, 제26조에 의하여 공익목적을 위한 직권탐지주의가 가미되어 있으므로 민사소송에서 인정되는 석명의무에 비하여 넓게 인정하여야 한다. 즉 석명의무에 관한 규정인 민사소송법 제136조가 행정소송법 제8조 제2항에 의하여 행정소송에 준용된다고 하더라도 그 상한선은 민사소송상에서 인정되는 석명의무가 아니라 행정소송법 제1조와 제26조의 규정의 취지에 따라서 민사소송상의 석명의무보다 확대되어서 인정 내지는 해석되어야 한다.

이미 앞서 고찰한 바와 같이, 우리 행정소송법 제26조는 행정소송법 제1조와 결합하여 행정소송의 심리원칙에 관한 지도이념적인 규정이고 그리고 민사소송과 구분짓는 근본결단적인 규정이다.[11] 이 점에서 이 행정소송법 제26조와

11) 행정소송에서의 처분권주의는 행정소송법 제8조 제2항에 의하여 준용되는 민사소송법 제188조의 처분권주의와 관련되는 문제인 것이고 다만 그 인정 범위 내지는 제한 여부는 적정한

제1조는 단순한 준용규정인 행정소송법 제8조 제2항에 우선하는 규정이다. 그리하여 예컨대 민사소송상의 제 제도의 행정소송에의 도입, 인정문제나 해석문제는 단순히 준용 여부만을 검토해서는 아니 되고, 이는 적극적으로 행정소송법 제1조와 제26조의 상관관계하에서 고려하여야만 한다.

따라서 예컨대 행정소송에서 화해를 인정할 것인가에 관하여 보면, 독일 이론은 일단 독일의 경우에는 법률적인 근거규정을 가지고 있다는 점에서 출발한다. 물론 우리나라 행정소송에서 어느 정도 민사소송상의 제 제도가 정착하게 되어 행정소송의 독자적인 지위가 확립되게 되면 상대적으로 법률에 직접적인 명문의 근거규정이 있는지는 크게 중요한 문제가 아닐 수도 있다.

그러나 종래 우리는 행정소송법에 준용규정을 가지고 있으므로 일차적으로 그 규정에 의하여 인정할 것인가 여부를 판단할 수밖에 없었다. 그 결과 현재 우리 법원이 이에 대하여 부정적인 것으로 판단한다는 것은 사실이다. 또한 물론 여건만 성숙하면 특히 우리나라 행정소송은 변론주의를 원칙으로 하므로 언제든지 일반 민사소송상의 소송행위에 의거하여 인정하지 못할 바도 아니다.

그러나 본래 소극적인 해결에 머무르는 준용규정을 종래와 달리 확장해석하여 행정소송에서 예컨대 화해를 인정할 수는 있어도 그것만으로는 행정소송에 적합하게 제대로 해결된 것은 아니다. 보다 중요한 문제는 만약 법원이 이를 인정한다고 하더라도 동시에 행정소송에서는 공익이 관련된 직권탐지주의가 어느 정도 인정되므로 변론주의에 의하는 민사소송에서와 같은 정도로 인정될 수는 없으므로 그 제한장치도 당연히 강구되어야 한다는 점이다.

여기에서 우리나라 행정소송의 소송원칙 내지는 행정소송의 기능, 헌법상의 재판청구권의 실질적 보장 등에 비추어 보거나 아니면 입법정책으로 해결할 필요성이 나타난다.

재판이라는 공익(행정소송법 제1조)과 관련하여 검토하여야 할 것이다.

토론할 문제

1. 행정소송법상의 준용규정에 의하여 민사소송상의 제 제도가 모두 인정가능한가?
2. 행정소송법상의 준용규정에 의하여서도 민사소송상의 특정한 제도가 인정되어서는 아니되는 경우 그 이유는?
3. 민사소송상의 화해가 행정소송법상의 준용규정에 의하여 행정소송에서도 인정가능한가?
4. 행정소송법 규정의 확충과 준용규정이 역할

제2편

소송요건론

행정소송에서의 소송요건은 행정소송법 제8조 제2항의 준용규정에 의하여 일단 민사소송에서의 소송요건에 준한다고 할 수 있다.

민사소송에 있어서 소송요건이란 소송이 적법하게 취급을 받기 위한 적법요건으로서 본안판결요건인 동시에 본안심리요건이다. 이러한 소송요건은 소송성립요건이 아니라 이미 성립된 소송의 적법요건이므로 반드시 본안심리 전에 조사하여야 하는 것은 아니고, 따라서 본안심리중에 그 흠결이 드러나면 법원은 소를 부적법각하하여야 한다.

민사소송과 달리 행정소송에서 중요시되는 소송요건으로는 대상적격(행정소송법 제2조, 제19조), 원고적격(행정소송법 제12조), 권리보호필요(협의의 소익)(행정소송법 제12조), 피고적격(행정소송법 제13조), 제소기간(행정소송법 제20조) 등을 들 수 있는데 이와 관하여는 행정소송법이 별도로 규정하고 있는 것이 보통이다.[1)]

제1장 대상적격론

행정소송법상 취소소송의 대상은 행정소송법 제2조 제1항 제2호에 따라서, 행정청이 행하는 구체적 사실에 관한 법집행으로서의 공권력의 행사 또는 그 거부와 그 밖에 이에 준하는 행정작용 및 행정심판에 대한 재결을 말한다. 이에 따라 취소소송의 대상은 처분과 재결로 구성되어 있다.

제1절 처 분

I. 개 념

1. 행정소송법 규정

처분이라 함은 행정소송법 제2조 제1항 제1호에 따라서 행정청이 행하는 구

1) 과거 행정심판전치주의하에서는 현행 행정소송법과 달리 행정심판의 경유 여부가 중요한 소송요건이었으나, 1994년 행정소송법 개정으로 행정심판 임의주의로 전환하였다(현행 행정소송법 제18조 제1항).

체적 사실에 관한 법집행으로서의 공권력의 행사 또는 그 거부와 그 밖에 이에 준하는 행정작용으로 정의된다.

2. 학 설

(1) 의 의

강학상의 행정행위와 위 행정소송법 제2조 제1항 제1호상의 처분이 같은 개념인가 여부에 관하여 학설이 대립한다. 행정행위의 개념과 행정소송법상의 처분개념이 동일하다는 것이 실체법상 개념설 내지는 일원설이라고 하고, 이와 달리 양자가 다르다고 하는 것이 쟁송법상 개념설 내지는 이원설이라고 한다.

(2) 실체법상 개념설

실체법상 개념설은 종래의 통설로서 실체법적으로 행정행위의 개념을 상정해 놓고 이에 대해서만 쟁송법상의 처분성을 인정하려는 것이므로 강학상의 행정행위와 행정소송법상 처분개념이 동일하다는 것이다.

(3) 쟁송법상 개념설

이에 반하여 쟁송법상 개념설은 행정소송의 권익보호기능을 중시하여 강학상의 행정행위가 아닌 행정작용이라고 하더라도 행정행위에 준하여 소송의 대상으로 인정하여 권익구제를 보장하여야 한다는 것이다.

(4) 결 어

과거에는 독일과 마찬가지로 실체법상 개념설이 유력하게 주장된 적이 있기도 하였으나, 최근에는 쟁송법적 개념설이 통설이다. 이는 우리나라 행정소송의 권익구제의 기능이 강조되고 우리나라 행정소송의 독자적 성격을 인정한 결과라고 할 수 있다.

3. 판 례

대법원 1967. 6. 27. 선고 67누44 판결 【법인세부과심사처분취소】

원래 행정소송은 구체적인 권리의무에 관한 분쟁을 전제로 하여 제기되는 것이므로, 항고소송의 대상이 되는 행정처분은 행정청의 공법상의 행위로서 특정사항에 대하여 법규에 의한 권리의 설정 또는 의무의 부담을 명하며, 기타 법률상의 효과를 발생케 하는 등의 국민의 권리의무에 직접 관계가 있는 행위를 말한다고 해석하여야 할 것이므로 특별한 사정이 없는 한, 행정권내부에 있어서의 행위라던가 알선, 권유, 사실상의 통지등과 같이 상대방 또는 기타 관계자들의 법률상 지위에 직접적으로 법률적 변동을 일으키지 않는 행위 등은 항고소송의 대상이 될 수 없다고 해석하여야 할 것이다.

대법원 1993. 12. 10. 선고 93누12619 판결 【부당이득금환수처분취소】
행정청의 행위가 행정처분인지 여부의 판단기준

행정청의 어떤 행위를 행정처분으로 볼 것이냐의 문제는 추상적 일반적으로 결정할 수 없고, 구체적인 경우 행정처분은 행정청이 공권력의 주체로서 행하는 구체적 사실에 관한 법집행으로서 국민의 권리의무에 직접 영향을 미치는 행위라는 점을 고려하고 행정처분이 그 주체, 내용, 절차, 형식에 있어서 어느 정도 성립 내지 효력요건을 충족하느냐에 따라 개별적으로 결정하여야 하며, 행정청의 어떤 행위가 법적 근거도 없이 객관적으로 국민에게 불이익을 주는 행정처분과 같은 외형을 갖추고 있고, 그 행위의 상대방이 이를 행정처분으로 인식할 정도라면 그로 인하여 파생되는 국민의 불이익 내지 불안감을 제거시켜 주기 위한 구제수단이 필요한 점에 비추어 볼 때 행정청의 행위로 인하여 그 상대방이 입는 불이익 내지 불안이 있는지 여부도 그 당시에있어서의 법치행정의 정도와 국민의 권리의식 수준 등은 물론 행위에 관련한 당해 행정청의 태도 등도 고려하여 판단하여야 한다.

Ⅱ. 처분개념과 객관소송설

1. 객관소송설의 주장내용

행정소송의 객관적 성격을 강조하는 입장에 서서 취소소송의 대상과 관련되는 처분개념에 관해서 보면 다음과 같다.

행정소송 특히 항고소송에서는 국민의 권리구제와 직·간접적인 관계가 전혀 없이도 법원이 위법성 판단을 할 수 있는 모든 것을 취소소송의 대상으로 한다고 한다. 이 점에서는 즉 대상이 제한이 없다는 점에서, 원고적격의 제한이 없는 "만인소송"과 구별되고, 이를 이를테면 예컨대 "만물소송"으로 이론구성을 한다고 한다. 그러면서도 한편으로는 취소소송의 원고적격단계에서 만인소송의 문제점인 남소의 위험을 방지하기 위하여 그 제한을 가한다고 한다. 즉 행정소송의 대상과 원고적격이라는 주관성은 요건단계에서는 분리되지 아니하고, 본안단계에 와서는 법원은 위법성만을 심사하므로 행정소송의 대상이 주관성과 분리된다는 것이다.

2. 객관소송설의 문제점

객관소송설은 항고소송의 대상에 관해서는 거의 제한을 두지 아니하는 것이라고 할 수 있다. 일견 대상적격의 확장을 주장한다는 점에서 국민의 권익구제를 확장하는 것으로 보일 수 있다. 그러나 사실은 그러한 것보다는 다른 측면에 관심을 가지고 있는 것이다. 즉 객관모델을 제시하는 진정한 이유는, 국민의 권익구제의 확장이라고 하기 보다는, 명령 등에 대한 행정소송을 인정하려고 하는 데에 그 속셈이 있다. 다시 말해서 객관소송설은 국민의 권익구제의 확대보다는 법원의 행정에 대한 무제한의 통제, 즉 법원의 사물관할의 확대에만 관심을 가지고 있는 것이다. 요컨대 객관소송설은 국민의 권익구제를 위하여 어떠한 행정처분이라도 행정소송의 대상이 된다는 측면을 강조하기보다는 실질적으로는 행정의 명령에 대한 법원의 사법심사의 확대만을 그 주요한 관심사로 한다.

이러한 점에서 객관소송설은 국민의 권익구제의 확장이라고 하는 차원에서 처분개념을 넓히는 우리의 학설·판례상의 노력을 희석시키는 결과가 되게 된다. 다양한 소의 종류의 완비 여부가 불확실하고 특히 주관적 성격이 강한 이행소송[2)]이 해석상 그 인정이 용이하지 않고 현실적으로 취소소송 이외에 달리 뚜렷한 구제의 길이 없는 상황하에서, 가급적 국민의 권익구제를 위하여 궁여지책으로 부득이하게 협소한 처분개념에서 벗어나 쟁송법적 처분개념의 외연을 넓히는 우리 특유의 노력을 외면하게 된다. 따라서 객관소송설에서는 이와 같은 쟁송법적 처분개념과 실질적인 차이가 무엇인지에 관하여는 별다른 언급이 없다는 점에서 국민의 권익구제라고 하는 측면에서는 그다지 큰 실익이 있다고 보이지 아니한다고 할 수 있다. 다만 행정에 대한 위법통제를 빌미로 명령 등에 대한 사법심사에 치중함으로써 오히려 행정과 사법 간의 권한쟁의의 성질을 가지는 혼란만을 가중시킬 것으로 보인다.

---

2) 현재 대법원의 주도로 이루어지고 있는 행정소송법 개정시 의무이행소송이 입법화되는 것으로 알려져 있다. 최송화, 한국의 행정소송법 개정과 향후방향, 한·일 행정소송법제의 개정과 향후방향, 한국법제연구원·한국행정판례연구회, 2003. 4. 18. 92면 참조.

따라서 현재 우리나라 행정소송에서는 국민의 권익구제를 염두에 두고 쟁송법적인 처분개념을 확장하고 있는데 무슨 특별한 입법정책상의 변경이나 소송제도적인 현실상황의 변화가 없는데도 불구하고 특히 국민의 권익구제를 확장하는 노력보다는 법원의 행정에 대한 통제라고 하는 측면에서의 이른바 만물소송을 주장하는 것은 문제라고 할 수 있다.

3. 결론적 고찰 - 새로운 이론구성의 제시

(1) 비교법적 검토 - 일본의 경우의 검토

일본의 행정사건소송법 규정 자체가 우리나라 행정소송법과 유사하게 규정되어 있을 뿐만 아니라 이론적으로도 종래부터 일정부분 우리나라의 행정소송에 그 영향력을 미쳐온 일본의 경우를 검토하기로 한다.

일본은 행정사건소송법[3] 제3조(항고소송) 제2항에서 「처분취소의 소」의 대상을 "행정청의 처분 그 밖에 공권력행사에 해당하는 행위"라고 하는 규정을 가지고 있을 뿐이다. 따라서 우리나라 행정소송법 제2조에서와 같은 처분등에 관하여 구체적으로 개념을 정의하는 규정은 없다는 점에서 우리나라와 다르다.[4]

이와 같이 일본 행정사건소송법에는 취소소송의 대상에 해당하는 즉 우리나라 행정소송법 제2조상의 처분개념에 해당하는 정의규정이 법문에 명시적으로 규정되어 있지 않으면서도 실제로는 우리나라의 처분개념과 유사하게 실체법적 행정행위와 거의 가깝게 해석하고 있다. 다만 그로 인한 국민의 권익구제의 공백을 매우기 위하여 이른바 "형식적 행정처분론"을 논하고 있는 상황이다.

즉 일본 행정사건소송법 제3조 제2항의 「처분취소의 소」의 대상을 "행정청의 처분 그 밖에 공권력행사에 해당하는 행위"이라고 하여 포괄적으로 규정하고 있을 뿐이고, 따라서 이 규정 자체가 취소소송의 대상이 되는 처분의 최대한의 외연을 규정한 것이 된다고 할 수 있다. 그런데도 실제 실무상 취소소송의 대

---

3) 일본의 행정사건소송법 제3조(항고소송) ① 이 법률에서 「항고소송」이라 함은 행정청의 공권력행사에 관한 불복의 소송을 말한다. ② 이 법률에서 「처분취소의 소」라 함은 행정청의 처분 그 밖에 공권력행사에 해당하는 행위(다음 항에 규정하는 재결, 결정 그 밖의 행위를 제외한다. 이하 단지 「처분」이라 한다)의 취소를 구하는 소송을 말한다. ③ 이 법률에서 「재결취소의 소」라 함은 심사청구, 이의신청 그 밖의 불복신청(이하 단지「심사청구」라 한다)에 대한 행정청의 재결, 결정 그 밖의 행위(이하 단지「재결」이라 한다)의 취소를 구하는 소송을 말한다.

4) 일본 행정사건 소송법 제3조 제2항의 "공권력의 행사" 부분은 우리나라 행정소송법 제1조 목적규정상의 "위법한 처분 그 밖에 공권력의 행사·불행사"라는 부분에 해당한다고 할 수 있다.

상은 우리나라의 처분개념과 별 차이가 없이 좁혀서 사용하고 있는 것으로 볼 수 있다.

(2) 행정소송법 제1조의 의의

행정소송법의 규정은 헌법상의 국민의 권리인 헌법권인 재판청구권을 실질적으로 보장하기 위한 규정인 것이므로, 국민의 재판청구권을 실질적으로 보장하기 위해서는 반드시 처분의 대상을 이를테면 행정소송법 제2조상의 협의의 개념정의에만 의존할 필요는 없는 것으로 보인다. 이런 점에서 본다면 국민의 권익구제상 필요하다고 하면, 행정소송법의 목적규정인 행정소송법 제1조를 행정소송법의 지도이념이 되는 규정으로 고려하여 다른 소송법 규정 예컨대 행정소송법 제2조, 제3조 등 기타 규정을 해석함에 있어서 하나의 지침으로 활용할 수 있을 것이다.

따라서 위 비교법적 검토에서 본 바와 같이, 일본의 경우와 연관시켜서 본다면, 우리나라 행정소송법의 경우에는 그 조문 체계상 행정소송의 대상은 행정소송법 제2조의 처분등의 정의규정을 그 최소한의 대상으로 하고 그 최대한의 외연은 행정소송법 제1조상의 "위법한 처분 그 밖에 공권력의 행사·불행사"를 최대한으로 이론구성해 볼 수가 있다. 그렇다면 위와 같은 일본식의 "형식적 행정처분"[5]이라는 관념을 굳이 사용하지 않더라도 그 내용을, 우리나라 행정소송법 제1조가 규정하는 바대로, 즉 "행정소송절차를 통하여" "국민의 권리 또는 이익의 침해를 구제"하기 위한 "위법한 처분 그 밖에 공권력의 행사·불행사"라고 하는 이를테면 행정소송법 제1조상의 광의의 처분개념으로 파악하여 권익구제를 하여야 한다고 보아도 상관없을 것이다.

(3) 행정소송법 제1조와 제2조의 관계

이와 같은 행정소송법 제1조에서의 국민의 권익구제라고 하는 행정소송의 목적 내지는 취지에 합당하게 현재의 우리나라의 행정소송에서도 좁은 의미의 실체법적 처분개념에서 벗어나 쟁송법적으로 구성된 처분개념을 사용하고 있음은 주지의 사실이다. 따라서 이러한 행정소송의 국민의 권익구제의 목적상

---

5) 형식적 행정처분은 원고의 권리구제의 견지에서 인정되는 것으로 이러한 형식적 행정처분론을 직접 언급한 대법원의 판결은 없고, 일본에서도 통설·판례는 아니라고 한다. 塩野宏, 日本における行政訴訟法の改正と今後の方向, 한·일 행정소송법제의 개정과 향후방향, 한국법제연구원·한국행정판례연구회, 2003. 4. 18. 24면.

행정소송의 대상이 되는 처분개념에 있어서는 기존의 학설·판례상 발전되어 온 것은 물론 당연히 포함되어야 한다. 그렇다고 해서 이의 무한정한 확대만이 능사가 아니므로 그 한계의 설정이 문제인데 이도 결국 막연하지만 행정소송법 제1조로 돌아간다고 할 수 있다.

어쨌든 행정소송법 제2조상의 반드시 구제되어야 하는 최소한의 처분개념의 정의의 범위를 넘어서서 행정소송의 대상으로 삼아야 하는 것의 최대한의 외연은 행정소송법 제1조의 "행정소송절차를 통하여 국민의 권리 또는 이익을 구제할 필요가 있는 행정청의 위법한 처분 그 밖에 공권력의 행사·불행사"이다. 다시 말해서 행정소송의 대상이 되어야 하는 최소한은 행정소송법 제2조 제1항 제1호, 제2호이고 그 최대한은 행정소송법 제1조상의 "행정소송절차를 통하여 국민의 권익을 구제할 필요가 있는 위법한 처분 그 밖에 공권력의 행사·불행사"가 된다.

⑷ 행정소송법 제1조와 제3조의 관계

행정소송법 제2조상의 처분개념에 해당되지 아니하고 행정소송법 제1조상의 "위법한 처분 등 공권력의 행사·불행사"에 해당하는 것은 주로 기존의 취소소송으로 구제되어야 하겠지만 반드시 취소소송만으로 구제되어야 한다는 것은 아니다. 다만 그러한 것에 대한 권익구제의 필요성만은 헌법상의 재판청구권 및 행정소송법 제1조에서 나오는 것이고 그 방법은 반드시 기존의 취소소송 등의 법정의 항고소송에만 의하여야 한다는 것은 아니다.

헌법상 재판청구권의 실질적인 보장과 그 정신을 이어 받은 행정소송법 제1조의 목적상 행정소송법 제3조의 행정소송의 종류의 관한 규정은 그 규정의 내용에 한정되어 제한적으로 열거되었다고 볼 필요는 없다. 이 경우 어쨌든 법원이 이러한 구제를 거부하면 이는 실질적인 재판의 거부이고 국민의 헌법상의 권리인 재판청구권을 침해하게 되는 문제가 발생할 수도 있다.

⑸ 헌법상의 재판청구권 규정과 행정소송법 규정의 관계

전술한 바와 같이, 독일 헌법 제19조 제4항에 규정된 포괄적 권리구제라고 하는 내용은 우리나라 헌법 제27조를 비롯한 행정소송법 제1조에 그 일부로서 당연히 포함되는 것이다.

다만 예컨대 독일 행정소송법상의 다양한 소의 종류에 관한 규정이 우리나라 행정소송법에 명시적으로 충분하게 규정되지 아니하였다는 점 때문에 문제가 있다고 한다면, 행정소송법 제3조를 한정적인 열거규정으로 보지 않거나 또는 궁극적으로 우리나라 헌법상의 권리인 헌법권인 재판청구권의 실질적 보장이라고 하는 측면에 비추어 위헌적인 것으로 보면 된다.

따라서 우리나라 행정소송법 제2조의 정의규정은 최소한의 개념징표를 가진 것으로 반드시 구제되어야 하는 최소한의 것을 의미하는 것이고, 경우에 따라서는 행정소송법 제1조에 의하여 "행정소송절차를 통하여 국민의 권익을 구제할 필요가 있는 위법한 처분 그 밖에 공권력의 행사·불행사"에 의한다고 하면 그 외연은 얼마든지 확장될 수 있다.

이런 점에서 본다면 최근 행정소송법의 개정에 있어서 처분개념의 정의[6]에 있어서 반드시 처분등의 개념을 굳이 다시 조종할 필요성이 그다지 크다고 보이지 아니한다. 어차피 우리나라에서는 독일 헌법 제19조 제4항보다 포괄적인 우리나라 헌법 제27조상의 재판청구권이 있다. 이러한 헌법 제27조상의 재판청구권을 실질적으로 보장하기 위한 일환으로 행정소송법 제1조의 포괄적인 목적규정이 있다. 그리고 비록 취소소송중심주의라는 비난은 따르지만 여하튼지 처분개념에 관하여는 우리식의 전통이 있는 기존의 학설·판례가 전개되어 있는 이상 이에 계속해서 맡겨두어도 상관없을 것이다.

따라서 행정입법 등을 포함하는 이른바 광의의 행정행위 개념을 현시점에서 행정소송법에 명문으로 규정하지 아니하는 한, 행정소송법에 새로이 처분개념을 정의하는 규정을 둔다고 해서 크게 달라질 것이라는 예측을 하기가 어렵다. 본래 어차피 처분개념을 어떻게 규정한다고 하더라도 예외 내지는 의문의 여지가 없이 명확하게 규정할 수 있는 방법은 없을 뿐만 아니라, 또 설령 그러한 규정을 두었다고 하더라도 그와 관계없이 소송법적으로 구제를 하여야만 할 상황은 언제든지 등장할 수 있다. 이는 헌법상 국민의 권리인 헌법권인 재판청구권의 실질적 보장 차원에서 언제든지 검토하여야만 하기 때문이다. 또한 현

---

6) 이에는 현행 행정소송법상의 처분개념인 행정소송법 제2조 제1항 제1호상의 "처분등"의 개념정의인 "행정청이 행하는 구체적 사실에 대한 법집행으로서의 공권력의 행사 또는 그 거부와 그 밖에 이에 준하는 행정작용 및 행정심판에 대한 재결"에서 명령등의 행정입법과 공권력적 사실행위를 포함하기 위하여 "구체적 사실에 대한 법집행으로서의"을 삭제하자는 견해, 이 문구를 포함하여 "그 밖에 이에 준하는 행정작용"라고 하는 불확정개념을 삭제하자는 견해, 거부처분에 대한 개념규정을 추가하자는 의견, 항고소송의 대상이 되는 행정작용을 행정행위라 지칭하고, 현행법상의 처분개념을 행정행위 개념의 한 유형으로 보는 견해가 있다고 한다. 최송화, 한국의 행정소송법 개정과 향후방향, 한·일 행정소송법제의 개정과 향후방향, 한국법제연구원·한국행정판례연구회, 2003. 4. 18. 94면 이하 참조.

행 행정소송법 제2조의 처분개념을 새로이 개정한다고 하더라도 실무가 그에 어느 정도 맞추어 따르게 될지도 예측하기가 어렵다고 할 수 있다.

(6) 결 어

요컨대 우리나라 행정소송에서의 처분개념에 있어서는, 한편으로는 행정소송법 제2조상의 처분개념은 의문의 여지 없이 반드시 구제되어야 하는 최소한의 협의의 것으로 하고, 다른 한편으로는 "행정소송절차를 통하여 국민의 권익을 구제할 필요가 있는 위법한 처분 그 밖에 공권력의 행사·불행사"라고 하는 행정소송법 제1조상의 처분개념이라고 하는 외연에서는 구속적 행정계획이나 권력적 사실행위는 물론이고 장차 그 추이에 따라 극단적으로 말해서 객관소송설에서 주장하는 명령 등을 비롯한 행정입법까지도 충분히 포섭할 수 있는 여지가 있을 수 있는 광의의 처분개념으로도 확장가능하다고 할 수도 있을 것이다.

현대 행정의 복잡·다양성을 고려하면 이와 같이 유연하고 개방적이고 탄력적인 법체계를 계속해서 유지하는 것도 바람직하다고 할 수 있다. 어쨌든 "위법한 처분 그 밖에 공권력의 행사·불행사등으로 인한 국민의 권리 또는 이익의 침해를 구제"한다는 측면에서 고려하면, 국민의 권익구제의 대상을 행정소송법 제2조상의 처분개념에 한정하여 축소시켜야만 할 이유는 없다고 할 수 있다. 이는 국민의 헌법상 권리인 헌법권인 재판청구권의 실질적 보장이라는 측면에서도 더욱 그러하다.

Ⅲ. 구체적 고찰

1. 개 요

취소소송의 대상으로서의 처분은 행정소송법 제2조 제1항 제1호에 규정에따라서 행정청의 행위, 구체적 사실에 관한 법집행행위, 공권력의 행사, 거부처분, 그 밖에 이에 준하는 행정작용을 그 개념요소로 하고 있다.

위와 같은 내용에 따라서 판례상 취소소송의 대상으로서의 처분에 관한 내용을 구체적으로 나누어 고찰하기로 한다.

2. 행정청의 행위

(1) 의 의

처분이란 행정청의 행위를 말한다. 행정청이란 국가 또는 지방자치단체의 행정에 관한 의사를 결정하여 외부에 표시할 수 있는 권한을 가진 행정기관을 말한다.

법령에 의하여 국가 또는 지방자치단체의 사무를 위임받아 행하는 행위도 포함된다.

(2) 판 례

> 대법원 1992.11.27. 선고 92누3618 판결 【단독주택용지공급신청에대한거부처분취소등】
> 항고소송을 제기할 수 있는 상대가 되는 행정청의 의의
>
> 항고소송은 행정청의 처분 등이나 부작위에 대하여 처분 등을 행한 행정청을 상대로 이를 제기할 수 있고 행정청에는 처분 등을 할 수 있는 권한이 있는 국가 또는 지방자치단체와 같은 행정기관뿐만 아니라 법령에 의하여 행정권한의 위임 또는 위탁을 받은 행정기관, 공공단체 및 그 기관 또는 사인이 포함되는바 특별한 법률에 근거를 두고 행정주체로서의 국가 또는 지방자치단체로부터 독립하여 특수한 존립목적을 부여받은 특수한 행정주체로서 국가의 특별한 감독 하에 그 존립목적인 특정한 공공사무를 행하는 공법인인 특수행정조직 등이 이에 해당한다.

> 대법원 2002. 9. 27. 선고 2000두7933 판결 【판매사업불허가처분취소】
>
> 법령의 규정이 지방자치단체장(허가관청)에게 그 법령내용의 구체적인 사항을 정할 수 있는 권한을 부여하면서 그 권한행사의 절차나 방법을 정하지 아니하고 있는 경우, 그 법령의 내용이 될 사항을 구체적으로 규정한 지방자치단체장의 고시의 법적 성질(=법규명령) 및 허가관청인 지방자치단체장이 그 범위 내에서 허가기준을 정한 경우, 그 허가기준의 효력 유무(유효)

3. 구체적 사실에 관한 법집행행위

(1) 의 의

처분은 행정청이 행하는 구체적 사실에 관한 법집행행위를 말한다. 구체적

사실이어야 하므로 일반적·추상적 행위는 처분이 아니다. 다만 집행행위의 매개 없이 직접 국민의 권리·의무에 영향을 미치는 처분법규나 고시는 처분이 된다고 하는 것이 판례의 입장이다.

(2) 판 례

대법원 2002. 5. 17. 선고 2001두10578 판결 【처분무효확인등】
항고소송의 대상이 되는 행정처분의 의미

항고소송의 대상이 되는 행정처분은 행정청의 공법상 행위로서 특정사항에 대하여 법규에 의한 권리의 설정 또는 의무의 부담을 명하거나, 기타 법률상 효과를 발생하게 하는 등 국민의 권리 의무에 직접 관계가 있는 행위를 가리키는 것이고, 상대방 또는 기타 관계자들의 법률상 지위에 직접적인 법률적 변동을 일으키지 아니하는 행위는 항고소송의 대상이 되는 행정처분이 아니다.

대법원 1999. 7. 23. 선고 97누10857 판결 【휴가일수계산착오취소】

항고소송의 대상이 되는 처분이라 함은 행정청의 공법상의 행위로서 특정사항에 대하여 법규에 의한 권리의 설정 또는 의무의 부담을 명하거나 기타 법률상 효과를 발생하게 하는 등 국민의 권리의무에 직접 관계가 있는 행위를 가리키는 것이고, 상대방 또는 기타 관계자들의 법률상 지위에 직접적인 법률적 변동을 일으키지 아니하는 행위 등은 항고소송의 대상이 되는 처분이 될 수 없는 것이다.

대법원 1996. 9. 20. 선고 95누8003 판결 【조례무효확인】
조례가 항고소송의 대상이 되는 행정처분에 해당되는 경우

조례가 집행행위의 개입 없이도 그 자체로서 직접 국민의 구체적인 권리의무나 법적 이익에 영향을 미치는 등의 법률상 효과를 발생하는 경우 그 조례는 항고소송의 대상이 되는 행정처분에 해당하고

대법원 2003. 10. 9. 자 2003무23 결정 【집행정지】
고시가 항고소송의 대상이 되는 행정처분에 해당하기 위한 요건

어떠한 고시가 일반적 · 추상적 성격을 가질 때에는 법규명령 또는 행정규칙에 해당할 것이지만, 다른 집행행위의 매개 없이 그 자체로서 직접 국민의 구체적인 권리의무나 법률관계를 규율하는 성격을 가질 때에는 항고소송의

대상이 되는 행정처분에 해당한다.

대법원 1982.3.9. 선고 80누105 판결 【도시계획변경처분취소】
고시된 도시계획결정이 행정소송이 대상이 되는가(적극)

도시계획법 제12조 소정의 고시된 도시계획결정은 특정 개인의 권리 내지 법률상의 이익을 개별적이고 구체적으로 규제하는 효과를 가져오게 하는 행정청의 처분이라 할 것이고, 이는 행정소송의 대상이 된다

대법원 2004. 4. 22. 선고 2003두9015 전원합의체 판결 【지목변경신청반려처분취소청구각하취소】

구 지적법(2001. 1. 26. 법률 제6389호로 전문 개정되기 전의 것) 제20조, 제38조 제2항의 규정은 토지소유자에게 지목변경신청권과 지목정정신청권을 부여한 것이고, 한편 지목은 토지에 대한 공법상의 규제, 개발부담금의 부과대상, 지방세의 과세대상, 공시지가의 산정, 손실보상가액의 산정 등 토지행정의 기초로서 공법상의 법률관계에 영향을 미치고, 토지소유자는 지목을 토대로 토지의 사용·수익·처분에 일정한 제한을 받게 되는 점 등을 고려하면, 지목은 토지소유권을 제대로 행사하기 위한 전제요건으로서 토지소유자의 실체적 권리관계에 밀접하게 관련되어 있으므로 지적공부 소관청의 지목변경신청 반려행위는 국민의 권리관계에 영향을 미치는 것으로서 항고소송의 대상이 되는 행정처분에 해당한다.

대법원 2006.4.20. 선고 2002두1878 전원합의체 판결 【경정결정신청거부처분취소】
과세관청의 소득처분에 따른 소득금액변동통지가 항고소송의 대상이 되는 조세행정처분인지 여부(적극)

[다수의견] 과세관청의 소득처분과 그에 따른 소득금액변동통지가 있는 경우 원천징수의무자인 법인은 소득금액변동통지서를 받은 날에 그 통지서에 기재된 소득의 귀속자에게 당해 소득금액을 지급한 것으로 의제되어 그 때 원천징수하는 소득세의 납세의무가 성립함과 동시에 확정되고, 원천징수의무자인 법인으로서는 소득금액변동통지서에 기재된 소득처분의 내용에 따라 원천징수세액을 그 다음달 10일까지 관할 세무서장 등에게 납부하여야 할 의무를 부담하며, 만일 이를 이행하지 아니하는 경우에는 가산세의 제재를 받게 됨은 물론이고 형사처벌까지 받도록 규정되어 있는 점에 비추어 보면, 소득금액변동통지는 원천징수의무자인 법인의 납세의무에 직접 영향을 미치는 과세관청의 행위로서, 항고소송의 대상이 되는 조세행정처분이라고 봄이 상당하다.

4. 공권력의 행사

(1) 의 의

처분은 행정청의 구체적 사실에 관한 법집행행위로서의 공권력의 행사이어야 한다. 공권력의 행사이어야 한다는 점에서 예컨대 비권력적 행위인 공법상 계약은 취소소송의 대상이 되는 처분이 아니다.

(2) 판 례

> 대법원 1996. 12. 20. 선고 96누14708 판결 【낙찰취소처분등취소】
> 예산회계법 또는 지방재정법에 따라 지방자치단체가 당사자가 되어 체결하는 계약이 행정소송의 대상이 될 수 있는지 여부(소극)
>
> 예산회계법 또는 지방재정법에 따라 지방자치단체가 당사자가 되어 체결하는 계약은 사법상의 계약일 뿐, 공권력을 행사하는 것이거나 공권력 작용과 일체성을 가진 것은 아니라고 할 것이므로 이에 관한 분쟁은 행정소송의 대상이 될 수 없다.
>
> 대법원 1993.12.7. 선고 91누11612 판결 【국유임야대부료부과처분취소】
> 국유임야 대부료부과 조치가 행정처분인지 여부
>
> 산림청장이나 그로부터 권한을 위임받은 행정청이 산림법 등이 정하는 바에 따라 국유임야를 대부하거나 매각하는 행위는 사경제적 주체로서 상대방과 대등한 입장에서 하는 사법상 계약이지 행정청이 공권력의 주체로서 상대방의 의사 여하에 불구하고 일방적으로 행하는 행정처분이라고 볼 수 없으며 이 대부계약에 의한 대부료부과 조치 역시 사법상 채무이행을 구하는 것으로 보아야지 이를 행정처분이라고 할 수 없다.

5. 거부처분

(1) 의 의

처분은 행정청의 행위로서 구체적 사실에 관한 법집행행위로서의 공권력의 행사 또는 그 거부이다. 따라서 거부처분도 행정소송의 대상이 되는 처분에 해당한다. 다만 판례상 거부처분이 취소소송의 대상이 되는 처분으로 인정되기 위해서는 신청인에게 법규상 또는 조리상의 신청권이 있어야 한다고 한다.

(2) 판 례

대법원 2003. 9. 23. 선고 2001두10936 판결 【국토이용계획변경승인거부처분취소】
행정청이 국민의 신청에 대하여 한 거부행위가 항고소송의 대상인 행정처분이 되기 위한 요건

국민의 적극적 신청행위에 대하여 행정청이 그 신청에 따른 행위를 하지 않겠다고 거부한 행위가 항고소송의 대상이 되는 행정처분에 해당하는 것이라고 하려면, 그 신청한 행위가 공권력의 행사 또는 이에 준하는 행정작용이어야 하고, 그 거부행위가 신청인의 법률관계에 어떤 변동을 일으키는 것이어야 하며, 그 국민에게 그 행위발동을 요구할 법규상 또는 조리상의 신청권이 있어야만 한다.

대법원 2004. 4. 28. 선고 2003두1806 판결 【도시계획시설변경입안의제안거부처분취소】
도시계획구역 내 토지 소유자의 도시계획입안 신청에 대한 도시계획 입안권자의 거부행위가 항고소송의 대상이 되는 행정처분에 해당하는지 여부(적극)

구 도시계획법(2002. 2. 4. 법률 제6655호 국토의계획및이용에관한법률 부칙 제2조로 폐지)은 도시계획의 수립 및 집행에 관하여 필요한 사항을 규정함으로써 공공의 안녕질서를 보장하고 공공복리를 증진하며 주민의 삶의 질을 향상하게 함을 목적으로 하면서도 도시계획시설결정으로 인한 개인의 재산권행사의 제한을 줄이기 위하여, 도시계획시설부지의 매수청구권, 도시계획시설결정의 실효에 관한 규정과 아울러 도시계획 입안권자인 특별시장·광역시장·시장 또는 군수로 하여금 5년마다 관할 도시계획구역 안의 도시계획에 대하여 그 타당성 여부를 전반적으로 재검토하여 정비하여야 할 의무를 지우고, 도시계획입안제안과 관련하여서는 주민이 입안권자에게 '1. 도시계획시설의 설치·정비 또는 개량에 관한 사항 2. 지구단위계획구역의 지정 및 변경과 지구단위계획의 수립 및 변경에 관한 사항'에 관하여 '도시계획도서와 계획설명서를 첨부'하여 도시계획의 입안을 제안할 수 있고, 위 입안제안을 받은 입안권자는 그 처리결과를 제안자에게 통보하도록 규정하고 있는 점 등과 헌법상 개인의 재산권 보장의 취지에 비추어 보면, 도시계획구역 내 토지 등을 소유하고 있는 주민으로서는 입안권자에게 도시계획입안을 요구할 수 있는 법규상 또는 조리상의 신청권이 있다고 할 것이고, 이러한 신청에 대한 거부행위는 항고소송의 대상이 되는 행정처분에 해당한다.

6. 그 밖에 이에 준하는 행정작용

취소소송의 대상이 되는 처분은 행정청의 공권력의 행사 또는 그 거부만이 아니라 그 밖에 이에 준하는 행정작용도 포함한다. 그 밖에 이에 준하는 행정작용은 불확정 개념으로서 그 인정 범위는 장차 학설 및 판례에 맡겨지게 된다.

제2절 재 결

1. 행정소송법 규정

재결이란 행정심판에 대한 재결을 말한다. 이 경우 행정심판은 행정심판법상에 의한 것 이외에도 행정기관이 행정심판기관이 되는 행정쟁송을 총칭하는 개념이다.

2. 원처분주의

원처분과 재결이 모두 취소소송의 대상이 되는 경우 원처분주의와 재결주의가 대립한다.

원처분주의란 원처분과 재결 어느 것에 대해서도 소를 제기할 수 있으나, 원처분의 위법은 원처분을 대상으로 하는 취소소송에서만 주장할 수 있고, 재결을 대상으로 하는 취소소송에서는 재결 자체의 고유한 위법에 대해서만 주장할 수 있는 제도를 말한다.

이에 반하여 재결주의란 원처분에 대해서는 취소소송을 제기할 수 없고 재결에 대해서만 취소소송을 제기하도록 하고 이 경우 재결 자체의 위법뿐만 아니라 원처분의 위법도 주장할 수 있도록 하는 제도이다.

우리 행정소송법 제19조는 "취소소송은 처분 등을 대상으로 한다. 다만, 재결취소소송의 경우에는 재결 자체의 고유한 위법이 있음을 이유로 하는 경우에 한한다."라고 규정하여 원처분주의를 채택하고 있다.

3. 원처분주의의 예외

행정소송법 제19조의 규정상 처분을 취소소송의 원칙적인 대상으로 하고 재결을 예외적인 대상으로 하고 있다.

다만 개별법에서 원처분주의에 대한 예외로서 재결주의를 채택하고 있는 경우가 있다. 이 경우에는 원처분이 아닌 재결만이 취소소송의 대상이 되고, 재결 자체의 고유한 위법뿐만 아니라 원처분의 위법도 주장할 수 있다.

이러한 예로서는 감사원법상의 감사원의 변상판정(제36조, 제40조)과 노동위원회법상의 노동위원회의 처분(제26조, 제27조)이 있다.

관련판례

Ⅰ. 처분성

공정거래위원회의 '표준약관 사용권장행위'

2010. 10. 14. 선고 2008두23184 판결 〔표준약관개정의결취소〕 (공2010, 2099)

[1] 공정거래위원회의 '표준약관 사용권장행위'가 항고소송의 대상이 되는지 여부(적극)

[2] 구 약관의 규제에 관한 법률 제19조의2 제3항에서 정한 '표준약관 심사청구의 권고' 요건

[3] 구 약관의 규제에 관한 법률 제19조의2 제3항에서 규정한 불공정 약관조항에 해당하는지 여부의 판단 기준

[1] 공정거래위원회의 '표준약관 사용권장행위'는 그 통지를 받은 해당 사업자 등에게 표준약관과 다른 약관을 사용할 경우 표준약관과 다르게 정한 주요내용을 고객이 알기 쉽게 표시하여야 할 의무를 부과하고, 그 불이행에 대해서는 과태료에 처하도록 되어 있으므로, 이는 사업자 등의 권리·의무에 직접 영향을 미치는 행정처분으로서 항고소송의 대상이 된다.

[2] 구 약관의 규제에 관한 법률(2010. 3. 22. 법률 제10169호로 개정되기 전의 것) 제19조의2 제3항 규정의 문언 내용을 표준약관제도의 취지 및 위법의 목적 등에 비추어 살펴보면, 공정거래위원회는 일정한 거래분야에 관하여 약관이 없거나 불공정 약관조항이 있는 경우 사업자 등에게 표준약관을 마련하여 심사청구할 것을 권고할 수 있고, 이는 다수의 고객에게 피해가 발생하는 경우는 물론 소비자단체 등의 요청이 있는 경우에도 마찬가지이다.

[3] 구 약관의 규제에 관한 법률(2010. 3. 22. 법률 제10169호로 개정되기 전의 것) 제19조의2 제3항에서 규정한 불공정 약관조항에 해당하는지 여부를 심사할 때에는 문제되는 조항만을 따로 떼어서 볼 것이 아니라 전체 약관내용을 종합적으로 고찰한 후에 판단하여야 하고, 그 약관이 사용되는 거래분야의 통상적인 거래관행, 거래대상인 상품이나 용역의 특성 등을 함께 고려하여 판단하여야 한다.

[4] 공정거래위원회가 한국소비자원으로부터 은행여신거래와 관련한 표준약관 중 소비자에게 불리하거나 소비자보호가 미흡한 부분을 개선하라는 요청을 받고 현행 표준약관의 일부 조항을 개정하여 사단법인 전국은행연합회에 사용을 권장한 사안에서, 현행 표준약관 중 대출거래약정서 *I*(가계용) 제3조 제1항 등 6종의 은행여신거래 관련 부분의 약관조항 자체가 불공정하다고 보기어렵고, 실제 계약의 체결과정에서 고객의 선택권이 제대로 보장되는지 여부 등 거래관행은 약관조항의 불공정성 여부를 결정하는 데 고려할 필요가 없다는 전제하에, 이를 살펴보지 않은 채 위 처분이 위법하다고 한 원심의 판단에 약관조항의 불공정성의 판단기준에 관한 법리를 오해한 위법이 있다고 한 사례.

2009. 12. 24. 선고 2009두12853 판결 〔방산물자지정취소처분취소〕 (공2010, 266)
방산물자 지정취소가 항고소송의 대상이 되는 행정처분에 해당하는지 여부(적극)

방위사업법 제35조 제1항에서 방산업체로 지정되기 위해서는 방산물자를 생산하고자 하는 자이어야 한다고 규정하고 있고, 같은 법 시행령 제42조에서 방산업체의 시설기준에 관하여 방산물자의 생산에 필요한 일반시설 및 특수시설, 품질검사시설, 기술인력 등의 인적, 물적 시설을 갖출 것을 요건으로 하고 있는 점에 비추어, 방산물자 지정이 취소되는 경우 당해 물자에 대한 방산업체 지정도 취소될 수밖에 없다고 보아야 한다. 그렇게 되면 방위사업법에서 규정하는 방산물자 등에 대한 수출지원(제44조)을 받을 수 없을 뿐 아니라 방산업체로서 방위사업법에 따라 누릴 수 있는 각종 지원과 혜택을 상실하게 되고, 국가를 당사자로 하는 계약에 관한 법률 시행령 제26조 제1항 제6호 (다)목에서 규정한 '방위사업법에 의한 방산물자를 방위산업체로부터 제조·구매하는 경우' 수의계약에 의할 수 있는 지위도 상실하게 되므로, 결국 방산물자 지정취소는 당해 방산물자에 대하여 방산업체로 지정되어 이를 생산하는 자의 권리의무에 직접 영향을 미치는 행위로서 항고소송의 대상이 되는 행정처분에 해당한다.

2009. 12. 24. 선고 2009두14507 판결 〔이행강제금부과처분취소〕 (공2010, 268)
건축법상 이행강제금 납부의 최초 독촉이 항고소송의 대상이 되는 행정처분에 해당하는지 여부(적극)

구 건축법(2008. 3. 21. 법률 제8974호로 전부 개정되기 전의 것) 제69조의2 제6항, 지방세법 제28조, 제82조, 국세징수법 제23조의 각 규정에 의하면, 이행강제금 부과처분을 받은 자가 이행강제금을 기한 내에 납부하지 아니한 때에는 그 납부를 독촉할 수 있으며, 납부독촉에도 불구하고 이행강제금을 납부하지 않으면 체납절차에 의하여 이행강제금을 징수할 수 있고, 이때 이행강제금 납부의 최초 독촉은 징수처분으로서 항고소송의 대상이 되는 행정처분이 될 수 있다.

2009. 12. 10. 선고 2009두14231 판결 〔명예전역거부처분취소〕 (공2010, 148)

[1] 각 군 참모총장이 '군인 명예전역수당 지급대상자 결정절차'에서 국방부장관에게 수당지급대상자를 추천하거나 신청자 중 일부를 추천하지 않는 행위가 항고소송의 대상이 되는 처분인지 여부(소극)

[2] 국방부장관이 군인 명예전역수당 지급대상자로 결정하거나 배제하는 행위가 재량행위에 해당하는지 여부(적극)

[3] 각 군 참모총장의 군인 명예전역수당 지급대상자 추천거부행위에 실체상·절차상의 위법사유가 존재하는 경우, 그 위법사유를 이유로 국방부장관의 거부처분의 취소를 구할 수 있는지 여부(적극)

[1] 군인사법 제53조의2 제6항의 위임을 받은 군인 명예전역수당지급 규정 제6조 제1항, 제3항의 각 규정에 의하면, 각 군 참모총장은 군인 명예전역수당 지급신청을 받아 이를 심사하고 수당지급대상자를 선정하여 국방부장관에게 추천하며, 국방부장관은 각 군 참모총장으로부터 수당지급대상자의 추천을 받아 수당지급대상자를 최종적으로 심사·결정하도록 규정되어 있다. 이 규정에 따라 각 군 참모총장이 수당지급대상자 결정절차에 대하여 수당지급대상자를 추천하거나 신청자 중 일부를 추천하지 아니하는 행위는 행정기관 상호간의 내부적인 의사결정과정의 하나일 뿐 그 자체만으로는 직접적으로 국민의 권리·의무가 설정, 변경, 박탈되거나 그 범위가 확정되는 등 기존의 권리상태에 어떤 변동을 가져오는 것이 아니므로 이를 항고소송의 대상이 되는 처분이라고 할 수는 없다.

[2] 군인사법 제53조의2 제1항, 군인 명예전역수당지급 규정 제2조 제1항, 제2항, 제6조 제2항, 제3항의 각 규정과 명예전역수당 지급업무 처리지침 제1항, 제7항의 각 규정 내용 등을 종합하여 보면, 국방부장관이 수당지급대상자로 결정하거나 배제하는 행위는 20년 이상 근속한 군인들 중 정년 전에 자진하여 전역하는 사람의 신청을 받아 심사한 후 그 지급대상자 및 지급액 등을 결정할 수 있는 재량행위에 해당한다고 보아야 한다.

[3] 군인사법 등 관련 법령이 각 군 참모총장의 추천에 따라 국방부장관이 최종적으로 군인 명예전역수당 지급대상자를 결정하도록 규정하고 있는 이상 해군참모총장의 추천거부행위에 실체상·절차상의 위법사유가 존재하는 경우 그 위법사유를 이유로 국방부장관의 거부처분의 취소를 구할 수 있다.

2009. 12. 24. 선고 2009두12853 판결 〔방산물자지정취소처분취소〕 (공2010, 266)

방산물자 지정취소가 항고소송의 대상이 되는 행정처분에 해당하는지 여부(적극)

방위사업법 제35조 제1항에서 방산업체로 지정되기 위해서는 방산물자를 생산하고자 하는 자이어야 한다고 규정하고 있고, 같은 법 시행령 제42조에서 방산업체의 시설기준에 관하여 방산물자의 생산에 필요한 일반시설 및 특수시설, 품질검사시설, 기술인력 등의 인적, 물적 시설을 갖출 것을 요건으로 하고 있는 점에 비추어, 방산물자 지정이 취소되는 경우 당해 물자에 대한 방산업체 지정도 취소될 수밖에 없다고 보아야 한다. 그렇게 되면 방위사업법에서 규정하는 방산물자 등에 대한 수출지원(제44조)을 받을 수 없을 뿐 아니라 방산업체로서 방위사업법에 따라 누릴 수 있는 각종 지원과 혜택을 상실하게 되고, 국가를 당사자로 하는 계약에 관한 법률 시행령 제26조 제1항 제6호 (다)목에서 규정한 '방위사업법에 의한 방산물자를 방위산업체로부터 제조·구매하는 경우' 수의계약에 의할 수 있는 지위도 상실하게 되므로, 결국 방산물자 지정취소는 당해 방산물자에 대하여 방산업체로 지정되어 이를 생산하는 자의 권리의무에 직접 영향을 미치는 행위로서 항고소송의 대상이 되는 행정처분에 해당한다.

2009. 12. 24. 선고 2009두14507 판결 〔이행강제금부과처분취소〕 (공2010, 268)
건축법상 이행강제금 납부의 최초 독촉이 항고소송의 대상이 되는 행정처분에 해당하는지 여부(적극)

구 건축법(2008. 3. 21. 법률 제8974호로 전부 개정되기 전의 것) 제69조의2 제6항, 지방세법 제28조, 제82조, 국세징수법 제23조의 각 규정에 의하면, 이행강제금 부과처분을 받은 자가 이행강제금을 기한 내에 납부하지 아니한 때에는 그 납부를 독촉할 수 있으며, 납부독촉에도 불구하고 이행강제금을 납부하지 않으면 체납절차에 의하여 이행강제금을 징수할 수 있고, 이때 이행강제금 납부의 최초 독촉은 징수처분으로서 항고소송의 대상이 되는 행정처분이 될 수 있다.

2009. 10. 15. 선고 2009두6513 판결 〔재산조사개시결정취소〕 (공2009, 1887)
친일반민족행위자재산조사위원회의 재산조사개시결정이 행정처분으로서 항고소송의 대상이 되는지 여부(적극)

친일반민족행위자재산조사위원회의 재산조사개시결정이 있는 경우 조사대상자는 위 위원회의 보전처분 신청을 통하여 재산권행사에 실질적인 제한을 받게 되고, 위 위원회의 자료제출요구나 출석요구 등의 조사행위에 응하여야 하는 법적 의무를 부담하게 되는 점, '친일반민족행위자 재산의 국가귀속에 관한 특별법'에서 인정된 재산조사결정에 대한 이의신청절차만으로는 조사대상자에 대한 권리구제 방법으로 충분치 아니한 점, 조사대상자로 하여금 개개의 과태료 처분에 대하여 불복하거나 조사 종료 후의 국가귀속결정에 대하여만 다툴 수 있도록 하는 것보다는 그에 앞서 재산조사개시결정에 대하여 다툼으로써 분쟁을 조기에 근본적으로 해결할 수 있는 점 등을 종합하면, 친일반민족행위자재산조사위원회의 재산조사개시결정은 조사대상자의 권리·의무에 직접 영향을 미치는 독립한 행정처분으로서 항고소송의 대상이 된다고 봄이 상당하다.

2009. 5. 14. 선고 2006두17390 판결 〔종합소득세등부과처분취소〕 (공2009, 891)
국세기본법 제22조의2의 시행 이후 당초 과세처분에 대한 증액경정처분이 있는 경우 항고소송의 심판대상(=증액경정처분) 및 그 항고소송에서 당초 신고나 결정에 대한 위법사유를 함께 주장할 수 있는지 여부(적극)

국세기본법 제22조의2의 시행 이후에도 증액경정처분이 있는 경우, 당초 신고나 결정은 증액경정처분에 흡수됨으로써 독립한 존재가치를 잃게 된다고 보아야 하므로, 원칙적으로는 당초 신고나 결정에 대한 불복기간의 경과 여부 등에 관계없이 증액경정처분만이 항고소송의 심판대상이 되고, 납세의무자는 그 항고소송에서 당초 신고나 결정에 대한 위법사유도 함께 주장할 수 있다고 해석함이 타당하다.

2009. 1. 30. 선고 2007두7277 판결 〔건축물표시변경신청불가처분취소〕 (공2009, 261)
행정청이 건축물대장의 용도변경신청을 거부한 행위가 행정처분에 해당하는지 여부(적극)

구 건축법(2005. 11. 8. 법률 제7696호로 개정되기 전의 것) 제14조 제4항의 규정은 건축물의 소유자에게 건축물대장의 용도변경신청권을 부여한 것이고, 한편 건축물의 용도는 토지의 지목에 대응하는 것으로서 건물의 이용에 대한 공법상의 규제, 건축법상의 시정명령, 지방세 등의 과세대상 등 공법상 법률관계에 영향을 미치고, 건물소유자는 용도를 토대로 건물의 사용·수익·처분에 일정한 영향을 받게 된다. 이러한 점 등을 고려해 보면, 건축물대장의 용도는 건축물의 소유권을 제대로 행사하기 위한 전제요건으로서 건축물 소유자의 실체적 권리관계에 밀접하게 관련되어 있으므로, 건축물대장 소관청의 용도변경신청 거부행위는 국민의 권리관계에 영향을 미치는 것으로서 항고소송의 대상이 되는 행정처분에 해당한다.

Ⅱ. 거부처분

1. 군수가 도시관리계획 구역 내 토지 등을 소유하고 있는 주민의 납골시설에 관한 도시관리계획의 입안제안을 반려한 처분

2010. 7. 22. 선고 2010두5745 판결 〔도시관리계획입안제안신청반려처분취소〕(공2010, 1671)

[1] 군수가 도시관리계획 구역 내 토지 등을 소유하고 있는 주민의 납골시설에 관한 도시관리계획의 입안제안을 반려한 처분이, 항고소송의 대상이 되는 행정처분에 해당한다고 본 원심판단을 수긍한 사례

[2] '도시계획시설의 결정·구조 및 설치기준에 관한 규칙' 제142조 제3호가 규정하는 '일반의 사용에 제공하는 사설봉안시설'의 의미

[3] 기독교인 등을 위한 종교적 성격의 납골시설은 도시계획시설의 결정·구조 및 설치기준에 관한 규칙 제142조 제3호에서 정한 '일반의 사용에 제공하는 봉안시설'에 해당하는 것으로 볼 수 없어 도시계획시설로 결정할 수 있는 봉안시설에 해당하지 않음에도, 이와 달리 본 원심판결에 법리오해의 위법이 있다고 한 사례

[1] 구 국토의 계획 및 이용에 관한 법률(2009. 2. 6. 법률 제9442호로 개정되기 전의 것) 제139조 제2항 및 이에 근거하여 제정된 지방자치단체 조례에 따라 광역시장으로부터 납골시설 등에 대한 도시관리계획 입안권을 위임받은 군수는 관할구역 도시관리계획의 입안권자이므로, 도시관리계획 구역 내 토지 등을 소유하고 있는 주민의 납골시설에 관한 도시관리계획의 입안제안을 반려한 군수의 처분은 항고소송의 대상이 되는 행정처분에 해당한다고 한 사례.

[2] 구 국토의 계획 및 이용에 관한 법률(2009. 2. 6. 법률 제9442호로 개정되기 전의 것) 제43조 제1항, 같은 법 시행령 제35조 제1항 등 관련 법령의 내용을 종합해 보면, 사설봉안시설의 경우에는 '일반의 사용에 제공하는 봉안시설'에 해당하는 경우에만 도시계획시설로 결정할 수 있고, 나아가 기반시설이 도시계획시설로 결정되는 경우 그 도시계획시설사업의 시행자는 사업에 필요한 토지나 건축물 등을 수용 또는 사용할 수 있는 권한을 부여받고(구 국토의 계획 및 이용에 관한 법률 제95조 제1항), 산지전용허가의 면적제한에 관한 일부 규정의 적용도 면제받는 등(산지관리법 시행규칙 제18조 제3항 제3호)의 권한과 혜택을 부여받게 되는 점, 도시계획시설의 결정·구조 및 설치기준에 관한 규칙 제142조 제1호와 제2호가 국가나 시·도지사, 시장·군수·구청장이 설치·운영하는 공익성이 높은 봉안시설을 도시계획시설 결정의 대상으로 규정하고 있는 점 등에 비추어 보면, 같은 규칙 제142조 제3호가 규정하는 '일반의 사용에 제공하는 사설봉안시설'은 종교 등에 따른 차별 없이 일반인이 자유롭게 이용할 수 있는 봉안시설을 의미하는 것으로 해석하는 것이 타당하다.

[3] 시설의 대부분을 기독교인이나 그 가족 등의 사용에 제공하는 것으로 예정되어 있고 기독교인이 아닌 일반인의 사용에 제공하는 것으로 예정된 시설은 2.4~5.4%에 불과한 경우 사실상 기독교인들을 위한 종교적 납골시설의 성격을 가지고 있는 것으로, 그 납골시설은 도시계획시설의 결정·구조 및 설치기준에 관한 규칙 제142조 제3호에서 정한 '일반의 사용에 제공하는 봉안시설'에 해당하는 것으로 볼 수 없어, 산지관리법 시행규칙 제18조 제3항 제3호에 의하여 산지전용허가 면적제한 규정이 적용되지 않는 도시계획시설로 결정할 수 있는 봉안시설에 해당하지 않음에도, 이와 달리 판단한 원심에 법리오해의 위법이 있다고 한 사례.

2. 2010. 2. 25. 선고 2007두18284 판결 〔경정거부처분취소〕 (공2010, 682)

[1] 납세의무자의 세법에 근거하지 않은 경정청구에 대한 과세관청의 거부 회신을 항고소송의 대상이 되는 거부처분으로 볼 수 있는지 여부(소극)

[2] 구 국세기본법 제51조 제1항, 제52조 등에 의한 국세환급결정이나 그 결정을 구하는 신청에 대한 환급거부결정 등을 항고소송의 대상이 되는 처분으로 볼 수 있는지 여부(소극)

[3] 구 소득세법이 시행된 2002. 1. 1. 이후에 같은 법 제16조 제1항 제1호 내지 제12호에서 열거하고 있는 소득에 해당하지 않는 소득이라고 하더라도, 같은 항 제13호에 의하여 이자소득세를 과세할 수 있는지 여부(한정 적극)

[1] 국세기본법 또는 개별 세법에 경정청구권을 인정하는 명문의 규정이 없는 이상 조리에 의한 경정청구권을 인정할 수 없으므로, 납부의무자의 세법에 근거하지 아니한 경정청구에 대하여 과세관청이 이를 거부하는 회신을 하였다고 하더라도 이를 가리켜 항고소송의 대상이 되는 거부처분으로 볼 수 없다.

[2] 원천징수의무자가 원천납세의무자로부터 원천징수대상이 아닌 소득에 대하여 세액을 징수·납부하였거나 징수하여야 할 세액을 초과하여 징수·납부하였다면, 국가는 원천징수의무자로부터 이를 납부받는 순간 아무런 법률상의 원인 없이 부당이득한 것이 되고, 구 국세기본법(2006. 12. 30. 법률 제8139호로 개정되기 전의 것) 제51조 제1항, 제52조 등의 규정은 환급청구권이 확정된 국세환급금 및 가산금에 대한 내부적 사무처리절차로서 과세관청의 환급절차를 규정한 것일 뿐 그 규정에 의한 국세환급금(가산금 포함) 결정에 의하여 비로소 환급청구권이 확정되는 것이 아니므로, 국세환급결정이나 이 결정을 구하는 신청에 대한 환급거부결정 등은 납세의무자가 갖는 환급청구권의 존부나 범위에 구체적이고 직접적인 영향을 미치는 처분이 아니어서 항고소송의 대상이 되는 처분으로 볼 수 없다.

[3] 구 소득세법(2001. 12. 31. 법률 제6557호로 개정되기 전의 것) 제16조 제1항, 제3항, 구 소득세법(2006. 12. 30. 법률 제8144호로 개정되기 전의 것)

제16조 제1항, 소득세법 시행령 제26조 제2항의 각 문언 내용과 입법 취지 및 개정 경과, 특히 구 소득세법(2006. 12. 30. 법률 제8144호로 개정되기 전의 것) 제16조 제1항 규정에 제13호를 신설한 취지는 그 제1호 내지 제12호에 의하여 과세대상으로 열거된 이자소득의 범위에 포함되지 않더라도 그와 유사한 소득으로서 금전의 사용에 따른 대가의 성격이 있다면 이를 이자소득세의 과세대상에 포함시킴으로써 과세대상 소득에 관한 종래의 열거주의 방식이 갖는 단점을 일정한 정도 보완하여 공평과세의 원칙을 실현하고자 하는 데 있는 점 등을 종합적으로 살펴보면, 구 소득세법(2006. 12. 30. 법률 제8144호로 개정되기 전의 것) 제16조 제1항 규정이 시행된 2002. 1. 1. 이후에는 그 제1호 내지 제12호에서 열거하고 있는 소득에 해당하지 아니하는 소득이라 하더라도 그와 성격이 유사하고 담세력도 대등하다고 볼 수 있으면 제13호에 의하여 이자소득세를 과세할 수 있다고 해석함이 상당하다.

[4] 직장공제회초과반환금 중 회원의 퇴직·탈퇴 전에 지급되는 목돈급여와 종합복지급여의 부가금은 구 소득세법(2006. 12. 30. 법률 제8144호로 개정되기 전의 것) 제16조 제1항 제3호에서 정한 '예금의 이자'와 성격이 유사하고 담세력도 대등하다고 볼 수 있으므로, 같은 항 규정에 제13호가 신설된 이후에는 이자소득세의 과세대상이 된다고 한 사례.

2009. 12. 10. 선고 2009두14231 판결 〔명예전역거부처분취소〕 (공2010, 148)

[1] 각 군 참모총장이 '군인 명예전역수당 지급대상자 결정절차'에서 국방부장관에게 수당지급대상자를 추천하거나 신청자 중 일부를 추천하지 않는 행위가 항고소송의 대상이 되는 처분인지 여부(소극)

[2] 국방부장관이 군인 명예전역수당 지급대상자로 결정하거나 배제하는 행위가 재량행위에 해당하는지 여부(적극)

[3] 각 군 참모총장의 군인 명예전역수당 지급대상자 추천거부행위에 실체상·절차상의 위법사유가 존재하는 경우, 그 위법사유를 이유로 국방부장관의 거부처분의 취소를 구할 수 있는지 여부(적극)

[1] 군인사법 제53조의2 제6항의 위임을 받은 군인 명예전역수당지급 규정 제6조 제1항, 제3항의 각 규정에 의하면, 각 군 참모총장은 군인 명예전역수당 지급신청을 받아 이를 심사하고 수당지급대상자를 선정하여 국방부장관에게 추천하며, 국방부장관은 각 군 참모총장으로부터 수당지급대상자의 추천을 받아 수당지급대상자를 최종적으로 심사·결정하도록 규정되어 있다. 이 규정에 따라 각 군 참모총장이 수당지급대상자 결정절차에 대하여 수당지급대상자를 추천하거나 신청자 중 일부를 추천하지 아니하는 행위는 행정기관 상호간의 내부적인 의사결정과정의 하나일 뿐 그 자체만으로는 직접적으로 국민의 권리·의무가 설정, 변경, 박탈되거나 그 범위가 확정되는 등 기존의

권리상태에 어떤 변동을 가져오는 것이 아니므로 이를 항고소송의 대상이 되는 처분이라고 할 수는 없다.

[2] 군인사법 제53조의2 제1항, 군인 명예전역수당지급 규정 제2조 제1항, 제2항, 제6조 제2항, 제3항의 각 규정과 명예전역수당 지급업무 처리지침 제1항, 제7항의 각 규정 내용 등을 종합하여 보면, 국방부장관이 수당지급대상자로 결정하거나 배제하는 행위는 20년 이상 근속한 군인들 중 정년 전에 자진하여 전역하는 사람의 신청을 받아 심사한 후 그 지급대상자 및 지급액 등을 결정할 수 있는 재량행위에 해당한다고 보아야 한다.

[3] 군인사법 등 관련 법령이 각 군 참모총장의 추천에 따라 국방부장관이 최종적으로 군인 명예전역수당 지급대상자를 결정하도록 규정하고 있는 이상 해군참모총장의 추천거부행위에 실체상·절차상의 위법사유가 존재하는 경우 그 위법사유를 이유로 국방부장관의 거부처분의 취소를 구할 수 있다.

2009. 10. 29. 선고 2008두12092 판결 〔해직처분무효확인청구각하결정취소〕 (공2009, 2021)

[1] 구 고등교육법 제15조 제2항과 제17조의 의미를 대학에 강의만을 전담하는 이른바 '강의전담교원'을 둘 수 없다는 뜻으로 해석할 수 있는지 여부(소극)

[2] 학교법인이 교원에게 계약기간의 만료로 교원의 신분이 상실되었음을 통보한 행위가 재임용거부처분에 해당하여 교원지위향상을 위한 특별법 제9조 제1항에 정한 소청심사청구의 대상이 된다고 한 사례

[1] 헌법 제31조 제4항, 제6항, 구 고등교육법(2007. 10. 17. 법률 제8638호로 개정되기 전의 것) 제14조 제2항, 제15조 제2항, 제17조, 사립학교법 제53조의2 제3항 규정의 내용과 체계를 헌법이 천명하고 있는 대학의 자율성 보장 및 교원지위법정주의 원칙에 비추어 살펴보면, 구 고등교육법 제15조 제2항 및 제17조의 의미는 그 문언대로 대학은 이른바 전임교원으로서 학생을 교육·지도하고 학문을 연구하는 교원 외에 학문연구만을 전담하는 교원을 둘 수 있고 또한 비전임교원으로서 겸임교원 등을 둘 수 있다는 것에 불과할 뿐 대학에 강의만을 전담하는 이른바 '강의전담교원'을 둘 수 없다는 의미는 아니라고 해석함이 상당하다.

[2] 학교법인이 교원에게 계약기간의 만료로 교원의 신분이 상실되었음을 통보한 사안에서, 학교법인과 교원 사이에 계약 내용에 관한 의사의 불일치로 재임용계약의 체결이 무산되었다고 하더라도 교원이 재임용을 원하고 있었던 이상 재임용계약의 무산은 결과적으로 재임용거부행위로 볼 여지가 있는 점 등에 비추어, 위 통보행위가 재임용거부처분에 해당하여 교원지위향상을 위한 특별법 제9조 제1항에 정한 소청심사청구의 대상이 된다고 한 사례.

2010. 1. 28. 선고 2008두1504 판결 〔수용재결취소등〕 (공2010, 430)

토지소유자 등이 수용재결에 불복하여 이의신청을 거친 후 취소소송을 제기하는 경우 피고적격(=수용재결을 한 토지수용위원회) 및 소송대상(=수용재결)

공익사업을 위한 토지 등의 취득 및 보상에 관한 법률 제85조 제1항 전문의 문언 내용과 같은 법 제83조, 제85조가 중앙토지수용위원회에 대한 이의신청을 임의적 절차로 규정하고 있는 점, 행정소송법 제19조 단서가 행정심판에 대한 재결은 재결 자체에 고유한 위법이 있음을 이유로 하는 경우에 한하여 취소소송의 대상으로 삼을 수 있도록 규정하고 있는 점 등을 종합하여 보면, 수용재결에 불복하여 취소소송을 제기하는 때에는 이의신청을 거친 경우에도 수용재결을 한 중앙토지수용위원회 또는 지방토지수용위원회를 피고로 하여 수용재결의 취소를 구하여야 하고, 다만 이의신청에 대한 재결 자체에 고유한 위법이 있음을 이유로 하는 경우에는 그 이의재결을 한 중앙토지수용위원회를 피고로 하여 이의재결의 취소를 구할 수 있다고 보아야 한다.

2009. 10. 29. 선고 2008두12092 판결 〔해직처분무효확인청구각하결정취소〕 (공2009, 2021)

[1] 구 고등교육법 제15조 제2항과 제17조의 의미를 대학에 강의만을 전담하는 이른바 '강의전담교원'을 둘 수 없다는 뜻으로 해석할 수 있는지 여부(소극)

[2] 학교법인이 교원에게 계약기간의 만료로 교원의 신분이 상실되었음을 통보한 행위가 재임용거부처분에 해당하여 교원지위향상을 위한 특별법 제9조 제1항에 정한 소청심사청구의 대상이 된다고 한 사례

[1] 헌법 제31조 제4항, 제6항, 구 고등교육법(2007. 10. 17. 법률 제8638호로 개정되기 전의 것) 제14조 제2항, 제15조 제2항, 제17조, 사립학교법 제53조의2 제3항 규정의 내용과 체계를 헌법이 천명하고 있는 대학의 자율성 보장 및 교원지위법정주의 원칙에 비추어 살펴보면, 구 고등교육법 제15조 제2항 및 제17조의 의미는 그 문언대로 대학은 이른바 전임교원으로서 학생을 교육·지도하고 학문을 연구하는 교원 외에 학문연구만을 전담하는 교원을 둘 수 있고 또한 비전임교원으로서 겸임교원 등을 둘 수 있다는 것에 불과할 뿐 대학에 강의만을 전담하는 이른바 '강의전담교원'을 둘 수 없다는 의미는 아니라고 해석함이 상당하다.

[2] 학교법인이 교원에게 계약기간의 만료로 교원의 신분이 상실되었음을 통보한 사안에서, 학교법인과 교원 사이에 계약 내용에 관한 의사의 불일치로 재임용계약의 체결이 무산되었다고 하더라도 교원이 재임용을 원하고 있었던 이상 재임용계약의 무산은 결과적으로 재임용거부행위로 볼 여지가 있는 점 등에 비추어, 위 통보행위가 재임용거부처분에 해당하여 교원지위향상

을 위한 특별법 제9조 제1항에 정한 소청심사청구의 대상이 된다고 한 사례.

2009. 7. 9. 선고 2007두1781 판결 〔법인세경정거부처분취소〕 (공2009, 1337)

관할세무서장이 납세의무자의 결손금액증액경정청구의 전부나 일부를 거부한 경우, 납세의무자가 그 거부처분의 취소를 구하는 항고소송을 제기할 수 있는지 여부(적극)

구 국세기본법(2005. 7. 13. 법률 제7582호로 개정되기 전의 것) 제45조의2 제1항 제2호, 제3항의 규정에 의하면, 납세자가 법정신고기한 내에 과세표준신고서를 제출하였으나 그 과세표준신고서에 기재된 결손금액이 세법에 의하여 신고하여야 할 결손금액에 미달하는 때에는 관할세무서장에게 결손금액의 증액을 내용으로 하는 경정청구를 할 수 있고, 이 경우 경정청구를 받은 세무서장은 그 청구를 받은 날부터 2월 이내에 결손금액을 경정하거나 경정하여야 할 이유가 없다는 뜻을 그 청구를 한 자에게 통지하여야 할 의무가 있다. 그러므로 만약 세무서장이 납세자의 결손금액증액경정청구에 대하여 그 전부나 일부를 거부한 경우에는 납세자로서는 그 거부처분의 취소를 구하는 항고소송을 제기할 수 있다.

2009. 9. 10. 선고 2007두20638 판결 〔토지매수신청거부처분취소〕 (공2009, 1658)

[1] 국민의 적극적 신청행위에 대한 행정청의 거부행위가 항고소송의 대상이 되는 행정처분에 해당하기 위한 요건

[2] 국민이 어떤 신청을 한 경우 그에 대한 행정청의 거부행위가 항고소송의 대상이 되는 처분인지 여부를 판단할 때 신청권의 존재 여부를 넘어서 구체적으로 그 신청의 인용 여부까지 판단하여야 하는지 여부(소극)

[3] 금강수계 중 상수원 수질보전을 위하여 필요한 지역의 토지 등의 소유자가 국가에 그 토지 등을 매도하기 위하여 매수신청을 하였으나 유역환경청장이 이를 거절한 사안에서, 그 매수 거부행위가 항고소송의 대상이 되는 행정처분에 해당한다고 한 사례

[1] 국민의 적극적 신청행위에 대하여 행정청이 그 신청에 따른 행위를 하지 않겠다고 거부한 행위가 항고소송의 대상이 되는 행정처분에 해당하는 것이라고 하려면, 그 신청한 행위가 공권력의 행사 또는 이에 준하는 행정작용이어야 하고, 그 거부행위가 신청인의 법률관계에 어떤 변동을 일으키는 것이어야 하며, 그 국민에게 그 행위발동을 요구할 법규상 또는 조리상의 신청권이 있어야 한다.

[2] 거부처분의 처분성을 인정하기 위한 전제요건이 되는 신청권의 존부는 구체적 사건에서 신청인이 누구인가를 고려하지 않고 관계 법규의 해석에 의

하여 일반 국민에게 그러한 신청권을 인정하고 있는가를 살펴 추상적으로 결정되는 것이고, 신청인이 그 신청에 따른 단순한 응답을 받을 권리를 넘어서 신청의 인용이라는 만족적 결과를 얻을 권리를 의미하는 것은 아니므로, 국민이 어떤 신청을 한 경우에 그 신청의 근거가 된 조항의 해석상 행정발동에 대한 개인의 신청권을 인정하고 있다고 보이면 그 거부행위는 항고소송의 대상이 되는 처분으로 보아야 하고, 구체적으로 그 신청이 인용될 수 있는가 하는 점은 본안에서 판단하여야 할 사항이다.

[3] 금강수계 중 상수원 수질보전을 위하여 필요한 지역의 토지 등의 소유자가 국가에 그 토지 등을 매도하기 위하여 매수신청을 하였으나 유역환경청장 등이 매수거절의 결정을 한 사안에서, 구 금강수계 물관리 및 주민지원 등에 관한 법률(2007. 12. 27. 법률 제8806호로 개정되기 전의 것, 이하 '법'이라 한다) 제8조 제1항, 제2항, 구 법 시행령(2008. 12. 24. 대통령령 제21187호로 개정되기 전의 것) 제9조 제1항 내지 제3항은, 금강수계 중 상수원 수질보전을 위하여 필요한 지역의 토지 등을 국가에 매도하고자 하는 자는 유역환경청장 등에게 일정한 서류를 제출하여 매수신청을 하고 유역환경청장 등은 매수우선순위에 따라 그 매수 여부를 결정하여 토지 등의 소유자에게 이를 통보하여야 하며, 그 매수가격은 공익사업을 위한 토지 등의 취득 및 보상에 관한 법률의 예에 의하여 산정하여야 한다고 규정하고 있는바, 거부처분에 관한 법리와 위와 같은 관계규정의 내용 및 법 제8조의 토지 등의 매수제도는 환경침해적인 토지이용을 예방하여 상수원의 수질개선을 도모함과 아울러 상수원지역의 토지이용규제로 인한 토지 등의 소유자의 재산권 침해에 대해 보상하려는 것을 목적으로 하는 것으로서 손실보상을 대체하는 성격도 있는 점, 위 규정에 따른 매수신청에 대하여 유역환경청장 등이 매수거절의 결정을 할 경우 토지 등의 소유자로서는 재산권에 대한 제한을 피할 수 없게 되는데, 위 매수거절을 항고소송의 대상이 되는 행정처분으로 보지 않는다면 달리 이에 대하여는 다툴 방법이 없게 되는 점 등에 비추어 보면, 유역환경청장 등의 매수 거부행위는 공권력의 행사 또는 이에 준하는 행정작용으로서 항고소송의 대상이 되는 행정처분에 해당한다고 판단한 사례.

Ⅲ. 재 결

2010. 1. 28. 선고 2008두19987 판결 〔개별공시지가결정처분취소〕 (공2010, 431)
개별공시지가에 대하여 이의가 있는 자가 행정심판을 거쳐 행정소송을 제기하는 경우 제소기간의 기산점

부동산 가격공시 및 감정평가에 관한 법률 제12조, 행정소송법 제20조 제1항, 행정심판법 제3조 제1항의 규정 내용 및 취지와 아울러 부동산 가격공시 및 감정평가에 관한 법률에 행정심판의 제기를 배제하는 명시적인 규정이 없고 부동산 가격공시 및 감정평가에 관한 법률에 따른 이의신청과 행정심판은 그 절차 및 담당 기관에 차이가 있는 점을 종합하면, 부동산 가격공시 및 감정평가에 관한 법률이 이의신청에 관하여 규정하고 있다고 하여 이를 행정심판법 제3조 제1항에서 행정심판의 제기를 배제하는 '다른 법률에 특별한 규정이 있는 경우'에 해당한다고 볼 수 없으므로, 개별공시지가에 대하여 이의가 있는 자는 곧바로 행정소송을 제기하거나 부동산 가격공시 및 감정평가에 관한 법률에 따른 이의신청과 행정심판법에 따른 행정심판청구 중 어느 하나만을 거쳐 행정소송을 제기할 수 있을 뿐 아니라, 이의신청을 하여 그 결과 통지를 받은 후 다시 행정심판을 거쳐 행정소송을 제기할 수도 있다고 보아야 하고, 이 경우 행정소송의 제소기간은 그 행정심판 재결서 정본을 송달받은 날부터 기산한다.

2010. 1. 28. 선고 2008두1504 판결 〔수용재결취소등〕 (공2010, 430)

토지소유자 등이 수용재결에 불복하여 이의신청을 거친 후 취소소송을 제기하는 경우 피고적격(=수용재결을 한 토지수용위원회) 및 소송대상(=수용재결)

공익사업을 위한 토지 등의 취득 및 보상에 관한 법률 제85조 제1항 전문의 문언 내용과 같은 법 제83조, 제85조가 중앙토지수용위원회에 대한 이의신청을 임의적 절차로 규정하고 있는 점, 행정소송법 제19조 단서가 행정심판에 대한 재결은 재결 자체에 고유한 위법이 있음을 이유로 하는 경우에 한하여 취소소송의 대상으로 삼을 수 있도록 규정하고 있는 점 등을 종합하여 보면, 수용재결에 불복하여 취소소송을 제기하는 때에는 이의신청을 거친 경우에도 수용재결을 한 중앙토지수용위원회 또는 지방토지수용위원회를 피고로 하여 수용재결의 취소를 구하여야 하고, 다만 이의신청에 대한 재결 자체에 고유한 위법이 있음을 이유로 하는 경우에는 그 이의재결을 한 중앙토지수용위원회를 피고로 하여 이의재결의 취소를 구할 수 있다고 보아야 한다.

제2장 원고적격론

제1절 원고적격이론[1)]

Ⅰ. 서 설

행정소송 특히 취소소송에 있어서 원고적격이란 구체적인 사건에 있어서 원고가 될 수 있는 자격을 말한다. 우리나라 행정소송법 제12조는 [원고적격]이라고 하는 제하에서 전문에, "취소소송은 처분등의 취소를 구할 법률상 이익이 있는 자가 제기할 수 있다."라고 규정하고 있다. 그런데 이 행정소송법 제12조상의 "법률상 이익"이라는 용어 자체는 그 내용이 일의적으로 정하여질 수 없는 일종의 전형적인 불확정개념이라고 할 수 있다.

따라서 행정소송의 원고적격에 관한 학설은 바로 이 행정소송법 제12조에 규정된 불확정개념인 "법률상 이익"의 해석의 문제라고 할 수 있다. 이러한 "법률상 이익"의 해석에 관한 학설로는, 주지하는 바와 같이, 종래부터 권리구제설, 법률상 보호이익구제설, 보호가치이익구제설 및 적법성보장설 등 4가지의 학설들이 잘 알려져 왔다. 이와 같은 제 학설들의 주된 내용의 차이는 원고적격의 인정 범위의 광·협이라고 할 수 있다.

행정소송도 헌법상 국민의 권리인 재판청구권을 실현하기 위한 하나의 소송제도라는 점에는 이론의 여지가 있을 수 없고 따라서 행정소송에서의 원고적격론도 헌법상의 재판청구권의 실질적인 보장과 관련성을 갖는다고 할 수 있다. 특히 공·사법의 구별이 전제되는 우리나라에 있어서는 행정소송에서의 원고적격은 국민의 헌법권인 재판청구권의 실현이라는 측면에서 고려되어야 함은 당연한 것이다. 따라서 행정소송에서의 원고적격이 인정된다는 것은 실제로 개인이 자신의 권익을 위하여 공익을 담당하는 행정을 상대로 소를 제기하여 자신의 권익을 구제받을 수 있는 자격이 있다는 것을 의미하는 것이 된다. 즉 원고적격은 행정소송을 이용할 수 있는 결정적인 관문이 된다. 이런 점에서 우리나

---

1) 이에 관한 상세한 내용 및 주석은, 최선웅, 행정소송에서의 원고적격 - 기존 4개 학설의 의의를 중심으로 ─ , 행정법연구, 제22호, 2008, 31-53면 참조 .

라 행정소송에 있어서의 원고적격에 관한 제 학설들이 원고적격의 인정 범위의 광·협에 집중되어 있는 것은 극히 당연하고도 실제적인 것이라고 할 수 있다.

또한 행정소송의 원고적격은 대상적격과 더불어 행정소송에서의 중요한 소송요건의 하나로서 행정소송절차 내의 문제라는 성격을 갖는다. 이 점에서 우선적으로 행정소송의 원고적격은 기본적으로 공·사익의 조정절차라고 하는 행정소송의 본질에 비추어 검토되어야 한다. 그뿐만 아니라 행정소송에서의 원고적격에 관한 논의는 개인의 권익구제 내지는 행정에 대한 적법성통제라고 하는 행정소송의 목적 내지 기능뿐만 아니라, 변론주의인가 직권탐지주의인가 아니면 양자의 절충인가 라고 하는 행정소송의 심리원칙 등 행정소송제도 자체 차원과도 당연히 밀접한 관련성을 갖는다고 할 수 있다.

요컨대 행정소송에서의 원고적격에 관한 제 학설은 각 학설의 당부만을 논할 것이 아니라 헌법상의 재판청구권의 실현, 행정소송의 본질, 목적 내지는 기능 및 행정소송의 심리원칙과 밀접한 관련성하에서 포괄적이고도 체계적으로 검토되어야 한다.

Ⅱ. 고려할 제 요소

1. 개 요

행정소송의 원고적격론은, 행정소송이 헌법상 권리 즉 헌법권인 재판청구권의 일환으로 인정된 소송제도라는 측면에서 본다면, 당연히 헌법상의 재판청구권의 실현이라는 측면에서 고찰되어야 함은 물론이다. 또한 행정소송의 원고적격은 행정소송절차 내의 문제라는 점에서는 당연히 행정소송의 본질이나 행정소송의 심리원칙이 어떠한가와도 밀접한 관련성을 갖는다고 할 수 있다.

2. 재판청구권

(1) 재판청구권의 실질적 보장

행정소송에서는 국민이 원고가 되어 행정청을 상대로 소를 제기한다는 점 즉 국민이 행정소송을 이용한다는 점에서 이는 궁극적으로 헌법 제27조에 규정된 국민의 헌법상의 권리 즉 헌법권인 재판청구권의 행사의 일환으로서의 성격을 갖는다.[2] 재판청구권이 헌법상 명문으로 보장되고 있다고 하더라도 국민이 국가의 공권력을 상대로 실질적으로 다툴 수 있는 수단이 봉쇄된다고 한다면 이는 헌법권인 재판청구권을 유명무실화하는 것이 된다.

이런 점에서 행정소송에서의 원고적격을 부당하게 좁히는 것은 국민의 헌법권인 재판청구권을 침해한다는 점에서 위헌문제를 발생시킨다.

(2) 공권 2요소설의 문제점

공권의 성립에 있어서 이러한 국민의 사적인 이익의 실현을 위한 행정의 공적의무를 관철시킬 수 있는 현실적인 수단 즉 재판청구권을 실질적으로 보장하기 위해서는 예컨대 행정소송에 있어서 의무이행소송 등 소의 종류의 완비도 당연히 재판청구권의 실질적 보장의 핵심적인 한 내용으로 보아야 한다.

이러한 점에서 우리나라에서 공권 2요소설이 독일과 마찬가지로 통설화되어 있는 것은 의문이다. 독일에서는 출소의 길이 헌법뿐만 아니라 행정소송법이라고 하는 법률차원에서 거의 완벽하게 해결되었고 그래서 공권의 제3요소가 더 이상 논의되지 않는다고 해서 그에 따라서 우리의 문제가 자동적으로 해결되는 것은 아니다.

(3) 우리나라 헌법 제27조상의 재판청구권

우리나라 행정소송은 본래 독일식의 "포괄적인 권리구제"마저도 포괄하는 즉 "'권리'침해를 요건으로 하지 아니하는" "포괄적인 재판"을 보장하고 있는 국민의 헌법상의 권리인 헌법권으로서의 헌법 제27조의 재판청구권에 입각해 있다. 따라서 우리나라 헌법상의 권리인 재판청구권 규정인 헌법 제27조를 독일 헌법 제19조 제4항과 같이 권리침해로 좁혀서 해석하지 않으면 안 될 무슨 논리필연적 내지는 선험적인 이유가 전혀 없다.

따라서 우리나라의 행정소송이 아무런 이유 없이 무슨 독일식의 주관소송국가의 전형이라고 하는 공격을 받을 하등의 이유가 전혀 없다. 우리나라 행정소송은 객관소송과 주관소송을 다 포함할 수 있는 절충형적인 입법을 하고 있다고 할 수 있다. 특히 이는 우리나라 행정소송법 제1조상의 목적에서 뚜렷하게 규정되어 있다.

---

2) 이는 특히 원·피고의 대등당사자주의라고 하는 민사소송과 달리, 국민과 행정청 간, 즉 국민이 행정청 궁극적으로는 국가를 상대로 하여 소를 제기하게 된다는 점에서 국민과 행정청 간의 실질적인 불평등을 시정하여야 할 헌법상의 당위가 생겨나게 된다.

3. 행정소송의 본질

공·사익의 조정절차라고 하는 행정소송의 성격상 행정소송에서의 원고적격의 인정 범위는 사익 간의 분쟁을 조정하는 민사소송과 달리 정해지는 것은 당연한 것이다. 즉 원고적격의 인정 내지는 그 방법이 민사소송과 다르다는 것은 오히려 행정소송의 본질에 적합한 것이라고 할 수 있다. 따라서 예컨대 새만금사건[3]에서 보듯이, 환경영향평가 대상지역 외의 주민에게 자신의 환경상 이익에 대한 침해 또는 침해우려가 있다는 것에 대한 증명책임을 부담시키는 것은 공·사익의 조정이라는 우리나라 행정소송의 본질에 합당한 것이다.

4. 행정소송의 목적 내지는 기능 – 이른바 객관소송설의 문제

최근 주지하는 바와 같이, 특히 대법원이 주도하는 행정소송법 개정과 발맞추어서, 우리나라 행정소송 특히 항고소송의 성격이 객관적 성격을 갖는다고 하는 일련의 주장이 등장하고 있어 왔다. 그러나 우리나라의 행정소송의 성격은 주관적 성격과 객관적 성격을 절충하고 있다는 것이 다수설적인 견해이다.

우리나라의 행정소송의 목적 내지는 기능을 국민의 권익구제라는 측면보다는 행정에 대한 적법성보장이라고 하는 측면에 입각한 객관소송설은 바로 국민의 재판청구권의 실현이라고 하는 차원과는 직접적인 관련성을 갖지 못한다는 점에서 문제라고 할 수 있다. 법원은 국민의 헌법권인 재판청구권의 보장을 목적으로 하는 경우에만 그 존재가치가 있을 뿐만 아니라, 재판청구권의 주체는 어디까지나 국민이지 재판하는 법원이 아니다.

요컨대 행정소송의 성격이 객관소송 혹은 주관소송 그 어느 하나 특히 객관소송이라고 단정할 필요는 전혀 없을 뿐만 아니라 바람직하지도 아니하다.

5. 행정소송의 심리원칙

행정소송에서의 원고적격은 행정소송에서의 심리원칙과도 밀접한 관련을 맺는다고 할 수 있다. 즉 우리나라 행정소송의 심리원칙이 변론주의인가 직권탐지주의인가 아니면 양자의 절충인가가 행정소송의 원고적격에도 영향을 미친다.

예컨대 새만금사건[4]에서 보듯이, 환경영향평가 대상지역 밖의 주민이라 할

---

3) 대법원 2006. 3. 16. 선고 2006두330 전원합의체 판결 【정부조치계획취소등】 (공2006상, 634).
4) 대법원 2006. 3. 16. 선고 2006두330 전원합의체 판결 【정부조치계획취소등】 (공2006상, 634).

지라도 공유수면매립면허처분 등으로 인하여 그 처분 전과 비교하여 수인한도를 넘는 환경피해를 받거나 받을 우려가 있는 경우에는, 공유수면매립면허처분 등으로 인하여 환경상 이익에 대한 침해 또는 침해우려가 있다는 것을 증명함으로써 그 처분 등의 무효확인을 구할 원고적격을 인정받을 수 있다고 판시하고 있는바, 이는 환경영향평가 대상지역 외의 주민에게 자신의 환경상 이익에 대한 침해 또는 침해우려가 있다는 것에 대한 증명책임을 부담시킨다는 것인데, 이는 적어도 변론주의에서나 가능한 것이지 이른바 직권탐지주의에서는 불가능하기 때문이다. 이러한 것은 물론 변론주의와 직권탐지주의가 절충형으로 되어 있는 우리나라 행정소송에서는 당연히 가능한 것이다.

Ⅲ. 기존 학설의 내용 및 평가

1. 종래의 원고적격에 관한 4가지 학설

(1) 권리구제설(권리회복설)

행정소송 특히 취소소송의 목적 내지는 기능이 위법한 처분에 의하여 침해된 실체법상의 권리보호 내지는 개인의 권리회복에 있다고 보아, 권리가 침해된 자만이 취소소송을 제기할 수 있다고 하는 설이다.

이 설에 대하여는 일반적으로 법률상 이익의 범위를 좁게 고정시켜 원고적격을 인정하는 범위가 좁게 되어 권리구제의 폭을 좁힐 가능성이 있게 된다는 비판이 행해진다. 즉 엄격한 의미의 권리가 침해된 자만 항고소송을 제기할 수 있고, 법적으로 보호된 이익을 침해받은 자는 항고소송을 제기할 원고적격이 없다는 것은 재판을 받을 권리가 일반적으로 인정된 오늘날에는 타당하지 않다고 한다. 또한 종래 전통적인 의미의 반사적 이익과의 준별을 전제로 한 주관적 공권의 개념이 오늘날의 변화된 행정환경에서는 더 이상 타당할 수 없다고 한다.

(2) 법률상 보호이익구제설(법적 이익구제설)

현행 항고소송의 주된 기능을 권익구제제도로 보고 주관소송으로 규정하고 있고 현행 행정소송법상의 "법률상 이익"은 실체법에 의해 보호되는 이익으로 보는 것이 타당하다고 한다. 즉 취소소송의 목적·기능을 법이 직접 사인에게 보장한 법적 권리는 물론 행정법규가 사인의 개인적 법인을 보호함을 목적으로 하여 행정권의 행사에 제약을 과함으로써 보장되고 있는 이익도 구제한다고 한다. 요컨대 행정청의 위법한 처분에 의하여 침해되고 있는 이익이 법에 의하여 보호되고 있는 경우 당해 처분의 취소를 구할 원고적격이 인정된다고 한다.

법률상 보호이익구제설은 행정소송법 제12조의 문언에 가장 합치된다고 한다. 또한 실체법의 해석을 통하여 보호규범의 소재를 명확히 하는 것은 법관의 임무에 당연히 포함되는 것이므로 법적 보호이익설에 서면서 관계법의 탄력적 또는 목적론적 해석에 의하여 원고적격의 범위를 점진적으로 확대하여 가는 것이 바람직하다고 한다.

(3) 보호가치이익구제설(소송상 보호가치 있는 이익구제설)

보호가치이익구제설은 취소소송의 목적·기능을 개개의 실정법규가 어떠한 이익을 보호하고 있는가라기보다는 행정청의 행위에 의하여 침해되는 이익이 법질서 전체의 관점에서 사법적으로 보호할 가치가 있는 이익인가의 여부를 판단한다. 따라서 원고적격의 문제는 실체법상의 문제가 아니라 소송법상의 문제이고, 그 판단 기준은 법률이 아니라 원고 개인이라고 한다. 따라서 행정소송상의 '법률상의 이익'은 법률에 의하여 보호되는 실체법상의 이익이 아니라, 사법적으로 보호할 가치가 있는 이익, 재판상 보호할 가치가 있는 이익 또는 소송법상의 이익으로 해석한다는 것이다.

보호가치이익구제설은 침해된 이익의 실질적 성질에 비추어 원고적격을 인정하려는 것이라는 점에서 국민의 권리구제의 면에서는 바람직하다고 한다. 문제는 보호가치이익의 관념이 지극히 추상적이기 때문에 그 판단에 관한 객관적 기준이 명백하지 못하고 법원의 자의적인 해석의 우려가 있다고 한다. 또한 기본적으로 우리나라가 실체법과 쟁송법을 구별하는 법체계를 가지고 있는 이상 실체법이 보호하지 않는 이익을 쟁송법으로 보호할 수 없다는 비판이 있다.

(4) 적법성보장설

적법성보장설은 행정소송 특히 취소소송의 목적을 행정의 적법성 보장이라고 하는 객관적 소송으로 으로 파악한다. 이와 같은 객관적 소송의 논리적 귀결로서 누구든지 항고소송을 제기할 수 있도록 하여야 하지만 이렇게 되면 민중소송이 되고 소송이 폭주하여 법원의 재판부담이 과도하게 되므로 당해 처분에 대한 소송추행에 있어 가장 적합한 이해관계를 가지는 자에게 원고적격을 인정하여야 한다고 한다.

적법성보장설에 대하여는, 우리나라 취소소송이 주관적 소송이라는 점에서 볼 때 취소소송의 주된 기능이 적법성 보장에 있다고 하는 것은 타당하지 아니하다는 비판이 따른다. 또한 적법성보장설은 원고의 이익의 성질과는 일응 무관하게 원고적격이 인정된다는 점에서 볼 때, 취소소송이 민중소송화할 우려가 있고, 권리구제의 폭이 지나치게 넓어지게 되어 법원의 업무가 과중하게 된다는 비판이 따른다고 한다. 그런데 적법성보장설을 주장하는 경우에는, 위 주장 내용에서 보듯이, 원고적격을 제한하는 것이 일반적이다.

2. 종합적 평가

이상에서 고찰한 바와 같은 4가지 학설이 현재 실제로 모두 주장되고 있는 것은 아니다. 이는 현행 행정소송법 규정상 권리가 포함되는 것은 당연하므로 적어도 권리구제설은 원고적격의 인정에 있어서 최소한을 의미한다는 점에서 특별한 의미가 없고, 또한 현행 행정소송 중 취소소송이 주관적 쟁송의 성격을 갖는다는 점에서 법률상 이익을 적법성보장설과 같이 해석할 수 없기 때문에 적법성보장설만을 주장하는 견해는 없다.

그리하여 현재 현행 행정소송법상 "법률상 이익"의 개념과 관련하여서는 법률상 보호이익구제설과 보호가치이익구제설만이 대립하고 있다고 할 수 있다. 양 설의 근거는 기본적으로 행정소송의 기능과 밀접한 관련성을 갖는다고 할 수 있고, 양 설의 차이는 "법률상" 이라는 한정이 수식하는 이익인가 여부의 문제라고 할 수 있다.

오늘날 국민생활의 행정의존성이 증대되고 있는 상황에서 취소소송의 보호범위를 확대하는 것이 법치행정의 원리상으로는 바람직하므로 "법률상"의 의미는 실체법적 의미가 아니라 보호할 가치 있는 쟁송법적 의미로 해석하는 것이 타당하다고 하여 드물게 정면으로 보호가치익구제설을 취하는 경우도 있다. 그럼에도 오늘날 국민생활의 행정의존성이 현저히 증대되고 있는 상황하에서 취소소송의 보호범위를 확대해야 한다는 것은 불가피한 당위라 할지라도, 역시 우리나라 행정소송법의 문언상 "법률상" 이익이 요구되고 있고 취소소송의 주된 기능을 권익구제로 보고 있다는 점에서 취소소송을 주관소송으로 규정하고 있다고 하는 것이 일반적이다. 이런 점에서 입법론으로는 보호가치이익구제설이 타당할지라도 현행 행정소송법의 해석론으로는 법률상 보호이익구제설이 타당하다고 하다고 한다.

한편 오늘날의 국민의 권리구제의 요청에 부응하기 위하여 법률상 이익의 개념을 완화·확대하여 실생활상의 이익을 포함시키도록 노력함으로써 점차 보호가치이익구제설의 입장을 받아들이는 방향으로 나아가야 한다고 하는 경우도 있다.

어쨌거나 현재 행정소송에서의 원고적격에 관하여는 법률상 보호이익구제설이 압도적인 다수설이라고 할 수 있다.

Ⅳ. 결론적 고찰

1. 용어상의 문제

(1) "법률"과 "법"

전술한 바와 같이, 학설명칭에 있어서 특히 "법률"상 보호이익구제설 또는 "법"적 이익구제설에서 보는 바와 같이 "법률"이라는 용어를 사용하는 경우와 "법"이라는 용어를 사용하는 경우와 같이 조금씩 편차를 보이고는 있다. 이와 같이 학설명칭을 상이하게 사용하고 있을 뿐이고 "법률"과 "법"의 차이를 의식하고 학설내용을 기술하고 있는 것으로 보이지는 않는다.[5)]

(2) "권리"구제와 "권익"구제

행정소송에서의 원고적격뿐만 아니라 특히 우리나라 행정소송의 목적 내지는 기능에 관한 논의에 있어서 용어가 통일되어 있지 못한 점도 문제이다. 예컨대 "권익구제", "권리구제", "권리·이익구제" 등의 용어의 예가 있으나, 이들 표현 중 "권리구제"라고 하는 표현은 다분히 독일식 표현[6)]을 의식한 것이라고 할 수 있다.

---

5) 다만 우리나라 행정소송법 제12조에서의 문언상 "법률상 이익"에서의 "법률"이라고 되어 있다는 점에서 학설명칭에 "법률"이라는 용어를 당연히 사용할 수는 있다. 여기서의 "법률"의 의미는, 전술한 바와 같이, 경우에 따라서 헌법, 민법뿐만 아니라 나아가서 법질서 전체까지고 포함하는 의미도 가질 수 있다는 점에서 "법"의 의미를 당연히 내포한다고 할 수 있다.

6) 독일에서의 "권리구제(Rechtsschutz)"라고 하는 것은, 독일 헌법(GG) 제19조 제4항을 비롯하여 독일 행정소송법(VwGO) 제42조 제2항, 제113조 제1항 제1문, 제5항 제1문 등 실정법상 규정에 의한 일련의 주관적 권리의 구제를 실천하는 과정에서 보듯이, 궁극적으로 독일 헌법상의 권리구제절차보장과도 연결되는 개념이라고 할 수 있다. 이와 같이 독일 행정소송에서는 "권리(Rechte)"가 일반화된 용어라고 할 수 있다.

그러나 우리나라 행정소송법 제1조에서 "국민의 권리 또는 이익의 침해를 구제하고"라는 명문의 규정을 가지고 있을 뿐만 아니라, 행정소송법 제12조상에서도 "권리"가 아닌 "법률상 이익"으로 규정되어 있으므로 굳이 독일식의 "권리구제"라는 용어를 고집할 필요는 없다고 본다. 따라서 "권리구제"를 제외한 "행정구제" 또는 "권익구제(권리·이익구제, 권익은 권리·이익의 준말)"라는 용어 등을 사용하는 것이 바람직하다고 하겠다.[7)]

(3) "권익"의 효용성

특히 "권리 또는 이익"의 준말이 되는 "권익"이라는 용어는, 권리와 법률상 이익의 이동에 관한 논의라든가 법률상 보호이익구제설과 보호가치이익구제설의 대립을 상당부분 완화 내지는 상쇄시킬 수 있다는 점에 그 효용성이 있다고 할 수 있다.

전술한 바와 같이, 원고적격에 관한 독일의 행정소송법과 우리나라의 행정소송법 규정상 뚜렷한 차이는 독일은 "권리"이고 우리나라는 "권리 또는 이익" 즉 "권익"이라는 점이다. 물론, 전술한 바와 같이, 독일도 권리개념을 확장되고 있다는 점에서는 그 실질적인 측면에서 우리나라의 권익 개념과 큰 차이는 없다고 할 수 있다. 이 점에서 권리와 법률상 이익의 이동의 문제는 적어도 우리나라 행정소송에서는 그 실익이 없다고 할 수 있다.

그러나 최근의 현대 사회에 있어서 종래 고려되지 아니하였던 이익 예컨대 환경상의 이익 등이 새롭게 등장하고 이를 고려하여야 한다는 것이 논의되고 있는 점을 중시하지 않을 수는 없을 것이다. 이런 점에서 본다면 이와 같은 새로운 이익을 포함할 수 있는 의미인 우리나라 행정소송법상의 "권익"구제는 행정소송은 물론이고 앞으로의 우리나라 행정법 및 행정법학이 나아가야 할 지향점으로서 상징적인 의미를 가지고 있다고도 할 수 있다.

요컨대 우리나라 행정소송법 규정상 종래의 권리 개념 외에 새로이 그 추가

---

7) 이는 또한 1996. 12. 31. 법률 제5241호로 제정되고 1998. 1. 1.부터 시행된 우리나라 현행 행정절차법 제1조가 [목적]이라는 표제하에서, "이 법은 행정절차에 관한 공통적인 사항을 규정하여 국민의 행정참여를 도모함으로써 행정의 공정성·투명성 및 신뢰성을 확보하고 국민의 권익을 보호함을 목적으로 한다."(밑줄 필자)라고 규정한 행정절차법의 목적규정과, 1984. 12. 15 법률 제3755호 제정시부터 행정심판법은 제1조 [목적]이라고 하는 표제하에서, "이 법은 행정심판절차를 통하여 행정청의 위법 또는 부당한 처분 그 밖에 공권력의 행사·불행사 등으로 인한 국민의 권리 또는 이익의 침해를 구제하고, 아울러 행정의 적정한 운영을 기함을 목적으로 한다."(밑줄 필자)라고 한 행정심판법의 목적규정과 균형을 맞추기 위해서도 바람직하다.

가 고려될 여지가 있는 새로운 이익적인 요소를 포함하여 실정소송법상의 용어인 "권리 또는 이익"을 축약한 개념으로 "권익"이라고 개념을 사용할 수 있다는 점에서 우리나라 행정소송법의 입법태도가 매우 바람직하다고 할 수 있다.

2. 기존 학설들 간의 관계

(1) 권리구제설, 법률상 보호이익구제설, 보호가치이익구제설의 관계

전술한 바와 같이, 우리나라 행정소송법 제12조의 원고적격에 관한 논의에 있어서, 4가지의 각 학설, 즉 권리구제설, 법률상 보호이익구제설, 보호가치이익구제설 및 적법성보장설이 있다. 그런데 "권리" 또는 "법률상 이익"은 우리나라의 행정소송법 제1조상의 "권리 또는 이익"이나 그 준말인 "권익"이라는 개념에 포함될 수 있다. 이러한 점만으로도, 전술한 바와 같이, "권리" 개념과 "법률상 이익" 개념의 이동과 관계없이, 이미 권리구제설과 법률상 보호이익구제설은 하나의 범주에 속할 수 있고 이 점에서 양설은 본질적으로 큰 차이를 보이지 못한다.

다만 여기에 보호가치이익구제설이 포함될 수 있는가가 문제된다. 전술한 바와 같이, 법률상 보호이익구제설과 보호가치이익구제설의 결정적인 차이는 "법률상"의 수식어가 붙는 이익인가 아닌가에 있다. 그런데 법원조직법 제2조 제1항에서 법원의 권한을 법률상 쟁송에 한정하였다는 것은 직접적으로는 주로 대상적격에 해당하는 것이기는 하지만 간접적으로 법원이 원고적격을 인정함에 있어서도 일정 영향을 미친다고 할 수 있다. 또한 전술한 행정소송의 심리원칙에서 보는 바와 같이, 예컨대 환경영향평가 대상지역 외의 주민에게 자신의 환경상 이익에 대한 침해 또는 침해우려가 있다는 것을 증명하여 원고적격을 인정받을 여지도 있다. 이와 같은 것은 예외적인 것만으로 볼 것이 아니라 국민의 헌법권인 재판청구권, 행정소송의 본질, 목적 및 심리원칙에 적합한 것이다.

이와 같은 점등에서 보면, 반드시 양 설이 절대로 그 영역을 침범할 수 없을 정도로 그렇게 결정적으로 구별되는 것은 아니라고 할 수 있다. 다시 한 번 강조하지만, 이와 같은 새로운 이익을 증명책임을 부담하여 원고적격을 인정하는 것은 우리나라 행정소송 있어서는 가능하고 타당하고 바람직한 것이다.

요컨대 개인의 권익구제의 차원에서 본다면 권리구제설, 법률상 보호이익구제설, 보호가치이익구제설은 실제 사례에 있어서는 구별의 실익이 전혀 없는 동일하고 상호 중첩되어 있다는 점에서 그 편차가 유의할 만할 정도로 그리 크다고 할 수 없다.

(2) 적법성보장설의 의의

법원이 행정에 대한 적법성 여부를 심사한다고 하여 적법성 보장의 기회를 가지게 되는 것은 단지 원고의 소제기 후의 문제이다. 이 점에서 적법성보장설은 적법성보장설을 제외한 나머지 3개 학설과 그 차원을 달리한다. 따라서 행정구제인 권익구제와 행정통제인 적법성보장은 차원을 달리하는 원리이므로 결합할 수 있고 결합하는 것이 바람직하다. 특히 우리나라와 같이 절충형적인 행정소송의 경우에는 적법성 보장설을 제외한 나머지 3개 학설은 당연히 적법성보장설과 결합하게 된다.

특히 우리나라에서와 같이 객관소송과 주관소송의 절충형을 취하는 경우에는 이와 같은 개인의 권익구제와 행정의 적법성통제의 결합은 오히려 당연한 것이고 바람직한 것이기도 하다.

3. 기존 학설의 의의

종래부터 한국 행정소송에 있어서 행정소송법 제12조에 규정된 원고적격의 의미에 관하여는 기존의 4가지 학설들이 잘 알려져 왔다. 현재 이 4가지 학설 모두가 실제로 주장되거나 첨예하게 대립하고 있지는 아니하고 있다. 그럼에도 불구하고 이 4가지 학설이 여전히 교과서등 문헌에 소개되어 왔다는 것은 비록 이 4가지 학설이 오늘날 그 독립적인 의미가 퇴색하기는 했지만 종래부터 우리나라 행정소송의 원고적격에 있어서 권리, 이익, 행정구제 내지는 행정통제 등의 개념을 최소한 정서 내지는 설명하는 기능을 담당해 오고 있다고는 할 수 있다.

이와 더불어 최근에는 국민의 행정에 대한 의존도가 증가함과 동시에 국민에 대한 행정의 규제도 증가하고 있는 상황하에서, 특히 환경문제와 관련된 제3자의 원고적격 등 원고적격의 인정 범위를 국민의 권익구제 내지는 행정에 대한 적법성통제의 측면에서 즉 양 측면에서 공히 점차 확대하여 가는 것이 바람직하다는 점에 모든 학자와 판례가 동의하고 있다고 할 수 있다.

이와 같은 점등에서 본다면, 이제 기존의 이 4가지 학설들 모두는 행정소송에 있어서 원고적격의 인정 범위를 확정하기 위하여 필요한 제 요소들로서 예컨대 권리, 이익 또는 이를 포괄하는 개념으로서 권익, 그리고 권익구제와 행정통제라고 하는 행정소송의 기능 등을 정도의 차이를 주어 각각 강조하는 것에 지나지 아니하는 것이지 그 어느 한 요소만을 특정하여 이를 완전히 부정하는 것은 전혀 아니라고 할 수 있다. 즉 당부의 문제가 아니라 정도의 문제이다. 이러한 정도의 문제는, 전술한 바와 같이, 우리나라 국민의 헌법권인 재판청구권, 우리나라 행정소송의 본질, 목적 내지는 기능 및 구조, 심리원칙에 비추어 얼마든지 허용될 뿐만 아니라 바람직한 것이다. 여기에 기존 학설들의 의의가 있다고 할 수 있다.

V. 바람직한 원고적격론

이제는 원고적격에 관한 학설들이 특정 학설명칭 자체를 고집하는 것은 오히려 시대착오적일 뿐만 아니라 각 학설 자체의 당부를 따지는 것 또한 별다른 큰 의미가 있다고 할 수 없다. 이제는 실제 사례에 있어서 개별·구체적으로 어느 정도 어떻게 원고적격을 근거 지워 인정할 수 있는가에 초점을 맞추는 것이 바람직하다고 할 수 있다.

이런 점에서 원고적격은 물론이고 그 원고적격을 인정하는 판단 기준도 불변하는 고정관념일 필요가 전혀 없고 당연히 시대와 상황에 따라서 탄력적으로 변화하는 유동적인 성격을 갖는다고 할 수 있다. 이는 우리나라 행정소송이 탄력적인 점에 합당한 것이다. 다만 구체적 사례에 있어서 원고적격의 인정 여부를 판단하는 경우에는 헌법권인 재판청구권의 실현, 행정소송의 본질과 목적 내지는 구조와 기능, 그리고 행정소송에서의 심리원칙 등을 고려하여 포괄적이고 체계적으로 검토할 필요가 있다고 할 수 있다.

적어도 우리나라 행정소송에 있어서는 전적으로 반드시 논리필연적이고 선험적으로 선재 내지는 상정되지 않으면 안 되거나 모두가 예외 없이 반드시 귀일하지 않으면 안 되고 그 대가로 그 어떠한 희생을 치러야만 하는 유일무이한 관념, 개념 내지는 관점이라고 할 수 있는 것은 절대로 있을 수 없다. 물론 우리나라 행정소송에서의 원고적격도 당연히 그러하다.

토론할 문제

1. 바람직한 원고적격론
2. 원고적격에 관한 기존 학설들의 의의
3. 원고적격에 관한 우리나라의 학설과 독일의 학설의 비교
4. 행정소송법 제12조 규정은 원고적격에 관한 입법적인 해결인가?
5. 적법성보장설은 원고적격에 관한 독립된 학설인가?
6. 원고적격에 관한 이론은 궁극적으로 법원과 국민 중 누구를 위하여 필요한 것인가?

관련판례

2010. 6. 10. 선고 2009두10512 판결 〔여객자동차운송사업계획변경인가처분취소〕 (공2010, 1374)

[1] 수익적 행정처분의 근거가 되는 법률이 해당 업자들 사이의 과다경쟁으로 인한 경영의 불합리를 방지하는 목적도 가지고 있는 경우, 기존업자가 경업자에 대한 면허나 인·허가 등의 수익적 행정처분의 취소를 구할 원고적격이 있는지 여부(적극)

[2] 기존의 시외버스운송사업자인 乙 회사에 다른 시외버스운송사업자 甲 회사에 대한 시외버스운송사업계획변경인가 처분의 취소를 구할 법률상 이익이 있다고 한 사례

[3] 노선버스운송사업계획변경 중 기존노선 및 운행계통의 중간 어느 지점에서 다른 방향으로 연장하는 형태의 '단축연장'의 경우, 구 여객자동차 운수사업법 시행규칙 제31조 제2항 제2호에서 정한 연장거리 제한의 기준이 되는 기존운행계통은 '폐지 또는 단축하기 전의 기존 노선 및 운행계통 총거리'로 보아야 하므로, 행정청이 변경되는 노선의 연장거리가 기존 노선 총 거리의 약 45.2%인 시외버스운송사업계획변경을 인가한 처분은 적법하다고 한 사례

[1] 면허나 인·허가 등의 수익적 행정처분의 근거가 되는 법률이 해당 업자들 사이의 과당경쟁으로 인한 경영의 불합리를 방지하는 것도 그 목적으로 하고 있는 경우, 다른 업자에 대한 면허나 인·허가 등의 수익적 행정처분에 대하여 미리 같은 종류의 면허나 인·허가 등의 처분을 받아 영업을 하고 있는 기존의 업자는 경업자에 대하여 이루어진 면허나 인·허가 등 행정처분의 상대방이 아니라 하더라도 당해 행정처분의 취소를 구할 원고적격이 있다.

[2] 甲 회사의 시외버스운송사업과 乙 회사의 시외버스운송사업이 다 같이 운행계통을 정하여 여객을 운송하는 노선여객자동차 운송사업에 속하고, 甲 회사에 대한 시외버스운송사업계획변경인가 처분으로 기존의 시외버스운송사업자인 乙 회사의 노선 및 운행계통과 甲 회사의 노선 및 운행계통이 일부 같고, 기점 혹은 종점이 같거나 인근에 위치한 乙 회사의 수익감소가 예상되므로, 기존의 시외버스운송사업자인 乙 회사에 위 처분의 취소를 구할 법률상의 이익이 있다고 한 사례.

[3] 노선버스운송사업계획변경 중 기존노선 및 운행계통의 중간 어느 지점에서 다른 방향으로 연장하는 형태의 '단축연장'의 경우, 구 여객자동차 운수사업법 시행규칙(2008. 3. 14. 국토해양부령 제4호로 개정되기 전의 것) 제31조 제2항 제2호에서 정한 연장거리 제한의 기준이 되는 기존운행계통은 '기존 노선 및 운행계통 중 폐지 또는 단축하고 남은 거리'가 아니라 '폐지 또는 단축하기 전의 기존 노선 및 운행계통 총 거리(기존 노선 총 거리)'로 보아야 하므로, 행정청이 변경되는 노선의 연장거리가 기존 노선 총 거리의 약

45.2%로서 위 시행규칙 제31조 제2항 제2호에서 요구하고 있는 기존 운행계통의 50%를 넘지 않는 시외버스운송사업계획변경을 인가한 처분은 적법하다고 한 사례.

2010. 4. 15. 선고 2007두16127 판결 〔공장설립승인처분취소〕 (공2010, 927)

[1] 행정처분으로써 이루어지는 사업으로 환경상 침해를 받으리라고 예상되는 영향권의 범위가 그 처분의 근거 법규 등에 구체적으로 규정되어 있는 경우, 영향권 내의 주민에게 행정처분의 취소 등을 구할 원고적격이 인정되는지 여부(원칙적 적극) 및 영향권 밖의 주민에게 원고적격이 인정되기 위한 요건

[2] 구 산업집적활성화 및 공장설립에 관한 법률 제8조 제4호, 구 국토의 계획 및 이용에 관한 법률 시행령 제56조 제1항 [별표 1] 제1호 (라)목 (2) 등의 규정 취지 및 수돗물을 공급받아 마시거나 이용하는 주민들이 환경상 이익의 침해를 이유로 공장설립승인처분의 취소 등을 구할 원고적격을 인정받기 위한 요건

[3] 김해시장이 낙동강에 합류하는 하천수 주변의 토지에 구 산업집적활성화 및 공장설립에 관한 법률 제13조에 따라 공장설립을 승인하는 처분을 한 사안에서, 공장설립으로 수질오염 등이 발생할 우려가 있는 취수장에서 물을 공급받는 부산광역시 또는 양산시에 거주하는 주민들도 위 처분의 근거 법규 및 관련 법규에 의하여 법률상 보호되는 이익이 침해되거나 침해될 우려가 있는 주민으로서 원고적격이 인정된다고 한 사례

[1] 행정처분의 근거 법규 또는 관련 법규에 그 처분으로써 이루어지는 행위 등 사업으로 인하여 환경상 침해를 받으리라고 예상되는 영향권의 범위가 구체적으로 규정되어 있는 경우에는, 그 영향권 내의 주민들에 대하여는 당해 처분으로 인하여 직접적이고 중대한 환경피해를 입으리라고 예상할 수 있고, 이와 같은 환경상의 이익은 주민 개개인에 대하여 개별적으로 보호되는 직접적·구체적 이익으로서 그들에 대하여는 특단의 사정이 없는 한 환경상 이익에 대한 침해 또는 침해 우려가 있는 것으로 사실상 추정되어 법률상 보호되는 이익으로 인정됨으로써 원고적격이 인정되며, 그 영향권 밖의 주민들은 당해 처분으로 인하여 그 처분 전과 비교하여 수인한도를 넘는 환경피해를 받거나 받을 우려가 있다는 자신의 환경상 이익에 대한 침해 또는 침해 우려가 있음을 증명하여야만 법률상 보호되는 이익으로 인정되어 원고적격이 인정된다.

[2] 공장설립승인처분의 근거 법규 및 관련 법규인 구 산업집적활성화 및 공장설립에 관한 법률(2006. 3. 3. 법률 제7861호로 개정되기 전의 것) 제8조 제4호가 산업자원부장관으로 하여금 관계 중앙행정기관의 장과 협의하여 '환경오염을 일으킬 수 있는 공장의 입지제한에 관한 사항'을 정하여 고시하도록 규정하고 있고, 이에 따른 산업자원부 장관의 공장입지기준고시(제

2004-98호) 제5조 제1호가 '상수원 등 용수이용에 현저한 영향을 미치는 지역의 상류'를 환경오염을 일으킬 수 있는 공장의 입지제한지역으로 정할 수 있다고 규정하고, 국토의 계획 및 이용에 관한 법률 제58조 제3항의 위임에 따른 구 국토의 계획 및 이용에 관한 법률 시행령(2006. 8. 17. 대통령령 제19647호로 개정되기 전의 것) 제56조 제1항 [별표 1] 제1호 (라)목 (2)가 '개발행위로 인하여 당해 지역 및 그 주변 지역에 수질오염에 의한 환경오염이 발생할 우려가 없을 것'을 개발사업의 허가기준으로 규정하고 있는 취지는, 공장설립승인처분과 그 후속절차에 따라 공장이 설립되어 가동됨으로써 그 배출수 등으로 인한 수질오염 등으로 직접적이고도 중대한 환경상 피해를 입을 것으로 예상되는 주민들이 환경상 침해를 받지 아니한 채 물을 마시거나 용수를 이용하며 쾌적하고 안전하게 생활할 수 있는 개별적 이익까지도 구체적·직접적으로 보호하려는 데 있다. 따라서 수돗물을 공급받아 이를 마시거나 이용하는 주민들로서는 위 근거 법규 및 관련 법규가 환경상 이익의 침해를 받지 않은 채 깨끗한 수돗물을 마시거나 이용할 수 있는 자신들의 생활환경상의 개별적 이익을 직접적·구체적으로 보호하고 있음을 증명하여 원고적격을 인정받을 수 있다.

[3] 김해시장이 소감천을 통해 낙동강에 합류하는 하천수 주변의 토지에 구 산업집적활성화 및 공장설립에 관한 법률 제13조에 따라 공장설립을 승인하는 처분을 한 사안에서, 상수원인 물금취수장이 소감천이 흘러 내려 낙동강 본류와 합류하는 지점 근처에 위치하고 있는 점, 수돗물은 수도관 등 급수시설에 의해 공급되는 것이어서 거주지역이 물금취수장으로부터 다소 떨어진 곳이라고 하더라도 수돗물의 수질악화 등으로 주민들이 갖게 되는 환경상 이익의 침해나 그 우려는 그 수돗물을 공급하는 취수시설이 입게 되는 수질오염 등의 피해나 그 우려와 동일하게 평가될 수 있는 점 등에 비추어, 공장설립으로 수질오염 등이 발생할 우려가 있는 물금취수장에서 취수된 물을 공급받는 부산광역시 또는 양산시에 거주하는 주민들도 위 처분의 근거 법규 및 관련 법규에 의하여 개별적·구체적·직접적으로 보호되는 환경상 이익, 즉 법률상 보호되는 이익이 침해되거나 침해될 우려가 있는 주민으로서 원고적격이 인정된다고 한 사례.

2010. 5. 13. 선고 2009두19168 판결 〔분양전환승인의취소〕 (공2010, 1150)

[1] 행정소송법 제12조에서 말하는 '법률상 이익'의 의미

[2] 구 임대주택법상 임차인대표회의도 임대주택 분양전환승인처분에 대하여 취소소송을 제기할 원고적격이 있는지 여부(적극)

[1] 행정소송법 제12조에서 말하는 '법률상 이익'이란 당해 행정처분의 근거

법률에 의하여 보호되는 직접적이고 구체적인 이익을 말하고, 당해 행정처분과 관련하여 간접적이거나 사실적·경제적 이해관계를 가지는 데 불과한 경우는 여기에 포함되지 않으나, 행정처분의 직접 상대방이 아닌 제3자라고 하더라도 당해 행정처분으로 인하여 법률상 보호되는 이익을 침해당한 경우에는 취소소송을 제기하여 그 당부의 판단을 받을 자격이 있다.

[2] 구 임대주택법(2009. 12. 29. 법률 제9863호로 개정되기 전의 것) 제21조 제5항, 제9항, 제34조, 제35조 규정의 내용과 입법 경위 및 취지 등에 비추어 보면, 임차인대표회의도 당해 주택에 거주하는 임차인과 마찬가지로 임대주택의 분양전환과 관련하여 그 승인의 근거 법률인 구 임대주택법에 의하여 보호되는 구체적이고 직접적인 이익이 있다고 봄이 상당하다. 따라서 임차인대표회의는 행정청의 분양전환승인처분이 승인의 요건을 갖추지 못하였음을 주장하여 그 취소소송을 제기할 원고적격이 있다고 보아야 한다.

2010. 6. 10. 선고 2009두10512 판결 〔여객자동차운송사업계획변경인가처분취소〕(공2010, 1374)

[1] 수익적 행정처분의 근거가 되는 법률이 해당 업자들 사이의 과다경쟁으로 인한 경영의 불합리를 방지하는 목적도 가지고 있는 경우, 기존업자가 경업자에 대한 면허나 인·허가 등의 수익적 행정처분의 취소를 구할 원고적격이 있는지 여부(적극)

[2] 기존의 시외버스운송사업자인 乙 회사에 다른 시외버스운송사업자 甲 회사에 대한 시외버스운송사업계획변경인가 처분의 취소를 구할 법률상 이익이 있다고 한 사례

[3] 노선버스운송사업계획변경 중 기존노선 및 운행계통의 중간 어느 지점에서 다른 방향으로 연장하는 형태의 '단축연장'의 경우, 구 여객자동차 운수사업법 시행규칙 제31조 제2항 제2호에서 정한 연장거리 제한의 기준이 되는 기존운행계통은 '폐지 또는 단축하기 전의 기존 노선 및 운행계통 총거리'로 보아야 하므로, 행정청이 변경되는 노선의 연장거리가 기존 노선 총 거리의 약 45.2%인 시외버스운송사업계획변경을 인가한 처분은 적법하다고 한 사례

[1] 면허나 인·허가 등의 수익적 행정처분의 근거가 되는 법률이 해당 업자들 사이의 과당경쟁으로 인한 경영의 불합리를 방지하는 것도 그 목적으로 하고 있는 경우, 다른 업자에 대한 면허나 인·허가 등의 수익적 행정처분에 대하여 미리 같은 종류의 면허나 인·허가 등의 처분을 받아 영업을 하고 있는 기존의 업자는 경업자에 대하여 이루어진 면허나 인·허가 등 행정처분의 상대방이 아니라 하더라도 당해 행정처분의 취소를 구할 원고적격이 있다.

[2] 甲 회사의 시외버스운송사업과 乙 회사의 시외버스운송사업이 다 같이 운행계통을 정하여 여객을 운송하는 노선여객자동차 운송사업에 속하고, 甲 회사에 대한 시외버스운송사업계획변경인가 처분으로 기존의 시외버스운송

사업자인 乙 회사의 노선 및 운행계통과 甲 회사의 노선 및 운행계통이 일부 같고, 기점 혹은 종점이 같거나 인근에 위치한 乙 회사의 수익감소가 예상되므로, 기존의 시외버스운송사업자인 乙 회사에 위 처분의 취소를 구할 법률상의 이익이 있다고 한 사례.

[3] 노선버스운송사업계획변경 중 기존노선 및 운행계통의 중간 어느 지점에서 다른 방향으로 연장하는 형태의 '단축연장'의 경우, 구 여객자동차 운수사업법 시행규칙(2008. 3. 14. 국토해양부령 제4호로 개정되기 전의 것) 제31조 제2항 제2호에서 정한 연장거리 제한의 기준이 되는 기존운행계통은 '기존 노선 및 운행계통 중 폐지 또는 단축하고 남은 거리'가 아니라 '폐지 또는 단축하기 전의 기존 노선 및 운행계통 총 거리(기존 노선 총 거리)'로 보아야 하므로, 행정청이 변경되는 노선의 연장거리가 기존 노선 총 거리의 약 45.2%로서 위 시행규칙 제31조 제2항 제2호에서 요구하고 있는 기존 운행계통의 50%를 넘지 않는 시외버스운송사업계획변경을 인가한 처분은 적법하다고 한 사례.

대법원 2009. 9. 24. 선고 2009두2825 판결 【개발사업시행승인처분취소】

[1] 행정처분의 근거 법규 등에 그 처분으로 환경상 침해를 받으리라고 예상되는 영향권의 범위가 구체적으로 규정된 경우, 행정처분의 직접 당사자가 아닌 그 영향권 내의 주민과 영향권 밖의 주민에게 행정처분의 취소 등을 구할 원고적격이 인정되기 위한 요건

[2] 행정처분의 근거 법규 등에 의하여 환경상 이익에 대한 침해 또는 침해 우려가 있는 것으로 사실상 추정되어 원고적격이 인정되는 사람의 범위

[1] 행정처분의 직접 상대방이 아닌 자로서 그 처분에 의하여 자신의 환경상 이익이 침해받거나 침해받을 우려가 있다는 이유로 취소나 무효확인을 구하는 제3자는, 자신의 환경상 이익이 그 처분의 근거 법규 또는 관련 법규에 의하여 개별적·직접적·구체적으로 보호되는 이익, 즉 법률상 보호되는 이익임을 입증하여야 원고적격이 인정된다. 다만, 그 행정처분의 근거 법규 또는 관련 법규에 그 처분으로써 이루어지는 행위 등 사업으로 인하여 환경상 침해를 받으리라고 예상되는 영향권의 범위가 구체적으로 규정되어 있는 경우에는, 그 영향권 내의 주민들에 대하여는 당해 처분으로 인하여 직접적이고 중대한 환경피해를 입으리라고 예상할 수 있고, 이와 같은 환경상의 이익은 주민 개개인에 대하여 개별적으로 보호되는 직접적·구체적 이익으로서 그들에 대하여는 특단의 사정이 없는 한 환경상 이익에 대한 침해 또는 침해 우려가 있는 것으로 사실상 추정되어 법률상 보호되는 이익으로 인정됨으로써 원고적격이 인정되며, 그 영향권 밖의 주민들은 당해 처분으로 인하여 그 처분 전과 비교하여 수인한도를 넘는 환경피해를 받거나 받을 우려가 있다는

자신의 환경상 이익에 대한 침해 또는 침해 우려가 있음을 입증하여야만 법률상 보호되는 이익으로 인정되어 원고적격이 인정된다.

[2] 환경상 이익에 대한 침해 또는 침해 우려가 있는 것으로 사실상 추정되어 원고적격이 인정되는 사람에는 환경상 침해를 받으리라고 예상되는 영향권 내의 주민들을 비롯하여 그 영향권 내에서 농작물을 경작하는 등 현실적으로 환경상 이익을 향유하는 사람도 포함된다. 그러나 단지 그 영향권 내의 건물 · 토지를 소유하거나 환경상 이익을 일시적으로 향유하는 데 그치는 사람은 포함되지 않는다

2009. 2. 26. 선고 2006두16243 판결 〔골프장회원권모집계획승인처분취소〕(공2009, 42)

[1] 체육시설의 회원을 모집하고자 하는 자의 회원모집계획서 제출 및 이에 대한 시·도지사 등의 검토결과 통보의 법적 성격

[2] 이른바 예탁금회원제 골프장의 기존회원이, 체육시설업자 등이 제출한 회원모집계획서에 대한 시·도지사의 검토결과 통보의 취소를 구할 법률상의 이익이 있는지 여부(적극)

[1] 구 체육시설의 설치·이용에 관한 법률(2005. 3. 31. 법률 제7428호로 개정되기 전의 것) 제19조 제1항, 구 체육시설의 설치·이용에 관한 법률 시행령(2006. 9. 22. 대통령령 제19686호로 개정되기 전의 것) 제18조 제2항 제1호 (가)목, 제18조의2 제1항 등의 규정에 의하면, 위 법 제19조의 규정에 의하여 체육시설의 회원을 모집하고자 하는 자는 시·도지사 등으로부터 회원모집계획서에 대한 검토결과 통보를 받은 후에 회원을 모집할 수 있다고 보아야 하고, 따라서 체육시설의 회원을 모집하고자 하는 자의 시·도지사 등에 대한 회원모집계획서 제출은 수리를 요하는 신고에서의 신고에 해당하며, 시·도지사 등의 검토결과 통보는 수리행위로서 행정처분에 해당한다.

[2] 행정처분으로서의 통보에 대하여는 그 직접 상대방이 아닌 제3자라도 그 취소를 구할 법률상의 이익이 있는 경우에는 원고적격이 인정되는바, 회사가 정하는 자격기준에 준하는 자로서 입회승인을 받은 회원은 일정한 입회금을 납부하고 회사가 지정한 시설을 이용할 때에는 회사가 정한 요금을 지불하여야 하며 회사는 회원의 입회금을 상환하도록 정해져 있는 이른바 예탁금회원제 골프장에 있어서, 체육시설업자 또는 그 사업계획의 승인을 얻은 자가 회원모집계획서를 제출하면서 허위의 사업시설 설치공정확인서를 첨부하거나 사업계획의 승인을 받을 때 정한 예정인원을 초과하여 회원을 모집하는 내용의 회원모집계획서를 제출하여 그에 대한 시·도지사 등의 검토결과 통보를 받는다면 이는 기존회원의 골프장에 대한 법률상의 지위에 영향을 미치게 되므로, 이러한 경우 기존회원은 위와 같은 회원모집계획서에 대한 시·도지사

의 검토결과 통보의 취소를 구할 법률상의 이익이 있다고 보아야 한다.

대법원 2008. 9. 11. 선고 2006두7577 판결 【광업권설정허가처분취소등】
광업권설정허가처분 취소소송에서 원고적격자의 범위와 요건

광업권설정허가처분의 근거 법규 또는 관련 법규의 취지는 광업권설정허가처분과 그에 따른 광산 개발과 관련된 후속 절차로 인하여 직접적이고 중대한 재산상·환경상 피해가 예상되는 토지나 건축물의 소유자나 점유자 또는 이해관계인 및 주민들이 전과 비교하여 수인한도를 넘는 재산상·환경상 침해를 받지 아니한 채 토지나 건축물 등을 보유하며 쾌적하게 생활할 수 있는 개별적 이익까지도 보호하려는 데 있으므로, 광업권설정허가처분과 그에 따른 광산 개발로 인하여 재산상·환경상 이익의 침해를 받거나 받을 우려가 있는 토지나 건축물의 소유자와 점유자 또는 이해관계인 및 주민들은 그 처분 전과 비교하여 수인한도를 넘는 재산상·환경상 이익의 침해를 받거나 받을 우려가 있다는 것을 증명함으로써 그 처분의 취소를 구할 원고적격을 인정받을 수 있다.

대법원 2008.4.10. 선고 2008두402 판결 【담배소매인지정처분취소】
행정처분의 직접 상대방이 아닌 제3자가 당해 행정처분의 취소나 무효확인을 구할 수 있는 요건으로서 '법률상 보호되는 이익'의 의미 및 기존의 업자가 경업자에 대한 면허나 인·허가 등 수익적 행정처분의 취소를 구할 원고적격이 있는 경우

행정처분의 직접 상대방이 아닌 제3자라 하더라도 당해 행정처분으로 인하여 법률상 보호되는 이익을 침해당한 경우에는 그 처분의 취소나 무효확인을 구하는 행정소송을 제기하여 그 당부의 판단을 받을 자격이 있다 할 것이며, 여기에서 말하는 법률상 보호되는 이익이라 함은 당해 처분의 근거 법규 및 관련 법규에 의하여 보호되는 개별적·직접적·구체적 이익이 있는 경우를 말하고, 일반적으로 면허나 인·허가 등의 수익적 행정처분의 근거가 되는 법률이 해당 업자들 사이의 과당경쟁으로 인한 경영의 불합리를 방지하는 것도 그 목적으로 하고 있는 경우, 다른 업자에 대한 면허나 인·허가 등의 수익적 행정처분에 대하여 미리 같은 종류의 면허나 인·허가 등의 수익적 행정처분을 받아 영업을 하고 있는 기존의 업자는 경업자에 대하여 이루어진 면허나 인·허가 등 행정처분의 상대방이 아니라 하더라도 당해 행정처분의 취소를 구할 원고적격이 있다(대법원 2006. 7. 28. 선고 2004두6716 판결 등 참조).

대법원 2005. 5. 12. 선고 2004두14229 판결 【폐기물처리시설입지결정및고시처분취소】

1일 처리능력이 100t 이상인 폐기물처리시설을 설치하기 위한 폐기물처리시설 설치계획 입지결정 · 고시처분의 효력을 다투는 소송에 있어서 인근 주민들의 원고적격

행정처분의 직접 상대방이 아닌 제3자라 하더라도 당해 행정처분으로 인하여 법률상 보호되는 이익을 침해당한 경우에는 취소소송을 제기하여 그 당부의 판단을 받을 자격이 있다 할 것이고, 여기에서 말하는 법률상 보호되는 이익이라 함은 당해 처분의 근거 법규 및 관련 법규에 의하여 보호되는 개별적 · 직접적 · 구체적 이익이 있는 경우를 말하는데, 환경 · 교통 · 재해등에관한영향평가법(이하 '환경영향평가법'이라 한다), 같은법시행령, 구 폐기물처리시설설치촉진및주변지역지원등에관한법률(2004. 2. 9. 법률 제7169호로 개정되기 전의 것, 이하 '폐촉법'이라 한다), 같은법시행령의 각 관련 규정에 의하면, 폐기물처리시설 설치기관이 1일 처리능력이 100t 이상인 폐기물처리시설을 설치하는 경우에는 폐촉법에 따른 환경상 영향조사 대상에 해당할 뿐만 아니라 환경영향평가법에 따른 환경영향평가 대상사업에도 해당하므로 폐촉법령뿐만 아니라 환경영향평가법령도 위와 같은 폐기물처리시설을 설치하기 위한 폐기물소각시설 설치계획 입지결정 · 고시처분의 근거 법령이 된다고 할 것이고, 따라서 위 폐기물처리시설설치계획입지가 결정 · 고시된 지역 인근에 거주하는 주민들에게 위 처분의 근거 법규인 환경영향평가법 또는 폐촉법에 의하여 보호되는 법률상 이익이 있으면 위 처분의 효력을 다툴 수 있는 원고적격이 있다.

참고문헌

김용찬, 환경행정소송에 있어서의 원고적격, 행정소송(I), 한국사법행정학회, 2008, 103-115.

김향기, 행정소송의 원고적격에 관한 연구 : 환경행정소송에서 제3자의 원고적격을 중심으로, 환경법연구 제31권 제2호, 2009, 211-262.

김현준, 도시계획사업인가처분취소소송과 제3자의 원고적격 : 일본 최고재판소 소전급판결에 대한 검토를 중심으로, 토지공법연구 42집 (2008.11) 323-344.

박균성, 프랑스법상 시설설치허가에 대한 취소소송에서의 인근주민 및 환경단체의 원고적격, 판례실무연구 (IV), 비교법실무연구회, 2001.

박정훈, 취소소송의 4유형론 - 취소소송의 대상적격과 원고적격의 체계적 이해와 확대를 위한 시론, 특별법연구 제6집, 2001.

박정훈, 행정소송법 제12조 전문, 주석 행정소송법(김철용·최광진 편집대표), 박영사, 2004.

박정훈, 환경위해시설의 설치·가동 허가처분을 다투는 취소소송에서 인근주민의 원고적격 — 독일법의 비판적 검토와 행정소송법 제12조의 해석을 중심으로 —, 판례실무연구 (IV), 비교법실무연구회, 2000.

박정훈, 환경위해시설의 설치·가동 허가처분을 다투는 취소소송에서 인근주민의 원고적격 - 독일법의 비판적 검토와 행정소송법 제12조의 해석을 중심으로, 행정법연구 제6호, 2000.

설계경·정희근, 자연의 원고적격에 관한 소고, 토지공법연구 44집(2009.5) 153-176.

이건우, 사립학교 교원에 대한 징계처분의 불복절차 : 학교법인의 행정소송 원고적격을 중심으로, 법학논총 19집 (2008.02) 209-238.

이원우, 항고소송의 원고적격과 협의의 소의 이익 확대를 위한 행정소송법 개정방안, 행정법연구 제8호, 2002.

임영호, 행정소송에서의 원고적격과 피고적격, 행정소송(I), 한국사법행정학회, 2008, 72-102.

최선웅, 행정소송에서의 원고적격 : 기존 4개 학설의 의의를 중심으로, 행정법연구 22호 (2008.12) 31-54.

최선웅, 행정소송에서의 원고적격 — 법원의 조사방법을 중심으로 —, 행정법연구, 제25호, 2009, 195-213.

제2절 법원의 조사방법[8)]

Ⅰ. 서 설

소송요건은 일반적으로 민사소송에서는 이미 성립된 소를 적법하게 하여 본안판결을 받을 수 있는 본안판결요건으로서 당사자의 주장이나 항변 등과 관계없이 법원이 직권으로 조사하여 참작할 직권조사사항이라고 한다. 이러한 직권조사사항인 소송요건에 관한 법원의 조사방법에 관하여는 공익성이 강한 소송요건에는 법원의 직권탐지가 요구되나 그 밖의 소송요건에 관하여는 법원에 현출된 자료만으로 판단하면 된다는 것이 일반적인 견해이고, 이 경우 어떠한 소송요건들이 공익성이 강한 소송요건인지 여부 즉 그 범위에 관하여는 다투어지고 있다고 할 수 있다.

행정소송에서의 원고적격은, 대상적격과 함께, 본안판결을 받을 수 있는 자격을 가늠하는 중요한 소송요건 중 하나이다. 특히 현재 우리나라 행정소송에서의 원고적격의 인정 여부는 우리나라 행정소송에 있어서 단지 소송요건이라고 하는 문지방을 넘어서서 소송의 성패를 좌우하는 관건이 되고 있는 것이 현실임을 부인할 수 없다. 그런데 이러한 행정소송에서의 원고적격은 실제로는 법원의 조사에 의하여 판가름되어 결정되는 것이므로 결국 원고적격에 관한 논의에 있어서는 법원의 조사방법이 중요하다고 아니할 수 없다. 그럼에도 이에 대하여는 민사소송이나 행정소송과의 사이에 차이를 둘 이유가 없다고 하는 단정하는 견해만이 있을 뿐 우리나라 행정소송의 원고적격에 관한 법원의 조사방법에 관해서 뚜렷하게 언급하는 경우를 찾아보기 어렵다.

그런데 최근 2006년 행정소송사건인 세칭 새만금사건[9)]에서, 환경영향평가 대상지역 안의 주민들의 환경상의 이익은 주민 개개인에 대하여 개별적으로 보호되는 직접적·구체적 이익으로서 그들에 대하여는 특단의 사정이 없는 한 환경상의 이익에 대한 침해 또는 침해우려가 있는 것으로 사실상 추정되어 원고적격이 인정되고, 그 반면에 환경영향평가 대상지역 외의 주민은 환경상 이익에 대한 침해 또는 침해우려가 있다는 것을 증명함으로써 원고적격을 인정

8) 이에 관한 상세한 내용 및 주석은, 최선웅, 행정소송에서의 원고적격 — 법원의 조사방법을 중심으로 —, 행정법연구, 제25호, 2009, 195-213면 참조.
9) 대법원 2006. 3. 16. 선고 2006두330 전원합의체 판결 【정부조치계획취소등】 (공2006상, 634).

받을 수 있다고 판시하고 있다. 그런데 이 판결에서 보듯이, 행정소송에 있어서 일정한 경우 소송요건인 원고적격에 관하여 원고에게 증명을 하도록 하여 법원이 원고적격을 인정할 수 있다고 하는 것은 기본적으로 사실자료와 증거자료 중 소송자료를 당사자의 수집·제출 활동에 의존하는 변론주의 소송절차에서나 가능한 것이지 이러한 소송자료를 법원의 사실탐지에만 의존하는 직권탐지주의 소송절차에서는 불가능한 것이다. 따라서 위 판결에서와 같이 행정소송에서의 원고적격에 관한 법원의 조사방법이 과연 소송자료에 관한 우리나라 행정소송의 심리원칙에 상응하는 것인지 여부를 검토할 필요가 있게 된다.

주지하는 바와 같이, 종래부터 우리나라 행정소송에서의 소송자료의 수집·제출 책임에 관한 심리원칙에 관하여는 변론주의를 원칙으로 한다거나, 직권탐지주의를 원칙으로 한다거나 또는 이 양자의 절충으로 파악하는 견해가 대립되어 오고 있다. 따라서 이들 행정소송의 심리원칙에 관한 견해 중 어느 견해를 취하느냐에 따라서 원고적격을 인정하는 법원의 조사방법에 일정한 영향을 미치게 된다고 할 수 있다. 이를 행정소송과 민사소송의 비교라는 측면에서 보면, 행정소송에서의 소송요건에 관한 법원의 조사방법이 변론주의에 의하는 민사소송에서의 법원의 조사방법과 같은 것인지 여부의 문제로 되고 이는 곧 민사소송과 행정소송의 구별문제의 성격을 갖는다고 할 수 있다. 이와 같이 소송요건에 관한 법원의 조사방법이 민사소송에서와 행정소송에서가 다를 수 있다는 것은 결국 근본적으로는 민사소송절차와 행정소송절차가 다르다는 것인데 이러한 것은 곧 양 소송절차의 본질 내지는 추구하는 목적, 사실과 증거에 관한 심리원칙 등의 측면에서 검토하여 볼 필요가 있다고 할 수 있다.

Ⅱ. 행정소송에서의 소송요건으로서의 원고적격

1. 개 설

행정소송에서의 소송요건인 원고적격에 관한 법원의 조사방법을 고찰하기 위하기 먼저 민사소송과 행정소송에서의 소송요건에 관한 일반적인 고찰을 할 필요성이 있다. 이는 특히 행정소송법에 특별한 규정이 없는 한 민사소송법을 준용하도록 되어 있기 때문이기도 하다(행정소송법 제8조 제2항). 이하 민사소송과 행정소송에서의 소송요건에 관한 일반적인 내용과 행정소송에서의 소송요건으로서의 원고적격의 의의를 고찰하기로 한다.

2. 민사소송과 행정소송에서의 소송요건

(1) 민사소송에서의 소송요건

민사소송에 있어서 소송요건이란 소송이 적법하게 취급을 받기 위한 적법요건으로서 본안판결요건인 동시에 본안심리요건이다. 이러한 소송요건은 소송성립요건이 아니라 이미 성립된 소송의 적법요건이므로 반드시 본안심리 전에 조사하여야 하는 것은 아니고, 따라서 본안심리중에 그 흠결이 드러나면 법원은 소를 부적법각하하여야 한다.

(2) 행정소송에서의 소송요건

행정소송에서의 소송요건은 행정소송법 제8조 제2항의 준용규정에 의하여 일단 민사소송에서의 소송요건에 준한다고 할 수 있다. 민사소송과 달리 행정소송에서 중요시되는 소송요건으로는 대상적격(행정소송법 제2조, 제19조), 원고적격(행정소송법 제12조), 권리보호필요(협의의 소익)(행정소송법 제12조), 피고적격(행정소송법 제13조), 제소기간(행정소송법 제20조) 등을 들 수 있는데 이에 관하여는 행정소송법이 별도로 규정하고 있는 것이 보통이다.[10)]

3. 행정소송에서의 소송요건으로서의 원고적격

종래부터 한국 행정소송에 있어서 행정소송법 제12조에 규정된 원고적격의 의미에 관하여는 기존의 학설 즉 권리구제설, 법률상 보호이익구제설, 보호가치이익구제설 및 적법성보장설 등 4가지 학설이 잘 알려져 왔다. 그런데 이 4가지 학설들 모두는, 행정소송에 있어서 원고적격의 인정 범위를 확정하기 위하여 필요한 제 요소들로서 예컨대 권리, 이익 또는 이를 포괄하는 개념으로서 권익, 그리고 권익구제와 행정통제라고 하는 행정소송의 기능 등을 정도의 차이를 주어 각각 강조하는 것에 지나지 아니하는 것이지 그 어느 한 요소를 특정하여 완전히 부정하는 것은 전혀 아니라고 할 수 있다. 즉 당부의 문제가 아니라 정도의 문제이다.

---

10) 과거 행정심판전치주의하에서는 현행 행정소송법과 달리 행정심판의 경유 여부가 중요한 소송요건이었으나, 1994년 행정소송법 개정으로 행정심판 임의주의로 전환하였다(현행 행정소송법 제18조 제1항).

이와 같은 정도의 문제는 우리나라 행정소송의 본질, 목적 내지는 기능 및 구조, 심리원칙을 비롯하여 우리나라 헌법상의 재판청구권 규정 및 행정소송법상의 규정 등의 특성상 얼마든지 허용되는 것이다. 그렇다고 한다면 이제는 원고적격에 관한 학설들이 특정 학설명칭 자체를 고집하는 것은 오히려 시대착오적일 뿐만 아니라 각 학설 자체의 당부를 따지는 것 또한 별다른 큰 의미를 가진다고 할 수 없다. 이제는 실제 사례에 있어서 개별·구체적으로 어느 정도 범위에서 어떻게 원고적격을 근거지워 인정하는 것이 우리나라 국민의 헌법상의 권리 즉 헌법권인 재판청구권을 실질적으로 보장할 수 있는가에 초점을 맞추는 것이 바람직하다.

어쨌거나 우리나라 행정소송에서의 원고적격이 있는 사람을, 제1조에서 "국민의 권리 또는 이익의 침해를 구제하고", 제12조에서 "이익"이라고 규정하여 궁극적으로는 "권익"이 있는 사람을 의미한다는 점에서 일응 입법적인 해결을 하였다고 평가할 수 있다. 이와 같이 일응 입법적인 해결설적인 입장에 선다고 하더라도 실제 구체적인 문제에 있어서는 판례의 축적이 필요하다.

Ⅲ. 민사소송에서의 소송요건에 대한 법원의 조사방법

1. 직권조사사항과 항변사항

소송요건은 법원의 조사방법에 따라서 직권조사사항과 항변사항으로 나누어진다. 직권조사사항인 소송요건은 주로 공익적인 성질로 인하여 당사자의 주장이나 항변 등과 관계없이 법원이 직권으로 조사하여 참작하여야 할 사항을 말한다. 이에 반하여 공익성이 약한 항변사항이란 상대방 당사자가 소송요건의 불비를 주장하여야 비로소 법원이 조사하는 사항으로서 일반적으로 방소항변 또는 소송장애사유라고 한다.

2. 소송요건에 관한 소송자료 - 변론주의와 직권탐지주의

민사소송에서는 소송요건 중 공익성이 약한 항변사항은 당연히 당사자가 수집·제출하는 소송자료만으로 소송요건을 판단하는 변론주의에 의한다. 이러한 항변사항을 제외하고 공익성이 강한 직권조사사항인 소송요건에 관한 법원의 조사방법은 직권조사이다. 그런데 이 직권조사사항인 소송요건에 관한 소송자료를 당사자가 수집·제출하여야 하는가 아니면 이에 대하여 법원의 직권탐지까지도 인정되는가에 관하여 다투어지고 있다. 이에 관하여는 당사자에 의하여 현출되지 아니한 자료에 관하여 법원의 직권탐지가 인정된다고 하는 것이 다수설이라 할 수 있다.

Ⅳ. 행정소송에서 법원의 조사방법에 고려할 제 요소

1. 국민의 헌법상 권리인 재판청구권의 실질적 실현

행정소송에서의 원고적격에 관한 법원의 조사방법이 결과적으로 원고적격을 부당하게 좁히게 되어 행정소송의 이용을 제한 내지는 봉쇄하는 것은 국민의 헌법권인 재판청구권을 침해한다는 점에서 위헌문제를 발생하게 된다. 따라서 모든 행정소송의 원고적격에 관한 논의도 당연히 헌법권인 재판청구권의 실질적 보장이라는 측면에서 고려되어야 한다. 요컨대 행정소송에서의 원고적격의 확대 및 이를 위한 법원의 조사방법은 국민의 헌법권인 재판청구권의 실질적 실현이라고 할 수 있다.

2. 행정소송의 본질 내지는 목적

행정소송의 원고적격은 공·사익의 조정절차인 행정소송절차를 이용하여 자신의 권익구제를 도모하고 이와 동시에 행정에 대한 법원의 적법성통제가 이루어진다는 점에서 그 인정 범위가 중요하다고 할 수 있는데 이는 결국 법원에 의하여 결정된다는 점에서 법원의 조사방법이 중요하다고 할 수 있다.

3. 행정소송에서의 준용규정

민사소송이 준용규정에 의하여 행정소송에 준용되는 것은 민사소송에서 원칙적으로 채택된 변론주의가 행정소송에서 허용되는 한도 내에서이다. 따라서 행정소송에서 공익을 이유로 직권탐지주의가 인정되는 경우에는 민사소송에서 변론주의에 근거한 법원의 조사방법과 다른 조사방법도 허용가능하다고 할 것이다.

4. 행정소송에서의 소송자료에 관한 심리원칙

우리나라 행정소송에서의 소송자료에 관한 수집·제출 책임을 당사자에게 부과하는 변론주의인가 아니면 이를 법원의 책임으로 하는 직권탐지주의인가 아니면 양자의 절충인가가 행정소송의 원고적격에 관한 법원의 조사방법에도 영향을 미친다. 예컨대 새만금사건[11]에서 보듯이, 환경영향평가 대상지역 외의 주민에게 자신의 환경상 이익에 대한 침해 또는 침해우려가 있다는 것에 대한 증명책임을 부담시키는 것과 같이 원고에게 증명책임을 부과하여 원고적격을 인정하는 방식은 적어도 증명책임을 인정하는 변론주의가 인정되는 소송절차 내에서만 가능한 것이지, 이를 부정하고 순전히 법원의 직권탐지에 의하는 소송절차에서는 불가능한 것이기 때문이다.

우리나라 행정소송에서의 소송자료의 수집책임의 문제는 행정소송법 제26조[12]에 관한 해석의 문제로서, 이는 행정소송에 있어서 소송자료의 수집책임의 분배에 관한 심리원칙으로 변론주의 또는 직권탐지주의의 채택 여부에 관한 견해의 대립이라고 할 수 있다. 대체적으로 학설의 주류적인 경향은 변론주의와 직권탐지주의 간의 절충적인 입장을 취하고 있는 것이 일반적이라고 할 수 있다. 따라서 행정소송에서 변론주의가 인정되는 한도 내에서는, 위에서 인용한 판례에서 보는 바와 같이, 원고에게 증명책임을 부과하여 증명에 성공하면 원고적격을 인정하는 법원의 조사방법은 변론주의 원칙상 당연히 허용된다고 할 수 있다.

Ⅴ. 행정소송에서의 원고적격에 대한 법원의 조사방법

1. 행정소송에서의 소송요건으로서 원고적격과 법원의 조사방법

(1) 행정소송에서의 소송요건으로서의 원고적격

민사소송에서의 소송요건으로서의 당사자적격과 행정소송에서의 소송요건으로서 원고적격은 당사자라는 점에서는 공통점이 있으나 그렇다고 하여 전혀 같은 성질의 것은 아니다. 행정소송에서 국민인 원고의 상대방당사자인 피고는 행정청이라는 점에서 이미 행정소송에서의 원고적격은 민사소송에서의 사적 대등당사자들 간에 인정되는 당사자적격과는 그 지위가 다르다. 행정소송에서

11) 대법원 2006. 3. 16. 선고 2006두330 전원합의체 판결 【정부조치계획취소등】 (공2006상, 634)

12) 행정소송법 제26조 (직권심리) 법원은 필요하다고 인정할 때에는 직권으로 증거조사를 할 수 있고, 당사자가 주장하지 아니한 사실에 대하여도 판단할 수 있다.

원고와 피고는 민사소송에서의 대등한 사적 당사자가 아니므로 이를 시정하기 위하여 예컨대 행정소송법에는 국민인 원고의 증거수집의 곤란 등을 해소하기 위하여 행정심판기록의 제출명령(행정소송법 제25조)을 인정하고 있는 것이다.

행정소송에서는 국민인 원고의 제소에 의하여 공·사익의 조정절차인 행정소송절차가 개시되고 뿐만 아니라, 국민인 원고의 개인적인 권익의 구제가 가능할 뿐만 아니라 특히 그 기회에 행정에 대한 적법통제가 가능하다는 점에서 행정소송에서의 원고적격은, 민사소송에서 원고·피고 공히 주로 사익을 추구하는 당사자적격과 달리, 간접적으로 공익성에 관련성을 갖는다고 할 수 있다.

(2) 행정소송에서의 원고적격과 법원의 조사방법

현재 행정소송에서의 원고적격의 인정 여부는 우리나라 행정소송에 있어서 단지 소송요건이라고 하는 문지방을 넘어서서 본안판단의 선취라는 비난을 감수하면서도 소송의 성패를 좌우하는 관건이 되고 있다. 이러한 원고적격도 결국 법원의 조사에 의하여 인정되는 것이라는 점에서 법원의 조사방법이 중요하다. 또한 최근 물론 정도의 차이는 있으나 모두가 동의하는 행정소송에 있어서 소송요건의 원고적격의 확대문제도 결국 법원의 조사방법에 의해서 달성될 수 있다.

요컨대 행정소송법 제12조상의 '법률상 이익'의 의미에 관한 논의는 이제는 실익이 없는 논쟁에 불과할 뿐이고 실질적으로는 원고적격을 인정하는 법원의 조사방법이 중요하다고 할 수 있다.

특히 원고적격에 관한 법원의 조사방법으로 인하여 결과적으로 원고적격을 좁힌다고 하면 이는 국민의 헌법상 권리 즉 헌법권인 재판청구권을 실질적으로 보장하지 아니하고 과도하게 제한하게 되는 것을 의미한다. 법원은 국민의 재판청구권을 실질적으로 보장하기 위해서는 원고적격을 확대하여야 할 것이다.[13] 이는 특히 기본적으로 재판청구권의 주체는 어디까지나 국민이지 재판하는 법원이 아니기 때문에 더욱 그러하다.

2. 법원의 조사방법 – 변론주의와 직권탐지주의

민사소송에서 직권조사사항인 소송요건에 관한 소송자료는 당사자가 수집·제출하여야 하는가 아니면 이에 대한 법원의 직권탐지까지도 인정되는가에 관

13) 그렇다고 무제한적인 확대는 아니고 다른 기본권과 균형을 요할 것임은 물론이다.

하여 다투어지고 있다.

그런데 민사소송은 사적 자치의 실현을 실질적 평등이라고 하는 의미에서 즉 변론주의를 보충하는 의미에서 직권증거조사를 인정하고 있는 것에 불과하다고 할 수 있다. 따라서 민사소송에서 소송요건에 관한 판단자료에 대한 법원의 조사가 설령 직권탐지주의의 성격을 갖는다고 하더라도 이는 어디까지나 실질적 평등이라는 관점에서 당사자의 사적 자치를 시정하고자 하는 것이지 행정소송에서와 같이 공익실현을 위한 직권탐지주의의 실시와는 그 성격을 달리한다고 평가할 수 있다.

우리나라 행정소송에서의 소송자료와 관련된 심리원칙에 관한 다수설인 절충설에 따라서 직권탐지주의가 일정 정도 인정된다는 입장에 서게 되면 민사소송보다 용이하게 직권탐지를 인정할 가능성이 높다고 할 수 있다. 즉 대는 소를 포함한다는 원칙에 따라 행정소송에서는 직권탐지와 직권조사의 구별이 심각하지 아니하고, 경우에 따라서 필요할 때에는 법원의 직권탐지 즉 당사자의 변론에 현출되지 아니한 자료까지도 법원이 탐지할 수 있다고 할 수 있다.

이와 같이 행정소송에서 법원에 의한 직권탐지가 부분적으로 허용될 수 있는 것은, 법원의 조사방법에 영향을 미칠 제 요소인 공·사익의 조정절차인 행정소송의 본질, 권익구제와 적법통제를 동시에 목적으로 하는 행정소송의 목적에 비추어서도 물론이고, 특히 사실자료 및 증거자료에 관한 행정소송의 심리원칙에 비추어 보아서도 당연한 것이다. 다만 어떠한 소송요건이 공익성이 강한 소송요건에 해당하고 따라서 당사자에 의하여 제출되는 자료 이외에도 법원이 직권으로 탐지할 수 있는 것인지 여부에 관하여는 판례의 축적을 기대하여야 할 것이다.

3. 판례의 태도와 검토

(1) 판례의 태도

행정소송에서의 원고적격에 관한 판례[14]를 보면 행정소송에서의 원고적격은 소송요건으로서 법원이 직권으로 판단하는 직권조사사항이 된다고 할 수 있다.

---

14) 대법원 1999. 12. 7. 선고 97누12556 판결(공2000, 195), 대법원 2000. 11. 10. 선고 2000두7155 판결, 대법원 2006. 2. 24. 선고 2005두5673 판결(공2006상, 527), 대법원 2006. 7. 28. 선고 2004두6716 판결(공2006하, 1540), 대법원 2007. 4. 12. 선고 2004두7924 판결(공2007상, 706) 등이 있다.

이는 민사소송에서의 소송요건에 관한 내용과 유사하다고 할 수 있다.

그런데 최근 2006년 세칭 새만금사건[15]에서 보듯이 원고적격에 관한 법원의 조사방법에 관하여 법원은 다음과 같이 주목할 만한 판결을 하였다. 즉 환경영향평가 대상지역 안의 주민에 대하여는 특단의 사정이 없는 한 환경상의 이익에 대한 침해 또는 침해우려가 있는 것으로 사실상 추정되어 공유수면매립면허처분 등의 무효확인을 구할 원고적격이 인정된다는 것이고, 환경영향평가 대상지역 밖의 주민은 환경상 이익에 대한 침해 또는 침해우려가 있다는 것을 증명함으로써 원고적격을 인정받을 수 있다는 것이다. 요컨대 환경영향평가 대상지역 안의 주민에게는 사실상의 추정에 의하여 원고적격이 인정되나 환경영향평가 대상지역 밖의 주민에게는 증명책임을 부과하여 원고적격을 인정한다는 것이다.

(2) 판례의 검토

가. 사실상의 추정과 증명책임

판례는 환경영향평가 대상지역 안의 주민에게는, 사실상의 추정에 의하든 법관의 자유로운 심증이든 간에, 원고적격이 인정되고, 환경영향평가 대상지역 밖의 주민에게는 증명책임의 분배의 원칙에 따라서 본안판결을 요구하는 원고에게 증명책임이 부담된다고 하는 것이다.

나. 소송자료에 관한 소송원칙 – 변론주의와 직권탐지주의

위 판례는 우리나라 행정소송에서는 변론주의가 채택된 증거라고 할 수 있다. 왜냐하면 소송요건에 관한 증명책임을 당사자에게 부과하는 방식은 당해 소송유형상의 심리원칙이 변론주의를 원칙으로 하거나 적어도 변론주의가 가미된 소송유형에서나 가능한 것이지 이른바 직권탐지주의를 원칙으로 하는 소송유형에서는 불가능한 것이기 때문이다.

그런데 앞서 고찰한 바와 같이, 우리나라 행정소송에서의 심리원칙은 변론주의와 직권탐주의의 절충적인 형태로 되어 있다고 할 수 있으므로 법원이 원고

---

15) 대법원 2006. 3. 16. 선고 2006두330 전원합의체 판결 【정부조치계획취소등】 (공2006상, 634); 이와 같은 판례에 뒤이어 다음과 같은 동일 취지의 판례가 있다. 대법원 2006. 12. 22. 선고 2006두14001 판결 (공2007상, 238), 대법원 2008. 9. 11. 선고 2006두7577 판결 【광업권설정허가처분취소등】 (공2008하, 1375), 대법원 2009. 9. 24. 선고 2009두2825 판결 【개발사업시행승인처분취소】 (공2009하, 1770)

에게 증명책임을 부과하는 것은 우리나라 행정소송에서의 소송자료에 관한 심리원칙에도 상응하는 것이다.

Ⅵ. 결 어

행정소송에서의 원고적격은 실익이 없는 "법률상이익"의 개념상의 논쟁보다는 실제 법원에 의하여 어느 정도 원고적격이 인정되는가가 중요한데 이는 결국 법원의 조사방법에 의하여 달성된다. 이는 특히 행정소송에서 원고적격의 가지는 위상이 단지 하나의 소송요건으로서의 지위만이 아니라 이를 넘어서 실질적으로 소송의 성패를 좌우한다는 점에서 더욱 그러하다. 앞으로 행정소송에서 법원이 어느 정도까지 원고의 원고적격을 확대하여 인정할 것인지 여부에 관하여는 판례의 축적이 기대된다고 할 것이다.

전술한 판례에서 보듯이, 환경영향 평가대상 지역이라고 하는 범위를 넘어가는 경우에도 원고적격을 부정하지 아니하고 증명책임을 부과하여 원고적격을 인정할 수 있다는 여지를 남기는 것은 원고적격의 확대라고 하는 최근의 추세에도 상응하는 긍정적인 면도 있다고 할 수 있다. 그러나 실제로 환경영향평가 대상지역 밖에 사는 주민에게 어느 정도 증명을 허용하여 원고적격을 인정할 것인지 여부는 의문시된다. 또한 환경영향평가 대상지역 안과 밖을 구별하여 특히 전자 즉 환경영향평가 대상지역 안에 사는 주민에 한하여 사실상 추정이 인정되고 후자 즉 환경영향평가 대상지역 밖에 사는 주민에는 증명책임을 부과하는 이유에 관한 뚜렷한 설명이 없다는 문제점도 있다.

판례에서 행정소송에서 원고적격을 위와 같이 환경영향평가 대상지역 안, 밖으로 구별하여 차별취급하는 것이 현재의 헌법상의 국민의 권리인 재판청구권의 실질적 보장에 합당한 것인지 여부, 또한 공·사익을 조정하는 절차인 행정소송의 본질 내지는 국민의 권익구제와 행정에 대한 적법통제라고 하는 행정소송의 목적에 합당한지 여부도 검토할 필요는 있을 것이다. 예컨대 환경영향평가 대상지역 밖의 주민에게 증명이 사실상 제한되거나 봉쇄되어 불가능하다면 이는 정당한 공·사익의 조정절차의 개시가 불가능하고, 국민의 권익구제는 물론 행정에 대한 적법성통제도 이루어지지 않게 되는 문제가 있을 뿐만 아니라, 궁극적으로는 국민의 헌법권인 재판청구권을 침해하는 문제가 발생한다.

그리고 무엇보다도 행정소송에서의 원고적격의 확대는 단지 민사소송상의 변론주의에 근거한 당사자인 원고의 증명책임에만 의존해서는 한계가 있을 것이고, 따라서 원고적격의 확대는 경우에 따라서는 공익을 고려하여 필요하면 원고적격에 관한 소송자료의 수집에 법원의 직권탐지까지도 동원하여야 가능할 것이다. 바로 이러한 것은 공·사익의 조정절차인 행정소송의 본질, 그리고 개인의 권익구제와 행정에 대한 적법통제라고 하는 행정소송의 목적에 상응하는 것일 뿐만 아니라, 특히 무엇보다도 우리나라 행정소송에서의 소송자료에 관한 심리원칙이 변론주의와 직권탐지주의의 절충적인 구조 내지는 체계로 되어 있다는 점에서 보다 용이하게 달성될 수 있다고 할 것이다.

토론할 문제

1. 행정소송의 소송요건의 종류
2. 환경영향평가 대상지역 안과 밖에 사는 주민이 원고적격을 인정받기 위한 요건
3. 환경영향평가 대상지역 안과 밖으로 구별하는 근거는 무엇인가?
4. 소송요건의 조사에 관한 직권조사사항과 항변사항
5. 소송요건에 관한 소송자료의 수집에 관한 변론주의와 직권탐지주의
6. 원고적격에 관한 법원의 조사방법에 고려할 제 요소
7. 행정소송의 소송요건과 심리원칙의 관계

관련판례

대법원 2009.9.24. 선고 2009두2825 판결 【개발사업시행승인처분취소】

행정처분의 근거 법규 등에 그 처분으로 환경상 침해를 받으리라고 예상되는 영향권의 범위가 구체적으로 규정된 경우, 행정처분의 직접 당사자가 아닌 그 영향권 내의 주민과 영향권 밖의 주민에게 행정처분의 취소 등을 구할 원고적격이 인정되기 위한 요건

행정처분의 직접 상대방이 아닌 자로서 그 처분에 의하여 자신의 환경상 이익이 침해받거나 침해받을 우려가 있다는 이유로 취소나 무효확인을 구하는 제3자는, 자신의 환경상 이익이 그 처분의 근거 법규 또는 관련 법규에 의하여 개별적·직접적·구체적으로 보호되는 이익, 즉 법률상 보호되는 이익임을 입증하여야 원고적격이 인정된다. 다만, 그 행정처분의 근거 법규 또는 관련 법규에 그 처분으로써 이루어지는 행위 등 사업으로 인하여 환경상 침해를 받으리라고 예상되는 영향권의 범위가 구체적으로 규정되어 있는 경우에는, 그 영향권 내의 주민들에 대하여는 당해 처분으로 인하여 직접적이고 중대한 환경피해를 입으리라고 예상할 수 있고, 이와 같은 환경상의 이익은 주민 개개인에 대하여 개별적으로 보호되는 직접적·구체적 이익으로서 그들에 대하여는 특단의 사정이 없는 한 환경상 이익에 대한 침해 또는 침해 우려가 있는 것으로 사실상 추정되어 법률상 보호되는 이익으로 인정됨으로써 원고적격이 인정되며, 그 영향권 밖의 주민들은 당해 처분으로 인하여 그 처분 전과 비교하여 수인한도를 넘는 환경피해를 받거나 받을 우려가 있다는 자신의 환경상 이익에 대한 침해 또는 침해 우려가 있음을 입증하여야만 법률상 보호되는 이익으로 인정되어 원고적격이 인정된다.

대법원 2008.9.11. 선고 2006두7577 판결 【광업권설정허가처분취소등】

광업권설정허가처분 취소소송에서 원고적격자의 범위와 요건

광업권설정허가처분의 근거 법규 또는 관련 법규의 취지는 광업권설정허가처분과 그에 따른 광산 개발과 관련된 후속 절차로 인하여 직접적이고 중대한 재산상·환경상 피해가 예상되는 토지나 건축물의 소유자나 점유자 또는 이해관계인 및 주민들이 전과 비교하여 수인한도를 넘는 재산상·환경상 침해를 받지 아니한 채 토지나 건축물 등을 보유하며 쾌적하게 생활할 수 있는 개별적 이익까지도 보호하려는 데 있으므로, 광업권설정허가처분과 그에 따른 광산 개발로 인하여 재산상·환경상 이익의 침해를 받거나 받을 우려가 있는 토지나 건축물의 소유자와 점유자 또는 이해관계인 및 주민들은 그 처분 전과 비교하여 수인한도를 넘는 재산상·환경상 이익의 침해를 받거나 받을 우려가 있다는 것을 증명함으로써 그 처분의 취소를 구할 원고적격을 인정받을 수 있다.

대법원 2006.12.22. 선고 2006두14001 판결 【공장설립승인처분취소】
행정처분의 직접 상대방이 아닌 자로서 그 처분에 의하여 환경상 침해를 받으리라고 예상되는 영향권 범위 내의 주민 및 그 영향권 밖의 주민이 처분의 취소를 구할 원고적격을 인정받기 위한 요건

행정처분의 직접 상대방이 아닌 자로서 그 처분에 의하여 자신의 환경상 이익이 침해받거나 침해받을 우려가 있다는 이유로 취소소송을 제기하는 제3자는, 자신의 환경상 이익이 그 처분의 근거 법규 또는 관련 법규에 의하여 개별적·직접적·구체적으로 보호되는 이익, 즉 법률상 보호되는 이익임을 입증하여야 원고적격이 인정되고, 다만 그 행정처분의 근거 법규 또는 관련 법규에 그 처분으로써 이루어지는 행위 등 사업으로 인하여 환경상 침해를 받으리라고 예상되는 영향권의 범위가 구체적으로 규정되어 있는 경우에는, 그 영향권 내의 주민들에 대하여는 당해 처분으로 인하여 직접적이고 중대한 환경피해를 입으리라고 예상할 수 있고, 이와 같은 환경상의 이익은 주민 개개인에 대하여 개별적으로 보호되는 직접적·구체적 이익으로서 그들에 대하여는 특단의 사정이 없는 한 환경상 이익에 대한 침해 또는 침해 우려가 있는 것으로 사실상 추정되어 법률상 보호되는 이익으로 인정됨으로써 원고적격이 인정되며, 그 영향권 밖의 주민들은 당해 처분으로 인하여 그 처분 전과 비교하여 수인한도를 넘는 환경피해를 받거나 받을 우려가 있다는 자신의 환경상 이익에 대한 침해 또는 침해 우려가 있음을 증명하여야만 법률상 보호되는 이익으로 인정되어 원고적격이 인정된다.

대법원 2006.3.16. 선고 2006두330 전원합의체 판결 【정부조치계획취소등】
환경영향평가 대상지역 안의 주민에게 공유수면매립면허처분과 농지개량사업 시행인가처분의 무효확인을 구할 원고적격이 인정되는지 여부(적극) 및 환경영향평가 대상지역 밖의 주민에게 그 원고적격이 인정되기 위한 요건

공유수면매립면허처분과 농지개량사업 시행인가처분의 근거 법규 또는 관련 법규가 되는 구 공유수면매립법(1997. 4. 10. 법률 제5337호로 개정되기 전의 것), 구 농촌근대화촉진법(1994. 12. 22. 법률 제4823호로 개정되기 전의 것), 구 환경보전법(1990. 8. 1. 법률 제4257호로 폐지), 구 환경보전법 시행령(1991. 2. 2. 대통령령 제13303호로 폐지), 구 환경정책기본법(1993. 6. 11. 법률 제4567호로 개정되기 전의 것), 구 환경정책기본법 시행령(1992. 8. 22. 대통령령 제13715호로 개정되기 전의 것)의 각 관련 규정의 취지는, 공유수면매립과 농지개량사업시행으로 인하여 직접적이고 중대한 환경피해를 입으리라고 예상되는 환경영향평가 대상지역 안의 주민들이 전과 비교하여 수인한도를 넘는 환경침해를 받지 아니하고 쾌적한 환경에서 생활할 수 있는 개별적 이익까지도 이를 보호하려는 데에 있다고 할 것이므로, 위 주민들이 공유수면매립면허처분 등과 관련하여 갖고 있는 위와 같은 환경상의 이익은 주민 개개인에 대하여 개별적으로 보호되는 직접적·구체적 이익으로서 그들에 대하여는 특단의 사정이 없는 한 환경상의 이익에 대한 침해 또는 침해우려가 있는 것으로 사실상 추정되어 공유수면매립면허처분 등의 무효확인을 구할 원고적격이 인정된다. 한편, 환경영향평가 대상지역 밖의 주민이라 할지라도 공유수면매립면허처분 등으로 인하여 그 처분 전과 비교하여 수인한도를 넘는 환경피해를 받거나 받을 우려가 있는 경우에는, 공유수면매립면허처분 등으로 인하여 환경상 이익에 대한 침해 또는 침해우려가 있다는 것을 입증함으로써 그 처분 등의 무효확인을 구할 원고적격을 인정받을 수 있다.

참고문헌

이재성, 행정소송의 소송요건사실과 직권조사의 한계, 판례월보 제191호, 1986. 8.

최선웅, 행정소송에서의 원고적격 - 기존 4개 학설의 의의를 중심으로 - , 행정법연구, 제22호, 2008.

최선웅, 행정소송에서의 처분권주의에 관한 일 고찰, 행정법연구, 제15호, 2006.

최선웅, 행정소송의 목적에 관한 일 고찰, 행정법연구, 제13호, 2005.

최선웅, 행정소송에서의 준용규정에 관한 일 고찰, 행정법연구, 제12호, 2004.

최선웅, 행정소송법 제26조의 해석에 관한 일 고찰 - 우리나라 행정소송의 독자성을 모색하며, 행정법연구, 제10호, 2003.

제3절 무효확인소송과 확인의 이익

Ⅰ. 문제의 제기

행정소송법 제35조의 규정에 의하면, “무효등확인소송은 처분등의 효력 유무 또는 존재 여부의 확인을 구할 법률상 이익이 있는 자가 제기할 수 있다.”라고 규정하고 있다. 이 조문에서의 "법률상 이익"의 의미에 관하여, 무효확인소송의 확인소송의 성질을 강조하여 민사소송상의 확인의 소에서의 즉시확정의 이익을 의미하는지 아니면, 무효확인소송의 항고소송의 성질을 강조하여 민사소송에서의 즉시확정의 이익이 필요하지 아니하고 취소소송에서 요구되는 법률상 이익과 동일한 것인지 여부가 대립하고 있다.

Ⅱ. 학 설

1. 즉시확정이익설

이 설은 무효확인소송의 확인소송의 성질을 강조하는 견해로서, 민사소소상의 확인소송의 일반적인 소송요건으로서의 확인의 이익이 필요하다고 한다. 따라서 무효확인소송의 법률상의 이익을, 원고의 권리 또는 법률상 지위에 대한 불안이나 위험을 제거하기 위하여 확인판결을 받는 것이 유효 · 적절한 권리구제수단일 경우에 인정된다고 하는 즉시확정의 법률상의 이익으로 이해한다.

이 점에서 무효확인소송은 무효를 전제로 하는 현재의 법률관계에 관한 소송으로 구제되지 아니하는 경우에만 보충적으로 인정된다고 하는 이른바 무효확인소송의 보충성을 인정한다. 예컨대 무효인 조세부과처분에 따라서 세금을 이미 납부한 경우에는 이미 납부된 조세의 반환을 청구하는 예컨대 부당이익반환청구소송을 제기할 것이지, 단지 조세부과처분의 무효확인을 구하여 그 위법상태를 제거하는 것은 허용되지 아니한다는 것이다.

2. 법률상 보호이익설

이 설은 무효확인소송의 법적 성질을 항고소송 중 특히 취소소송에서의 원고적격으로 이해하는 견해이다.

그 근거로는, ① 행정소송과 민사소송은 그 목적과 취지를 달리하므로 행정소송에서의 무효확인소송에 민사소송상의 확인의 소와 동일시할 수 없다는 점, ② 무효확인소송은 본래 처분을 다툰다는 점에서는 취소소송과 같은 항고소송의 일종이라는 점, ③ 행정소송법에서는 취소판결의 기속력을 무효확인소송의 경우에도 준용하고 있으므로, 무효확인판결 자체의 효력만으로도 판결의 실효성을 확보할 수 있으므로, 민사소송에서와 같이 분쟁의 궁극적인 해결을 위한 확인의 이익을 따질 필요가 없다는 점 등을 들고 있다. 이 설이 다수설이고 최근의 판례의 입장이다.

Ⅲ. 판 례

1. 판례의 경향

무효확인소송의 원고적격과 관련하여서는 종래의 판례는 민사소송에서의 같은 즉시확정의 이익을 취하고 있었다.[16] 그러나 최근 대법원은 2008. 3. 20. 선고 2007두6342 판결에서 종래의 판례를 변경하여 무효확인소송에서도 취소소송의 경우와 마찬가지로 근거 법률에 의하여 보호되는 직접적, 구체적 이익이 있는 경우에는 법률상 이익이 있다고 하였다.

2. 종래의 판례

대법원 1988.3.8. 선고 87누133 판결 【체납처분무효확인】
변경 : 대법원 2008.3.20. 선고 2007두6342 판결에 의하여 변경
가. 행정소송법 제35조 소정의 "……확인을 구할 법률상 이익"의 의미
나. 부과세액이 납부된 것과 같은 효과가 생긴 경우 그 과세처분의 무효확인을 구할 법률상 이익이 있는지 여부(소극)

가. 행정처분무효확인소송에 관한 행정소송법 제35조의 이른바 "……확인을 구할 법률상 이익"은 그 대상인 현재의 권리 또는 법률관계에 관하여 당

16) 이와 동일 취지의 판결로는 다음을 들 수 있다. 대법원 1963. 10. 22. 선고 63누122 판결, 대법원 1976. 2. 10. 선고 74누159 전원합의체 판결, 대법원 1988. 3. 8. 선고 87누133 판결, 대법원 1989. 10. 10. 선고 89누3397 판결, 대법원 1993. 12. 28. 선고 93누4519 판결, 대법원 1998. 9. 22. 선고 98두4375 판결, 대법원 2001. 9. 18. 선고 99두11752 판결, 대법원 2006. 5. 12. 선고 2004두14717 판결 등 참조).

사자 사이에 분쟁이 있고 그로 인하여 원고의 권리 또는 법률상의 지위에 불안·위험이 있어 판결로써 그 법률관계의 존부를 확정하는 것이 불안·위험을 제거하는데 필요하고도 적절한 경우에 인정된다.

나. 무효라고 주장되는 과세처분에 의한 부과세액들이 경락대금의 배당에 의하여 납부된 효과가 이미 생겨 그 처분의 집행이 종료된 것과 같이 되어버렸다면 그 부과처분이 존재하고 있는 것과 같은 외관상태가 남아있음으로써 앞으로 이해관계인에게 닥쳐올 법률상의 불안이나 위험은 전혀 없고 다만 남아 있는 것은 이미 이루어져 있는 위법상태의 제거 즉 납부효과가 발생한 세금의 반환을 구하는 문제 뿐이라고 할 것인즉, 이와 같은 위법상태의 제거방법으로서 그 위법상태를 이룬 원인에 관한 처분의 무효확인을 구하는 길을 터주는 것은 민사소송에 의한 부당이득금반환청구의 소로써 직접 과세관청에 위와 같은 위법상태의 제거를 구할 수 있는 길이 열려 있는 이상, 간접적인 해결방법에 불과하여 분쟁해결에 필요하고도 적절한 경우라 할 수 없어 "확인을 구할 법률상의 이익"이 없는 것이라고 할 것이다.

대법원 1991.9.10. 선고 91누3840 판결 【법인세부과처분취소】

과세처분에 따라 부과세액을 납부한 경우 그 과세처분의 무효확인을 구할 법률상 이익이 있는지 여부(소극)

무효임을 주장하는 과세처분에 따라 그 부과세액을 납부하여 이미 그 처분의 집행이 종료된 것과 같이 되어 버렸다면 그 과세처분이 존재하고 있는 것과 같은 외관이 남아 있음으로써 장차 이해관계인에게 다가올 법률상의 불안이나 위험은 전혀 없다 할 것이고, 다만 남아 있는 것은 이미 이루어져 있는 위법상태의 제거 즉 납부효과가 발생한 세금의 반환을 구하는 문제뿐이라고 할 것인바, 이와 같은 위법상태의 제거방법으로서 그 위법상태를 이룬 원인에 관한 처분의 무효확인을 구하는 방법은 과세관청이 그 무효확인판결의 구속력을 존중하여 납부한 세금의 환급을 하여 줄 것을 기대하는 간접적인 방법이라 할 것이므로, 민사소송에 의한 부당이득반환청구의 소로써 직접 그 위법상태의 제거를 구할 수 있는 길이 열려 있는 이상 위와 같은 과세처분의 무효확인의 소는 분쟁해결에 직접적이고도 유효적절한 해결방법이라 할 수 없어 확인을 구할 법률상 이익이 없다.

대법원 2006.5.12. 선고 2004두14717 판결 【체납처분에의한공매처분취소】

변경 : 대법원 2008.3.20. 선고 2007두6342 판결에 의하여 변경

[1] 직접 민사소송으로 부당이득의 반환 또는 행정처분에 의해 경료된 소유권이전등기의 말소를 구할 수 있는 경우, 행정처분의 무효확인 또는 행정처분에 대한 무효선언을 구하는 의미에서의 처분취소를 구할 소의 이익이 있는지 여부(소극)

[2] 압류처분단계에서 독촉장의 송달이 없었더라도 그 이후의 공매절차에서 공매통지서가 적법하게 송달된 경우, 매수인이 매각결정에 따른 매각대금을 납부한 이후에는 당해 공매처분을 취소할 수 없다고 한 사례

[1] 행정처분에 대한 무효확인의 소에 있어서 확인의 이익은 그 대상인 법률관계에 관하여 당사자 사이에 분쟁이 있고, 그로 인하여 원고의 권리 또는 법률상의 지위에 불안·위험이 있어 판결로써 그 법률관계의 존부를 확정하는 것이 위 불안·위험을 제거하는 데 필요하고도 적절한 경우에 인정되는 것이므로, 과세처분과 압류 및 공매처분이 무효라 하더라도 직접 민사소송으로 체납처분에 의하여 충당된 세액에 대하여 부당이득으로 반환을 구하거나 공매처분에 의하여 제3자 앞으로 경료된 소유권이전등기에 대하여 말소를 구할 수 있는 경우에는 위 과세처분과 압류 및 공매처분에 대하여 소송으로 무효확인을 구하는 것은 분쟁해결에 직접적이고 유효·적절한 방법이라 할 수 없어 소의 이익이 없다고 할 것이고, 이러한 법리는 행정처분에 대한 무효선언을 구하는 의미에서 처분취소를 구하는 소에서도 마찬가지라 할 것이다.
[2] 공매절차에서 매수인이 매각결정에 따른 매수대금을 완납한 이후에는 매수 부동산의 소유권을 취득한 것으로 신뢰한 매수인의 권리·이익을 보호하여 거래의 안전을 도모하여야 할 필요성이 있는 점, 체납처분의 전제요건으로서의 독촉은 체납자로 하여금 당해 체납세액을 납부하여 체납처분을 당하는 것을 피할 수 있는 기회를 제공하기 위한 것인데, 설사 독촉장의 송달이 흠결되었다고 하더라도 그 이후에 이루어진 공매절차에서 공매통지서가 체납자에게 적법하게 송달된 경우에는 실질적으로 체납자의 절차상의 권리나 이익이 침해되었다고 보기 어려운 점 등에 비추어 보면, 비록 압류처분의 단계에서 독촉의 흠결과 같은 절차상의 하자가 있었다고 하더라도 그 이후에 이루어진 공매절차에서 공매통지서가 적법하게 송달된 바가 있다면 매수인이 매각결정에 따른 매수대금을 납부한 이후에는 다른 특별한 사정이 없는 한, 당해 공매처분을 취소할 수 없다고 한 사례

3. 대법원 2008. 3. 20. 선고 2007두6342 전원합의체 판결

(1) 판결의 내용

대법원 2008. 3. 20. 선고 2007두6342 전원합의체 판결 【하수도원인자부담금부과처분취소】
[1] 행정소송법 제35조에 규정된 '무효확인을 구할 법률상 이익'이 있는지를 판단할 때 행정처분의 무효를 전제로 한 이행소송 등과 같은 직접적인 구제수단이 있는

지를 따져보아야 하는지 여부(소극)

[2] 타행위자인 사업시행자가 구 하수도법 제32조 제2항에 따라 타행위로 인한 공공하수도공사 비용을 부담한 경우, 이와 별도로 같은 법 제32조 제4항에 정한 원인자부담금을 부과할 수 있는지 여부(소극) 및 이러한 타행위에 해당하는 사업의 기본 또는 실시 설계보고서상의 '하수량'의 의미

[1] 행정소송은 행정청의 위법한 처분 등을 취소·변경하거나 그 효력 유무 또는 존재 여부를 확인함으로써 국민의 권리 또는 이익의 침해를 구제하고 공법상의 권리관계 또는 법 적용에 관한 다툼을 적정하게 해결함을 목적으로 하므로, 대등한 주체 사이의 사법상 생활관계에 관한 분쟁을 심판대상으로 하는 민사소송과는 목적, 취지 및 기능 등을 달리한다. 또한 행정소송법 제4조에서는 무효확인소송을 항고소송의 일종으로 규정하고 있고, 행정소송법 제38조 제1항에서는 처분 등을 취소하는 확정판결의 기속력 및 행정청의 재처분 의무에 관한 행정소송법 제30조를 무효확인소송에도 준용하고 있으므로 무효확인판결 자체만으로도 실효성을 확보할 수 있다. 그리고 무효확인소송의 보충성을 규정하고 있는 외국의 일부 입법례와는 달리 우리나라 행정소송법에는 명문의 규정이 없어 이로 인한 명시적 제한이 존재하지 않는다. 이와 같은 사정을 비롯하여 행정에 대한 사법통제, 권익구제의 확대와 같은 행정소송의 기능 등을 종합하여 보면, 행정처분의 근거 법률에 의하여 보호되는 직접적이고 구체적인 이익이 있는 경우에는 행정소송법 제35조에 규정된 '무효확인을 구할 법률상 이익'이 있다고 보아야 하고, 이와 별도로 무효확인소송의 보충성이 요구되는 것은 아니므로 행정처분의 무효를 전제로 한 이행소송 등과 같은 직접적인 구제수단이 있는지 여부를 따질 필요가 없다고 해석함이 상당하다.

[대법관 이홍훈의 보충의견] 무효확인소송의 보충성 인정의 문제는 행정소송법 제35조에 규정된 '무효확인을 구할 법률상 이익'의 해석론에 관한 것으로서 행정소송의 특수성, 무효확인소송의 법적 성질 및 무효확인판결의 실효성, 외국의 입법례, 무효확인소송의 남소 가능성 및 권익구제 강화 등의 측면에서 볼 때, 무효확인소송의 보충성을 요구하지 않는 것이 행정소송의 목적을 달성할 수 있고 소송경제 등의 측면에서도 타당하며 항고소송에서 소의 이익을 확대하고 있는 대법원 판례의 경향에도 부합한다.

[2] 구 하수도법(2006. 9. 27. 법률 제8014호로 전문 개정되기 전의 것) 제32조 제2항 및 구 수원시 하수도사용조례(2007. 1. 3. 조례 제2659호로 개정되기 전의 것) 제17조 제2항 제2호 (나)목 (1)에서 타행위로 인하여 필요하게 된 공공하수도에 관한 공사에 요하는 비용의 전부를 타행위자가 부담하도록 한 것은, 타행위에 해당하는 사업으로 인하여 발생할 것이 예상되는 하수를

> 처리하는 데 필요한 공공하수도 설치에 소요되는 비용에 대하여는 그 원인을 조성한 타행위자로 하여금 이를 부담하게 하려는 데 그 취지가 있으므로, 이러한 타행위자가 그 사업으로 인하여 발생할 것으로 예상되는 하수의 처리에 필요한 공공하수도 공사비용을 부담한 부분에 대하여는 이와 별도로 하수도법 제32조 제4항 및 이 사건 조례 제17조 제2항 제4호에 따른 원인자부담금을 부과할 수 없다. 그리고 이러한 타행위에 해당하는 사업의 기본 또는 실시 설계보고서에 반영된 하수량은 당해 사업으로 조성된 토지의 이용을 포함하여 사업계획에 따라 그 사업을 시행할 경우에 발생할 것으로 예상되는 하수량을 의미하고, 여기에는 당해 사업으로 조성된 토지에 그 사업계획에서 정해진 규모 및 용도에 따라 건축할 건축물로부터 발생할 것으로 예상되는 하수량도 포함된다. 따라서 건축물에 관하여 공공하수도 공사비용을 부담한 부분에 대하여도 마찬가지다.

(2) 판결의 검토

행정소송법 제35조의 문언으로부터 보충성에 관한 확인의 이익이 당연히 도출되지 않음에도 불구하고 종래의 대법원판례와 같이 행정처분에 관한 무효확인소송에 대하여도 이를 요구하는 것이 타당한지 여부에 관하여는 다음과 같은 측면에서의 검토가 필요하다는 위 대법원 전원합의체 판결(대법원 2008. 3. 20. 선고 2007두6342 전원합의체 판결)에서의 보충의견(이홍훈 대법관)이 참고할 만하므로 이를 소개하기로 한다.

① 먼저 행정소송의 특수성이라는 측면에서 본다. 1951년에 제정된 행정소송법은 행정청 또는 그 소속기관의 위법에 대한 처분의 취소 또는 변경에 관한 소송 기타 공법상의 권리관계에 관한 소송만을 인정하고 행정소송의 종류, 요건 등에 관하여 별도의 규정을 두지 않음으로써 민사소송법에 대한 특례를 규정한 특별규정으로서의 성격을 벗어나지 못하였을 뿐만 아니라 그 내용 및 적용상 많은 문제점이 있다는 지적을 받아 왔다. 이러한 문제점을 시정하기 위하여 1984년에 행정소송법이 전문 개정되었는데, 이 법에서 비로소 취소소송 등과 구분되는 항고소송의 한 유형으로 무효확인소송을 인정하여 민사소송법과는 달리 이에 관한 별도의 규정을 둠으로써 무효확인소송이 독립된 행정소송으로 자리 잡게 되었다. 따라서 이러한 행정소송법의 개정연혁 등을 고려할 때, 무효확인소송이 확인소송적 성질을 가지고 있다고 하여 보충성에 관한 확인의 이익이 무효확인소송에서도 반드시 요구된다고 단정할 수는 없다. 특히, 소의

이익 문제는 그 소송제도를 마련한 취지 등에 따라 입법정책적으로 결정되어질 성질의 것이라는 점 등을 감안할 때 보충성에 관한 확인의 이익 이론이 행정소송에서도 그대로 적용된다고 보기는 어렵다.

② 다음으로 무효확인소송의 법적 성질 및 무효확인판결의 실효성이라는 측면에서 본다. 무효확인소송의 법적 성질에 관하여는 그 본질과 형식을 어떻게 이해하느냐에 따라 다양한 이론이 제시될 수 있으나, 행정소송법 제4조에서는 무효확인소송을 취소소송, 부작위위법확인소송 등과 함께 항고소송의 일종으로 규정하고 있다. 그런데 항고소송은 행정청이 행하는 구체적 사실에 관한 법집행으로서의 공권력의 행사 또는 그 거부와 그 밖에 이에 준하는 행정작용 및 행정심판에 대한 재결이나 부작위에 대하여 제기하는 소송으로서 원칙적으로 민사소송에서의 강제집행 등과 같은 방법에 의한 실효성 담보라는 문제를 남기지 않는다. 물론 항고소송도 권익구제의 기능을 담당하고 있으므로 항고소송의 판결에 의하여 실현되어야 할 절차가 있는 경우도 있다. 그러나 위에서 본 바와 같은 행정소송법상 기속력 및 재처분 의무에 관한 규정 등을 통해 항고소송 판결 자체만으로도 판결의 실효성을 확보할 수 있으며, 설령 권익구제를 위해 다른 소송을 제기해야 할 경우가 있다고 하더라도 이는 항고소송에서 예상한 원칙적인 구제수단은 아니다. 왜냐하면, 항고소송은 처분 등을 취소·변경하는 형성작용 또는 처분 등의 효력 등에 관한 공적 선언을 통해 그 대상인 처분 등의 효력을 다투는 소송으로서, 이행소송을 원칙적인 소송유형으로 인정하고 있는 민사소송과는 달리, 처분 등에 의하여 발생한 위법상태의 배제나 그 확인을 통해 결과를 제거함으로써 처분 등으로 침해되거나 방해받은 국민의 권리와 이익을 보호·구제하려는 것이기 때문이다. 결국, 이러한 측면에서 보더라도 무효확인소송을 제기함에 있어 보충성에 관한 확인의 이익이 반드시 요구된다고 해석하는 것은 타당하지 않다.

그리고 법률에 의한 행정을 지향하는 우리 법제하에서는 행정작용을 수행하는 행정청이 유효한 행정처분임을 전제로 그 집행을 종료하였다고 하더라도, 그 행정처분이 무효라는 판결이 확정되면 행정청이 이에 승복하여 행정처분의 상대방에게 임의로 원상회복할 것이 기대될 뿐만 아니라 행정소송법상 무효확인판결 자체만으로도 판결의 기속력 등에 따른 원상회복이나 결과제거조치에 의하여 그 실효성 확보가 가능하다. 따라서 무효확인소송의 보충성을 반드시 인정해야 할 실제적인 필요성도 크지 않다.

③ 다음으로 외국의 입법례 등의 측면에서 본다. 독일에서는 명문의 규정에 의하여 무효확인소송의 보충성이 부정되는 반면, 일본에서는 그와 반대로 명문의 규정에 의하여 무효확인소송의 보충성이 인정된다. 이와 같은 독일, 일본의 입법례에서 알 수 있듯이 이 문제는 논리 필연적인 문제가 아니라 다분히 입법 정책적인 선택의 문제라고 할 수 있다. 특히, 일본에서는 이로 인한 불합리한 결과를 줄이기 위하여 무효확인소송의 보충성을 완화하는 해석론이 전개되어 왔으며, 이러한 해석론이 점차 최고재판소에 의하여 받아들여지고 있는 추세에 있다. 따라서 일본과 달리 명시적 제한의 명문 규정이 없는 우리나라에서는 무효확인소송의 보충성을 요구할 필요가 없으며, 이와 같은 해석이 세계적인 추세에도 부합된다.

④ 끝으로 무효확인소송의 남소 가능성 및 권익구제 강화 등의 측면에서 본다. 행정처분의 무효는 흔히 있는 현상이 아니기 때문에 무효확인소송의 보충성을 요구하지 않는다고 하여 남소 가능성이 커진다고 단정하기 어려울 뿐만 아니라 분쟁의 유형에 따라서는 행정처분에 관한 무효확인소송이 보다 적절한 구제수단이 될 수도 있다. 그러므로 이러한 경우에 행정처분에 의하여 불이익을 받은 상대방에게 소송형태에 관한 선택권을 부여하여 부당이득반환청구의 소 등의 제기 가능성 여부와 관계없이 행정처분에 관한 무효확인소송을 바로 제기할 수 있도록 함으로써 양 소송의 병존가능성을 인정하는 것이 국민의 권익구제 강화라는 측면에서도 타당하다.

제3장 기타의 소송요건

제1절 권리보호필요(협의의 소익)(행정소송법 제12조)

Ⅰ. 의 의

행정소송법 제12조에서 [원고적격]이라고 하는 제하에서 전문에, "취소소송은 처분등의 취소를 구할 법률상 이익이 있는 자가 제기할 수 있다."라고 규정하고 있고, 후문에서, "처분등의 효과가 기간의 경과, 처분등의 집행 그밖의 사유로 인하여 소멸된 뒤에도 그 처분등의 취소로 인하여 회복되는 법률상 이익이 있는 자의 경우에는 또한 같다."라고 규정하고 있다.

위 행정소송법 제12조의 전문을 원고적격이라고 하고 후문을 권리보호필요 내지는 협의의 소익이라고 하거나, 제12조의 후문을 전문과 마찬가지로 원고적격에 관한 규정이라고 하는 견해가 대립하고 있다.

Ⅱ. 판 례

1. 기간의 경과

> 대법원 1988.3.22. 선고 87누1230 판결 【개인택시운송사업면허거부처분취소등】
> 효력기간이 정하여진 행정처분에 대하여 그 기간경과 후 처분의 취소 또는 무효확인을 구할 법률상 이익이 있는지 여부(소극)
>
> 행정처분에 그 효력기간이 정하여져 있는 경우에는 그 기간의 경과로 그 행정처분의 효력은 상실되는 것이므로 그 기간경과후에는 그 처분이 외형상 잔존함으로 인하여 어떠한 법률상 이익이 침해되고 있다고 볼 만한 별다른 사정이 없는 한 그 처분의 취소 또는 무효확인을 구할 법률상 이익이 없다.

2. 제재기간의 경과

> 대법원 2006.6.22. 선고 2003두1684 전원합의체 판결 【영업정지처분취소】

제재적 행정처분이 그 처분에서 정한 제재기간의 경과로 인하여 그 효과가 소멸되었으나, 부령인 시행규칙 또는 지방자치단체의 규칙의 형식으로 정한 처분기준에서 제재적 행정처분을 받은 것을 가중사유나 전제요건으로 삼아 장래의 제재적 행정처분을 하도록 정하고 있는 경우, 선행처분인 제재적 행정처분을 받은 상대방이 그 처분에서 정한 제재기간이 경과하였다 하더라도 그 처분의 취소를 구할 법률상 이익이 있는지 여부(한정 적극)

다수의견] 제재적 행정처분이 그 처분에서 정한 제재기간의 경과로 인하여 그 효과가 소멸되었으나, 부령인 시행규칙 또는 지방자치단체의 규칙(이하 이들을 '규칙'이라고 한다)의 형식으로 정한 처분기준에서 제재적 행정처분(이하 '선행처분'이라고 한다)을 받은 것을 가중사유나 전제요건으로 삼아 장래의 제재적 행정처분(이하 '후행처분'이라고 한다)을 하도록 정하고 있는 경우, 제재적 행정처분의 가중사유나 전제요건에 관한 규정이 법령이 아니라 규칙의 형식으로 되어 있다고 하더라도, 그러한 규칙이 법령에 근거를 두고 있는 이상 그 법적 성질이 대외적·일반적 구속력을 갖는 법규명령인지 여부와는 상관없이, 관할 행정청이나 담당공무원은 이를 준수할 의무가 있으므로 이들이 그 규칙에 정해진 바에 따라 행정작용을 할 것이 당연히 예견되고, 그 결과 행정작용의 상대방인 국민으로서는 그 규칙의 영향을 받을 수밖에 없다. 따라서 그러한 규칙이 정한 바에 따라 선행처분을 받은 상대방이 그 처분의 존재로 인하여 장래에 받을 불이익, 즉 후행처분의 위험은 구체적이고 현실적인 것이므로, 상대방에게는 선행처분의 취소소송을 통하여 그 불이익을 제거할 필요가 있다. 또한, 나중에 후행처분에 대한 취소소송에서 선행처분의 사실관계나 위법 등을 다툴 수 있는 여지가 남아 있다고 하더라도, 이러한 사정은 후행처분이 이루어지기 전에 이를 방지하기 위하여 직접 선행처분의 위법을 다투는 취소소송을 제기할 필요성을 부정할 이유가 되지 못한다. 그러한 쟁송방법을 막는 것은 여러 가지 불합리한 결과를 초래하여 권리구제의 실효성을 저해할 수 있기 때문이다. 오히려 앞서 본 바와 같이 행정청으로서는 선행처분이 적법함을 전제로 후행처분을 할 것이 당연히 예견되므로, 이러한 선행처분으로 인한 불이익을 선행처분 자체에 대한 소송에서 사전에 제거할 수 있도록 해 주는 것이 상대방의 법률상 지위에 대한 불안을 해소하는 데 가장 유효적절한 수단이 된다고 할 것이고, 또한 그 소송을 통하여 선행처분의 사실관계 및 위법 여부가 조속히 확정됨으로써 이와 관련된 장래의 행정작용의 적법성을 보장함과 동시에 국민생활의 안정을 도모할 수 있다. 이상의 여러 사정과 아울러, 국민의 재판청구권을 보장한 헌법 제27조 제1항의 취지와 행정처분으로 인한 권익침해를 효과적으로 구제하려는 행정소송법의 목적 등에 비추어 행정처분의 존재로 인하여 국민의 권익이 실제로 침해되고 있는 경우는 물론이고 권익침해의 구체적·현실적 위험이 있는 경우에도 이를 구제하는 소송이 허용되어야 한다는 요청을 고려하면, 규칙이 정한 바에 따라 선행처분을 가중사유 또는 전제요건으로 하는 후행처분을 받을 우려가 현실적으로 존재하는 경우에는, 선행처분을 받은 상대방은 비록 그 처분에서 정한 제재기간이 경과하였다 하더라도 그 처분의 취소소송을 통하여 그러한 불이익을 제거할 권리보호의 필요성이 충분히 인정된다고 할 것이므로, 선행처분의 취소를 구할 법률상 이익이 있다고 보아야 한다.

[대법관 이강국의 별개의견] 다수의견은, 제재적 행정처분의 기준을 정한 부령인 시행규칙의 법적 성질에 대하여는 구체적인 논급을 하지 않은 채, 시행규칙에서 선행처분을 받은 것을 가중사유나 전제요건으로 하여 장래 후행처분을 하도록 규정하고 있는 경우, 선행처분의 상대방이 그 처분의 존재로 인하여 장래에 받을 불이익은 구체적이고 현실적이라는 이유로, 선행처분에서 정한 제재기간이 경과한 후에도 그 처분의 취소를 구할 법률상 이익이 있다고 보고 있는바, 다수의견이 위와 같은 경우 선행처분의 취소를 구할 법률상 이익을 긍정하는 결론에는 찬성하지만, 그 이유에 있어서는 부령인 제재적 처분기준의 법규성을 인정하는 이론적 기초 위에서 그 법률상 이익을 긍정하는 것이 법리적으로는 더욱 합당하다고 생각한다. 상위법령의 위임에 따라 제재적 처분기준을 정한 부령인 시행규칙은 헌법 제95조에서 규정하고 있는 위임명령에 해당하고, 그 내용도 실질적으로 국민의 권리의무에 직접 영향을 미치는 사항에 관한 것이므로, 단순히 행정기관 내부의 사무처리준칙에 지나지 않는 것이 아니라 대외적으로 국민이나 법원을 구속하는 법규명령에 해당한다고 보아야 한다.

3. 당연퇴직된 경우

대법원 1985.6.25. 선고 85누39 판결 【파면처분취소】

파면처분이 있은 후에 금고 이상의 형을 선고받아 당연퇴직된 경우에도 위 파면처분의 취소를 구할 이익이 있는지 여부

파면처분취소소송의 사실심변론종결전에 동원고가 허위공문서등작성 죄로 징역 8월에 2년간 집행유예의 형을 선고받아 확정되었다면 원고는 지방공무원법 제61조의 규정에 따라 위 판결이 확정된 날 당연퇴직되어 그 공무원의 신문을 상실하고, 당연퇴직이나 파면이 퇴직급여에 관한 불이익의 점에 있어 동일하다 하더라도 최소한도 이 사건 파면처분이 있은 때부터 위 법규정에 의한 당연퇴직일자까지의 기간에 있어서는 파면처분의 취소를 구하여 그로 인해 박탈당한 이익의 회복을 구할 소의 이익이 있다 할 것이다.

4. 대상건물의 철거

대법원 1995. 11. 21. 선고 94누11293 판결 【건물철거대집행계고처분취소】

건물철거대집행계고처분취소 소송이 상고심 계속 중 대상건물의 철거로 소의 이익이 없게 되었다는 이유로 원심판결을 파기, 자판하여 소각하한 사례

관련판례

2010. 4. 29. 선고 2009두16879 판결 〔공익근무요원소집처분취소〕 (공2010, 1031)

[1] 취소되어 더 이상 존재하지 않는 행정처분을 대상으로 한 취소소송에 소의 이익이 있는지 여부(소극)

[2] 절차상 또는 형식상 하자로 무효인 행정처분에 대하여 행정청이 적법한 절차 또는 형식을 갖추어 동일한 행정처분을 한 경우, 종전의 무효인 행정처분에 대하여 무효확인을 구할 법률상 이익이 있는지 여부(소극)

[3] 병역감면신청서 회송처분과 공익근무요원 소집처분이 직권으로 취소되었는데도, 이에 대한 무효확인과 취소를 구하는 소는 더 이상 존재하지 않는 행정처분을 대상으로 하거나 과거의 법률관계의 효력을 다투는 것에 불과하므로 소의 이익이 없어 부적법하다고 한 사례

[1] 행정처분이 취소되면 그 처분은 효력을 상실하여 더 이상 존재하지 않는 것이고, 존재하지 않는 행정처분을 대상으로 한 취소소송은 소의 이익이 없어 부적법하다.

[2] 절차상 또는 형식상 하자로 무효인 행정처분에 대하여 행정청이 적법한 절차 또는 형식을 갖추어 다시 동일한 행정처분을 하였다면, 종전의 무효인 행정처분에 대한 무효확인 청구는 과거의 법률관계의 효력을 다투는 것에 불과하므로 무효확인을 구할 법률상 이익이 없다.

[3] 지방병무청장이 병역감면요건 구비 여부를 심사하지 않은 채 병역감면신청서 회송처분을 하고 이를 전제로 공익근무요원 소집통지를 하였다가, 병역감면신청을 재검토하기로 하여 신청서를 제출받아 병역감면요건 구비 여부를 심사한 후 다시 병역감면 거부처분을 하고 이를 전제로 다시 공익근무요원 소집통지를 한 경우, 병역감면신청서 회송처분과 종전 공익근무요원 소집처분은 직권으로 취소되었다고 볼 수 있으므로, 그에 대한 무효확인과 취소를 구하는 소는 더 이상 존재하지 않는 행정처분을 대상으로 하거나 과거의 법률관계의 효력을 다투는 것에 불과하므로 소의 이익이 없어 부적법하다고 한 사례.

2009. 9. 24. 선고 2009두2825 판결 〔개발사업시행승인처분취소〕 (공2009, 1770)

[1] 행정처분의 근거 법규 등에 그 처분으로 환경상 침해를 받으리라고 예상되는 영향권의 범위가 구체적으로 규정된 경우, 행정처분의 직접 당사자가 아닌 그 영향권 내의 주민과 영향권 밖의 주민에게 행정처분의 취소 등을 구할 원고적격이 인정되기 위한 요건

[2] 행정처분의 근거 법규 등에 의하여 환경상 이익에 대한 침해 또는 침해 우려가 있는 것으로 사실상 추정되어 원고적격이 인정되는 사람의 범위

[3] 구 환경정책기본법 시행령 제7조 [별표 2]의 개발사업 부지에 대하여 구 국토의 계획 및 이용에 관한 법률 제36조 제1항에서 규정한 세부용도지역이 지정되지 않은 경우, 그 사업부지에 대한 사전환경성검토협의를 할지 여부를 결정하는 절차

[4] 행정청이 어느 법률관계나 사실관계에 대하여 어느 법률의 규정을 잘못 해석하여 행정처분을 한 경우, 그 하자가 중대하고 명백한지 여부를 판단하는 방법

[5] 행정청이 사전환경성검토협의를 거쳐야 할 대상사업에 관하여 법의 해석을 잘못한 나머지 세부용도지역이 지정되지 않은 개발사업 부지에 대하여 사전환경성검토협의를 할지 여부를 결정하는 절차를 생략한 채 승인 등의 처분을 한 사안에서, 그 하자가 객관적으로 명백하다고 할 수 없다고 한 사례

[1] 행정처분의 직접 상대방이 아닌 자로서 그 처분에 의하여 자신의 환경상 이익이 침해받거나 침해받을 우려가 있다는 이유로 취소나 무효확인을 구하는 제3자는, 자신의 환경상 이익이 그 처분의 근거 법규 또는 관련 법규에 의하여 개별적·직접적·구체적으로 보호되는 이익, 즉 법률상 보호되는 이익임을 입증하여야 원고적격이 인정된다. 다만, 그 행정처분의 근거 법규 또는 관련 법규에 그 처분으로써 이루어지는 행위 등 사업으로 인하여 환경상 침해를 받으리라고 예상되는 영향권의 범위가 구체적으로 규정되어 있는 경우에는, 그 영향권 내의 주민들에 대하여는 당해 처분으로 인하여 직접적이고 중대한 환경피해를 입으리라고 예상할 수 있고, 이와 같은 환경상의 이익은 주민 개개인에 대하여 개별적으로 보호되는 직접적·구체적 이익으로서 그들에 대하여는 특단의 사정이 없는 한 환경상 이익에 대한 침해 또는 침해 우려가 있는 것으로 사실상 추정되어 법률상 보호되는 이익으로 인정됨으로써 원고적격이 인정되며, 그 영향권 밖의 주민들은 당해 처분으로 인하여 그 처분 전과 비교하여 수인한도를 넘는 환경피해를 받거나 받을 우려가 있다는 자신의 환경상 이익에 대한 침해 또는 침해 우려가 있음을 입증하여야만 법률상 보호되는 이익으로 인정되어 원고적격이 인정된다.

[2] 환경상 이익에 대한 침해 또는 침해 우려가 있는 것으로 사실상 추정되어 원고적격이 인정되는 사람에는 환경상 침해를 받으리라고 예상되는 영향권 내의 주민들을 비롯하여 그 영향권 내에서 농작물을 경작하는 등 현실적으로 환경상 이익을 향유하는 사람도 포함된다. 그러나 단지 그 영향권 내의 건물·토지를 소유하거나 환경상 이익을 일시적으로 향유하는 데 그치는 사람

은 포함되지 않는다.

[3] 구 환경정책기본법 시행령(2006. 5. 30. 대통령령 제19497호로 개정되기 전의 것) 제7조 [별표 2]의 개발사업 부지에 대하여 구 국토의 계획 및 이용에 관한 법률(2004. 12. 31. 법률 제7297호로 개정되기 전의 것) 제36조 제1항에서 규정한 세부용도지역이 지정되지 아니한 경우, 관계행정기관의 장은 그 개발사업 부지의 이용실태 및 특성, 장래의 토지이용방향 등에 대한 구체적 조사 및 이에 기초한 평가 작업을 거쳐 그 개발사업 부지가 구 국토의 계획 및 이용에 관한 법률 제36조 제1항 중 어떠한 세부용도지역의 개념 정의에 부합하는지 여부를 가린 다음 이를 토대로 사전환경성검토협의를 할지 여부를 결정하여야 한다.

[4] 하자 있는 행정처분이 당연무효가 되기 위하여는 그 하자가 법규의 중요한 부분을 위반한 중대한 것으로서 객관적으로 명백한 것이어야 하며, 하자가 중대하고 명백한지 여부를 판별할 때에는 그 법규의 목적, 의미, 기능 등을 목적론적으로 고찰함과 동시에 구체적 사안 자체의 특수성에 관하여도 합리적으로 고찰함을 요한다. 행정청이 어느 법률관계나 사실관계에 대하여 어느 법률의 규정을 적용하여 행정처분을 한 경우에 그 법률관계나 사실관계에 대하여는 그 법률의 규정을 적용할 수 없다는 법리가 명백히 밝혀져 그 해석에 다툼의 여지가 없음에도 행정청이 위 규정을 적용하여 처분을 한 때에는 그 하자가 중대하고도 명백하다고 할 것이나, 그 법률관계나 사실관계에 대하여 그 법률의 규정을 적용할 수 없다는 법리가 명백히 밝혀지지 아니하여 그 해석에 다툼의 여지가 있는 때에는 행정관청이 이를 잘못 해석하여 행정처분을 하였더라도 이는 그 처분 요건사실을 오인한 것에 불과하여 그 하자가 명백하다고 할 수 없다.

[5] 행정청이 사전환경성검토협의를 거쳐야 할 대상사업에 관하여 법의 해석을 잘못한 나머지 세부용도지역이 지정되지 않은 개발사업 부지에 대하여 사전환경성검토협의를 할지 여부를 결정하는 절차를 생략한 채 승인 등의 처분을 한 사안에서, 구 국토의 계획 및 이용에 관한 법률 제6조, 제36조 제1항에서 규정한 세부용도지역에 따라 사전환경성검토협의 대상이 되는 사업계획면적이 달리 규정되어 있는바, 피고 행정청에게 제출한 개발사업시행승인 신청서에는 이 사건 개발사업 부지가 6,418㎡로 기재되어 있어 이 사건 개발사업 부지의 세부용도지역 지정에 따라 사전환경성검토협의 대상 여부가 달라질 수 있었음에도, 이 사건 처분 당시 이 사건 개발사업 부지에 대하여 세부용도지역이 지정되지 않은 상태였고, 이러한 경우 피고 행정청으로서는 이 사건 개발사업 부지의 이용실태 및 특성, 장래의 토지이용방향 등에 대한 구체적 조사 및 이에 기초한 평가 작업을 거쳐 이 사건 개발사업 부지가 어떠한 세부용도지역의 개념 정의에 부합하는지 여부를 가린 다음 이를 토대로

사전환경성검토협의 여부를 결정하여야 한다는 법리는 이 사건 처분이 있은 후에 비로소 이 사건 대법원판결에 의하여 선언되는 것이므로, 설령 피고 행정청이 법의 해석을 잘못한 나머지 이 사건 개발사업이 사전환경성검토협의 대상이 아니라고 보고 그 절차를 생략한 채 이 사건 처분을 하였다고 하더라도, 그 하자가 외형상 객관적으로 명백하다고 할 수는 없다고 한 사례.

제2절 피고적격(행정소송법 제13조)

Ⅰ. 의 의

취소소송은 행정소송법 제13조 제1항에 따라서 다른 법률에 특별한 규정이 없는 한 그 처분 등을 행한 행정청을 피고로 한다. 여기에서의 행정청이라고 함은 전술한 행정청의 처분에서의 행정청의 의미와 같다.

원래 처분 등의 효과의 귀속은 행정주체이나 소송수행의 편의를 위하여 처분청에 피고적격을 인정한 것이다.

Ⅱ. 판 례

대법원 2010.1.28. 선고 2008두1504 판결 【수용재결취소등】
토지소유자 등이 수용재결에 불복하여 이의신청을 거친 후 취소소송을 제기하는 경우 피고적격(=수용재결을 한 토지수용위원회) 및 소송대상(=수용재결)

공익사업을 위한 토지 등의 취득 및 보상에 관한 법률 제85조 제1항 전문의 문언 내용과 같은 법 제83조, 제85조가 중앙토지수용위원회에 대한 이의신청을 임의적 절차로 규정하고 있는 점, 행정소송법 제19조 단서가 행정심판에 대한 재결은 재결 자체에 고유한 위법이 있음을 이유로 하는 경우에 한하여 취소소송의 대상으로 삼을 수 있도록 규정하고 있는 점 등을 종합하여 보면, 수용재결에 불복하여 취소소송을 제기하는 때에는 이의신청을 거친 경우에도 수용재결을 한 중앙토지수용위원회 또는 지방토지수용위원회를 피고로 하여 수용재결의 취소를 구하여야 하고, 다만 이의신청에 대한 재결 자체에 고유한 위법이 있음을 이유로 하는 경우에는 그 이의재결을 한 중앙토지수용위원회를 피고로 하여 이의재결의 취소를 구할 수 있다고 보아야 한다.

대법원 2009.7.9. 선고 2007두16608 판결 【저작권등록무효확인】

[1] 저작권 등록처분에 대한 무효확인소송에서 피고적격자(=저작권심의조정위원회)

[2] '저작권심의조정위원회 위원장'을 피고로 저작권 등록처분의 무효확인을 구하는 소는 피고적격이 없는 자를 상대로 한 것으로 부적법하여 각하되어야 한다고 한 사례

[1] 구 저작권법(2006. 12. 28. 법률 제8101호로 전문 개정되기 전의 것) 제97조의3 제2호는 '문화관광부장관은 대통령령이 정하는 바에 의하여 법 제53조에 규정한 저작권 등록업무에 관한 권한을 저작권심의조정위원회에 위탁할 수 있다'고 규정하고, 같은 법 시행령(2007. 6. 29. 대통령령 제20135호로 전문 개정되기 전의 것) 제42조는 '문화관광부장관은 법 제97조의3의 규정에 의하여 저작권 등록업무에 관한 권한을 저작권심의조정위원회에 위탁한다'고 규정하고 있으므로, '저작권심의조정위원회'가 저작권 등록업무의 처분청으로서 그 등록처분에 대한 무효확인소송에서 피고적격을 가진다.

[2] '저작권심의조정위원회 위원장'을 피고로 저작권 등록처분의 무효확인을 구하는 소는 피고적격이 없는 자를 상대로 한 부적법한 것이고, 피고적격에 관하여 석명에 응할 기회를 충분히 제공하였음에도 피고경정을 하지 않은 사정에 비추어, 부적법하여 각하되어야 한다고 한 사례.

대법원 2006.2.23. 자 2005부4 결정 【산재보험료부과처분취소】

[1] 행정소송법 제14조에 의한 피고경정의 종기(=사실심 변론종결시)

[2] 대리권을 수여받은 행정청이 대리관계를 밝힘이 없이 자신의 명의로 행정처분을 한 경우, 그 행정처분에 대한 항고소송의 피고적격

[3] 근로복지공단의 이사장으로부터 보험료의 부과 등에 관한 대리권을 수여받은 지역본부장이 대리의 취지를 명시적으로 표시하지 않고서 산재보험료 부과처분을 한 경우, 그 부과처분에 대한 항고소송의 피고적격이 근로복지공단에 있다고 한 사례

[4] 행정소송에서 피고경정신청을 인용한 결정에 대한 종전 피고의 불복방법(=특별항고)

[1] 행정소송법 제14조에 의한 피고경정은 사실심 변론종결에 이르기까지 허용되는 것으로 해석하여야 할 것이고, 굳이 제1심 단계에서만 허용되는 것으로 해석할 근거는 없다.

[2] 대리권을 수여받은 데 불과하여 그 자신의 명의로는 행정처분을 할 권한이 없는 행정청의 경우 대리관계를 밝힘이 없이 그 자신의 명의로 행정처분을 하였다면 그에 대하여는 처분명의자인 당해 행정청이 항고소송의 피고가 되어야 하는 것이 원칙이지만, 비록 대리관계를 명시적으로 밝히지는 아니하였다 하더라도 처분명의자가 피대리 행정청 산하의 행정기관으로서 실

제로 피대리 행정청으로부터 대리권한을 수여받아 피대리 행정청을 대리한다는 의사로 행정처분을 하였고 처분명의자는 물론 그 상대방도 그 행정처분이 피대리 행정청을 대리하여 한 것임을 알고서 이를 받아들인 예외적인 경우에는 피대리 행정청이 피고가 되어야 한다.

[3] 근로복지공단의 이사장으로부터 보험료의 부과 등에 관한 대리권을 수여받은 지역본부장이 대리의 취지를 명시적으로 표시하지 않고서 산재보험료 부과처분을 한 경우, 그러한 관행이 약 10년간 계속되어 왔고, 실무상 근로복지공단을 상대로 산재보험료 부과처분에 대한 항고소송을 제기하여 온 점 등에 비추어 지역본부장은 물론 그 상대방 등도 근로복지공단과 지역본부장의 대리관계를 알고 받아들였다는 이유로, 위 부과처분에 대한 항고소송의 피고적격이 근로복지공단에 있다고 한 사례.

대법원 2001. 12. 11. 선고 2001두7794 판결 【합창단재위촉거부처분취소】
공법상의 법률관계를 다투는 당사자소송에서의 피고적격(=국가 · 공공단체 등 권리주체)

공법상의 법률관계를 다투는 당사자소송은 행정소송법 제3조 제2호, 제39조에 의하여 그 법률관계의 한쪽 당사자인 국가 · 공공단체 그 밖의 권리주체가 피고적격을 가진다.

제3절 제소기간(행정소송법 제20조)

Ⅰ. 의 의

행정소송의 제소기간에 관하여는, 행정심판을 거치지 아니하고 바로 취소소송을 제기하는 경우에는 처분 등이 있음을 안 날로부터 90일 이내에 취소소송을 제기하여야 하고(행정소송법 제20조 제1항 본문), 이 경우에 처분 등이 있은 날로부터 1년을 경과하면 정당한 사유가 없는 한 취소소송을 제기하지 못한다(동조 제2항).

다만 행정소송법 제18조 제1항 단서에 규정한 경우와 그밖에 행정심판청구를 할 수 있는 경우 또는 행정청이 행정심판청구를 할 수 있다고 잘못 알린 경우에는 행정심판청구가 있은 때의 제소기간은 재결서의 정본을 송달받은 날부터 기산한다(동조 제1항).

Ⅱ. 판 례

2010. 6. 25. 선고 2007두12514 전원합의체 판결 〔부가가치세부과처분취소〕 (공2010, 1493)

재결청의 재조사결정에 따른 심사청구기간이나 심판청구기간 또는 행정소송의 제소기간의 기산점(=후속 처분의 통지를 받은 날)

[다수의견] 이의신청 등에 대한 결정의 한 유형으로 실무상 행해지고 있는 재조사결정은 처분청으로 하여금 하나의 과세단위의 전부 또는 일부에 관하여 당해 결정에서 지적된 사항을 재조사하여 그 결과에 따라 과세표준과 세액을 경정하거나 당초 처분을 유지하는 등의 후속 처분을 하도록 하는 형식을 취하고 있다. 이에 따라 재조사결정을 통지받은 이의신청인 등은 그에 따른 후속 처분의 통지를 받은 후에야 비로소 다음 단계의 쟁송절차에서 불복할 대상과 범위를 구체적으로 특정할 수 있게 된다. 이와 같은 재조사결정의 형식과 취지, 그리고 행정심판제도의 자율적 행정통제기능 및 복잡하고 전문적·기술적 성격을 갖는 조세법률관계의 특수성 등을 감안하면, 재조사결정은 당해 결정에서 지적된 사항에 관해서는 처분청의 재조사결과를 기다려 그에 따른 후속 처분의 내용을 이의신청 등에 대한 결정의 일부분으로 삼겠다는 의사가 내포된 변형결정에 해당한다고 볼 수밖에 없다. 그렇다면 재조사결정은 처분청의 후속 처분에 의하여 그 내용이 보완됨으로써 이의신청 등에 대한 결정으로서의 효력이 발생한다고 할 것이므로, 재조사결정에 따른 심사청구기간이나 심판청구기간 또는 행정소송의 제소기간은 이의신청인 등이 후속 처분의 통지를 받은 날부터 기산된다고 봄이 타당하다.

[대법관 김영란, 대법관 양승태, 대법관 안대희의 별개의견] 재조사결정은 단지 효율적인 사건의 심리를 위하여 처분청에 재조사를 지시하는 사실상의 내부적 명령에 불과하다고 보아야 할 것이므로 그로써 이의신청 등에 대한 결정이 있었다고 할 수 없고, 후속 처분에 의하여 그 효력이 발생한다고 의제할 수도 없다. 따라서 이의신청인 등에게 재조사결정이나 후속 처분이 통지되었다고 하더라도 그 후 다시 재결청이 국세기본법에 규정된 유형의 결정을 하여 이의신청인 등에게 이를 통지할 때까지는 심사청구기간 등이 진행하지 않는다고 보아야 한다.

2010. 1. 28. 선고 2008두19987 판결 〔개별공시지가결정처분취소〕 (공2010, 431)

개별공시지가에 대하여 이의가 있는 자가 행정심판을 거쳐 행정소송을 제기하는 경우 제소기간의 기산점

부동산 가격공시 및 감정평가에 관한 법률 제12조, 행정소송법 제20조 제1

항, 행정심판법 제3조 제1항의 규정 내용 및 취지와 아울러 부동산 가격공시 및 감정평가에 관한 법률에 행정심판의 제기를 배제하는 명시적인 규정이 없고 부동산 가격공시 및 감정평가에 관한 법률에 따른 이의신청과 행정심판은 그 절차 및 담당 기관에 차이가 있는 점을 종합하면, 부동산 가격공시 및 감정평가에 관한 법률이 이의신청에 관하여 규정하고 있다고 하여 이를 행정심판법 제3조 제1항에서 행정심판의 제기를 배제하는 '다른 법률에 특별한 규정이 있는 경우'에 해당한다고 볼 수 없으므로, 개별공시지가에 대하여 이의가 있는 자는 곧바로 행정소송을 제기하거나 부동산 가격공시 및 감정평가에 관한 법률에 따른 이의신청과 행정심판법에 따른 행정심판청구 중 어느 하나만을 거쳐 행정소송을 제기할 수 있을 뿐 아니라, 이의신청을 하여 그 결과 통지를 받은 후 다시 행정심판을 거쳐 행정소송을 제기할 수도 있다고 보아야 하고, 이 경우 행정소송의 제소기간은 그 행정심판 재결서 정본을 송달받은 날부터 기산한다.

대법원 2010.1.28. 선고 2008두19987 판결 【개별공시지가결정처분취소】

개별공시지가에 대하여 이의가 있는 자가 행정심판을 거쳐 행정소송을 제기하는 경우 제소기간의 기산점

부동산 가격공시 및 감정평가에 관한 법률 제12조, 행정소송법 제20조 제1항, 행정심판법 제3조 제1항의 규정 내용 및 취지와 아울러 부동산 가격공시 및 감정평가에 관한 법률에 행정심판의 제기를 배제하는 명시적인 규정이 없고 부동산 가격공시 및 감정평가에 관한 법률에 따른 이의신청과 행정심판은 그 절차 및 담당 기관에 차이가 있는 점을 종합하면, 부동산 가격공시 및 감정평가에 관한 법률이 이의신청에 관하여 규정하고 있다고 하여 이를 행정심판법 제3조 제1항에서 행정심판의 제기를 배제하는 '다른 법률에 특별한 규정이 있는 경우'에 해당한다고 볼 수 없으므로, 개별공시지가에 대하여 이의가 있는 자는 곧바로 행정소송을 제기하거나 부동산 가격공시 및 감정평가에 관한 법률에 따른 이의신청과 행정심판법에 따른 행정심판청구 중 어느 하나만을 거쳐 행정소송을 제기할 수 있을 뿐 아니라, 이의신청을 하여 그 결과 통지를 받은 후 다시 행정심판을 거쳐 행정소송을 제기할 수도 있다고 보아야 하고, 이 경우 행정소송의 제소기간은 그 행정심판 재결서 정본을 송달받은 날부터 기산한다.

대법원 2009.7.23. 선고 2008두10560 판결 【부작위위법확인의소】

[1] 인사위원회의 심의를 거쳐 3급 승진대상자로 결정된 사실이 대내외에 공표된 4급 공무원으로부터 소청심사를 통한 승진임용신청을 받은 행정청이 그에 대하여 적극적 또는 소극적 처분을 하지 않는 경우, 그러한 행정청의 부작위가 위법한 것인

지 여부(적극)

[2] 부작위위법확인의 소의 제소기간

[3] 당사자가 적법한 제소기간 내에 부작위위법확인의 소를 제기한 후, 동일한 신청에 대하여 소극적 처분이 있다고 보아 처분취소소송으로 소를 교환적으로 변경한 후 부작위위법확인의 소를 추가적으로 병합한 경우, 제소기간을 준수한 것으로 볼 수 있는지 여부(적극)

[1] 4급 공무원이 당해 지방자치단체 인사위원회의 심의를 거쳐 3급 승진대상자로 결정되고 임용권자가 그 사실을 대내외에 공표까지 하였다면, 그 공무원은 승진임용에 관한 법률상 이익을 가진 자로서 임용권자에 대하여 3급 승진임용을 신청할 조리상의 권리가 있고, 이러한 공무원으로부터 소청심사청구를 통해 승진임용신청을 받은 행정청으로서는 상당한 기간 내에 그 신청을 인용하는 적극적 처분을 하거나 각하 또는 기각하는 등의 소극적 처분을 하여야 할 법률상의 응답의무가 있다. 그럼에도, 행정청이 위와 같은 권리자의 신청에 대해 아무런 적극적 또는 소극적 처분을 하지 않고 있다면 그러한 행정청의 부작위는 그 자체로 위법하다.

[2] 부작위위법확인의 소는 부작위상태가 계속되는 한 그 위법의 확인을 구할 이익이 있다고 보아야 하므로 원칙적으로 제소기간의 제한을 받지 않는다. 그러나 행정소송법 제38조 제2항이 제소기간을 규정한 같은 법 제20조를 부작위위법확인소송에 준용하고 있는 점에 비추어 보면, 행정심판 등 전심절차를 거친 경우에는 행정소송법 제20조가 정한 제소기간 내에 부작위위법확인의 소를 제기하여야 한다.

[3] 당사자가 동일한 신청에 대하여 부작위위법확인의 소를 제기하였으나 그 후 소극적 처분이 있다고 보아 처분취소소송으로 소를 교환적으로 변경한 후 여기에 부작위위법확인의 소를 추가적으로 병합한 경우, 최초의 부작위위법확인의 소가 적법한 제소기간 내에 제기된 이상 그 후 처분취소소송으로의 교환적 변경과 처분취소소송에의 추가적 변경 등의 과정을 거쳤다고 하더라도 여전히 제소기간을 준수한 것으로 봄이 상당하다

대법원 2008.2.1. 선고 2007두20997 판결 【교원소청심사위원회결정취소】

처분 당시에는 취소소송의 제기가 법제상 허용되지 않아 소송을 제기할 수 없다가 위헌결정으로 인하여 비로소 취소소송을 제기할 수 있게 된 경우 제소기간의 기산점

행정소송법 제20조가 제소기간을 규정하면서 '처분 등이 있은 날' 또는 '처분 등이 있음을 안 날'을 각 제소기간의 기산점으로 삼은 것은 그때 비로소 적법한 취소소송을 제기할 객관적 또는 주관적 여지가 발생하기 때문이므

로, 처분 당시에는 취소소송의 제기가 법제상 허용되지 않아 소송을 제기할 수 없다가 위헌결정으로 인하여 비로소 취소소송을 제기할 수 있게 된 경우, 객관적으로는 '위헌결정이 있은 날', 주관적으로는 '위헌결정이 있음을 안 날' 비로소 취소소송을 제기할 수 있게 되어 이때를 제소기간의 기산점으로 삼아야 한다.

제3편

위법심사론

행정소송에서의 본안에서의 심사는 행정의 당해 행위에 대한 위법 여부에 대한 심사라고 할 수 있는데 그 내용을 대별하면 위법심사의 기준과 위법심사의 정도로 나누어 볼 수 있다.

본안에서의 위법심사의 기준은 실제 법원이 행정에 대한 적법성통제로서 기능하기 위한 기준으로서의 기능을 한다. 이에 관련된 심사로서는 당해 처분의 실정법적 근거를 구비하였는지 여부에 대한 심사, 당해 처분이 행정법의 일반원칙에 위배되었는지 여부에 대한 심사로서 예컨대 평등원칙, 비례원칙, 부당결부금지원칙, 신뢰보호원칙 위반 등이 논의될 수 있다.
또한 이러한 심사기준의 존재형식에 따라서, 행정입법의 형식에 따른 구별로서 법규명령과 행정규칙, 행정계획의 법규성, 헌법위반 등으로 나누어 논의될 수 있다.

본안에서의 위법심사의 정도로서는 먼저 재량행위론에서는 기속행위와 재량행위의 구별, 재량행위의 법적 성질, 불확정법개념과 판단여지 등이 문제가 되고, 특히 본안에서는 재량행위의 하자에 대한 심사가 중요하다.

제1장 위법심사의 기준

제1절 개 요

행정처분이 소송요건을 갖추어 드디어 본안에서 법원이 행정처분의 위법 여부를 심사하게 되는 경우, 법원이 심사의 척도로서 사용하여야 하는 위법심사의 기준으로는 1. 당해 처분의 근거, 2. 행정법의 일반원칙으로서 평등원칙, 비례원칙, 부당결부금지원칙, 신뢰보호원칙, 3. 행정입법으로서의 법규명령·행정규칙, 4. 입법형식에 있어서 이질적인 행정계획, 5. 최고 규범으로서의 헌법 등을 들 수 있다.

제2절 개별적 고찰

Ⅰ. 처분의 근거

1. 의 의

위법심사의 기준으로서의 처분의 근거는 당해 처분의 법적 근거를 말한다. 이에는 각 법률 규정이 직접적인 근거 규정이 된다. 따라서 행정청은 법치행정의 원리상 당연히 처분의 근거 규정을 준수하여야 함은 물론이다.

신청인은 만일 입법 목적 등을 달리하는 법률들이 일정한 행위에 관한 요건을 각기 정하고 있는 경우, 그 행위에 관하여 각 법률의 규정에 따른 처분을 받아야 하는 것이 원칙이다.

한편 행정은 당해 처분의 근거에 관하여 법률에 정하는 제한사유 이외의 사유를 들어서 허가를 거부할 수 없다. 예컨대 건축허가권자인 행정청이 건축허가신청이 건축법 등 관계 법규에서 정하는 어떠한 제한에 배치되지 않는 이상 당연히 같은 규정에서 정하는 건축허가를 하여야 하고, 중대한 공익상의 필요가 없는데도 관계 법령에서 정하는 제한사유 이외의 사유를 들어 요건을 갖춘 자에 대한 허가를 거부할 수는 없다.

행정처분은 그 근거 법령이 개정된 경우에도 경과 규정에서 달리 정함이 없는 한 처분 당시 시행되는 개정 법령과 그에서 정한 기준에 의하는 것이 원칙이다. 만일 그 개정 법령이 기존의 사실 또는 법률관계를 적용대상으로 하면서 종전보다 불리한 법률효과를 규정하고 있는 경우에도 그러한 사실 또는 법률관계가 개정 법률이 시행되기 이전에 이미 종결된 것이 아니라면 이를 헌법상 금지되는 소급입법이라고 할 수는 없다. 다만 그러한 개정 법률의 적용과 관련하여서는 개정 전 법령의 존속에 대한 국민의 신뢰가 개정 법령의 적용에 관한 공익상의 요구보다 더 보호가치가 있다고 인정되는 경우에 그러한 국민의 신뢰보호를 보호하기 위하여 그 적용이 제한될 수 있다.

2. 판 례

2010. 9. 9. 선고 2008두22631 판결 〔납골당설치신고불가처분취소〕 (공2010, 1916)

[1] 구 '장사 등에 관한 법률 시행령' 제13조 제1항의 [별표 3] 제2항 (다)목 (2) (가) 단서에서 정한 '기존의 사원'의 의미

[2] 입법 목적 등을 달리하는 법률들이 일정한 행위에 관한 요건을 각기 정하고 있는 경우, 그 행위에 관하여 각 법률의 규정에 따른 인허가를 받아야 하는지 여부(원칙적 적극)

[3] 구 '장사 등에 관한 법률' 제14조 제1항에 의한 사설납골시설의 설치신고 수리 여부의 판단 기준

[4] 종교단체의 사설납골당 설치신고에 대하여 파주시장이 신고수리불가 처분을 한 사안에서, 파주시가 장사시설 중장기계획을 수립하여 놓았다는 사정만으로 납골당 설치신고의 수리를 거부할 중대한 공익상 필요가 있다고 보기 어렵다고 보아 위 처분을 취소한 원심판결에, 중대한 공익상의 필요에 관한 법리를 오해하고 심리를 다하지 않은 위법이 있다고 한 사례

[1] 구 '장사 등에 관한 법률'(2007. 5. 25. 법률 제8489호로 전부 개정되기 전의 것) 제14조 제3항, 구 '장사 등에 관한 법률 시행령'(2008. 5. 26. 대통령령 제20791호로 전부 개정되기 전의 것) 제13조 제1항의 [별표 3] 제2항 (다)목 (2) (가)의 각 규정에 의하면, 종교단체가 설치하는 납골당에는 기존의 사원 경내에 설치하는 경우를 제외하고는 폭 5m 이상의 진입로와 주차장을 마련하여야 한다. 여기서 '기존의 사원'이란 납골당의 설치 이전에 사원의 운영에 필요한 인적·물적 시설 및 신도를 구비하여 온 종교적 교당을 말한다.

[2] 입법 목적 등을 달리하는 법률들이 일정한 행위에 관한 요건을 각기 정하고 있는 경우, 어느 법률이 다른 법률에 우선하여 배타적으로 적용된다고 풀이되지 아니하는 한 그 행위에 관하여 각 법률의 규정에 따른 인허가를 받아야 한다. 다만, 이러한 경우 그 중 하나의 인허가에 관한 관계 법령 등에서 다른 법령상의 인허가에 관한 규정을 원용하고 있는 경우나 그 행위가 다른 법령에 의하여 절대적으로 금지되고 있어 그것이 객관적으로 불가능한 것이 명백한 경우 등에는 그러한 요건을 고려하여 인허가 여부를 결정할 수 있다.

[3] 구 '장사 등에 관한 법률'(2007. 5. 25. 법률 제8489호로 전부 개정되기 전의 것)의 관계 규정들에 비추어 보면, 같은 법 제14조 제1항에 의한 사설납골시설의 설치신고는, 같은 법 제15조 각 호에 정한 사설납골시설설치 금지지역에 해당하지 않고 같은 법 제14조 제3항 및 같은 법 시행령(2008. 5. 26. 대통령령 제20791호로 전부 개정되기 전의 것) 제13조 제1항의 [별표 3]에 정한 설치기준에 부합하는 한, 수리하여야 하나, 보건위생상의 위해를 방지하거나 국토의 효율적 이용 및 공공복리의 증진 등 중대한 공익상 필요가 있는 경우에는 그 수리를 거부할 수 있다고 보는 것이 타당하다.

[4] 종교단체의 사설납골당 설치신고에 대하여 파주시장이 신고수리불가 처분을 한 사안에서, 납골당의 규모와 진입로 및 주위 교통여건 등을 비교하여 교통량 증가로 교통체증이 심화되어 마을 주민들의 통행에 현저한 지장을 가져오는지 여부, 납골당 설치로 인해 보건위생상 또는 환경상의 문제가 발

생할 우려가 있는지 여부, 파주시 장사시설의 현황과 장사시설에 관한 중장기계획의 내용 등에 비추어 위 사설납골당이 국토의 효율적 이용 및 공공복리 증진을 해칠 우려가 있는지 여부 등을 살펴 납골당 설치신고의 수리를 거부할 중대한 공익상 필요가 있는지를 판단하였어야 함에도, 파주시가 장사시설 중장기계획을 수립하여 놓았다는 사정만으로 납골당 설치신고의 수리를 거부할 중대한 공익상 필요가 있다고 보기 어렵다고 보아 위 처분을 취소한 원심판결에, 중대한 공익상의 필요에 관한 법리를 오해하고 심리를 다하지 않은 위법이 있다고 한 사례.

2010. 2. 25. 선고 2009두2764 판결 〔운행정지처분취소〕 (2010, 675)

[1] 관계 행정기관의 장이 사업개선명령의 권한을 행사할 수 없도록 개정된 '구 기업활동 규제완화에 관한 특별조치법' 시행일 전에 이미 '구 여객자동차 운수사업법' 제24조 제1항에 근거하여 적법하게 이루어진 사업개선명령이 위 개정 법률의 시행 후에도 그 효력을 유지하는지 여부(적극)

[2] 여객자동차 운송사업에 해당하는 택시가 도급제로 운행되는지 여부의 판단 기준

[3] 행정청이 관내 택시업체에 대하여 도급제 운영금지를 골자로 하는 사업개선명령을 시달한 후 이를 위반한 택시운송사업자에게 택시 운행정지처분을 한 사안에서, 위 처분은 적법하고 재량권을 일탈·남용한 경우에 해당하지도 않는다고 한 사례

[1] 2005. 3. 31. 법률 제7422호로 개정된 구 기업활동 규제완화에 관한 특별조치법 개정의 경과와 그 내용, 경과규정을 따로 두지 아니한 취지, 기업활동에 관한 행정규제의 완화를 통해 원활한 기업활동을 도모하고자 하는 위 법의 목적, 사업개선명령의 근거규정인 구 여객자동차 운수사업법(2007. 7. 13. 법률 제8511호로 개정되기 전의 것) 제24조를 개정하거나 삭제하지 아니한 채 단순히 구 기업활동 규제완화에 관한 특별조치법의 개정을 통해 관계 행정기관의 시정지시 등의 권한 행사만을 제한하는 것으로 규정한 입법 취지, 그동안 시·도지사·구청장은 여객의 안전운송 확보와 서비스 향상을 위해 일정한 조치가 필요한 경우마다 구 여객자동차 운수사업법에 따라 관내 운송사업자에게 사업개선명령을 추가로 시달해 온 사정 등을 종합하여 보면, 위 구 기업활동 규제완화에 관한 특별조치법 제55조의5 제8호는, 그 법 시행일 이후에 관계 행정기관의 장이 구 여객자동차 운수사업법 제24조 제1항에 근거하여 새로이 사업개선명령을 시달하여 행정규제를 하는 것을 금지하는 것일 뿐이고, 위 개정 법률의 시행일 이전에 이미 구 여객자동차 운수사업법 제24조 제1항에 근거하여 적법하게 행하여진 사업개선명령의 효력까지 소멸시키는 것은 아니라고 봄이 상당하다. 따라서 위 개정 법률 시행일 이전에 이미 구 여객자동차 운수사업법 제24조 제1항에 근거하여 적법하게 이루어

진 사업개선명령은 위 개정 법률의 시행에도 그 효력이 여전히 유지되는 것으로 볼 것이다.

[2] 여객자동차 운송사업에 해당하는 택시가 도급제로 운행되는지 여부는 그 사업자와 실제로 택시를 운행하는 자 사이에 체결된 근로계약의 내용, 그 택시의 운행실태, 운송수입금의 납부 및 관리의 실태 등을 종합적으로 고려하여 판단할 것이다.

[3] 행정청이 관내 택시업체에 대하여 도급제 운영금지를 골자로 하는 사업개선명령을 시달한 후 이를 위반한 택시운송사업자에게 택시 운행정지처분을 한 사안에서, 택시운송사업자와 그 소속 택시 기사들 사이에 체결된 근로계약서 및 각서의 내용, 종합운행내역에 나타난 택시운행의 실태, 운송수입금의 납부 및 관리의 실태 등에 비추어, 택시운송사업자가 사업개선명령에서 금지하고 있는 도급제 형태로 택시들을 운영하였다고 보아 그 위반차량 대수의 2배수에 해당하는 택시에 대하여 운행정지 60일을 명한 위 처분은 적법하고 재량권을 일탈·남용한 경우에 해당하지도 않는다고 한 사례.

2010. 3. 11.선고 2008두15169 판결 〔과징금납부명령취소〕 (공2010, 751)

[1] 사업자들이 부당한 공동행위의 기본적 원칙에 관한 합의 없이 장기간에 걸쳐 여러 차례의 합의를 단일한 의사에 터잡아 동일한 목적을 수행하기 위하여 끊임없이 계속 실행한 경우, 이를 1개의 부당한 공동행위로 볼 수 있는지 여부(적극)

[2] 행정처분의 근거가 되는 개정 법령이 종결되지 않은 기존의 사실 또는 법률관계를 적용대상으로 하면서 종전보다 불리한 법률효과를 규정하고 있는 경우 헌법상 금지되는 소급입법인지 여부(소극) 및 그 개정 법률의 적용이 제한될 수 있는 경우

[1] 사업자들이 부당한 공동행위의 기본적 원칙에 관한 합의를 하고 이를 실행하는 과정에서 수차례의 합의를 계속하여 온 경우는 물론, 그러한 기본적 원칙에 관한 합의 없이 장기간에 걸쳐 여러 차례의 합의를 해 온 경우에도 그 각 합의가 단일한 의사에 터잡아 동일한 목적을 수행하기 위한 것으로서 끊임없이 계속 실행되어 왔다면, 그 각 합의의 구체적인 내용이나 구성원 등에 일부 변경이 있었다고 할지라도, 특별한 사정이 없는 한 그와 같은 일련의 합의는 전체적으로 1개의 부당한 공동행위로 봄이 상당하다.

[2] 행정처분은 그 근거 법령이 개정된 경우에도 경과 규정에서 달리 정함이 없는 한 처분 당시 시행되는 개정 법령과 그에서 정한 기준에 의하는 것이 원칙이고, 그 개정 법령이 기존의 사실 또는 법률관계를 적용대상으로 하면서 종전보다 불리한 법률효과를 규정하고 있는 경우에도 그러한 사실 또는 법률관계가 개정 법률이 시행되기 이전에 이미 종결된 것이 아니라면 이를 헌법상 금지되는 소급입법이라고 할 수는 없으며, 그러한 개정 법률의 적용과 관련하여서는 개정 전 법령의 존속에 대한 국민의 신뢰가 개정 법령의 적

용에 관한 공익상의 요구보다 더 보호가치가 있다고 인정되는 경우에 그러한 국민의 신뢰보호를 보호하기 위하여 그 적용이 제한될 수 있는 여지가 있을 따름이다.

2009. 8. 20. 선고 2008두11372 판결 〔법인세부과처분취소〕 (공2009, 1569)
비과세요건 또는 조세감면요건에 관한 법규의 해석 방법

조세법률주의의 원칙상 과세요건이나 비과세요건 또는 조세감면요건을 막론하고 조세법규의 해석은 특별한 사정이 없는 한 법문대로 해석할 것이고 합리적 이유 없이 확장해석하거나 유추해석하는 것은 허용되지 아니하며, 특히 감면요건 규정 가운데에 명백히 특혜규정이라고 볼 수 있는 것은 엄격하게 해석하는 것이 조세공평의 원칙에도 부합한다.

2009. 9. 24. 선고 2009두8946 판결 〔건축허가거부처분취소〕 (공2009, 1777)
[1] 건축허가권자가 관계 법령에서 정하는 제한사유 이외의 사유를 들어 건축허가를 거부할 수 있는지 여부(원칙적 소극)
[2] 건축허가신청이 시장이 수립하고 있는 도시·주거환경정비 기본계획에 배치될 가능성이 높다고 하여 바로 건축허가신청을 반려할 중대한 공익상의 필요가 있다고 보기 어렵다고 한 사례

[1] 건축허가권자는 건축허가신청이 건축법 등 관계 법규에서 정하는 어떠한 제한에 배치되지 않는 이상 당연히 같은 법조에서 정하는 건축허가를 하여야 하고, 중대한 공익상의 필요가 없는데도 관계 법령에서 정하는 제한사유 이외의 사유를 들어 요건을 갖춘 자에 대한 허가를 거부할 수는 없다.
[2] 구 국토의 계획 및 이용에 관한 법률(2009. 2. 6. 법률 제9442호로 개정되기 전의 것, 이하 같다) 제63조 제1항 제3호는 "국토해양부장관, 시 · 도지사, 시장 또는 군수는 도시기본계획 또는 도시관리계획을 수립하고 있는 지역으로서 당해 도시기본계획 또는 도시관리계획이 결정될 경우 용도지역 · 용도지구 또는 용도구역의 변경이 예상되고 그에 따라 개발행위허가의 기준이 크게 달라질 것으로 예상되는 지역으로서 도시관리계획상 특히 필요하다고 인정되는 지역에 대하여는 대통령령이 정하는 바에 따라 중앙도시계획위원회 또는 지방도시계획위원회의 심의를 거쳐 1회에 한하여 3년 이내의 기간동안 개발행위허가를 제한할 수 있다. 다만, 제3호 내지 제5호에 해당하는 지역에 대하여는 1회에 한하여 2년 이내의 기간 동안 개발행위허가의 제한을 연장할 수 있다."고 규정하고, 같은 조 제2항은 "국토해양부장관, 시 · 도지사, 시장 또는 군수는 제1항의 규정에 의하여 개발행위허가를 제한하고자 하는 때에는 대통령령이 정하는 바에 따라 제한지역·제한사유·제한대상행위

및 제한기간을 미리 고시하여야 한다."고 규정하고 있는바, 원심판결 이유 및 기록에 의하면 안양시장은 2008. 7. 2. 안양시 고시 제2008-63호로 위 법 제63조 등에 의거하여 이 사건 신청지 등에 대하여 '2020 안양 도시·주거환경정비 기본계획' 수립 검토대상지역 건축물의 건축(신·증축), 토지분할 등의 개발행위를 제한함으로써 기본계획을 수립함에 있어 장기적인 도시발전 방향을 제시하고 다수 주민들의 재산권 보호 및 불필요한 자원 낭비 예방을 위하여 건축물의 신·증축, 토지분할 등의 행위를 고시일로부터 1년간 제한한다고 고시하였던 사실을 알 수 있는바, 위 법 제63조가 도시기본계획 또는 도시관리계획을 수립하고 있는 지역으로서 당해 도시기본계획 또는 도시관리계획이 결정될 경우 용도지역·용도지구 또는 용도구역의 변경이 예상되고 그에 따라 개발행위허가의 기준이 크게 달라질 것으로 예상되는 지역으로서 도시관리계획상 특히 필요하다고 인정되는 지역에 대하여 개발행위허가를 제한하고자 하는 때에는 제한지역·제한사유·제한대상행위 및 제한기간을 미리 고시하도록 규정한 취지를 고려할 때, 이 사건 거부처분 당시 이 사건 건축허가신청 내용이 안양시장이 수립하고 있는 '2020 안양 도시·주거환경정비 기본계획'에 배치될 가능성이 높다고 하여 막바로 이 사건 건축허가신청을 반려할 중대한 공익상의 필요가 있었다고 보기 어렵다고 한 사례.

2009. 10. 15. 선고 2008두3920 판결 〔임야분할신청거부처분취소〕 (공2009, 1877)

개발제한구역 내 임야의 공유물분할에 관한 조정이 성립된 후 조정조서의 내용대로 임야의 분할을 신청하였으나 시장·군수·구청장이 이를 거부한 사안에서, 당사자들 사이의 합의에 따라 작성된 조정조서가 지적법 시행규칙 제24조 제1항 제2호에 정한 '확정판결'로서 구 개발제한구역의 지정 및 관리에 관한 특별조치법상의 토지분할에 관한 허가를 대체하는 것으로 보기 어렵다는 등의 이유로 임야분할신청에 대한 거부처분이 적법하다고 한 사례

개발제한구역 내 임야의 공유물분할에 관한 조정이 성립된 후 조정조서의 내용대로 임야의 분할을 신청하였으나 시장·군수·구청장이 이를 거부한 사안에서, 구 개발제한구역의 지정 및 관리에 관한 특별조치법(2008. 3. 21. 법률 제8975호로 전부 개정되기 전의 것) 제11조 제1항 제6호, 같은 법 시행령(2008. 11. 28. 대통령령 제21139호로 전부 개정되기 전의 것) 제16조 본문에 의하면, 개발제한구역에서는 원칙적으로 토지의 분할을 할 수 없고 다만 시장·군수·구청장의 허가를 받아 분할된 후 각 필지의 면적이 200㎡ 이상인 경우에만 토지를 분할할 수 있도록 규정하고 있어 이러한 절차를 거치지 않은 분할신청은 개발제한구역의 지정 및 관리에 관한 특별조치법령에 위배되는 신청이라는 점, 위 법상의 토지분할의 제한은 건축법상 대지 면적이 최소한도 미만으로 분할되는 것을 제한하고 있는 것과 달리 도시의 무질서한 확산

등을 방지하기 위한 것으로서 공유물분할 등에 관한 조정 과정에서 그러한 사정에 관한 검토가 이루어진다고 보기 어려운 점 등에 비추어, 당사자들 사이의 합의에 따라 작성된 조정조서는 지적법 시행규칙 제24조 제1항 제2호에 정한 '확정판결'로서 위 특별조치법상의 토지분할에 관한 허가를 대체하는 것으로 보기 어렵다는 등의 이유로 임야분할신청을 받아들이지 않은 거부처분이 적법하다고 한 사례.

2009. 6. 18. 선고 2008두10997 전원합의체 판결 〔주민등록전입신고수리거부처분취소〕(공2009, 1028)

[1] 시장·군수 또는 구청장의 주민등록전입신고 수리 여부에 관한 심사의 범위와 대상대법원 2002. 7. 9. 선고 2002두1748 판결(변경)

[2] 무허가 건축물을 실제 생활의 근거지로 삼아 10년 이상 거주해 온 사람의 주민등록전입신고를 거부한 사안에서, 투기나 이주대책 요구 등을 방지할 목적으로 주민등록전입신고를 거부하는 것은 주민등록법의 입법 목적과 취지 등에 비추어 허용될 수 없다고 한 사례

[1] 주민들의 거주지 이동에 따른 주민등록전입신고에 대하여 행정청이 이를 심사하여 그 수리를 거부할 수는 있다고 하더라도, 그러한 행위는 자칫 헌법상 보장된 국민의 거주·이전의 자유를 침해하는 결과를 가져올 수도 있으므로, 시장·군수 또는 구청장의 주민등록전입신고 수리 여부에 대한 심사는 주민등록법의 입법 목적의 범위 내에서 제한적으로 이루어져야 한다. 한편, 주민등록법의 입법 목적에 관한 제1조 및 주민등록 대상자에 관한 제6조의 규정을 고려해 보면, 전입신고를 받은 시장·군수 또는 구청장의 심사 대상은 전입신고자가 30일 이상 생활의 근거로 거주할 목적으로 거주지를 옮기는지 여부만으로 제한된다고 보아야 한다. 따라서 전입신고자가 거주의 목적 이외에 다른 이해관계에 관한 의도를 가지고 있는지 여부, 무허가 건축물의 관리, 전입신고를 수리함으로써 당해 지방자치단체에 미치는 영향 등과 같은 사유는 주민등록법이 아닌 다른 법률에 의하여 규율되어야 하고, 주민등록전입신고의 수리 여부를 심사하는 단계에서는 고려 대상이 될 수 없다.

[2] 무허가 건축물을 실제 생활의 근거지로 삼아 10년 이상 거주해 온 사람의 주민등록 전입신고를 거부한 사안에서, 부동산투기나 이주대책 요구 등을 방지할 목적으로 주민등록전입신고를 거부하는 것은 주민등록법의 입법 목적과 취지 등에 비추어 허용될 수 없다고 한 사례.

2009. 6. 11. 선고 2009두4265 판결 〔약국개설등록불가처분취소〕(공2009, 1135)

[1] 약사법 제20조 제5항 제3호에서 '의료기관의 시설 또는 부지의 일부를 분할하여 약국을 개설하는 경우'를 약국개설등록을 받지 않는 경우로 규정한 취지

[2] 약국개설등록신청 장소가 의료기관의 시설 일부를 분할·변경한 장소에 해당한다는 이유로 약국개설등록신청을 거부한 사안에서, 약사법 제20조 제5항 제3호에 정한 약국개설 제한 사유에 해당하지 않는다고 한 사례

[1] 약사법 제20조 제5항 제3호는 약국개설등록을 받지 않는 경우의 하나로 '의료기관의 시설 또는 부지의 일부를 분할하여 약국을 개설하는 경우'를 들고 있고, 그 입법 취지는 의료기관과 약국 사이의 장소적 관련성이 긴밀하면 의료기관과 약국이 담합할 가능성이 현저히 높은 반면, 일반적인 행정감독으로는 양자 사이의 구체적인 담합행위를 적발해내기가 매우 어려운 점을 감안하여, 의료기관과 약국 사이에 일정한 장소적 관련성이 있는 경우 그곳에 약국을 개설하지 못하도록 함으로써 의약분업의 시행에 따라 의료기관과 약국의 담합행위를 근원적으로 방지하는 데에 있다.

[2] 약국을 개설하려고 등록 신청한 장소가 의료기관의 시설 일부를 분할·변경한 장소에 해당한다는 이유로 약국개설등록신청을 거부한 사안에서, 그 신청 장소가 처음 약 4, 5개월간 일시적으로 의료기관의 시설로 사용되다가 약 7년간 다른 시설과 용도로 사용되어 왔고, 그 후 건물을 증축하면서 같은 층의 의료기관과 서로 독립적인 형태로 구조변경공사를 하여 두 시설 사이에 내부적으로 통행할 수 없게 된 사정 등에 비추어, 약사법 제20조 제5항 제3호에 정한 약국개설 제한 사유에 해당하지 않는다고 한 사례.

2008. 11. 27. 선고 2006두19419 판결 〔법인세등부과처분취소〕 (공2008, 1808)

[1] 법률이 전문 개정된 경우 개정 전 법률 부칙의 경과 규정도 실효되는지 여부(원칙적 적극) 및 예외적으로 실효되지 않는다고 보기 위한 요건으로서 '특별한 사정'의 의미와 판단 방법

[2] 구 조세감면규제법 중 개정법률 부칙(1009. 12. 31.) 제23조가 1993. 12. 31. 법률 제4666호로 전문 개정된 조세감면규제법의 시행에도 불구하고 실효되지 않았다고 볼 '특별한 사정'이 있다고 판단한 사례

[1] 개정 법률이 전문 개정인 경우에는 기존 법률을 폐지하고 새로운 법률을 제정하는 것과 마찬가지여서 종전의 본칙은 물론, 부칙 규정도 모두 소멸하는 것으로 보아야 하므로 종전의 법률 부칙의 경과규정도 실효된다고 보는 것이 원칙이지만, 특별한 사정이 있는 경우에는 그 효력이 상실되지 않는다고 보아야 한다. 여기에서 말하는 '특별한 사정'은 전문 개정된 법률에서 종전의 법률 부칙의 경과규정에 관하여 계속 적용한다는 별도의 규정을 둔 경우뿐만 아니라, 그러한 규정을 두지 않았다고 하더라도 종전의 경과규정이 실효되지 않고 계속 적용된다고 보아야 할 만한 예외적인 사정이 있는 경우도 포함한다. 이 경우 예외적인 '특별한 사정'이 있는지 여부를 판단함에 있

어서는 종전 경과규정의 입법 경위 및 취지, 전문 개정된 법령의 입법 취지 및 전반적 체계, 종전의 경과규정이 실효된다고 볼 경우 법률상 공백상태가 발생하는지 여부, 기타 제반 사정 등을 종합적으로 고려하여 개별적·구체적으로 판단하여야 한다.

[2] 구 조세감면규제법 중 개정법률(1990. 12. 31. 법률 제4285호로 개정된 것) 부칙 제23조가 1993. 12. 31. 법률 제4666호로 전문 개정된 조세감면규제법의 시행에도 불구하고 실효되지 않았다고 볼 '특별한 사정'이 있다고 판단한 사례.

Ⅱ. 평등원칙

1. 의 의

행정법의 일반원칙의 하나인 평등원칙은 행정이 합리적인 이유가 없는 한 자의적인 차별을 하여서는 안되고 공평하게 취급하여야 한다는 것을 말한다.

평등원칙의 근거는 헌법 제11조를 드는 것이 일반적이라고 할 수 있다. 헌법 제11조 제1항의 평등의 원칙이란, 모든 국민이 모든 경우에 모든 점에서 똑같이 취급되어야 한다는 절대적 평등을 뜻하는 것이 아니라 규율대상의 차이를 전제로 한 상대적 평등을 말하는 것이므로, 위와 같은 차이가 있는 경우에 그에 상응하는 합리적 차별까지 배제되는 것은 아니다. 나아가 국민의 모든 자유와 권리는 국가안전보장·질서유지 또는 공공복리를 위하여 필요한 경우에 한하여 법률로써 제한할 수 있으므로, 재산권을 제한함에 있어서 목적과 수단 사이에 적정한 비례관계가 준수된다면 헌법에 위반된다고 할 수 없다.

2. 행정의 자기구속의 법리

(1) 의 의

행정의 자기구속의 법리라고 하는 것은 행정 스스로 행한 종래의 동일한 행위에 대하여 동일한 결정을 한 경우와 같이 행정이 자신의 행위에 구속되는 것을 말한다.

(2) 근 거

자기구속의 법리는 자의의 금지 내지는 평등원칙과 관련되는 것으로 보는 것이 일반적이다.

(3) 무하자재량행사청구권

행정이 동일 사안에 대하여 다른 결정을 하는 경우에는 평등원칙 위반이 된다. 이 경우 국민은 행정에 대하여 평등원칙을 위반하지 아니한 재량처분을 요구할 권리가 논해지기도 하는데 이것이 무하자재량행사청구권이다.

(4) 행정규칙 위반

행정의 자기구속의 법리는 행정의 행정규칙 위반과 관련되어 논해지기도 하는데, 이 경우 행정규칙의 법규성을 인정하지 아니하는 한 국민은 행정의 행정규칙 위반을 직접적인 근거로 주장할 수 없고 다만 행정이 재량행사를 함에 있어서 행정규칙을 평등하게 적용하지 아니하였다는 점에서 즉 재량기준을 위반하였다는 것이고 이 점에서 평등원칙 위반을 주장할 수 있다는 것이 일반적인 견해이다.

3. 판 례

2008. 11. 20. 선고 2007두8287 전원합의체 판결 〔폐기물부담금부과처분취소〕 (공2008, 1796)

구 자원의 절약과 재활용촉진에 관한 법률 시행령 제11조 [별표 2] 제7호에서 플라스틱제품의 '수입업자'가 부담하는 폐기물부담금의 산출기준을 '제조업자'와 달리 그 수입가만을 기준으로 정한 것이 헌법상 평등원칙을 위반한 것인지 여부(적극)

구 자원의 절약과 재활용촉진에 관한 법률 시행령(2007. 3. 27. 대통령령 제19971호로 개정되기 전의 것) 제11조 [별표 2] 제7호에서 플라스틱제품의 수입업자가 부담하는 폐기물부담금의 산출기준을 아무런 제한 없이 그 수입가만을 기준으로 한 것은, 합성수지 투입량을 기준으로 한 제조업자에 비하여 과도하게 차등을 둔 것으로서 합리적 이유 없는 차별에 해당하므로, 위 조항 중 '수입의 경우 수입가의 0.7%' 부분은 헌법상 평등원칙을 위반한 입법으로서 무효이다.

대법원 2009.10.15. 선고 2008추32 판결 【조례안재의결무효확인】

'원주 혁신도시 및 기업도시 편입지역 주민지원 조례안'이 평등원칙을 위반하고 있는지 여부(소극)

국가나 지방자치단체가 국민이나 주민을 수혜 대상자로 하여 재정적 지원을 하는 정책을 실행하는 경우 그 정책은 재정 상태에 따라 영향을 받을 수 밖에 없다고 할 것인바, 국가나 지방자치단체가 합리적인 기준에 따라 능력이 허용하는 범위 내에서 법적 가치의 상향적 구현을 위한 제도의 단계적인 개선을 추진할 수 있는 길을 선택할 수 없다면, 모든 사항과 계층을 대상으로 하여 동시에 제도의 개선을 추진하는 예외적인 경우를 제외하고는 어떠한 제도의 개선도 그 시행이 불가능하다는 결과에 이르게 되어 불합리할 뿐만 아니라 평등의 원칙이 실현하고자 하는 가치에도 어긋난다. 따라서 '원주 혁신도시 및 기업도시 편입지역 주민지원 조례안'이 원주시 내에 건설되는 혁신도시, 기업도시의 주민 등에게만 일정한 지원을 하도록 하고 있더라도 그것만으로 위 조례안이 평등원칙을 위반하고 있다고 보기는 어렵다.

대법원 2009.6.25. 선고 2008두13132 판결 【조합설립추진위원회승인처분취소】 [미간행]

행정청이 조합설립추진위원회의 설립승인 심사에서 위법한 행정처분을 한 선례가 있다고 하여 그러한 기준을 따라야 할 의무가 없는 점 등에 비추어, 평등의 원칙이나 신뢰보호의 원칙 또는 자기구속의 원칙 등에 위배되고 재량권을 일탈·남용하여 자의적으로 조합설립추진위원회 승인처분을 한 것으로 볼 수 없다고 한 사례

대법원 2008.11.20. 선고 2007두8287 전원합의체 판결 【폐기물부담금부과처분취소】

구 자원의 절약과 재활용촉진에 관한 법률 시행령 제11조 [별표 2] 제7호에서 플라스틱제품의 '수입업자'가 부담하는 폐기물부담금의 산출기준을 '제조업자'와 달리 그 수입가만을 기준으로 정한 것이 헌법상 평등원칙을 위반한 것인지 여부(적극)

구 자원의 절약과 재활용촉진에 관한 법률 시행령(2007. 3. 27. 대통령령 제19971호로 개정되기 전의 것) 제11조 [별표 2] 제7호에서 플라스틱제품의 수입업자가 부담하는 폐기물부담금의 산출기준을 아무런 제한 없이 그 수입가만을 기준으로 한 것은, 합성수지 투입량을 기준으로 한 제조업자에 비하여 과도하게 차등을 둔 것으로서 합리적 이유 없는 차별에 해당하므로, 위 조항 중 '수입의 경우 수입가의 0.7%' 부분은 헌법상 평등원칙을 위반한 입법으로서 무효이다.

대법원 2008.11.13. 선고 2007두13302 판결 【특수임무수행자보상대상제외처분취소】 [미간행]

특수임무수행자 보상에 관한 법률에 의한 보상의 내용이나 범위, 방법, 시

기 등이 입법자의 입법형성의 자유에 속한다.

외국군에 소속되거나 소속이 없는 유격대의 경우를 적용대상에서 제외하고 있는 특수임무수행자 보상에 관한 법률 시행령 제2조가 자의금지의 원칙을 벗어나 헌법상 평등의 원칙에 위배된다고 할 수 없다고 한 사례

대법원 2008.5.15. 선고 2005두11463 판결 【변상금추가부과고지처분취소】 [미간행]

[1] 헌법 제11조 제1항의 평등의 원칙이란, 모든 국민이 모든 경우에 모든 점에서 똑같이 취급되어야 한다는 절대적 평등을 뜻하는 것이 아니라 규율대상의 차이를 전제로 한 상대적 평등을 말하는 것이므로, 위와 같은 차이가 있는 경우에 그에 상응하는 합리적 차별까지 배제되는 것은 아니라고 할 것이다. 나아가 국민의 모든 자유와 권리는 국가안전보장·질서유지 또는 공공복리를 위하여 필요한 경우에 한하여 법률로써 제한할 수 있으므로, 재산권을 제한함에 있어서 목적과 수단 사이에 적정한 비례관계가 준수된다면 헌법에 위반된다고 할 수 없다.

[2] 국유재산법 제51조 제1항이 대부계약 등을 맺지 아니하고 국유 잡종재산을 무단 점유한 자에 대하여 통상의 대부료에 20%를 할증한 변상금을 부과·징수하도록 하고 있는 데에는 국유재산의 효율적인 보존·관리라는 합리적인 이유가 있다고 할 것이므로 헌법 제11조 제1항의 평등원칙에 반한다고 볼 수 없고, 이 사건 법률조항으로 인하여 잃게 되는 무단 점유자의 재산권이라는 사익보다 그로 인하여 얻게 되는 국유재산의 효율적인 관리·보존이라는 공익이 크다고 할 것이므로 헌법 제23조 제1항 및 제37조 제2항에 위반하여 재산권을 과도하게 침해하였다고 볼 수도 없다.

대법원 2007.10.29. 선고 2005두14417 전원합의체 판결 【개발제한구역훼손부담금부과처분취소】

[1] 구 개발제한구역의 지정 및 관리에 관한 특별조치법 제20조 제1항에서 규정하는 개발제한구역 훼손부담금의 제도적 취지

[2] 개발제한구역 훼손부담금의 부과율을 규정함에 있어서 전기공급시설 등과는 달리 집단에너지공급시설에 차등을 두는 구 개발제한구역의 지정 및 관리에 관한 특별조치법 시행령 제35조 제1항 제3호의 규정이 헌법상 평등원칙에 위배되어 무효인지 여부(적극)

[1] 구 개발제한구역의 지정 및 관리에 관한 특별조치법(2005. 1. 27. 법률 7383호로 개정되기 전의 것) 제20조 제1항에서 규정하는 개발제한구역 훼손부담금은 개발제한구역 내의 시설 등의 설치로 발생하는 토지형질변경에 대하여 구역 내·외의 토지가격 차액에 상당하는 경제적 부담을 부과함으로써

개발제한구역 내로의 입지 선호를 제거하여 개발제한구역의 훼손을 억제하고, 개발제한구역의 관리를 위한 재원을 확보하는 데에 그 제도적 취지가 있다.

[2] 구 개발제한구역의 지정 및 관리에 관한 특별조치법 시행령(2006. 6. 15. 대통령령 제19532호로 개정되기 전의 것) 제35조 제1항 제2호 (다)목에서는 공익시설 중 전기공급시설, 가스공급시설, 유류저장 및 송유설비에 대하여 개발제한구역 훼손부담금의 부과율을 100분의 20으로 정하고 있는 반면, 같은 항 제3호에서는 집단에너지공급시설을 포함한 다른 공익시설들(같은 항 제1호 및 제2호에서 규정하고 있는 공익시설은 제외)에 대하여 훼손부담금의 부과율을 100분의 100으로 정하고 있는바, 집단에너지공급시설과 전기공급시설 등은 모두 다수의 사용자에게 에너지를 공급하여 생활의 편의를 충족시키는 역할을 하는 공익시설들로서 에너지를 수송하는 시설들이 그 주요 부분을 차지하고 있고, 이러한 시설들은 개발제한구역이 도시 주위를 둘러싸고 띠 형태로 지정되어 있어서 도시 지역 밖에서 안으로 혹은 그 반대방향으로 에너지를 공급하기 위해서는 개발제한구역을 통과해야 하는 경우가 많아 개발제한구역 밖의 토지에 대한 입지 선택이 가능한 학교 등 다른 공익시설들과는 그 사정이 다른 점, 위와 같은 시설들의 설치는 주로 배관을 지중에 매설한 후 그 지표면을 다시 원상복구시키는 방식으로 이루어지는 것이어서, 다른 공익시설들에 비해 개발제한구역에 대한 훼손의 정도가 크지 않기 때문에 개발제한구역 훼손부담금의 제도적 취지상 다른 공익시설들보다 훼손부담금의 부과율을 낮게 정할 필요가 있으며, 이 점에서는 집단에너지공급시설과 전기공급시설 등의 사이에 아무런 차이가 없는 점, 그뿐만 아니라, 집단에너지공급시설과 전기공급시설 등은 공급하는 물질(에너지)만 다를 뿐, 그 설치공사의 내용과 방법이나 그에 관한 기술적 측면의 규제 내용 등이 동일하거나 유사하고, 그 외 도로법 등 다른 각종 행정법규에서도 점용료나 원인자부담금 등의 산정·부과 및 감면 등에서 같게 취급하고 있는 등 사실상의 차이도 찾아보기 어려운 점 등을 종합하여 보면, 위 시행령 제35조 제1항 제3호에서 집단에너지공급시설에 대한 훼손부담금의 부과율을 전기공급시설 등에 대한 훼손부담금의 부과율인 100분의 20의 다섯 배에 이르는 100분의 100으로 정한 것은, 집단에너지공급시설과 전기공급시설 등의 사이에 그 공급받는 수요자가 다소 다를 수 있음을 감안하더라도, 부과율에 과도한 차등을 둔 것으로서 합리적 근거 없는 차별에 해당하므로 헌법상 평등원칙에 위배되어 무효이다.

Ⅲ. 비례원칙

1. 의 의

행정법의 일반원칙의 하나인 비례원칙은 행정작용을 함에 있어서 목적과 수단간의 합리적인 비례관계가 인정되어야 한다는 원칙이다. 비례원칙은 연역적으로 과거 경찰행정 영역에서의 공권력의 남용의 문제로부터 비롯되었다.

이러한 비례원칙의 법적 근거로서는 헌법 제37조 제2항을 드는 것이 일반적이다. 이러한 헌법적 원리를 구체화하여 행정규제기본법 제5조 제3항에 규정하고 있다.

2. 내 용

비례원칙은 일반적으로 적합성의 원칙, 필요성의 원칙 및 상당성의 원칙(협의의 비례원칙)으로 구성되어 있다.

적합성의 원칙은 행정목적 달성을 위하여 수단이 적합하여야 한다는 원칙이고, 필요성의 원칙은 적합한 수단 중에서 최소 침해를 가져오는 수단을 선택하여야 한다는 원칙이다. 상당성의 원칙은 목적달성을 위하여 적합하고 필요한 수단의 사용이 이전보다 더 큰 불이익을 야기시켜서는 아니된다는 원칙으로서 협의의 비례원칙이라고도 한다.

3. 적용 영역

원래 비례원칙은 경찰권의 발동의 제한의 원리이라는 점에서 과거 주로 침익행정의 영역에서 논의되었으나, 현재는 복지국가, 사회국가의 이념에 따라서 수익적 행정행위 내지는 급부행정의 영역에서도 인정되고 있다.

4. 부당결부금지원칙

부당결부금지원칙은 행정청의 행정활동을 함에 있어서 그 행정활동과 실질적인 관련성이 없는 상대방의 급부를 결부시켜서는 아니된다는 원칙을 말한다.

이러한 부당결부금지원칙은 사물의 본질적 법칙인 조리, 법치국가원리 내지는 과잉금지원칙에서 도출된다고 한다.

5. 판 례

대법원 2009.10.29. 선고 2008두19239 판결 【급수공사비부과처분취소청구】

원심은 제1심판결을 인용하여, 정액공사비제도가 급수공사에 실제 소요된 비용을 산정·부과함에 따라 발생하게 되는 여러 문제점을 해결하고 행정의 효율성을 제고하기 위한 것이라고 하더라도 비용부담의 원칙에 배치되는 측면이 있으므로 가급적 관계법령에서 정하고 있는 산정요소를 반영하여 그 편차가 지나치게 크지 않도록 하여야 한다는 전제하에, 이 사건 고시로 인해 부과된 정액공사비가 실제 소요된 비용의 9배에 달하는 점 등 그 판시와 같은 사정을 종합해 보면, 이 사건 고시는 수도급수조례의 위임취지 및 비례의 원칙에 반하여 위법하므로 이 사건 고시에 기한 이 사건 급수공사비처분도 위법하다고 판단하였는바, 기록에 비추어 살펴보면, 원심의 위와 같은 인정 및 판단은 정당한 것으로 수긍이 가고 거기에 상고이유로 주장하는 바와 같은 수도급수조례의 해석, 정액공사비제도의 취지 및 비례원칙에 관한 법리오해의 위법이 없다.

대법원 2008.6.12. 선고 2007두1767 판결 【도로구역변경고시취소】 [미간행]

원심은 그 채용 증거들을 종합하여 그 판시와 같은 사실을 인정한 다음, 이 사건 사업의 목적, 사업추진방식, 이 사건 처분의 경위, 이 사건 처분으로 원고가 입게 될 손실의 정도 등을 고려하여 볼 때 동서관통(미시령터널)도로 시설사업의 기본계획과 실시협약의 이행을 위한 이 사건 처분이 비례의 원칙에 반한다고 할 수 없고, 이 사건 사업으로 설치될 도로의 형태, 이 사건 토지의 위치를 고려하여 보아 이 사건 토지 일대를 휴게소 부지로 선정한 것이 적정성의 원칙에도 반한다고 보이지 않는다고 판단하였다.

대법원 2007.7.12. 선고 2006두4554 판결 【과징금부과처분취소】

[1] 구 부동산 실권리자명의 등기에 관한 법률이 조세포탈이나 법령위반의 목적에 관계없이 모든 명의신탁을 금지하고 행정적·형사적 제재를 가하는 것이 헌법에 위반되는지 여부(소극)

[2] 과징금부과에 관한 구 부동산 실권리자명의 등기에 관한 법률 제5조가 이중처벌금지 원칙 또는 비례의 원칙에 위반되는지 여부(소극)

[1] 구 부동산 실권리자명의 등기에 관한 법률(2007. 5. 11. 법률 제8418호로 개정되기 전의 것) 제3조, 제5조, 제6조, 제7조가 조세포탈이나 법령위반의 목적 유무를 떠나 모든 명의신탁을 금지하고 그 위반자를 행정적·형사적 제재대상으로 삼고 있다 하더라도, 헌법 제119조 제1항의 자본주의적 시장경

제질서 및 제10조의 행복추구권에 내재된 사적자치 원칙의 본질에 반하거나 헌법 제23조 제1항의 재산권보장 원칙의 본질을 침해하는 것이라 할 수 없고, 나아가 부동산에 관한 권리를 실체적 권리관계에 부합하도록 등기하게 함으로써 투기 · 탈세 · 탈법행위 등을 방지하고 부동산 거래의 정상화와 부동산 가격의 안정을 도모하고자 하는 입법목적이 정당하고 그 입법목적을 달성하기 위한 수단도 적절하며, 현재 상태에서는 위 입법목적을 달성하기 위하여 명의신탁의 효력을 부인하고 행정적 · 형사적 제재를 가하는 방법이 불가피하고, 명의신탁자는 궁극적으로 소유권을 이전받거나 부당이득의 법리에 의하여 금전적인 반환을 받는 구제방법을 가지고 있어 위 법률에 의하여 달성되는 공익에 비하여 제한받는 기본권의 정도가 과하다고 볼 수 없으므로, 헌법 제37조 제2항의 과잉금지 원칙에 위반된다고 볼 수 없다.

[2] 구 부동산 실권리자명의 등기에 관한 법률(2007. 5. 11. 법률 제8418호로 개정되기 전의 것) 제5조에 규정된 과징금은 그 취지와 기능, 부과의 주체와 절차 등에 비추어 행정청이 명의신탁행위로 인한 불법적인 이익을 박탈하거나 위 법률에 따른 실명등기의무의 이행을 강제하기 위하여 의무자에게 부과 · 징수하는 것일 뿐 그것이 헌법 제13조 제1항에서 금지하는 국가형벌권 행사로서의 처벌에 해당한다고 할 수 없으므로 위 법률에서 형사처벌과 아울러 과징금의 부과처분을 할 수 있도록 규정하고 있다 하더라도 이중처벌금지원칙에 위반한다고 볼 수 없다. 나아가 그 과징금의 금액에 관하여도, 행정청이 과징금을 부과할 당시에 명의신탁관계가 있으면 부과하는 날 현재의 부동산 가액, 과징금을 부과받은 날 이미 명의신탁관계가 종료되었거나 실명등기를 하였으면 명의신탁관계 종료시점 또는 실명등기시점의 부동산 가액, 위반기간, 조세를 포탈하거나 법령에 의한 제한을 회피할 목적으로 하였는지 여부 등을 고려하여 부동산 가액의 100분의 30에 해당하는 금액의 범위 안에서 각 부과하도록 하고 있으므로 비례원칙에 반하는 과잉제재라 할 수 없다.

대법원 2006.10.27. 선고 2004두6105 판결 【직업능력개발훈련비용지원금환수및지급제한처분취소】 [미간행]

고용보험법 제20조의2 제1항, 제26조의3 및 이 사건 법 시행령 조항의 규정 형식이나 체제 또는 문언에 비추어 볼 때, 허위 기타 부정한 방법으로 직업능력개발훈련비용을 지급받은 자에 대한 반환명령 및 지급제한처분은 재량행위가 아니라 기속행위라 할 것이므로, 이 사건 처분이 재량행위임을 전제로 비례원칙에 위배하였거나 주어진 재량권을 행사하지 아니하여 위법하다는 취지의 상고이유 주장은 나아가 살펴볼 것 없이 이유 없다.

대법원 2004. 3. 25. 선고 2003두1264 판결 【일반택시운송사업면허취소처분취소】 [미간행]

구 여객자동차운수사업법(2000. 12. 30. 법률 제6335호로 개정되기 전의 것, 이하 '법'이라 한다) 제76조 제1항 본문은 여객자동차운수사업자가 다음 각 호의 1에 해당하는 때에는 면허를 취소할 수 있다고 규정하고 있고 그 단서에서는 명의이용금지를 위반한 때에 해당하는 제8호 등 일부의 경우에는 면허를 취소하여야 한다고 규정하고 있는바, 헌법재판소는 2000. 6. 1. '법 제76조 제1항단서 중 제8호(제36조에서 준용하는 경우는 제외한다. 이하 같다) 부분'에 대하여 비례원칙의 한 요소인 최소침해성의 원칙 등에 위반된다는 이유로 위헌결정을 하였지만, 이러한 위헌결정으로 인하여 효력이 상실되는 조항은 '법 제76조 제1항 단서 중 제8호 부분'에 한정되고 '법 제76조 제1항 본문 및 제8호의 규정'까지 그 효력이 상실되는 것은 아니다. 피고는 이 사건 처분의 근거법률로서 본문과 단서를 구분함이 없이 법 제76조 제1항 제8호를 처분서에 기재하고 있으므로 비록 '법 제76조 제1항단서 중 제8호 부분'에 관한 위헌결정이 있었다고 하더라도 이 사건 처분은 '법 제76조 제1항 본문 및 제8호의 규정'에 의하여 여전히 그 법적 효력이 유지된다고 할 것이고, 위 위헌결정으로 인하여 곧바로 이 사건 처분이 법률상 근거가 없는 위법한 처분이 된 것으로 볼 수는 없다.

대법원 2002. 9. 24. 선고 2000두1713 판결 【시정명령등취소】

건축사회의 구 독점규제및공정거래에관한법률위반행위가 그 경쟁제한성이 크다는 이유로 공정거래위원회가 내부적으로 제정한 '과징금산정방법및부과지침'상의 과징금 부과기준의 2배에 상당하는 금액을 과징금으로 일률적으로 부과한 경우, 위 과징금 납부명령이 비례원칙에 위배되어 재량권을 일탈·남용한 것이라고 한 사례

대법원 1983.6.28. 선고 83누94 판결 【해임처분취소】
예비군 동원훈련 도중 군무이탈한 공무원에 대한 해임처분과 재량권 일탈

공무원이 예비군동원훈련도중 2시간 30분간 군무이탈하여 구멍가게에서 술을 마신 사실은 공무원의 신분을 보유케 할 수 없을 정도로 공무원의 품위를 손상케 한 것이라고 단정하기 어렵고 그보다 가벼운 징계처분으로서도 능히 기강확립의 행정목적을 달할 수 있다 할 것이므로 공무원의 신분을 박탈하는 해임처분은 이른바 비례원칙에 어긋난, 재량권의 범위를 벗어난 위법한 처분이다.

Ⅳ. 신뢰보호원칙

1. 의 의

행정법의 일반원칙의 하나인 신뢰보호원칙이라 함은 행정기관이 일정한 언동에 대한 상대방의 보호가치 있는 신뢰를 보호하여야 한다는 원칙을 말한다. 이 원칙은 사회국가적 기능과 밀접한 관련성을 갖고 영미법상의 금반언의 원칙과 유사한 기능을 한다.

2. 법적 근거

(1) 이론상의 근거

신뢰보호원칙의 근거로는 사법상의 신의칙설, 법적 안정성설, 법치국가원리설 등이 있다. 일반적으로는 신뢰보호원칙을 헌법상의 지위와 연결시켜 논의하고 있으나, 우리나라 헌법재판소는 신뢰보호원칙을 법치국가원리의 파생원칙으로 본다.

헌법재판소 1997.7.16. 97헌마38 전원재판부 【종합생활기록부제도개선보완시행지침위헌확인】

헌법상의 법치국가원리의 파생원칙인 신뢰보호의 원칙은 국민이 법률적 규율이나 제도가 장래에도 지속할 것이라는 합리적인 신뢰를 바탕으로 이에 적응하여 개인의 법적 지위를 형성해 왔을 때에는 국가로 하여금 그와 같은 국민의 신뢰를 되도록 보호할 것을 요구한다. 따라서 법규나 제도의 존속에 대한 개개인의 신뢰가 그 법규나 제도의 개정으로 침해되는 경우에 상실된 신뢰의 근거 및 종류와 신뢰이익의 상실로 인한 손해의 정도 등과 개정규정이 공헌하는 공공복리의 중요성을 비교교량하여 현존상태의 지속에 대한 신뢰가 우선되어야 한다고 인정될 때에는 규범정립자는 지속적 또는 과도적으로 그 신뢰보호에 필요한 조치를 취하여야 할 의무가 있다. 이 원칙은 법률이나 그 하위법규 뿐만 아니라 국가관리의 입시제도와 같이 국·공립대학의 입시전형을 구속하여 국민의 권리에 직접 영향을 미치는 제도운영지침의 개폐에도 적용되는 것이다.

(2) 실정법적 근거

국세기본법 제18조 제3항에서 "세법의 해석이나 국세행정의 관행이 일반적으로 납세자에게 받아들여진 후에는 그 해석이나 관행에 의한 행위 또는 계산은 정당한 것으로 보며, 새로운 해석이나 관행에 의하여 소급하여 과세되지 아니한다."라고 규정하고 있고, 행정절차법 제4조 제2항에서, "행정청은 법령등의 해석 또는 행정청의 관행이 일반적으로 국민들에게 받아들여진 때에는 공익 또는 제3자의 정당한 이익을 현저히 해할 우려가 있는 경우를 제외하고는 새로운 해석 또는 관행에 의하여 소급하여 불리하게 처리하여서는 아니된다."라고 규정하고 있는 예를 들 수 있다.

3. 적용 요건

(1) 선행조치

행정기관의 선행조치가 있어야 한다. 일반적으로는 법령, 행정규칙, 행정행위, 확약, 행정계획, 행정지도 등 폭 넓게 인정한다. 이러한 선행조치는 명시적이든 묵시적이든 상관없다.

(2) 보호가치

선행조치의 정당성 또는 존속성에 대한 신뢰가 보호가치 있는 것이어야 한다. 따라서 상대방의 신뢰에 귀책사유가 있어서는 아니 된다.

> **대법원 1988.2.9. 선고, 87누939 판결 【개인택시운송사업면허취소처분취소】**
> **사위의 방법으로 취득한 개인택시면허취소에 대한 신뢰이익의 원용가부**
>
> 개인택시운송사업의 면허와 같은 수익적 행정행위를 취소할 경우에는 이를 취소하여야 할 공익상의 필요와 그 취소로 인하여 당사자가 입을 불이익을 비교 교량하여 그 가부를 결정하여야 할 것이나 행정청이 신청인의 사위방법에 의하여 착오로 면허자격이 있는 것으로 오인하고 이에 터잡아 행정청의 면허처분을 받은 경우 그 면허처분은 하자있는 처분이 되므로 행정청이 그를 이유로 스스로 취소할 수 있다 할 것이고 이 경우에 사위의 방법으로 면허를 받은 사람은 그 이익이 위법하게 취득되었음을 알아 그 취소가능성도 예상하고 있었을 터이므로 그 취소로 인하여 사실상의 불이익이 있다 하여도 이를 감수할 수 밖에 없고 신의칙과 공평의 원칙에 비추어 그 자신이 위 행정행위에 관한 신뢰이익을 원용할 수 없음은 물론 행정청이 이를 고려하지 아니하였다 하더라도 재량권의 남용이 논의될 여지가 없다.

(3) 상대방의 조치

신뢰보호는 행정청의 선행조치에 대하여 상대방인 국민이 신뢰하여 일정한 조치 예컨대 투자를 실제로 한 경우에 인정된다.

(4) 인과관계

행정기관의 선행조치와 신뢰, 이 신뢰에 의거한 상대방의 조치 사이에 인과관계가 있어야 한다.

(5) 선행조치에 반하는 후행조치의 존재

행정기관이 선행조치에 반하는 후행조치를 하여 선행조치의 정당성, 존속성에 대한 신뢰한 상대방의 조치를 보호하는 것이므로 선행조치에 반하는 행정기관의 후행조치가 있어야 한다.

(6) 공익 또는 제3자의 정당한 이익의 불침해

이는 최근 판례에 의하여 추가된 요건으로서, 선행조치에 따른 후행조치를 취함으로 인하여 공익 또는 제3자의 정당한 이익을 현저히 해할 우려가 있는 경우가 아니어야 한다.

대법원 2001. 9. 28. 선고 2000두8684 판결 【토지형질변경행위허가신청반려처분취소】

일반적으로 행정상의 법률관계에 있어서 행정청의 행위에 대하여 신뢰보호의 원칙이 적용되기 위하여는, 첫째 행정청이 개인에 대하여 신뢰의 대상이 되는 공적인 견해표명을 하여야 하고, 둘째 행정청의 견해표명이 정당하다고 신뢰한 데에 대하여 그 개인에게 귀책사유가 없어야 하며, 셋째 그 개인이 그 견해표명을 신뢰하고 이에 상응하는 어떠한 행위를 하였어야 하고, 넷째 행정청이 위 견해표명에 반하는 처분을 함으로써 그 견해표명을 신뢰한 개인의 이익이 침해되는 결과가 초래되어야 하며, 마지막으로 위 견해표명에 따른 행정처분을 할 경우 이로 인하여 공익 또는 제3자의 정당한 이익을 현저히 해할 우려가 있는 경우가 아니어야 한다.

4. 한 계

신뢰보호원칙의 한계로는 신뢰보호원칙과 법률적합성원칙의 관계가 논해진다. 이에 관하여는 법률적합성원칙의 우위설이 있으나, 일반적으로는 신뢰보호원칙의 근거를 법적 안정성원칙에서 구하는 경우 법적 안정성과 법률적합성원칙은 같은 법치국가원리의 구성요소이라는 점에서 양자의 동위설이 주장된다.

5. 적용 영역

신뢰보호원칙의 적용은 과거 조세행정의 영역이나 위법한 수익적 행정행위의 취소의 제한 법리로서 기능하고 있으나, 최근에는 적법한 행정행위의 철회제한의 법리, 계획변경 등에도 확장하여 인정되고 있다.

6. 신의성실원칙

신뢰보호원칙과 별도로 사법상의 원칙인 신의성실의 원칙을 인정하는 경우가 있다. 최근 우리나라 행정절차법 제4조 제1항, 국세기본법 제15 등에서 실정법화하고 있다.

2008. 9. 18. 선고 2007두2173 전원합의체 판결 〔휴업급여부지급처분취소〕 (공2008, 1456)

근로복지공단으로부터 요양불승인처분을 받은 다음 그 취소를 구하는 행정소송을 제기하여 승소확정판결을 받은 근로자가 요양으로 인하여 취업하지 못한 기간의 휴업급여를 청구한 사안에서, 그 휴업급여청구권이 시효완성으로 소멸하였다는 근로복지공단의 항변은 신의성실의 원칙에 반하여 허용될 수 없다고 한 사례

[다수의견] (가) 채무자의 소멸시효에 기한 항변권의 행사도 우리 민법의 대원칙인 신의성실의 원칙과 권리남용금지의 원칙의 지배를 받으므로, 채무자가 시효완성 전에 채권자의 권리행사나 시효중단을 불가능 또는 현저히 곤란하게 하였거나 그러한 조치가 불필요하다고 믿게 하는 행동을 하였거나, 객관적으로 채권자가 권리를 행사할 수 없는 사실상의 장애사유가 있었거나, 일단 시효완성 후에 채무자가 시효를 원용하지 아니할 것 같은 태도를 보여 채권자로 하여금 그와 같이 신뢰하게 하였거나, 채권자를 보호할 필요성이 크고 같은 조건의 그 채권자들 중 일부가 이미 채무의 변제를 수령하는 등 채무이행의 거절을 인정함이 현저히 부당하거나 불공평하게 되는 등의 특별한 사정이 있는 경우에는, 채무자가 소멸시효의 완성을 주장하는 것이 신의

성실의 원칙에 반하여 권리남용으로서 허용될 수 없다.

(나) 근로자가 입은 부상이나 질병이 업무상 재해에 해당하는지 여부에 따라 요양급여 신청의 승인, 휴업급여청구권의 발생 여부가 차례로 결정되고, 따라서 근로복지공단의 요양불승인처분의 적법 여부는 사실상 근로자의 휴업급여청구권 발생의 전제가 된다고 볼 수 있는 점 등에 비추어, 근로자가 요양불승인에 대한 취소소송의 판결확정시까지 근로복지공단에 휴업급여를 청구하지 않았던 것은 이를 행사할 수 없는 사실상의 장애사유가 있었기 때문이라고 보아야 하므로, 근로복지공단의 소멸시효 항변은 신의성실의 원칙에 반하여 허용될 수 없다고 한 사례.

[대법관 양승태의 반대의견] (가) 신의칙과 권리남용금지의 원칙이 우리 민법의 대원칙이라면 그 원칙은 당연히 입법 과정에서도 반영되었다고 보아야 하므로, 그러한 입법 과정을 거친 실정법의 개별적 조항에 의해 명백히 인정되는 권리 의무의 내용을 위 원칙을 이유로 쉽게 변경하는 것은 심각한 법체계의 혼란을 초래하여 법의 권위와 법적 안정성에 대한 큰 위협이 될 수 있다. 따라서 신의칙의 직접 적용에 의해 실정법의 운용을 사실상 수정하는 기능은, 비록 그 목적이 성문법의 무차별적이고 기계적인 적용에 의하여 발생하는 불합리한 결과를 방지하기 위한 것이라 하여도 형평의 원칙상 신의칙의 적용이 불가피하고 법의 정신이나 입법자의 결단과 모순되지 않는 범위 안에서만 허용되어야 한다.

(나) 근로자가 요양불승인처분에 대해 불복하여 행정소송을 제기하면서 별도로 휴업급여청구는 하지 않은 것은, 요양승인 없이는 휴업급여청구를 할 수 없는 것으로 오인하였거나 요양급여청구권과 휴업급여청구권은 별개의 청구권으로서 소멸시효가 각별로 진행한다는 법리를 알지 못한 데서 비롯된 것일 뿐이므로, 이와 같은 '법의 부지'를 가지고 '객관적으로 채권자가 권리를 행사할 수 없는 사실상의 장애사유'가 있었다고 할 수 없다. 따라서 이 사건에서 근로복지공단의 소멸시효 항변은 신의성실의 원칙에 반하지 않는다.

7. 판 례

2010. 4. 15. 선고 2007두19294 판결 〔부가가치세부과처분취소〕 (2010, 933)

[1] 구 국세기본법 제15조, 제18조 제3항에서 정한 신의칙 및 비과세관행의 성립요건

[2] 국내회사가 국내사업장이 없는 외국법인과의 공급계약에 따라 그 법인이 지정하는 자에게 서비스를 제공하고 그 대가를 그 법인에게 지급하여야 할 금액에서 차감하는 방식으로 지급받는 거래에 대하여 과세관청이 부가가치세 부과처분을 한 사안에서, 그 거래는 외화획득 거래로서 영세율이 적용되어 온 과세관행에 포섭될

수 있으므로, 위 부과처분은 신의칙 내지 새로운 해석에 의한 소급과세금지의 원칙에 반하여 위법하다고 한 사례

[1] 조세법률관계에서 과세관청의 행위에 대하여 구 국세기본법(2010. 1. 1. 법률 제9911호로 개정되기 전의 것) 제15조, 제18조 제3항의 규정이 정하는 신의칙 내지 비과세의 관행이 성립되었다고 하려면 장기간에 걸쳐 어떤 사항에 대하여 과세하지 아니하였다는 객관적 사실이 존재할 뿐만 아니라 과세관청 자신이 그 사항에 대하여 과세할 수 있음을 알면서도 어떤 특별한 사정에 의하여 과세하지 않는다는 의사가 있고 이와 같은 의사가 대외적으로 명시적 또는 묵시적으로 표시될 것임을 요한다고 해석되며, 같은 법 제18조 제3항 규정에서의 '일반적으로 납세자에게 받아들여진 세법의 해석 또는 국세행정의 관행'이란 비록 잘못된 해석 또는 관행이라도 특정납세자가 아닌 불특정한 일반납세자에게 정당한 것으로 이의 없이 받아들여져 납세자가 그와 같은 해석 또는 관행을 신뢰하는 것이 무리가 아니라고 인정될 정도에 이른 것을 말한다.

[2] 국내회사가 국내사업장이 없는 외국법인과의 공급계약에 따라 그 법인이 지정하는 자에게 서비스를 제공하고 그 대가를 그 법인에게 지급하여야 할 금액에서 차감하는 방식으로 지급받는 거래에 대하여 과세관청이 부가가치세 부과처분을 한 사안에서, 국내사업장이 없는 '외국법인 등이 지정한 자에게' 국내에서 용역 등을 제공하는 경우도 영세율 적용대상으로 규정한 국세청 부가가치세법 기본통칙 11-26-3은 각 구 부가가치세법 시행령(2000. 12. 29. 대통령령 제17041호로 개정되기 전의 것 및 2001. 12. 31. 대통령령 제17460호로 개정되기 전의 것) 제26조 제1항 제1호의 취지 등에 부합하는 해석으로 볼 수 있어, 그 거래는 외화획득 거래로서 영세율이 적용되어 온 과세관행에 포섭될 수 있으므로, 위 부과처분은 신의칙 내지 새로운 해석에 의한 소급과세금지의 원칙에 반하여 위법하다고 한 사례.

2009. 10. 29. 선고 2007두7741 판결 〔종합토지세부과처분취소〕 (공2009, 2031)
조세법률관계에 있어서 과세관청의 행위에 대하여 신의성실의 원칙을 적용하기 위한 요건

일반적으로 조세법률관계에 있어서 과세관청의 행위에 대하여 신의성실의 원칙을 적용하기 위해서는, 과세관청이 납세자에게 신뢰의 대상이 되는 공적인 견해표명을 하여야 하고, 과세관청의 견해표명이 정당하다고 신뢰한 데 대하여 납세자에게 귀책사유가 없어야 하며, 납세자가 그 견해표명을 신뢰하고 이에 따라 무엇인가 행위를 하여야 하고, 과세관청이 위 견해표명에 반하는 처분을 함으로써 납세자의 이익이 침해되는 결과가 초래되어야 한다.

2009. 12. 24. 선고 2008두15350 판결 〔사업소세부과처분취소〕 (공2010, 275)
[1] 간호전문대학의 운영자가 경영하는 병원은 사업소세의 과세대상에 해당한다고 한 사례
[2] 국세기본법 제18조 제3항에서 정한 '일반적으로 납세자에게 받아들여진 세법의 해석 또는 국세행정의 관행' 의 의미 및 그와 같은 '비과세관행'의 성립 요건
[3] 사업소세 도입 이래 20년 이상 간호전문대학의 운영자가 경영하는 병원에 대하여 사업소세를 부과하지 않으면서, 장기간 인근 다른 과세관청의 유사 사례에 대한 사업소세 과세 시도를 보면서도 비과세조치를 계속 유지한 경우, 묵시적으로 사업소세 비과세의 의사를 표시한 것으로 볼 수 있으므로, 국세기본법 제18조 제3항에서 정한 '비과세관행' 이 성립하였다고 볼 수 있다고 한 사례
[4] 과세관청이 과거의 언동을 시정하여 장래에 향하여 처분하는 것이 신의성실의 원칙이나 소급과세금지의 원칙에 위배되는지 여부(소극)

[1] 간호전문대학의 운영자가 경영하는 병원은, 지방세법 제245조의2 제1항 제1호 단서에서 정한 '대통령령이 정하는 수익사업'에 해당하고, 지방세법 시행령 제209조 제1호, 제2호에서 정한 '의과대학 부속병원'과 달리 '기타 비과세사업자'로서 규정되어 있지도 아니하여, 조세형평의 원칙상 간호전문대학의 운영자가 경영하는 병원에 대하여도 의과대학 부속병원과 마찬가지로 사업소세 비과세 규정이 적용되도록 관련 규정을 해석하여야 한다고 볼 수 없으므로, 사업소세의 과세대상에 해당한다고 한 사례.

[2] 국세기본법 제18조 제3항이 규정하고 있는 '일반적으로 납세자에게 받아들여진 세법의 해석 또는 국세행정의 관행'이란 비록 잘못된 해석 또는 관행이라도 특정납세자가 아닌 불특정한 일반납세자에게 정당한 것으로 이의 없이 받아들여져 납세자가 그와 같은 해석 또는 관행을 신뢰하는 것이 무리가 아니라고 인정될 정도에 이른 것을 말하고, 그와 같은 비과세관행이 성립하려면, 상당한 기간에 걸쳐 과세하지 아니한 객관적 사실이 존재할 뿐만 아니라, 과세관청 자신이 그 사항에 관하여 과세할 수 있음을 알면서도 어떤 특별한 사정 때문에 과세하지 않는다는 의사가 있어야 하므로, 위와 같은 공적 견해의 표시는 비과세의 사실상태가 장기간에 걸쳐 계속되는 경우에 그것이 그 사항에 대하여 과세의 대상으로 삼지 아니하는 뜻의 과세관청의 묵시적인 의향의 표시로 볼 수 있는 경우 등에도 이를 인정할 수 있다.

[3] 사업소세 도입 이래 20년 이상 간호전문대학의 운영자가 경영하는 병원에 대하여 사업소세를 부과하지 않으면서, 장기간 동안 인근 다른 과세관청의 유사 사례에 대한 사업소세 과세 시도를 보면서도 같은 조치를 취하지 않은 채 그 이의신청 절차나 심사청구 절차에서 사업소세의 부과처분이 취소된 취지에 부응하여 비과세조치를 계속 유지한 경우, 그 운영자의 교육적인 역할 등을 고려하여 묵시적으로 사업소세 비과세의 의사를 표시한 것으로 볼

수 있으므로, 국세기본법 제18조 제3항에서 정한 '비과세관행'이 성립하였다고 볼 수 있다고 한 사례.

[4] 과세관청이 과거의 언동을 시정하여 장래에 향하여 처분하는 것은 신의성실의 원칙이나 소급과세금지의 원칙에 위반되지 않는다.

2009. 10. 29. 선고 2007두7741 판결 〔종합토지세부과처분취소〕 (공2009, 2031)

조세법률관계에 있어서 과세관청의 행위에 대하여 신의성실의 원칙을 적용하기 위한 요건

일반적으로 조세법률관계에 있어서 과세관청의 행위에 대하여 신의성실의 원칙을 적용하기 위해서는, 과세관청이 납세자에게 신뢰의 대상이 되는 공적인 견해표명을 하여야 하고, 과세관청의 견해표명이 정당하다고 신뢰한 데 대하여 납세자에게 귀책사유가 없어야 하며, 납세자가 그 견해표명을 신뢰하고 이에 따라 무엇인가 행위를 하여야 하고, 과세관청이 위 견해표명에 반하는 처분을 함으로써 납세자의 이익이 침해되는 결과가 초래되어야 한다.

2009. 12. 24. 선고 2008두15350 판결 〔사업소세부과처분취소〕 (공2010, 275)

[1] 간호전문대학의 운영자가 경영하는 병원은 사업소세의 과세대상에 해당한다고 한 사례

[2] 국세기본법 제18조 제3항에서 정한 '일반적으로 납세자에게 받아들여진 세법의 해석 또는 국세행정의 관행'의 의미 및 그와 같은 '비과세관행'의 성립 요건

[3] 사업소세 도입 이래 20년 이상 간호전문대학의 운영자가 경영하는 병원에 대하여 사업소세를 부과하지 않으면서, 장기간 인근 다른 과세관청의 유사 사례에 대한 사업소세 과세 시도를 보면서도 비과세조치를 계속 유지한 경우, 묵시적으로 사업소세 비과세의 의사를 표시한 것으로 볼 수 있으므로, 국세기본법 제18조 제3항에서 정한 '비과세관행'이 성립하였다고 볼 수 있다고 한 사례

[4] 과세관청이 과거의 언동을 시정하여 장래에 향하여 처분하는 것이 신의성실의 원칙이나 소급과세금지의 원칙에 위배되는지 여부(소극)

[1] 간호전문대학의 운영자가 경영하는 병원은, 지방세법 제245조의2 제1항 제1호 단서에서 정한 '대통령령이 정하는 수익사업'에 해당하고, 지방세법 시행령 제209조 제1호, 제2호에서 정한 '의과대학 부속병원'과 달리 '기타 비과세사업자'로서 규정되어 있지도 아니하여, 조세형평의 원칙상 간호전문대학의 운영자가 경영하는 병원에 대하여도 의과대학 부속병원과 마찬가지로 사업소세 비과세 규정이 적용되도록 관련 규정을 해석하여야 한다고 볼 수 없으므로, 사업소세의 과세대상에 해당한다고 한 사례.

[2] 국세기본법 제18조 제3항이 규정하고 있는 '일반적으로 납세자에게 받

아들여진 세법의 해석 또는 국세행정의 관행'이란 비록 잘못된 해석 또는 관행이라도 특정납세자가 아닌 불특정한 일반납세자에게 정당한 것으로 이의 없이 받아들여져 납세자가 그와 같은 해석 또는 관행을 신뢰하는 것이 무리가 아니라고 인정될 정도에 이른 것을 말하고, 그와 같은 비과세관행이 성립하려면, 상당한 기간에 걸쳐 과세하지 아니한 객관적 사실이 존재할 뿐만 아니라, 과세관청 자신이 그 사항에 관하여 과세할 수 있음을 알면서도 어떤 특별한 사정 때문에 과세하지 않는다는 의사가 있어야 하므로, 위와 같은 공적 견해의 표시는 비과세의 사실상태가 장기간에 걸쳐 계속되는 경우에 그것이 그 사항에 대하여 과세의 대상으로 삼지 아니하는 뜻의 과세관청의 묵시적인 의향의 표시로 볼 수 있는 경우 등에도 이를 인정할 수 있다.

[3] 사업소세 도입 이래 20년 이상 간호전문대학의 운영자가 경영하는 병원에 대하여 사업소세를 부과하지 않으면서, 장기간 동안 인근 다른 과세관청의 유사 사례에 대한 사업소세 과세 시도를 보면서도 같은 조치를 취하지 않은 채 그 이의신청 절차나 심사청구 절차에서 사업소세의 부과처분이 취소된 취지에 부응하여 비과세조치를 계속 유지한 경우, 그 운영자의 교육적인 역할 등을 고려하여 묵시적으로 사업소세 비과세의 의사를 표시한 것으로 볼 수 있으므로, 국세기본법 제18조 제3항에서 정한 '비과세관행'이 성립하였다고 볼 수 있다고 한 사례.

[4] 과세관청이 과거의 언동을 시정하여 장래에 향하여 처분하는 것은 신의성실의 원칙이나 소급과세금지의 원칙에 위반되지 않는다.

2009. 9. 10. 선고 2008두9324 판결 〔법인세부과처분취소〕 (공2009, 1678)

[1] 개정 법령이 기존의 사실 또는 법률관계를 적용대상으로 하면서 국민의 재산권과 관련하여 종전보다 불리한 법률효과를 규정하고 있는 경우 소급입법에 의한 재산권 침해인지 여부 및 그 개정 법령의 적용이 제한되기 위한 요건과 그 요건으로서 신뢰보호의 원칙 위배 여부의 판단 기준

[2] 당사자가 자신이 영위하는 주된 사업의 업종 분류와 관련하여 개정 전 구법이 존속되어 그 해석에 따라 주택신축판매업이 계속 건설업으로 분류되리라고 신뢰하였다 하더라도 그 신뢰가 2001. 12. 29. 법률 제6538호로 개정된 조세특례제한법 제2조 제3항의 적용에 관한 공익상의 요구와 비교·형량하여 더 보호가치 있는 신뢰에 해당되지 않으므로, 위 규정의 적용이 제한되어야 한다고 볼 수 없다고 한 사례

[3] 한시적 법인세액 감면제도를 시행하다가 2001. 12. 29. 법률 제6538호로 개정된 조세특례제한법 제2조 제3항을 신설하면서 법인세액 감면 대상이 되지 않는 업종으로 변경된 기업에 대하여 아무런 경과규정을 두지 않은 경우, 위 규정이 헌법상의 평등의 원칙, 재산권의 보장, 과잉금지의 원칙, 신뢰보호의 원칙 등에 위배되는지 여부(소극)

[1] 행정처분은 그 근거 법령이 개정된 경우에도 경과규정에서 달리 정함이 없는 한 처분 당시 시행되는 개정 법령과 그에 정한 기준에 의하는 것이 원칙이고, 그 개정 법령이 기존의 사실 또는 법률관계를 적용대상으로 하면서 국민의 재산권과 관련하여 종전보다 불리한 법률효과를 규정하고 있는 경우에도 그러한 사실 또는 법률관계가 개정법령이 시행되기 이전에 이미 완성 또는 종결된 것이 아니라면 이를 헌법상 금지되는 소급입법에 의한 재산권 침해라고 할 수는 없으며, 그러한 개정 법령의 적용과 관련하여서는 개정 전 법령의 존속에 대한 국민의 신뢰가 개정 법령의 적용에 관한 공익상의 요구보다 더 보호가치가 있다고 인정되는 경우에 그러한 국민의 신뢰를 보호하기 위하여 그 적용이 제한될 수 있는 여지가 있을 따름이다. 그리고 이러한 신뢰보호의 원칙 위배 여부를 판단하기 위해서는 한편으로는 침해받은 이익의 보호가치, 침해의 중한 정도, 신뢰가 손상된 정도, 신뢰침해의 방법 등과 다른 한편으로는 개정 법령을 통해 실현하고자 하는 공익적 목적을 종합적으로 비교·형량하여야 한다.

[2] 당사자가 자신이 영위하는 주된 사업의 업종 분류와 관련하여 구 조세특례제한법(2001. 12. 29. 법률 제6538호로 개정되기 전의 것)이 존속되어 그 해석에 따라 주택신축판매업이 계속 건설업으로 분류되리라고 신뢰하였다 하더라도 중소기업에 대한 법인세액 감면 조항의 신설배경 및 취지, 입법경과 등에 비추어 볼 때, 그 신뢰가 2001. 12. 29. 법률 제6538호로 개정된 조세특례제한법 제2조 제3항의 적용에 관한 공익상의 요구와 비교·형량하여 더 보호가치 있는 신뢰에 해당되지 않으므로, 위 규정의 적용이 제한되어야 한다고 볼 수 없다고 한 사례.

[3] 2001. 12. 29. 법률 제6538호로 개정된 조세특례제한법 부칙 제1조, 제2조 제1항의 규정에 의하면, 개정 법률 시행 전에 이미 과세요건이 완성된 법인세액의 감면분까지 소급하여 그 혜택을 박탈하는 것도 아니다. 그렇다면, 정책적·잠정적·일시적 조세우대조치라 할 한시적 법인세액 감면제도를 시행하다가 위 법 제2조 제3항을 신설하면서 법인세액 감면 대상이 되지 아니하는 업종으로 변경된 기업에 대하여 아무런 경과규정을 두지 아니하였다고 하여, 위 법 제2조 제3항이 헌법상의 평등의 원칙, 재산권의 보장, 과잉금지의 원칙, 신뢰보호의 원칙 등에 위배된다고 할 수 없다.

2009. 4. 23. 선고 2006두14865 판결 〔부가가치세부과처분취소〕 (공2009, 766)

[1] 납세의무자에 대한 신의성실의 원칙의 적용 요건

[2] 납세의무자가 명의신탁받은 부동산을 신탁자 등에게 임대한 것처럼 가장하여 건물 등의 취득가액에 대한 매입세액까지 환급받은 다음, 임대사업의 폐업신고 후 명의신탁을 이유로 임대차계약이 통정허위표시로서 무효라고 주장하는 것은 신의성

실의 원칙에 위배된다고 본 사례

[1] 조세법률주의에 의하여 합법성의 원칙이 강하게 작용하는 조세실체법과 관련한 신의성실의 원칙은 합법성을 희생해서라도 구체적 신뢰를 보호할 필요성이 있다고 인정되는 경우에 한하여 비로소 적용된다고 할 것인바, 납세의무자에게 신의성실의 원칙을 적용하기 위해서는 객관적으로 모순되는 행태가 존재하고, 그 행태가 납세의무자의 심한 배신행위에 기인하였으며, 그에 기하여 야기된 과세관청의 신뢰가 보호받을 가치가 있는 것이어야 할 것이다.

[2] 납세의무자가 명의신탁받은 부동산을 신탁자 등에게 임대한 것처럼 가장하여 사업자등록을 마치고 그 중 건물 등의 취득가액에 대한 매입세액까지 환급받은 다음, 임대사업의 폐업신고 후 잔존재화의 자가공급 의제규정에 따른 부가가치세 부과처분 등에 대하여 그 부동산은 명의신탁된 것이므로 임대차계약이 통정허위표시로서 무효라고 주장하는 것은 신의성실의 원칙에 위배된다고 본 사례.

2009. 4. 23. 선고 2007두3107 판결 〔종합소득세등부과처분취소〕 (공2009, 773)

[1] 구 소득세법 시행령 제143조 제3항 제1호에 의하여 소득금액을 추계할 때 주택신축판매업자가 주택 부지의 매입시 지출한 취득세·등록세를 매입비용에 포함하여 공제할 수 있는지 여부(적극)

[2] 납세의무자가 인터넷 국세종합상담센터의 답변에 따라 세액을 과소신고·납부한 경우, 납세의무자에게 신고·납세의무의 위반을 탓할 수 없는 정당한 사유가 있다고 보기 어렵다고 한 사례

[1] 소득세법 제80조 제3항 단서 규정에 의한 소득금액 추계방법에 관하여 정한 구 소득세법 시행령(2006. 2. 9. 대통령령 제19327호로 개정되기 전의 것) 제143조 제3항 제1호 및 같은 조 제5항 규정의 문언과 체계 및 입법 취지, 위 시행령 제89조 제1항 제1호는 근거과세에 있어서 취득세·등록세 등의 매입부대비용을 매입가액과 함께 매입자산의 취득가액에 포함시켜 이를 필요경비로 인정하고 있는데 매입자산의 취득가액과 같은 성격의 매입비용에 관하여도 달리 볼 이유가 없는 점, 국세청 고시(제2003-36호)가 매입비용에서 제외되는 항목을 규정하면서 매입부대비용인 취득세·등록세를 제외 항목에 포함시키고 있지 않은 점 등을 종합하여 보면, 위 시행령 제143조 제3항 제1호 (가)목에서 정한 '매입비용'에는 매입부대비용으로 지출된 취득세·등록세가 포함된다고 봄이 상당하다.

[2] 납세의무자가 인터넷 국세종합상담센터의 답변에 따라 세액을 과소신고·납부한 경우, 그 답변은 과세관청의 공식적인 견해표명이 아니라 상담직

원의 단순한 상담에 불과하므로, 납세의무자에게 신고·납세의무의 위반을 탓할 수 없는 정당한 사유가 있다고 보기 어렵다고 한 사례.

대법원 2008.11.13. 선고 2008두8628 판결 【회수명령등취소】
수익적 행정처분의 하자가 당사자의 사실은폐 기타 사위의 방법에 의한 신청행위에 기인한 경우 당사자의 신뢰이익을 고려하여야 하는지 여부(소극)

행정행위를 한 처분청은 그 행위에 하자가 있는 경우에는 별도의 법적 근거가 없더라도 스스로 이를 취소할 수 있고, 다만 수익적 행정처분을 취소할 때에는 이를 취소하여야 할 공익상의 필요와 그 취소로 인하여 당사자가 입게 될 기득권과 신뢰보호 및 법률생활 안정의 침해 등 불이익을 비교 · 교량한 후 공익상의 필요가 당사자가 입을 불이익을 정당화할 만큼 강한 경우에 한하여 취소할 수 있다. 그런데 수익적 행정처분의 하자가 당사자의 사실은폐나 기타 사위의 방법에 의한 신청행위에 기인한 것이라면, 당사자는 처분에 의한 이익을 위법하게 취득하였음을 알아 취소가능성도 예상하고 있었을 것이므로, 그 자신이 처분에 관한 신뢰이익을 원용할 수 없음은 물론, 행정청이 이를 고려하지 않았다 하여도 재량권의 남용이 되지 않고, 이 경우 당사자의 사실은폐나 기타 사위의 방법에 의한 신청행위가 제3자를 통하여 소극적으로 이루어졌다고 하여 달리 볼 것이 아니다.

대법원 2008.10.9. 선고 2008두6127 판결 【도시계획시설변경입안의제안거부처분등취소】 [미간행]

시의 도시계획과장과 도시계획국장이 도시계획사업의 준공과 동시에 사업부지에 편입한 토지에 대한 완충녹지 지정을 해제함과 아울러 당초의 토지소유자들에게 환매하겠다는 약속을 했음에도, 이를 믿고 토지를 협의매매한 토지소유자의 완충녹지지정해제신청을 거부한 것은, 행정상 신뢰보호의 원칙을 위반하거나 재량권을 일탈 · 남용한 위법한 처분이라고 한 사례

V. 법규명령 · 행정규칙

1. 행정입법

행정입법이란 행정기관의 일반적·추상적 규범정립작용을 말한다. 일반적·추상적 작용이라는 점에서 구체적 사실에 관한 행정행위와 구별된다.

이러한 행정입법은 행정활동의 전문화·기술화로 인하여 일일이 국회의 법률

제정으로 대처할 수 없는 현실을 반영한 불가피한 현상이라고 할 수 있다.

행정입법에는 법규명령과 행정규칙으로 나뉘어 진다.

2. 법규명령

(1) 의 의

법규명령이란 행정이 제정하는 대외적으로 일반적 구속력을 갖는 법규범을 말한다. 이러한 법규명령은 상위의 법률 또는 상위의 법규명령의 수권을 필요로 한다.

법규명령은 현대 행정의 전문화·기술화의 요청상 필요하고 긴급한 행정현실에 탄력적인 대응이 필요하기 때문에 인정된다.

(2) 종 류

법형식에 따라서 대통령령, 총리령, 부령, 중앙선거관리위원회규칙 등으로 분류하고, 수권에 따라서 비상명령, 법률대위명령, 법률종속명령으로 나누고, 이 법률종속명령을 다시 위임명령과 집행명령으로 나눈다.

(3) 근 거

법규명령은 대외적으로 일반국민에게 구속력을 가지는 법규범이므로 원칙적으로 헌법, 법률 및 상위의 명령에 그 근거를 요한다. 긴급명령, 긴급재정·경제명령은 헌법 제76에 그 근거를 두고 있고, 위임명령은 법률에 의한 개별적이고 구체적인 수권이 있어야 한다. 집행명령은 새로운 사항을 규율하는 것이 아니라, 기존의 법률 또는 상위의 명령을 집행하기 위한 세부적이고 기술적인 규율에 불과하므로 명시적인 수권을 필요로 하지 아니한다.

(4) 한 계

대통령의 긴급명령, 긴급재정·경제명령은 헌법상의 한계를 가진다. 위임명령의 경우에는 일반적인 한계로서 일반적·포괄적 위임과 같은 백지위임은 의회입법을 부정하는 것이므로 허용되지 아니한다. 구체적으로는 위임의 대상, 범위, 규율의 밀도 등의 한계, 헌법상의 법률로 정하도록 한 사항 예컨대 죄형법정주의(헌법 제12조), 조세법률주의(헌법 제59조)의 한계, 죄형법정주의와 관련하여 처벌규정의 위임의 한계가 있다.

대법원 2006.2.24. 선고 2005두2322 판결 【과징금부과처분】
위임입법의 한계 및 위임범위의 판단 기준

위임명령은 법률이나 상위명령에서 구체적으로 범위를 정한 개별적인 위임이 있을 때에 가능하고, 여기에서 구체적인 위임의 범위는 규제하고자 하는 대상의 종류와 성격에 따라 달라지는 것이어서 일률적 기준을 정할 수는 없지만, 적어도 위임명령에 규정될 내용 및 범위의 기본사항이 구체적으로 규정되어 있어서 누구라도 당해 법률이나 상위명령으로부터 위임명령에 규정될 내용의 대강을 예측할 수 있어야 하나, 이 경우 그 예측가능성의 유무는 당해 위임조항 하나만을 가지고 판단할 것이 아니라 그 위임조항이 속한 법률이나 상위명령의 전반적인 체계와 취지 목적, 당해 위임조항의 규정형식과 내용 및 관련 법규를 유기적 체계적으로 종합 판단하여야 하고, 나아가 각 규제 대상의 성질에 따라 구체적 개별적으로 검토함을 요한다.

(5) 성립 및 효력발생

법규명령의 적법하고 유효하게 성립하기 위하여는 다음과 같은 요건을 충족하여야 한다.

정당한 권한을 가진 행정기관이 원칙적으로 상위법에 근거가 있어야 하고 상위법령을 저촉하지 아니하여야 하고 규정 내용이 가능하고 명확하여야 한다. 또한 법규명령을 제정함에 있어서 적법한 절차에 따라야 하고, 원칙적으로 조문형식으로 제정한다. 법규명령은 외부에 표시함으로써 유효하게 성립한다. 효력발생은 특별한 규정이 없는 한 공포한 날로부터 20일이 경과함으로써 효력이 발생한다.

(6) 소 멸

법규명령은 효력을 장래에 소멸시키는 폐지와 종기의 도래나 해제조건의 성취, 근거법령의 소멸 등으로 소멸한다.

(7) 통 제

1) 의 의

법규명령은 의회에 의한 정치적 통제와 행정적 통제와 사법적 통제로 나눌 수 있다.

2) 정치적 통제

정치적 통제는 각종 국회의 동의나 법규명령의 효력을 소멸시키는 법률을 제정하는 방법, 국회의 국정감사·조사권, 국무총리·국무위원의 해임 건의등에 의한 통제를 말한다.

3) 행정적 통제

행정적 통제는 상급관청의 감독권에 의한 통제등을 말한다.

4) 사법적 통제

① 의 의

법규명령에 대한 사법적 통제는 법원에 의한 통제와 헌법재판소에 의한 통제를 말한다.

② 법원에 의한 통제

법원에 의한 통제는 법규명령이 처분성을 갖는 경우에 예외적으로 집행행위의 매개 없이 직접 구체적으로 국민의 권리·의무관계에 영향을 미치는 경우에 직접 통제를 하는 것을 말하고, 일반적으로는 법규명령의 위헌·위법 여부가 구체적인 사건에 대한 재판의 전제성이 인정되는 경우 선결문제로서 다투어지게 된다.

대법원 2003. 10. 9. 자 2003무23 결정 【집행정지】
고시가 항고소송의 대상이 되는 행정처분에 해당하기 위한 요건

어떠한 고시가 일반적 · 추상적 성격을 가질 때에는 법규명령 또는 행정규칙에 해당할 것이지만, 다른 집행행위의 매개 없이 그 자체로서 직접 국민의 구체적인 권리의무나 법률관계를 규율하는 성격을 가질 때에는 항고소송의 대상이 되는 행정처분에 해당한다.

대법원 1994.4.26. 선고 93부32 결정 【위법여부심사청구】
행정입법 자체의 합법성의 심사를 목적으로 하는 신청의 적부

헌법 제107조 제2항의 규정에 따르면 행정입법의 심사는 일반적인 재판절차에 의하여 구체적 규범통제의 방법에 의하도록 명시하고 있으므로, 당사자는 구체적 사건의 심판을 위한 선결문제로서 행정입법의 위법성을 주장하여 법원에 대하여 당해 사건에 대한 적용 여부의 판단을 구할 수 있을 뿐 행정입

법 자체의 합법성의 심사를 목적으로 하는 독립한 신청을 제기할 수는 없다.

③ 헌법재판소에 의한 통제

헌법재판소에 의한 통제는 법규명령이 구체적 집행행위를 매개로 하지 아니하고 직접적으로 국민의 기본권을 침해하는 경우에는 헌법소원심판이 인정되는가 여부에 관하여 학설이 나누어지고 있다. 헌법재판소는 예욌거으로 행정입법부작위에 대한 위헌을 선언한 바가 있다.

헌법재판소 2004. 2. 26. 2001헌마718 전원재판부 【입법부작위위헌확인】
행정입법의무의 헌법적 성격

우리 헌법은 국가권력의 남용으로부터 국민의 자유와 권리를 보호하려는 법치국가의 실현을 기본이념으로 하고 있고, 자유민주주의 헌법의 원리에 따라 국가의 기능을 입법·행정·사법으로 분립하여 견제와 균형을 이루게 하는 권력분립제도를 채택하고 있어, 행정과 사법은 법률에 기속되므로, 국회가 특정한 사항에 대하여 행정부에 위임하였음에도 불구하고 행정부가 정당한 이유 없이 이를 이행하지 않는다면 권력분립의 원칙과 법치국가의 원칙에 위배되는 것이다.

헌법재판소 전원재판부 1992. 4. 14. 90헌마82 〔위헌〕 【국가보안법제19조에 대한헌법소원】
법률(法律)에 대한 헌법소원(憲法訴願)의 직접성(直接性)과 구체적(具體的) 집행행위(執行行爲)와의 관계

헌법소원심판(憲法訴願審判)의 대상(對象)이 될 수 있는 법률(法律)은 그 법률(法律)에 기한 다른 집행행위(執行行爲)를 기다리지 않고 직접 국민의 기본권(基本權)을 침해하는 법률(法律)이어야 하지만 구체적(具體的) 집행행위(執行行爲)가 존재한다고 하여 언제나 반드시 법률(法律) 자체에 대한 헌법소원심판청구(憲法訴願審判請求)의 적법성(適法性)이 부정되는 것은 아니고, 예외적(例外的)으로 집행행위(執行行爲)가 존재하는 경우에도 그 집행행위(執行行爲)를 대상으로 하는 구제절차(救濟節次)가 없거나 구제절차(救濟節次)가 있다고 하더라도 권리구제(權利救濟)의 기대가능성(期待可能性)이 없고 다만 기본권(基本權) 침해(侵害)를 당한 자(者)에게 불필요한 우회절차(迂廻節次)를 강요하는 것밖에 되지 않는 경우로서 당해 법률(法律)에 대한 전제관련성(前提關聯性)이 확실하다고 인정되는 때에는 당해 법률(法律)을 헌법소원(憲法訴願)의 직접대상(直接對象)으로 삼을 수 있다.

3. 행정규칙

(1) 의 의

행정규칙이란 행정기관이 정립하는 일반적·추상적 규범으로서 대외적인 효력 없는 내부적 효력만을 갖는 것을 말한다. 즉 행정규칙은 그 법규성이 부인되는 행정입법을 말한다.

(2) 종 류

행정규칙의 종류로는 광의로는 조직규칙, 근무규칙, 영조물규칙으로 나누고, 협의로는 조직규칙, 행위지도규칙으로 나누고 후자 즉 행위지도규칙은 규범해석규칙, 재량준칙, 간소화지침, 법률대위규칙, 규범구체화행정규칙 등으로 나눈다.

(3) 근 거

행정규칙은 대외적인 효력이 없기 때문에 반드시 상위법령의 수권을 요하지는 않는다.

(4) 법규성 인정문제

1) 간접적 효력설과 직접적 효력설

직접적 효력설은 행정의 고유한 법창조권을 인정하여 행정규칙 자체에 직접적인 외부적 효력이 인정된다고 하는 것이나, 일반적으로는 행정규칙은 그 자체에 외부적 효력은 인정되지 아니하고 다만 자기구속의 법리나 평등원칙을 매개로 하여 사실상의 대외적 효력을 갖는다고 하는 간접적 효력설을 취하는 것이 일반적이라고 할 수 있다.

헌법재판소 2001. 5. 31. 99헌마413 전원재판부 【학교장초빙제실시학교선정기준위헌확인】
가. 행정규칙의 헌법소원대상성
나. 경기도교육청의 1999. 6. 2.자「학교장 · 교사 초빙제 실시」의 법규적 효력 유무(소극)

가. 행정규칙은 일반적으로 행정조직 내부에서만 효력을 가지는 것이나, 행정규칙이 법령의 규정에 의하여 행정관청에 법령의 구체적 내용을 보충할 권한을 부여한 경우나 재량권행사의 준칙인 규칙이 그 정한 바에 따라 되풀이 시행되어 행정관행이 이룩되게 되면, 평등의 원칙이나 신뢰보호의 원칙에

따라 행정기관은 그 상대방에 대한 관계에서 그 규칙에 따라야 할 자기구속을 당하게 되는 경우에는 대외적인 구속력을 가지게 되는바, 이러한 경우에는 헌법소원의 대상이 될 수도 있다.

나. 경기도교육청의 1999. 6. 2.자 「학교장·교사 초빙제 실시」는 학교장·교사 초빙제의 실시에 따른 구체적 시행을 위해 제정한 사무처리지침으로서 행정조직 내부에서만 효력을 가지는 행정상의 운영지침을 정한 것이어서, 국민이나 법원을 구속하는 효력이 없는 행정규칙에 해당하므로 헌법소원의 대상이 되지 않는다.

2) 법류보충적 행정규칙

행정규칙 중에서 법규적 효력을 갖는 경우가 있다. 행정규칙이 그 형식에도 불구하고 내용적으로 법률을 보충하는 경우가 이에 해당한다.

헌법재판소 2001. 5. 31. 99헌마413 전원재판부 【학교장초빙제실시학교선정기준위헌확인】

가. 행정규칙의 헌법소원대상성

나. 경기도교육청의 1999. 6. 2.자 「학교장·교사 초빙제 실시」의 법규적 효력 유무(소극)

가. 행정규칙은 일반적으로 행정조직 내부에서만 효력을 가지는 것이나, 행정규칙이 법령의 규정에 의하여 행정관청에 법령의 구체적 내용을 보충할 권한을 부여한 경우나 재량권행사의 준칙인 규칙이 그 정한 바에 따라 되풀이 시행되어 행정관행이 이룩되게 되면, 평등의 원칙이나 신뢰보호의 원칙에 따라 행정기관은 그 상대방에 대한 관계에서 그 규칙에 따라야 할 자기구속을 당하게 되는 경우에는 대외적인 구속력을 가지게 되는바, 이러한 경우에는 헌법소원의 대상이 될 수도 있다.

나. 경기도교육청의 1999. 6. 2.자 「학교장·교사 초빙제 실시」는 학교장·교사 초빙제의 실시에 따른 구체적 시행을 위해 제정한 사무처리지침으로서 행정조직 내부에서만 효력을 가지는 행정상의 운영지침을 정한 것이어서, 국민이나 법원을 구속하는 효력이 없는 행정규칙에 해당하므로 헌법소원의 대상이 되지 않는다.

대법원 1988.3.22. 선고 87누654 판결 【양도소득세부과처분취소】

재산제세사무처리규정 제72조 제3항이 양도소득세의 실지거래가액에 의한 과세의 법령상 근거가 될 수 있는지 여부(적극)

법령이 일정한 행정기관에 대하여 법령의 내용을 구체적으로 보충규정할 권한을 위임하고 이에 따라 행정기관이 행정규칙의 형식으로 그 법령의 내용이 될 사항을 규정하였다면 위 행정규칙은 법령의 내용과 결합하여 법규로서의 효력을 가진다 할 것이므로 소득세법시행령이 국세청장에게 일정한 범위의 거래를 지정할 수 있는 권한을 부여하고 이에 따라 국세청장이 훈령으로서 재산제세사무처리규정을 제정한 것인만큼 이 규정은 과세의 법령상 근거가 된다.

3) 법규명령 형식의 행정규칙

① 의 의

행정규칙의 성질을 가진 규정이 법규명령인 대통령령·총리령·부령에 포함되어 있는 경우 당해 행정규칙인 법규명령의 성질을 가지는 규정으로 변화하는가의 문제이다.

② 학 설

법규명령과 행정규칙기 각각 고유한 법형식을 가지고 있음을 전제로 하여 행정규칙의 내용이라하더라도 일단 법규명령의 법형식을 가지는 경우에는 당해 행정규칙의 내용은 법규명령의 성질로 변한다는 적극설과, 법규명령도 항상 대외적 효력이 있는 것이 아니라는 점에 근거한 소극설이 대립한다.

③ 판 례

판례는 소극설을 취한 경우와 적극설을 취한 경우가 있다.

대법원 2006.6.27. 선고 2003두4355 판결 【시외버스운송사업계획변경인가처분취소】

시외버스운송사업의 사업계획변경 기준 등에 관한 구 여객자동차 운수사업법 시행규칙 제31조 제2항 제1호, 제2호, 제6호의 법적 성질(=법규명령)

구 여객자동차 운수사업법 시행규칙(2000. 8. 23. 건설교통부령 제259호로 개정되기 전의 것) 제31조 제2항 제1호, 제2호, 제6호는 구 여객자동차 운수사업법(2000. 1. 28. 법률 제6240호로 개정되기 전의 것) 제11조 제4항의 위임에 따라 시외버스운송사업의 사업계획변경에 관한 절차, 인가기준 등을 구체적으로 규정한 것으로서, 대외적인 구속력이 있는 법규명령이라고 할 것이고, 그것을 행정청 내부의 사무처리준칙을 규정한 행정규칙에 불과하다고 할 수는 없다.

대법원 1995.10.17. 선고 94누14148 전원합의체 판결 【자동차운행정지가처분취소등】 변경 : 대법원 2006.6.22. 선고 2003두1684 전원합의체판결에 의하여 변경

부령인 시행규칙 또는 지방자치단체의 규칙으로 정한 행정처분의 기준의 법적 성질

규정형식상 부령인 시행규칙 또는 지방자치단체의 규칙으로 정한 행정처분의 기준은 행정처분 등에 관한 사무처리기준과 처분절차 등 행정청 내의 사무처리준칙을 규정한 것에 불과하므로 행정조직 내부에 있어서의 행정명령의 성격을 지닐 뿐 대외적으로 국민이나 법원을 구속하는 힘이 없고, 그 처분이 위 규칙에 위배되는 것이라 하더라도 위법의 문제는 생기지 아니하고, 또 위 규칙에서 정한 기준에 적합하다 하여 바로 그 처분이 적법한 것이라고도 할 수 없으며, 그 처분의 적법 여부는 위 규칙에 적합한지의 여부에 따라 판단할 것이 아니고 관계 법령의 규정 및 그 취지에 적합한 것인지 여부에 따라 개별적 · 구체적으로 판단하여야 한다.

4) 행정규칙 형식의 법규명령

행정규칙의 형식으로 존재하는 경우에도 법규명령과 같은 대외적 구속력을 갖는 규정이 가능한가의 문제이다.

이에 대하여는 헌법상의 대통령령·총리령·부령 등은 예시적인 것으로 보아 긍정하는 설이 있고, 이에 반하여 경성헌법 내지는 국회입법원칙을 존중하는 입장에서 부정하는 설이 있다.

판례는 고시 등이 상위 법령령과 결합하여 법규명령의 효력을 갖는 경우를 인정하고 있다.

대법원 2002. 9. 27. 선고 2000두7933 판결 【판매사업불허가처분취소】

법령의 규정이 지방자치단체장(허가관청)에게 그 법령내용의 구체적인 사항을 정할 수 있는 권한을 부여하면서 그 권한행사의 절차나 방법을 정하지 아니하고 있는 경우, 그 법령의 내용이 될 사항을 구체적으로 규정한 지방자치단체장의 고시의 법적 성질(=법규명령) 및 허가관청인 지방자치단체장이 그 범위 내에서 허가기준을 정한 경우, 그 허가기준의 효력 유무(유효)

법령의 규정이 지방자치단체장(허가관청)에게 그 법령내용의 구체적인 사항을 정할 수 있는 권한을 부여하면서 그 권한행사의 절차나 방법을 정하지 아니하고 있는 경우, 그 법령의 내용이 될 사항을 구체적으로 규정한 지방자치단체장의 고시는, 당해 법률 및 그 시행령의 위임한계를 벗어나지 아니하는 한 그 법령의 규정과 결합하여 대외적인 구속력이 있는 법규명령으로서의

효력을 갖게 되고, 허가관청인 지방자치단체장이 그 범위 내에서 허가기준을 정하였다면 그 허가기준의 내용이 관계 법령의 목적이나 근본취지에 명백히 배치되거나 서로 모순되는 등의 특별한 사정이 없는 한 그 허가기준이 효력이 없는 것이라고 볼 수는 없다.

5) 제재적 재량처분의 기준의 문제

① 문제의 소재

제재적 재량처분의 기준이 그 법형식에 따른 법규성의 인정문제가 있다. 즉 제재적 재량처분의 기준이 행정규칙의 형식, 법규명령인 시행규칙, 대통령령에 규정된 경우 그 법규성을 인정할 수 있는지 여부가 문제가 된다.

② 법규성 부정

우리나라 판례는 제재적 재량처분의 기준을 행정규칙이나 시행규칙에 규정하는 경우에는 법규성을 부정하고 있다. 그러나 이러한 판례의 태도는 행정규칙의 형식인 경우에는 타당하나 그 제재적 처분기준이 시행규칙에 규정된 경우에도 법규성을 부정한다는 점에서 헌법상 명문으로 인정하고 있는 법규명령인 시행규칙의 형식을 부정한다는 점에서 위헌의 문제가 따른다.

대법원 1995.10.17. 선고 94누14148 전원합의체 판결 【자동차운행정지가처분취소등】 변경 : 대법원 2006.6.22. 선고 2003두1684 전원합의체판결에 의하여 변경

부령인 시행규칙 또는 지방자치단체의 규칙으로 정한 행정처분의 기준의 법적 성질

규정형식상 부령인 시행규칙 또는 지방자치단체의 규칙으로 정한 행정처분의 기준은 행정처분 등에 관한 사무처리기준과 처분절차 등 행정청 내의 사무처리준칙을 규정한 것에 불과하므로 행정조직 내부에 있어서의 행정명령의 성격을 지닐 뿐 대외적으로 국민이나 법원을 구속하는 힘이 없고, 그 처분이 위 규칙에 위배되는 것이라 하더라도 위법의 문제는 생기지 아니하고, 또 위 규칙에서 정한 기준에 적합하다 하여 바로 그 처분이 적법한 것이라고도 할 수 없으며, 그 처분의 적법 여부는 위 규칙에 적합한지의 여부에 따라 판단할 것이 아니고 관계 법령의 규정 및 그 취지에 적합한 것인지 여부에 따라 개별적·구체적으로 판단하여야 한다.

③ 법규성 긍정

제재적 재량처분 기준이 대통령에 규정된 경우에만 법규적 효력을 인정한다. 그러나 이 경우에는 그 기준이 시행규칙에 있는 경우와 차별하여 법규적 효력을 인정하는 근거가 없다고 할 수 있다.

> 대법원 1997. 12. 26. 선고 97누15418 판결 【주택건설사업영업정지처분취소】
> **주택건설촉진법 제7조 제2항의 위임에 터잡아 행정처분의 기준을 정한 같은법시행령 제10조의3 제1항 [별표 1]이 법규명령에 해당하는지 여부(적극)**
>
> 당해 처분의 기준이 된 주택건설촉진법시행령 제10조의3 제1항 [별표 1]은 주택건설촉진법 제7조 제2항의 위임규정에 터잡은 규정형식상 대통령령이므로 그 성질이 부령인 시행규칙이나 또는 지방자치단체의 규칙과 같이 통상적으로 행정조직 내부에 있어서의 행정명령에 지나지 않는 것이 아니라 대외적으로 국민이나 법원을 구속하는 힘이 있는 법규명령에 해당한다.

④ 신축적 구속력

한편 제재적 처분기준에 법규적 효력을 인정하는 경우에도 당해 처분의 기준에서 정한 과징금의 수액은 정액이 아니라 최고액이라고 하고 있다. 이 경우 법원의 입법형성의 권한을 인정하는 법적 근거가 문제가 된다고 할 수 있다.

> 대법원 2001. 3. 9. 선고 99두5207 판결 【과징금부과처분취소】
> **구 청소년보호법 제49조 제1항, 제2항의 위임에 따른 같은법시행령 제40조 [별표 6]의 위반행위의종별에따른과징금처분기준의 법적 성격(=법규명령) 및 그 과징금 수액의 의미(=최고한도액)**
>
> 구 청소년보호법(1999. 2. 5. 법률 제5817호로 개정되기 전의 것) 제49조 제1항, 제2항에 따른 같은법시행령(1999. 6. 30. 대통령령 제16461호로 개정되기 전의 것) 제40조 [별표 6]의 위반행위의종별에따른과징금처분기준은 법규명령이기는 하나 모법의 위임규정의 내용과 취지 및 헌법상의 과잉금지의 원칙과 평등의 원칙 등에 비추어 같은 유형의 위반행위라 하더라도 그 규모나 기간·사회적 비난 정도·위반행위로 인하여 다른 법률에 의하여 처벌받은 다른 사정·행위자의 개인적 사정 및 위반행위로 얻은 불법이익의 규모 등 여러 요소를 종합적으로 고려하여 사안에 따라 적정한 과징금의 액수를 정하여야 할 것이므로 그 수액은 정액이 아니라 최고한도액이다.

6) 훈령에 규정된 청문절차의 법규성

청문절차를 행정규칙인 훈령에 정한 경우에 법규적 효력을 인정할 수 있는지 여부가 문제가 되고 있다.

판례는 이에 관하여 법규적 효력을 인정한 경우가 있다. 청문절차는 적법절차의 핵심적인 내용이므로 그 존재형식과 관계 없이 심지어 청문절차를 인정하는 규정이 없다고 하더라도 청문절차는 헌법 제12조에 직접 근거를 둔다고 할 수 있다. 따라서 행정청은 특히 불이익처분을 하는 경우에는 언제나 청문절차를 실시하지 아니하는 경우에는 당해 불이익처분은 취소되게 된다.

> 대법원 1984.9.11. 선고 82누166 판결 【건축사무소등록취소처분취소】
> 청문절차를 거치지 아니한 건축사 사무소등록 취소처분의 적부
>
> 관계행정청이 건축사사무소의 등록취소처분을 함에 있어 당해 건축사들을 사전에 청문토록 한 취지는 위 행정처분으로 인하여 건축사사무소의 기존권리가 부당하게 침해받지 아니하도록 등록취소 사유에 대하여 당해 건축사에게 변명과 유리한 자료를 제출할 기회를 부여하여 위법 사유의 사정가능성을 감안하고 처분의 신중성과 적정성을 기하려 함에 있다 할 것이므로 설사 건축사법 제28조 소정의 등록취소 등 사유가 분명히 존재하는 경우라 하더라도 당해 건축사가 정당한 이유없이 청문에 응하지 아니한 경우가 아닌한 청문절차를 거치지 아니하고 한 건축사사무소 등록취소 처분은 위법하다.

(5) 행정규칙의 한계

행정규칙은 행정목적 달성을 위하여 필요한 한도 내에서 정립되는 것이고, 특히 행정규칙은 국민의 권리·의무에 직접적인 영향을 미치는 사항을 정하여서는 안된다고 할 수 있다.

(6) 행정규칙의 성립 및 효력발생

행정규칙은 정당한 권한이 있는 기관이 행정목적 달성을 위하여 필요한 한도 내에서 절차규정을 거쳐서 정할 수 있다. 행정규칙은 원칙적으로 고지를 요하지 아니한 것이 종래의 일반적인 견해이나, 행정절차법상 처분기준을 설정·공표하도록 규정하고 있다는 점에서 고지를 요하는 경우가 있을 수 있다.

관보에 의하여 공고하는 경우에는 관보가 발행된 날로부터 20일이 경과함으로써 효력을 발생하나, 보통은 행정규칙을 받을 의무가 있는 기관에 도달된 때

로부터 효력을 발생한다.

(7) 행정규칙의 통제

1) 의 의

행정규칙의 통제로서는 국회에 의한 통제, 행정부에 의한 통제, 법원, 헌법재판소에 의한 통제가 있다.

2) 법원에 의한 통제

특히 법원에 의한 통제에 있어서는 행정규칙은 국민의 권리·의무와 직접적인 관련성이 없으므로 행정규칙 그 자체로서는 행정소송의 대상이 되지 아니하는 것이 원칙이다. 다만 예외적으로 행정규칙에 근거한 처분이 직접 국민의 권리·의무에 영향을 미치는 경우에는 당해 행정규칙에 근거한 처분은 항고소송의 대상이 된다.

대법원 1985.11.26. 선고 85누394 판결 【개인택시자동차운수사업면허불허가처분등취소】
개인택시면허 우선순위에 관한 교통부장관의 시달이 행정소송의 대상이 되는 행정처분인지 여부

개인택시면허 우선순위에 관한 교통부장관의 시달은 단순히 개인택시면허 처분을 위하여 그 면허순위에 관한 내부적 심사기준을 시달한 예규나 통첩에 불과하여 현실적으로 특정인의 권리를 침해하는 것이 아니므로 이를 행정소송의 대상이 되는 행정처분이라고 할 수 없다.

대법원 2002. 7. 26. 선고 2001두3532 판결 【견책처분취소】
[1] 어떠한 처분의 근거나 법적인 효과가 행정규칙에 규정되어 있는 경우, 그 처분이 항고소송의 대상이 되는 행정처분에 해당하기 위한 요건
[2] 행정규칙에 의한 징계처분이 항고소송의 대상이 되는 행정처분에 해당한다고 한 사례

[1] 항고소송의 대상이 되는 행정처분이라 함은 원칙적으로 행정청의 공법상 행위로서 특정 사항에 대하여 법규에 의한 권리의 설정 또는 의무의 부담을 명하거나 기타 법률상 효과를 발생하게 하는 등으로 일반 국민의 권리 의무에 직접 영향을 미치는 행위를 가리키는 것이지만, 어떠한 처분의 근거나 법적인 효과가 행정규칙에 규정되어 있다고 하더라도, 그 처분이 행정규칙의

내부적 구속력에 의하여 상대방에게 권리의 설정 또는 의무의 부담을 명하거나 기타 법적인 효과를 발생하게 하는 등으로 그 상대방의 권리 의무에 직접 영향을 미치는 행위라면, 이 경우에도 항고소송의 대상이 되는 행정처분에 해당한다.

[2] 행정규칙에 의한 '불문경고조치'가 비록 법률상의 징계처분은 아니지만 위 처분을 받지 아니하였다면 차후 다른 징계처분이나 경고를 받게 될 경우 징계감경사유로 사용될 수 있었던 표창공적의 사용가능성을 소멸시키는 효과와 1년 동안 인사기록카드에 등재됨으로써 그 동안은 장관표창이나 도지사표창 대상자에서 제외시키는 효과 등이 있다는 이유로 항고소송의 대상이 되는 행정처분에 해당한다고 한 사례.

3) 헌법재판소에 의한 통제

행정규칙은 행정조직 내부에서의 효력을 가지므로 행정규칙은 원칙적으로 헌법재판소에 의한 통제의 대상이 되지 아니한다. 그러나 예외적으로 평등원칙이나 신뢰보호원칙에 따라서 행정기관이 자기구속을 당하는 경우에는 헌법소원의 대상이 될 수 있다.

헌법재판소 2001. 5. 31. 99헌마413 전원재판부 【학교장초빙제실시학교선정기준위헌확인】

가. 행정규칙의 헌법소원대상성

나. 경기도교육청의 1999. 6. 2.자 「학교장 · 교사 초빙제 실시」의 법규적 효력 유무(소극)

가. 행정규칙은 일반적으로 행정조직 내부에서만 효력을 가지는 것이나, 행정규칙이 법령의 규정에 의하여 행정관청에 법령의 구체적 내용을 보충할 권한을 부여한 경우나 재량권행사의 준칙인 규칙이 그 정한 바에 따라 되풀이 시행되어 행정관행이 이룩되게 되면, 평등의 원칙이나 신뢰보호의 원칙에 따라 행정기관은 그 상대방에 대한 관계에서 그 규칙에 따라야 할 자기구속을 당하게 되는 경우에는 대외적인 구속력을 가지게 되는바, 이러한 경우에는 헌법소원의 대상이 될 수도 있다.

나. 경기도교육청의 1999. 6. 2.자 「학교장 · 교사 초빙제 실시」는 학교장 · 교사 초빙제의 실시에 따른 구체적 시행을 위해 제정한 사무처리지침으로서 행정조직 내부에서만 효력을 가지는 행정상의 운영지침을 정한 것이어서, 국민이나 법원을 구속하는 효력이 없는 행정규칙에 해당하므로 헌법소원의 대상이 되지 않는다.

4. 판 례

2010. 4. 29. 선고 2009두17797 판결 〔기반시설부담금부과처분취소〕 (공2010, 1035)

[1] 특정 사안과 관련하여 법률에서 하위 법령에 위임을 한 경우 하위 법령이 위임의 한계를 준수하고 있는지 여부의 판단 기준

[2] 구 기반시설부담금에 관한 법률 시행령 제5조에서 기반시설부담금의 면제대상으로 철거되는 건축물과 신축되는 건축물이 모두 건축법 제2조 제2항 각 호에 따른 용도가 같을 것을 요구하면서, 건축법 제2조 제2항 제1호의 단독주택과 제2호의 공동주택을 동일용도의 건축물로 보는 입법을 한 것은 위임의 한계를 벗어난 것이 아니라고 한 사례

[1] 특정 사안과 관련하여 법률에서 하위 법령에 위임을 한 경우 하위 법령이 위임의 한계를 준수하고 있는지 여부를 판단할 때는 당해 법률 규정의 입법 목적과 규정 내용, 규정의 체계, 다른 규정과의 관계 등을 종합적으로 살펴야 하는바, 위임 규정 자체에서 그 의미 내용을 정확하게 알 수 있는 용어를 사용하여 위임의 한계를 분명히 하고 있는데도 그 문언적 의미의 한계를 벗어났는지 여부나, 수권 규정에서 사용하고 있는 용어의 의미를 넘어 그 범위를 확장하거나 축소하여서 위임 내용을 구체화하는 단계를 벗어나 새로운 입법을 하였는지 여부 등도 고려되어야 한다.

[2] 구 기반시설부담금에 관한 법률 시행령(2008. 9. 25. 대통령령 제21038호로 개정되기 전의 것) 제5조에서 기반시설부담금의 면제대상으로 철거되는 건축물과 신축되는 건축물이 모두 건축법 제2조 제2항 각 호에 따른 용도가 같을 것을 요구하면서, 건축법 제2조 제2항 제1호의 단독주택과 제2호의 공동주택을 동일용도의 건축물로 보는 입법을 한 것은 위임의 한계 내이고, 동일용도의 범위를 정하면서 건축물별로 기반시설 유발 정도를 고려하지 않았다고 하여 그와 같은 사정만으로 위임의 한계를 벗어난 것으로 보기 어렵다고 한 사례.

2010. 6. 10. 선고 2010두3473 판결 〔과징금부과처분취소〕 (공2010, 1382)

[1] 구 식품위생법 제31조 제1항 규정이 포괄위임입법금지의 원칙에 반하여 위헌인지 여부(소극)

[2] 구 식품위생법 시행규칙 제53조 [별표 15] II. 1. 17. 가. (1) (가) 규정이 명확성을 결여하거나 비례·평등의 원칙을 위반하여 위헌인지 여부(소극)

[3] 구 식품위생법 시행규칙 제53조 [별표 15] II. 1. 17. 가. (1) (가)의 '거짓으로 작성한 때'에 해당하기 위한 요건

[4] 행정청이 영·유아용 이유식 등을 제조·생산하는 식품제조·가공업자가 생산일지에 원료의 유통기한을 잘못 기재한 데 대하여 구 식품위생법 시행규칙 제40조 [별표

12]에서 정한 준수사항 및 제53조 [별표 15] II. 1. 17. 가. (1) (가) 위반을 이유로 과징금을 부과한 사안에서, 생산일지에 원료의 유통기한을 사실과 다르게 기재한 것이 위 조항에서 정하는 생산 및 작업기록에 관한 서류를 거짓으로 작성한 때에 해당한다고 볼 수 없다고 한 사례

[1] 구 식품위생법(2009. 2. 6. 법률 제9432호로 전부 개정되기 전의 것)은 식품으로 인한 위생상의 위해를 방지하고 식품영양의 질적 향상을 도모하며 식품에 관한 올바른 정보를 제공함으로써 국민보건의 증진에 이바지하는 데에 입법 목적이 있으며(제1조), 한편 식품산업의 발전에 따라 식품위생에 관한 기준도 달라질 수 있고 이에 대한 적절한 대처가 필요하지만 국회의 기술적·전문적 능력이나 시간적 적응능력에는 한계가 있을 뿐만 아니라, 규율대상인 식품 및 식품첨가물의 제조 또는 가공업의 종류 및 형태가 다양하여 이에 종사하는 자들이 준수하여야 할 세부적인 사항을 법률에서 구체적으로 정하기 어려우므로 이러한 식품위생에 관한 기준 등은 국회 제정의 법률에 비하여 탄력적인 행정입법에 위임할 필요성이 인정된다. 또한 위 법 제31조 제1항은 식품접객영업자 등이 지켜야 할 사항을 영업의 위생적 관리 및 질서유지와 국민보건위생의 증진을 위하여 필요한 사항으로 정하고 있는 등 그로부터 보건복지가족부령에 규정될 내용의 대강을 예측할 수 있어 헌법이 정한 위임입법의 한계를 준수하고 있다고 할 것이므로, 위 규정이 포괄위임입법금지의 원칙에 반하는 위헌규정이라고는 할 수 없다.

[2] 구 식품위생법 시행규칙(2009. 8. 12. 보건복지가족부령 제132호로 전부 개정되기 전의 것) 제53조 [별표 15] II. 1. 17. 가. (1) (가) 규정이 사용하는 용어 중 수범자인 식품 또는 식품첨가물의 제조·가공업자가 작성하여야 하는 '생산 및 작업기록에 관한 서류'에 대하여 법령에서 직접 정의를 내리지 않고 있고, '거짓으로 작성한 때'의 용어는 규범적 평가가 필요한 개념으로서 다소 광범위한 해석의 여지를 두고 있기는 하나, 위 조항 중 '생산 및 작업기록에 관한 서류'는 식품 또는 식품첨가물의 제조·가공업자가 식품 등을 생산하는 작업을 수행하면서 그 과정을 기록한 서류를 의미하는 것이 명백하고, '거짓으로 작성한 때'의 의미도 다른 법규에서 자주 사용되어 내용이 확립된 개념으로 볼 수 있다. 이를 토대로 보면, '생산 및 작업기록에 관한 서류를 거짓으로 작성한 때'란 수범자인 식품 또는 식품첨가물의 제조·가공업자가 생산 및 작업과정을 기록하면서 서류에 기재하는 내용이 사실과 다르다는 점을 인식하면서도 허위로 기재하는 것으로 문리해석할 수 있고, 이는 건전한 상식과 통상적인 법감정을 가진 일반인으로서도 능히 인식할 수 있는 것으로서 위 조항이 명확성을 결여하였다고 볼 수 없다. 또한 위 조항을 위와 같이 보는 이상, 생산 및 작업기록에 관한 서류를 거짓으로 작성한 경우를 위 서류

를 작성하지 아니하거나 보관하지 아니한 경우와 구별하지 아니하고 동일한 조항 내에서 일률적인 제재를 가하는 것이 헌법상 비례·평등의 원칙에 반한다고 볼 수 없다.

[3] 구 식품위생법 시행규칙(2009. 8. 12. 보건복지가족부령 제132호로 전부 개정되기 전의 것) 시행규칙 [별표 12] 제1호에서 원료수불 관계서류와 별도로 생산 및 작업기록에 관한 서류를 작성하여 보관하도록 한 입법 취지는 위 시행규칙 제25조 [별지 제20호 서식] 식품품목제조보고서에서 정한 제조방법, 규격, 완제품의 유통기한 등을 확인함으로써 식품에 관한 위생 내지 안전을 확보하고자 하는 데 있고, 위 시행규칙 제53조 [별표 15] II. 1. 17. 가. (1) (가)는 생산 및 작업기록에 관한 서류를 거짓으로 작성한 때에는 위 서류를 작성하지 아니하거나 보관하지 아니한 때와 마찬가지로 필요적으로 그 정한 바에 따라 영업정지 처분에 처하도록 규정하고 있다. 위와 같은 취지와 제재의 중대성에 비추어 볼 때 생산 및 작업기록에 관한 서류를 '거짓으로 작성한 때'에 해당한다고 보기 위해서는, 그 서류가 단순히 사실과 다르게 기재되었다는 것만으로는 부족하고 그 기재 내용이 사실과 다르다는 점을 인식하였거나 충분히 인식할 수 있었으면서도 사실과 다른 내용의 기재를 하였다고 평가할 수 있어야 한다.

[4] 행정청이 영·유아용 이유식 등을 제조·생산하는 식품제조·가공업자가 생산일지에 원료의 유통기한을 잘못 기재한 데 대하여 구 식품위생법 시행규칙(2009. 2. 6. 법률 제9432호로 전부 개정되기 전의 것) 제40조 [별표 12]에서 정한 준수사항 및 제53조 [별표 15] II. 1. 17. 가. (1) (가) 위반을 이유로 과징금을 부과한 사안에서, 생산일지의 기재방식과 작성경위를 보면, 생산 작업자가 기재하는 내용이 사실과 다르다는 점을 이미 인식하였거나 충분히 인식할 수 있었으면서도 사실과 다르게 기재하였다고 볼 만한 자료가 없는 점 등에 비추어, 생산일지에 원료의 유통기한을 사실과 다르게 기재한 것이 위 조항에서 정하는 생산 및 작업기록에 관한 서류를 거짓으로 작성한 때에 해당한다고 볼 수 없다고 한 사례.

2009. 12. 24. 선고 2009두7967 판결 〔신규건조저장시설사업자인정신청반려처분취소〕 (공2010, 261)

[1] 상급행정기관이 하급행정기관에 발하는 이른바 '행정규칙이나 내부지침'을 위반한 행정처분이 위법하게 되는 경우

[2] 시장이 농림수산식품부에 의하여 공표된 '2008년도 농림사업시행지침서'에 명시되지 않은 '시·군별 건조저장시설 개소당 논 면적' 기준을 충족하지 못하였다는 이유로 신규 건조저장시설 사업자 인정신청을 반려한 사안에서, 그 처분이 행정의 자기구속의 원칙 및 행정규칙에 대한 신뢰보호의 원칙에 위배되거나 재량권을 일탈·남

용한 위법이 없다고 한 사례

[1] 상급행정기관이 하급행정기관에 대하여 업무처리지침이나 법령의 해석 적용에 관한 기준을 정하여 발하는 이른바 '행정규칙이나 내부지침'은 일반적으로 행정조직 내부에서만 효력을 가질 뿐 대외적인 구속력을 갖는 것은 아니므로 행정처분이 그에 위반하였다고 하여 그러한 사정만으로 곧바로 위법하게 되는 것은 아니다. 다만, 재량권 행사의 준칙인 행정규칙이 그 정한 바에 따라 되풀이 시행되어 행정관행이 이루어지게 되면 평등의 원칙이나 신뢰보호의 원칙에 따라 행정기관은 그 상대방에 대한 관계에서 그 규칙에 따라야 할 자기구속을 받게 되므로, 이러한 경우에는 특별한 사정이 없는 한 그를 위반하는 처분은 평등의 원칙이나 신뢰보호의 원칙에 위배되어 재량권을 일탈·남용한 위법한 처분이 된다.

[2] 시장이 농림수산식품부에 의하여 공표된 '2008년도 농림사업시행지침서'에 명시되지 않은 '시·군별 건조저장시설 개소당 논 면적' 기준을 충족하지 못하였다는 이유로 신규 건조저장시설 사업자 인정신청을 반려한 사안에서, 위 지침이 되풀이 시행되어 행정관행이 이루어졌다거나 그 공표만으로 신청인이 보호가치 있는 신뢰를 갖게 되었다고 볼 수 없고, 쌀 시장 개방화에 대비한 경쟁력 강화 등 우월한 공익상 요청에 따라 위 지침상의 요건 외에 '시·군별 건조저장시설 개소당 논 면적 1,000ha 이상' 요건을 추가할 만한 특별한 사정을 인정할 수 있어, 그 처분이 행정의 자기구속의 원칙 및 행정규칙에 관련된 신뢰보호의 원칙에 위배되거나 재량권을 일탈·남용한 위법이 없다고 한 사례.

2009. 10. 22. 선고 2007두3480 전원합의체 판결 〔취득세등부과처분취소〕 (공 2009, 1895)

공동주택의 경우에는 단독주택의 경우와는 달리 면적이 일정한 기준을 초과하기만 하면 그 가액과 관계없이 취득세를 중과세하도록 정한 구 지방세법 시행령 제84조의3 제3항 제4호 규정이 모법인 구 지방세법 제112조 제2항 제3호의 위임범위를 벗어난 것으로서 무효인지 여부

[다수의견] 구 지방세법(2007. 12. 31. 법률 제8835호로 개정되기 전의 것) 제112조 제2항 제3호는 취득세 중과세대상인 고급주택에 관하여 '주거용 건축물 또는 그 부속토지의 면적과 가액이 대통령령이 정하는 기준을 초과하는 주거용 건축물과 그 부속토지'라고 규정함으로써 고급주택의 요건으로 면적과 가액의 두 요소를 함께 반영하여 양자 모두 일정한 기준을 초과할 것을 요구하고 있음에도, 그 위임을 받은 구 지방세법 시행령(2007. 12. 31. 대통령령 제20517호로 개정되기 전의 것) 제84조의3 제3항 제4호는 '1구의 공동주

택의 연면적(공용면적을 제외한다)이 245㎡(복층형의 경우에는 274㎡로 하되, 1개 층의 면적이 245㎡를 초과하는 것을 제외한다)를 초과하는 공동주택과 그 부속토지'를 취득세 중과세대상인 고급주택의 하나로 규정함으로써 공동주택의 경우에는 단독주택의 경우와는 달리 면적이 일정한 기준을 초과하기만 하면 그 가액과 관계없이 취득세를 중과세하도록 정하고 있어 결과적으로 위 법률조항보다 취득세 중과세대상의 범위를 확장하고 있다. 위 시행령조항이 위 법률조항보다 납세자에게 불리한 방향으로 취득세 중과세대상의 범위를 확장한 것은 모법인 위 법률조항의 규정취지에 반할 뿐만 아니라 그 위임범위를 벗어난 것으로서 무효라고 봄이 상당하다.

[대법관 박시환, 대법관 이홍훈, 대법관 김능환, 대법관 안대희의 반대의견] 구 지방세법(2007. 12. 31. 법률 제8835호로 개정되기 전의 것) 제112조 제2항 제3호는 그 규정형식에도 불구하고 대통령령에 모든 종류의 주택에 관하여 반드시 면적과 가액을 함께 반영하여 고급주택 요건을 정하도록 위임한 것이 아니라 주택의 유형에 따라 합리적으로 판단하여 면적이나 가액 중 어느 하나만을 기준으로 고급주택 여부를 정하는 것도 위임하였다는 점을 누구라도 어렵지 않게 예측할 수 있다. 그러므로 구 지방세법 시행령(2007. 12. 31. 대통령령 제20517호로 개정되기 전의 것) 제84조의3 제3항 제4호가 위 법률조항의 위임범위를 벗어나 취득세 중과세대상의 범위를 확장하였다거나 위 법률조항에 규정된 내용을 함부로 유추·확장한 것으로서 조세법률주의에 반하여 무효라고 볼 수 없다.

2009. 5. 21. 선고 2005두1237 판결 〔임금〕 (공2009, 887)

[1] 구 군인보수법 제10조의 적용대상에 '평시'에 당해 계급의 최고호봉을 초과하여 복무하는 자가 포함되는지 여부(적극)

[2] 근속가봉 횟수를 제한한 공무원보수규정 제30조의2 제3항이 모법인 군인보수법 제10조가 허용하고 있는 규율범위를 벗어나서 무효인지 여부(적극)

[1] [다수의견] 구 군인보수법(2008. 1. 17. 법률 제8843호로 개정되기 전의 것) 제10조는 구 군인사법(1993. 12. 31. 법률 제4695호로 개정되기 전의 것)의 규정에 맞추어 '전시·사변 등의 국가비상시에 있어서 군인사법 제8조에 규정된 현역정년을 초과하여 근무하는 자'와 '당해 계급의 최고호봉을 초과하여 복무하는 자'를 구분하여 이들 모두를 적용대상으로 규정하였다고 보는 것이 합리적이고, 국가비상시가 아닌 평시에 당해 계급의 최고호봉을 초과하여 복무하는 자를 근속가봉에 관한 보수 지급대상에서 제외하는 취지라고 해석할 수는 없다.

[대법관 박일환의 반대의견] 구 군인보수법 제10조는 전시·사변 등의 국

가비상시에 '군인사법 제8조에 규정된 현역정년을 초과하여 복무하는 자'와 '당해 계급의 최고호봉을 초과하여 복무하는 자'가 적용대상이라고 하는 것이 자연스럽다.

[2] [다수의견] 정년 또는 최고호봉을 초과하여 근무한 군인의 근속가봉에 관한 보수를 정한 구 군인보수법(2008. 1. 17. 법률 제8843호로 개정되기 전의 것) 제10조는 보수수급권자에 관한 재산권인 보수청구권을 형성하는 법률이고, 군인의 근속가봉을 일정한 횟수 내로 제한하고 있는 공무원보수규정 제30조의2 제3항은 구 군인보수법 제10조에 의하여 형성된 보수청구권의 내용을 불리하게 제한하는 것으로서 구 군인보수법 제10조를 현실적으로 집행하는 데 필요한 세부적인 사항을 규정한 것으로서 법에서 구체적인 범위를 정하여 위임하고 있어야 하지만, 구 군인보수법은 제23조에서 '법 시행에 필요한 사항에 관하여 대통령령으로 정한다'고 규정하였을 뿐 제10조에 관한 위임 규정을 별도로 두고 있지 않다. 그러므로 구 군인보수법 제10조가 형성한 재산권인 군인의 근속가봉에 관한 보수청구권의 내용을 제한한 공무원보수규정 제30조의2 제3항은 모법의 위임 없이 제정되었고 모법이 허용하고 있는 규율 범위를 벗어난 것으로서 무효이다.

[대법관 박일환의 반대의견] 구 군인보수법 제10조는 국가비상시에 적용되는 규정이고, 국가비상시가 아닌 평시에 가봉을 인정할지, 가봉을 인정할 경우 그 횟수를 어떻게 할지 등은 봉급을 지급해야 할 지급 주체가 그 재정의 여력 등을 감안하여 그 재량에 따라 정할 수 있는 것이므로, 그러한 재량에 따라 규정된 공무원보수규정 제30조의2 제3항은 모법에 위임이 없다거나 모법의 규율 범위를 벗어났다고 할 수 없다.

2008. 11. 27. 선고 2006두19570 판결 〔취득세부과처분취소〕 (공2008, 1813)

[1] 시행령 규정이 모법의 위임범위를 벗어난 것인지 여부의 판단 기준의 하나인 '예측가능성'의 의미 및 판단 방법

[2] 구 지방세법 시행령 제228조는 취득세와 등록세의 면제요건의 전제가 되는 '기업부설연구소'의 범위를 정한 것으로서, 모법인 구 지방세법 제282조 본문의 위임 범위를 벗어난 무효의 규정이라 할 수 없다고 한 사례

[1] 어느 시행령의 규정이 모법의 위임범위를 벗어난 것인지 여부를 판단함에 있어서 중요한 기준 중 하나는 예측가능성인바, 이는 당해 시행령의 내용이 이미 모법에서 구체적으로 위임하고 있는 사항을 규정한 것으로서 누구라도 모법 자체로부터 그 위임된 내용의 대강을 예측할 수 있는 범위 내에 속한 것이어야 함을 의미한다. 이러한 예측가능성의 유무는 당해 특정조항 하나만을 가지고 판단할 것은 아니고 법률의 입법 취지 등을 고려하여 관련 법조항 전체를 유기적·체계적으로 종합하여 판단하여야 한다.

[2] 구 지방세법 시행령(2000. 12. 29. 대통령령 제17052호로 개정되기 전의 것) 제228조는 취득세와 등록세의 면제요건의 전제가 되는 '기업부설연구소'의 범위를 정한 것으로서, 모법인 구 지방세법(2000. 12. 29. 법률 제6312호로 개정되기 전의 것) 제282조 본문의 위임범위를 벗어난 무효의 규정이라 할 수 없다고 한 사례.

2009. 2. 26. 선고 2006두3599 판결 〔과징금부과처분취소〕 (공2009, 378)
[1] 구 수산업법 제34조 제3항의 해석
[2] 어업 면허나 허가를 받은 자가 선박안전조업규칙에 정한 어업제한사항 등을 위반한 경우, 구 수산업법 제34조 제1항 제6호에 정한 '어업권자가 이 법에 위반한 때'에 해당하는지 여부(적극)

[1] 구 수산업법(2004. 12. 31. 법률 제7314호로 개정되기 전의 것) 제34조 제3항의 신설 경위와 목적 및 관계 법령의 내용과 체제 등에 비추어 볼 때, 위 법 제34조 제3항은 같은 조 제1항에 의하여 시장·군수 또는 구청장이 같은 항 제5호의2에 정한 "어업활동상 안전사고예방 등을 위하여 필요한 때"의 사유를 들어 어업의 제한 등을 하는 경우에 그에 해당하는 개별적·구체적 사유의 내용이나 기준·절차 등에 관하여 세부적으로 필요한 사항을 정하거나, 위 제5호의2에 정한 "어업활동상 안전사고예방 등을 위하여 필요한 때"에 면허어업권자 또는 허가어업권자에게 가하여 질 수 있는 어업의 제한 등 필요한 규제내용을 일반적으로 규율하기 위하여, 그에 관한 사항을 국방부·행정자치부 및 해양수산부의 공동부령으로 위임하여 정하도록 하고 있는 것으로 해석된다.
[2] 선박안전조업규칙이 1982. 3. 17. 전문 개정되어 2000. 8. 9. 국방부·행정자치부 및 해양수산부의 공동부령에 의하여 최종 개정될 때까지는 그 위임의 근거가 되는 법률규정이 불명확하였다 하더라도, 2001. 1. 29. 구 수산업법(2004. 12. 31. 법률 제7314호로 개정되기 전의 것) 제34조 제3항이 신설된 후부터는 같은 조 제1항 제5호의2 조항이 일반적인 어업제한사항 등을 정한 선박안전조업규칙의 근거가 되므로, 선박안전조업규칙은 법률의 위임을 받아 유효하게 존재한다고 볼 수 있다. 따라서 어업 면허나 허가를 받은 자가 선박안전조업규칙에서 정한 어업제한사항 등을 위반한 때에는 구 수산업법(2004. 12. 31. 법률 제7314호로 개정되기 전의 것) 제34조 제1항 제6호에 정한 '어업권자가 이 법에 위반한 때'에 해당한다.

2008. 9. 18. 선고 2006다49789 전원합의체 판결 〔구상금〕 (공2008, 1421)
구 법인세법 시행령 제106조 제1항 제1호 단서 규정이 모법인 구 법인세법 제67조의 위임 범위를 벗어나 무효인지 여부(소극)

구 법인세법(2007. 12. 31. 법률 제8831호로 개정되기 전의 것) 제67조에서의 소득처분은 법인세의 과세표준을 신고하거나 결정 또는 경정함에 있어서 익금에 산입한 금액이 법인의 내부에 유보된 것인지 또는 사외로 유출된 것인지를 확정하고, 만일 당해 금액이 사외로 유출된 것이라면 누구에게 어떤 소득의 형태로 귀속된 것인지를 특정하여 그 귀속자와 소득의 종류를 확정하는 세법상의 절차로서, 이미 특정과세연도에 귀속된 소득을 사후적으로 확인하는 절차인바, 익금에 산입한 금액이 사외로 유출된 것이 분명한 경우에는 반드시 누군가에게 귀속되었을 것이나, 과세자료 등을 통하여 그 귀속자를 객관적으로 확정할 수 없는 '귀속불분명'의 경우를 충분히 예상할 수 있으므로, 위 법 제67조가 "… 익금에 산입한 금액은 그 귀속자에 따라 … 처분한다" 고 규정하여 '그 귀속자에 따라'라는 문언을 사용하였다고 하더라도, 위 법조가 대통령령에 위임하고 있는 소득처분의 종류와 내용에는 사외유출된 익금산입액이 누군가에게 귀속되었을 것임은 분명하나 그 구체적 귀속자를 밝힐 수 없는 경우를 포함하고 있다고 봄이 상당하므로, 구 법인세법 시행령(2008. 2. 22. 대통령령 제20619호로 개정되기 전의 것) 제106조 제1항 제1호 단서가 모법인 위 법 제67조의 위임 범위를 벗어난 무효의 규정이라고 할 수 없다.

Ⅵ. 행정계획

1. 의 의

행정계획이라 함은 행정에 관한 전문적·기술적 판단을 기초로 하여 도시의 건설·정비·개량 등과 같은 특정한 행정목표를 달성하기 위하여 서로 관련되는 행정수단을 종합·조정함으로써 장래의 일정한 시점에 있어서 일정한 질서를 실현하기 위한 활동기준으로 설정된 것을 말한다. 행정계획은 요건·효과규범의 구조가 아니라 목적·수단의 구조로 되어 있는 것을 특징으로 한다.

이러한 행정계획은 장래의 행정수요의 예측 및 그 대응이라고 하는 현대행정의 특수성이 반영된 것으로서 그 성질도 일정하지 아니하고 행정입법, 행정행위, 사실행위의 종합적인 성격을 가진다.

2. 종 류

행정계획을 여러 가지 기준으로 분류가 가능하지만 법적으로 의미가 있는 것은 법적 구속력이 있는지 여부를 기준으로 하는 구속적 계획과 비구속적 계획이라고 할 수 있다.

3. 법적 근거

상대방 국민에 대하여 구속적 효력을 갖는 구속적 행정계획은 행정작용법적 근거를 요한다.

4. 법적 성질

행정계획의 법적 성질은 주로 구속적 행정계획에 관하여 논의되고 있다. 이에 관하여는 일반·추상적 규범의 정립행위로 보는 입법행위설, 법관계의 구체적 변동의 효과를 발생한다는 행정행위설, 양자의 성격을 갖는다고 하는 복수성질설과 행정계획을 종래의 행정행위와 다른 특수한 것으로 보는 독자성설 등이 있다.

5. 행정계획의 절차

행정계획의 중요성이 인정되고 공익성 투명성을 반영할 필요성이 있으므로 행정계획의 수립하는 절차가 과거에 비하여 법적 규제가 강화되고 있다. 예컨대 각종 위원회의 심의, 관계행정기관 간의 조정 및 민간인 등 이해관계인의 참여가 법정화되고 있다.

다만 현재 우리나라 판례가 절차 위반을 중요하게 인정하지 아니하는 문제가 있는데 이는 헌법 제12조상의 적법절차의 정신을 몰각하는 것이라고 할 수 있다.

> 대법원 2006.3.16. 선고 2006두330 전원합의체 판결 【정부조치계획취소등】
> 환경영향평가법령에서 정한 환경영향평가 절차를 거쳤으나 그 환경영향평가의 내용이 부실한 경우, 그 부실로 인하여 환경영향평가 대상사업에 대한 승인 등 처분이 위법하게 되는지 여부(한정 소극)
>
> 환경영향평가법령에서 정한 환경영향평가를 거쳐야 할 대상사업에 대하여 그러한 환경영향평가를 거치지 아니하였음에도 승인 등 처분을 하였다면 그 처분은 위법하다 할 것이나, 그러한 절차를 거쳤다면, 비록 그 환경영향평가의 내용이 다소 부실하다 하더라도, 그 부실의 정도가 환경영향평가제도를 둔 입법 취지를 달성할 수 없을 정도이어서 환경영향평가를 하지 아니한 것과 다

를 바 없는 정도의 것이 아닌 이상, 그 부실은 당해 승인 등 처분에 재량권 일탈 · 남용의 위법이 있는지 여부를 판단하는 하나의 요소로 됨에 그칠 뿐, 그 부실로 인하여 당연히 당해 승인 등 처분이 위법하게 되는 것이 아니다.

6. 행정계획과 행정구제

(1) 처 분 성

행정계획의 처분성에 관하여는 구속적 행정계획은 행정소송의 대상인 처분성을 인정하는 경우가 있다. 이 경우 판례는 고시된 도시계획결정에 대하여 처분성을 인정하고 있는 경우가 있다.

대법원 1982.3.9. 선고 80누105 판결 【도시계획변경처분취소】
고시된 도시계획결정이 행정소송이 대상이 되는가(적극)

도시계획법 제12조 소정의 고시된 도시계획결정은 특정 개인의 권리 내지 법률상의 이익을 개별적이고 구체적으로 규제하는 효과를 가져오게 하는 행정청의 처분이라 할 것이고, 이는 행정소송의 대상이 된다.

(2) 계획재량

관계 법령에는 추상적인 행정목표와 절차만이 규정되어 있을 뿐 행정계획의 내용에 관하여는 별다른 규정을 두고 있지 아니하므로 행정주체는 구체적인 행정계획을 입안·결정함에 있어서 비교적 광범위한 형성의 자유를 가지는 것이지만, 행정주체가 가지는 이와 같은 형성의 자유는 무제한적인 것이 아니라 그 행정계획에 관련되는 자들의 이익을 공익과 사익 사이에서는 물론이고 공익 상호간과 사익 상호간에도 정당하게 비교교량하여야 한다는 제한이 있게 된다. 행정계획에 있어서는 행정에게 광범위한 형성적 재량이 인정되게 된다.

이러한 행정의 계획과 관련된 재량도 당연히 일정한 법적 한계가 인정된다. 즉 목적과 수단 간의 비례원칙 등이 인정되어야 할 뿐만 아니라 공익과 사익 간의 비교형량의 문제도 있게 된다. 이러한 것을 독일의 예에 따라서 정당한 형량의 원리로 파악하기도 한다.

따라서 계획재량도 일정한 법적 한계를 벗어나게 되면 당연히 재량권의 일탈·남용한 것으로 당해 행정계획결정은 위법한 처분으로 취소되게 된다.

대법원 2007.4.12. 선고 2005두1893 판결 【도시계획시설결정취소】 〈원지동 추모공원 사건〉

행정계획의 의미 및 행정주체의 행정계획결정에 관한 재량의 한계

행정계획이라 함은 행정에 관한 전문적·기술적 판단을 기초로 하여 도시의 건설·정비·개량 등과 같은 특정한 행정목표를 달성하기 위하여 서로 관련되는 행정수단을 종합·조정함으로써 장래의 일정한 시점에 있어서 일정한 질서를 실현하기 위한 활동기준으로 설정된 것으로서, 관계 법령에는 추상적인 행정목표와 절차만이 규정되어 있을 뿐 행정계획의 내용에 관하여는 별다른 규정을 두고 있지 아니하므로 행정주체는 구체적인 행정계획을 입안·결정함에 있어서 비교적 광범위한 형성의 자유를 가지는 것이지만, 행정주체가 가지는 이와 같은 형성의 자유는 무제한적인 것이 아니라 그 행정계획에 관련되는 자들의 이익을 공익과 사익 사이에서는 물론이고 공익 상호간과 사익 상호간에도 정당하게 비교교량하여야 한다는 제한이 있으므로, 행정주체가 행정계획을 입안·결정함에 있어서 이익형량을 전혀 행하지 아니하거나 이익형량의 고려 대상에 마땅히 포함시켜야 할 사항을 누락한 경우 또는 이익형량을 하였으나 정당성과 객관성이 결여된 경우에는 그 행정계획결정은 형량에 하자가 있어 위법하게 된다.

(3) 헌법소원

행정계획 중에서도 공권력의 행사로서 예외적으로 헌법소원의 대상이 되는 경우가 있다.

헌법재판소 2007.10.25. 선고 2006헌마1236 전원재판부 【장애인차량엘피지지원폐지위헌확인】

가. 국가 예산을 재원으로 한 사회복지사업 시행에 관한 정책결정이 담긴 지침이 헌법소원의 대상인 공권력행사에 해당될 수 있는 요건

나. 보건복지부장관이 장애인차량 엘피지 보조금 지원사업과 관련하여 4~6급 장애인에 대한 지원을 중단하기로 하는 정책결정을 내리고 이에 따라 일선 공무원들에 대한 지침을 변경한 것이 헌법소원의 대상인 공권력행사에 해당하는지 여부(소극)

가. 행정 각 부의 장관이 국가 예산을 재원으로 사회복지사업을 시행함에 있어 예산 확보 방법과 그 집행 대상 등에 관하여 정책결정을 내리고 이를 미리 일선 공무원들에게 지침 등의 형태로 고지하는 일련의 행위는 장래의 예산 확보 및 집행에 대비한 일종의 준비행위로서 헌법소원의 대상이 될 수 없지만, 위와 같은 정책결정을 구체화시킨 지침의 내용이 국민의 기본권에

직접적으로 영향을 끼치고, 앞으로 법령의 뒷받침에 의하여 그대로 실시될 것이 틀림없을 것으로 예상될 수 있을 때에는 예외적으로 헌법소원의 대상이 될 수도 있다.

나. 보건복지부장관은 장애인차량 엘피지 보조금 지원사업과 관련하여 2007. 1. 1.부터 4~6급 장애인에 대한 지원을 중단하기로 하는 등의 정책결정을 내리고 이에 따라 일선 공무원들에 대한 지침을 변경하였으나(이하 '이 사건 지침변경'이라 한다), 위 정책결정은 최종적인 것이 아니며 정부 부처 내 협의를 통한 장애인복지 예산안 편성 과정, 국회의 예산 심의 · 확정 과정에서 변경될 수 있다. 그렇다면 이 사건 지침변경은 대외적 효력이 없는 것으로서 행정기관 내부의 업무처리지침 내지 업무편람 변경에 불과하여, 직접적 · 확정적으로 청구인의 법적 지위를 변동시킨다고 할 수 없을 뿐만 아니라, 장차 법령의 뒷받침을 통하여 그대로 실시될 것이 틀림없다고 예상되는 경우도 아니다. 따라서 이 사건 지침변경은 헌법소원의 대상이 될 수 없으므로 이에 대한 헌법소원심판청구는 부적법하다.

(4) 계획의 변경과 관련된 권리구제

행정계획의 변경 및 중지 등과 관련된 권리로서 계획존속청구권, 계획보장청구권 등이 논의되고 있다.

그 밖에 일반론적으로 행정소송, 헌법소원, 행정상 손해배상 및 손실보상도 논해질 여지가 있다.

7. 판 례

2010. 9. 9. 선고 2009두22744 판결 〔여객자동차운송사업계획변경인가처분취소〕 (공2010, 1922)

[1] 여객자동차 운수사업법 제78조 제1항의 규정 취지 및 시장·도지사로부터 여객자동차운송사업의 사업계획변경 등을 재위임받은 시장·군수 또는 구청장이 둘 이상의 시·군·구에 걸친 사업계획변경 등을 하는 경우에도 관계 시장·군수 또는 구청장과의 협의절차가 필요한지 여부(적극)

[2] 구 여객자동차 운수사업법 시행규칙 제5조 제3항 등에서 정한 교통대책에 따른 사업계획변경의 허용 범위

[1] 여객자동차 운수사업법 제78조 제1항은 제75조 제1항에 따라 국토해양부장관으로부터 여객자동차운송사업의 사업계획변경 등에 관한 권한을 위임받은 시장·도지사는 그 사업계획변경 등이 둘 이상의 시·도에 걸칠 경우 국토해양부령으로 정하는 바에 따라 관계 시장·도지사와 협의하여야 한다고 규정

하고 있다. 이는 둘 이상의 시·도에 걸치는 노선과 관련된 사업계획변경의 경우에는 그로 인하여, 관계 시장·도지사로부터 면허를 받은 기존의 여객운송사업자와 경업관계를 초래하는 경우가 많고 관계 시·도의 수송수요와 수송력 공급 사이에 불균형을 초래하거나 관계 시·도 내의 교통흐름과 이용자의 편의에 영향을 미치게 되거나 관계 시·도 사이에 이해관계의 충돌이 생겨 그로 인하여 이해관계인 사이에 법적 분쟁이 발생할 우려가 많기 때문에, 관계 법령에서 시장·도지사들 사이의 사전협의를 요구함으로써, 여객자동차 운수사업에 관한 질서를 확립하고 여객의 원활한 운송과 여객자동차 운수사업의 종합적인 발달을 도모하여 공공복리를 증진하려는 법의 목적을 달성하기 위한 것이고, 이러한 취지는 운수사업법 제75조 제2항에 따라 시장·도지사로부터 여객자동차운송사업의 사업계획변경 등을 재위임받은 시장·군수 또는 구청장이 둘 이상의 시·군·구에 걸친 사업계획변경 등을 하는 경우에도 마찬가지로 적용되어야 한다.

[2] 구 여객자동차 운수사업법 시행규칙(2008. 11. 6. 국토해양부령 제66호로 전부 개정되기 전의 것) 제5조 제3항, 제1항 제1호 (다)목, (라)목에 의하면, 다른 시·도 구역 안에서의 운행계통의 단축 등으로 인한 운행경로의 변경에 관한 사업계획변경과 그 통보를 받은 관계 시장·도지사가 사업계획변경 전과 같은 운행계통을 유지할 필요가 있다고 인정하여 다른 노선 여객자동차 운송사업자로 하여금 단축된 운행계통을 운행하게 하는 등 교통대책을 수립·시행하여 그 대책에 따른 사업계획변경을 하는 경우에는 관계 시장·도지사와의 협의를 하지 않아도 된다고 규정하고 있다. 따라서 위 교통대책에 따른 사업계획변경은 위 운행계통의 단축 등에 상응하는 범위 내에서만 허용되어야 하고 그 범위를 넘어서 새로운 경업관계를 초래하는 내용까지 허용될 수는 없다.

2009. 12. 24. 선고 2009두7967 판결 〔신규건조저장시설사업자인정신청반려처분취소〕 (공2010, 261)

[1] 상급행정기관이 하급행정기관에 발하는 이른바 '행정규칙이나 내부지침'을 위반한 행정처분이 위법하게 되는 경우

[2] 시장이 농림수산식품부에 의하여 공표된 '2008년도 농림사업시행지침서'에 명시되지 않은 '시·군별 건조저장시설 개소당 논 면적' 기준을 충족하지 못하였다는 이유로 신규 건조저장시설 사업자 인정신청을 반려한 사안에서, 그 처분이 행정의 자기구속의 원칙 및 행정규칙에 대한 신뢰보호의 원칙에 위배되거나 재량권을 일탈·남용한 위법이 없다고 한 사례

[1] 상급행정기관이 하급행정기관에 대하여 업무처리지침이나 법령의 해석적용에 관한 기준을 정하여 발하는 이른바 '행정규칙이나 내부지침'은 일반적

으로 행정조직 내부에서만 효력을 가질 뿐 대외적인 구속력을 갖는 것은 아니므로 행정처분이 그에 위반하였다고 하여 그러한 사정만으로 곧바로 위법하게 되는 것은 아니다. 다만, 재량권 행사의 준칙인 행정규칙이 그 정한 바에 따라 되풀이 시행되어 행정관행이 이루어지게 되면 평등의 원칙이나 신뢰보호의 원칙에 따라 행정기관은 그 상대방에 대한 관계에서 그 규칙에 따라야 할 자기구속을 받게 되므로, 이러한 경우에는 특별한 사정이 없는 한 그를 위반하는 처분은 평등의 원칙이나 신뢰보호의 원칙에 위배되어 재량권을 일탈·남용한 위법한 처분이 된다.

[2] 시장이 농림수산식품부에 의하여 공표된 '2008년도 농림사업시행지침서'에 명시되지 않은 '시·군별 건조저장시설 개소당 논 면적' 기준을 충족하지 못하였다는 이유로 신규 건조저장시설 사업자 인정신청을 반려한 사안에서, 위 지침이 되풀이 시행되어 행정관행이 이루어졌다거나 그 공표만으로 신청인이 보호가치 있는 신뢰를 갖게 되었다고 볼 수 없고, 쌀 시장 개방화에 대비한 경쟁력 강화 등 우월한 공익상 요청에 따라 위 지침상의 요건 외에 '시·군별 건조저장시설 개소당 논 면적 1,000ha 이상' 요건을 추가할 만한 특별한 사정을 인정할 수 있어, 그 처분이 행정의 자기구속의 원칙 및 행정규칙에 관련된 신뢰보호의 원칙에 위배되거나 재량권을 일탈·남용한 위법이 없다고 한 사례.

대법원 2008.11.13. 선고 2007두19317 판결 【도시계획시설사업실시계획인가고시처분취소】 [미간행]

[1] 국토의 계획 및 이용에 관한 법률에 의한 도시계획시설사업으로 도로를 건설하는 경우, 그 사업이 4km 이상의 도로를 신설하는 사업으로서 환경영향평가 대상에 해당하는지 여부의 결정 기준

[2] 구 환경정책기본법 제25조 제1항에서 환경영향의 검토에 관한 협의를 거치도록 한 개발사업의 의미

국토의 계획 및 이용에 관한 법률(이하 '국토계획법'이라 한다) 제2조, 제43조, 제87조, 제88조에 의하면, 도로와 같은 기반시설을 설치하고자 하는 때에는 그 시설의 종류 · 명칭 · 위치 · 규모 등을 미리 도시관리계획으로 결정하여야 하고, 도시계획시설사업, 즉 도시관리계획으로 결정된 기반시설인 도시계획시설을 설치 · 정비 또는 개량하는 사업의 시행자는 당해 사업에 관한 실시계획을 작성하여 인가를 받은 후 그 사업을 시행하여야 하며, 사업의 효율적인 추진을 위하여 필요하다고 인정되는 때에는 사업시행대상지역을 2 이상으로 분할하여 사업을 시행할 수 있다. 한편, 환경 · 교통 · 재해 등에 관한 영향평가법(이하 '환경등영향평가법'이라 한다) 제2조, 제5조, 제17조, 제20조, 제21조에 의하면, 환경영향평가를 실시하여야 하는 사업의 사업자가 그 사업

을 시행하고자 하는 때에는 환경영향평가서를 작성하여 대상사업 또는 그 사업계획에 대한 승인이나 인가 등을 행하는 기관의 장에게 제출하여야 하고, 승인 등을 행하는 기관의 장은 관계중앙행정기관의 장 등에게 위 평가서에 대한 협의를 요청한 후 사업자로 하여금 그 협의내용에 따른 필요한 조치를 하도록 하고, 사업계획 등에 대하여 승인 등을 하고자 하는 때에는 협의내용이 사업계획 등에 반영되었는지의 여부를 확인하여야 한다. 그리고 환경등영향평가법 제4조 제3항, 제17조 제4항은 환경영향평가를 실시하여야 하는 사업의 범위와 환경영향평가서의 제출시기 및 협의요청시기는 대통령령으로 정하도록 규정하고 있는바, 구 환경등영향평가법 시행령(2006. 2. 3. 대통령령 제19317호로 개정되기 전의 것, 이하 같다) 제2조 제3항, [별표 1] 제1호 (마)목은 환경영향평가 대상사업으로 국토계획법에 의하여 4㎞ 이상의 도로를 신설하는 사업 중 일정한 경우를 규정하면서, 평가서 제출시기 또는 협의요청시기에 관하여 위 사업의 경우 국토계획법 제88조 제2항의 규정에 의한 실시계획의 인가 전이라고 규정하고 있으며, 위 [별표 1] 비고 제1호는 환경영향평가 대상사업의 범위 중 사업의 규모는 평가서 제출시기 또는 협의요청시기란 중 '인가 · 허가 · 승인 등을 받고자 하는 사업의 규모'를 말한다고 규정하고 있다.

위와 같은 규정들을 종합해 보면, 국토계획법에 의한 도시계획시설사업으로 도로를 건설하는 경우 그 사업이 4㎞ 이상의 도로를 신설하는 사업으로서 환경영향평가 대상에 해당하는지 여부는 인가를 받고자 하는 실시계획상의 사업의 규모에 따라 결정된다고 봄이 상당하며, 이는 위 사업이 국토계획법 제87조에 따라 분할되어 시행되는 경우에도 마찬가지라 할 것이다.

대법원 2007.4.12. 선고 2005두1893 판결 【도시계획시설결정취소】 〈원지동 추모공원 사건〉

[1] 묘지공원과 화장장의 후보지를 선정하는 과정에서 추모공원건립추진협의회가 후보지 주민들의 의견을 청취하기 위하여 그 명의로 개최한 공청회는 행정절차법에서 정한 절차를 준수하여야 하는 것은 아니라고 한 사례

[2] 시 · 도지사가 개별 장묘시설을 설치하기 위하여 반드시 장사 등에 관한 법률에 따라 관할구역 안의 장묘시설의 수급에 관한 중 · 장기계획을 먼저 수립하여야 하는지 여부(소극)

[3] 개발제한구역 내에 도시계획시설결정을 하기 위하여 구 개발제한구역의 지정 및 관리에 관한 특별조치법에 따른 개발제한구역 관리계획을 수립하여야 하는지 여부(소극)

[4] 개발제한구역 내에 묘지공원과 화장장 시설을 설치하는 내용의 도시계획시설결정이 개발제한구역의 지정목적에 어긋나 위법한지 여부(소극)

[5] 구 도시계획법 제19조 제1항 및 지방자치단체의 도시계획조례에서 말하는 도시기본계획이 행정청에 대한 직접적 구속력을 가지는지 여부(소극)

[6] 행정계획의 의미 및 행정주체의 행정계획결정에 관한 재량의 한계

[1] 묘지공원과 화장장의 후보지를 선정하는 과정에서 서울특별시, 비영리법인, 일반 기업 등이 공동발족한 협의체인 추모공원건립추진협의회가 후보지 주민들의 의견을 청취하기 위하여 그 명의로 개최한 공청회는 행정청이 도시계획시설결정을 하면서 개최한 공청회가 아니므로, 위 공청회의 개최에 관하여 행정절차법에서 정한 절차를 준수하여야 하는 것은 아니라고 한 사례.

[2] 장사 등에 관한 법률 제5조, 같은 법 시행령 제3조에서는, 시 · 도지사는 관할구역 안의 묘지 · 화장장 및 납골시설의 수급에 관한 중 · 장기계획을 수립하여야 하고, 시장 · 군수 · 구청장은 시 · 도의 묘지 등 수급계획에 따라 관할구역 안의 묘지 · 화장장 및 납골시설의 수급에 관한 중 · 장기계획을 수립하여야 한다고 규정하고 있는바, 이는 장묘시설의 원활한 수급을 위하여 관할구역 내에 묘지 등의 장묘시설을 미리 확보하도록 하기 위한 목적으로 지방자치단체에게 그 계획을 수립할 의무가 있다는 것이므로, 시 · 도지사가 개별 장묘시설을 설치하기 위하여 반드시 위 계획을 먼저 수립하여야 한다고 해석할 수는 없고, 시 · 도지사가 위 계획의 수립 없이 개별 장묘시설을 설치한다고 하여 시장 · 군수 · 구청장의 계획 수립권한을 침해한다고도 할 수 없다.

[3] 구 개발제한구역의 지정 및 관리에 관한 특별조치법(2002. 2. 4. 법률 제6655호로 개정되기 전의 것) 제10조는 개발제한구역의 관할 시 · 도지사로 하여금 개발제한구역 관리의 기본 목표와 방향을 제시하고, 도시계획시설의 입지 여부 등을 검토하여 개발제한구역의 종합적인 관리에 지장이 없도록 5년 단위로 관리계획을 수립하도록 하는 규정이라 할 것이므로, 그 규정만을 근거로 개발제한구역 내에 도시계획시설결정을 하기 위하여 반드시 사전에 개발제한구역 관리계획을 수립하여야 한다고 할 수 없다.

[4] 개발제한구역은 도시의 무질서한 확산을 방지하고 도시 주변의 자연환경을 보전하여 도시민의 건전한 생활환경을 확보하기 위하여 도시의 개발을 제한할 필요에 의하여 지정되는 것이어서 원칙적으로 개발제한구역에서의 개발행위는 제한되는 것이기는 하지만 위와 같은 개발제한구역의 지정목적에 위배되지 않는다면 허용될 수 있는 것인바, 도시계획시설인 묘지공원과 화장장 시설의 설치가 위와 같은 개발제한구역의 지정목적에 위배된다고 보이지 않으므로, 시장이 이미 개발제한구역으로 지정되어 있는 부지에 묘지공원과 화장장 시설들을 설치하기로 하는 내용의 도시계획시설결정을 하였다 하더라도 이를 두고 위법하다고 할 수 없다.

[5] 구 도시계획법(2002. 2. 4. 법률 제6655호 국토의 계획 및 이용에 관한

법률 부칙 제2조로 폐지) 제19조 제1항 및 도시계획시설결정 당시의 지방자치단체의 도시계획조례에서는, 도시계획이 도시기본계획에 부합되어야 한다고 규정하고 있으나, 도시기본계획은 도시의 장기적 개발방향과 미래상을 제시하는 도시계획 입안의 지침이 되는 장기적·종합적인 개발계획으로서 행정청에 대한 직접적인 구속력은 없다.

[6] 행정계획이라 함은 행정에 관한 전문적·기술적 판단을 기초로 하여 도시의 건설·정비·개량 등과 같은 특정한 행정목표를 달성하기 위하여 서로 관련되는 행정수단을 종합·조정함으로써 장래의 일정한 시점에 있어서 일정한 질서를 실현하기 위한 활동기준으로 설정된 것으로서, 관계 법령에는 추상적인 행정목표와 절차만이 규정되어 있을 뿐 행정계획의 내용에 관하여는 별다른 규정을 두고 있지 아니하므로 행정주체는 구체적인 행정계획을 입안·결정함에 있어서 비교적 광범위한 형성의 자유를 가지는 것이지만, 행정주체가 가지는 이와 같은 형성의 자유는 무제한적인 것이 아니라 그 행정계획에 관련되는 자들의 이익을 공익과 사익 사이에서는 물론이고 공익 상호간과 사익 상호간에도 정당하게 비교교량하여야 한다는 제한이 있으므로, 행정주체가 행정계획을 입안·결정함에 있어서 이익형량을 전혀 행하지 아니하거나 이익형량의 고려 대상에 마땅히 포함시켜야 할 사항을 누락한 경우 또는 이익형량을 하였으나 정당성과 객관성이 결여된 경우에는 그 행정계획결정은 형량에 하자가 있어 위법하게 된다.

대법원 2007.1.25. 선고 2004두12063 판결 【도시계획시설결정및지형도면승인처분취소】 [미간행]

[1] 행정계획의 의미 및 행정주체의 행정계획결정에 관한 재량의 한계

[2] 청계산 도시자연공원 인근에 휴게광장을 조성하기 위한 구청장의 도시계획결정이 공익과 사익에 관한 이익형량을 그르쳐 위법하다고 한 사례

행정계획이라 함은 행정에 관한 전문적·기술적 판단을 기초로 하여 도시의 건설·정비·개량 등과 같은 특정한 행정목표를 달성하기 위하여 서로 관련되는 행정수단을 종합·조정함으로써 장래의 일정한 시점에 있어서 일정한 질서를 실현하기 위한 활동기준으로 설정된 것으로서, 구 도시계획법(2002. 2. 4. 법률 제6655호로 폐지되기 전의 것) 등 관계 법령에는 추상적인 행정목표와 절차만이 규정되어 있을 뿐 행정계획의 내용에 대하여는 별다른 규정을 두고 있지 아니하므로 행정주체는 구체적인 행정계획을 입안·결정함에 있어서 비교적 광범위한 형성의 자유를 가진다고 할 것이지만, 행정주체가 가지는 이와 같은 형성의 자유는 무제한적인 것이 아니라 그 행정계획에 관련되는 자들의 이익을 공익과 사익 사이에서는 물론이고 공익 상호간과 사익 상호간에도 정당하게 비교교량하여야 한다는 제한이 있는 것이고, 따라서 행정주체가 행정계획을 입안·결정함에 있어서 이익형량을 전혀 행하지 아니하거나 이익형량의 고려 대상에 마땅히 포함시켜야 할 사항을 누락한 경우 또는 이익형량을 하였으나 정당성과 객관성이 결여된 경우에는 그 행정계획 결정은 형량에 하자가 있어 위법하다(대법원 2006. 9. 8. 선고 2003두5426 판결 참조).

대법원 2006.9.8. 선고 2003두5426 판결 【울산도시계획시설(학교)결정취소】

[1] 행정계획의 의미 및 행정주체의 행정계획결정에 관한 재량의 한계

[2] 대학시설을 유치하기 위한 광역시의 도시계획시설결정이 공익과 사익의 이익형량에 정당성과 객관성을 결여한 하자가 있어 위법하다고 한 사례

행정계획이라 함은 행정에 관한 전문적·기술적 판단을 기초로 하여 도시의 건설·정비·개량 등과 같은 특정한 행정목표를 달성하기 위하여 서로 관련되는 행정수단을 종합·조정함으로써 장래의 일정한 시점에 있어서 일정한 질서를 실현하기 위한 활동기준으로 설정된 것으로서, 구 도시계획법(2000. 1. 28. 법률 제6243호로 전문 개정되기 전의 것) 등 관계 법령에는 추상적인 행정목표와 절차만이 규정되어 있을 뿐 행정계획의 내용에 관하여는 별다른 규정을 두고 있지 아니하므로 행정주체는 구체적인 행정계획을 입안·결정함에 있어서 비교적 광범위한 형성의 자유를 가지는 것이지만, 행정주체가 가지는 이와 같은 형성의 자유는 무제한적인 것이 아니라 그 행정계획에 관련되는 자들의 이익을 공익과 사익 사이에서는 물론이고 공익 상호간과 사익 상호간에도 정당하게 비교교량하여야 한다는 제한이 있으므로, 행정주체가 행정계획을 입안·결정함에 있어서 이익형량을 전혀 행하지 아니하거나 이익형량의 고려 대상에 마땅히 포함시켜야 할 사항을 누락한 경우 또는 이익형량을 하였으나 정당성과 객관성이 결여된 경우에는 위법하다.

Ⅶ. 대한민국헌법

1. 의 의

사법심사의 기준으로서 최후 최고 규범은 헌법이다. 그런데 사실 위에서 고찰한 행정법의 일반원칙의 내용 예컨대 평등원칙, 비례원칙, 부당결부금지원칙 내지는 신뢰보호원칙 등은 헌법에 그 근거가 있다는 점에서 헌법위반의 문제라고 할 수 있다.

따라서 대한민국헌법은 행정법의 법원 중에서 가장 중요하고도 기본적이고

최후의 보루가 된다.

2. 판 례

2010. 6. 10. 선고 2010두3473 판결 〔과징금부과처분취소〕 (공2010, 1382)

[1] 구 식품위생법 제31조 제1항 규정이 포괄위임입법금지의 원칙에 반하여 위헌인지 여부(소극)

[2] 구 식품위생법 시행규칙 제53조 [별표 15] II. 1. 17. 가. (1) (가) 규정이 명확성을 결여하거나 비례·평등의 원칙을 위반하여 위헌인지 여부(소극)

[3] 구 식품위생법 시행규칙 제53조 [별표 15] II. 1. 17. 가. (1) (가)의 '거짓으로 작성한 때'에 해당하기 위한 요건

[4] 행정청이 영·유아용 이유식 등을 제조·생산하는 식품제조·가공업자가 생산일지에 원료의 유통기한을 잘못 기재한 데 대하여 구 식품위생법 시행규칙 제40조 [별표 12]에서 정한 준수사항 및 제53조 [별표 15] II. 1. 17. 가. (1) (가) 위반을 이유로 과징금을 부과한 사안에서, 생산일지에 원료의 유통기한을 사실과 다르게 기재한 것이 위 조항에서 정하는 생산 및 작업기록에 관한 서류를 거짓으로 작성한 때에 해당한다고 볼 수 없다고 한 사례

[1] 구 식품위생법(2009. 2. 6. 법률 제9432호로 전부 개정되기 전의 것)은 식품으로 인한 위생상의 위해를 방지하고 식품영양의 질적 향상을 도모하며 식품에 관한 올바른 정보를 제공함으로써 국민보건의 증진에 이바지하는 데에 입법 목적이 있으며(제1조), 한편 식품산업의 발전에 따라 식품위생에 관한 기준도 달라질 수 있고 이에 대한 적절한 대처가 필요하지만 국회의 기술적·전문적 능력이나 시간적 적응능력에는 한계가 있을 뿐만 아니라, 규율대상인 식품 및 식품첨가물의 제조 또는 가공업의 종류 및 형태가 다양하여 이에 종사하는 자들이 준수하여야 할 세부적인 사항을 법률에서 구체적으로 정하기 어려우므로 이러한 식품위생에 관한 기준 등은 국회 제정의 법률에 비하여 탄력적인 행정입법에 위임할 필요성이 인정된다. 또한 위 법 제31조 제1항은 식품접객영업자 등이 지켜야 할 사항을 영업의 위생적 관리 및 질서유지와 국민보건위생의 증진을 위하여 필요한 사항으로 정하고 있는 등 그로부터 보건복지가족부령에 규정될 내용의 대강을 예측할 수 있어 헌법이 정한 위임입법의 한계를 준수하고 있다고 할 것이므로, 위 규정이 포괄위임입법금지의 원칙에 반하는 위헌규정이라고는 할 수 없다.

[2] 구 식품위생법 시행규칙(2009. 8. 12. 보건복지가족부령 제132호로 전부 개정되기 전의 것) 제53조 [별표 15] II. 1. 17. 가. (1) (가) 규정이 사용하는 용어 중 수범자인 식품 또는 식품첨가물의 제조·가공업자가 작성하여야 하는 '생산 및 작업기록에 관한 서류'에 대하여 법령에서 직접 정의를 내리지 않고

있고, '거짓으로 작성한 때'의 용어는 규범적 평가가 필요한 개념으로서 다소 광범위한 해석의 여지를 두고 있기는 하나, 위 조항 중 '생산 및 작업기록에 관한 서류'는 식품 또는 식품첨가물의 제조·가공업자가 식품 등을 생산하는 작업을 수행하면서 그 과정을 기록한 서류를 의미하는 것이 명백하고, '거짓으로 작성한 때'의 의미도 다른 법규에서 자주 사용되어 내용이 확립된 개념으로 볼 수 있다. 이를 토대로 보면, '생산 및 작업기록에 관한 서류를 거짓으로 작성한 때'란 수범자인 식품 또는 식품첨가물의 제조·가공업자가 생산 및 작업과정을 기록하면서 서류에 기재하는 내용이 사실과 다르다는 점을 인식하면서도 허위로 기재하는 것으로 문리해석할 수 있고, 이는 건전한 상식과 통상적인 법감정을 가진 일반인으로서도 능히 인식할 수 있는 것으로서 위 조항이 명확성을 결여하였다고 볼 수 없다. 또한 위 조항을 위와 같이 보는 이상, 생산 및 작업기록에 관한 서류를 거짓으로 작성한 경우를 위 서류를 작성하지 아니하거나 보관하지 아니한 경우와 구별하지 아니하고 동일한 조항 내에서 일률적인 제재를 가하는 것이 헌법상 비례·평등의 원칙에 반한다고 볼 수 없다.

[3] 구 식품위생법 시행규칙(2009. 8. 12. 보건복지가족부령 제132호로 전부 개정되기 전의 것) 시행규칙 [별표 12] 제1호에서 원료수불 관계서류와 별도로 생산 및 작업기록에 관한 서류를 작성하여 보관하도록 한 입법 취지는 위 시행규칙 제25조 [별지 제20호 서식] 식품품목제조보고서에서 정한 제조방법, 규격, 완제품의 유통기한 등을 확인함으로써 식품에 관한 위생 내지 안전을 확보하고자 하는 데 있고, 위 시행규칙 제53조 [별표 15] II. 1. 17. 가. (1) (가)는 생산 및 작업기록에 관한 서류를 거짓으로 작성한 때에는 위 서류를 작성하지 아니하거나 보관하지 아니한 때와 마찬가지로 필요적으로 그 정한 바에 따라 영업정지 처분에 처하도록 규정하고 있다. 위와 같은 취지와 제재의 중대성에 비추어 볼 때 생산 및 작업기록에 관한 서류를 '거짓으로 작성한 때'에 해당한다고 보기 위해서는, 그 서류가 단순히 사실과 다르게 기재되었다는 것만으로는 부족하고 그 기재 내용이 사실과 다르다는 점을 인식하였거나 충분히 인식할 수 있었으면서도 사실과 다른 내용의 기재를 하였다고 평가할 수 있어야 한다.

[4] 행정청이 영·유아용 이유식 등을 제조·생산하는 식품제조·가공업자가 생산일지에 원료의 유통기한을 잘못 기재한 데 대하여 구 식품위생법 시행규칙(2009. 2. 6. 법률 제9432호로 전부 개정되기 전의 것) 제40조 [별표 12]에서 정한 준수사항 및 제53조 [별표 15] II. 1. 17. 가. (1) (가) 위반을 이유로 과징금을 부과한 사안에서, 생산일지의 기재방식과 작성경위를 보면, 생산 작업자가 기재하는 내용이 사실과 다르다는 점을 이미 인식하였거나 충분히 인식할 수 있었으면서도 사실과 다르게 기재하였다고 볼 만한 자료가 없는 점

등에 비추어, 생산일지에 원료의 유통기한을 사실과 다르게 기재한 것이 위 조항에서 정하는 생산 및 작업기록에 관한 서류를 거짓으로 작성한 때에 해당한다고 볼 수 없다고 한 사례.

2009. 6. 25. 선고 2006두17802 판결 〔부당이득금반환청구〕 (공2009, 1310)

[1] 헌법재판소 2009. 3. 26. 선고 2007헌가5등 결정으로 효력을 상실한 구 군인연금법 제21조 제5항 제2호에 근거하여 지급정지되고, 그 결정 전에 같은 법률조항이 재판의 전제가 되어 법원에 계속된 퇴역연금액의 반환청구사건에 위 헌법재판소 위헌결정의 효력이 미친다고 한 사례

[2] 헌법재판소 2005. 12. 22. 선고 2004헌가24 결정의 소급효가 당해 사건이 아닌 다른 사건에 미치는지 여부(소극)

[1] 헌법재판소 2009. 3. 26. 선고 2007헌가5등 결정으로 효력을 상실한 '1982. 12. 28. 법률 제3587호로 개정된 후 1995. 12. 29. 법률 제5063호로 개정되기 전'의 구 군인연금법 제21조 제5항 제2호에 근거하여 지급정지된 퇴역연금에 관하여, 그 결정 전에 같은 법률조항이 재판의 전제가 되어 법원에 계속된 반환청구사건에 위 헌법재판소 위헌결정의 효력이 미친다고 한 사례.

[2] 헌법재판소 2005. 12. 22. 선고 2004헌가24 결정(제3호 관련 2차 위헌결정)은 이미 헌법재판소 2003. 9. 25. 선고 2001헌가22 결정이 위헌으로 결정함으로써 그 효력을 상실한 '1982. 12. 28. 법률 제3587호로 개정된 후 2000. 12. 30. 법률 제6327호로 삭제되기 전'의 구 군인연금법 제21조 제5항 제3호 중 일부에 대한 것으로 보아야 한다. 이러한 제3호 관련 2차 위헌결정은 그 위헌결정에 이르게 한 당해 사건에 대해 위헌결정의 소급효를 인정할 수는 있음은 별론으로 하더라도, 그 밖의 다른 사건에 대해서 소급효를 인정할 것은 아니다.

2009. 9. 10. 선고 2007두14695 판결 〔증권거래세부과처분취소〕 (공2009, 1676)

[1] 주권의 물납이 구 증권거래세법 제1조 및 제2조 제3항에서 정한 '주권의 양도'에 해당하여 증권거래세 과세대상에 포함되는지 여부(적극)

[2] 주권의 물납이 증권거래세의 과세대상에 포함되는 것으로 해석하는 것이 평등권이나 재산권 보장 등에 관한 헌법규정에 위배되는지 여부(소극)

[1] 구 증권거래세법(2008. 12. 26. 법률 제9274호로 개정되기 전의 것) 제1조 및 제2조 제3항 각 규정의 내용과 입법 취지, 구 상속세 및 증여세법(2007. 12. 31. 법률 제8828호로 개정되기 전의 것) 제73조 제1항의 규정에 의한 주권의 물납은 상속세를 금전으로 납부하는 것에 갈음하여 주권으로 납부하는 것으로서 그에 따라 상속세 채무를 면하게 되므로 이는 공법상의 대물

변제적 성격을 가진 유상양도에 해당한다고 볼 수 있는 점, 증권거래세는 유상으로 주권의 소유권이 이전되는 경우 이익의 발생 여부에 관계없이 과세되는 유통세인 점 등을 종합하면, 주권의 물납은 위 증권거래세법 규정에서 정한 '주권의 양도'에 해당하여 증권거래세 과세대상에 포함된다고 해석함이 상당하고, 구 증권거래세법 제5조 제1항이 증권거래세 과세대상의 하나인 주권의 매매거래에 대하여 그 양도의 시기를 따로 규정하고 있다고 하여 증권거래세의 과세대상이 주권의 매매거래 등 사법상 거래에만 국한된다고 해석할 수는 없다.

[2] 주권의 물납에 의하여 그 소유권이 국가에 이전되면 대물변제가 되어 조세채무가 소멸하는 점에서 주권의 일반적인 유상 양도와 별 다른 차이가 없으므로 증권거래세를 과세함에 있어 주권의 물납을 반드시 우대해야 한다고 보기 어려운 점, 상속세를 주권으로 물납하지 아니하고 이를 매각하여 금전으로 납부하는 경우에도 주권을 매각하는 과정에서 증권거래세가 과세되는 점 등을 고려하면, 주권의 물납이 증권거래세의 과세대상에 포함되는 것으로 해석하는 것이 평등권이나 재산권 보장 등에 관한 헌법규정에 위배된다고 할 수도 없다.

2009. 3. 12. 선고 2008두19321 판결 〔개발부담금부과처분취소〕 (공2009, 478)

[1] 개발부담금 납부의무자에 관한 규정인 구 개발이익환수에 관한 법률 제6조 제1항 제3호의 규정 취지

[2] 개발부담금 산출의 기초가 되는 지가의 산정에 관한 구 개발이익환수에 관한 법률 제10조 제1항 및 제3항이 헌법에 위배되는지 여부(소극)

[3] 법인이 당해 토지의 양도로 얻은 소득에 다른 소득이 합산되어 그 전체 소득에 대하여 법인세가 부과된 경우, 당해 토지의 양도 등으로 인한 소득에 대하여 부과된 법인세액 부분 중 부과개시시점부터 양도시점까지에 상당하는 세액을 개발비용에 계상할 수 있는지 여부(적극)

[1] 구 개발이익환수에 관한 법률(2008. 3. 28. 법률 제9045호로 전문 개정되기 전의 것) 제6조 제1항 제3호는 개발사업 완료 전에 사업시행자의 지위가 승계된 경우 그 지위를 승계한 자가 개발부담금을 납부할 의무가 있다고 규정하고 있는바, 위 법률조항은 개발사업이 승계된 경우 그 승계시까지 발생한 개발이익과 승계 후에 발생한 개발이익을 가려내는 것이 쉽지 아니한 점을 고려하여 마련된 규정으로써, 개발사업의 승계 당사자들 사이에 개발이익 및 개발부담금의 승계에 관한 약정이 가능함을 전제로 하여 그러한 약정이 불가능하다는 등의 특별한 사정이 없는 한 사업시행자의 지위를 승계한 자로 하여금 개발부담금의 납부의무를 부담하도록 하는 것이다.

[2] (가) 개발부담금 산출의 기초가 되는 지가의 산정에 관한 구 개발이익

환수에 관한 법률(2008. 3. 28. 법률 제9045호로 전문 개정되기 전의 것) 제10조 제1항, 제3항에서 종료시점지가 산정의 기초로 삼고 있는 표준지공시지가는 건설교통부장관이 매년 토지이용상황이나 주변상황 기타 자연적·사회적 조건이 일반적으로 유사하다고 인정되는 일단의 토지 가운데서 표준지를 선정한 후 2인 이상의 감정평가업자가 평가한 적정가격을 산술평균한 가격을 기준으로 산정하고, 개시시점지가 산정의 기초로 삼고 있는 개별공시지가는 위와 같은 표준지공시지가와 건설교통부에서 매년 발표하는 '지가형성요인에 관한 표준적인 비준표'를 활용하여 산정하는 것이다. 이에 더하여 모두 감정평가업자의 검증을 받고, 시·군·구토지평가위원회 및 중앙토지평가위원회의 심의를 거치며, 이의신청이라는 불복절차까지 마련되어 있어, 상당한 정도로 객관성과 합리성을 가지고 있으므로, 위 법률조항에 따른 지가의 산정방법이 개발이익을 실제보다 지나치게 많이 계산되도록 한다고 할 수 없다. 따라서 위 법률조항이 헌법상의 재산권과 평등권을 침해한다거나 실질과세의 원칙과 기본권 제한에 관한 과잉금지의 원칙에 위배된다고 보기 어렵다.

(나) 실제의 매입가액을 기초로 개발부담금의 개시시점지가를 산정하는 경우 중 하나로서 "실제의 매입가격이 정상적인 거래가격이라고 객관적으로 인정되는 경우로서 대통령령이 정하는 경우"를 규정한 위 법률 제10조 제3항 제5호는, 대통령령에 규정될 대강의 기준이 예측 가능하도록 위임의 범위를 구체적으로 명확하게 규정하여 포괄위임금지의 원칙에 위배되지 않고, 위 법률에서 규정하고 있는 부담금 비율과 지가산정의 적정성 및 불복절차 등 여러 사정을 종합하면 실질과세의 원칙과 헌법상의 과잉금지의 원칙에 위배된다거나 헌법상의 재산권과 평등권을 침해한다고 보기 어려울 뿐 아니라, 이에 따른 구 개발이익환수에 관한 법률 시행령(2006. 12. 15. 대통령령 제19752호로 개정되기 전의 것) 제9조 제5항 제1호가 모법의 위임범위를 벗어나 법이 예정하고 있지 아니한 사항을 국민에게 불리하게 규정하고 있다고 볼 수도 없다.

[3] 구 개발이익환수에 관한 법률(2008. 3. 28. 법률 제9045호로 전문 개정되기 전의 것) 제12조 제1항은 양도소득세의 부과대상인 토지 또는 사업의 양도 등으로 인한 소득과 개발부담금의 부과대상인 개발이익이 그 실질에서는 동일하다는 점을 고려하여 그 양도세액을 개발비용으로 계상할 수 있도록 한 것이고, 위 법조항은 당초 법인의 양도차익에 대하여 부과되는 특별부가세도 양도소득세와 마찬가지로 개발비용에 계상할 수 있도록 규정하다가 2001. 12. 31. 법률 제6558호로 법인세법이 개정되어 특별부가세가 폐지됨에 따라 그 부칙 제24조에 의하여 개정된 것으로서, 이러한 개정이 개인에게 양도소득세가 부과된 경우와 달리 법인의 양도차익에 대하여 부과되는 세액에 관하여는 이를 개발비용 계상대상에서 제외하려는 취지라고 볼 수 없다. 그

러므로 법인이 당해 토지의 양도로 인하여 얻은 소득이 다른 소득과 합산되어 그 전체 소득에 대하여 법인세가 부과된 경우에도, 위 법률조항을 유추적용하여 그 법인세액의 당해 토지의 양도 등으로 인한 소득에 대하여 부과된 부분 중 부과개시시점부터 양도시점까지에 상당하는 세액은 개발비용에 계상할 수 있다고 봄이 상당하다.

2009. 4. 23. 선고 2008두8918 판결 〔요양급여대상삭제처분취소〕 (공2009, 763)

[1] 개정 법령이 기존의 사실 또는 법률관계를 적용대상으로 하면서 국민의 재산권과 관련하여 종전보다 불리한 법률효과를 규정하고 있는 경우 소급입법에 의한 재산권 침해인지 여부

[2] 행정청이 약제에 대한 요양급여대상 삭제 처분의 근거 법령으로 삼은 구 국민건강보험 요양급여의 기준에 관한 규칙 제13조 제4항 제6호가 헌법상 소급입법금지의 원칙 내지 신뢰보호의 원칙에 위배되지 않는다고 한 사례

[1] 행정처분은 그 근거 법령이 개정된 경우에도 경과규정에서 달리 정함이 없는 한 처분 당시 시행되는 개정 법령과 그에 정한 기준에 의하는 것이 원칙이고, 그 개정 법령이 기존의 사실 또는 법률관계를 적용대상으로 하면서 국민의 재산권과 관련하여 종전보다 불리한 법률효과를 규정하고 있는 경우에도 그러한 사실 또는 법률관계가 개정 법령이 시행되기 이전에 이미 완성 또는 종결된 것이 아니라면 이를 헌법상 금지되는 소급입법에 의한 재산권 침해라고 할 수는 없으며, 그러한 개정 법령의 적용과 관련하여서는 개정 전 법령의 존속에 대한 국민의 신뢰가 개정 법령의 적용에 관한 공익상의 요구보다 더 보호가치가 있다고 인정되는 경우에 그러한 국민의 신뢰를 보호하기 위하여 그 적용이 제한될 수 있는 여지가 있을 따름이다.

[2] 행정청이 약제에 대한 요양급여대상 삭제 처분의 근거 법령으로 삼은 구 국민건강보험 요양급여의 기준에 관한 규칙(2007. 7. 25. 보건복지부령 제408호로 개정되기 전의 것) 제13조 제4항 제6호가 헌법상 금지되는 소급입법에 해당한다고 볼 수 없고, 개정 전 법령의 존속에 대한 제약회사의 신뢰가 공익상의 요구와 비교·형량하여 더 보호가치 있는 신뢰라고 할 수 없어 경과규정을 두지 않았다고 하여 신뢰보호의 원칙에 위배된다고 볼 수도 없다고 한 사례.

2009. 5. 28. 선고 2008두16933 판결 〔토지수용재결처분취소등〕 (공2009, 1127)

[1] 이미 문화적 가치로 성숙한 종교적인 의식, 행사, 유형물에 대한 국가 등의 지원이 헌법상의 정교분리원칙에 위배되는지 여부(한정 소극)

[2] 지방자치단체가 유서 깊은 천주교 성당 일대를 문화관광지로 조성하기 위하여 상급 단체로부터 문화관광지 조성계획을 승인받은 후 사업부지 내 토지 등을 수

용재결한 사안에서, 문화관광지 조성계획 승인과 그에 따른 토지 등 수용재결이 헌법의 정교분리원칙이나 평등권에 위배되지 않는다고 한 사례

[1] 오늘날 종교적인 의식 또는 행사가 하나의 사회공동체의 문화적인 현상으로 자리잡고 있으므로, 어떤 의식, 행사, 유형물 등이 비록 종교적인 의식, 행사 또는 상징에서 유래되었다고 하더라도 그것이 이미 우리 사회공동체 구성원들 사이에서 관습화된 문화요소로 인식되고 받아들여질 정도에 이르렀다면, 이는 정교분리원칙이 적용되는 종교의 영역이 아니라 헌법적 보호가치를 지닌 문화의 의미를 갖게 된다. 그러므로 이와 같이 이미 문화적 가치로 성숙한 종교적인 의식, 행사, 유형물에 대한 국가 등의 지원은 일정 범위 내에서 전통문화의 계승·발전이라는 문화국가원리에 부합하며 정교분리원칙에 위배되지 않는다.

[2] 지방자치단체가 유서 깊은 천주교 성당 일대를 문화관광지로 조성하기 위하여 상급 단체로부터 문화관광지 조성계획을 승인받은 후 사업부지 내 토지 등을 수용재결한 사안에서, 위 성당을 문화재로 보호할 가치가 충분하고 위 문화관광지 조성계획은 지방자치단체가 지역경제의 활성화를 도모하기 위하여 추진한 것으로 보이며 특정 종교를 우대·조장하거나 배타적 특권을 부여하는 것으로 볼 수 없어, 그 계획의 승인과 그에 따른 토지 등 수용재결이 헌법의 정교분리원칙이나 평등권에 위배되지 않는다고 한 사례.

2008. 12. 11. 선고 2006두3964 판결 〔이자소득세징수처분취소〕 (공2009, 38)

[1] 개인이 소득세법상의 국내 거주자인 동시에 외국 거주자여서 그 외국법상 소득세 등의 납세의무자에 해당하는 경우, 어느 국가의 거주자로 간주할 것인지의 결정 방법 및 이중거주자인 사실의 증명책임자(=납세의무자)

[2] 이자소득세를 원천징수하여 납부하도록 한 소득세법 규정의 위헌 여부(소극)

[1] 개인이 소득세법상의 국내 거주자인 동시에 외국의 거주자에도 해당하여 그 외국법상 소득세 등의 납세의무자에 해당하는 경우에는 하나의 소득에 대하여 이중으로 과세될 수도 있으므로, 이를 방지하기 위하여 각국 간 조세조약의 체결을 통해 별도의 규정을 두고 있다. 납세의무자가 이와 같은 이중거주자에 해당하는 사실이 인정된다면 그 중복되는 국가와 체결한 조세조약이 정하는 바에 따라 어느 국가의 거주자로 간주할 것인지를 결정하여야 하고 그 조세조약에 따른 거주지국 및 그 세율의 결정은 과세요건에 해당한다. 다만, 국내 거주자인 납세의무자가 동시에 외국의 거주자에도 해당하여 조세조약이 적용되어야 한다는 점에 대하여는 이를 주장하는 납세의무자에게 그 증명책임이 있다.

[2] 소득세 징수방법의 하나인 원천징수제도가 국가의 세수확보 및 조세징

수의 편익에 기여하는 등 공익적 요청에 부합하는 점에 비추어 볼 때, 소득세법이 이자소득을 지급하는 자에 대하여 이자소득자가 납부할 이자소득세를 원천징수하여 납부하도록 규정한 것이 헌법상 보장된 과잉금지의 원칙 또는 비례의 원칙을 위반하여 재산권을 침해한다고 볼 수는 없다.

2009. 1. 15. 선고 2008두15596 판결 〔공립중등학교교사임용후보자선정경쟁시험불합격처분취소〕 (공2009, 167)

[1] 구 국가유공자 등 예우 및 지원에 관한 법률 제31조 제1항, 제2항 등에 대한 헌법재판소의 헌법불합치결정의 취지

[2] 헌법재판소의 헌법불합치결정에 따라 개정된 국가유공자 등 예우 및 지원에 관한 법률 제31조 제1항, 제2항 등의 적용 시기인 2007. 7. 1. 전에 실시한 공립 중등학교 교사 임용후보자 선정 경쟁시험에서, 위 법률 등의 개정 전 규정에 따른 가산점 제도를 적용하여 한 불합격처분은 적법하다고 한 사례

[1] 구 국가유공자 등 예우 및 지원에 관한 법률(2007. 3. 29. 법률 제8327호로 개정되기 전의 것) 제31조 제1항, 제2항, 구 독립유공자 예우에 관한 법률(2007. 3. 29. 법률 제8328호로 개정되기 전의 것) 제16조 제3항, 구 5·18 민주유공자 예우에 관한 법률(2007. 3. 29. 법률 제8326호로 개정되기 전의 것) 제22조 제1항, 제2항에 정한 가산점 제도의 목적, 위 각 조항에 대한 헌법재판소 2006. 2. 23. 선고 2004헌마675, 981, 1022(병합) 헌법불합치결정의 내용 및 그 주된 이유, 헌법불합치결정에 따라 개정된 각 법률 규정의 내용 및 그 시행시기 등에 비추어 보면, 헌법재판소가 위 개정 전 규정이 위헌임에도 굳이 헌법불합치결정을 한 것은, 단순위헌결정을 하는 경우 그 결정의 효력이 당해 사건 등에 광범위하게 미치는 결과 위 개정 전 규정에 근거하여 위 가산점 제도와 동일 또는 유사한 내용이 적용되어 합격자사정이 이루어진 종전의 각종 공무원 임용시험의 합격자결정 결과가 재검토되어야 하고, 이미 합격처분을 받은 가산점 수혜대상자들과의 관계에서 법적 혼란 내지 불합리를 초래하게 되는 등 많은 부작용이 발생할 우려가 있고, 이러한 부작용을 회피하기 위하여 개정 규정의 시행일 전에 위 개정 전 규정을 적용하여 한 합격자결정 처분의 효력을 그대로 유지함이 옳다는 판단에서 나온 것임이 분명하다. 따라서 위 헌법불합치결정은 위 개정 전 규정의 위헌성이 제거된 개정 규정이 시행되기 전까지는 위 개정 전 규정을 그대로 잠정 적용하는 것을 허용하는 취지의 결정이라고 이해할 수밖에 없고, 그것이 당해 사건이나 이른바 병행 사건이라고 하여 달리 취급하여야 할 이유는 없다.

[2] 헌법재판소의 헌법불합치결정에 따라 개정된 국가유공자 등 예우 및 지원에 관한 법률 제31조 제1항, 제2항 등의 적용 시기인 2007. 7. 1. 전에 실시한 공립 중등학교 교사 임용후보자 선정 경쟁시험에서, 위 법률 등의 개정

규정을 소급 적용하지 않고 개정 전 규정에 따른 가산점 제도를 적용하여 한 불합격처분은 적법하다고 한 사례.

2008. 10. 23. 선고 2006다66272 판결 〔부당이득금〕 (공2008, 1579)

헌법재판소가 법률의 위헌 여부를 판단하기 위하여 한 법률해석에 법원이 구속되는지 여부(소극)

구체적 분쟁사건의 재판에 즈음하여 법률 또는 법률조항의 의미·내용과 적용 범위가 어떠한 것인지를 정하는 권한, 곧 법령의 해석·적용 권한은 사법권의 본질적 내용을 이루는 것이고, 법률이 헌법규범과 조화되도록 해석하는 것은 법령의 해석·적용상 대원칙이므로, 합헌적 법률해석을 포함하는 법령의 해석·적용 권한은 대법원을 최고법원으로 하는 법원에 전속한다. 따라서 헌법재판소가 법률의 위헌 여부를 판단하기 위하여 불가피하게 법원의 최종적인 법률해석에 앞서 법령을 해석하거나 그 적용 범위를 판단하더라도 헌법재판소의 법률해석에 대법원이나 각급 법원이 구속되는 것은 아니다.

제2장 위법심사의 정도

제1절 개 요

이 책에서는 위법심사의 정도에 대한 전반적인 내용을 다루지 아니하고 재량행위와 기속행위의 구별, 재량하자를 간략히 고찰한 후에, 경찰공무원 징계처분의 법적 성질과, 재량과 판단여지와 관련된 문제로서 불확정법개념과 판단여지, 그리고 재량하자에 관련된 문제로서 경찰공무원 징계처분에 대한 사법심사의 한계 등을 다루기로 한다.

제2절 재량행위와 기속행위의 구별

Ⅰ. 의 의

재량행위와 기속행위는 행정행위의 종류를 법에 구속되는 정도를 기준으로 한 구별이라고 할 수 있다. 이는 결국 당해 행정행위에 관련된 근거법의 규정내용에 따라서 구별된다. 따라서 행정청의 행위에 대한 근거법의 규정내용이 엄격성을 가지고 있어 행정청에게 독자적인 해석 내지는 판단권이 인정되지 아니할 정도로 행정청의 행위를 구속하는 경우를 기속행위라고 하고, 이와 달리 행정청이 행위를 함에 있어서 독자적인 해석 내지는 판단의 여지가 인정되는 경우를 재량행위라고 할 수 있다.

기속행위와 재량행위는 위와 같이 이론상 엄격하게 구속되는 것이기는 하나 실제는 그러하지 못하다. 즉 재량행위라고 하더라도 당해 근거 규정뿐만 아니라 법으로부터 완전히 자유로울 수 없는 어느 정도 기속성을 갖고 있으며, 마찬가지로 기속행위라고 하더라도 행정청의 행위가 의문의 여지 없이 완벽하게 법규정에 구속된다기보다는 어느 정도 행정에게 판단권이라고 하는 재량성이 부여되는 경우가 있다는 점에서 양자는 정도의 차이의 문제라고 할 수 있다.

한편 우리 판례는 종래부터 재량행위를 기속재량행위와 자유재량행위로 구분하고 있다. 그러나 기속행위와 재량행위를 위와 같이 정도의 차이의 문제라는 점에서는 기속재량행위와 자유재량행위로 나누는 실익이 그다지 크다고 할 수 없다는 평가를 받고 있다.

Ⅱ. 구별기준에 관한 학설

기속행위와 재량행위의 구별에 관해서는 종래부터 요건재량설과 효과재량설이 대립되어 왔다.

요건재량설은 어떠한 사실이 당해 행위의 요건 특히 불확정개념으로 규정된 요건에 해당하는지 여부에 관하여 행정에게 재량권이 부여된다는 것이다. 이에 반하여 효과재량설은 요건부분의 불확정개념은 전면적인 사법심사가 미치는 법개념이므로 요건부분에는 더 이상의 재량은 있을 수 없으면, 다만 효과부분에서의 행정에게 법적 효과의 선택에 관한 재량이 인정된다는 것이다.

Ⅲ. 판 례

1. 일반적 경향

우리나라 판례는 기속행위와 재량행위, 기속재량과 자유재량을 구별하여 왔으며, 그 구별 기준으로서는 당해 행위의 근거가 되는 법규의 체제, 형식, 문언 및 당해 행위의 성질과 유형 등을 모두 고려하여 판단한다고 한다.

또한 판례가 재량행위 내지는 자유재량행위로 보는 경우로는, 고과서검정이나 채점행위 등 전문적 판단을 요하는 경우, 도시개발, 택지개발, 자연공원 등과 관련된 정책적 결정, 공무원에 대한 징계처분 등 자율적 판단, 개인택시운송사업면허 등과 같은 수익적 행위 등의 경우를 들 수 있다.

2. 기속재량행위와 자유재량행위의 구별 및 그 기준

대법원 1993.5.27. 선고 92누19477 판결 【채광계획인가신청불허가처분취소】
채광계획인가처분의 법적 성질(=기속재량행위)

광업권의 행사를 보장하면서 광산개발에 따른 자연경관의 훼손, 상수원의 수질오염 등 공익침해를 방지하기 위한 목적에서 광물채굴에 앞서 채광계획인가를 받도록 한 제도의 취지와 공익을 실현하여야 하는 행정의 합목적성에 비추어 볼 때, 채광계획이 중대한 공익에 배치된다고 할 때에는 인가를 거부할 수 있다고 보아야 하고, 채광계획을 불인가하는 경우에는 정당한 사유가 제시되어야 하며 자의적으로 불인가를 하여서는 아니 될 것이므로 채광계획인가는 기속재량행위에 속하는 것으로 보아야 한다.

대법원 1985. 2. 26. 선고 84누588 판결 【해임처분취소】
사법심사의 대상이 되는 자유재량의 한계

행정청에 부여된 재량권은 그것이 기속재량의 경우는 물론 자유재량의 경우라도 스스로 지켜야 할 한계가 있고 그 한계는 법의 규정뿐만 아니라 관습법 또는 일반 조리에 의하여 정하여져야 할 것이므로 이와 같은 여러기준에 비추어 심히 부당하다고 인정되는 경우에는 그 재량권행사는 부당하다기 보다는 사법심사의 대상이 되는 위법한 행위가 된다.

대법원 1984. 1. 31. 선고 83누451 판결 【운전면허취소처분취소】
가. 행정청의 재량행위가 사법심사의 대상이 되는 경우
나. 기속행위와 재량행위의 구별기준
다. 운전면허취소 처분이 기속행위인지 여부(소극)

가. 재량권의 남용이나 재량권의 일탈의 경우에는 그 재량권이 기속재량이거나 자유재량이거나를 막론하고 사법심사의 대상이 된다.

나. 행정행위가 기속행위인지 재량행위인지 나아가 재량행위라 할지라도 기속재량인지 또는 자유재량에 속하는 것인지의 여부가 우선 객관적으로 명백하지 않고, 또 행정행위의 전제가 되는 사실의 존부 확정과 그 상당성 및 적법성의 인정은 전혀 행정청의 기능에 속하는 것으로 상대적으로 행정청의 재량권도 확대된다고 할 것이므로 어떤 행정처분의 기준을 정한 준칙 등을 그 규정의 형식이나 체제 또는 문언에 따라 이를 일률적으로 기속행위라고 규정지울 수는 없다.

다. 도로교통법 제65조 제2호 내지 제6호 및 이에 따른 운전면허점수제 행정처분사무처리 요강 별표 15(1981.5.6 내무부령 제347호)가 정하는 운전면허행정처분의 기준을 재량행위라고 본 원심조치는 옳고 이를 기속행위라는 견해는 채용할 수 없다.

3. 기속행위와 재량행위의 구별 및 그 기준

2010. 7. 15. 선고 2009두19069 판결 〔국적신청불허가처분취소〕 (공2010, 1592)
[1] 귀화신청인이 국내거주요건을 갖추었는지 여부를 판단할 때 출입국관리법 시

행령 제12조에서 정한 외국인의 체류자격에 따라 그 기간을 다르게 산정할 수 있는지 여부(소극)

[2] 법무부장관이 법률에 정한 귀화요건을 갖춘 귀화신청인에게 귀화를 허가할 것인지 여부에 관하여 재량권을 가지는지 여부(적극)

[1] 국적법 제6조 제1항, 국적법 시행규칙 제5조 규정의 문언이나 체계, 국내거주요건이 간이귀화절차, 나아가 귀화절차 일반에서 가지는 의미와 특성·역할 등에 비추어 볼 때, 귀화신청인이 국내거주요건을 갖추었는지 여부를 판단할 때 출입국관리법 시행령 제12조에서 정한 외국인의 체류자격에 따라 그 기간의 산정을 달리할 것은 아니다.

[2] 국적은 국민의 자격을 결정짓는 것이고, 이를 취득한 사람은 국가의 주권자가 되는 동시에 국가의 속인적 통치권의 대상이 되므로, 귀화허가는 외국인에게 대한민국 국적을 부여함으로써 국민으로서의 법적 지위를 포괄적으로 설정하는 행위에 해당한다. 한편 국적법 등 관계 법령 어디에도 외국인에게 대한민국의 국적을 취득할 권리를 부여하였다고 볼 만한 규정이 없다. 이와 같은 귀화허가의 근거 규정의 형식과 문언, 귀화허가의 내용과 특성 등을 고려하여 보면, 법무부장관은 귀화신청인이 법률이 정하는 귀화요건을 갖추었다고 하더라도 귀화를 허가할 것인지 여부에 관하여 재량권을 가진다.

2008. 12. 24. 선고 2008두8970 판결 〔지방직특별임용시험불합격처분취소〕 (공2009, 113)

[1] 공무원 임용을 위한 면접전형에서 임용신청자의 능력이나 적격성 등에 관한 판단이 면접위원의 자유재량에 속하는지 여부(적극)

[2] 지방공무원특별임용시험 면접에 면접위원도 아닌 시장이 참여하여 응시자격요건과 무관한 질문을 하여 면접 결과에 영향을 미친 사안에서, 지방공무원임용령 제45조 제3항에서 규제하는 시험의 신뢰도에 대한 침해행위로서 위법하다고 한 사례

[1] 공무원 임용을 위한 면접전형에서 임용신청자의 능력이나 적격성 등에 관한 판단은 면접위원의 고도의 교양과 학식, 경험에 기초한 자율적 판단에 의존하는 것으로서 오로지 면접위원의 자유재량에 속하고, 그와 같은 판단이 현저하게 재량권을 일탈·남용하지 않은 한 이를 위법하다고 할 수 없다.

[2] 지방공무원특별임용시험 면접에 참관인 명목으로 참여한 시장이 응시자격요건과 무관한 해당 시의 행정구역 내 거주 여부를 묻는 등 면접위원에게 특정 부류의 응시생들에 대한 예단 내지 편견을 조장하여 면접 결과에 영향을 미친 행위는, 지방공무원임용령 제45조 제3항에서 규제하는 시험의 신뢰도에 대한 침해행위로서 위법하다고 한 사례.

대법원 2007. 12. 13. 선고 2006두19068 판결 (공보 제289호 56면)]

[1] 택지개발사업의 원활화를 위하여 택지개발사업에 협조한 주택건설업자에게 택지개발촉진법령에 근거하여 수의계약에 의한 택지공급신청권이 인정되는지 여부(적극)

[2] 구 택지개발촉진법 시행령 제13조의2 제5항 제5호에 의한 택지공급이 택지개발사업 시행자의 재량행위인지 여부(적극)

[1] 구 택지개발촉진법 시행령(2005. 3. 8. 대통령령 제18734호로 개정되기 전의 것) 제13조의2 제5항 제5호는 당해 택지개발사업의 원활화를 기하기 위하여 당해 택지개발사업에 협조한 주택건설업자에게 당해 택지를 공급할 때에 수의계약에 의한 공급의 기회를 부여하는 것으로서, 그 취지는 단순히 택지개발사업의 시행자로 하여금 그러한 대상자들에게 수의계약에 의한 택지공급을 할 수 있는 권능을 부여하는 데 그치는 것이 아니라 그와 같은 요건을 갖추기 위하여 공공사업에 협력한 자에게 수의계약에 의한 택지공급의 기회를 요구할 수 있는 법적인 이익을 부여하고 있는 것이라고 보아야 하므로, 그들에게는 위와 같은 법령에 근거하여 수의계약에 의한 택지공급신청권(택지공급을 받을 권리와는 다른 개념)이 인정된다고 해석하여야 한다.

[2] 택지개발사업 시행자의 택지공급은 상대방에게 권리나 이익을 부여하는 효과를 수반하는 이른바 수익적 행위인 점, 구 택지개발촉진법 시행령(2005. 3. 8. 대통령령 제18734호로 개정되기 전의 것)의 관련 조항들을 종합하여 볼 때 택지개발사업의 시행자는 택지를 공급함에 있어 공급대상 토지의 위치 및 면적, 공급의 대상자 또는 대상자 선정방법, 공급의 시기·방법 및 조건, 공급가격 결정방법 등을 스스로 정할 수 있고, 자신의 필요나 정책적 판단에 의하여 택지공급 대상자의 자격을 제한하거나 택지공급가격을 달리 정하거나 수의계약에 의한 택지공급 여부를 결정할 수 있는 점 등을 고려하면, 구 택지개발촉진법 시행령 제13조의2 제5항 제5호에 의한 택지공급은 택지개발사업 시행자의 재량행위에 해당한다고 보아야 한다.

대법원 2008. 9. 11. 선고 2006두7577 판결 【광업권설정허가처분취소등】

[1] 광업권설정허가처분 취소소송에서 원고적격자의 범위와 요건

[2] 구 광업법에 정한 채광계획인가나 변경인가의 법적 성질(=재량행위) 및 그 거부 여부의 판단 기준

[1] 광업권설정허가처분의 근거 법규 또는 관련 법규의 취지는 광업권설정허가처분과 그에 따른 광산 개발과 관련된 후속 절차로 인하여 직접적이고 중대한 재산상 · 환경상 피해가 예상되는 토지나 건축물의 소유자나 점유자 또는 이해관계인 및 주민들이 전과 비교하여 수인한도를 넘는 재산상 · 환경

상 침해를 받지 아니한 채 토지나 건축물 등을 보유하며 쾌적하게 생활할 수 있는 개별적 이익까지도 보호하려는 데 있으므로, 광업권설정허가처분과 그에 따른 광산 개발로 인하여 재산상·환경상 이익의 침해를 받거나 받을 우려가 있는 토지나 건축물의 소유자와 점유자 또는 이해관계인 및 주민들은 그 처분 전과 비교하여 수인한도를 넘는 재산상·환경상 이익의 침해를 받거나 받을 우려가 있다는 것을 증명함으로써 그 처분의 취소를 구할 원고적격을 인정받을 수 있다.

[2] 구 광업법(2002. 1. 19. 법률 제6612호로 개정되기 전의 것)에 정한 채광계획인가나 변경인가는 행정청의 재량행위에 속하고, 채광계획의 내용의 합리성과 사업성 및 안정성의 측면이나 당해 채광계획이 수반할 수 있는 수질과 토양의 오염, 지하수의 고갈 등 환경 보전의 측면에서 중대한 공익상 필요가 있다고 인정할 때에는 채광계획인가나 변경인가를 거부할 수 있으며, 이는 당해 채광계획에 나타난 사업의 내용, 규모, 방법과 그것이 환경에 미치는 영향 등 제반 사정을 종합하여 사회 관념상 공익 침해의 우려가 현저한지 여부에 의하여 판단할 수 있다.

대법원 2005. 7. 22. 선고 2005두999 판결 【개인택시운송사업면허제외처분취소】

개인택시운송사업면허 및 그 면허를 위하여 정하여진 순위 내에서의 운전경력 인정방법에 관한 기준 설정이나 변경이 행정청의 재량인지 여부(적극)

여객자동차운수사업법에 의한 개인택시운송사업면허는 특정인에게 권리나 이익을 부여하는 행정행위, 즉 수익적 행정행위로서 법령에 특별한 규정이 없으면 행정청의 재량에 속하는 것이고, 그 면허를 위하여 정하여진 순위 내에서의 운전경력 인정방법에 관한 기준 설정 및 그 설정된 기준의 변경 역시 행정청의 재량이므로, 그 기준의 설정이나 변경이 객관적으로 합리적이 아니라거나 타당하지 않다고 보이지 아니하는 이상 행정청의 의사는 가능한 한 존중되어야 한다.

대법원 2003. 3. 28. 선고 2002두11905 판결 【건축허가신청불허가처분취소】

[1] 구 도시계획법상 개발제한구역 내에서의 건축허가의 법적 성질(=재량행위 내지 자유재량행위)

[2] 구 도시계획법시행규칙 제7조 제1항 제1호에 규정된 '직계존비속'에 며느리가 포함되는지 여부(소극)

[1] 구 도시계획법(2000. 1. 28. 법률 제6243호로 전문 개정되기 전의 것) 제21조와 같은법시행령(2000. 7. 1. 대통령령 제16891호로 전문 개정되기 전의 것) 제20조 제1항, 제2항 및 같은법시행규칙(2000. 7. 4. 건설교통부령 제

245호로 전문 개정되기 전의 것) 제7조 제1항 제1호 (가)목 등의 규정을 종합하여 보면, 개발제한구역 안에서는 구역 지정의 목적상 건축물의 건축 등의 개발행위는 원칙적으로 금지되고, 다만 구체적인 경우에 이와 같은 구역 지정의 목적에 위배되지 아니할 경우 예외적으로 허가에 의하여 그러한 행위를 할 수 있게 되어 있음이 그 규정의 체제와 문언상 분명하고, 이러한 예외적인 건축허가는 그 상대방에게 수익적인 것에 틀림이 없으므로 그 법률적 성질은 재량행위 내지 자유재량행위에 속하는 것이다.

[2] 개발제한구역 안에서의 건축에 대한 허가가 가지는 예외적, 재량적인 성격에 비추어 보면, 구 도시계획법시행규칙(2000. 7. 4. 건설교통부령 제245호로 전문 개정되기 전의 것) 제7조 제1항 제1호에 규정된 '직계존비속'이란 혈통이 수직적으로 연결된 친족만을 뜻하고 며느리는 직계비속인 아들의 배우자로서 인척에 해당할 뿐 여기서 말하는 직계비속에 포함되지 아니한다고 볼 것이다.

대법원 1997. 9. 12. 선고 97누1228 판결 【산림형질변경허가신청반려처분취소】

[1] 산림훼손 금지 또는 제한지역에 해당하지 않더라도 산림훼손허가를 거부할 수 있는 경우 및 그 거부처분에 법규상 명문의 근거가 필요한지 여부(소극)

[2] 산림형질변경신청 불허사유로서 국토 및 자연의 유지와 환경의 보전 등 중대한 공익상의 필요가 있다고 본 사례

[1] 산림훼손행위는 국토의 유지와 환경의 보전에 직접적으로 영향을 미치는 행위이므로 법령이 규정하는 산림훼손 금지 또는 제한지역에 해당하는 경우는 물론 금지 또는 제한지역에 해당하지 않더라도 허가관청은 산림훼손허가신청 대상토지의 현상과 위치 및 주위의 상황 등을 고려하여 국토 및 자연의 유지와 환경의 보전 등 중대한 공익상 필요가 있다고 인정될 때에는 허가를 거부할 수 있고, 그 경우 법규에 명문의 근거가 없더라도 거부처분을 할 수 있으며, 산림훼손허가를 함에 있어서 고려하여야 할 공익침해의 정도 예컨대 자연경관훼손정도, 소음·분진의 정도, 수질오염의 정도 등에 관하여 반드시 수치에 근거한 일정한 기준을 정하여 놓고 허가·불허가 여부를 결정하여야 하는 것은 아니고, 산림훼손을 필요로 하는 사업계획에 나타난 사업의 내용, 규모, 방법과 그것이 환경에 미치는 영향 등 제반 사정을 종합하여 사회관념상 공익침해의 우려가 현저하다고 인정되는 경우에 불허가할 수 있다.

[2] 당해 임야는 주변의 임야와 더불어 주거지역으로 이용되는 인근의 광활한 간척지에 산림이라는 천혜의 자연환경을 제공하여 주는 중요한 역할을 하고 있을 뿐 아니라, 천연 암석이 자연스럽게 절개된 해안선을 따라 소나무, 해송 등의 수목이 서식하고 있는 등 그 자연경관을 원상태로 보존할 충분한

가치가 있다고 보임에 반하여, 당해 임야의 형질변경과 더불어 추진하고자 하는 사업은 비교적 대규모의 근린생활시설(일반음식점) 부지조성사업으로 그 사업계획상 위와 같은 자연환경을 보전하고자 하는 최소한의 계획 마저 포함되어 있지 않는 것으로 판단되며, 당해 형질변경신청을 허가할 경우에는 인근 임야에 대한 형질변경신청도 일부 허가할 수밖에 없어 결국은 아직까지 자연상태 그대로 보존되어 있는 당해 임야 및 인근의 임야 전체가 훼손되는 결과를 초래하게 될 것이므로, 지방자치단체장이 당해 형질변경 허가신청을 거부한 것은 당해 임야의 현상과 위치, 주위의 상황 및 사업계획에 나타난 사업의 내용, 규모, 방법과 그것이 환경에 미치는 영향 등에 비추어 국토 및 자연의 유지와 환경의 보전 등 중대한 공익상의 필요에 의한 것이라고 본 사례.

제3절 재량하자

Ⅰ. 의 의

재량행위에 대한 통제로서는 의회의 법률제정과 관련된 입법적 통제와 직무감독, 행정절차 등과 관련된 행정적 통제가 있으나, 실제로는 법원에 의한 사법심사가 가장 중요하다. 왜냐하면 법원에서는 행정의 재량행위를 직접 소송의 대상으로 에 대한 위법 여부를 심사한다는 점에서 재량하자가 가장 중요하다고 할 수 있기 때문이다.

재량하자에 관해서는 종래부터 외적 한계와 내적 한계를 벗어난 경우로 나누어 재량권의 일탈과 남용으로 구분하기도 하지만 그 법적 효과가 같다는 점에서는 구별의 실익이 없다고 하는 것이 일반적이다.

재량권의 일탈·남용의 기준 내지는 사유로는 학자들의 견해는 일치하지는 아니하나, 대체로 위에서 본 위법심사의 판단 기준에 의한다.

Ⅱ. 판 례

2010. 7. 15. 선고 2010두7031 판결 〔과징금부과처분취소〕 (공2010, 1594)

[1] '부동산 실권리자명의 등기에 관한 법률 시행령' 제3조의2 단서의 과징금 임의적 감경사유가 있음에도 이를 전혀 고려하지 않거나 감경사유에 해당하지 않는다고 오인하여 과징금을 감경하지 않은 경우, 그 과징금 부과처분이 재량권을 일탈·남용

한 위법한 것인지 여부(적극)

[2] 행정청이 출연재산인 부동산을 명의신탁한 사회복지법인에 대하여 '부동산 실권리자명의 등기에 관한 법률' 제3조를 위반하였다는 이유로 같은 법 시행령 제3조의2 본문 [별표]에 의하여 산정된 과징금 전액을 부과한 사안에서, 위 과징금 부과처분이 재량권을 일탈·남용한 위법한 것이라고 한 사례

[3] 명의신탁자에 대한 과징금 부과처분이 재량권을 일탈·남용하여 위법한 경우, 법원이 적정하다고 인정되는 부분을 초과한 부분만 취소할 수 있는지 여부(소극)

[1] 실권리자명의 등기의무를 위반한 명의신탁자에 대하여 부과하는 과징금의 감경에 관한 '부동산 실권리자명의 등기에 관한 법률 시행령' 제3조의2 단서는 임의적 감경규정임이 명백하므로, 그 감경사유가 존재하더라도 과징금 부과관청이 감경사유까지 고려하고도 과징금을 감경하지 않은 채 과징금 전액을 부과하는 처분을 한 경우에는 이를 위법하다고 단정할 수는 없으나, 위 감경사유가 있음에도 이를 전혀 고려하지 않았거나 감경사유에 해당하지 않는다고 오인한 나머지 과징금을 감경하지 않았다면 그 과징금 부과처분은 재량권을 일탈·남용한 위법한 처분이라고 할 수밖에 없다.

[2] 행정청이 출연재산인 부동산을 명의신탁한 사회복지법인에 대하여 '부동산 실권리자명의 등기에 관한 법률' 제3조를 위반하였다는 이유로 같은 법 시행령 제3조의2 본문 [별표]에 의하여 산정된 과징금 전액을 부과한 사안에서, 위 사회복지법인은 법인 설립허가조건의 불이행에 따른 설립허가 취소라는 행정처분을 피할 목적으로 부동산을 명의신탁한 것이지, 조세를 포탈하거나 법령에 의한 제한을 회피할 목적으로 명의신탁하였다고 볼 수 없어 위 시행령 제3조의2 단서의 과징금 감경사유가 있음에도, 과징금 부과 관청이 과징금을 산정하면서 이를 전혀 고려하지 않았거나 감경사유에 해당하지 않는다고 오인하여 과징금 전액을 부과한 것으로 보이므로, 위 과징금 부과처분은 재량권을 일탈·남용한 위법한 처분이라고 한 사례.

[3] 명의신탁이 조세를 포탈하거나 법령에 의한 제한을 회피할 목적이 아니어서 '부동산 실권리자명의 등기에 관한 법률 시행령' 제3조의2 단서의 과징금 감경사유가 있는 경우 과징금 감경 여부는 과징금 부과 관청의 재량에 속하는 것이므로, 과징금 부과 관청이 이를 판단하면서 재량권을 일탈·남용하여 과징금 부과처분이 위법하다고 인정될 경우, 법원으로서는 과징금 부과처분 전부를 취소할 수밖에 없고, 법원이 적정하다고 인정되는 부분을 초과한 부분만 취소할 수는 없다.

2010. 9. 9. 선고 2010다39413 판결 〔손해배상(기)〕 (공2010, 1901)

방위사업법이 규정하고 있는 방산물자 지정 및 지정취소 처분이 재량행위에 해당하는지 여부(적극) 및 재량행위에 대한 사법심사 기준

[1] 방위사업법 제34조 제1항, 제48조 제1, 3항, 같은 법 시행령 제39조 제1항, 제64조 제1항의 각 규정을 종합하면, 방산물자 지정 및 지정취소는 그 규정형식 등에 비추어 볼 때, 행정청에게 재량권이 부여되어 있는 재량행위에 속하고, 재량행위에 대한 사법심사에 있어서는 행정청의 재량에 기한 공익판단의 여지를 감안하여 법원은 독자의 결론을 도출함이 없이 당해 행위에 재량권의 일탈·남용이 있는지 여부만을 심사하게 되고, 이러한 재량권의 일탈·남용 여부에 대한 심사는 사실오인, 비례·평등의 원칙 위배 등을 그 판단 대상으로 한다.

[2] 방산물자 지정취소 처분에 관하여 재량권 행사의 기초가 되는 사실인정에 오류가 있다고 볼 수 없고, 또한 국가의 안전보장과 직결된 방위력 개선과 방위산업육성에 있어서 경제성, 효율성 추구를 위한 공익상 필요에 따라 방산물자 지정을 취소하였으므로 비례·평등의 원칙 위배 등 재량권의 범위를 일탈·남용한 위법이 있다고 볼 수 없다고 판단한 사례.

2010. 7. 29. 선고 2007다42433 판결 〔교수지위확인〕 (공2010, 1728)

[1] 임용기간이 만료된 사립대학 교원에게 재임용 여부에 관하여 합리적인 기준에 의한 공정한 심사를 요구할 권리가 인정되는지 여부(적극) 및 재량권을 일탈·남용한 재임용거부결정의 효력(무효)과 재량권 일탈·남용 여부의 판단 기준

[2] 사립대학 교원에 대한 재임용거부결정의 절차적 하자를 이유로 그 효력을 부정할 수 있는 경우 및 그 하자의 정도

[3] 기간임용제 대학교원에 대한 위법한 재임용거부로 인한 학교법인의 재산적 손해배상책임의 성립요건 및 책임의 범위

[4] 사립대학 교원이 위법한 재임용거부로 인하여 재산적 손해 외에 위자료를 청구할 수 있는 경우

[5] 구 사립학교법 제53조의2 제3항에 대한 헌법불합치결정 선고 전에 재임용거부결정이 이루어진 경우, 위법한 재임용거부를 이유로 학교법인에 손해배상책임을 물을 수 있는지 여부(원칙적 소극)

[6] 구 사립학교법 제53조의2 제3항에 대한 헌법불합치결정 이후 위법한 재임용거부로 인한 학교법인의 손해배상책임은 해당 교원의 재심사신청의사가 객관적으로 확인된 시점 이후에만 물을 수 있는지 여부(적극)

[1] 2005. 1. 27. 법률 제7352호로 개정된 사립학교법과 '대학교원 기간임용제 탈락자 구제를 위한 특별법'의 관련 규정에 의하면, 대학교원 기간임용제에 의하여 임용되어 임용기간이 만료된 사립대학 교원으로서는 교원으로서의 능력과 자질에 관하여 합리적인 기준에 의한 공정한 심사를 받아 위 기준에 부합되면 특별한 사정이 없는 한 재임용되리라는 기대를 가지고 재임용 여부에 관하여 합리적인 기준에 의한 공정한 심사를 요구할 권리를 가지며,

임용권자가 재임용신청을 한 교원에 대하여 재임용을 거부한 경우에 있어, 재임용거부의 객관적 사유, 즉 재임용심사기준에 미달된다는 사유가 전혀 존재하지 않거나 그 사유가 존재한다 하더라도 교원으로서의 능력과 자질을 검증하여 적격성 여부를 심사하기 위한 재임용심사에 있어서 허용될 수 있는 정도의 재량권을 일탈·남용한 결과 합리적인 기준에 기초한 공정한 심사가 결여된 것으로 인정되어 그 사법상(私法上)의 효력 자체를 부정하는 것이 사회통념상 타당하다고 인정될 경우에는 그 재임용거부결정을 무효라고 볼 수 있다. 그런데 재임용거부결정이 재량을 일탈·남용하였다고 함은 그 결정이 공익의 원칙에 반하거나 재임용거부의 판단 근거로 삼은 부정적 평가 요소에 비추어 균형을 잃음으로써 비례의 원칙에 위반하거나 또는 합리적인 사유 없이 일반적으로 적용하여 온 기준과 어긋나게 공평을 잃은 결과 평등의 원칙에 위반한 경우 등을 말하고, 이는 구체적인 사례에 따라 부정적 사실의 내용과 성질, 재임용심사기준에의 부합 정도 등 여러 요소를 종합적으로 판단하여야 하며, 재량권의 일탈·남용으로 인한 재임용거부결정의 무효사유에 관하여는 이를 주장하는 사람이 증명책임을 부담한다.

[2] 사립대학 교원에 대한 재임용거부결정의 절차와 관련하여 2005. 1. 27. 법률 제7352호로 개정된 사립학교법(이하 '개정 사립학교법'이라 한다)이 적용 내지 소급적용되는 경우에는 학교법인이 개정 사립학교법 제53조의2 제4항 내지 제7항에 규정된 사전절차를 준수하지 아니함으로써 재임용 여부에 관하여 합리적인 기준에 의한 공정한 심사를 요구할 권리가 실질적으로 침해되었다고 평가될 정도에 이르면 그 재임용거부결정은 그와 같은 절차적 흠만으로도 효력이 부정될 수 있다. 다만, 개정 사립학교법이 시행되기 이전에 이루어진 재임용거부결정으로서 '대학교원 기간임용제 탈락자 구제를 위한 특별법'만이 적용되는 경우에 있어서는 위 특별법이 재임용 재심사의 심사기준 및 사후구제절차에 관하여 규정하고 있을 뿐 개정 사립학교법의 경우와 같이 재임용 관련 사전절차에 관하여는 규정하고 있지 아니하므로 개정 사립학교법 제53조의2 제4항 내지 제7항에서 정한 사전절차를 거치지 아니하였다는 사정만으로 이를 바로 무효라고 볼 수는 없고, 재임용 절차의 전체적 진행경과에 비추어 재임용거부사유의 사전 통지와 이에 대한 해당 교원의 소명기회 보장 등과 같은 재임용심사에서의 최소한도의 절차적 요건이 흠결된 경우로 평가될 수 있어야 그 효력이 부정된다.

[3] 기간임용제 대학교원에 대한 학교법인의 재임용거부결정이 재량권을 일탈·남용한 것으로 평가되어 그 사법상 효력이 부정된다고 하더라도 이것이 불법행위를 구성함을 이유로 학교법인에게 재산적 손해배상책임을 묻기 위해서는 당해 재임용거부가 학교법인의 고의 또는 과실로 인한 것이라는 점이 인정되어야 한다. 이를 위해서는 학교법인이 보통 일반의 대학을 표준으로

하여 볼 때 객관적 주의의무를 결하여 그 재임용거부결정이 객관적 정당성을 상실하였다고 인정될 정도에 이른 경우이어야 하며, 이때에 객관적 정당성을 상실하였는지 여부는 재임용거부사유의 내용 및 성질, 그러한 거부사유 발생에 있어서 해당 교원의 기여(관여) 정도, 재임용심사절차에서 해당 교원의 소명 여부나 그 정도, 명시된 재임용거부사유 외에 학교법인이 재임용거부 판단에 실질적으로 참작한 사유의 유무 및 그 내용, 재임용심사의 전체적 진행경과 등 여러 사정을 종합하여 손해의 배상책임을 대학에게 부담시켜야 할 실질적인 이유가 있는지 여부에 의하여 판단하여야 한다. 이러한 판단을 거쳐 학교법인의 불법행위가 인정되는 경우에는 적법한 재임용심사를 받았더라면 재임용을 받을 수 있었던 사립대학 교원은, 대학에 대하여 그러한 위법행위가 없었더라면 교원으로 임용되어 재직할 수 있었던 기간 동안 임금 상당의 재산적 손해배상을 청구할 수 있는데, 그러한 재직 가능 기간의 범위는 당해 대학의 재임용심사기준의 전반적인 엄격성의 정도와 학문영역별(인문·사회·자연계열 등) 심사기준의 차이 여부, 당해 교원의 전공분야와 실제 재임용 현황(재임용률), 당해 대학의 재임용 및 승진임용의 구성 체계(동일직급 재직기간의 제한 여부, 재임용과 승진임용 사이의 심사기준의 차별성 여하), 당해 교원의 개인적 연구역량(이전에 재임용을 받은 횟수나 그 통과 수준, 당해 재임용심사에서 재임용자격 인정기준과의 차이 정도) 등의 사정을 종합적으로 고려하여 개별적으로 판단하여야 하며, 반드시 위법한 재임용거부가 이루어진 당해 재임용기간 동안 지급받을 수 있었던 임금 상당액에 한정되는 것은 아니다.

[4] 사립대학 교원이 위법한 재임용거부로 인하여 재산적 손해 외에 별도의 정신적 고통을 받았음을 이유로 위자료를 청구하기 위해서는, 학교법인이 재임용을 거부할만한 사유가 전혀 없는데도 오로지 해당 교원을 대학에서 몰아내려는 의도하에 고의로 다른 명목을 내세워서 재임용을 거부하였거나, 재임용거부의 이유로 된 어느 사실이 인사규정 등 소정의 재임용 여부의 심사사유에 해당되지 아니하거나 재임용거부사유로 삼을 수 없는 것임이 객관적으로 명백하고 또 조금만 주의를 기울이면 이와 같은 사정을 쉽게 알아볼 수 있는데도 그것을 이유로 재임용거부에 나아간 경우 등 재임용 여부 심사에 관한 대학의 재량권 남용이 우리의 건전한 사회통념이나 사회상규상 용인될 수 없음이 분명한 경우이어야 한다.

[5] 2005. 1. 27. 법률 제7352호로 개정된 사립학교법(이하 '개정 사립학교법'이라 한다) 이전의 구 사립학교법은 대학교원 기간임용제에 의하여 임용된 사립대학 교원의 재임용에 관하여 사전절차와 재임용거부사유 및 사후구제절차에 관하여 아무런 규정을 두고 있지 아니하였고, 구 사립학교법(1997. 1. 13. 법률 제5274호로 개정되기 전의 것) 제53조의2 제3항에 대한 헌법불합

치결정(이하 '2003년 헌법불합치결정'이라 한다) 또는 대법원 2004. 4. 22. 선고 2000두7735 전원합의체 판결 이전까지 대법원 및 헌법재판소는, 대학교원 기간임용제에 의하여 임용된 국·공립대학 및 사립대학 교원에 대하여 학교법인 등의 정관이나 인사규정 또는 임용계약에 재임용 강제조항이 있거나 임용기간은 형식에 불과하고 임용계약이 계속 반복 갱신되어 '연쇄적 근로관계'가 인정되는 등의 특별한 사정이 없는 한, 재임용의 기대나 재임용 여부에 관하여 합리적인 기준에 의한 공정한 심사를 요구할 권리의 존재를 부정하여 재임용 여부는 사법심사에서 제외되는 임면권자의 자유재량행위로 파악하였다. 이러한 사법기관의 확고한 법해석의 상황 아래에서 학교법인에 대하여, 2003년 헌법불합치결정 이후 사립학교법의 개정과 '대학교원 기간임용제 탈락자 구제를 위한 특별법'의 시행에 따른 현재의 변화된 법해석으로 인정되는 재임용심사신청권을 기초로 사립대학 교원의 권리 내지 법익침해의 결과에 관하여 이를 인식할 수 있었다거나 그 결과를 회피할 수 있었다고 보아 손해배상책임을 묻는 것은, 당시로선 일반적으로 존재하지 않는 것으로 해석되었던 규범의 준수를 요구하는 것이거나 현실적으로 실현 불가능한 주의의무의 이행을 기대하는 것에 다름 아니며, 개정 사립학교법의 소급적용이나 위 구제특별법의 시행으로 말미암아 개정 사립학교법 시행 이전의 위법한 재임용거부결정에 대하여도 특별한 사정이 없는 한 민사상 무효확인 청구 등의 구제절차를 통하여 정당한 재임용심사를 다시 받을 수 있는 기회가 부여되기에 이른 점 등의 사정을 함께 참작하면, 2003년 헌법불합치결정이 선고(2003. 2. 27.)되기 전까지는 그것이 재임용심사에서 재량권을 일탈·남용하거나 절차적 사유 등으로 사법상(私法上) 효력이 부정된다고 하더라도 특별한 사정이 없는 한 이를 이유로 학교법인에게 손해배상책임을 물을 수는 없고, 이는 2003년 헌법불합치결정의 당해 사건 등으로서 개정 사립학교법이 소급적용되는 경우에도 마찬가지이다.

[6] 재임용절차는 통상적으로 재임용신청과 재임용심사, 재임용 여부의 결정 순서로 진행되게 되며 재임용거부결정은 재임용신청의사를 전제로 하는 것이며, 이미 재임용심사에서 재임용거부결정이 이루어져 임용기간 만료로 퇴직조치가 취해졌다면 당해 재임용절차는 완결된 것으로 보는 것이 당사자의 일반적인 관념에 부합되므로, 재임용거부결정이 절차적 내지 실체적 사유로 효력이 부정되어 학교법인이 재임용심사를 할 의무가 존속하고 있다고 하더라도 구체적으로 그 의무위반이 불법행위를 구성하여 학교법인에 책임을 물을 수 있으려면 먼저 해당 교원의 재심사신청의사가 확인되어야 한다. 그렇다면 구 사립학교법(1997. 1. 13. 법률 제5274호로 개정되기 전의 것) 제53조의2 제3항에 대한 헌법불합치결정으로 기간임용제 사립대학 교원에게 재임용심사신청권이 있음이 확인되었다고 보더라도 과거 재임용거부처분에 관

하여 당해 교원의 재심사신청의사가 표시되지 않은 상황에서 곧바로 학교법인에게 재심사의무의 불이행을 이유로 어떠한 법적 불이익을 부여하는 것은 타당하지 않으며, 위법한 재임용거부로 인한 학교법인의 손해배상책임은 해당 교원의 재심사신청의사가 객관적으로 확인된 시점 이후에만 물을 수 있다고 할 것이고, 한편 이와 같은 해당 교원의 재심사신청의사는 학교법인에 직접적으로 재임용심사를 촉구하거나 요청하는 행위를 통하여 표시되기도 하겠지만, 학교법인을 상대로 재임용거부결정의 무효확인을 구하는 소제기 행위 등으로도 확인될 수 있다.

2010. 9. 9. 선고 2008다6953 판결 〔임금등〕 (공2010, 1873)

[1] 대학 교원의 재임용심사에 적용된 '비정년트랙 전임교원에 대한 업적평가규정' 중 업적평가대상을 교육영역과 봉사영역에 한정하고 연구영역을 제외하고 있는 부분 및 위 업적평가를 기초로 상대평가를 하여 그 중 하위 20%를 재임용거부의 대상으로 삼고 있는 부분은 모두 대학의 자율성 내지 재량권의 한계를 넘지 않는 적법한 심사기준으로, 위 심사기준에 의한 재임용거부가 적법하다고 본 원심의 판단을 정당한 것으로 수긍한 사례

[2] 교원소청심사위원회의 소청심사결정 중 임용기간이 만료된 교원에 대한 재임용거부처분을 취소하는 결정의 효력 및 그 결정의 기속력에 기하여 재임용심사의무가 있는 학교법인 등이 그 의무를 이행하지 않는 경우 그러한 사정만으로 바로 불법행위로 인한 임금 상당 재산상 손해의 배상책임이 발생하는지 여부

[1] 대학 교원의 재임용심사에 적용된 '비정년트랙 전임교원에 대한 업적평가규정' 중 업적평가대상을 교육영역과 봉사영역에 한정하고 연구영역을 제외하고 있는 부분 및 위 업적평가를 기초로 상대평가를 하여 그 중 하위 20%를 재임용거부의 대상으로 삼고 있는 부분은 모두 대학의 자율성 내지 재량권의 한계를 넘지 않는 적법한 심사기준으로, 위 심사기준에 의한 재임용거부가 적법하다고 본 원심의 판단을 정당한 것으로 수긍한 사례.

[2] '교원지위향상을 위한 특별법' 제7조 제1항, 제10조 제2항에 의하면, 교원소청심사위원회는 각급학교 교원에 대한 징계처분과 그 밖에 그 의사에 반하는 불리한 처분(임용기간이 만료된 교원에 대한 재임용거부처분을 포함한다)에 대한 소청을 심사하고 그 소청심사결정은 처분권자를 기속한다. 이와 같은 교원소청심사위원회의 소청심사결정 중 임용기간이 만료된 교원에 대한 재임용거부처분을 취소하는 결정은 재임용거부처분을 취소함으로써 학교법인 등에게 해당 교원에 대한 재임용심사를 다시 하도록 하는 절차적 의무를 부과하는 데 그칠 뿐 학교법인 등에게 반드시 해당 교원을 재임용하여야 하는 의무를 부과하거나 혹은 그 교원이 바로 재임용되는 것과 같은 법적 효과까지 인정되는 것은 아니다. 나아가 재임용거부처분을 취소한 소청심사결

정의 기속력에 기하여 재임용심사의무가 있는 학교법인 등이 그 의무를 이행하지 아니하였다고 하더라도 그러한 사정만으로 바로 불법행위로 인한 임금 상당 재산상 손해의 배상책임이 발생하는 것은 아니고, 재심사 결과 해당 교원이 재임용되었을 것임이 인정되는 경우에 한하여 위와 같은 손해배상책임을 긍정할 수 있다.

2010. 3. 11. 선고 2008두15176 판결 〔과징금부과처분취소〕 (공2010, 754)
공정거래위원회의 독점규제 및 공정거래에 관한 법률 위반행위자에 대한 과징금 부과처분의 법적 성질(=재량행위)과 그 재량권 행사의 한계

[1] 구 독점규제 및 공정거래에 관한 법률(2004. 12. 31. 법률 제7315호로 개정되기 전의 것) 제6조, 제17조, 제22조, 제24조의2, 제28조, 제31조의2, 제34조의2 등 각 규정을 종합하여 보면, 공정거래위원회는 법 위반행위에 대하여 과징금을 부과할 것인지 여부와 만일 과징금을 부과할 경우 법과 시행령이 정하고 있는 일정한 범위 안에서 과징금의 액수를 구체적으로 얼마로 정할 것인지에 관하여 재량을 가지고 있다고 할 것이므로, 공정거래위원회의 법 위반행위자에 대한 과징금 부과처분은 재량행위라 할 것이고, 다만 이러한 재량을 행사함에 있어 과징금 부과의 기초가 되는 사실을 오인하였거나, 비례·평등의 원칙에 위배하는 등의 사유가 있다면 이는 재량권의 일탈·남용으로서 위법하다.

[2] 담합에 참여한 甲, 乙, 丙 3개 회사가 순차적으로 부당한 공동행위에 관한 합의 파기의사를 대외적으로 표시한 경우, 위 3개 회사 중 2개 회사가 담합에서 탈퇴하여 1개의 회사만 남게 되면 담합의 성립요건 중 '2인 이상 사업자들 사이의 의사의 합치'라는 요건을 충족하지 못하게 되어 그 담합은 종료되었다고 보아야 하므로, 丙 회사의 위반행위의 종기는 乙 회사가 합의 파기의사를 대외적으로 표시함으로써 그 실행행위를 종료한 날로 보아야 한다고 한 사례.

2010. 3. 11. 선고 2009두17643 판결 〔금지시설해제불가처분취소〕 (공2010, 757)
[1] 학교보건법 제6조 제1항 단서에 따라 시·도교육위원회 교육감 또는 교육감이 지정하는 사람이 학교환경위생정화구역 안에서의 금지행위 및 시설을 해제하거나 계속하여 금지(해제거부)하는 조치의 법적 성질(=재량행위) 및 그것이 재량권을 일탈·남용하여 위법한 것인지 여부의 판단 기준
[2] 초등학교로부터 약 100여 m 떨어진 곳에 액화석유가스(LPG) 충전소를 운영하기 위한 학교환경위생정화구역 내 금지시설해제신청을 교육청 교육장이 거부한 사안에서, 그 처분이 재량권의 범위를 일탈하였거나 남용한 것으로 보기 어렵다고 한 사례

[1] 학교보건법 제6조 제1항 단서의 규정에 의하여 시·도교육위원회 교육감 또는 교육감이 지정하는 자가 학교환경위생정화구역 안에서의 금지행위 및 시설의 해제신청에 대하여 그 행위 및 시설이 학습과 학교보건에 나쁜 영향을 주지 않는 것인지의 여부를 결정하여 그 금지행위 및 시설을 해제하거나 계속하여 금지(해제거부)하는 조치는 시·도교육위원회 교육감 또는 교육감이 지정하는 자의 재량행위에 속하는 것으로서, 그것이 재량권을 일탈·남용하여 위법하다고 하기 위하여는 그 행위 및 시설의 종류나 규모, 학교에서의 거리와 위치는 물론이고, 학교의 종류와 학생 수, 학교주변의 환경, 그리고 위 행위 및 시설이 주변의 다른 행위나 시설 등과 합하여 학습과 학교보건위생 등에 미칠 영향 등의 사정과 그 행위나 시설이 금지됨으로 인하여 상대방이 입게 될 재산권 침해를 비롯한 불이익 등의 사정 등 여러 가지 사항들을 합리적으로 비교·교량하여 신중하게 판단하여야 한다.

[2] 초등학교로부터 약 100여 m 떨어진 곳에 저장용량 20t 규모의 액화석유가스(LPG) 충전소를 운영하기 위한 학교환경위생정화구역 내 금지시설해제신청을 교육청 교육장이 거부한 사안에서, 폭발 등의 사고가 발생할 경우 그 영향이 초등학교까지 미칠 것으로 보이는 점, 근처에 다른 가스충전소가 있어 이를 필요로 하는 주민들의 이익이 크게 침해받을 것으로 보이지 않는 점 등에 비추어, 위 처분이 재량권의 범위를 일탈하였거나 남용한 것으로 보기 어렵다고 한 사례.

2010. 1. 28. 선고 2009두19137 판결 〔개인택시운송사업면허대상자제외처분취소〕 (공2010, 440)

[1] 여객자동차 운수사업법에 의한 개인택시운송사업면허의 법적 성질(=재량행위) 및 행정청이 면허발급 여부를 심사하면서 이미 설정된 면허기준의 해석상 당해 신청이 명백하게 면허발급 우선순위에 해당함에도 면허거부처분을 한 경우, 재량권을 남용한 위법한 처분인지 여부(적극)

[2] 양산시가 개인택시운송사업 면허를 발급하면서 '양산시 개인택시 면허업무 처리규칙' 제6조 제3항, 제5항을 적용하기 위한 전제로서 '매월 1일부터 말일까지 계속 근무'라는 조건의 충족을 기준으로 운전경력을 산정하여 면허대상자를 확정·공고하는 처분을 한 사안에서, 그 처분이 위법하다고 한 사례

[1] 여객자동차 운수사업법에 의한 개인택시운송사업면허는 특정인에게 권리나 이익을 부여하는 행정행위로서 법령에 특별한 규정이 없는 한 재량행위이고, 그 면허를 위하여 정하여진 순위 내에서의 운전경력인정방법의 기준설정 역시 행정청의 재량에 속한다 할 것이지만, 행정청이 면허발급 여부를 심사함에 있어서 이미 설정된 면허기준의 해석상 당해 신청이 면허발급의 우선순위에 해당함이 명백함에도 이를 제외시켜 면허거부처분을 하였다면 특별

한 사정이 없는 한 그 거부처분은 재량권을 남용한 위법한 처분이 된다.

[2] 양산시가 개인택시운송사업 면허를 발급하면서 '양산시 개인택시 면허업무 처리규칙' 제6조 제3항, 제5항의 '만근일수의 50% 이상 실운전일수에 대한 운전경력 1월의 인정규정'과 '만근일수의 50% 미만 실운전일수의 합산 후 만근일수 기준 월단위 산정규정' 모두 '매월 1일부터 말일까지 계속근무'라는 전제조건의 충족을 기준으로 운전경력을 산정하여 면허대상자를 확정·공고하는 처분을 한 사안에서, 만근일수 50% 미만의 실운전일수 합산 후 만근일수 기준 월단위로 산정하는 규정에는 위 전제조건의 충족이 요구되지 않는다고 보아 위 처분이 위법하다고 한 사례.

2010. 1. 28. 선고 2009두19137 판결 〔개인택시운송사업면허대상자제외처분취소〕 (공2010, 440)

[1] 여객자동차 운수사업법에 의한 개인택시운송사업면허의 법적 성질(=재량행위) 및 행정청이 면허발급 여부를 심사하면서 이미 설정된 면허기준의 해석상 당해 신청이 명백하게 면허발급 우선순위에 해당함에도 면허거부처분을 한 경우, 재량권을 남용한 위법한 처분인지 여부(적극)

[2] 양산시가 개인택시운송사업 면허를 발급하면서 '양산시 개인택시 면허업무 처리규칙' 제6조 제3항, 제5항을 적용하기 위한 전제로서 '매월 1일부터 말일까지 계속근무'라는 조건의 충족을 기준으로 운전경력을 산정하여 면허대상자를 확정·공고하는 처분을 한 사안에서, 그 처분이 위법하다고 한 사례

[1] 여객자동차 운수사업법에 의한 개인택시운송사업면허는 특정인에게 권리나 이익을 부여하는 행정행위로서 법령에 특별한 규정이 없는 한 재량행위이고, 그 면허를 위하여 정하여진 순위 내에서의 운전경력인정방법의 기준설정 역시 행정청의 재량에 속한다 할 것이지만, 행정청이 면허발급 여부를 심사함에 있어서 이미 설정된 면허기준의 해석상 당해 신청이 면허발급의 우선순위에 해당함이 명백함에도 이를 제외시켜 면허거부처분을 하였다면 특별한 사정이 없는 한 그 거부처분은 재량권을 남용한 위법한 처분이 된다.

[2] 양산시가 개인택시운송사업 면허를 발급하면서 '양산시 개인택시 면허업무 처리규칙' 제6조 제3항, 제5항의 '만근일수의 50% 이상 실운전일수에 대한 운전경력 1월의 인정규정'과 '만근일수의 50% 미만 실운전일수의 합산 후 만근일수 기준 월단위 산정규정' 모두 '매월 1일부터 말일까지 계속근무'라는 전제조건의 충족을 기준으로 운전경력을 산정하여 면허대상자를 확정·공고하는 처분을 한 사안에서, 만근일수 50% 미만의 실운전일수 합산 후 만근일수 기준 월단위로 산정하는 규정에는 위 전제조건의 충족이 요구되지 않는다고 보아 위 처분이 위법하다고 한 사례.

2009. 6. 23. 선고 2007두18062 판결 〔시정명령등취소〕(공2009, 1225)

[1] 서울특별시의사회가 진단서 등 의료기관 증명서의 발급수수료를 현행보다 2배 수준으로 인상하기로 의결하고 이를 소속 회원들에게 시행하도록 한 행위를, 공정거래위원회가 '과징금부과 세부기준 등에 관한 고시'에 정한 '중대한' 위반행위로 보아 과징금을 산정한 것이, 재량권의 한계를 일탈하거나 남용한 것이 아니라고 한 사례

[2] 재량권을 일탈한 과징금 납부명령에 대하여 법원이 적정한 처분의 정도를 판단하여 그 초과되는 부분만 취소할 수 있는지 여부(소극)

[1] 서울특별시의사회가 진단서 등 의료기관 증명서의 발급수수료를 현행보다 2배 수준으로 인상하기로 의결하고 이를 소속 회원들에게 시행하도록 한 행위에 대하여 공정거래위원회가 과징금 납부를 명령한 사안에서, 그 행위가 경쟁질서의 저해 정도가 매우 강하고 다수 소비자에게 직접 피해가 발생할 우려가 있는 가격담합행위의 일종으로서 독점규제 및 공정거래에 관한 법률이 특히 금지하고자 하는 행위유형에 속하는 점 등에 비추어, 이를 과징금부과 세부기준 등에 관한 고시에 정한 '중대한' 위반행위로 보아 30%의 과징금 부과기준율을 적용하여 과징금을 산정한 것이, 재량권의 한계를 일탈하거나 남용한 것이 아니라고 한 사례.

[2] 처분을 할 것인지 여부와 처분의 정도에 관하여 재량이 인정되는 과징금 납부명령에 대하여 그 명령이 재량권을 일탈하였을 경우, 법원으로서는 재량권의 일탈 여부만 판단할 수 있을 뿐이지 재량권의 범위 내에서 어느 정도가 적정한 것인지에 관하여는 판단할 수 없어 그 전부를 취소할 수밖에 없고, 법원이 적정하다고 인정하는 부분을 초과한 부분만 취소할 수는 없다.

2009. 7. 9. 선고 2008두11099 판결 〔개인택시운송사업면허제외처분취소〕(공2009, 1327)

[1] 행정청이 개인택시운송사업의 면허를 발급하면서 '택시' 운전경력자를 일정 부분 우대하는 처분을 하여 택시 이외의 운전경력자에게 반사적인 불이익을 가져온다고 하여 행정청의 조치가 재량권을 일탈·남용한 위법한 것인지 여부(원칙적 소극)

[2] 동해시가 개인택시 면허발급의 우선순위를 정하면서 버스나 다른 사업용 자동차의 운전경력보다 택시 운전경력을 우대하고 나아가 같은 순위 내 경합이 있으면 다시 택시 운전경력자를 우선하도록 하는 내용의 '동해시 개인택시운송사업면허 사무처리규정'에 따라, 면허발급대상 인원보다 후순위인 사람에게 개인택시운송사업 면허 제외처분을 한 것이 적법하다고 한 사례

[1] 행정청이 개인택시운송사업의 면허를 발급하면서 택시 운전경력의 업무적 유사성과 유용성 등 해당 면허와의 상관성에 대한 고려와 함께 당해 행정청 관내 운송사업 및 면허발급의 현황과 장기적인 전망 및 대책 등을 포함

한 정책적 고려까지 감안하여 '택시' 운전경력자를 일정 부분 우대하는 처분을 하게 된 것이라면, 그러한 차별적 취급의 근거로 삼은 행정청의 합목적적 평가 및 정책적 고려 등에 사실의 왜곡이나 현저한 불합리가 인정되지 않는 한 그 때문에 택시 이외의 운전경력자에게 반사적인 불이익이 초래된다는 결과만을 들어 그러한 행정청의 조치가 불합리 혹은 부당하여 재량권을 일탈·남용한 위법이 있다고 볼 수는 없다.

[2] 동해시가 개인택시 면허발급의 우선순위를 정하면서 버스나 다른 사업용 자동차의 운전경력보다 택시 운전경력을 우대하고 나아가 같은 순위 내 경합이 있으면 다시 택시 운전경력자를 우선하도록 하는 내용의 '동해시 개인택시운송사업면허 사무처리규정'에 따라 면허발급대상 인원보다 후순위인 사람에게 개인택시운송사업면허 제외처분을 한 사안에서, 면허의 대상이 개인택시운송사업이어서 거기에 종사하게 될 자를 정할 때 버스나 다른 사업용 자동차의 운전경력에 비해 업무의 유사성이 높은 택시운전경력이 더욱 유용하다는 판단 등이 고려된 위 규정의 취지 등에 비추어, 개인택시면허 신규발급의 우선순위에 관한 위 규정 제4조 제2항은 합목적적인 행정의 수단 내지 기준으로서 나름대로 합리적이고 타당한 것이므로 그에 따른 위 제외처분 역시 적법하다고 한 사례.

2009. 10. 15. 선고 2007두22061 판결 〔공인중개사시험불합격처분취소청구〕 (공2009, 1873)

공인중개사 자격시험 객관식 문제의 출제에서 재량권을 일탈 또는 남용한 것인지 여부의 판단 기준

공인중개사 자격시험 객관식 문제의 출제에서, 법령규정이나 확립된 해석에 어긋나는 법리를 진정한 것으로 전제함으로써 법리상의 오류를 범하는 것은 재량권의 일탈 또는 남용으로서 위법한 것이 당연하고, 법리상의 오류를 범하지는 않았더라도 그 문항 또는 답항의 문장구성이나 표현용어의 선택이 지나칠 정도로 잘못되어 결과적으로 평균수준의 수험생으로 하여금 정당한 답항을 선택할 수 없게 만든 때에도 재량권의 일탈 또는 남용이라고 할 것이다. 그러나 법리상의 오류는 없고 문항 또는 답항의 일부 용어표현이 미흡하거나 부정확하지만 평균수준의 수험생으로서는 객관식 답안작성 요령이나 전체 문항과 답항의 종합·분석을 통하여 진정한 출제의도 파악과 정답 선택에 장애를 받지 않을 정도에 그친 때에는 특별한 사정이 없는 한 그러한 잘못을 들어 재량권의 일탈 또는 남용이라고 하기 어렵다. 객관식 시험문제의 특성상 출제의도와 답항선택의 지시사항은 시험문제 자체에서 객관적으로 파악·평가되어야 하고 특별한 사정도 없이 문언의 한계를 벗어나 임의로 출

제자의 숨겨진 주관적 출제의도를 짐작하여 판단할 수는 없으나, 그것은 문항에 의하여 명시적으로만 결정되는 것이 아니라 문항과 답항에 대한 종합적 분석을 통하여 명시적·묵시적으로 진정한 출제의도와 답항선택에 관한 지시사항이 결정되는 것이므로, 수험생으로서는 위와 같은 명시적·묵시적 지시사항에 따라 문항과 답항의 내용을 상호 비교·검토하여 가장 적합한 하나만을 정답으로 골라야 한다.

2009. 3. 12. 선고 2008두12610 판결 〔입주권확인〕 (공2009, 475)

[1] 도시개발사업의 사업시행자가 이주대책기준을 정하여 이주대책대상자 가운데 이주대책을 수립·실시하여야 할 자를 선정하여 그들에게 공급할 택지 등을 정하는 데 재량을 가지는지 여부(적극)

[2] 도시개발사업의 사업시행자가 보상계획공고일을 기준으로 이주대책대상자를 정한 후, 협의계약 체결일 또는 수용재결일까지 당해 주택에 계속 거주하였는지 여부 등을 고려하여 이주대책을 수립·실시하여야 할 자를 선정하여 그들에게 공급할 아파트의 종류, 면적을 정한 이주대책기준을 근거로 한 입주권 공급대상자 결정처분에 재량권을 일탈·남용한 위법이 없다고 한 사례

[1] 구 도시개발법(2007. 4. 11. 법률 제8376호로 개정되기 전의 것) 제23조, 공익사업을 위한 토지 등의 취득 및 보상에 관한 법률 제78조 제1항, 같은 법 시행령 제40조 제3항 제2호의 문언, 내용 및 입법 취지 등을 종합하여 보면, 위 시행령 제40조 제3항 제2호에서 말하는 '공익사업을 위한 관계 법령에 의한 고시 등이 있은 날'은 이주대책대상자와 아닌 자를 정하는 기준이지만, 나아가 사업시행자가 이주대책대상자 중에서 이주대책을 수립·실시하여야 할 자와 이주정착금을 지급하여야 할 자를 정하는 기준이 되는 것은 아니므로, 사업시행자는 이주대책기준을 정하여 이주대책대상자 중에서 이주대책을 수립·실시하여야 할 자를 선정하여 그들에게 공급할 택지 또는 주택의 내용이나 수량을 정할 수 있고, 이를 정하는 데 재량을 가지므로, 이를 위해 사업시행자가 설정한 기준은 그것이 객관적으로 합리적이 아니라거나 타당하지 않다고 볼 만한 다른 특별한 사정이 없는 한 존중되어야 한다.

[2] 도시개발사업의 사업시행자가 보상계획공고일을 기준으로 이주대책대상자를 정한 후, 협의계약 체결일 또는 수용재결일까지 당해 주택에 계속 거주하였는지 여부 등을 고려하여 이주대책을 수립·실시하여야 할 자를 선정하여 그들에게 공급할 아파트의 종류, 면적을 정한 이주대책기준을 근거로 한 입주권 공급대상자 결정처분에 재량권을 일탈·남용한 위법이 없다고 한 사례.

2009. 3. 26. 선고 2008두22495 판결 〔요양담당의료기관지정취소처분취소〕 (공2009, 582)

[1] 근로복지공단의 요양업무처리규정 제8조에 정한 의료기관의 지정을 취소하거나 진료를 제한하는 처분사유에 해당하는지 판단하는 기준
[2] 근로복지공단이 산업재해보상보험 요양담당의료기관으로 지정한 병원에 대하여 환자의 상병명을 허위로 기재하고 허위·부정한 진료비를 청구하였다는 이유로 요양담당의료기관 지정을 취소한 사안에서, 그 잘못이 악의적이거나 실질적인 규정 위반에 해당하지 않는다고 볼 여지가 많다는 이유로, 위 처분에 재량권을 일탈·남용한 위법이 없다고 판단한 원심판결을 파기한 사례

[1] 구 산업재해보상보험법(2007. 4. 11. 법률 제8373호로 전문 개정되기 전의 것) 제37조 및 같은 법 시행령(2008. 6. 25. 대통령령 제20875호로 전문 개정되기 전의 것) 제28조에 근거한 근로복지공단의 요양업무처리규정 제8조 제1항에서는 [별표 1]의 처분사유 발생시에 필요적으로 그 정한 바에 따라 지정취소나 진료제한의 불이익처분에 처하도록 하면서, 그에 따른 처분이 이루어진 경우에는 일정기간 재지정 금지 등 추가적인 불이익까지 규정하고 있는바, 위 규정위반에 따른 불이익의 중대성에 비추어 그 처분사유에 해당하는지 여부는 그 동기에 있어 악의적인 것이거나 그 위반내용에 있어 위 규정이 정한 바를 실질적으로 침해한 것으로 볼 수 있어야 한다.
[2] 근로복지공단이 산업재해보상보험 요양담당의료기관으로 지정한 병원에 대하여 환자의 상병명을 허위로 기재하고 허위·부정한 진료비를 청구하였다는 이유로 요양담당의료기관 지정을 취소한 사안에서, 산업재해로 인해 근로자 A에게 경골에 비록 분쇄골절은 아니지만 피질골 골절이 발생한 사실은 확인되었고, 이 역시 외고정장치의 설치까지 요하지 않지만 경미한 경골 골절에는 해당한다는 것이고, 최초 진단 당시의 응급상황하에서는 위 골절의 정도가 분쇄골절일 가능성을 배제할 수 없어 이를 전제로 외고정장치를 설치한 담당의사의 임상적 판단에 수긍할 여지가 있다고 보는 이상, 최초 진단을 '경·비골 분쇄골절'로 내린 것 자체에는 문제가 없다 할 것이고, 다만 수술 후 경골 분쇄골절의 부존재가 확인되었음에도 만연히 최초 진단명과 같은 내용으로 작성한 요양신청서를 제출한 것은 명백히 잘못이라 할 것이지만, 그 중 문제되는 '경골 분쇄골절'의 진료와 관련하여 요양담당의료기관이 외고정장치의 설치 외에는 부당청구를 통한 실질적인 이득을 얻는 바가 없는 이상, 그 잘못이 악의적이거나 실질적인 규정위반에 해당하지 않는다고 볼 여지가 많다는 이유로, 위 처분에 재량권을 일탈·남용한 위법이 없다고 판단한 원심판결을 파기한 사례.

제4절 불확정법개념과 판단여지[1)]

Ⅰ. 서 설

주지하다시피, "불확정법개념(unbestimmter Rechtsbegriff)"과 관련되어 전개된 "판단여지(Beurteilungsspielraum)"에 관한 논의는, 독일에서 1955년 Bachof에서 비롯된 것이다. 이러한 Bachof의 선구적인 이론에 이어서 Bachof와 동시대의 Ule의 대체가능성설(Vertretbarkeitslehre)과 Wolff의 행정청의 평가특권(Einschätzungsprärogative) 내지는 규범수권설(normtive Ermächtigungslehre) 등이 등장하였다. 이러한 독일에서의 Bachof의 판단여지를 비롯한 이론들은 우리나라에서는 1970년대말의 문헌에서 소개된 이후부터 현재까지도 예외 없이 우리나라에서의 모든 행정법 교과서에 빠짐 없이 소개되고 있다.

독일 행정법학에서의 불확정법개념과 판단여지는, Bachof가 각 란트(Land)의 행정법원에 반대하는 연방행정법원(BVerwG)의 판결을 검토하면서 전개한 이론이라는 점에서 알 수 있듯이, 행정에 대한 법원의 사법심사의 한계라고 하는 매우 실제적인 소송상의 문제와 직접적인 관련성을 갖는다고 할 수 있다. 이는 행정과 사법이 분리된 모든 국가에서의 공통적이고 현실적인 과제라고 할 수 있다. 따라서 재량이론을 포함한 불확정법개념과 판단여지에 관한 논의에 있어서는 행정의 법적 규율이라는 실체법적 내용뿐만 아니라 국민의 헌법권인 재판청구권, 헌법상의 법원의 재판권을 비롯한 헌법 규정 및 헌법상의 내용을 구현하는 실제 행정소송법적 내용도 매우 중요하다고 아니할 수 없다. 이와 같이 불확정법개념과 판단여지는 기존의 재량이론과 함께 행정에 대한 법원의 사법심사의 한계를 해결하려는 실제적인 요청에 근거한 실천적인 의미를 갖는다.

그런데 이와 같은 현실적이고 실제적인 문제를 해결하기 위해서는 어떠한 개념이나 관념 자체가 절대적으로 중요한 것이 아니라, 정작 중요한 것은 실제로 행정에 대한 법원의 사법심사의 한계영역을 어떻게 해결하고 있는가, 나아가 장차 어떻게 해결하여야 하는 것이 바람직한가 라는 문제의식이라고 할 수 있다. 그런데 이러한 문제의식은 국민의 재판청구권과 사법의 행정재판권에 관한 헌법 규정, 이러한 헌법 규정들을 법률차원에서 구현하는 행정소송법 규정

---

1) 이에 관한 상세한 내용 및 주석은, 최선웅, 불확정법개념과 판단여지, 행정법연구, 제28호, 2010. 참조.

등 실정법 규정은 물론이고 실제 소송제도 등에도 비추어 철저히 검토하는 선행 작업이 필수적으로 요구된다.

그럼에도 우리나라의 행정법학계에서는, 종래부터 지금까지 시종일관 독일과 같은 동시대라는 연장선상에 서서 독일에서의 재량이론을 포함한 불확정법개념 내지는 판단여지에 관한 이론을 직수입하여 불확정법개념이나 판단여지에 관한 Bachof, Ule, Wolff 등의 이론과, 이와 더불어 기타 재량과 판단여지의 구별, 적용영역, 인정가능한 판례 등을 단지 논의하고 있는 수준에 그치고 있다고 할 수 있다. 이와 같은 까닭 없는 독일과 우리나라의 동일시는 독일과 우리나라 간의 헌법과 행정소송법 등 제 규정과 특히 독일과 우리나라 간에 행정소송에 있어서 소송원칙, 소송제도, 소송현실 등이 동일하다는 전제하에서나 가능한 것이라는 점에서 이에 대한 충분한 검토 없이 그대로 답습하는 것은 문제가 아닐 수 없다.

요컨대 독일의 불확정법개념과 판단여지에 관한 이론이 우리나라의 헌법과 행정소송법 등 실정법 규정과 행정소송에서의 소송원칙 등 소송제도에도 적합한지 여부에 대한 평가가 제대로 이루어졌다고 할 수 없다. 이러한 관점에서 독일에서의 불확정법개념과 판단여지가 우리나라에서 어떠한 의미를 갖는가에 관한 고찰을 하고자 한다.

Ⅱ. 독일에서의 논의의 소개

1. 불확정법개념

불확정법개념은 판단여지에 관한 이론이 성립하게 된 소재라고 할 수 있다. 불확정법개념이라고 함은, Bachof에 따르면, 예컨대 공익(öffentliches Interesse), 필요(Bedürfnis), 위험(Gefahr), 필연성(Notwendigkeit), 중대한 사유(wichtiger Grund), 건실한 건축신념(anständige Bausinnung) 등과 같은 불확정성을 특징으로 하는 개념들을 의미한다. 실제 법률에 규정된 불확정법개념의 내용적인 확정성은 다양하다고 할 수 있다.

그런데 현실에서 행정은 이와 같은 불확정개념의 난점을 극복하고 개별사안에 적합한 결정을 하여야 하는데 이는 불가피한 것이다. 본래 불확정법개념의 해석과 적용 특히 법률상의 요건을 불확정법개념에 충족하는가 여부에 관한 판단은 행정의 의무이기도 하기 때문이다. 따라서 행정은 불확정법개념이 아무리 불확실하다고 하더라도 "오직 단 하나의 옳은(nur *eine* richtige)" 결정만을 하여야 한다고 한다. 다시 말해서 이러한 불확정개념은 법개념으로서 불확정개념을 해석하여 그 의미내용을 밝히는 것은 법적인 문제이고 이러한 문제는 사실의 확정과 마찬가지로 법원의 전면적인 사법심사를 받는다고 한다. 즉 불확정법개념의 해석은 행정이 법을 집행하는 문제이고 이러한 행정의 집행행위는 독일 헌법 제19조 제4항의 권리구제보장조항으로 인하여 법원의 전면적인 사법심사의 대상이 되어야 하는 것이 원칙이라고 한다.

2. 판단여지에 관한 학설

(1) 개　요

불확정법개념과 관련된 판단여지가 인정되는 행정의 결정에 대하여 법원의 심사가 가능한가 여부와 심사할 수 있다면 심사는 어느 정도 하여야 하는가 및 이러한 심사 결과 행정결정을 법원의 판결로 내리는 결정으로 대체할 수 있는가이다. 이와 같은 문제를 해결하고자, 후술하는 바와 같이, Bachof의 판단여지(Beurteilungsspielraum) 및 그와 유사한 Ule의 대체가능성설(신빙성설, Vertretbarkeitslehre), Wolff의 평가특권(Einschätzungsprärogative) 내지는 규범수권론(normative Ermächigungslehre) 등이 등장하게 되었다.

(2) Bachof의 판단여지(Beurteilungsspielraum)

Bachof에 따르면, 불확정법개념의 해석이나 사실의 확정은, 행정이 확정된 사실을 어떠한 불확정법개념을 포함하고 있는 법률상의 구성요건에 포섭하는 것과는 다르다고 한다. 이러한 행정의 포섭에 대한 법원의 사법심사를 제한하는 것은 독일 헌법 제19조 제4항과 제20조 제3항을 위반하는 문제가 된다고 한다. 이러한 문제를 해결하고자 Bachof는 불확정법개념을 가치개념(Wertbegriff)과 경험개념(Erfahrungsbegriff)으로 구분하여, 어떠한 사실을 가치개념이 규정된 구성요건에 포섭하는 경우에는 "단 하나의 유일한 옳은 해결책(nur eine einzige "richtige" Lösung)"만이 아니라 "다양하게 가능한 견해들(verschiedene möglichen Ansichten)"이 있을 수 있다고 하고, 그 반대로 어떠한 사실을 경험개념이 규정된 구성요건에 포섭하는 경우에는 단 하나의 유일한 해결책이 옳다고 한다. 그러니까 Bachof에 따르면 판단여지는 불확정법개념이 가치개념으로 규정된 요건에 어떤 사실을 포섭하는 경우의 문제라고 할 수 있다.

한편 이러한 판단여지는 종래의 재량과의 관계가 문제가 된다. 이에 관하여 Bachof는 재량의 관용적인 정의는 "다수의 법적으로 가능한 조치들 간의 선택(Wahl zwischen mehreren rechtlich möglichen Verhaltenweisen)"을 의미하는 데에 반하여, 판단여지는 이와 같은 행정의 선택이 아니라 "다양한 판단가능성(verschiedene Beurteilungsmöglichkeiten)"을 의미한다고 한다. 따라서 Bachof는 재량과 판단여지는 구별되어야 한다고 한다.

또한 Bachof에 따르면, 모든 불확정개념이 - 그것이 경험개념이든, 가치개념이든 또는 양자의 결합이든 간에 - 행정에게 판단여지를 인정하는 것이 아니고, 법치국가원칙상 행정에게 판단여지를 인정하는 것은 예외적인 것이고, 특히 판단여지를 재량으로 오해하는 것을 피하기 위해서라도 행정에게 판단여지를 인정할 의도를 법률규정 자체에 명시하여야 한다고 하다.

Bachof에 따르면, 이러한 판단여지도 그 한계를 일탈하였는지 여부는 법원의 사법심사의 대상이 되는 것은 자명한 것이라고 한다. 만일 사법심사가 되는 경우에 행정은 자신의 판단여지만을 원용하여 주장하는 것만으로는 충분하지 아니하고 행정은 자신의 결론 즉 결정이 도출되는 근거가 되는 사실을 주장하여야 한다고 한다. 한편 판결하는 법원은 종래 상투적으로(stereotyp) "재량하자(Ermessensfehler)(보다 정확하게는 하자 있는 판단(eine fehlerhafte Beurteilung))가 있다고 할 수 없다"라고만 판단하지 말고 행정청의 결정을 정당화할 수 있는 이유를 설시하여야 한다고 한다.

요컨대 Bachof에 따르면 판단여지는 원칙적으로, 불확정개념 중 특히 다양한 견해가 가능한 가치개념이 법률상의 구성요건에 규정된 경우, 어떠한 사실을 이러한 구성요건에 포섭함에 있어서 행정에게 판단의 여지가 주어진다는 것이다. 이러한 판단여지는 다양한 판단가능성을 의미하므로 이 점에서 복수의 선택가능한 조치들 간의 선택의 문제인 재량과 구별되는 것이고, 이러한 판단여지에 대해서 법원은 그 한계를 유지하였는지 아니면 일탈하였는지 여부는 심사가능하다고 한다.

(3) Ule의 대체가능성설(신빙성설, Vertretbarkeitslehre)

Ule에 따르면, 어떤 사실관계를 평가함에 있어서 가지각색이지만 동등한 가치를 가지는 전문감정인들의 감정평가가 서로 상이한 결론에 이르게 된다면,

이 구구한 평가들 각각은 불확정법개념의 범위 내에 있고 적법하다고 한다. 따라서 행정법원은 이와 같은 한계사례들에 있어서(in Grenzfällen) 행정청의 판단 대신에 행정법원 자기 자신의 가치판단(Werturteil)을 대체하는 것은 금지된다고 한다. 요컨대 한계사례에서 다수의 해결책이 타당성 혹은 신빙성이 있는 경우 행정청의 판단 대신에 법원은 자신의 판단으로 대체해서는 안 된다는 것이다.

(4) Wolff의 평가특권(Einschätzungsprärogative) 내지는 규범수권론(normative Ermächigungslehre)

Wolff에 따르면, 법원이 자신의 전문적인 정보수집능력, 전문감정인 또는 다른 증거방법을 동원함에도 불구하고 행정의 조치의 근거를 스스로 실감나게 체험(nachvollziehen)하는 것이 불가능하므로 행정의 조치를 논박할 수 없고 그 한도 내에서는 법원은 사법심사를 할 수 없다고 한다. 즉 사실이 행정청의 평가에 의하여 불확정법률개념(unbestimmter Gesetzesbegriff)하에 포섭되는 경우, 또는 법률규정이 불확실한 법외적인 기준, 특히 장래적인 추이를 행정이 평가하도록 지시하는 경우 즉 평가개념(Einschätzungensbegriffe)인 경우에 법원은 심사할 수 없다고 한다. 이 경우 법원은 해석에 의하여 인정된 허용한계(Toleranzgrenze) 내에 있는 논박할 수 없는 행정청의 평가를 수용하여야만 하므로 법원 자신의 평가를 가지고 행정청이 평가를 대체하여서는 아니 된다고 한다. 이와 같은 경우에 행정의 평가특권(Einschätzungsprärogative der Verwaltungsbehörde)을 인정할 수 있다고 한다.

Maurer에 따르면, 현재 독일에서는 압도적으로 판단여지에 관한 이론에 찬동하고 있으나, 최근에는 단지 불확정법개념만으로는 충분하지 아니하고, 오히려 법원이 완전히 심사할 수 없는 판단여지가 행정이 개별 법률에 의하여 판단을 할 수 있도록 권한을 부여받은 한도 내에서만 인정된다고 하는 소위 규범수권이론(normative Ermächigungslehre)이 강조된다고 한다. 이러한 규범수권론에 따르면, 판단여지는 일반적인 법이론적, 규범논리적 및 실질적인 형량이 아니라 입법자가 법률을 제정하여 정한다는 것이다.

(5) 평 가

위 세가지 이론들은 모두가, 입법자가 불확정법개념을 사용하는 입법으로 행정 자신이 책임지고 결정하도록 수권을 하였고 그러한 행정의 결정에 대한 법원의 사법심사를 제한한다고 하는 동일한 사고를 전제로 하기 때문이라고 한다.[2] 결국 행정에게 수권규정의 요건을 최종적으로 구체화하거나 개별화하는 권한을 부여한 것이라고 할 수 있다.

이러한 판단여지가 인정되는 실질적인 이유는, 불확정법개념이라는 것은 원래 다양한 평가가 가능하고, 규범논리적인 이유로부터도 이미 유일한 단 하나의 "옳은" 해결책(*eine* richtige Lösung)이 불가능하고, 행정이 법원보다 더 전문적인 지식과 경험을 바탕으로 행정문제를 다룰 수 있으며, 일정한 행정결정은 대체가능성(unvertretbar)과 반복가능성(unwiederholbar)이 있다고 할 수 없으므로, 독자적인 국가권력으로서의 행정에게 고유한 책임영역을 인정하여야만 하기 때문이라고 할 수 있다.

3. 적용영역

독일에서는 판단여지를 인정하는 법률의 명문의 규정이 없는 경우에도 판단여지를 인정하는 판례가 있으나, 법치국가원리에 따라서 행정행위는 전면적인 사법심사를 받아야 하는 것에 대한 예외이므로 다음과 같은 경우에 한정하여 매우 예외적으로 인정되고 있다고 할 수 있다.

독일에서 판단여지가 인정되는 영역의 유형화와 그러한 유형별로 실제 인정되고 있는 판례들은 다음과 같다. 즉 고등학교 졸업자격시험(Arbitur), 국가고시(Staatsexamen) 등과 같은 시험시험결정(Prüfungsentscheidungen), 이와 유사한 것으로서 예컨대 학교에서의 시험유사결정 등 시험관련 영역, 공무원법상의 평가(Beamtenrechtliche Beurteilungen), 전문가와 위원회에 의한 독자적 결정, 환경법과 경제법상의 예측결정(Prognosentscheidung)과 리스크평가(Risikobewertungen), 행정정책적 결정 등을 들고 있는 경우가 일반적이다.

4. 판단여지의 한계

판단여지의 하자는 일단 재량하자의 내용을 참고할 수는 있다고 한다. 판단여지에 대한 사법심사의 구체적인 사유로는 절차하자, 사실조사의 한계, 적절하지 못한 형량, 평등원칙위반 기타 평가원칙위반을 들 수 있다. 예컨대 시험에 관한 경우에 잘못된 사실인정, 일반적으로 타당한 평가원칙의 위반, 적절하

---

2) Maurer, §7, Rn. 32.

지 아니한 형량, 기회균등원칙을 위반한 경우 등을 들 수 있다.

5. 판단여지에 대한 비판

판단여지에 관하여는 종래의 요건재량설(Theorie zum Tatbestandsermessen) 측으로부터 행정청에게 불확정법개념의 적용을 통하여 행정에게 재량이 부여된 것이라는 비판을 받는다고 하고 있다. 효과재량설 측으로부터도 재량은 법효과측면에 관한 것이고 판단여지는 행위요건에 관한 것이기는 하는 결국 본질적으로는 동일한 것이라는 평가를 받고 있다고 한다. 그러나 무엇보다도 행정에 대한 전면적인 사법심사를 요구하는 독일 헌법(GG) 제19조 제4항에 의거하여 보면 법원에 의한 사법심사의 제한을 의미하는 판단여지는 인정되지 않는다는 비판이 있다.

Ⅲ. 우리나라에서의 논의와 그 검토

1. 불확정법개념과 판단여지의 기본적인 내용 - 독일의 논의의 수용

기본적으로 불확정법개념과 판단여지에 관한 논의에 있어서는, 우리나라에서는 Bachof의 불확정법개념과 판단여지에 관한 이론이나 Ule의 대체가능성설(신빙성설), Wolff의 평가특권 내지는 규범적 수권이론과 같은 내용을 수입하여 소개하면서 불확정법개념과 판단여지를 논의하고 있는 것으로 보인다. 따라서 우리나라에서의 불확정법개념과 판단여지에 관한 기본적인 내용, 예컨대 불확정법개념의 의의, 종류, 판단여지는 이러한 불확정법개념이 규정된 법률상의 요건에 어떠한 사실을 포섭하는 문제 등은 독일과 유사하게 설명하고 있는 것이 일반적이라고 할 수 있다.

2. 판단여지의 인정범위 - 불확정개념의 해석·적용과 포섭

우리나라에서는 불확정개념이 법개념인데 이 불확정개념을 해석·적용을 함에 있어서 판단여지가 인정될 수 있다는 견해와, 불확정법개념의 포섭이 판단여지이고 불확정법개념의 해석은 제외된다는 견해가 대립하고 있다.

불확정개념은 법개념이고 따라서 원칙적으로 전면적인 사범심사가 미치고 단 하나의 유일한 결정에 귀결되는 것이다. 그러나 사실상 모든 개념을 초정밀하게 미세하게 파악하려고 하면 모든 요건상의 개념들은 확실한 어느 하나의 정의는 불가능하므로, 정도의 차이는 있지만, 어느 정도 불확실성, 추상성, 다의성 내지 복수개념성을 피할 수 없다. 따라서 예컨대 불확정개념의 해석에 관한 모든 것을 판단여지에 넣게 되면 판단여지의 개념성은 특히 요건재량설과의 관련하여서는 특별히 차별화되는 의미가 없게 된다. 판단여지가 문제가 되는 것은 단지 불확정개념의 해석이나 적용 모두가 아니라, 전술한 Bachof의 예에서 보듯이, 불확정개념이 예컨대 경험개념이 아니라 특히 가치개념과 같은 추상성을 가지고 있는 경우 그러한 불확정개념이 규정된 요건에 확정된 사실을 행정이 포섭시키는 과정에서 행정에게 판단의 여지를 인정하는가 여부이다. 따라서 판단여지가 없는 불확정개념은 전면적인 사법심사를 받게 되고, 판단여지가 인정되는 불확정법개념은 제한된 사법심사를 받게 된다고 할 수 있다.

요컨대 판단여지는 특히 불확정개념의 해석의 문제가 아니라 불확정법개념이 법률상의 요건으로 규정된 경우 이 요건에 어떤 사실을 포섭하는 경우를 말한다고 할 수 있다.

3. 재량과 판단여지의 구별

우리나라에서는 재량과 판단여지의 구별에 관하여는 대체적으로 구별긍정설이 우세하다고 할 수 있다. 전술한 바와 같이, Bachof는 재량과 판단여지는 엄격히 구별된다고 하고 있다. 그러나 독일에서도 재량과 판단여지의 구별은 논해지고 있고 이러한 독일의 논의가 우리나라에서도 그대로 수입되어 논의되고 있다고 할 수 있다.

재량과 판단여지의 이동의 문제에 있어서는 행정소송에서 사실확정에 관한 소송원칙 즉 변론주의, 직권탐지주의 내지는 그 절충과 밀접한 관련성을 갖는다는 점에서 재검토하여야 한다.

4. 판단여지와 대상적격

불확정법개념의 해석·적용은 특정한 사실관계가 요건에 해당하는가의 여부에 대한 인식의 문제로서의 법적 문제이므로 원칙적으로 사법심사의 대상이 된다. 따라서 어떤 불확정법개념에 관련하여서 행해진 행정결정이 판단여지에 해당하는 경우에도 당해 행정결정이 사법심사의 대상에서 탈락하여 행정에 대한 법원의 사법심사가 완전히 배제되는 것을 의미하는 것은 아니다. 판단여지는 사법심사의 대상이 되고 다만 그 심사가 일정 정도 제한된다는 점에서 심사의 정도, 밀도, 강도의 문제가 될 뿐이다.

5. 판단여지의 한계

판단여지가 사법심사의 대상이 된다고 하더라도 일정 정도로 법원의 사법심사가 제한된다. 즉 판단여지의 경우에는 법원의 심사강도의 측면에서 행정의 판단에 대하여 법원의 위법판단이 제한된다는 것을 의미한다.

다시 말해서 판단여지가 인정되는 경우라고 하더라도 명확히 법을 위반하거나 사실의 인정을 잘못했거나 객관적인 기준을 위반하거나 명백히 판단을 잘못한 경우 그리고 정당한 관련성이 없는 관점에서 포섭을 행하였는지 여부는 심사할 수 있다고 한다. 한편 이러한 심사사유 이외에도 포괄적으로 판단기관의 적법한 구성, 절차규정의 준수, 정당한 사실관계, 평가척도와의 관련성, 시험관의 형량문제 등을 들고 있는 경우도 있다.

6. 적용 영역

판단여지가 인정가능한 영역으로는 비대체적 결정, 구속적 가치평가, 예측결정, 형성적 결정 등과 같이 범주적으로 구분하는 경우가 있다. 이에 반하여 그 적용 영역을 구체적으로 국가시험 등 시험결정, 상급반진학 등 학교분야에 있어서 시험유사결정, 고도의 전문적이고 기술적인 판단을 요하는 경우, 공무원법상의 제 평가, 전문가·이익대표로 구성된 독립위원회의 평가종류의 결정, 행정정책적 종류에 관련된 결정 등을 들고 있는 경우가 있다. 위와 같은 2가지 분류방법은, 전술한 독일에서의 경우와 같이, 동일한 대상을 분류하는 방법의 차이에 불과하다고 할 수 있다.

판단여지가 아무런 제한 없이 확대되어 인정된다면 이는 결국 적어도 요건부분에서 행정에게 재량을 인정한 경우와 차별화가 곤란하게 되는 문제가 발생하게 된다. 이런 점에서 판단여지의 적용 영역은 결국 재량과 판단여지의 구별의 문제로 된다고도 할 수 있다.

7. 관련 판례

전술한 독일에서의 예에 준하여 우리나라에서 판단여지가 인정가능한 판례의 예로는, 교과서검정의 위법성에 대한 판단기준에 관한 판례[3], 감정평사사시험의 합격기준의 선택과 판단여지[4], 사법시험불합격처분취소청구소송[5], 긴급재정명령 등 위헌확인[6], 건설공사를 계속하기 위한 고분발굴허가 판례[7], 건축물용도변경신청거부처분취소[8], 대학인사위원회의 임명동의안이 부결되었음을 이유로 한 대학교수의 임용제청을 거부한 판례[9] 등을 들고 있는 경우가 있다.

이와 같이 판단여지가 인정될 여지가 있는 우리나라 판례들에 대하여는, 판례가 재량과 판단여지를 구별하지 않고 판단여지가 인정될 수 있는 경우도 재량으로 보고 있다고 평가하는 경우가 있다.

Ⅳ. 결론적 고찰

1. 용어상의 문제

(1) 불확정개념(unbestimmter Begriff), 불확정법개념(unbestimmter Rechtsbegriff), 불확정법률개념(unbestimmter Gesetzesbegriff) 간의 구별문제

우리나라에서는 현실적으로 "불확정법개념"이라는 용어와 "불확정개념"이라는 용어가 혼용되어서 사용되어 왔다.

본래 "불확정개념"이라는 일반·추상명사 자체는 "판단여지에서 논해지는 법률규정상의 요건에 규정된 불확정개념"이라고 하는 한정된 의미의 개념에 비하면 너무 포괄적인 개념이 될 수는 있다. 한편 주로 효과재량설의 입장에 서서 요건부분의 재량을 부정하고 따라서 특히 효과가 아닌 요건에 규정된 불확정개념을 법개념이라고 한다면 "불확정개념"과 "불확정법개념"은 같은 것을 의미하는 것에 불과한 것이다. 그런데 법률의 규정 특히 요건부분에 규정된 불확정개념이라는 뜻에서 불확정"법률"개념이 보다 정확한 용어라고 할 수 있다. 다만

---

3) 대법원 1988. 11. 8. 선고 86누618 판결, 1992. 4. 24. 선고 91누6634 판결.
4) 대법원 1992. 4. 24. 선고 91누6634 판결, 대법원 1996. 9. 20. 선고 96누6882 판결.
5) 서울고법 1998. 5. 14. 선고 97구31290 판결. 서울행정법원 1996. 2. 23. 선고 95누2683 판결.
6) 헌법재판소 1996. 2. 29. 선고 93헌마186 전원재판부 결정.
7) 대법원 2000. 10. 27. 선고 99두264 판결.
8) 대법원 2001. 2. 9. 선고 98두17593 판결.
9) 대법원 2006, 9. 28. 선고 2004두781 판결.

"법률"과 "법" 간에 엄격한 구별을 하지 아니하고 혼용하는 언어관행을 인정하고, 여기에다가 종래부터 "불확정개념"이라는 단어만 단독으로 사용하지 아니하고 특히 "불확정개념과 판단여지"라는 관용구 속에서의 "불확정개념"을 "판단여지가 인정되는 법률요건상의 불확정개념"으로 한정된 의미로 사용한다는 전제를 인정한다고 하면, 결국 위 3가지 용어 즉 "불확정개념(unbestimmter Begriff)", "불확정법개념(unbestimmter Rechtsbegriff)", "불확정법률개념(unbestimmter Gesetzesbegriff)" 간의 구별의 실익은 그다지 크지 않다고 할 수 있다.

다만 "불확정개념"보다는 이 불확정개념이 "법"적인 문제로서 취급되는 법개념으로서 판단여지와의 관련성이 중요하다는 점과, 최근 우리나라의 판례에서 법률규정에 명문화되지 아니한 요건으로서 불확정개념인 "중대한 공익"을 이유로 판단하는 예[10] 등을 고려하면 불확정개념이 특히 우리나라에서 반드시 법률에 명문으로 규정되어 있을 필요는 없다는 점에서는 불확정"법률"개념보다는 불확정"법"개념이라는 용어가 가장 적합하다고 판단된다.

(2) Bachof의 "Beurteilungspielraum"의 번역문제(판단여지 또는 판단여지"설")

우리나라에서는 독일에서의 "Beurteilungspielraum"을 "판단여지"라고 번역하여야 하는가 아니면 하나의 재량이론으로서 보아서 "판단여지'설'"로 번역하여야 하는가에 관한 논의가 있었다.

그러나 전술한 바와 같이 독일 행정법의 "Beurteilungsspielraum"을 기존의 재량행위와 기속행위를 구별하기 위한 이론으로서의 요건재량설이나 효과재량설과는 구별하면서 이들 이론들과 동급의 제3의 재량이론은 아니라는 점을 이해하는 것이 전제가 된다면 독일의 "Beurteilungsspielraum"을 "판단여지"로 번역하든 아니면 "판단여지'설'"로 번역하든 그다지 큰 차이는 없다고 할 수 있다. 그런데 현재 우리나라에서는, 물론 재량과 판단여지의 이동에 관해서는 독일에서와 마찬가지로 대립하고 있기는 하지만, 판단여지가 재량행위와 기속행위를 구

10) 예컨대 대법원 2009. 9. 24. 선고 2009두8946 판결에 따르면, "건축허가권자는 건축허가신청이 건축법 등 관계 법규에서 정하는 어떠한 제한에 배치되지 않는 이상 당연히 같은 법조에서 정하는 건축허가를 하여야 하고, 중대한 공익상의 필요가 없는데도 관계 법령에서 정하는 제한사유 이외의 사유를 들어 요건을 갖춘 자에 대한 허가를 거부할 수는 없다"고 한다. 이와 동일 취지의 판례로는 다음을 들 수 있다. 대법원 2003. 4. 25. 선고 2002두3201 판결, 대법원 2006. 11. 9. 선고 2006두1227 판결.

별하기 위한 이론이 아니라는 전제를 완전히 부정하는 견해는 없다. 또한 특히 불확정법개념을 사용한 경우 판단여지와 재량의 구별의 실익이 없다고 평가하는 경우, 또는 요건재량설의 입장에 서서, 판단여지가 요건재량은 아니지만 실질적으로 요건재량과 구별의 실익이 없는 새로운 논의라는 의미에서는 판단여지"설"이라고 해도 무방하다고 할 수 있을 것이다.

요컨대 특히 독일에서 재량이론에 관하여는 효과재량설을 취하는 이론적 귀결로 요건부분에는 재량이 존재하지 않게 되나, 그럼에도 불구하고 새로이 불확정법개념이 규정된 요건부분에 사실을 포섭하는 것과 관련하여 법원의 사법심사가 제한된다고 하는 판단여지는, 단지 요건에 불확정개념이 있는 경우에 재량이 인정된다고 하는 기존의 요건재량설과 구별되는 법률의 요건부분과 관련된 또 하나의 새로운 이론임에는 틀림없다. 이런 점에서 특히 원칙적으로 재량이론에 관하여 효과재량설을 취하면서도 독일에서조차 "판단여지에 관한 이론(Die Lehre vom Beurteilungsspielraum)"이라고 쓴 용례를 이해할 수 있다.

(3) Ule의 "Vertretbarkeitstheorie"의 번역문제("대체가능성설", "신빙성설", "타당성이론")

Ule의 "Vertretbarkeitstheorie"를 "상대적 타당성의 이론", "신빙성이론" 정도로 번역하는 것 차제의 구별이 중요하다기보다는, 그보다는 먼저 우리나라 행정소송에서의 심증형성에 있어서 법관의 확신에서 신빙성 내지 타당성으로 그 정도를 낮추는 것이 가능한 것인지 여부부터가 선해결되어야 할 문제라고 할 것이다. 그럼에도 이에 관하여 아무런 언급을 하지 아니한 채 하는 위와 같은 용어들의 사용에 관한 논쟁은 의문이라고 할 것이다.

(4) Wolff의 "평가특권(Einschätzungsprärogative)"의 사용문제

Wolff의 "Einschätzungsprärogative"를 특히 "prärogative"에 착안하여 "평가특권"이라고 번역하여 사용하는 경우가 있다. 그런데 이러한 "Einschätzungsprärogative"이라는 용어가 "특권 내지는 우선권(prärogative)"에 초점을 맞추어 법원에 의한 사법심사의 원천적인 배제를 의미하는 것으로 사용되는 것은 적어도 행정에 대한 사법심사의 예외성 즉 사법심사의 대상적격으로부터의 배제를 인정하기 어려운 우리나라에서는 사용하기 곤란한 용어라고 할 수 있다.

다만 사법심사로부터의 완전배제 즉 대상적격의 배제가 아니라 대상적격은 충족되나 다만 심사강도 내지 완화의 문제라고 한다면, "평가특권"이라는 용어 대신에 "규범적 평가수권(normative Ermächigung)"이라는 용어를 사용하는 것이 그나마 타당할 것이다.

2. 판단여지와 행정소송에서의 소송자료에 관한 소송원칙

판단여지는 법률상의 요건의 문제이므로 사실확정과 밀접한 관련성을 갖는다고 할 수 있다. 그런데 독일 행정소송에 있어서 사실의 확정문제는 법원이 직권으로 탐지하여야 하고 그 점에서는 변론주의가 배제된다고 하는 직권탐지주의가 전제되어 있다고 할 수 있다. 이 점에서 독일 행정법에서의 판단여지는 사실확정에 관한 독일 행정소송에서의 심리원칙인 직권탐지주의를 전제로 한다.

그런데 우리나라 행정소송에 있어서 변론주의가 원칙적으로 인정되므로 사실의 확정을 위한 사실은 법원이 수집하는 것이 아니라 당사자가 소송자료의 수집하여 법원에 제출하는 것이다. 따라서 우리나라 행정소송에서는 원칙적으로 변론주의가 인정되는 한도 내에서는 당사자의 사실자료 및 증거자료 즉 소송자료에 의하여 심리를 하는 것이 원칙이고 그러한 소송자료에 의하여 심리한 결과 사실의 존부가 불분명하게 되면 당연히 증명책임분배원칙에 따라서 재판하면 족하다. 이는 당사자의 주장과 증거신청에 구속되지 아니한다고 하여 변론주의를 배제하고 직권탐지주의를 원칙으로 하여 소송자료에 관한 한 법원의 직권탐지에 의하는 독일 행정소송법(VwGO) 제86조의 규정에 의하는 독일의 행정소송과 결정적으로 달라지는 부분이다.

독일은 행정소송에서 직권탐지주의가 인정되므로 원칙적으로 법원이 사실의 확정을 전담한다. 따라서 판단여지가 인정되는 사례들이라는 것은 실제 법원의 사실심사가 곤란한 영역이라고 할 수 있다. 따라서 실제로 법원의 판단이 사실상 불가능하기 때문에 이런 점에서도 법원의 사법심사의 제한이라고 하는 판단여지의 이론구성이 실제로 필요할 것이다.

3. 판단여지와 재판청구권, 행정재판권

(1) 판단여지와 재판청구권

독일에서는 불확정법개념의 해석, 사실확정, 판단여지의 문제는 결국 사법심사의 제한을 의미한다는 점에서 독일 헌법(GG) 제19조 제4항 즉 공권력의 침해에 대한 국민의 주관적인 권리구제를 위한 포괄적 권리구제를 위한 규정과의 합치 여부가 논해지고 있다. 그런데 이런 독일의 견해들은 기본적으로 주관적 권리구제를 전제로 하고 있는 독일 헌법 제19조 제4항을 전제로 하는 논의들에 불과하다고 할 수 있다.

주지하다시피 우리나라 헌법 제27조는 이와 같은 주관적 권리구제에 한정하지 아니하고 객관적 적법성통제까지도 포괄하는 포괄적인 규정이다. 즉 우리나라 헌법 제27조는 본래 독일 헌법(GG) 제19조 제4항에 근거한 독일식의 "포괄적인 권리구제"마저도 포괄하는, 즉 "권리침해를 요건으로 하지 아니하는" "포괄적인 재판"을 보장하고 있는 국민의 헌법상의 권리인 헌법권으로서의 헌법 제27조의 재판청구권에 입각해 있다. 따라서 우리나라 헌법상의 권리인 재판청구권 규정인 헌법 제27조를 독일 헌법 제19조 제4항과 같이 권리침해로 좁혀서 해석하지 않으면 안 될 무슨 논리필연적 내지 선험적인 이유는 없다고 할 수 있다.

따라서 판단여지에 관한 법원의 사법심사의 제한이 독일에서와 같은 헌법 내지 행정소송법 규정과 직접적으로 충돌하는 문제는 우리나라에서는 독일처럼 심각하게 제기되지 아니한다고 할 수 있다.

(2) 국민의 재판청구권과 행정재판권

판단여지는 행정과 행정법원 간의 권한획정의 문제라고 하거나, 판단여지는 행정의 집행권과 사법의 재판권 간의 긴장 내지는 갈등문제에 그치는 것이 아니라 그보다는 궁극적으로는 국민의 헌법권인 재판청구권의 실질적 보장이 우선되어야 한다. 재판청구권은 국민의 권리이지 재판하는 법원의 권리가 아니다. 법원은 언제나 국민의 헌법권인 재판청구권을 보장하여야 할 지위에 있으므로 국민의 재판청구권은 언제나 법원의 재판권에 우선한다.

V. 결 론 - 우리나라 행정법에서의 의의

종래의 우리나라의 재량을 포함한 불확정법개념과 판단여지이론은 주로 독일에서의 이론의 수입에 의존하고 있는바, 이는 기본적으로 독일과 우리나라를 동일시한다는 점에서 문제가 아닐 수 없다.

불확정법개념과 판단여지는 기존의 재량과 함께 행정에 대한 법원의 사법심사의 어려움을 해결하기 위하여 시도된 이론인 것이다. 이러한 해결의 필요성은 독일이나 우리나라는 물론이고, 적어도 행정권과 사법권이라고 하는 권력이 분립된 세계 모든 국가의 공통적인 과제임에는 틀림없다. 특히 독일의 재량이론에 있어서 법적효과면에서의 결정재량 내지는 선택재량이라고 하는 즉 이른바 효과재량설을 취하는 경우, 그 이론적 귀결로 요건부분에는 재량을 부정하게 되고 따라서 불가피하게 요건부분에 관하여 전면적인 사법심사를 하여야 하는 법원의 사법심사를 제한할 필요성과 관련하여 판단여지이론이 전개될 필요성이 큰 것이라고 할 수 있다. 이와 같은 불확정법개념과 판단여지 나아가 재량과의 관련성에 관한 독일 행정법에서의 이론을, 행정에 대한 법원의 사법심사의 곤란성이라고 하는 실제적이고도 포괄적인 측면에서는, 우리나라의 행정법이론에서도 독일과 마찬가지로 논의할 필요성은 물론 충분히 있다.

그렇다고 하더라도 우리나라에서 위와 같은 재량과의 관련성에서의 판단여지라고 하는 독일에서의 문제의식을 그대로 받아들여야 하는가 라는 점에 있어서는 의문이 없을 수 없다. 다시 말해서 우리나라와 독일 간에 헌법을 비롯한 행정소송법 등 관련 법규정의 차이, 행정에 대한 사법부의 재판권 즉 행정재판권의 헌법상의 근거, 행정에 대한 법원의 사법심사를 실제로 구현하는 행정소송 절차를 지배하는 소송원칙, 헌법상의 국민의 권리인 헌법권인 재판청구권의 실질적 보장이라고 하는 측면에서 고려하여야 하는 행정소송을 포함한 소송제도나 현실의 차이 및 나아가 궁극적으로는 이것들을 포함한 총체적인 법문화의 차이 등을 무시하기가 현실적으로 어렵다고 할 것이기 때문이다.

그런데 재량이든 판단여지든 간에 이들 양자는 결국은 사실의 확정 자체 문제와 직·간접적인 관련성이 있다는 점에서는 공통적이라고 할 수 있다. 따라서 행정소송에 있어서 사실확정에 관하여 독일의 행정소송과 우리나라 행정소송 간의 사실의 확정과 관련된 소송자료의 수집·제출책임에 관한 소송원칙의 차이는 충분히 고려하면서 논의되어야 한다. 다시 말해서 불확정법개념과 판단여지는 결국 법원에서의 사법심사의 한계에 관한 문제이고 실제로는 사실확정과 밀접한 관련성을 갖고 있기 때문에 궁극적으로는 사실확정을 전면적으로 심사하는 법원에서 벌어지는 행정소송에서의 소송자료에 관한 심리원칙이 중요하다.

그럼에도 불구하고 우리나라의 기존의 학계에서는 행정소송에서의 소송자료에 관한 심리원칙에 관하여 독일과 우리나라의 차이가 있다는 점을, 의식적이든 무의식적이든, 전혀 고려하지 않은 상태에서 독일식의 재량과 판단여지 간의 이동의 문제에 집착하고 있는 것이 아닌가 한다. 그 결과 우리나라에서는 필요 이상으로 독일식의 논의가 아무런 여과 없이 그대로 난무하게 되고 독일 이론의 난맥상이 그대로 실제와는 상관없이 과장되어 나타나게 되는 것이 아닌가 한다. 특히 재량을 포함한 불확정법개념과 판단여지의 문제 자체를 헌법상의 권력분립과 행정소송의 실제 등 현실적인 문제와 관계없이 단지 이론상의 문제라는 인식을 전제하고서 해결하고자 접근하게 되면 이는 도저히 해결이 불가능한 것이라는 점에서 더욱 그러하다고 할 수 있다.

그러나 이러한 태도는 특히 우리나라의 현실과 상응하지 못하다는 점에서는 결코 바람직하지 못하다고 할 수 있다. 실제 우리나라에서 불확정법개념과 판단여지에 관한 이론이 도입되지 않았던 시절은 물론이고 현재까지도 실무상 그다지 큰 문제가 없었다는 점이 그 반증이라고 할 수 있다. 그렇다고 해서 행정에 대한 법원의 사법심사의 곤란성을 완화해 보고자 하는 독일에서의 불확정법개념과 판단여지에 관련된 이론 자체를 독일에서만의 문제이고 따라서 전혀 무익한 것이라고만 치부할 수만은 없을 것이다. 다시 말해서 이러한 이론이 갖는 문제의식 즉 행정에 대한 사법심사의 곤란성의 해소라는 문제의식이 행정과 사법이 분리된 우리나라에서도 역시 충분히 일정 시사점을 준다는 점까지도 부정하는 것은 물론 아니다.

독일의 불확정법개념과 판단여지에 관한 이론은 독일 헌법(GG) 제19조 제4항의 포괄적 권리구제조항과 독일 행정소송법(VwGO) 제86조상의 직권탐지주의를 배경으로 하는 독일 행정소송에서 구성된 이론이라고 할 수 있다. 특히 독일 행정소송에서의 소송자료에 관한 심리원칙이 직권탐지주의라고 하는 것은 독일 행정소송법(VwGO) 제86조에서 명문으로 규정되어 있고, 나아가 독일 헌법(GG)에 그 헌법적 근거가 있는가 여부도 논해지고 있을 정도라고 할 수 있다는 점에서는, 적어도 독일 행정소송에서는 직권탐지주의가 원칙이라는 점에 관한 한 이설이 있을 수 없다. 이런 점에서 본다면, 독일에서 행정소송과 직·간접적으로 관련된 이론 전부는 예외 없이 모두 다 독일 행정소송에서의 직권탐지주의를 당연히 전제하고 전개된 것이다. 독일에서의 재량과 판단여지 또한 행정에 대한 사법심사의 한계의 문제의식에서 출발하고 있다는 점에서 당연히 독일 행정소송에서의 직권탐지주의를 전제로 하고 있다는 점에서 그 예외가 아니다. 그러나 우리나라 행정소송은 적어도 직권탐지주의가 원칙이 아니다. 이 점에서 독일에서의 이론이 우리나라에 그대로 적용될 수 없는 이유이다.

우리나라 헌법 제27조는, 주관적 권리구제를 목적으로 규정되어 있는 독일 헌법 제19조 제4항과 달리, 객관적 적법성통제도 포함하는 포괄적인 규정의 성격을 갖는다. 또한 우리나라 행정소송법 제26조 규정은, 변론주의를 배제하고 단지 직권탐지주의만을 인정하고 있는 독일 행정소송법(VwGO) 제86조의 규정과 달리, 물론 정도의 차이는 있지만, 변론주의와 직권탐지주의를 절충적으로 인정하고 있는 규정이다.

독일 행정소송은 직권탐지주의를 원칙으로 하는 한 원칙적으로 법원이 사실의 확정을 전담하므로, 실제로 특히 법률규정의 요건면에서 법원의 판단이 사실상 불가능한 경우에는 판단여지라는 이론구성이 실제로 필요할 것이다. 이는 특히 독일의 다수설과 같이 재량에 관하여 실체법적으로 효과재량설을 취하는 경우에는 그 이론적인 귀결로 인한 요건의 빈자리에 사법심사의 한계를 구제하기 위한 소송법적인 필요에 의하여 판단여지를 인정하는 이론에 불과한 것이라고도 할 수는 있을 것이다.

그런데 이러한 논의의 전제는 독일 행정소송에서의 직권탐지주의에 의한 법원의 사실확정인데, 이러한 독일의 직권탐지주의는 전 세계의 공통적인 현상인 행정에 대한 법원의 사법심사의 곤란성을 특히 독일에서 가일층 가중시키는 것이다. 그러나 이러한 독일에서의 논의의 전제는 행정소송에서 적어도 직권탐지주의를 원칙으로 하지 아니하는 우리나라에서는 그대로 통용될 수 없다.

이런 점에서 본다면, 우리나라에 있어서 무작정 무분별하게 독일식의 판단여지를 인정하여야 한다고 주장하는 견해들은 직권탐지주의에 의하는 독일의 행정소송에서의 사실확정과, 정도의 차이는 있지만 원칙적으로, 변론주의에 의하는 우리나라 행정소송에서의 사실확정을 혼동하고 동일시하는 데에서 비롯된 것이라고 할 수 있다. 따라서 재량을 포함한 판단여지와 같은 이론은 국민의 헌법권인 재판청구권 및 행정재판권을 규정한 헌법과, 사실확정에 관한 행정소송에서의 심리원칙 등에 관한 행정소송법 규정 등에 관한 검토가 필수적으로 선행되어야 한다.

결론적으로, 독일 행정법학에서의 불확정법개념과 판단여지에 관한 이론은, 모든 국가의 과제인 행정에 대한 법원의 사법심사의 어려움을 해결하고자 모색하는 이론이라는 점에서는 우리나라에서 참고할 만한 이론이기는 하나, 기본적으로 위 이론은 우리나라와 다른 독일에서의 헌법(GG)과 행정소송법(VwGO) 등 법규정과 행정소송제도를 전제로 한 이론이라는 점에서 우리나라에 그대로 적용될 수는 없는 제한적인 의미만을 갖는 이론이라고 할 수 있다.

토론할 문제

1. 불확정법개념의 의미

2. 요건부분의 불확정법개념은 법개념으로서 법관이 완전히 심사가능한가?

3. 효과부분에 불확정법개념은 재량인가?

4. 재량과 판단여지는 다른 것인가?

5. 요건부분에 불확정법개념이 있고 효과부분에 재량이 있는 경우를 상정해 보자.

6. 모든 요건부분의 규정은 불확정법개념이라고 할 수 있는가?

7. 판단여지가 우리나라에 제한적으로 적용될 수밖에 없는 근거는 무엇인가?

8. 판단여지와 국민의 재판청구권

참고문헌

김남진, 기속행위·재량행위·자유로운 행위, 법정 1977. 9.

김남진, 요건재량과 판단여지, 고시연구 1978. 8.

김남진, 판단여지와 행정예측, 고시계 1982. 9.

김남진, 행정법에 있어서 불확정개념의 해석과 적용, 경희법학 제17권 제1호(미원조영식박사화갑기념).

김남진, 행정의 형성적 자유와 판단여지, 고려대학교 법학논집 제23집, 1985.

김중권, 행정자동기계결정의 법적 성질 및 그의 능부, 공법연구 제22집 제3호, 1994.

김해룡, 행정상의 미래예측(Prognose)의 법리 - 독일의 경우를 중심으로 -, 공법연구 제21집, 1993.

류지태, 재량행위론의 이해, 공법연구 제34집 제4호 제2권, 2006,

류지태, 재량행위론의 이해, 행정법의 이해, 법문사, 2006.

류지태, 재량행위론의 재고, 고시연구, 1990. 12.

박정훈, 불확정개념과 판단여지, 행정작용법(중범김동희교수정년퇴임기념논문집), 박영사, 2005.

백승주, 유럽 연합법체제 하의 재량행위와 판단여지에 대한 독일에서의 논의 고찰, 공법연구, 제34집 제2호, 2005.

서원우, 불확정개념의 해석적용, 고시계, 1982. 8.(상), 9.(하).

서원우, 재량과 판단여지 및 기타 영역의 구분 외, 고시연구 1983. 3.

서원우, 재량과 판단여지 및 기타 영역의 구분 외, 고시연구 1983. 3.

서원우, 판단여지와 재량개념, 고시계 1982. 10.

정하중, 행정법에 있어서 재량과 판단여지 그리고 사법심사의 한계, 공법연구 제23집 제3호, 1995.

최선웅, 행정소송법 제26조의 해석에 관한 일 고찰 - 우리나라 행정소송의 독자성을 모색하며 -, 행정법연구, 제10호(2003. 10).

홍준형, 불확정법개념과 판단여지의 한계, 현대공법과 개인의 권익보호, 규제양승두교수화갑기념논문집(1), 홍문사, 1994.

홍준형, 행정법상 불확정법개념과 판단여지의 한계, 행정논총, 제33권 제1호, 1995.

홍준형, 유럽통합과 독일행정법의 변화, 행정법연구, 제12호, 2004.

제5절 경찰공무원의 징계처분의 법적 성질[11)]

Ⅰ. 서 설

경찰공무원은 공무원으로서 국민전체의 봉사자이고 국민에 대하여 책임을 진다. 경찰공무원은 그 임무 및 신분의 특성상 국민의 신뢰를 얻어야만 공정한 직무집행을 수행할 수 있기 때문에 경찰공무원으로서의 의무를 위반하는 경우 징계책임을 부담하는 것은 지극히 당연하다.

그러나 교통법규 위반 운전자로부터 1만 원을 받은 경찰공무원을 해임한 처분이 정당하다고 하는 사례[12)]에서 보듯이, 당해 교통경찰관 금품수수의 경위가 어떻게 되었든간에 "단돈 1만 원" 때문에 "경찰공무원으로서의 신분을 박탈하는 해임"이라고 하는 중징계처분이 너무 과중한 것이 아닌가 하는 논란의 여지는 충분히 있을 수 있다고 하는 것도 부정할 수 없는 현실일 것이다.[13)] 즉 사소한 것으로 평가되어 경징계처분을 받을 여지도 있는 징계사유에 대하여 중징계처분을 내리는 경우, 이에 불복하는 당해 경찰공무원은 물론이고 이를 포함한 일선 경찰공무원들의 불만이 전혀 없다고 할 수는 없다.

그런데 한편 경찰공무원에 대한 징계처분의 법적 효과가 경찰공무원의 신분 내지는 이익에 중대한 영향을 미치는 것이 현실이다. 그럼에도 불구하고, 그 징계처분이라고 하는 행정처분의 태양이 법에 엄격히 구속되는 기속행위가 아니라 징계권자의 판단에 의하는 재량행위라고 한다면 징계받는 당사자인 경찰공무원의 불복이 따르는 것은 오히려 자연스러운 현상일지도 모른다. 요컨대 징계라고 하는 것이 재량행위에 의한 중대한 불이익을 그 효과로 가져온다는 점에서 경찰공무원들이 순순히 받아들이기가 어려운 측면이 있다. 이 점에서 경찰공무원에 대한 징계처분의 법적 성질이 중요하다고 할 수 있다. 그럼에도

---

11) 이에 관한 상세한 내용 및 주석은, 최선웅, 경찰공무원 징계처분의 법적 성질, 행정법연구 제18호, 2007, 485-511면 참조.

12) 대법원 2006. 12. 21. 선고 2006두16274 판결(공2007상, 221).

13) 대법원에서 파기의 대상이 된 원심판결인 부산고법 2006. 9. 29. 선고 2006누1760 판결에서는, 이 사건에서의 경찰공무원에 대한 해임처분이 과중하다고 판단하여 해임처분을 취소하였다는 점에서 논란의 여지는 충분히 있다는 점을 반증하고 있다. 참고로 위 부산고법 판결이 대법원에서 파기환송된 후 환송심인 부산고등법원에서는 대법원의 판결의 취지에 따라서 해임처분이 정당하다고 확인하였고(부산고법 2007. 5. 4. 선고 2007누16 판결), 당해 경찰공무원이 대법원에 상고를 포기함으로써 사건이 2007. 6. 5일 확정되어 일단락되었다.

이러한 경찰공무원의 징계처분의 법적 성질 나아가 징계처분에 대한 사법심사 등 경찰공무원의 징계에 관한 기존의 연구가 충분히 많지가 않은 실정이다.[14)]

이 글에서는 경찰공무원의 징계처분에 대한 불복절차인 사법심사를 본격적으로 논의하기 위한 전단계 작업으로서 그 사법심사의 대상이 되는 경찰공무원 징계처분의 법적 성질을 고찰하고자 한다. 즉 경찰공무원 징계처분의 법적 성질이 재량행위인가 만일 재량행위라고 한다면 경찰공무원 징계처분에 있어서 결정재량과 선택재량은 어떠한 의미를 갖는가에 관한 고찰이다. 이러한 징계처분의 법적 성질이 제대로 규명되어야만 그 다음 단계인 경찰공무원 징계처분에 대한 사법심사를 제대로 이해할 수 있기 때문이다.

Ⅱ. 경찰공무원 징계의 의의

1. 경찰공무원과 법치주의

(1) 경찰공무원

경찰공무원이란 경찰공무원법에 의하여 임용되어 국가와 공법상 근무관계를 맺고 있는 특정직 국가공무원이다.[15)] 경찰공무원은 국민의 생명·신체 및 재산

14) 경찰공무원 징계의 경우만을 따로 고찰한 경우는 거의 없다. 공무원 일반에 대한 징계에 관한 문헌을 70년대까지 소급하여 확장한다고 하더라도 그다지 많지 않은 실정이다. 공무원의 징계에 관하여는 다음과 같은 문헌이 있다. 김성환, 공무원의 징계처분 특히 징계권의 남용에 대하여, 고시계 제15권 제2호(156호), 1970, 국가고시학회; 김성환, 공무원의 결격사유와 징계와의 관계, 법률신문, 제1049호, 법률신문사; 김성환, 공무원의 징계처분과 재량권의 한계(상), 법률신문 제1076호, 1974, 법률신문사; 김성환, 공무원의 징계처분과 재량권의 한계(하), 법률신문 제1077호, 1974, 법률신문사; 김성환, 공무원의 결격사유와 징계와의 관계, 판례연구 제3집, 1978, 서울변호사회; 김경재, 공무원자격 결격사유와 징계와의 관계, 판례회고 제2호(1973년도), 1974, 서울대학교; 김향기, 공무원에 대한 불이익처분과 그 불복방법, 토지공법연구 제19집, 2003, 한국토지공법학회; 김향기, 공무원법상의 징계처분와 그 불복방법, 천봉석종현박사 화갑기념논문집, 2003; 박국수, 징계파면처분의 효력발생시기와 그 효력발생 전에 공무원 신분을 박탈한 위법이 처분의 효력에 미치는 영향, 대법원판례해설 11호(1989년 상반기), 1990, 대법원 법원행정처; 이세중, 공무원 신분 소송에 관하여 : 징계처분에 따른 하급심판례동향을 중심으로, 송무자료집 제9집(2005. 12.), 대검찰청 고등검찰청, 2005; 최정수, 1. 공무원 임용전의 비위행위(내지는 임용에 관련 비위행위)와 징계사유 여부, 2. 징계시효의 기산점, 대법원판례해설 제13호(1990년 상반기), 대법원 법원행정처, 1991; 최재건, 공무원의 징계와 변상책임의 법률지식, 청림출판, 2001.

15) 경찰공무원과 국가공무원의 관계를 규정하고 있는 것으로는 경찰공무원법 제30조가 있다.

의 보호와 범죄의 예방·진압 및 수사, 치안정보의 수집, 교통의 단속, 기타 공공의 안녕과 질서유지를 임무(경찰관직무집행법 제2조)로 한다. 이러한 임무의 특수성으로 말미암아 임용·교육훈련·신분보장·직무 등에 있어서 일반 공무원과 차이가 있으며, 이 때문에 일반직이 아닌 특정직 국가공무원(국가공무원법 제2조 제2항 제2호)으로 규율되고 있다.

경찰공무원도 국가공무원이라는 점에서 국가공무원법상의 징계책임을 지게 된다(경찰공무원법 제1조). 다만 경찰공무원은 책임 및 직무의 중요성과 신분 및 근무조건의 특수성에 비추어 국가공무원법에 대한 특례를 규정한 경찰공무원법의 적용을 받게 된다.

(2) 경찰공무원과 법치주의

과거 공무원관계는 이른바 특별권력관계이고 이 특별권력관계에는 법이 침투할 수 없었다. 따라서 공무원의 징계처분에 있어서는 아무런 법적 근거가 없어도 가능하였고, 이러한 공무원에 대한 징계처분에 대해서는 사법심사 자체를 부정하였다.[16] 그러나 이와 같이 과거 특별권력관계라고 하는 신분적인 예속하에 있었던 공무원이 오늘날에는 행정법관계라고 하는 법관계에 들어오게 되었다.

이에 따라 공무원에 대한 징계처분도 헌법 제7조 제2항 및 제37조 제2항에 따라서 법적 근거가 있는 경우에 한하여 이루어지게 되었다. 그리하여 공무원에 대한 징계에 있어서는 징계사유, 징계의 종류, 징계권자, 징계시효 등은 국가공무원법이라고 하는 법률의 규정에 의하게 되는 것이 원칙으로 되었다. 그뿐만 아니라 당해 공무원은 징계처분에 대한 행정소송을 제기하여 불복할 수 있게 되었다. 이와 같이 공무원징계에 법치주의가 적용됨에 이론의 여지가 없다.

물론 공무원의 징계처분에 법치주의가 적용된다고 하더라도 공무원의 사회적 기능의 특수성·전문성을 어느 정도 감안할 수는 있다. 그 대표적인 예가 경찰공무원이다. 경찰공무원은 책임 및 직무의 중요성과 신분 및 근무조건의 특수성에

---

16) 우리나라의 과거 오래 전에 징계에 대하여 특별권력관계를 언급하면서 행정소송이 허용되지 아니한다는 내용의 판례가 있었다. "감찰위원회에서 본건 한 징계 의결에 대하여 행정소송을 제기할 수 있느냐에 관하여는 징계처분은 특별권력 관계에서 임명된 공무원이 국가에 대하여 부담한 특별의무 위반을 이유로 국가가 사용주로서의 특별한 권력에 의하여 관기의 유지를 목적으로 특별권력관계의 해소 또는 장래를 계고하는 행정벌이며 일반 통치관계에 있어서 사회 공공히 가지고 있는 권리침해가 아니므로 징계처분에 대하여는 행정소송을 제기할 수 없을 것이다" 대법원 1952. 9. 23. 선고 4285행상3 판결.

비추어 경찰공무원의 임용·교육훈련·복무·신분보장 등에 관하여 국가공무원법에 대한 특례를 규정한 경찰공무원법의 적용을 받게 된다(경찰공무원법 제1조).

2. 경찰공무원 징계의 필요성

후술하는 바와 같이, 경찰공무원의 의무와 그 위반에 대한 징계는 국가공무원법, 경찰공무원법 및 경찰공무원징계령 등 실정법령에 규정되어 있다. 그런데 이러한 법령규정과는 별도로 실제로 경찰공무원의 의무위반으로 경찰공무원을 징계할 실질적인 필요성이 무엇인가를 고찰할 필요가 있다. 이는 징계를 정당화하는 실질적 근거가 되기 때문이다. 이에 관한 판례의 태도를 보면 다음과 같다.

먼저 판례에 의하면, 경찰공무원에 대한 징계는 경찰공무원에 대한 불신을 예방하기 위한 공익상의 이유에서 행해질 필요가 있다고 한다.[17] 경찰공무원의 부도덕한 행위는 국민의 신뢰를 상실하게 되는 원인이 되고,[18] 경찰공무원의 법적용의 공평성과 청렴의무에 대한 불신을 배양하게 되고,[19] 이는 결과적으로 경찰 전체의 품위를 손상시키게 되기 때문[20]이라고 한다.

또한 판례는 경찰공무원의 징계는 경찰공무원의 국민의 생명·신체 및 재산의 보호와 범죄의 예방·진압 및 수사, 치안정보의 수집, 교통의 단속, 기타 공공의 안녕과 질서유지 등과 같은 특수한 임무수행과 관련한 특히 금품수수행위를 금지하여야 할 필요성을 강조한다. 즉 경찰공무원이 형사사건의 처리와 관련하여 피의자로부터 금품을 수수한다든지,[21] 교통법규 위반자로부터 금품을 수수하는 경우,[22] 당해 경찰공무원을 징계를 하지 않으면 경찰공무원의 공평하고 엄정한 직무수행을 기대하기 어렵기 때문이라고 한다.

3. 경찰공무원 징계책임의 의의

공무원이 공무원으로서의 직무 또는 신분과 관련하여 지는 책임을 공무원책임이라고 하고, 이러한 공무원책임은 공무원법상의 의무를 위반한 경우에 받게

17) 대법원 2006. 8. 24. 선고 2006두3865 판결.
18) 대법원 2002. 12. 27. 선고 2002두8893 판결.
19) 대법원 2006. 12. 21. 선고 2006두16274 판결(공2007상, 221).
20) 대법원 2002. 9. 24. 선고 2002두6620 판결(공2002하, 2587).
21) 대법원 2006. 8. 24. 선고 2006두3865 판결.
22) 대법원 2006. 12. 21. 선고 2006두16274 판결(공2007상, 221).

되는 징계책임과 국가 또는 지방자치단체에 손해를 끼친 경우에 부담하는 국가배상법 등에 의한 변상책임으로 나누어 진다. 이 징계책임과 변상책임을 합하여 협의의 공무원책임이라고 하고 여기에다가 사회법익을 침해하는 형사상의 책임 및 그 행위가 위법하게 타인의 권리를 침해하여 손해를 발생시킴으로써 지게 되는 민사상의 책임을 포함하여 광의의 공무원책임이라고 한다.

경찰공무원도 공무원인 이상 당연히 공무원책임을 부담한다. 경찰공무원이 공무원책임 중 경찰공무원의 의무를 위반한 경우에 법적인 제재로서의 불이익을 받을 지위를 징계책임이라고 하고 그에 따라 받게 되는 제재로서의 벌을 징계벌이라고 한다. 이 징계벌을 형벌과 비교하면, 권력의 기초, 공무원관계의 질서유지와 일반사회질서의 유지라고 하는 대상·목적, 공무원의 신분적 이익의 전부 또는 일부의 박탈과 생명·자유·재산·명예의 박탈이라고 하는 제재의 내용, 고의·과실의 구별이라고 하는 주관적 요건 등에서 차이가 있다.

징계벌과 형벌은 위와 같은 차이가 있으므로 징계벌과 형벌은 병과될 수 있고, 일사부재리원칙에도 저촉되지 아니한다. 수사기관의 수사중인 사건에 대하여는 징계권자의 재량으로 징계절차를 중지할 수 있다(국가공무원법 제83조 제2항).

Ⅲ. 징계사유, 징계절차 및 징계의 종류

1. 개 관

경찰공무원의 징계의무와 관련된 징계사유는 경찰공무원의 징계절차를 개시하게 하고, 징계의 종류의 선택은 그러한 징계의 법적 효과라는 점에서 의미가 있다. 이러한 징계사유의 인정 및 징계의 종류의 선택과 관련하여 그 재량행위성이 논의되고 있으며, 이는 징계처분에 대한 사법심사의 범위 내지는 그 성질이 좌우된다는 점에서 중요하다.

또한 경찰공무원에 대하여 징계처분은, 후술하는 징계처분의 절차에서 보듯이, 징계사유 인정, 징계의결의 요구, 징계위원회의 의결, 징계의 집행 등 일련의 여러 가지 절차들의 연쇄과정의 산물이다. 따라서 그 각각의 단계에서의 징계절차가 그 성질을 달리할 수 있는 문제이기도 하다.

이하에서는 징계사유, 징계종류의 선택 및 징계절차에 관하여 고찰하기로 한다.

2. 경찰공무원의 징계사유

(1) 개 요

경찰공무원은 다양한 법정의무를 부담하고 있으며, 경찰공무원의 행위가 법정의무를 위반하게 되는 경우 징계요구권자인 경찰기관의 장은 징계의결을 요구하여야 하는 징계사유(국가공무원법 제78조, 경찰공무원징계령 제9조 제1항)가 된다. 그 법적 효과로서 징계권자는 특정한 징계의 종류(동법 제79조)를 선택하여 징계처분을 하게 된다.

이하 경찰공무원의 의무와 그 의무위반으로서의 징계의결을 요구하여야 하는 징계사유, 그리고 이에 대한 사법심사의 실제를 고찰하기로 한다.

(2) 경찰공무원의 의무

경찰공무원은 공무원과 마찬가지로 국민전체의 봉사자(헌법 제7조 제2항)로서 자신의 임무수행과 관련하여 각종의 의무를 부담한다. 이러한 경찰공무원의 의무는, 국가공무원법상의 의무, 경찰 관련법상의 의무, 공직자윤리법상의 의무 등으로 나누어 볼 수 있다.

국가공무원법상의 의무로는, 선서의무(제55조),[23] 법령준수의무(제56조),[24] 성실의무(제56조),[25] 복종의무(제57조),[26] 직장이탈금지의무(제58조),[27] 친절공정의무(제59조), 비밀엄수의무(제60조),[28] 청렴의무(제61조),[29] 영예의 제한(제

---

23) 헌법재판소에 따르면, 헌법 제69조는 대통령의 취임선서의무를 규정하면서, 대통령으로서 '직책을 성실히 수행할 의무'를 규정하고 있는데, 비록 대통령의 '성실한 직책수행의무'는 헌법적 의무에 해당하나, '헌법을 수호해야 할 의무'와는 달리, 규범적으로 그 이행이 관철될 수 있는 성격의 의무가 아니므로, 원칙적으로 사법적 판단의 대상이 될 수 없다고 한다. 헌법재판소 2004. 5. 14. 선고 2004헌나1 전원재판부 결정(헌공 제93호).

24) 헌법 제7조 제1항에 기초하여 국가공무원법은 공무원의 각종 의무를 규정하고 있으며 특히 공무원에게는 누구보다 강력한 법령준수의무가 요구된다고 한다. 대법원 1990. 10. 30. 선고 90누2659 판결(공1990, 2444), 2006. 9. 22. 선고 2005두15298 판결 등 참조.

25) 대법원 1994. 6. 10. 선고 94누4622 판결(공1994상, 1969), 2004. 11. 12. 선고 2002두11813 판결, 2006. 2. 24. 선고 2005두6447 판결 등 참조.

26) 검찰총장이 검사에 대한 비리혐의를 내사하는 과정에서 해당 검사에게 참고인과 대질신문을 받도록 담당부서에 출석할 것을 지시한 경우, 검찰총장의 그 출석명령이 그 검사에게 복종의무를 발생시키는 직무상의 명령에 해당하지 않는다고 한다. 대법원 2001. 8. 24. 선고 2000두7704 판결(공2001하, 2088).

27) 대법원 1984. 6. 26. 선고 83누75 판결(공1984, 1305), 1986. 7. 22. 선고 85누908 판결(공1986, 1121), 1991. 11. 12 선고 91누3666 판결(공1992, 139) 등 참조.

62조), 품위유지의무(제63조),[30] 영리업무금지의무 및 겸직금지의무(제64조),[31] 정치운동금지의무(제65조, 헌법 제7조 제2항),[32] 집단행위의 금지의무(제66조, 헌법 제33조 제2항)[33] 등이 있다.

경찰 관련법상 의무를 보면, 경찰법에 의하여 상관의 지휘·감독을 받아 직무를 수행하고, 그 직무수행에 관하여 서로 협력할 의무를 부담한다(제24조). 경찰공무원법상 의무로는, 허위보고·직무태만금지의무(제18조),[34] 지휘권남용 등의 금지의무(제19조),[35] 제복착용·무기휴대의무(제20조)가 있다. 또한 경찰공무원복무규정에 의하여, 근무시간중 음주금지의무(제9조),[36] 민사분쟁에 부당개입금지의무(제10조),[37] 상관에 대한 신고의무(제11조), 지정장소 외에서의 직무

---

28) 대법원 1995. 6. 30. 선고 93추83 판결(공1995하, 2613); 공무원 등이 직무상 비밀에 속한다는 이유로 지방의회의 증언 또는 서류제출 요구 등을 예외 없이 거부할 수 없도록 규정한 조례안은 공무원의 비밀유지의무를 규정한 국가공무원법 제60조 등 상위 법령에 위반된다고 한 사례가 있다. 대법원 1995. 6. 30. 선고 93추83 판결(공1995하, 2613).

29) 대법원 2002. 9. 24. 선고 2002두6620 판결(공2002하, 2587), 2006. 2. 24. 선고 2005두6447 판결, 2006. 12. 21. 선고 2006두16274 판결(공2007상, 221) 등 참조.

30) 전국공무원 직장협의회총연합은 위법한 단체이며 수석부위원장이었던 공무원의 일련의 행위가 여러 가지 공무원의 중에서 품위유지의무에도 해당한다고 한 사례가 있다. 대법원 2006. 9. 22. 선고 2005두15298 판결.

31) 공무원이 여관을 매수하여 임대한 행위가 공무원으로서 겸직이 금지되는 영리업무에 해당하지 않는다고 한 사례가 있다. 대법원 1982. 9. 14. 선고 82누46 판결(공1982, 1022).

32) 대법원 1968. 12. 11. 선고 67수5 제1부 판결; 한편 헌법재판소의 판례에 따르면, 선거에서의 공무원의 정치적 중립의무는 '국민 전체에 대한 봉사자'로서의 공무원의 지위를 규정하는 헌법 제7조 제1항, 자유선거원칙을 규정하는 헌법 제41조 제1항 및 제67조 제1항 및 정당의 기회균등을 보장하는 헌법 제116조 제1항으로부터 나오는 헌법적 요청이고, 공직선거 및 선거부정방지법 제9조는 이러한 헌법적 요청을 구체화하고 실현하는 법규정이라고 한다. 헌법재판소 2004. 5. 14. 선고 2004헌나1 전원재판부 결정(헌공제93호).

33) 경찰기동대원들의 집단적 행위를 선동 내지 주도한 자에 대한 징계파면처분이 적절하다고 판단한 사례가 있다. 대법원 1985. 7. 9. 선고 84누787 판결(공1985, 1131).

34) 면허계장이 출장시험장에서의 면허시험감독과 컴퓨터채점실의 열쇠 등의 관리를 소홀히 함으로써 부하 직원들에 의한 운전면허시험에 있어서의 부정행위가 계속적, 조직적으로 이루어진 경우가 이에 해당한다. 대법원 1991. 12. 27. 선고 91누7644 판결(공1992상, 799).

35) 총기난동 사건(90명 사상)에 대처하여 미온적인 작전지휘를 한 관할 경찰서 경무과장(서장 직무대행)에 대한 징계파면이 재량권의 일탈이 아니라고 한 사례가 있다. 대법원 1983. 11. 22. 선고 83누522 판결(공1984, 126).

36) 휴게근무시간 중 혈중 알콜농도 0.10%의 상태에서 음주운전을 하다가 교통사고를 야기한 경찰관에 대한 해임처분이 재량권을 일탈·남용이 아니라고 한 사례가 있다. 대법원 1997. 11. 25. 선고 97누14637 판결(공1998상, 123).

37) 진정사건을 조사하는 경찰관이 민사분쟁에 개입, 진정인에게 유리하게 사건을 해결하여 민원

수행금지의무(제8조), 여행제한의무(제13조), 비상대기의무(제14조) 등이 있다.

공직자윤리법상 의무로는, 공직자 재산등록의무(제10조),[38] 선물신고의무(제15조, 제16조), 취업금지의무(제17조) 등이 있다.[39]

(3) 경찰공무원의 징계사유

경찰공무원은 국가공무원법 및 동법에 의한 명령에 반하였을 때, 직무상 의무(다른 법령에서 공무원의 신분으로 인하여 부과된 의무를 포함한다)에 위반하거나 직무를 태만한 때, 직무의 내외를 불문하고 그 체면 또는 위신을 손상하는 행위를 한 때에 징계사유가 된다(국가공무원법 제78조 제1항, 경찰공무원 징계령 제9조 제1항). 즉 경찰공무원의 징계사유는 전술한 경찰공무원의 의무위반 등의 행위로 인한 것이다.

그런데 경찰공무원의 의무위반행위는 고의에 의한 것인지 과실에 의한 것인지를 불문한다고 한다. 그렇다고 해서 완전한 무과실책임을 의미하는 것은 아니고 불가항력에 의한 경우에는 면책된다. 또한 징계는 부하의 비위에 대하여 상관이 감독상의 책임을 지는 경우도 있으므로 반드시 자신의 행위만을 원인으로 하는 것은 아니다. 그러나 이 경우도 상관 자신의 감독의무의 해태라고 하는 상관 자신의 행위의 성격도 있다고 할 수 있다. 경찰공무원의 징계사유는 중복될 수 있다.[40] 이러한 징계사유는 원칙적으로 재직중에 발생한 것이어야 한다.[41] 다만 재직 전의 행위라고 하더라도 이로 인하여 재직중인 공무원의 체면 또는 위신이 손상된 경우에는 징계사유가 된다고 하는 것이 판례의 입장이다.[42]

을 야기하고 경찰의 위신을 손상시킨 비위에 대한 파면처분이 재량권의 일탈·남용이 아니라고 한 사례가 있다. 대법원 1984. 10. 10 선고 84누193 판결(공1984, 1804).

38) 공직선거 후보자 재산신고시 차명계좌로 관리하던 예금을 누락한 경우 당선 목적으로 후보자의 재산에 관하여 허위사실을 공표한 것에 해당한다고 한 하급심 판례가 있다. 대구고법 2007. 3. 29. 선고 2007노81 판결(각공2007상, 1121). 이 사건은 현재 상고심인 대법원에 계류중에 있다.

39) 이 외에도 모든 경찰공무원은 부패방지법 제7조상의 공직자의 청렴의무와, 총경(자치총경을 포함한다) 이상의 경찰공무원은 공직자 등의 병역사항 신고 및 공개에 관한 법률 제2조에 의하여 병역사항 신고의무 등을 부담한다.

40) 다만 실제 소송에 있어서 수 개의 징계사유 중 일부가 인정되지 않더라도 다른 징계사유만으로도 당해 징계처분의 타당성을 인정하기에 충분하면 그 징계처분을 유지하여도 위법하지 않다고 한다. 대법원 2002. 9. 24. 선고 2002두6620 판결(공2002하, 2587).

41) 단, 국가공무원법 제78조 제2항, 제3항의 예외가 있다. 사면된 후 유죄판결을 받은 사실 자체를 징계사유로 할 수 없다고 한다. 대법원 1983. 6. 14. 선고 83누3 판결(공1983, 1099).

42) 공립학교 교사로 임용되기 전의 뇌물공여행위가 교사로서의 위신 또는 체면을 손상시켰다는

경찰공무원의 징계사유와 관련하여서는, "어떠한 사실이 징계사유에 해당하는가 여부에 관한 판단"이 재량적인 성질을 가지는지 여부가 문제되고, 또한 우리나라 판례상의 표현인 "징계의 원인이 된 비위사실의 내용과 성질"[43]이 의미하는 바가 무엇인지가 문제된다. 이에 관하여는 후술하기로 한다.

(4) 사법심사의 실제

법원은 경찰공무원의 징계원인행위에 대해서는 어느 특정한 한가지의 의무를 위반한 것이라고 평가하기보다는, 여러 가지 의무들을 중첩적으로 위반한 것으로 평가한다.

예컨대 경찰공무원이 교통신호 위반자에게 금품을 수수하고 적정한 조치를 취하지 않는 등의 행위는, 성실의무(국가공무원법 제56조), 복종의무(동법 제57조), 청렴의무(동법 제61조) 등을 위반한 것이라고 한다.[44] 또한 전국공무원 직장협의회총연합의 수석부위원장인 공무원이 행한 일련의 행위는 국가공무원법 제66조 제1항에서 금지한 '노동운동 또는 공무 이외의 일을 위한 집단적 행위'에 해당하거나 국가공무원법상의 법령준수의무(제56조), 복종의무(제57조), 품위유지의무(제63조) 및 직장이탈금지의무(제58조)에 각각 위반하는 행위에 해당한다고 한다.[45]

사실 경찰공무원의 징계원인행위는 경찰공무원의 각종의 의무를 위반한 것으로 평가된다는 점에서 경찰공무원의 제 의무는 상호 중첩가능한 성격을 띠기는 한다. 그러나 판례가 경찰공무원의 징계원인행위에 대하여 가능한 한 여러 가지 법정의 의무위반 여부를 검토한다는 것 자체는 경찰공무원의 징계재량권의 한계를 심사하기 위한 전제로서 징계사유를 가능한 한 법적으로 정당화하는 근거를 검토하고 있다는 것을 의미한다.

3. 경찰공무원의 징계절차

(1) 의 의

경찰공무원의 징계는 일련의 절차과정의 산물이다. 이러한 경찰공무원의 징

것을 사유로 한 징계처분이 적법하다고 한 판례가 있다. 대법원 1990. 5. 22. 선고 89누7368 판결(공1990, 1378).

43) 예컨대 대법원 2006. 12. 21. 선고 2006두16274 판결(공2007상, 221).

44) 대법원 2006. 12. 21. 선고 2006두16274 판결(공2007상, 221).

45) 대법원 2006. 9. 22. 선고 2005두15298 판결.

계절차의 과정을 구성하는 각 단계로서 징계사유의 인정, 징계의결의 요구, 징계위원회의 심의와 징계의결, 징계의 집행 등을 개략적으로 고찰하기로 한다.

특히 이와 같은 경찰공무원의 징계처분절차가 다단계의 절차의 연쇄라는 사실은, 경찰공무원 징계처분절차의 각 단계에 따라서 경찰공무원 징계처분의 법적 성질을 달리 파악할 수 있는 계기가 된다는 점에서 의미가 있다고 할 수 있다.

(2) 징계사유의 인정

경찰공무원의 징계원인사실은 각종의 경찰공무원에게 부과된 의무를 위반한 행위 등으로서 징계의결요구권자인 경찰기관의 장이 징계의결을 요구하여야 하는 징계사유에 해당하는 사실이다. 이런 경찰공무원의 징계원인사실은 매우 다양하다. 예컨대, 교통사고를 일으키고 도주한 행위[46], 부도덕한 축첩행위[47], 도박행위[48], 직무와 관련된 금품수수행위[49] 등을 들 수 있다. 이러한 다종다양한 징계원인사실이 확정되면 이는 징계의결을 요구하여야 하는 징계사유로 된다. 이러한 징계사유는 법정화되어 있다(국가공무원법 제78조 제1항, 경찰공무원징계령 제9조 제1항).

이러한 징계원인사실의 확정 여부 및 징계사유의 인정 여부가 재량행위인지 여부가 문제되고, 이와 아울러 이에 해당하는 판례상의 표현인 "징계의 원인이 된 비위사실"[50]의 의미가 문제된다. 이에 관하여는 후술한다.

(3) 징계의결의 요구

경찰공무원에게 국가공무원법 제78조 제1항 각 호의 1에 해당하는 사유가 있다고 인정한 때[51]에는 징계요구권자인 경찰기관의 장은 지체 없이 관할 징계위원회를 구성하여 징계의결을 요구하여야 한다(국가공무원법 제78조 제1항,

---

46) 대법원 1999. 10. 8. 선고 99두6101 판결(공1999하, 2339).

47) 대법원 2002. 12. 27. 선고 2002두8893 판결.

48) 대법원 1983. 6. 28. 선고 82누544 판결(공1983, 1280).

49) 대법원 1999. 11. 26. 선고 98두6951 판결(공2000상, 73).

50) 대법원 1983. 6. 28. 선고 83누130 판결(공1983, 1207), 1991. 7. 23. 선고 90누8954 판결(공1991, 2257), 1992. 7. 14. 선고 92누5157 판결(공1992, 2430), 2006. 12. 21. 선고 2006두16274 판결(공2007상, 221) 등 참조.

51) 국가공무원법 제78조 제1항에서 "공무원이 다음 각 호의 1에 해당하는 때", 경찰공무원징계령 제9조 제1항에서 "경찰기관의 장은 소속 경찰공무원 중 국가공무원법 제78조 제1항 각 호의 1에 해당하는 사유가 있다고 인정한 때"를 비교하여 보면, '사유인정'과 '해당'의 의미차이가 있을 수 있다. 이에 관하여는 후술한다.

경찰공무원징계령 제9조 제1항). 징계의결의 요구는 징계사유가 발생한 날로부터 2년(금품 및 향응수수, 공금의 횡령·유용의 경우는 3년)을 경과한 때에는 이를 행하지 못한다(국가공무원법 제83조의2).

이러한 징계의결의 요구는 기속행위로 보는 것이 일반적이다. 이에 관해서는 후술한다.

(4) 징계위원회의 심의와 징계의결

1) 징계위원회의 심의

징계위원회가 징계사건을 심의할 때에는 징계심의대상자에 대하여 출석하도록 통지하여야 한다(경찰공무원징계령 제12조 제1항).[52] 진술의 기회를 부여하지 아니하는 징계는 국가공무원법 제81조 제3항, 제13조 제2항에 의하여 무효가 된다.[53] 징계는 공무원의 신분에 관한 중대한 불이익처분이므로 반드시 당해 공무원에게 변명과 방어의 기회를 보장하기 위한 것이라고 할 수 있다.[54] 판례에 따르면, 경찰공무원의 징계의결과정에 징계심의위원회에 출석하라는 통보를 하지 아니한 위법이 있다 하더라도 그와 같은 사유는 행정처분의 취소사유에 불과하다[55]고 한다.

2) 징계위원회의 징계의결

징계의결 요구를 받은 징계위원회는 그 요구서를 받은 날로부터 30일 이내에 징계에 관한 의결을 하고(경찰공무원징계령 제11조 제1항), 징계위원회의 의결을 행한 결과로서의 징계의결서를 작성하고(동령 제14조), 이를 징계의결을 요구한 자에게 통보한다(동령 제17조).

---

52) 징계대상자에게 서면에 의한 출석통지를 하지 않았더라도 징계위원회가 심의에 앞서 구두로 출석의 통지를 하고, 이에 따라 징계대상자등 이 징계위원회에 출석하여 진술과 증거제출의 기회를 부여받았다면 이로써 변명과 방어의 기회를 박탈당하였다고 보기는 어려우니 서면의 출석통지의 흠결을 가지고 동 징계처분이 위법하다고 할 수는 없다고 한 사례가 있다. 대법원 1985. 1. 29. 선고 84누516 판결(공1985, 384); 출석통지는 소정의 서면에 의하지 아니하더라도 구두, 전화 또는 전언 등 방법에 의하여 징계심의 대상자에게 전달되었으면 출석통지로서 족하다고 한다. 대법원 1985. 10. 8. 선고 84누251 판결(공1985, 1482).

53) 대법원 1999. 2. 23. 선고 98두12192 판결.

54) 소속기관의 장에게 통보함이 없이 경찰공무원을 징계한 것이 위 공무원에게 보장된 진술의 기회를 침해한 것이라고 볼 수 없다고 한 판례가 있다. 대법원 1985. 3. 26 선고 84누725 판결(공1985, 643).

55) 대법원 1985. 9. 10. 선고 85누386 판결(공1985, 1355).

이 징계위원회의 징계의결이 일견 법문상과 같은 기속행위인지 아니면 재량행위인지 여부가 문제가 된다. 이에 관하여는 후술한다.

(5) 징계의 집행

징계의결을 요구한 자는 감봉·견책의 징계의결을 통고받은 날로부터 10일 이내에 이를 집행하여야 한다(경찰공무원징계령 제18조 제1항). 파면·해임·정직의 경우에는 징계의결요구권자는 당해 경찰공무원의 임용권자에게 파면·해임·정직처분을 제청하되, 총경·경정의 파면처분의 제청과 정직처분의 집행은 내무부장관이 이를 행한다(동령 제19조 제1항). 파면 또는 해임처분의 제청을 받은 임용권자는 10일 이내에 징계처분사유설명서를 징계의결이 된 자에게 교부한다(동령 제19조 제2항).

4. 징계의 종류

공무원의 징계의 종류로는 파면, 해임, 정직, 감봉, 견책이 있다(국가공무원법 제79조).

파면과 해임은 공무원 신분을 배제한다는 점에서 배제징계라고 하고, 정직, 감봉, 견책은 신분을 유지하면서 잘못을 바로 잡는다는 점에서 교정징계라고 한다. 파면·해임·정직은 중징계이고 감봉과 견책은 경징계에 해당한다(경찰공무원징계령 제2조). 파면과 해임은 공무원의 신분을 박탈하는 처분이라는 점에서는 동일하나 파면의 경우에는 5년간, 해임의 경우는 3년간 공무원이 될 수 없다(국가공무원법 제33조 제1항 제7호, 제8호). 또한 파면의 경우에는 퇴직수당이 감액되나, 해임의 경우에는 감액이 없다(공무원연금법 제64조 제1항).

정직은 신분은 유지하나 일정기간 직무에 종사하지 못하게 하는 처분이다(국가공무원법 제80조 제1항). 감봉이란 1 내지 3개월간 보수의 3분의 1을 감하는 처분이다(동법 제80조 제2항). 견책이란 전과에 대하여 훈계하고 회개하는 처분이다(동법 제80조 제4항).[56)]

경찰공무원의 징계책임에 있어서 징계권자가 위와 같은 여러 가지의 징계 중에서 하나를 선택하여 징계처분을 하는 것은 이른바 선택재량으로서 전형적인 재량행위의 한 내용이라고 할 수 있다. 이에 관하여는 후술한다.

---

56) 전투경찰대의 대원 중 경사·경장 또는 순경(전투경찰순경을 포함한다)에 대한 징계의 경우에는 영창 및 근신이 추가된다(전투경찰대설치법 제5조).

Ⅳ. 징계처분의 법적 성질

1. 의 의

전술한 경찰공무원 징계절차에서 고찰한 바와 같이, 경찰공무원의 징계처분은 징계원인사실의 확정 내지는 징계사유의 인정, 징계의결의 요구, 징계위원회의 심의와 징계의결, 징계양정 및 징계의 집행 등 연속적인 절차과정의 산물이다.

그런데, 후술하는 바와 같이, 종래의 학설은 이와 같은 연속적인 징계절차들 중 어느 한 절차에 초점을 맞추어서 징계처분의 법적 성질을 고찰하고 있는 것으로 보인다. 따라서 이와 같은 단편적인 시각만으로는 일련의 여러 단계의 복합적인 절차로 구성된 경찰공무원의 징계절차를 전반적으로 제대로 파악하기가 어렵다고 할 수 있다. 또한 기존의 학설은 경찰공무원의 징계처분의 법적 성질에 관하여 재량을 설명하면서 결정재량과 선택재량을 명확하게 설명하고 있지 못하는 문제점도 있다.

이하에서는 경찰공무원 징계처분에 관한 기존의 학설 및 그에 대한 문제점을 지적하고, 경찰공무원의 징계처분의 법적 성질을 각 단계별로 나누어 고찰하고, 이어서 징계처분과 관련된 결정재량과 선택재량의 문제를 고찰하고자 한다.

2. 학설 및 문제점

(1) 학설의 내용 소개

공무원[57]의 징계처분의 법적 성질이 무엇인가에 관하여 징계절차의 전과정을 포괄적으로 설명하는 경우는 드물고 대개 다음과 같은 2가지 종류의 내용이 단편적으로 기술되어 있는 것만을 볼 수 있다.

첫째로, 공무원의 징계처분의 법적 성질에 관해서 결정재량과 선택재량이라는 측면에서 설명하는 것이 일반적이다. 예컨대 "징계원인이 있는 경우에 어떤 종류의 징계를 할 것인가는 원칙적으로 징계권자의 재량적 판단에 속한다."[58]

57) 경찰공무원과 공무원을 엄격히 구별하지 아니하고, 반드시 구별할 필요가 있는 경우를 제외하고는, 함께 고찰하기로 한다. 이는 양자를 통틀어서도 문헌이 많지 않을 뿐만 아니라 실제 구별의 실익이 공무원징계령과 경찰공무원징계령의 적용으로 달라지는 정도에 불과하기 때문이기도 하다.

58) 김동희, 행정법 Ⅱ, 175.

라고 하거나, "징계사유가 발생하는 한, 징계권자는 반드시 징계를 요구해야 하는 점에서 징계를 요구할 수도 안할 수도 있는 의미의 결정재량은 부인되고 있다. 그러나 위의 징계종류 중에서 어느 것을 선택하는가에 관해서는 재량(선택재량)이 인정된다."[59]라고 하는 것이 공무원의 징계처분의 법적 성질에 관한 일반적인 기술이다. 이러한 공무원의 징계처분의 법적 성질에 관한 내용은 경찰공무원의 징계처분의 경우에서도 유사하다.[60]

두 번째로, 징계원인사실과 관련하여서, "징계사실의 인정과 관련하여서는 판단여지가 인정될 수 있다"[61]고 하면서, "재량과 어떤 사실이 요건에 해당하는가와 관련하여 인정될 수 있는 판단여지와의 차이에 관하여 유의할 것이다"[62]라고 하는 견해가 있다. 이에 반하여, "징계원인사실인정 여부의 판단은 소위 요건재량 내지 판단여지라는 부분이라고 할 수 있고 징계재량은 효과재량이라는 부분이 있다고 하면서 징계의결 요구권자는 소속장과 또는 소속기관의 장이나 소속상급기관의 장으로서 평소 당해 공무원의 지휘·감독의 지위에 있고 공무원 내의 사정에 통달해 있으므로 징계사유에 대한 판단에 광범한 재량권이 인정될 수 있다"[63]라고 하는 견해가 대립하고 있다.

(2) 학설의 정리와 문제점

위 첫 번째의 학설의 내용은, 결정재량과 선택재량의 측면에서, 공무원의 징계처분에 있어서 징계사유가 있는 한 반드시 징계를 하여야 한다는 점에서 이른바 결정재량은 부인되고, 다만 징계의 종류 중에서 어느 징계를 선택할 것인가의 선택재량만이 인정된다고 하는 것이다. 이점에 대하여는 이론의 여지가 없는 것으로 보인다. 두 번째의 학설의 내용은, 징계원인사실과 관련하여서는 기존의 재량이론인 요건재량설과 효과재량설과 관련하여 재량과 판단여지의 이동의 문제가 투영된 것이라고 할 수 있다.

그런데 위와 같은 학설의 내용의 문제점으로 지적할 수 있는 것은 징계처분

59) 김남진, 행정법 II, 법문사, 2001, 239; 김남진·김연태, 행정법 II, 법문사, 2005, 243-244.
60) 김남진, 경찰행정법, 118; 김형중, 경찰행정법, 389-390; 최영규, 경찰행정법, 159-160; 홍정선, 경찰행정법, 206.
61) 김남진, 행정법 II, 240; 김남진·김연태, 행정법 II, 법문사, 2005, 244.
62) 김남진, 경찰행정법, 118.
63) 그리고 징계사유 해당 여부뿐만 아니라 징계사유의 인정의 범위, 대상 및 방법 등의 결정도 그 재량권의 범위 내에 있다고 할 수 있다고 한다. 김향기, 공무원법상의 징계처분와 그 불복방법, 천봉석종현박사 화갑기념논문집, 757.

에 있어서 재량에 관한 설명이 분명하지가 않아서 징계처분의 법적 성질을 정확하게 이해하기 어려운 문제점이 있다. 왜냐하면 징계의결의 요구가 기속행위라고 한다면 이에 더하여 결정재량이 없다고 덧붙여 설명할 이유가 없다. 그리고 징계의결요구로 징계처분이 내려지는 것도 아니고 징계의결요구와 징계처분 사이에 있는 징계위원회의 징계의결의 단계를 거쳐야 하고, 징계의결요구권자와 징계의결위원회도 분리되어 있다. 게다가 이 징계위원회의 징계의결이 재량인지 여부의 문제도 있다.

요컨대 기존의 학설과 같이, 근본적으로 여러 단계로 구성되어 있는 경찰공무원 징계처분을 그 중 어느 한 단계에만 초점을 맞추어서 경찰공무원의 징계처분의 법적 성질을 설명하는 방식으로는, 복합적인 절차로 구성된 경찰공무원의 징계처분의 법적 성질을 제대로 파악할 수가 없게 되는 문제점이 있다고 할 수 있다.

이하에서는 먼저 경찰공무원 징계처분의 법적 성질을 단계별로 고찰하고, 이어서 경찰공무원 징계처분의 법적 성질인 재량행위와 관련된 문제로서 결정재량과 선택재량의 문제를 고찰하기로 한다.

3. 징계처분의 법적 성질의 단계별 고찰

(1) 단계별 고찰의 필요성

경찰공무원 징계처분은 징계원인사실의 확정 내지는 징계사유의 인정, 징계의결의 요구, 징계위원회의 심의와 징계의결, 징계양정, 징계의 집행 등 일련의 복합적인 절차의 산물이므로 그 어느 한 단계에 초점을 맞추어서 징계처분의 법적 성질을 고찰하는 것만으로는 징계처분 전반에 걸쳐서 그 법적 성질을 제대로 파악하기가 어렵다고 할 수 있다. 요컨대 일련의 복합적인 절차과정의 산물인 경찰공무원의 징계처분은 그 법적 성질도 각 단계별로 구체적 개별적으로 고찰하여야 할 필요성이 있다.

이하에서는, 먼저 징계처분의 단계적 고찰로서 징계원인사실과 징계사유, 징계의결의 요구, 징계위원회의 의결, 징계양정, 징계의 집행 등을 고찰한다.

(2) 징계원인사실과 징계사유

1) 개 요

경찰공무원의 징계원인사실과 징계사유와 관련하여서는, 징계원인사실의 확정이 재량행위인가의 문제, 징계원인사실과 징계사유의 관계문제, 징계사유의 “인정”과 징계사유에 “해당”의 이동 문제, 판례상의 용어인 “징계의 원인이 된 비위사실의 내용과 성질”[64]의 의미 등이 문제가 된다.

이하 이들을 차례대로 보기로 한다.

2) 징계원인사실의 확정

경찰공무원의 어떠한 의무위반사실이 징계원인사실에 해당하여 징계사유로 되는지 여부가 징계의결요구권자가 징계의결을 요구하기 전에 당연히 확정되어야 한다.

여기서 어떠한 사실이 징계원인사실로 인정될 수 있는가 여부에 관한 판단이 재량행위인가가 문제가 된다. 전술한 바와 같이, 학설은 기존의 재량이론인 요건재량설과 효과재량설에 근거한 재량과 판단여지의 이동과 관련하여서 징계원인사실의 확정에 대하여 견해가 대립하고 있다.

요건부분에는 불확정개념이 있으나 재량은 있을 수 없다는 효과재량설의 이론적인 귀결에 의한다고 하면, 다시 말해서 요건재량설을 취하지 아니하는 한, 어떠한 사실이 징계원인사실인가 여부의 판단은 판단여지와 관련될 수는 있어도 재량의 영역이라고 할 수는 없을 것이다. 그러나 요건부분의 불확정개념과 관련된 판단여지가 인정되는 경우 그 한도에서 법원의 재판통제가 미치지 않으므로 실질적으로 재량행위와 같고 구별할 실익이 없다고 하는 입장[65]을 취하게 되면 징계원인사실의 확정이 재량이라고 하는 견해는 어느 정도 그 의미가 있다고 할 수 있다.

어쨌든 양자의 구별실익을 명백히 드러내서 논증하는 견해는 현재로서는 없는 것 같다.

3) 징계원인사실과 징계사유의 관계

징계원인사실과 징계사유 간의 관계 설정의 문제로서, 징계원인사실이 국가

---

64) 대법원 1983. 6. 28. 선고 83누130 판결(공1983, 1207), 1991. 7. 23. 선고 90누8954 판결(공1991, 2257), 1992. 7. 14. 선고 92누5157 판결(공1992, 2430), 2006. 12. 21. 선고 2006두16274 판결(공2007상, 221) 등 참조.

65) 김동희, 행정법 Ⅰ, 박영사, 2007, 270; 판단여지 이론을 재량행위와 별도로 구분하여 인정해야 할 이론적인 독자성이나 현실적인 필요는 존재하지 않는다고 하는 것에는, 류지태, 행정법신론, 신영사, 2007, 76 참조; 판단여지가 인정되는 경우에는 사실상 행정청이 재량권을 가진 것과 마찬가지 결과가 된다고 하는 것에는, 최영규, 경찰행정법, 179 참조.

공무원법 제78조 제1항 3개의 호 중 어느 호의 징계사유에 해당하는가 여부에 관한 판단이 문제가 될 수 있다. 국가공무원법 제78조 제1항 "각 호의 1에 해당하는 사유"가 징계사유인데, 이 "각 호의 1"은 제1호 국가공무원법 및 같은 법에 의한 명령위반, 제2호 직무상의 의무위반 내지는 태만, 제3호 체면 또는 위신을 손상하는 행위 등이다.

여기서 경찰공무원의 징계원인사실이 구체적으로 제 몇 호의 징계사유 위반인가 여부는 논하여질 수는 있으나, 결국 각 호는 경찰공무원의 징계사유라는 점에서 동일하므로 원칙적으로 구별의 실익이 없다고 할 수 있다.[66]

4) 징계사유의 "인정"과 징계사유에 "해당"

국가공무원법 제78조 제1항의 "공무원이 다음 각 호의 1에 해당하는 때"라고 하는 규정부분과, 경찰공무원징계령 제9조 제1항의 "경찰기관의 장은 소속 경찰공무원 중 국가공무원법 제78조 제1항 각 호의 1에 해당하는 사유가 있다고 인정한 때"라고 하는 규정부분을 비교하여 보면, '사유인정'과 '해당'에 어느 정도 의미차이를 둘 수도 있을 것이다. 그리하여 예컨대 문리상 전자의 '사유인정'에 재량적인 요소가 많을 것으로 해석의 여지가 있을 수 있다.

그러나 양자 즉 '사유인정'과 '해당'은 징계의결을 요구하여야 하는 주체인 징계의결요구권자가 동일하다는 점에서 큰 차이는 없는 것으로 보인다. 참고로 국가공무원법 제78조 제1항에서의 '해당'이라고 하는 규정방식과 달리, 이러한 국가공무원법을 시행하는 하위법령에 해당하는 공무원징계령 제7조 제2항에서, "행정기관의 장이 .... 징계사유가 있다고 '인정'한 때에는 ..."라고 하여 '사유인정'을 규정하고 있다는 점에서 '해당'과 '사유인정'을 입법자가 의식적으로 구별하여 규정한 것은 아닌 것으로 보인다.

5) 판례상의 용어인 "징계의 원인이 된 비위사실의 내용과 성질"의 의미

우리나라 판례는 특히 징계재량권의 한계를 심사하는 경우에 있어서 "징계의 원인이 된 비위사실의 내용과 성질"[67]이라는 표현을 흔히 쓴다. 이 "징계의 원

66) 특히 징계의 목적상, 형사소송에 있어서 검사가 소추하기 위한 공소장을 작성함에 있어서 공소사실의 특정과 같은 정도로 엄격한 구별을 할 필요는 없을 것으로 보인다.

67) 대법원 2006. 12. 21. 선고 2006두16274 판결(공2007상, 221). 동일 취지의 판결, 대법원 1983. 6. 28. 선고 83누130 판결(공1983, 1207), 대법원 1991. 7. 23. 선고 90누8954 판결(공1991, 2257), 대법원 1992. 7. 14. 선고 92누5157 판결(공1992, 2430) 등 참조.

인이 된 비위사실의 내용과 성질"이 "어떠한 사실이 징계사유에 해당하는가의 여부에 관한 판단문제"와 어떠한 관련성이 있는가가 문제된다.

판례상 표현인 "징계의 원인이 된 비위사실의 내용과 성질"이라는 것은 "이미" 징계원인사실로 판정 받은 비위사실의 "내용과 성질"을 의미한다는 점에서 "어떠한 사실 자체가 징계원인사실을 충족하였음"을 전제로 한다고 할 수 있다. 즉 "비위사실의 내용과 성질"은 "어떠한 사실이 비위사실임을 충족함"을 전제를 한다는 점에서 전자는 후자를 전제요건으로 하는 것이다.

다시 말해서 "징계의 원인이 된 비위사실의 내용과 성질"이 "어떠한 사실이 비위사실임을 충족함"을 전제로 하고 있다는 것은, 즉 징계원인사실이 이미 확정되어 있다는 것을 의미한다. 이 점에서 징계처분을 할 것인가 말 것인가 여부에 관한 재량 즉 결정재량은 없다고 할 수 있다. 다만 "징계의 원인이 된 비위사실의 내용과 성질"이 실제의 징계처분 즉 파면, 해임, 정직, 감봉, 견책 등 징계종류의 선택재량을 행사함에 있어서 한 요소로서 고려할 수 있다는 점에서는 재량적인 요소로서 파악할 수 있다. 즉 여러 가지의 징계의 종류 중에서 어느 한 종류의 징계를 선택한다는 것은 효과면에서의 선택재량이라고 할 수 있다.

이와 같은 결정재량과 선택재량의 문제에 관하여는 후술한다.

(3) 징계의결의 요구

징계의결요구권자인 경찰기관의 장은 경찰공무원에게 국가공무원법 제78조 제1항 각 호의 1에 해당하는 사유 즉 징계사유가 있다고 인정한 때에는 지체없이 관할 징계위원회를 구성하여 징계의결을 요구하여야 한다(국가공무원법 제78조 제1항, 경찰공무원징계령 제9조 제1항). 이와 같은 조문의 규정형식상 징계의결의 요구는 기속행위라고 할 수 있다. 학설도 이와 마찬가지이다.[68]

이와 같이 징계의결요구권자의 징계의결의 요구가 기속행위로 파악되는 것이 일반적이다. 따라서 징계의결요구가 재량행위가 아니고 기속행위인 한, 징계처분에 결정재량이 없다고 하는 것이 실질적으로 징계의결의 요구에 있어서 결정재량이 없다고 하는 것을 의미한다고 하면 이는 특별한 의미가 없는 기술에 지나지 아니한다.

다만 어디까지나 징계의결의 요구만이 기속행위라는 것이므로 이러한 징계

---

68) 최영규, 경찰행정법, 160; 홍정선, 경찰행정법, 206.

의결과 관련된 모든 처분이 기속행위가 되는 것은 아니다. 예컨대 판례에 따르면, 징계의결요구권자가 징계사유가 있는 공무원에 대하여 징계의결을 요구하지 아니한 채 당해 공무원을 승진임용한 처분의 경우, 징계의결의 요구 부분만이 기속이고, 이와 관계없이 별도로 승진임용처분은 재량권의 한계 문제로 심사될 수 있다고 한다.[69)]

(4) 징계위원회의 의결

경찰공무원징계령 제11조에 따르면, 징계의결요구권자인 경찰기관의 장의 징계의결 요구를 받은 징계위원회는 그 요구서를 받은 날로부터 30일 이내에 징계에 관한 의결을 하여야 한다고 규정하고 있다. 따라서 징계위원회의 의결은 규정형식상 기속적인 것으로 보인다.

그러나 징계위원회는, 위 규정형식에서 보이는 바와 같이, 반드시 징계의결을 하여야만 하는 것은 아니고 징계의결을 하지 않을 수도 있다. 즉 징계사유가 있어 징계위원회에 징계의결이 요구되어 열린 징계위원회는, "비위의 도가 경하고 과실에 의한 비위로서 성실하고 능동적인 업무처리 과정에서 발생되었거나 행위 당시의 여건 기타 사회통념상 적법하게 처리할 것을 기대하기가 극히 곤란하다고 인정되는 때"(공무원 징계양정 등에 관한 규칙 제2조 제3항[70)])에는 징계의결을 하지 아니할 수 있다.

따라서 징계위원회가 이와 같은 사정을 인정하여 그 결과 징계의결을 하지 않을지 여부에 관한 판단은 기속의 영역이 아니라 역시 전형적인 재량의 영역이라고 할 것이다.

(5) 징계양정

공무원이 징계의결을 거쳐 징계처분을 받는 경우, 공무원 징계양정 등에 관한 규칙 제2조에서 정한 바와 같이, 징계혐의자의 비위의 유형, 비위의 정도 및 과실의 경중과 평소의 소행, 근무성적, 공적, 개전의 정 기타 정상 등을 참작하여

---

69) 이 사건은 하급 지방자치단체장이 전국공무원노동조합의 불법 총파업에 참가한 소속 지방공무원들에 대하여 징계의결을 요구하지 않은 채 승진임용하는 처분을 한 것은 재량권의 범위를 현저히 일탈한 것으로 위법하다고 한 사건이다. 대법원 2007. 3. 22. 선고 2005추62 전원합의체 판결(공2007상, 543). 동지의 판결 대법원 1998. 7. 10. 선고 97추67 판결(공1998하, 2133) 참조.

70) 교육공무원 징계양정 등에 관한 규칙 제3조 참조.

징계사건을 의결하여야 한다는 규정에 따라서 구체적인 징계사건이 의결된다.

이러한 징계양정은 그 조문의 규정형식상 재량의 영역임에 의문의 여지가 없다. 이는 각종 경찰공무원의 비위사실에 대응한 구체적인 징계처분을 일일이 규정하는 구속적인 규정이 처음부터 불가능하다는 것을 의미한다는 점에서 그 실질적인 근거도 있다고 할 수 있다.

이와 같은 재량영역에 있어서 최대의 문제점은 징계위원회의 의결에 객관성을 보장하기는 어렵다는 것이다. 그리하여 징계위원회가 구체적으로 징계양정을 하는 경우 객관성을 담보하기 위하여 그 기준이 되는 "징계양정기준"(공무원 징계양정 등에 관한 규칙 제2조 [별표 1][71])을 만들어 놓고 이에 따라 징계양정을 하도록 하고 있다. 이 "징계양정기준"은 재량행사의 기준으로 기능하는 전형적인 재량준칙이라고 할 수 있다.

(6) 징계의 집행

전술한 바와 같이, 징계의결을 요구한 자는 감봉·견책을 집행하여야 하고, 파면·해임·정직의 경우에는 당해 경찰공무원의 임용권자에게 파면·해임·정직 처분을 제청한다.(경찰공무원징계령 제18조, 제19조).

이와 같은 징계의 집행은 법문상 기속행위라고 할 수 있다.

4. 징계처분과 결정재량 및 선택재량

(1) 징계처분과 결정재량

전술한 바와 같이, 경찰공무원 징계처분과 관련하여서 기존의 학설은, 경찰공무원에게 징계사유가 발생하는 한 징계권자는 반드시 징계를 요구하여야 한다는 점에서는 기속행위이라고 한다. 따라서 징계를 요구할 수도 있고 안 할 수도 있다는 의미에서의 재량 즉 소위 결정재량은 원칙적으로 부인된다고 한다. 다만 파면, 해임, 정직, 감봉, 견책이라고 하는 징계의 종류 가운데 어떠한 징계의 종류를 선택하여 징계처분을 하는가에 재량 즉 선택재량만이 인정되게 된다고 한다.[72]

그런데 위와 같은 설명방법은 좀 부정확한 점이 있다. 징계의결요구권자인

71) 교육공무원 징계양정 등에 관한 규칙 제2조 [별표 1]도 이와 유사한 규정을 두고 있다.

72) 김남진, 경찰행정법, 118; 김형중, 경찰행정법, 389-390; 최영규, 경찰행정법, 159-160; 홍정선, 경찰행정법, 206.

경찰기관의 장은 징계사유가 있는 경우에는 징계의결을 요구하여야 한다는 점에서 징계의결의 요구는 법문상으로도 기속행위임이 분명하다(국가공무원법 제78조 제1항). 따라서 징계처분에 결정재량이 없다는 말은 징계의결의 요구에 관한 한 무의미한 진술에 불과한 것이다. 더군다나 징계의결요구로 징계처분이 내려지는 것이 아니고 징계의결요구와 징계처분 사이에 있는 징계위원회의 징계의결의 단계를 거쳐야 한다. 또한 원칙적 징계권자인 임용권자와 징계요구권자인 경찰기관의 장은 분리될 수 있다(경찰공무원징계령 제20조 참조).

아마도 기존의 학설이 징계처분에 관하여 결정재량이 부인되고 선택재량만이 인정된다고 하는 것은, 바로 이 징계위원회의 징계의결로 징계처분을 하기로 이미 결정된 상태에서 수종의 징계 즉 파면, 해임, 정직, 감봉 및 견책 중에서 어느 징계를 선택하는가라고 하는 선택재량을 의미하는 것으로 선해할 수도 있을지도 모르겠다.

따라서 징계처분과 관련하여 결정재량을 굳이 언급하고자 한다면, 징계의결요구권자의 징계의결요구에 의하여 열린 징계위원회에서 징계가 의결되고 그에 따라 징계권자가 징계처분을 하는 단계에 이르러서는 징계를 할 것인가 말 것인가의 결정재량은 없어지게 되고 다만 징계의 종류의 선택에 관한 선택재량만이 있다고 해야 한다.

그러나 이러한 것도 반드시 정확하다고만은 할 수 없다. 전술한 바와 같이, 징계위원회는 비위의 도가 경하고 과실에 의한 비위로서 성실하고 능동적인 업무처리 과정에서 발생되었거나 행위 당시의 여건 기타 사회통념상 적법하게 처리할 것을 기대하기가 극히 곤란하다고 인정되는 때에는, 현실적으로 징계의결을 하지 아니할 수 있다(공무원 징계양정 등에 관한 규칙 제2조 제3항). 이 점에서 징계의결에 있어서는 재량의 영역 즉 결정재량의 영역이 전적으로 부정되는 것만은 아니라고 할 수 있다.

(2) 징계종류와 선택재량

국가공무원법 제78조 제1항에 따라, 공무원이 징계사유에 해당하는 경우에는 징계의결요구권자는 징계의결을 요구하여야 하고 동 징계의결의 결과에 따라서 징계처분을 하여야 한다. 그런데 이러한 징계처분은 국가공무원법 제79조에서 정한 징계의 종류인 파면·해임·정직·감봉·견책 중에서 어느 하나를 선택하여야 한다. 이 점에서 징계처분, 더 정확히 징계위원회의 징계의결에 따라서 하는 징계처분은 선택재량이라고 할 수 있다. 앞에서 소개한 기존의 학설이 징계처분이 재량행위라고 하는 것도 바로 이러한 내용이라고 할 수 있다.

공무원의 징계처분에 있어서, 모든 징계원인행위와 그에 대한 징계처분을 1:1로 도식화하여 규정하기가 불가능할 뿐만 아니라 반드시 바람직하지도 않을 것이다. 이 점에서 징계처분을 기속행위로 할 수는 없을 것이다. 그 대신에 각각의 징계원인행위에 대하여 그 사안의 경·중에 따라서 제반 사정을 고려하여 구체적·개별적으로 적합한 징계처분을 내리는 것이 합리적이라는 의미에서 재량행위로 하는 것이 타당하고 바람직하다고 할 수 있다. 특히 실정법적으로 공무원 징계양정 등에 관한 규칙 제2조[73]에서 징계혐의자의 비위의 유형, 비위의 정도 및 과실의 경중과 평소의 소행, 근무성적, 공적, 개전의 정 기타 정상 등을 참작하여 징계사건을 의결하여야 한다고 규정하고 있다는 사실도 징계처분의 재량행위성을 뒷받침하고 있다고 할 수 있다.

이와 같이 징계처분에 재량 즉 선택재량이 인정된다고 하는 것은 5가지 징계유형 중의 선택, 즉 파면·해임·정직·감봉·견책 중에서의 선택을 의미한다(국가공무원법 제79조). 그런데 이러한 징계의 종류 중 정직은 1월 이상 3월 이하(국가공무원법 제80조 제3항), 감봉은 1월 이상 3월 이하(국가공무원법 제80조 제4항)에서 선택하여야 한다는 점에서 또 다른 재량의 행사의 문제가 남아 있게 된다.

5. 판 례

학설과 마찬가지로 판례도 경찰공무원의 징계처분에 관한 사건에 있어서, "공무원인 피징계자에게 징계사유가 있어서 징계처분을 하는 경우 어떠한 처분을 할 것인가는 징계권자의 재량에 맡겨진 것"[74]이라고 하여 경찰공무원의 징계처분을 재량행위로 보고 있음을 알 수 있다.

판례에서 말하는 "어떠한 처분"은 실제 구체적 사건의 특성상 당해 경찰공무원은 특정 징계처분이 자신에 대하여 과중하다는 이유로 소를 제기하는 것이 일반적이므로 주로 징계의 종류 중에서 선택문제인 선택재량을 의미한다고 할 수 있다. 특히 이 경우 판례가 "징계사유가 있어서 징계처분을 하는 경우"라는

73) 교육공무원 징계양정 등에 관한 규칙 제2조도 이와 유사한 규정을 두고 있다.

74) 대법원 2006. 12. 21. 선고 2006두16274 판결(공2007상, 221). 동일 취지의 판결, 대법원 1983. 6. 28. 선고 83누130 판결(공1983, 1207), 1991. 7. 23. 선고 90누8954 판결(공1991, 2257), 1992. 7. 14. 선고 92누5157 판결(공1992, 2430) 등 참조.

전제를 달고 있다는 점에서 이미 결정재량은 특별한 문제가 되지 않는 단계를 전제하고 있다고 할 수 있다.

Ⅴ. 결 어 – 앞으로의 과제

이상에서 경찰공무원의 징계의 의의, 징계사유, 징계절차, 징계의 종류를 고찰하고, 이를 기초로 하여 경찰공무원 징계처분의 법적 성질을 특히 경찰공무원 징계절차의 복합절차성을 고려하여 단계별로 고찰하였다.

본래 경찰공무원의 징계처분은 그 법적 성질이 징계권자의 재량행위라는 점에서 피징계자가 징계권자의 징계재량처분에 선뜻 동의하기가 어려운 부분이 있을 수 있다. 그뿐 아니라 경찰공무원의 징계처분은, 민사상의 손해배상액의 산정이나 형사상의 양형과 같이 제3의 기관으로서의 법원이 아니라, 행정 스스로 피징계자인 경찰공무원에 대하여 감독권의 발동의 차원에서 직접 징계처분을 내린다는 점에서도 그러하다. 어쨌든 오늘날 경찰공무원의 징계처분은 더 이상 자의에 의한 처분일 수는 없고, 전면적인 사법심사의 대상이 되는 엄연한 법치주의의 영역임에는 이론의 여지가 있을 수 없다.

경찰공무원의 징계처분은 경찰공무원의 신분 및 기타의 이익에 직결되는 중요한 문제이다. 결국 징계처분이 과중한가 여부가 문제의 핵심이고 이는 징계양정에 관한 문제로 된다. 따라서 실제로 경찰공무원에 대한 징계처분의 정도에 관한 예측가능성을 확립하는 것이 징계권자의 정당성을 확보하는 길이고 동시에 징계를 당하는 경찰공무원의 승복율 제고를 담보하는 것이므로 중요하다고 할 수 있다.[75)]

이를 위해서는 먼저 실제 우리나라 경찰공무원의 징계처분에 있어서 재량권의 일탈·남용 여부 내지는 재량권의 한계를 벗어났는지 여부에 관한 판단 기준을 구체적인 사례와 더불어 그 유형별로 분석·정리하여 체계화하는 작업이 이루어져야 한다. 그리고 이를 토대로 경찰공무원의 징계처분에 있어서 징계양정에 관한 형평과 평등을 기할 수 있는 방안을 모색하여야 한다.

---

75) 이 점에서 경찰공무원의 징계처분은 일정 부분 민사소송에 있어서 손해배상액 산정이나 형사소송에 있어서 양형의 의미와 일맥상통하는 부분이 있게 된다. 그럼에도 경찰공무원을 비롯한 공무원의 징계양정에 관한 연구가, 민사나 형사에 비하여, 거의 행해지지 않아 왔다. 앞으로 이에 관한 연구가 많이 필요하다고 하겠다.

바로 이러한 작업들이 만족할 만한 성과를 거두고 그에 따라 경찰공무원에게 징계권자가 합리적인 징계처분을 내리고 이에 피징계자인 당해 경찰공무원이 수긍할 때, 비로소 경찰공무원의 징계처분에 있어서 합법성뿐만 아니라 그와 동등한 지위를 갖는 법치주의의 한 내용으로서의 법적 안정성을 확보하는 길이 될 것이다.

토론할 문제

1. 경찰공무원 징계처분의 법적 성질을 징계의 각 단계별로 달리 파악할 수 있는가?
2. 징계종류와 선택재량
3. 징계처분에 결정재량이 있을 수 없다는 의미
4. 징계의결요구권자가 징계사유가 있는 공무원에 대하여 징계의결의 법적 성질

참고문헌

김성환, 공무원의 징계처분 특히 징계권의 남용에 대하여, 고시계 제15권 제2호(156호), 1970.

김성환, 공무원의 결격사유와 징계와의 관계, 법률신문, 제1049호, 법률신문사.

김성환, 공무원의 징계처분과 재량권의 한계(상), 법률신문 제1076호, 1974.

김성환, 공무원의 징계처분과 재량권의 한계(하), 법률신문 제1077호, 1974.

김성환, 공무원의 결격사유와 징계와의 관계, 판례연구 제3집, 서울변호사회, 1978.

김경재, 공무원자격 결격사유와 징계와의 관계, 판례회고 제2호(1973년도), 서울대학교, 1974.

김향기, 공무원에 대한 불이익처분과 그 불복방법, 토지공법연구 제19집, 2003.

김향기, 공무원법상의 징계처분와 그 불복방법, 천봉석종현박사 화갑기념논문집, 2003.

박국수, 징계파면처분의 효력발생시기와 그 효력발생 전에 공무원 신분을 박탈한 위법이 처분의 효력에 미치는 영향, 대법원판례해설 11호(1989년 상반기), 대법원 법원행정처, 1990.

이세중, 공무원 신분 소송에 관하여 : 징계처분에 따른 하급심판례동향을 중심으로, 송무자료집 제9집(2005. 12.), 대검찰청 고등검찰청, 2005.

최정수, 1. 공무원 임용전의 비위행위(내지는 임용에 관련 비위행위)와 징계사유 여부, 2. 징계시효의 기산점, 대법원판례해설 제13호(1990년 상반기), 대법원 법원행정처, 1991.

최재건, 공무원의 징계와 변상책임의 법률지식, 청림출판, 2001.

제6절 경찰공무원 징계재량에 대한 사법심사의 판단 기준[76)]

Ⅰ. 서 설

재벌 회장 보복폭행 사건을 둘러싼 경찰의 은폐·로비의혹에 대해 경찰청장의 사퇴를 요구한 총경에 대한 경찰청장에 대한 중징계요구 사건과, 교통법규 위반 운전자로부터 1만 원을 받은 교통경찰공무원을 해임처분한 사건 등에서 보는 바와 같이, 최고위층 경찰공무원이든 일선 경찰공무원이든 간에 모든 경찰공무원은 국가공무원으로서 국민전체의 봉사자이고 국민에 대하여 책임을 지는 것은 헌법과 법률에 따라 당연한 일이다. 그럼에도 위 두 가지 사건은 당사자인 경찰공무원이 당해 징계처분에 흔쾌히 승복하지 않고 있다는 점에서 공통적이다.

경찰공무원에 대한 징계처분은 법에 엄격히 구속되는 기속행위가 아니라 징계권자에게 재량권이 부여된 재량행위임이 원칙이다. 본래 재량행위에 대한 사법심사는 단지 법규정의 해석에만 그치는 것이 아니라, 참작가능한 제반 사정을 종합적으로 고려하여 심사한다는 점에서 매우 실질적인 심사이다. 예컨대 재량행위인 경찰공무원의 징계처분에 관하여는, 법원은 경찰공무원의 직무의 특성, 비위사실의 내용과 성질, 징계에 의하여 달성하려고 하는 행정목적 등등 경찰공무원과 관련된 사회 전반적인 사정을 포함하여 실질적인 심사를 하여야 한다고 한다.[77)] 이런 점에서 보면 재량행위에 대한 사법심사의 질적인 수준이 한 나라의 사법제도를 비롯한 법문화의 수준을 평가하는 척도가 된다고도 할 수 있다.

따라서 우리나라 경찰공무원의 징계처분에 있어서 징계권자의 재량권에 대한 사법심사를 논함에 있어서는, 외국의 이론의 소개 및 이에 근거한 이론적 접근도 물론 중요하지만, 그보다는 실제 우리나라에서 있었던 사례를 중심으로 검토하는 것이 우리나라 경찰공무원의 현실을 이해함에 있어서 매우 중요하다고 할 수 있다. 이와 같이 이론적인 측면에 못지않게 실제적 측면을 검토함으로써만이 우리나라 경찰공무원의 징계처분에 대한 법원의 사법심사를 보다 체계적이고 실질적으로 이해할 수가 있게 된다.

---

76) 이에 관한 상세한 내용 및 주석은, 최선웅, 경찰공무원 징계재량에 대한 사법심사의 판단 기준, 한국경찰연구, 제6권 제3호, 2007, 229-254면 참조.

77) 대법원 2006. 2. 24. 선고 2005두6447 판결. 동일 취지의 판결, 대법원 2001. 8. 24. 선고 2000두7704 판결.

Ⅱ. 경찰공무원 징계재량 및 사법심사

1. 경찰공무원 징계재량[78)]

경찰공무원을 포함한 공무원 일반[79)]에 대한 징계처분의 법적 성질 즉 당해 공무원에게 징계원인이 있는 경우에 징계를 할 것인가 여부에 관한 법적 성질을 재량행위라고 파악하는 것이 일반적이라고 할 수 있다. 이러한 징계처분을 효과재량설하에서 재량행위의 관념인 결정재량과 선택재량의 측면에서 보면, 공무원의 징계처분에 있어서 징계사유가 있는 한 반드시 징계를 하여야 한다는 점에서 이른바 결정재량은 부인되고, 다만 징계의 종류 중에서 어느 징계를 선택할 것인가의 선택재량만이 인정된다고 한다.

학설과 마찬가지로 판례도 경찰공무원의 징계처분에 관한 사건에 있어서, 「공무원인 피징계자에게 징계사유가 있어서 징계처분을 하는 경우 어떠한 처분을 할 것인가는 징계권자의 재량에 맡겨진 것」[80)]이라고 하여 경찰공무원의 징계처분을 재량행위로 보고 있다.

생각건대 경찰공무원의 징계처분에 있어서, 모든 징계원인행위와 그에 대한 징계처분을 도식화하여 규정하기가 불가능할 뿐만 아니라 반드시 바람직하지도 않다는 점에서 징계처분을 기속행위로 할 수는 없을 것이다. 그 대신에 각각의 징계원인행위에 대하여 그 사안의 경·중에 따라서 제반 사정을 고려하여 구체적·개별적으로 적합한 징계처분을 내리는 것이 합리적이라는 의미에서 재량행위로 하는 것이 실질적이고 타당하다.[81)]

---

78) 경찰공무원 징계처분의 법적 성질에 관한 상세한 것은, "경찰공무원 징계처분의 법적 성질" (최선웅, 2007: 486-495)을 참조하고 여기서는 그 개략적인 언급만 하기로 한다.

79) 이 글에서는 경찰공무원과 공무원은 같은 공무원이라는 점에서는 엄격히 구별하지 아니하고, 반드시 양자를 구별할 필요가 있는 경우를 제외하고는, 함께 고찰하기로 한다. 이는 양자를 통틀어서도 문헌이 그다지 많지 않을 뿐만 아니라 실제 구별의 실익이 공무원징계령과 경찰공무원징계령의 적용으로 달라지는 정도에 불과하기 때문이기도 하다.

80) 대법원 2006. 12. 21. 선고 2006두16274 판결(공2007상, 221). 동일 취지의 판결, 대법원 1983. 6. 28. 선고 83누130 판결(공1983, 1207), 대법원 1991. 7. 23. 선고 90누8954 판결(공1991, 2257), 대법원 1992. 7. 14. 선고 92누5157 판결(공1992하, 2430) 등 참조.

81) 공무원 징계양정 등에 관한 규칙 제2조에서 징계혐의자의 비위의 유형, 비위의 정도 및 과실의 경중과 평소의 소행, 근무성적, 공적, 개전의 정 기타 정상 등을 참작하여 징계사건을 의결하여야 한다고 규정하고 있다는 사실은 징계처분의 재량행위성을 뒷받침하고 있다고 할 수 있다.

요컨대 경찰공무원의 징계처분의 법적 성질은 재량행위라고 하는 것이 일반적이다. 그러나 경찰공무원의 징계처분은 일련의 복합적인 절차과정의 산물이므로 경찰공무원의 징계처분의 법적 성질은 그 징계처분을 구성하는 각 절차를 단계별로 구체적 개별적으로 고찰하여야 할 필요성이 있다. 따라서 경찰공무원 징계처분의 법적 성질은 그 징계처분절차를 구성하는 각 절차의 단계인 징계원인사실과 징계사유, 징계의결의 요구, 징계위원회의 의결, 징계양정, 징계의 집행 등으로 나누어 그 각각의 법적 성질을 고찰하여야 한다.[82]

2. 경찰공무원 징계재량에 대한 사법심사

오늘날 실질적 법치주의하에서는 일반적으로 재량행위는 법률로부터는 자유로울 수 있을지 몰라도 법으로부터 자유로울 수 없다는 것을 의미한다. 따라서 재량행위도 사법심사의 대상이 될 뿐만 아니라 이에 대하여 사법부의 실질적인 심사가 이루어지게 된다는 점에 대하여는 이론의 여지가 없다. 이러한 재량행위에 대한 사법통제의 내용은, 행정청의 재량권이 일정 법적 한계 내에서 행사할 의무가 있음에도 불구하고 이러한 법적 한계를 벗어났는가 여부 즉 재량권의 범위를 일탈·남용하였는가 여부에 관한 것이다. 이와 같이 오늘날 재량행위는 재량권의 일탈·남용 여부 내지는 재량권의 한계를 벗어났는가에 대하여 법원의 사법심사가 전면적으로 행해지게 된다.

종래의 특별권력관계에서 벗어난 오늘날의 경찰공무원은 자신에 대한 징계처분에 대한 불복수단으로서 소청 및 행정소송을 제기할 수 있다. 그런데 이러한 불복의 대상이 되는 경찰공무원 징계처분의 법적 성질은, 전술한 바와 같이, 재량행위이다.[83] 따라서 경찰공무원의 징계처분에 대한 불복으로 벌어진 행정소송에서의 법원의 심사는 결국 징계권자가 징계재량행위의 범위를 일탈·남용하였는지 여부 또는 재량권의 한계를 벗어났는지 여부에 관한 사법심사의 성격을 갖게 된다.

경찰공무원 징계처분과 관련된 재량이 재량권의 한계를 벗어났는지 여부를

82) 이와 같이 경찰공무원 징계처분의 법적 성질을 각 절차의 단계별로 구분하여 상세히 고찰한 것에 관하여는, "경찰공무원 징계처분의 법적 성질"(최선웅, 2007 : 488-493) 참조.

83) 경찰공무원 징계처분의 법적 성질이 일반적으로 재량행위라고 하는 것이 경찰공무원 징계처분의 법적 성질을 징계처분을 각 절차의 단계별로 구분하여 그 법적 성질을 고찰하는 것과는 반드시 모순되는 것만은 아니라고 할 수 있다. 후자는 전자를 보다 정확하고 명확하게 이해하는 과정이다.

판단하는 대상이 되는 "징계처분"은, 실질적으로는 "징계권자가 징계처분을 함에 있어서 선택재량권을 행사한 결과 파면, 해임, 정직, 감봉, 견책 등 징계의 여러 가지 종류 중에서 선택한 징계처분"을 의미한다. 당해 경찰공무원은 바로 자신이 받은 징계처분이 재량권의 범위를 일탈·남용 즉 재량권의 한계를 벗어나서 자신에게 상대적으로 과중하다고 주장하여 취소를 청구하게 되면 법원은 바로 이 징계처분이 재량권의 한계를 벗어났는지 여부를 심사하게 된다.

그런데 경찰공무원의 징계재량에 관한 판례에서, 공무원인 「피징계자에게 징계사유가 있어서 징계처분을 하는 경우 어떠한 처분을 할 것인가는 징계권자의 재량에 맡겨진 것」[84]이라고 하는 것은 결국 징계권자가 피징계자에게 징계처분을 하는 경우 징계종류의 선택에 관한 것을 의미한다. 다시 말해서 여기에서의 "어떠한 처분"은 결국 징계사유가 있을 때 징계를 할 것인가 말 것인가에 관한 재량 즉 결정재량을 의미하는 것이 아니라, 파면, 해임, 정직, 감봉, 견책 등 여러 가지의 징계종류 중의 어느 한 종류의 징계의 선택이라고 하는 선택재량을 의미하는 것은 물론이다.

이와 관련하여 기존의 학설에 따르면, 경찰공무원에게 징계사유가 발생하는 한 징계권자는 반드시 징계를 요구하여야 한다는 점에서는 기속행위이므로 징계를 요구할 수도 있고 안 할 수도 있다는 의미에서의 재량 즉 소위 결정재량은 원칙적으로 부인된다고 한다. 다만 파면, 해임, 정직, 감봉, 견책이라고 하는 징계의 종류 가운데 어떠한 징계의 종류를 선택하여 징계처분을 하는가에 재량 즉 선택재량만이 인정되게 된다고 한다.

그러나 경찰공무원 징계처분과 관련하여 결정재량을 굳이 언급하고자 한다면, 징계의결요구권자의 징계의결요구에 의하여 열린 징계위원회에서 징계가 의결되고 그에 따라 징계권자가 징계처분을 하는 단계에 이르러서는 징계를 할 것인가 말 것인가의 결정재량은 없어지게 되고 다만 징계의 종류의 선택에 관한 선택재량만이 있다고 해야 한다.[85]

요컨대 실제 경찰공무원의 징계처분에 관한 재량행위에 대한 사법심사는 주로 징계처분에 있어서 징계종류의 선택과 관련된 징계권자의 재량권 행사가

---

84) 예컨대 대법원 2006. 12. 21. 선고 2006두16274 판결(공2007상, 221), 대법원 2006. 2. 24. 선고 2005두6447 판결, 대법원 2006. 8. 24. 선고 2006두3865 판결 등을 들 수 있다.

85) 이와 같은 기존의 학설의 문제점에 관한 상세한 것은, "경찰공무원 징계처분의 법적 성질"(최선웅, 493-494) 참조.

재량권의 범위를 일탈·남용하였는지 여부 즉 경찰공무원 징계재량권의 한계에 관한 사법심사의 문제로 된다.

Ⅲ. 일반적 판단 기준

1. 재량행위에 대한 사법심사의 일반적 판단 기준

오늘날 재량행위에 대해서는 재량권의 일탈·남용 여부 내지는 재량권의 한계를 벗어났는지 여부에 대하여는 사법심사가 전면적으로 행하여 진다. 경찰공무원에 대한 징계처분도 그 법적 성질이 재량행위인 한 그에 대한 사법심사는 당연히 행하여 지는 것은 물론이다.

다만 일반적으로 재량행위가 재량권의 한계를 벗어났는지 여부를 법원이 심사함에 있어서 그 척도가 되는 판단 기준에 관해서는 통일되어 있지는 아니하다. 그 예를 보면, 재량권의 일탈, 목적위반, 사실의 정확성, 재량권의 불행사, 비례·평등·부당결부금지 등 제 원칙 위반, 타사고려금지 및 적정형량의 원칙, 재량권의 영으로의 수축 등을 드는 경우, 재량의 유월, 남용, 흠결 또는 해태 등으로 나누어 파악하는 경우, 이 외에도 자의·독단, 사실오인, 법률의 착오, 입법정신 위반, 평등·비례·공익·신의칙·신뢰보호·부당결부금지·적정형량 등 제 원칙의 위반, 법적 안정성, 사회통념, 기타 기본권 및 행정법 일반원칙 위반 등등 포괄적으로 들고 있는 경우도 있다.

2. 경찰공무원 징계재량에 대한 사법심사의 일반적 판단 기준

(1) 개 설

재량행위에 대한 사법심사에 있어서의 일반적 판단 기준이 실제 경찰공무원을 징계처분함에 있어서 재량권의 일탈·남용 여부 내지는 재량권의 한계를 벗어났는지 여부에 관한 판단에서 어떻게 고려되고 있는지 여부를 고찰하기로 한다.

이하에서는 경찰공무원[86] 징계처분에 있어서 우리나라 판례가 들고 있는 판

---

86) 이하에서 소개되는 판례는 주로 경찰공무원에 대한 징계처분과 관련된 대법원 판례들을 주로 선정하여 소개하였는데, 경우에 따라서 당해 항목에 경찰공무원에 해당하는 적절한 판례가 없거나 또는 경찰공무원도 공무원의 일종임에 분명하다는 점에서 경찰공무원을 일반 공무원

단 기준들을, 위에서 고찰한, 재량행위에 대한 사법심사의 일반적인 판단 기준인 동기설에 근거한 사실의 정확성, 목적위반, 평등원칙 및 비례원칙 등으로 나누어 고찰하기로 한다.

(2) 사실의 정확성

이는 실제 존재하지 아니한 사실에 근거하여 재량처분을 한 경우에는 당해 처분에 동기결여의 위법사유가 있다고 할 수 있다(동기설).

경찰공무원의 경우에 있어서도 처분사유가 실제 사실과 부합하지 아니한 징계처분을 상정할 수 있고 이러한 경우에는 위법하게 된다. 예컨대 경찰공무원을 징계처분함에 있어서 징계의결요구권자에 의하여 징계의결이 요구된 징계사유 아닌 사유를 들어 징계의결하여 징계처분을 한 경우에는 위법하게 된다고 할 수 있다.[87)]

(3) 목적위반

경찰공무원의 징계처분에 있어서 징계권자의 재량권 행사의 목적이 공익목적에 위반되는 경우에는 당해 재량처분은 위법한 처분이 된다.

이와 같은 공익목적을 이유로 재량권의 행사가 위법하다고 한 사례로서는, 유흥업소 단속에 관한 청탁행위로 징계위원회에 회부된 경찰공무원에 대한 해임처분이 문제된 사안에서 징계권의 행사가 임용권자의 재량에 맡겨진 것이라고 하여도 공익적 목적을 위하여 징계권을 행사하여야 할 공익의 원칙에 반하는 경우에는 징계처분이 위법하다고 한 사례[88)]를 들 수 있다.

과 엄격히 구별할 필요가 없는 경우에는 양자에 관한 판례를 엄격히 구별하지 아니하고 함께 고찰하기로 한다.

87) 이에 해당할 수 있는 사례로서는, 예컨대 세무공무원을 징계처분함에 있어서 징계의결요구권자가 요구한 것보다 많은 무단결근 일수를 징계사유로 한 징계의결의 경우, 무단결근이라는 기초사실의 동일성에 변함이 없고 또 원고들의 방어권행사에 무슨 지장을 주는 것이 아니므로 징계요구 없는 사항에 대한 것이라고 할 수는 없다고 한 판례{대법원 1984. 9. 25. 선고 84누299 판결(공1984, 1747)}를 들 수 있다.

88) 대법원 1999. 11. 26. 선고 98두6951 판결(공2000상, 73). 한편 징계처분이 공익목적을 위반하지 아니하였다고 한 사례로서 경찰공무원이 아닌 교육공무원의 예로서, 학교장 등으로부터 수차에 걸쳐 전국교직원노동조합의 불법성과 그 조합결성에 참여할 경우 의법처리된다는 지도를 받고도 고의적으로 전교조 분회의 결성에 참가한 교육공무원에 대한 징계처분이 징계권의 행사가 임용권자의 재량에 맡겨진 것이라고 하여도 공익적 목적을 위하여 징계권을 행사하여야 할 공익의 원칙에 반하지 아니한다고 한 사례{대법원 1992. 6. 26. 선고 91누11308 판결(공1992상, 2298)(밑줄은 필자)}를 들 수 있다.

(4) 평등원칙

재량행위에 대한 평등원칙에 근거한 통제로서는 동일한 내용의 행정상 위반행위를 한 자가 다수인 경우 특별한 사유가 없음에도 특정인에 대하여 보다 불리한 처분을 한 경우를 들 수 있다.

이에 해당하는 예로는, 같은 정도의 비위를 저지른 자들 사이에 있어서도 징계의 종류의 선택과 양정에서 차이는 있을 수 있고 사안의 성질에 따른 합리적 차별로서 이를 자의적 취급이라고 할 수 없는 것이어서 평등의 원칙 내지 형평에 반하지 아니한다고 한 사례[89]를 들 수 있다. 이 경우 구체적으로는 직무의 특성, 뇌물 수수의 경위 및 횟수, 현금 수수 여부와 그 액수, 의도적 · 적극적 행위인지 여부, 개전의 정이 있는지 여부 등에 따라 징계의 종류의 선택과 양정에 있어서 차별적으로 취급을 할 수는 있다고 한다.[90]

또한 행정청이 종래부터 일정한 관행에 따라서 재량처분을 하여 온 경우 특별한 사정이 없이 이러한 관행과 다른 처분을 한 경우 헌법상의 평등원칙에 반하게 된다.[91]

예컨대 경찰공무원의 징계처분에 있어서 이에 관한 판례를 보면, 유흥업소 단속에 관한 청탁행위로 징계위원회에 회부된 경찰공무원에 대한 해임처분이 합리적인 사유 없이 같은 정도의 비행에 대하여 일반적으로 적용하여 온 기준과 어긋나게 공평을 잃은 징계처분을 선택함으로써 그 징계처분이 평등의 원칙에 위반하여 재량권의 한계를 벗어난 것으로 본 사례[92]를 들 수 있다.

(5) 비례원칙

비례원칙이란 헌법 제37조 제2항에 근거한 원칙으로서 목적과 수단 간에 적절한 비례의 관계가 형성되어야 한다는 원칙을 말한다.

예컨대 교통위반차량 운전사로부터 돈 2,000원을 받고 가볍게 처리한 교통경찰관에 대한 파면처분,[93] 수일간의 무단근무이탈사유로 16회의 모범공무원표

89) 대법원 2006. 2. 24. 선고 2005두6447 판결. 동일 취지의 판결, 대법원 2000. 10. 13. 선고 2000두5609 판결.

90) 앞의 주 참조.

91) 이와 같이 행정청이 헌법상의 평등원칙에 의하여 자신의 관행에 구속되는 것을 행정의 자기구속의 법리라고 한다.

92) 대법원 1999. 11. 26. 선고 98두6951 판결(공2000상, 73). 이와 동일 취지의 판례로는, 대법원 1992. 6. 26. 선고 91누11308 판결(공1992상, 2298), 2006. 2. 24. 선고 2005두6447 판결들을 들 수 있다.

창을 받은 바 있는 13년 근속경찰관에 대하여 한 파면처분[94]은 비례원칙을 위반한 징계처분으로서 위법하다고 한다.

한편, 경찰공무원의 징계처분에 있어 재량권의 행사가 비례의 원칙을 위반하였는지 여부에 관한 판단 기준에 관하여 우리나라 판례는, 징계사유로 인정된 비행의 내용과 정도, 그 경위 내지 동기, 그 비행이 당해 행정조직 및 국민에게 끼치는 영향의 정도, 행위자의 직위 및 수행직무의 내용, 평소의 소행과 직무성적, 징계처분으로 인한 불이익의 정도 등을 종합적으로 판단하여야 한다고 한다.[95]

Ⅳ. 경찰공무원 징계재량에 특유한 판단 기준

1. 개 요

경찰공무원의 징계재량의 한계에 관한 사법심사에 있어서 경찰공무원 징계재량에 특유한 판단 기준으로는, 경찰공무원으로서의 품위상실, 국민의 신뢰상실 및 경찰공무원의 직무와 관련된 경찰공무원 금품수수에 관련된 판단 기준을 들 수 있고, 마지막으로 경찰공무원 징계재량에 관한 종합적 판단 기준으로서 사회통념상 현저하게 타당성을 잃었는지 여부라고 하는 판단 기준을 들 수 있다.

이하 차례대로 고찰하기로 한다.

2. 경찰공무원으로서의 품위상실, 국민의 신뢰상실에 관한 판단 기준

경찰공무원의 징계원인행위가 경찰공무원의 신분 자체와 밀접한 관련성을 갖는 경우로서, 경찰공무원의 징계원인행위가 경찰공무원으로서의 품위를 상실하거나 국민의 신뢰를 상실하는 경우를 들 수 있다.

공무원으로서의 품위상실과 국민의 신뢰상실에 관한 판례를 보면, 「국민으로부터 널리 공무를 수탁하여 국민 전체를 위해 근무하는 공무원의 지위를 고려할 때 공무원의 품위손상행위는 본인은 물론 공직사회에 대한 국민의 신뢰를 실추시킬 우려가 있으므로 지방공무원법 제55조는 국가공무원법 제63조와 함

93) 대법원 1984. 3. 27. 선고 84누86 판결(공1984, 746).
94) 대법원 1984. 6. 26. 선고 83누75 판결(공1984, 1305).
95) 대법원 2006. 2. 24. 선고 2005두6447 판결. 동일 취지의 판결, 대법원 2001. 8. 24. 선고 2000두7704 판결 등 참조.

께 공무원에게 직무와 관련된 부분은 물론 사적인 부분에 있어서도 건실한 생활을 할 것을 요구하는 '품위유지의무'를 규정하고 있고, 여기에서 품위라 함은 주권자인 국민의 수임자로서의 직책을 맡아 수행해 나가기에 손색이 없는 인품을 말한다」[96]고 하고 있다.

즉 판례에 따르면, 공무원은 건실한 생활을 하여 주권자인 국민의 수임자로서의 직책을 성실히 수행할 수 있는 신뢰를 획득하고 있는지 여부를 공무원에 대한 징계재량에 대한 판단 기준으로 제시하고 있는 것이다. 물론 경찰공무원도 공무원으로서의 품위를 상실하거나 또는 국민의 신뢰를 상실한 것으로 인정되는 행위를 하는 경우에는 당해 경찰공무원에 대한 징계처분에 있어서 재량권의 행사가 정당하게 된다.

우리나라 판례에서 경찰공무원의 품위상실 및 국민의 신뢰상실에 해당 여부가 문제가 된 사례를 들면, 교통사고를 일으키고 도주한 경우[97], 부도덕한 축첩행위[98], 사통하던 여자와 싸우다가 상해를 가하여 고소를 당한 경우[99], 아무런 변제 대책도 없이 과다채무를 부담한 경우[100], 불법과외교습[101], 도박행위[102], 음주운전[103] 및 음주상태에서의 교통사고발생[104], 진정사건을 조사하는 경찰관이 민사분쟁에 개입, 진정인에게 유리하게 사건을 해결하여 민원을 야기하고 경찰의 위신을 손상시킨 행위[105], 경찰공무원으로서 뇌물임을 알면서도 금품을 공여·수수하는 데 중개역할을 하여 그 금품의 일부를 취득하고 그 처도 같은 명목으로 거액의 금원을 수령한 경우[106], 고소인을 술집으로 불러 화해를 종용

---

96) 대법원 1998. 2. 27. 선고 97누18172 판결(공1998상, 926). 이 판례는, 출장근무 중 근무장소를 벗어나 인근 유원지에 가서 동료 여직원의 의사에 반하여 성관계를 요구하다가 그 직원에게 상해를 입히고 강간치상죄로 형사소추까지 당하게 된 경우, 당해 공무원의 이러한 행위는 사회통념상 비난받을 만한 행위로서 공직의 신용을 손상시키는 품위손상행위에 해당한다고 본 사례이다.

97) 대법원 1999. 10. 8. 선고 99두6101 판결(공1999하, 2339).

98) 대법원 2002. 12. 27. 선고 2002두8893 판결. 동일 취지의 판결, 대법원 2006. 8. 24. 선고 2006두3865 판결.

99) 대법원 1990. 3. 13 선고 89누8040 판결(공1990, 899).

100) 대법원 1999. 4. 27. 선고 99두1458 판결(공1999상, 1072).

101) 대법원 1989. 3. 14. 선고 85누701 판결(공1989, 611).

102) 대법원 1983. 6. 28. 선고 82누544 판결(공1983, 1280), 대법원 1984. 8. 21. 선고 84누399 판결(공1984, 1567).

103) 대법원 1997. 11. 25. 선고 97누14637 판결(공1998상, 123).

104) 대법원 1997. 11. 14 선고 97누7325 판결.

105) 대법원 1984. 10. 10 선고 84누193 판결(공1984, 1804).

하고 금원을 차용하고 술값까지 부담시킨 경우[107] 등을 들 수 있다.

3. 경찰공무원 금품수수등에 관한 판단 기준

경찰공무원의 직무 자체가 금품수수, 뇌물, 청탁 등의 유혹에 노출되어 있는 것이 현실이다. 따라서 경찰공무원의 직무행위가 금품수수 등과 관련된 경우 그에 대한 징계재량권의 한계에 관한 판단 기준은 경찰공무원이 금품수수등으로부터 직무를 지키는 척도가 되는 중요한 문제라고 할 수 있다.

경찰공무원의 직무가 금품수수, 뇌물, 청탁한 행위 등에 해당하는지 여부가 문제가 된 사례로는, 유흥업소 단속에 관한 청탁행위,[108] 설날 며칠 뒤 부하 경찰관을 통하여 관내 업소 경영자로부터 금 80만 원을 교부받은 파출소장의 행위,[109] 교통사고 잘 처리하여 달라는 부탁을 받고 10만 원권 자기앞수표 2장을 받은 행위,[110] 경찰공무원으로서 뇌물임을 알면서도 금품을 공여 · 수수하는 데 중개역할을 하여 그 금품의 일부를 취득하고 그 처도 같은 명목으로 거액의 금원을 수령한 행위,[111] 공정한 업무처리에 대한 사의로 두고 간 돈 30만원을 피동적으로 수수하였다가 돌려 준 행위,[112] 소매치기 혐의로 수사 중이던 피의자들을 선처하여 준다는 명목으로 금품을 수수한 행위,[113] 범죄조직관계자로부터 금품을 받고 사건을 부당처리한 수사경찰관의 행위,[114] 수사경찰관이 고소인에게 수사방향을 미리 알려 추가고소를 하도록 종용한 행위,[115] 훈방조치와 관련하여 금 50,000원을 수수한 행위,[116] 교통위반차량 운전사로부터 돈 2,000원을 받고 가볍게 처리한 행위[117] 등을 들 수 있다. 실제 판례에 있어서 이와 같은 금품수수등 사례의 빈도수가 가장 높다고 할 수 있다.

---

106) 대법원 1994. 6. 10 선고 94누4622 판결(공1994하, 1969).
107) 대법원 1984. 7. 24. 선고 84누140 판결(공1984, 1496).
108) 대법원 1999. 11. 26. 선고 98두6951 판결(공2000상, 73).
109) 대법원 1999. 3. 9. 선고 98두18145 판결(공1999상, 676). 동일 취지의 대법원 1999. 2. 23. 선고 98두12192 판결.
110) 대법원 1998. 10. 23. 선고 98두13218 판결.
111) 대법원 1994. 6. 10 선고 94누4622 판결(공1994하, 1969).
112) 대법원 1991. 7. 23 선고 90누8954 판결(공1991, 2257).
113) 대법원 1990. 11. 13 선고 90누1625 판결(공1991, 107).
114) 대법원 1987. 10. 26 선고 87누493 판결(공1987, 1810).
115) 대법원 1985. 10. 22 선고 85누250 판결(공1985, 1566).
116) 대법원 1984. 12. 11. 선고 84누461 판결(공1985, 214).
117) 대법원 1984. 3. 27. 선고 84누86 판결(공1984, 746).

이와 같은 경찰공무원의 금품수수등의 행위에 대한 징계처분이 재량권의 한계를 일탈하였는지 여부를 판단함에 있어서는, 판례에 따르면, 장기간의 성실한 근무 내지는 각종 표창 등의 정상참작사유, 행위에 이르게 된 동기와 경위, 청탁 상대방과의 관계, 청탁의 결과, 징계절차가 개시된 경위, 기타 기록에 나타난 모든 정황 등을 고려하거나, 구체적으로 수수액수, 수수경위, 수수시기, 수수 이후 직무에 영향을 미쳤는지 여부 등을 그 판단 기준으로 고려해야 한다고 한다.[118)]

4. 종합적 판단 기준

경찰공무원 징계처분에 있어서 재량권의 한계를 벗어났는지 여부에 관한 우리나라 판례의 실제에 있어서 특징적인 점은, "사회통념상 현저하게 타당성을 잃었는지 여부"[119)]라고 하는 종합적 판단 기준을 사용하고 있다는 점이다.

예컨대 「공무원에 대한 징계처분은 당해 공무원의 직무상의 위반행위 기타 비행이 있는 경우 공무원관계의 질서를 유지하고, 기강을 숙정하여 공무원으로서의 의무를 다하도록 하기 위하여 과하는 제재이므로 공무원인 피징계자에게 징계사유가 있어 징계처분을 하는 경우 어떠한 처분을 할 것인가 하는 것은 징계권자의 재량에 맡겨진 것이기는 하나, 징계권자가 징계권의 행사로서 한 징계처분이 사회통념상 현저하게 타당성을 잃은 경우에는 징계권자에게 맡겨진 재량권을 남용한 것으로 위법하다」[120)]라고 한다.

이와 같이 경찰공무원에 대한 징계처분이 사회통념상 현저하게 타당성을 잃었는지 여부에 관한 구체적인 판단 기준으로 판례가 들고 있는 요소로서, 직무의 특성, 징계의 원인이 된 비위사실의 내용과 성질, 징계에 의하여 달성하려고 하는 행정목적, 징계 양정의 기준 등 여러 요소를 종합하여 판단하여야 한다고 한다.[121)]

---

118) 대법원 1999. 11. 26. 선고 98두6951 판결(공2000상, 73), 대법원 2006. 8. 24. 선고 2006두3865 판결, 대법원 2006. 2. 24. 선고 2005두6447 판결 등 참조.

119) 대법원 2006. 12. 21. 선고 2006두16274 판결(공2007상, 221). 동일 취지의 판결, 대법원 1983. 6. 28. 선고 83누130 판결(공1983, 1207), 대법원 1991. 7. 23. 선고 90누8954 판결(공1991, 2257), 대법원 1992. 7. 14. 선고 92누5157 판결(공1992, 2430), 대법원 1997. 11. 25. 선고 97누14637 판결(공1998상, 123), 대법원 2006. 2. 24. 선고 2005두6447 판결, 대법원 2006. 8. 24. 선고 2006두3865 판결 등 참조.

120) 대법원 1991. 7. 23. 선고 90누8954 판결(공1991, 2257)(밑줄은 필자).

121) 대법원 2006. 8. 24. 선고 2006두3865 판결, 대법원 2006. 2. 24. 선고 2005두6447 판결,

V. 판단 기준의 특징 및 평가

1. 일반적 판단 기준

위에서 예시한 경찰공무원의 징계처분에 있어서 징계재량에 관한 사법심사의 판단 기준은 재량행위에 대한 사법심사의 일반적인 판단 기준과 동일하다고 할 수 있다. 이러한 일반적 판단 기준들 중에서 특히 평등원칙이나 비례원칙 등은, 재량행위의 한계에 관한 사법심사의 경우는 물론일 뿐만 아니라, 각각 헌법 제11조와 제37조 제2항에 근거를 둔 행정법 전반에 적용되는 원리로서 이는 행정법원의 일반원리라고 하는 행정법의 법원으로서의 지위를 가지고 있다.

이러한 일반적 판단 기준은 정원개념(numerus clausus)은 아니므로 지속적으로 추가될 가능성은 언제나 열려 있다고 할 수 있다. 따라서 경찰공무원의 징계권자가 행사하는 징계재량에 관한 사법심사의 판단 기준의 종류를 사전에 일의적으로 확정할 수는 없다. 이는 사법심사의 대상이 재량행위의 속성을 갖는 한 당연한 것이기도 하다. 실제로 경찰공무원의 징계재량권의 행사가 재량권의 범위를 일탈·남용하였는지 여부 즉 징계재량권의 한계를 벗어났는지 여부는 구체적인 사례에 따라 판단될 수밖에 없을 것이다. 이 경우 이른바 법관법이라고 하는 판례들의 축적에 의하여 일정 기준들이 형성될 수 있고 개별·구체적인 사례에 일반적인 척도로 사용할 수 있는 공통적인 일반적 판단 기준들을 추출해 볼 수는 있다. 물론 그렇다고 하더라도 실제 소송에 있어서는 이와 같은 기준만이 절대적으로 작용한다는 것은 아니고 어디까지나 구체적·개별적 사례의 특성이 반영될 가능성은 언제나 있다고 할 수 있다.

경찰공무원 징계재량에 대한 사법심사에 있어서 우리나라 판례의 특징은, 징계재량에 대한 사법심사의 일반적 판단 기준들을 적용함에 있어서는 어느 하나의 판단 기준에만 의거하여 판결하지 아니하고 제 판단 기준을 망라하여 포괄적으로 심사하는 방법을 채택하고 있다는 점이다.

예컨대, 유흥업소 단속에 관한 청탁행위로 징계위원회에 회부된 경찰공무원에 대하여 해임처분을 한 사안에서, 「징계권의 행사가 임용권자의 재량에 맡겨진 것이라고 하여도 공익적 목적을 위하여 징계권을 행사하여야 할 공익의 원칙에 반하거나 일반적으로 징계사유로 삼은 비행의 정도에 비하여 균형을

대법원 2001. 8. 24. 선고 2000두7704 판결.

잃은 과중한 징계처분을 선택함으로써 비례의 원칙에 위반하거나 또는 합리적인 사유 없이 같은 정도의 비행에 대하여 일반적으로 적용하여 온 기준과 어긋나게 공평을 잃은 징계처분을 선택함으로써 평등의 원칙에 위반한 경우에 이러한 징계처분은 재량권의 한계를 벗어난 처분으로서 위법하다 할 것인바」[122] 라고 판시하고 있는 사례에서 보듯이, 경찰공무원 징계재량에 대한 사법심사에 있어서 공익목적 위반, 비례원칙 위반, 평등원칙 위반 등 제 판단 기준들을 포괄하여 심사하고 있음을 알 수 있다.

이와 같이 실제 사법심사에 있어서 제 판단 기준들이 거의 자동문구와 같이 인용되어 포괄적으로 설시되고 있다는 점에서, 물론 본래 재량에 대한 사법심사가 포괄적인 성격을 갖고 있다는 점을 감안하더라도, 각 판단 기준들이 각자 독립성을 갖고 그 내용적 의미를 판례로서 축적하기가 어려운 문제점이 있다고 할 수 있다.

2. 경찰공무원 징계재량에 특유한 판단 기준

전술한 바와 같은 경찰공무원의 금품수수등 행위 자체는 경찰공무원으로서의 품위상실이나 국민의 신뢰상실과 연결되는 개념이기는 하다. 실제 판례에 있어서도 경찰공무원으로서의 품위상실, 국민의 신뢰상실이나 경찰공무원 금품수수등의 경우에 관한 판단 기준은 실제 사례에 있어서는 상호 구별되지 아니하고 서로 혼합되어 설시되어 나타나고 있다.

예컨대 이에 해당하는 예로서, 「교통법규 위반행위를 단속할 권한과 의무를 지고 있는 경찰관으로서 그 단속의 대상이 되는 위반자에게 먼저 적극적으로 돈을 요구하여 받았고, 다른 사람이 볼 수 없도록 돈을 접어 건네주도록 돈을 건네주는 방법까지 지시하였으며, 원고의 비위행위를 목격하고 원고의 이름과 오토바이 번호를 기록하는 동승자에게 신고하면 오히려 불이익을 입게 될 것이라는 취지로까지 말하였다는 것이다. 사정이 위와 같다면, 비록 원고가 받은 돈이 1만 원에 불과하여 큰 금액이 아니라고 하더라도, 위와 같은 경찰공무원의 금품수수행위에 대하여 엄격한 징계를 가하지 아니할 경우 경찰공무원들이 교통법규 위반행위에 대하여 공평하고 엄정한 단속을 할 것을 기대하기 어렵게 되고, 일반 국민 및 함께 근무하는 경찰관들에게 법적용의 공평성과 경찰공무원의

---

122) 대법원 1999. 11. 26. 선고 98두6951 판결(공2000상, 73)(밑줄은 필자).

청렴의무에 대한 불신을 배양하게 될 것이다.」라는 판례[123]를 들 수 있다.

이 사건에서 판례는 단 돈 "1만 원"이라고 하는 액수가 비록 사소한 것일 수 있으나, 그러나 단속의무가 있는 경찰공무원이 돈을 접어 달라든가, 비위신고를 막기 위한 말까지 하였다는 사실을 중시한다. 이와 같은 사정을 고려하여 판례는, 경찰공무원의 금품수수행위가 경찰공무원의 품위상실 및 국민의 신뢰상실로 인한 엄정한 직무집행에 장애를 초래하였다는 점을 하나의 중대한 판단 기준으로서 파악하였다고 할 수 있다.

또한 전술한 바와 같이, 경찰공무원 징계재량에 대한 사법심사에 있어서 우리나라 법원은 종합적 판단 기준으로서 사회통념상 현저하게 타당성을 잃었는지 여부라고 하는 판단 기준을 사용하고 있다. 즉 경찰공무원의 징계처분에 있어 재량권의 행사는, 평등원칙이나 비례원칙 등의 일반적 판단 기준 또는 경찰공무원으로서의 품위상실, 국민의 신뢰상실 및 경찰공무원의 금품수수의 경우에 관한 판단 기준에 의하여 1차적으로 평가된 경우에도, 최종적으로 다시 한 번 건전한 사회통념에 따라 종합적으로 판단받게 된다. 이는 사회통념상 현저하게 타당성을 잃었는지 여부라고 하는 판단 기준이, 평등원칙이나 비례원칙 등을 비롯한 제 판단 기준과 함께 누적적인 판단 기준으로 기능하고 있다는 것을 의미한다. 우리나라 판례가 이와 같은 중첩적인 판단 기준을 사용하는 것은, 본래 경찰공무원의 징계처분이 재량행위이므로 그 행위의 형식상 정형성이 없다는 점에서 오는 부득이한 것이라고도 할 수 있다.

한편 위와 같은 판단 기준에 나오는 제반 사유, 경찰공무원으로서의 품위상실, 국민의 신뢰상실 및 경찰공무원의 금품수수의 경우의 판단 기준, 그리고 종합적인 판단 기준인 사회통념상 현저하게 타당성을 잃었는지 여부에 관한 증명의 정도에 관해서 판례에 따르면, 경찰공무원에 대한 징계 내용이 객관적으로 명백히 부당하다고 인정할 수 있는 경우이어야 한다고 한다.[124] 다시 말해서 징계재량권의 행사가 한계를 벗어나 위법한 평가를 받으려면 객관적으로 명백히 부당하다고 인정되어야 한다. 이러한 정도의 증명이 이루어지게 되면 그 결과로 징계재량권의 한계를 벗어난 것으로서 평가되어 위법하게 되어 당해 징계처분의 취소가 이루어지게 된다.

---

123) 대법원 2006. 12. 21. 선고 2006두16274 판결(공2007상, 221).

124) 대법원 2006. 2. 24. 선고 2005두6447 판결. 동일 취지의 판례, 대법원 2002. 12. 27. 선고 2002두8893 판결 참조.

Ⅵ. 결 어

이상에서 경찰공무원을 징계처분함에 있어서 징계권자가 행사하는 징계재량에 대한 사법심사에 관한 판단 기준으로서, 일반적 판단 기준, 경찰공무원 징계재량에 특유한 판단 기준 내지는 사회통념상 현저하게 타당성을 잃었는지 여부라고 하는 종합적 판단 기준 등을 관련 판례와 함께 소개하였고 이어서 이러한 사법심사의 제 판단 기준들의 특징 및 평가 등을 고찰하였다.

경찰공무원에 징계처분을 하는 주체를 보면, 민사상의 손해배상액의 산정이나 형사상의 양형과 같이 제3의 기관으로서의 법원이 아니라, 행정 스스로 피징계자인 경찰공무원에 대하여 감독권의 발동의 차원에서 직접 징계처분을 행하게 된다. 게다가 이러한 경찰공무원에 대한 징계처분의 법적 성질은 재량행위이다. 이러한 점에서 피징계자는 징계권자의 징계처분에 불복할 가능성이 있다. 어쨌든 경찰공무원 징계처분의 법적 성질이 행정의 감독권 발동으로서의 재량행위라고 하더라도 이는 징계권자의 자의에 의한 처분일 수는 없고, 따라서 전면적인 사법심사의 대상이 되는 엄연한 법치주의의 영역임에는 이론의 여지가 있을 수 없다.

그런데 전술한 바와 같이, 우리나라 경찰공무원의 징계처분에 있어서 징계권자의 재량권 한계에 관하여 법원이 사법심사를 함에 있어서는, 공익목적, 평등원칙, 비례원칙 등의 일반적 판단 기준을 망라적으로 포괄하여 설시하고, 최종적으로는 징계처분이 사회통념상 현저하게 타당성을 잃었는지 여부라고 하는 종합적 판단 기준에 의존하고 있는 것이 가장 두드러진 특징이라고 할 수 있다. 이는 경찰공무원에 대한 징계처분이 당해 경찰공무원의 직무의 특성, 징계의 원인이 된 비위사실의 내용과 성질, 징계에 의하여 달성하려고 하는 행정목적, 징계 양정의 기준 등 여러 요소를 종합하여 판단하여야 한다는 점에서는 당연한 것이라고 할 수는 있다.

그러나 위와 같은 제 판단 기준들은 실제 판례에서는 거의 자동문구로 총동원되어 인용되어 설시되고 있는 점은 문제가 아니라 할 수 없다. 이 점에서 과연 판례가 실제 개별 경찰공무원의 징계처분을 심사함에 있어서 징계권자의 징계재량에 대하여 제대로 실질적으로 심리하고 있는지에는 적어도 당사자인 피징계자는 어느 정도 의문을 제기하지 않을 수 없을 것이다. 따라서 제 판단 기준을 망라하는 단순한 자동문구의 반복보다는 보다 실질적인 내용을 갖는 개별 판단 기준들이 확립될 필요성이 있고, 이는 결국 징계재량에 관하여 사법심사를 하는 법원의 몫이라고 할 것이다. 여기서 판례의 보다 정치한 판단 기준의 정립이 기대되는 부분이다.

이와 같이 확립된 개별 판단 기준에 의하여만 징계권자가 실제 징계처분에서의 징계재량권을 행사함에 있어서 예견되는 혼란을 피하고, 피징계자인 경찰공무원의 승복률을 제고시킬 수 있고, 궁극적으로는 징계처분이 소송으로 확대되는 사태를 일정 부분 방지할 수 있을 것이라고 생각된다.

한편 경찰공무원의 징계처분은 경찰공무원의 신분 및 기타의 이익에 직결되는 중요한 문제이다. 따라서 경찰공무원에 대한 징계처분이 당해 경찰공무원에게 과중한가 여부가 문제의 핵심이 되는 것이고 이는 결국 징계양정에 관한 문제로 된다. 따라서 실제로 경찰공무원에 대한 징계처분의 경중에 관한 예측가능성을 확립하는 것이 징계권자의 정당성을 확보하는 길이고 동시에 징계를 당하는 경찰공무원의 승복률 제고를 담보하는 것이므로 중요하다고 할 수 있다. 이 점에서 경찰공무원의 징계처분의 문제는 일정 부분 민사소송에 있어서 손해배상액 산정이나 형사소송에 있어서 양형의 의미와 일맥상통하는 부분이 있게 된다. 그럼에도 경찰공무원을 비롯한 공무원의 징계양정에 관한 연구가, 민사나 형사에 비하여, 거의 행해지지 않고 있다. 앞으로 이에 관한 연구가 많이 필요하다고 하겠다.

바로 이와 같은 작업들이 만족할 만한 성과를 거두고 그에 따라 경찰공무원에게 징계권자가 징계재량권을 적절하게 행사하여 합리적인 징계처분을 내리고 이에 피징계자인 당해 경찰공무원이 수긍할 때, 비로소 경찰공무원의 징계처분에 있어서 합법성뿐만 아니라 그와 동등한 지위를 갖는 법치주의의 한 내용으로서의 법적 안정성을 확보하는 길이 될 것이다.

토론할 문제

1. 경찰공무원 징계재량에 대한 법원의 판단 기준에는 어떠한 것들이 있는가?
2. 실제 사례에서 법원이 징계재량에 대한 판단 기준들을 설시하는 모습을 검토하여 보자.
3. 효과적인 징계재량에 대한 판단 기준의 제시 방법
4. 단돈 1만원의 뇌물로 공무원을 파면처분할 수 있는가?

참고문헌

김경재, 공무원자격 결격사유와 징계와의 관계, 판례회고 제2호(1973년도), 서울대학교, 1974.

김성환, 공무원의 결격사유와 징계와의 관계, 법률신문, 제1049호, 법률신문사.

김성환, 공무원의 결격사유와 징계와의 관계, 판례연구 제3집, 서울변호사회, 1978.

김성환, 공무원의 징계처분과 재량권의 한계(상), 법률신문 제1076호, 1974.

김성환, 공무원의 징계처분과 재량권의 한계(하), 법률신문 제1077호, 1974.

김성환, 공무원의 징계처분 특히 징계권의 남용에 대하여, 고시계 제15권 제2호(156호), 1970.

김향기, 공무원에 대한 불이익처분과 그 불복방법, 토지공법연구 제19집, 2003.

김향기, 공무원법상의 징계처분와 그 불복방법, 천봉석종현박사 화갑기념논문집, 2003.

박국수, 징계파면처분의 효력발생시기와 그 효력발생 전에 공무원 신분을 박탈한 위법이 처분의 효력에 미치는 영향, 대법원판례해설 11호(1989년 상반기), 대법원 법원행정처, 1990.

이세중, 공무원 신분 소송에 관하여 : 징계처분에 따른 하급심판례동향을 중심으로, 송무자료집 제9집(2005. 12.), 대검찰청 고등검찰청, 2005.

최선웅, 경찰공무원 징계처분의 법적 성질, 행정법연구 제18호, 2007, 485-511.

최정수, 1. 공무원 임용전의 비위행위(내지는 임용에 관련 비위행위)와 징계사유 여부, 2. 징계시효의 기산점, 대법원판례해설 제13호(1990년 상반기), 대법원 법원행정처, 1991.

최재건, 공무원의 징계와 변상책임의 법률지식, 청림출판, 2001.

제 4 편

소송절차론

제1장 행정소송에서의 처분권주의[1)]

제1절 서 설

소송절차에 있어서 대립개념의 쌍을 이루는 소송원칙들 중에 변론주의(Verhandlungsmaxime)와 직권탐지주의(Untersuchungsmaxime)가 소송자료에 관련된 소송원칙들이라고 한다면, 이에 반하여 처분권주의(Dispositionsmaxime, Verfügungsgrundsatz)와 직권주의(Offizialmaxime)는 소송물에 관련된 소송원칙들이라고 할 수 있다. 따라서 전자의 소송원칙들과 후자의 소송원칙들은 각각 소송물과 소송자료를 그 대상으로 하고 있다는 점에서 서로 엄격히 구별되어야 한다.

우리나라 행정소송에 있어서는 처분권주의가 소의 제기 단계뿐만 아니라, 특히 행정소송의 심리범위와 관련하여 불고불리원칙의 예외가 행정소송법 제26조에 의하여 인정된다고 하는 것이 현재 일반적인 설명방법이라고 할 수 있다. 불고불리원칙이든 그 예외든 이는 처분권주의를 의미한다. 따라서 위와 같은 설명방법은 소송물에 관한 처분권주의를 소송자료에 관한 직권심리를 규정한 행정소송법 제26조와 동일한 차원에서 결합시켜 설명하는 문제가 있다.

요컨대 처분권주의와 행정소송법 제26조의 직권심리는 각각 그 대상을 소송물과 소송자료로 달리하고 그 소송법적 인정근거를 달리한다. 그렇다고 한다면 우리나라 행정소송법 제26조를 처분권주의와 결합시켜 설명하는 것 자체는 이들 이질적인 차원의 소송원칙들 간의 혼동이라고 하는 문제를 야기한다. 그런데 이러한 혼동의 문제를 야기하는 설명방법은 그 대부분이 종래부터 판례[2)]의 설시내용을 그대로 인용 내지는 원용하고 있다는 사실로 미루어 보아서는 사실 판례로부터 연유한다고 할 수 있다. 따라서 판례의 설시내용이 과연 그러한 혼동을 야기하는 것인지를 면밀히 검토할 필요가 있는 문제이기도 하다.

---

1) 이에 관한 상세한 내용 및 주석은, 최선웅, 행정소송에서의 처분권주의에 관한 일 고찰, 행정법연구 제15호, 2006, 71-94면 참조.

2) 예컨대 대법원 1992. 3. 10. 선고 91누6030 판결(공1992상, 1327)을 들 수 있다.

제2절 처분권주의와 행정소송법 제26조의 관계

Ⅰ. 의 의

우리나라 행정소송에 있어서도 처분권주의는, 민사소송에서와 마찬가지로, 소송의 개시·종료 및 소송물에 관하여 당사자의 의사에 맡기는 것을 의미한다. 이러한 처분권주의에 대립되는 소송원칙이 직권주의이다.

"'소 없으면 재판 없다'는 원칙은 모든 소송에 공통적인 것으로서, 취소소송에도 그대로 타당하다"에서 보는 바와 같이, 행정소송의 개시단계에서 "소 없으면 재판 없다", 또는 "불고불리의 원칙" 등의 법언을 사용하여 설명하고 있다는 것 자체는 행정소송에서 처분권주의가 인정된다는 것을 의미한다. 개시된 행정소송절차에서 심리의 대상 내지 범위에 대해서는 법원은 불고불리의 원칙에 따라서 즉 원고가 소송에 의해서 주장하는 특정된 내용의 청구, 즉 소송물만을 그 심리의 대상으로 한다고 하는 것이 일반적이다. 처분권주의와 관련된 행정소송의 종료에 관해서, 소의 취하, 청구의 포기·인락, 화해의 인정 여부에 관하여 견해가 대립하고 있다.

행정소송에서의 처분권주의의 소송법적인 인정근거에 관해서는 행정소송법 제8조 제2항의 준용규정에 의하는 민사소송법 제203조이다. 처분권주의는 소송물에 대한 처분의 자유를 의미하는 데에 반하여, 변론주의는 소송자료의 수집 책임을 당사자에게 부과하는 것을 의미하므로 양자는 별개의 개념으로 보아야 한다고 설명하고 있다는 점도 민사소송에서와 마찬가지이고 타당하다.

Ⅱ. 학 설

1. 처분권주의와 행정소송법 제26조의 결합설

행정소송도 원고의 신청이 인정되는 소송절차라는 점에서 소제기 단계에서 불고불리원칙이라고 하는 처분권주의가 인정됨에는 아무런 의문의 여지가 없다. 그런데 우리나라 행정소송에 있어서 가장 주목해야 하는 설명방법은 소제기 단계뿐만 아니라 취소소송의 심리의 범위와 관련하여서도 불고불리의 원칙과 그 예외를 행정소송법 제26조와 관련시켜서 설명하고 있다는 점이다. 여기서 그 예를 들어 보면 다음과 같다.

> 행정소송에도 민사소송과 마찬가지로 불고불리의 원칙(nemo judex sine actore)이 적용되어, 법원은 소송의 제기가 없으면 재판할 수 없고, 또한 당사자의 청구의 범위를 넘어서 심리 · 판단할 수 없음이 원칙이다. 그러나 행정소송법 제26조는 "법원은 필요하다고 인정할 때에는 … 당사자가 주장하지 아니한 사항에 대하여도 판단할 수 있다."고 규정하여, 일단 이 원칙에 대한 예외를 인정하고 있다. 이 규정에 해석에 대하여는 견해가 갈릴 수 있으나, 판례는 동조는 원고의 청구범위를 유지하면서 그 범위 안에서 필요에 따라 주장 외의 사실에 대하여도 판단할 수 있음을 규정한 것으로 보고 있다(대판 1992. 3. 10, 91누6030).

위 인용문에서 보듯이, 불고불리원칙을 "법원은 소송의 제기가 없으면 재판할 수 없고, 또한 당사자의 청구의 범위를 넘어서 심리 · 판단할 수 없음이 원칙이다."라고 설명한다. 그런데 이어서 "행정소송법 제26조는 … 일단 이 원칙에 대한 예외를 인정하고 있다."고 하는 것은 불고불리원칙의 예외를 행정소송법 제26조가 인정한다는 것을 의미한다. 이는 결국 불고불리원칙 및 그 예외라고 하는 처분권주의를 소송자료의 수집·제출책임에 관한 직권심리에 관한 행정소송법 제26조의 규정을 결합하여 설명하고 있음을 알 수 있다. 이는, 전술한 바와 같이, 소송물에 관한 처분권주의와 소송자료에 관한 행정소송법 제26조의 직권심리를 동일한 차원에 놓고 병렬적으로 설명하는 것이 된다.

또한 이러한 설명방법은 대부분이, 위 인용문에서 보듯이, "판례는 동조는 원고의 청구범위를 유지하면서 그 범위 안에서 필요에 따라 주장 외의 사실에 대하여도 판단할 수 있음을 규정한 것으로 보고 있다" 라고 하여 대법원의 판례의 설시내용을 그대로 인용 내지는 반용하고 있다[3]는 점에서는 기본적으로는 일견 판례의 설시에서 비롯하는 것이라고 할 수 있다.

2. 처분권주의와 행정소송법 제26조의 무관계설

우리나라 행정소송에서 기존의 주류적인 견해는 처분권주의와 행정소송법 제26조를 결합시켜 논의하는 것에 반하여 처분권주의와 행정소송법 제26조를 결부시키지 아니하고 설명하는 경우가 있다.

예컨대 행정소송에 있어서 소송의 개시와 종료를 처분권주의와 관련하여 설명하고, 소송자료의 수집을 변론주의와 직권탐지주의로 분리시켜 설명하고 행

3) 대법원 1992. 3. 10. 선고 91누6030 판결(공1992상, 1327). 대부분이 판례의 내용과 같은 기술을 하거나 인용하고 있는 것이 일반적이다.

정소송법 제26조를 후자 즉 소송자료의 수집의 항목에서만 설명하거나, 또는 행정소송에 있어서 심리의 범위를 설명함에 있어서 처분권주의와 관련된 불고불리의 원칙만을 언급하고 행정소송법 제26조를 설명함에 있어서 이를 언급하지 아니하는 경우가 이에 해당한다고 할 수 있다. 그 예를 들면 다음과 같다.

행정소송에도 민사소송에서와 같이 불고불리의 원칙이 적용된다(법 제8조). 불고불리의 원칙이라 함은 법원은 소송의 제기가 없으면 재판할 수 없고, 소송의 제기가 있는 경우에도 당사자가 신청한 사항에 대하여 신청의 범위 내에서 심리·판단하여야 한다는 원칙을 말한다.

한편 위와 같이 처분권주의와 행정소송법 제26조를 결부시켜서 고찰하지 아니하는 방법에서 한걸음 더 나아가서, 적극적으로 처분권주의와 행정소송법 제26조는 상호 무관하다고 명시적으로 주장하는 견해가 있다. 그 예를 들어 보면 다음과 같다.

> "행정소송에서 변론주의가 원칙이냐 아니면 직권탐지주의가 원칙이냐는 법 26조의 해석론에서 찾지만 이와 달리, 행정소송에서 처분권주의가 적용되느냐 아니면 직권조사주의가 적용되느냐의 문제는 법 26조의 해석론과 무관한 것이다. 처분권주의에 관하여 행정소송법이 규정하고 있는 바가 없으므로 처분권주의를 규정한 민사소송법 203조는 행정소송의 본질에 반하지 않는 범위 내에서 행정소송에 준용된다고 보아야 할 것이다."[4]

위 인용문을 보면, 우리나라 행정소송에 있어서 처분권주의는, 변론주의가 원칙이냐 아니면 직권탐지주의가 원칙이냐는 해석론이 전개되는 행정소송법 제26조와는 아무런 관계가 없다는 것이다. 행정소송에서의 처분권주의는 처분권주의를 규정한 민사소송법 제203조가 행정소송의 본질에 반하지 않는 범위 내에서 즉 행정소송법 제8조 제2항에 의하여 준용되는 문제라고 한다.[5]

---

4) 주석 행정소송법, 편집대표 김철용·최광진, 행정소송법 제8조 [김동건 집필부분], 박영사, 2004, 159면(밑줄 필자).

5) 다만 여기서 '직권조사주의'가 직권심리를 규정한 행정소송법 제26조의 규정에 비추어 무엇을 의미하는지 분명하지는 않은 점은 있기는 하다. 그러나 처분권주의와 병렬로 썼고 특히 행정소송법 제26조와 관계가 없다고 하는 점에서는 처분권주의와 대립하는 의미로서의 '직권주의'를 의미하는 것으로 보인다.
이에 반하여 예컨대 '직권조사주의'를 변론주의의 반대의 원칙인 직권탐지주의의 의미로 사용하는 경우도 있다. 류지태, 597면 참조.

제3절 판례의 태도

우리나라 행정소송에 있어서 처분권주의의 인정근거에 관한 초기 판례의 예로는 다음을 들 수 있다.

> 행정소송법 제14조[6]는 본법에 특별한 규정이 없는 사항은 법원 조직법 및 민사소송법의 정하는 바에 의한다 하고 있어 민사소송법 제188조[7]는 법원은 당사자가 주장하지 아니한 사항에 대하여는 판결을 하지 못한다 규정하였고 그 사항에 관하여 행정소송법은 동법 제9조[8]로 증거조사에 관하여 규정한 이외에는 별단의 규정이 없으므로 민사소송법 제188조는 행정소송법 제1조[9]가 규정한 소송에도 적용되는바[10]

위 판례는 행정소송에서의 처분권주의는, 구 민사소송법 제188조(현행 제203조 참조)에 규정된 처분권주의가 준용규정인 구 행정소송법 제14조(현행 제8조 제2항 참조)에 의하여 구 행정소송법 제1조의 절차인 행정소송에서 인정되고 있음을 명백히 밝히고 있다. 위 초기의 판례는 위와 같은 행정소송에서의 처분권주의의 소송법적인 인정근거를 설시하고 이어서 다음과 같이 설시하고 있다.

---

6) 1951. 8. 24. 법률 제213호로 제정되고 1984. 12. 15 법률 제3754호로 전문 개정되기 전의 행정소송법 제14조는 "本法에 特別한 規定이 없는 事項은 法院組織法과 民事訴訟法의 定하는 바에 依한다."라고 규정하고 있었다. 현행 행정소송법 제8조 제2항에 대응하는 조문이다.

7) 1960. 4. 4. 법률 제547호로 제정된 민사소송법 제188조는 (處分權主義) 라는 표제하에서 "法院은 當事者가 主張하지 아니한 事項에 對하여는 判決하지 못한다."라고 규정하고 있었다.
이 규정은 그 후 1963. 12. 13. 법률 제1499호로 개정되면서, "法院은 當事者가 申請하지 아니한 事項에 對하여는 判決하지 못한다."라고 규정하게 되었다.
이 1963년 개정된 민사소송법 제188조의 규정은 민사소송법이 2002. 1. 26. 법률 제6626호로 전문 개정시 같은 내용을 유지하면서 제203조로 옮겨지게 되었다.

8) 1951. 8. 24. 법률 제213호로 제정되고 1984. 12. 15 법률 제3754호로 전문 개정되기 전의 행정소송법 제9조는 "法院은 必要한 境遇에 職權으로써 證據調査를 할 수 있고 또 當事者가 主張하지 않는 事實에 關하여도 判斷할 수 있다."라고 규정하고 있었다. 현행 행정소송법 제26조에 대응하는 조문이다.

9) 1951. 8. 24. 법률 제213호로 제정된 행정소송법 제1조는, "行政廳 또는 그 所屬機關의 違法에 對한 그 處分의 取消 또는 變更에 關한 訴訟 其他 公法上의 權利關係에 關한 訴訟節次는 本法에 依한다."라고 규정하고 있었다.
그 후 이 규정은 1984. 12. 15. 법률 제3754호로 행정소송법이 전문 개정되면서 제8조 (法適用例) 제1항에서, "行政訴訟에 대하여는 다른 法律에 특별한 規定이 있는 경우를 제외하고는 이 法이 정하는 바에 의한다."라고 규정하게 되었고, 전문 개정된 행정소송법 제1조에는 새로이 목적조항이 신설되게 되었다.

10) 대법원 1961. 11. 9. 4294행상4(집9행, 48)(밑줄 필자).

> 원고가 원심에서 청구를 원판결 판시와 같은 확인판결로 변경하였다면 모르되 그와 같은 청구의 변경이 없음에도 불구하고 원고 소송대리인이 청구하지 아니한 사항에 관하여 원판결이 이상과 같은 판결을 하였으므로 파기를 면치 못한다.[11)]

즉 위 인용에서 보듯이 원심판결이 원고의 신청사항에 관한 소변경이 없음에도 불구하고 그에 대하여 판결을 하였다는 점을 비난하고 파기를 선고 하고 있다. 소변경은 소송계속중 그 소송절차를 이용하여 제기하는 소송중의 소라는 점에서 전형적으로 처분권주의와 관련된다고 할 수 있다. 위와 같은 처분권주의에 관한 초기 판례의 경향은 다음과 같은 최근의 판례에 이르기까지 변함 없이 유지되어 오고 있다.

> 그럼에도 원심이 이를 간과하고 원고들이 청구하는 범위를 넘어서서 이 사건 가산금징수처분 전부를 취소하고만 것은 민사소송법 제203조 소정의 처분권주의에 위배한 위법이 있다고 할 것이므로 나머지 상고이유에 대하여는 판단할 필요도 없이 이 부분은 파기를 면할 수 없다고 할 것이다.[12)]

이와 같이 행정소송에서 인정되는 처분권주의는 법원의 심판의 범위를 정하는 원칙으로서 이 심판범위에는 양적 범위와 질적인 범위를 모두 포함하는데 판례상 예컨대 수량적 가분급부와 관련된 조세소송에서 뚜렷하게 나타난다. 예컨대 원고들이 청구하는 범위를 넘어서서 이 사건 가산금징수처분 전부를 취소하고만 것은 민사소송법 제203조 소정의 처분권주의에 위배한 위법이 있다고 하고[13)], 종합소득세부과처분의 취소를 구하는 사건에서 양도소득세액을 산출하여 그 범위내의 세액은 위법하다고 한 법원조치의 처분권주의 위반이라고 하고 있다.[14)] 그 외에도, 판결의 주문과 청구취지를 종합하면 법원이 인용한 부분이 산업재해보상보험료 부과처분과 그와 일체로 부과된 가산금 부과처분 중 원고가 청구한 보험료 부과처분에 대한 것임을 알 수 있는 경우, 당사자처분권주의의 위배 또는 판단유탈의 위법이 없다고 하고[15)], 원고가 청구하지 아니한 개별토지가격결정처분에 대하여 판결한 것은 민사소송법 제188조 소정의

11) 대법원 1961. 11. 9. 4294행상4(집9행, 48).
12) 대법원 2006. 2. 9. 선고 2005두1688 판결(공2006상, 439)(밑줄 필자).
13) 대법원 2006. 2. 9. 선고 2005두1688 판결(공2006상, 439).
14) 대법원 1987. 11. 10. 선고 86누491 판결(공1988, 102); 그 외에 조세와 관련된 것으로는, 대법원 1999. 12. 21 선고 99두7760 판결, 대법원 2000. 11. 28 선고 99두721 판결 등을 들 수 있다.
15) 대법원 1998. 11. 10. 선고 98두11915 판결(공1998하, 2877).

처분권주의에 반하여 위법하고[16], 재판대상으로 신청하지 아니한 사설묘지설치허가신청 반려처분에 대하여 판단하지 아니하였다 하여 위법하다고 할 수 없다[17]고 한 판례 등을 들 수 있다.

이와 같이 원고의 청구의 범위와 관련된 전형적인 처분권주의에 관한 판례 이외에 특히 문제가 되는 것은 우리나라 행정소송에 있어서는 행정소송의 심리의 범위를 설명하면서 처분권주의와 행정소송법 제26조를 결부시켜서 이 제26조가 처분권주의의 예외를 규정하고 있다고 설명하는 방법이다. 전술한 바와 같이 이는 우리나라 행정소송에서 주류적인 설명방법이라고 할 수 있다. 그런데 이러한 설명방법은 대부분 그 근거로서 판례의 설시를 다음과 같은 판례를 직접인용 내지는 원용하고 있다는 점에서 근본적으로는 판례의 설시에서 비롯하는 것이라고 할 수 있다.

> 행정소송법 제26조는 법원이 필요하다고 인정할 때에는 직권으로 증거조사를 할 수 있고 당사자가 주장하지 아니한 사실에 대하여 판단할 수 있다고 규정하고 있으나, 이는 행정소송에 있어서 원고의 청구범위를 초월하여 그 이상의 청구를 인용할 수 있다는 뜻이 아니라 원고의 청구범위를 유지하면서 그 범위 내에서 필요에 따라 주장 외의 사실에 관하여 판단할 수 있다는 뜻이라고 할 것이고(당원 1987. 11. 10. 선고 86누491 판결 참조),[18]

위 판례에서 보듯이, 행정소송법 제26조의 규정을 "원고의 청구범위를 초월하여 그 이상의 청구를 인용할 수 있다는 뜻이 아니라 원고의 청구범위를 유지하면서 그 범위 내에서"라고 하는 처분권주의의 문제와 결부시켜 설시하고 있다는 점이 판례의 특징이라고 할 수 있다.

---

16) 대법원 1993. 6. 8. 선고 93누4526 판결(공1993하, 2030).

17) 대법원 1995. 4. 28. 선고 95누627 판결(공1995, 1991).

18) 대법원 1992. 3. 10. 선고 91누6030 판결(공1992상, 1327)(밑줄 필자); 동지의 판례. 대법원 1987. 2. 10. 선고 85누42 판결(공1987, 448), 대법원 1992. 3. 10. 선고 91누6030 판결(공1992, 1327), 대법원 1994. 10. 11. 선고 94누4820 판결(공1994하, 3014), 대법원 1995. 2. 14. 선고 94누5069 판결(공1995상, 1345), 대법원 1995. 2. 24. 선고 94누9146 판결(공1995상, 1477), 대법원 1996. 8. 20. 선고 96누2781 판결, 대법원 1997. 10. 28. 선고 96누14425 판결(공1997하, 3698), 대법원 1998. 10. 23. 선고 97누171 판결, 대법원 1999. 5. 25. 선고 99두1052 판결(공1999하, 1301), 대법원 2001. 4. 24. 선고 2000두10014 판결.

제4절 구체적 고찰

Ⅰ. 처분권주의와 행정소송법 제26조의 관계

기존의 주류적인 처분권주의와 행정소송법 제26조를 결합시켜 논의하는 이른바 처분권주의와 행정소송법 제26조의 결합설은, 내용적으로는 불고불리원칙 및 그 예외, 즉 소송물과 관련된 처분권주의와 소송자료의 수집・제출의 책임분배와 관련하여 우리나라 행정소송법 제26조가 채택하고 있는 직권심리를 혼동한 문제점이 있다.

우선 먼저 법문상 행정소송법 제26조의 규정에서 '당사자가 주장하지 아니한 사실'은 원고의 신청한 사항 즉 소송물과 관련되는 것이 아니고, 신청사항에 대한 재판의 기초로 되는 사실자료를 의미한다. 이는 처분권주의에 관한 규정인 민사소송법 제203조가 '당사자가 주장하지 아니한 사실'과 구별하여 '당사자가 신청하지 아니한 사항'이라고 규정하고 있다는 점에 비추어 보아도 그러하다. 본래 당사자가 신청한 사항 즉 신청사항이란 판결을 신청한 사항 즉 본안의 신청사항을 의미한다. 법원은 청구취지 및 원인에 의하여 제시된 본안판결 신청사항에 의하여 질적・양적으로 한정된 범위 안에서만 판결할 수 있다. 물론 신청사항의 범위는 소송상의 청구에 관한 신・구소송물론 등 소송물론 등에 따라서 달라지게 된다. 따라서 당사자가 신청하지 아니한 사항에 대하여 법원이 판결하면 이는 처분권주의에 반하는 것이다. '주장'이란 이러한 신청을 이유 있게 하기 위한 당사자의 '진술'을 의미한다. 따라서 민사소송법 제203조상의 "신청사항"과 행정소송법 제26조의 "주장사실"은 구별되어야 한다. 민사소송법이 '주장'과 '신청', '사실'과 '사항'을 의식하고 입법화된 것이라는 점에서도 구별되어야 한다.[19)]

우리나라 행정소송법 제26조의 규정의 성격에 관하여 보면, 이 제26조의 규

19) 이러한 점에서 보면, 민사소송법 제203조는 원래 2002. 1. 26. 법률 제6626호로 전문 개정 전에는 제188조인데 이 규정은 1960. 4. 4. 법률 제547호로 제정당시에는 "法院은 當事者가 主張하지 아니한 事項에 對하여는 判決하지 못한다."라고 규정하여 "주장"이라는 용어를 사용하였으나, 그 후 1963. 12. 13. 법률 제1499호로 개정되면서, "法院은 當事者가 申請하지 아니한 事項에 對하여는 判決하지 못한다."라고 규정하여 "신청"으로 개정한 것은 타당하다고 할 것이다. 또한 민사소송법 제203조에서는 당사자가 신청하지 아니한 사항에 대하여는 "판결"하지 못한다고 하였고, 행정소송법 제26조에서는 당사자가 주장하지 아니한 사실을 "판단"이라고 하여, "판결"과 "판단"의 차이도 의미 있는 것으로 고려되어야 한다.

정은 우리나라 행정소송에서는 민사소송에서와 마찬가지의 변론주의를 규정한 것인가 아니면 독일 행정소송과 같이 직권탐지주의를 규정한 것인가 아니면 양자 즉 변론주의와 직권탐지주의를 절충한 것인가 등에 관한 이론상의 대립이 종래부터 있어 왔다. 그 다투어지는 핵심내용은 결국 행정소송에 있어서 소송자료의 수집·제출의 책임을 당사자와 법원 간에 어떻게 분배할 것인가에 관한 것이다. 이 점에서 행정소송법 제26조의 해석에 관하여 그 어떠한 학설을 취하든가에 관계없이 모든 학설은 당사자와 법원 간에 소송자료의 수집·제출 책임의 분배에 초점을 맞추는 것이다. 따라서 소송물에 관련된 처분권주의와는 아무런 관계가 없다.

과거 변론주의에 처분권주의를 포함하는 경우가 있었다고 하나 오늘날에는 일반적으로 양자를 구별하여 처분권주의는 소송물 결정에 관한 원칙이고 변론주의는 그 바탕이 되는 소송자료 결정에 관한 원칙이므로 양자는 엄격히 구별하여 쓰는 것이 일반적이다. 특별히 변론주의에 처분권주의를 포함시켜 설명할 필요가 없는 한, 행정소송에 있어서 불고불리의 원칙 및 그 예외와 관련된 처분권주의 문제는 행정소송법 제8조 제2항의 준용규정에 의한 민사소송법 제203조가 행정소송에 인정되는 문제이다. 따라서 행정소송에서의 처분권주의를 소송자료의 수집·제출책임에 관한 규정인 행정소송법 제26조와 관련시켜서 논의할 문제가 아니다.

그런데 종래부터 이른바 불고불리원칙의 예외를 행정소송법 제26조와 결합시켜 설명하는 이른바 처분권주의와 행정소송법 제26조의 결합하여 설명하는 방법은 판례의 설시의 내용을 그대로 인용 내지는 원용하던 관행과 어느 정도 관계가 있다. 여기서 판례의 설시내용을 검토하는 것도 중요하다고 할 수 있다.

Ⅱ. 판례의 검토

전술한 바와 같이, 우리나라 행정소송에 있어서 행정소송의 심리의 범위 부분에서 불고불리원칙의 예외와 함께 행정소송법 제26를 결부시켜 설명하면서 흔히 인용되고 있는 판례의 내용 중에 문제가 되는 부분은 다음과 같다.

> "행정소송법 제26조는 … 행정소송에 있어서 원고의 청구범위를 초월하여 그 이상의 청구를 인용할 수 있다는 뜻이 아니라 원고의 청구범위를 유지하면서 그 범위 내에서 필요에 따라 주장 외의 사실에 관하여 판단할 수 있다는 뜻이라고 할 것…"[20)]

특히 위에서 인용된 판례에서 보듯이, "원고의 청구범위를 유지하면서 그 범위 내에서"라고 하는 처분권주의에 관련된 부분이 행정소송법 제26조에 관한 설시의 기회에 함께 기술되어 있음을 알 수 있다. 이 점 때문에 종래부터 행정소송의 심리의 범위를 설명하면서 이와 같은 판례를 그대로 인용 내지는 원용하여 오던 관행이 체계상 오해의 빌미를 준 것이 아닌가 추측된다.

위 인용문에서 판례가, "행정소송에 있어서 원고의 청구범위를 초월하여 그 이상의 청구를 인용할 수 있다는 뜻이 아니라 원고의 청구범위를 유지하면서 그 범위 내에서"라고 하는 부분은, 소송자료와 관계없이 행정소송에서 원칙적으로 처분권주의가 당연히 인정된다고 하는 것을 설시하고 있는 것이다. 판례는 행정소송법 제26조의 직권심리에 관한 법리를 설명하면서 그 기회에 처분권주의라고 하는 당연한 전제를 설시한 것에 불과한 것이다. 판례가 행정소송법 제26조를 처분권주의와 직접적인 관련을 맺고 즉 소송물이라고 하는 동일한 차원에서 설시한 것이 아니고 단지 행정소송에서 처분권주의가 인정된다고 하는 전제하에서 행정소송법 제26조의 성격을 밝힌 것에 지나지 않는다.

또한 기존의 주류적 견해에 따르면, 예컨대, 전술한 바와 같이, "행정소송법 제26조는 "법원은 필요하다고 인정할 때에는 … 당사자가 주장하지 아니한 사항에 대하여도 판단할 수 있다."고 규정하여, 일단 이 원칙에 대한 예외를 인정하고 있다."라고 하여, "판례가 행정소송법 제26조가 "이 원칙에 대한 예외" 즉 "불고불리 원칙의 예외"를 인정한다고 한다. 그러나 사실 판례는 처분권주의의 전제하에서 행정소송법 제26조를 설시하는 데에 그치고 있을 뿐이다. 즉 판례가 적극적으로 나아가서 행정소송법 제26조가 불고불리원칙의 예외를 인정한다고 하는 직접적인 표현을 찾아볼 수가 없다.[21] 이런 점에서도 판례가 소송자료에 관한 행정소송법 제26조의 직권심리를 소송물에 관한 처분권주의와 동일 차원에서 직접적으로 연결하였다고 볼 수 없다.[22]

---

20) 예컨대 대법원 1992. 3. 10. 선고 91누6030 판결(공1992, 1327) 참조.

21) 즉 위 인용한 판례 대법원 1992. 3. 10. 선고 91누6030 판결(공1992,1327)의 관련된 원문은 다음과 같다.
"행정소송법 제26조는 법원이 필요하다고 인정할 때에는 직권으로 증거조사를 할 수 있고 당사자가 주장하지 아니한 사실에 대하여 판단할 수 있다고 규정하고 있으나, 이는 행정소송에 있어서 원고의 청구범위를 초월하여 그 이상의 청구를 인용할 수 있다는 뜻이 아니라 원고의 청구범위를 유지하면서 그 범위 내에서 필요에 따라 주장 외의 사실에 관하여 판단할 수 있다는 뜻이고"에서 보듯이 행정소송법 제26조가 불고불리원칙의 예외를 인정한다는 직접적인 문구는 나타나 있지 않다.

이러한 점은 판례가 설령 행정소송법 제26조를 설시하면서 위 인용부분 즉 "행정소송에 있어서 원고의 청구범위를 초월하여 그 이상의 청구를 인용할 수 있다는 뜻이 아니라 원고의 청구범위를 유지하면서 그 범위 내에서"라고 하는 부분이 설시되어 있지 않다고 하더라도 행정소송에 있어서 처분권주의가 인정되는 것에 아무런 문제가 없다는 것에도 확인된다. 참고로 대법원 판례 중에는, 위 인용한 판결과 같은 유사한 판례에서 위와 같이 "원고의 청구범위 내"라고 하는 처분권주의를 의미하는 전형적인 문구가 들어 있는 판례도 있고,[23] 이와는 반대로 이 "원고의 청구범위 내"라고 하는 문구가 나오지 않는 판결도 있다.[24] 그렇다고 해서 즉 이들 판례의 종류에 따라서 행정소송에서 처분권주의가 인정된다고 하는 전제 여부가 달라지는 것이 전혀 아니라는 점에서 위와 같은 두 종류의 판결은 그 내용이 다른 것은 아니다.

요컨대 판례는 소송물과 소송자료에 관한 내용을 동일 판결문이라고 하는 일회적 기회에 포괄적으로 설시한 것에 불과한 것뿐이고 따라서 처분권주의에 근거한 표현 즉 "원고의 청구범위 내"라고 하는 것은 행정소송에서도 처분권주의가 인정된다는 당연한 사실을 다시 한번 확인적 의미의 설시에 불과한 것이지 행정소송에서 처분권주의를 새로이 인정한다 라고 하는 창설적 의미의 설시라고 할 수 없다. 더군다나 판례가 처분권주의와 행정소송법 제26조의 직권심리에 관한 내용을 함께 설명하지 못할 바가 아님은 판례가 일일이 설시내용을 이론적으로 구별하여 설명할 필요가 없다는 판례의 특성을 고려하면 전혀 탓할 바가 아니다. 그러나 이와 같은 판례의 내용을 이론적으로 행정소송의 심리의 범위를 설명하면서 직접적으로 인용하거나 원용하는 경우에는 불필요한

---

22) 물론 판례들 중에 전혀 오해의 소지가 전혀 없는 것은 아니다. 오래된 판례 중 그 예를 들면, 예컨대 "원심판단은 당사자간에 상쟁 없는 사실에 대하야 월권적 판단을 시도한 것이니 처분권주의에 입각한 소송원리에 배치됨은 물론 판시 이유가 전후 모순되어 결국 원심판결은 이유불비의 위법을 범하였다고 사료되는 것이다."(대법원 1956. 3. 23. 선고 4288행상68 판결)(밑줄 필자)라고 하는 판례를 보면, 당사자간에 상쟁 없는 사실에 대한 판단을 처분권주의에 입각한 소송원리에 배치된다고 하여 사실과 처분권주의를 직접적으로 연결시킨 문제점이 있다.

23) 대법원 1987. 2. 10. 선고 85누42 판결(공1987, 448), 대법원 1992. 3. 10. 선고 91누6030 판결(공1992, 1327), 대법원 1994. 10. 11. 선고 94누4820 판결(공1994하, 3014), 대법원 1995. 2. 24. 선고 94누9146 판결(공1995상, 1477), 대법원 1998. 10. 23. 선고 97누171 판결, 대법원 1999. 5. 25. 선고 99두1052 판결(공1999하, 1301).

24) 대법원 1995. 2. 14. 선고 94누5069 판결(공1995상, 1345), 대법원 1996. 8. 20. 선고 96누2781 판결, 대법원 1997. 10. 28. 선고 96누14425 판결(공1997하, 3698), 대법원 2001. 4. 24. 선고 2000두10014 판결.

체계적인 오해의 소지를 없애는 보다 세심한 주의가 필요하다고 할 수 있다.

Ⅲ. 처분권주의 인정 및 그 제한에 관한 소송법적 근거

우리나라 민사소송법 제203조는 처분권주의를 규정하고 있다. 이에 반하여 민사소송법상에는 변론주의를 직접적으로 규정하지 아니하고 있으나 민사소송에서 변론주의가 인정되는 것은 자명한 것이다. 즉 처분권주의와 변론주의에 관한 민사소송법 규정형식만으로 민사소송에 있어서 양 소송원칙이 인정됨에 아무런 문제가 없다.

행정소송에 있어서는 민사소송상의 소송원칙인 처분권주의와 변론주의는 행정소송법 제8조 제2항의 준용규정에 의하여 인정되게 된다. 민사소송법상 변론주의를 직접규정하는 규정이 없다고 하더라도 민사소송법상 변론주의에 관련된 제 규정들이 처분권주의와 마찬가지로 행정소송법 제8조 제2항에 의하여 준용된다는 점에서는 처분권주의와는 큰 차이가 없다. 다만 민사소송상의 변론주의는 행정소송법 제8조 제2항의 준용규정만 아니라 특히 행정소송법 제26조의 직권심리에 관한 규정의 해석에 의하여 좌우된다. 즉 행정소송법 제26조의 규정이 소송자료에 관한 심리를 규정하였다는 것은 행정소송법 제8조 제2항에 의하여 민사소송의 변론주의가 '준용'되는 것만으로 충분하지 않다는 것을 의미한다. 본래 준용은 어디까지나 성질에 반하지 아니하는 한 인정한다고 하는 입법기술상 소극적인 성격을 갖는 것에 불과하고 새로운 내용을 이를테면 직권탐지주의와 같은 내용을 적극적으로 창설하는 것에 친하지 아니하다. 이런 점에서 보면, 행정소송법 제26조의 직권심리 규정은 소송자료에 관하여 민사소송의 변론주의가 아니라 행정소송에 적합한 심리원칙을 새로이 "창설"한 규정이라고 할 수 있다. 따라서 민사소송상의 변론주의는 행정소송법 제8조 제2항에 추가하여 누적적으로 행정소송법 제26조의 명문의 규정의 해석의 문제로 된다. 이 점에서 민사소송상의 변론주의와 처분권주의가 행정소송에서 인정되는 소송법상 경로상의 차이가 있게 된다. 어쨌든 행정소송법 제26조의 해석과 밀접한 관련을 맺고 있는 변론주의와 달리, 행정소송에 있어서 처분권주의는 민사소송법 제203조가 행정소송법 제8조 제2항에 의하여 준용되어 인정된다는 점에서 행정소송법 제26조와는 직접적인 관계가 없다고 할 수 있다.

행정소송에서의 처분권주의는 변론주의의 제한[25]과 마찬가지로 행정소송의 공익성과 관련하여 제한되어야 할 필요가 있다. 이러한 처분권주의의 한계는 준용규정인 행정소송법 제8조 제2항을 비롯하여 행정소송의 공익목적을 규정한 행정소송법 제1조와 공익과 관련된 직권심리에 관한 규정인 행정소송법 제26조를 비롯한 행정소송법 전 규정의 취지에 비추어서 적절하게 설정되어야 한다. 요컨대 우리나라 행정소송상 처분권주의는 행정소송법 제26조와는 이론적인 체계상 관계가 없는 것이 원칙이다. 그러나 행정소송법 제26조의 규정은 행정소송에서 민사소송상의 변론주의가 제한됨을 의미한다는 점에서 같은 민사소송상의 소송원칙인 처분권주의의 행정소송에서의 제한문제를 논함에 있어서 고려될 수 있다. 그렇다고 해서 처분권주의와 행정소송법 제26조 규정상의 심리원칙이 체계상으로 혼동되어서는 안 되고 혼동될 필요성도 없다. 다만 행정소송에서 처분권주의의 제한문제를 논함에 있어서 변론주의를 제한하는 행정소송법 제26조가 행정소송법 전체의 법취지상 현실적인 고려 내지는 시사점을 주는 것에 불과한 것이다. 여기에 처분권주의와 관련된 행정소송법 제26조의 의의가 있다.

한편, 처분권주의 관련하여 우리나라 행정소송에 있어서 민사소송상의 화해, 청구의 포기·인락 등이 인정되는가 문제에 있어서 행정소송법상의 명문으로 이를 인정하는 규정이 없다고 하더라도 원칙적으로 행정소송법 제8조 제2항의 준용규정에 의하여 해결될 수 있다.[26] 특히 행정소송상 청구의 포기와 인락, 화해 등의 인부에 관하여 "직권탐지주의가 작용" 혹은 "직권탐지주의가 개입"하기 때문에 인정할 수 없다는 주장이 있으나, 이는 변론주의나 직권탐지주의와는 관계없는 처분권주의의 제한 문제라고 할 것이다.

Ⅳ. 처분권주의와 행정소송의 목적

행정소송의 목적 내지 기능에 관하여는 행정구제와 행정통제의 절충이라고 하는 것이 주류적인 견해라고 할 수 있다. 본안에서, 개별 위법사유이든 위법

25) 변론주의가 지배하는 독일 민사소송의 경우에 변론주의의 한계를 보충하는 제도로서 독일 민사소송법 제139조 제1항에서 석명의무(Aufklärungspflicht)와 제138조 제1항에서 진실의무(Wahrheitspflicht)가 인정되고 있다.

26) 물론 이 들 민사소송상의 제 제도가 행정소송에서 새로이 규정하지 못할 바가 아니다. 오히려 행정소송에서 이 들 제도의 성격을 명확하게 한다는 점에서 단순히 행정소송법 제8조 제2항에 의한 준용규정에 의하는 것보다 바람직하다고 할 수 있다.

성 일반이든 간에, 또는 굳이 주관적 권리와 객관적 법과의 관계를 언급하지 않는다고 하더라도, 위법 여부에 대한 법원의 최종적인 판단은 국민이 처분권주의에 의하여 소를 제기하여 궁극적으로 달성하고자 하는 권익구제가 최종적으로 이루어지는가 여부와 적어도 효과면에서는 불가분의 관계를 이룬다. 행정구제의 기회에 행정통제가 이루어진다고 하는 것은 처분권주의에 의하여 일단 개시된 행정구제의 심사기회에 행정통제가 행해진다는 것 즉 행정구제가 전제된 행정통제를 의미한다.

제5절 결 어

우리나라 행정소송법 제1조에서 보듯이 행정구제와 행정통제가 행정소송의 목적이다. 처분권주의는 개인의 권익구제와 관련된다는 점에서 행정소송에 있어서 중요한 소송원칙의 하나이다. 우리나라 행정소송을 객관소송만으로 파악할 수 없는 이유는, 행정소송법 제26조상의 직권심리 규정이 변론주의와 완전히 단절할 수 없는 문제가 있기도 하지만 그와 더불어 행정소송에서 처분권주의가 인정된다는 데에도 그 원인이 있기 때문이다.

우리나라 행정소송에서는 민사소송상의 처분권주의가 인정되고 또한 행정소송법 제26조의 해석상, 학설이 대립하고 있으나, 일반적으로 적어도 변론주의가 완전히 배제되지 아니한다고 하는 것이 일반적이다. 이 점에서 변론주의를 배제하고 직권탐지주의를 원칙으로 채택한 독일 행정소송에서와 같이 직권탐지주의 자체를 관철시키기 불가능한 문제나, 당사자와 법원 간의 주도권의 다툼이라는 관점에서 처분권주의와 직권탐지주의 간의 충돌문제가 처음부터 심각하게 제기되지 아니한다. 처분권주의는 변론주의와 더불어 사익간의 분쟁을 잘 해결하는 원칙으로 볼 수 있고, 이에 반하여 직권탐지주의는 공익을 대변하는 원칙으로 볼 수 있다. 즉 처분권주의는 변론주의와 더불어서 행정소송에서 개인의 권익구제를 대변하고 있고, 행정소송법 제26조의 해석상 인정되는 공익과 관련된 직권탐지주의는 행정통제에 적합하다. 특히 처분권주의와 변론주의가 기본적으로 채택되어 있고 그리고 공익을 이유로 하는 직권탐지주의가 절충될 수 있는 우리나라 행정소송법 구조는 행정구제와 행정통제라고 하는 행정소송의 목적에도 적합하다. 이런 점에서 독일 행정소송에서 처분권주의와 직권탐지주의 간의 결합을 인위적인 의미의 "합금"이라고 평가한다면, 우리나라 행정소송은 "조화"라고 평가할 수 있다. 이와 같이 우리나라 행정소송법 해석상 소송원칙 간의 조화로운 절충이 가능하다는 점이 공익과 사익의 조정절차라고 하는 행정소송의 본질과도 잘 어울린다. 이 점에서 우리나라 행정소송법이 바람직한 입법이라고 할 수 있다.

우리나라 행정소송에 있어서 처분권주의와 행정소송법 제26조의 직권심리 간의 혼동의 문제는 그다지 별다른 큰 실익이 없는 단지 개념과 체계정립의 문제에 지나지 않는다고 할 수는 있다. 그러나 우리나라 행정소송에 있어서 처분권주의와 행정소송법 제26조의 직권심리 규정은, 민사소송과 구별되는 우리나라 행정소송의 성격을 결정하는 근본적인 규정이다. 따라서 이와 같은 기본적인 소송법상의 구조가, 특별한 현실적인 중대한 상황변화가 없는 한, 현재 우리가 당면한 행정소송법의 개정작업뿐만 아니라 차후의 개정에 있어서도 여전히 그 기본적인 골격이 유지되어야 함은 물론이다.[27)]

최근 우리나라 행정소송법을 개정함에 있어서 일부에서 독일 행정소송이 채택하고 있는 직권탐지주의 내지는 프랑스식 행정"쟁송"을 역사성이나 소송제도나 현실 등의 측면에서 별다른 합리적 이유 없이 논리적 선험적인 것으로 아예 미리 상정하여 놓고 그러한 기본적이고도 전체적인 커다란 틀 내지 기도하에서 우리나라 행정소송법 개정에 일정한 영향력을 미치려고 함으로써 궁극적으로는 이를 우리나라 행정소송제도에 이식하려고 하는 일단의 움직임이 있다. 그러나 과연 그러한 것이 현재 우리나라 실정 행정소송법상의 소송원칙 등을 비롯한 기본구조 내지는 현재 운영되고 있는 행정재판제도의 실제 그리고 무엇보다 우리나라 현실에 합당한지 여부를, 그리고 무엇보다 지금 이 시점에서 우리가 굳이 이들 나라를 모범으로 하여 본받을 만한 때인가 등을 우리 모두가 좀 더 신중하고도 철저하게 검토하고 여기에 우리 모두의 중지를 모아야 할 때

27) 최근 실무가를 중심으로 극히 일부에서 우리나라 행정소송법 제26조를 독일식의 직권탐지주의로 해석하고 이를 독일 행정소송법 제86조로 개정하자는 견해가 없는 것은 아니지만, 행정소송에서의 변론주의와 직권탐지주의에 관한 문제는, 종래부터 학설이 대립되어 오기는 했으나, 최근 행정소송법 개정시에도 별다른 큰 주목을 받고 있지는 못하는 것 같다. 아마도 행정소송의 대상이나 원고적격 특히 의무이행소송의 도입 등의 문제가 시급한 주요 현안이 산적해서인 것 같다. 그런데 이러한 문제들은 소송요건이나 소의 종류에 해당되는 것이고 따라서 조만간 일단락 짓게 되면 결국, 민사소송과 구별되는, 행정소송의 특질을 가장 잘 드러내는 본안에서의 실체심리가 중요한 문제가 현안이 될 수밖에 없을 것이다. 따라서 우리나라 행정소송에 있어서 변론주의와 직권탐지주의와 관련된 행정소송법의 구조 내지는 체계가 중요한 의미가 있다고 할 수 있다.

라고 생각한다.

토론할 문제

1. 처분권주의와 행정소송의 목적
2. 행정소송법 제26조와 처분권주의의 관계
3. 직권탐지주의와 처분권주의는 결합가능한가?
4. 소송자료와 처분권주의의 관계
5. 처분권주의와 변론주의의 관계
6. 처분권주의와 직권탐지주의는 양립이 가능한가?

관련판례

대법원 1998. 11. 10. 선고 98두11915 판결 【산업재해보상보험료부과처분취소】

산업재해보상보험법(1994. 12. 22. 법률 제4826호로 전문 개정되기 전의 것) 제25조의3 소정의 가산금이 본래의 보험료와 일체로 부과되었는데 원심판결이 그 주문에서 취소의 대상이 된 보험료 부과처분을 표시하면서 처분일자와 해당 연도 및 총부과금액으로 특정하고 그 부과내역을 밝히지 아니하였으나 청구취지에서 원고가 취소 대상으로 삼고 있는 부분이 부과처분액 중 가산금을 제외한 누락 보험료 중 일부에 대한 것임을 명시한 경우, 당사자처분권주의를 위배하였거나 판단유탈의 위법이 있다고 할 수 없다고 한 사례

대법원 1993.6.8. 선고 93누4526 판결 【개별토지가격결정처분취소】

원고가 청구하지 아니한 개별토지가격결정처분에 대하여 판결한 것은 민사소송법 제188조 소정의 처분권주의에 반하여 위법하다고 한 사례

대법원 1989.12.26. 선고 88누9510 판결 【유족보상금지급청구부결처분취소】

공무원연금법에 기한 유족보상금지급청구에 대하여 산업재해보상보험법에 따른 보상금지급을 인용함으로써 처분권주의에 위배한 사례

참고문헌

김철용·최광진, 주석 행정소송법, 행정소송법 제8조 [김동건 집필부분], 박영사, 2004.

최선웅, 행정소송법 제26조의 해석에 관한 일 고찰, 행정법연구 제10호(2003년 하반기).

최선웅, 행정소송에서의 석명의무의 인정근거, 행정법연구 제9호(2003 상반기).

한국사법행정학회, 주석 신민사소송법 Ⅲ 제1판, 2004.

호문혁, 민사소송에 있어서의 이념과 변론주의에 관한 연구, 서울대 법학 제30권 3·4호, 1989. 12l

제2장 행정소송에서의 변론주의와 직권탐지주의[1)]

제1절 문제의 제기

행정소송[2)]에서의 변론주의와 직권탐지주의라 함은 행정소송에 있어서 소송자료(사실자료와 증거자료)의 수집[3)]책임에 관한 심리원칙을 의미한다. 그런데 종래 우리나라 행정소송에 있어서 소송자료의 수집책임에 관한 심리원칙으로 변론주의가 원칙인가 아니면 직권탐지주의가 원칙인가에 관하여 견해가 대립하여 왔다.

이러한 견해의 대립이 발생하는 단초는 우선 우리나라 행정소송법 제26조[4)]

---

1) 이에 관한 상세한 내용 및 주석은, 최선웅, 행정소송의 원리, 진원사, 2007, 205-495면 참조.

2) 물론 여기에서의 '행정소송'이라는 용어는 행정소송법상 행정소송의 법정종류(행정소송법 제3조)와 항고소송의 종류(제4조)를 전부 포괄하지 아니한다. 다만 행정소송법 규정상 대부분이 취소소송에 관하여 규율(제9조 내지 제34조)하고 있으며 이를 다른 행정소송에 준용(제38조, 제44조)하고 있을 뿐만 아니라 당사자소송 등에도 준용(제44조)하고 있다는 점, 또한 이론 및 소송실무상에서 취소소송이 차지하는 비중이 크다는 점을 감안하여 특별한 경우 외에는 여기에서 행정소송이라고 하면 행정소송의 종류의 하나인 항고소송 중에서 주로 취소소송을 의미하는 것으로 한다.

3) '소송자료(사실자료와 증거자료)의 수집'에 있어서 '수집'이라는 의미는, 보다 정확히 말하면, 당사자에게 있어서는 '수집'뿐만 아니라 법원에 '제출'의 의미도 포함하나, 법원에 있어서는 '수집'만을 의미한다. 그리하여 예컨대 민사소송에서는 소송자료를 당사자가 '수집'뿐만 아니라 '제출'도 하므로 일반적으로 소송자료의 '수집·제출'이라고 하는 것이 타당하다. 그런데 행정소송에서는 예컨대 독일 행정소송에서와 같이 직권탐지주의가 원칙이라고 한다면 당사자가 아닌 법원이 소송자료를 '수집'한다는 것이 원칙이라는 의미만을 가지므로 소송자료의 '수집'이라고 해야 보다 정확하다. 그러나 우리나라 행정소송이나 특히 일본 행정소송에서 보는 바와 같이, 행정소송에서 변론주의가 기본원칙으로 인정된다는 입장에 서게 되면, 당사자가 소송자료를 '수집'뿐만 아니라 '제출'도 하게 되므로 소송자료의 '수집·제출'이라고 해야 한다. 다만 여기서 편의상 소송자료의 '수집'으로 표시하기로 한다.

4) 1951. 8. 24. 법률 제213호로 제정된 구 행정소송법 제9조에서 "법원은 필요한 경우에 직권으로써 증거조사를 할 수 있고 또 당사자가 주장하지 않는 사실에 관하여도 판단할 수 있다."라고 규정하고 있었다. 그 후 행정소송법이 1984. 12. 15. 법률 제3754호로 전문 개정된 이래로 제26조에서 다음과 같이 규정하고 있다. 행정소송법 제26조 (직권심리) 법원은 필요하다고 인정할 때에는 직권으로 증거조사를 할 수 있고, 당사자가 주장하지 아니한 사실에 대하여도 판단할 수 있다.

규정 자체의 내용적 의미가 일의적으로 명백하지 아니한 데에 있다. 즉 우리나라 행정소송법 제26조는, 독일 행정소송법 제86조 제1항[5]은 직권탐지주의가 채택되었음을 명문으로 선언한 규정이라고 하는 바와 같이, 명백하게 행정소송에 있어서 소송자료의 수집책임에 관한 심리원칙을 선언하고 있지 못하고 있다. 이것이 저마다의 해석이 서로 갈리게 되는 근본적인 계기가 된다.

그뿐만 아니라 우리나라 행정소송법 제26조가 다른 소송 관련 규정 즉 행정소송법 제8조 제2항[6] 및 민사소송법 제292조[7]와의 체계적 관계설정이 분명하지 않다는 점에도 문제의 소지가 있다. 우리나라 현행 행정소송법 규정을 보게 되면 행정소송법 제8조 제2항의 준용규정에 의하여 예컨대 민사소송법 제292조에서 규정된 이른바 민사소송상의 보충적 직권증거조사가 행정소송에 준용될 수 있다. 그럼에도 불구하고 이 민사소송법 제292조와 병립할 수 있을 뿐만 아니라, 나아가 경우에 따라서는 이 규정을 포함하는 포괄적 의미를 가지고 우리나라 행정소송에 있어서 원칙적인 직권탐지주의의 채택근거가 될 수도 있는 행정소송법 제26조의 규정을 가지고 있다. 따라서 이 조문들 간의 체계적인 관계설정이 문제가 된다.

이와 같은 우리나라 행정소송에 있어서 소송자료의 수집책임에 관련된 문제상황을 정확히 진단하고 그 해결책을 모색하기 위한 전지작업으로 우리나라에게 직·간접적인 영향력을 미쳐온 일본 및 독일 행정소송에 있어서 문제상황 즉 소송 관련 규정, 소송법체계 및 소송이론 등의 내용을 비교법적으로 검토해 볼 필요가 있다.

---

5) 독일 행정소송법 제86조 제1항 [직권탐지주의]: 법원은 사실관계를 직권으로 탐지하여야 한다; 이 경우 당사자를 참여시켜야 한다. 법원은 당사자의 주장과 증거신청에 구속되지 아니한다. 이 규정의 원문은 다음과 같다. §86 I VwGO [Untersuchungsgrundsatz]: Das Gericht erforscht den Sachverhalt von Amts wegen; die Beteiligten sind dabei heranziehen. Es ist an das Vorbringen und an die Beweisanträge der Beteiligten nicht gebunden.

6) 행정소송법 제8조 제2항 행정소송에 관하여 이 법에 특별한 규정이 없는 사항에 대하여는 법원조직법과 민사소송법 및 민사집행법의 규정을 준용한다.

7) 민사소송법상 직권증거조사에 관한 규정은 1960. 4. 4. 법률 제547호로 제정된 민사소송법 제265조 (직권증거조사)에서 "법원은 당사자의 신청한 증거에 의하여 심증을 얻을 수 없거나 기타 필요하다고 인정한 때에는 직권으로 증거조사를 할 수 있다."라고 규정하여 오다가, 2002. 1. 26. 법률 제6626호로 전문 개정된 현행 민사소송법 제292조에서 자구의 수정이 있을 뿐 거의 그대로 규정되고 있다. 현행 민사소송법 제292조 (직권에 의한 증거조사) 법원은 당사자가 신청한 증거에 의하여 심증을 얻을 수 없거나, 그 밖에 필요하다고 인정한 때에는 직권으로 증거조사를 할 수 있다.

일본 민사소송법에서는 현행 우리나라 민사소송법 제292조상의 보충적 직권증거조사와 유사한 규정을 과거에 두었던 경험이 있었다.[8] 그리고 현행 일본 행정사건소송법에서도, 우리나라 행정소송법상의 직권심리 규정인 제26조 및 포괄적으로 민사소송법을 준용할 수 있는 준용규정인 제8조 제2항과 유사한 규정인 일본 행정사건소송법 제7조[9], 제24조[10]의 규정을 가지고 있다. 그리고 — 물론 정도의 차이는 있지만 — 무엇보다도 일본 행정소송에 있어서 민사소송상의 변론주의가 기본적으로 논의되고 있다는 점이 우리나라의 상황과 매우 유사하다. 바로 이러한 점에서 우리나라 행정소송과 유사한 문제상황에 처해 있는 일본에서 논의되어 온 행정소송에 있어서 소송자료의 수집책임에 관한 심리원칙에 관한 내용이 사실상 우리나라에 영향을 미쳐왔음은 부정할 수 없다.

한편 독일 민사소송법(ZPO)에는 우리나라 민사소송법 제292조와 비교할 만한 보충적 직권증거조사에 관한 일반적인 근거 규정[11]은 없다. 그뿐만 아니라, 독일 행정소송법 제86조 제1항에서는 명문으로 직권탐지주의를 원칙으로 채택하고 있으므로 독일 행정소송에서는 직권증거조사가 우리나라 민사소송법에서와 같이 '보충적'인 것이 아니라 '원칙적'인 것이다. 또한 독일 행정소송법은 기본적으로 민사소송과 행정소송의 관계를 설정함에 있어서 일본 행정사건소송법이나 우리나라 행정소송법과 같이 포괄적으로 민사소송을 준용하는 형식을 취하지 아니하고 개별사항에 한해서만 민사소송법을 준용하는 규정을 두고 있다. 이와 같은 행정소송과 관련된 법체계를 가진 독일 행정소송에 있어서 이론적 동향은, 직권탐지주의는 당사자가 아닌 법원의 부담을 가중시킨다는 점에서 이 직권탐지주의를 현실적으로 관철하기 곤란하므로 따라서 이러한 법원의 부담을 경감시키기 위하여 직권탐지주의를 완화하는 방안을 모색하는 것이다.

이러한 독일의 상황과 달리 우리나라 행정소송에 있어서 문제상황은 오히려

8) 1926년 일본 개정 민사소송법 제261조에서 "법원은 당사자가 신청한 증거에 의하여 심증을 얻을 수 없거나 기타 필요하다고 인정하는 때에는 직권으로 증거조사를 할 수 있다."라고 규정하였으나, 이 규정은 1948면에 삭제되어 오늘에 이르고 있다.

9) 일본 행정사건소송법 제7조 [이 법률에 규정이 없는 사항] 행정사건소송에 관하여 이 법률에 규정이 없는 사항에 대하여는 민사소송의 예에 의한다.

10) 일본 행정사건소송법 제24조 [직권증거조사] 법원은 필요하다고 인정하는 때에는 직권으로 증거조사를 할 수 있다. 다만 증거조사의 결과에 대하여 당사자의 의견을 들어야 한다.

11) 일반적인 규정은 없지만 개별적인 규정은 있다. 예컨대 혼인사건(Ehesachen)에 관해서는 독일 민사소송법 제616조, 친자관계사건(Kindschaftssachen)에 관해서는 독일 민사소송법 제640조 등 참조.

그 역으로 행정소송법상 직권심리에 관한 규정인 행정소송법 제26조의 해석에 있어서 공익을 이유로 직권탐지주의가 인정될 수 있는가 이다. 다시 말해서 우리나라 행정소송에 있어서 문제상황은 공익을 이유로 기존의 변론주의를 삭감 내지는 완화하고 그 대신 직권탐지주의를 보충 내지는 가미할 수 있는가 이고, 나아가 궁극적으로는 우리나라 행정소송에 있어서 공익을 이유로 직권탐지주의가 변론주의를 완전히 대체할 수 있는가 이다. 즉 우리나라 행정소송에 있어서는 공익을 이유로, 물론 정도의 차이는 있지만, 경우에 따라서는 법원의 직권탐지의무를 인정할 수도 있다는 것이고 이는 다시 말해서 법원의 부담을 가중시키는 것이 가능하고 바람직한 것인가가 논의되고 있는 것이다. 이 점에서 우리나라 행정소송에 있어서 문제상황은 독일 행정소송에 있어서 문제상황과 그 출발점을 서로 반대방향으로 달리하는 것이다.

또한 이러한 논의에 있어서 간과할 수 없는 것은 우리나라 행정소송에 있어서 직권심리에 관한 규정인 행정소송법 제26조에 관하여 논의함에 있어서 저마다의 해석의 기저에 깔려 있는 일종의 행정소송에 대한 선이해 간에 기본적인 시각차이가 있다는 점이다. 예컨대 법원의 직권에 의한 개입문제를 우리나라 재판실무의 관점에 서서 실제적으로 이해하여 예컨대 민사소송법 제 292조의 직권증거조사가 — 물론 법률규정 자체가 보충적이기도 하지만 — 현재 실무상 사실상 보충적으로 운영되는 현실을 중시하려는 일단의 경향이 있다. 반면 이와 반대로 현재 소송실무상 직권증거조사가 보충적으로 운영되는 현실을 부인하는 것은 아니나, 그럼에도 공익이라고 하는 행정소송의 특수성 내지 독자성을 감안하여 민사소송과 구별되는 바람직한 행정소송상을 상정해 보려고 하는 또 하나의 경향이 있다. 이 후자 경향은 현 실무와 관계없이 직권탐지주의가 일부 보충 내지는 가미될 수 있는 최소한 가능성만을 이론상 남겨놓으려고 한다.

문제는 어느 것이 우리나라 행정소송에 있어서 직권심리에 관한 행정소송법 제26조의 해석에 있어서 실정 소송법체계 및 실정소송법 규정의 의미범위 나아가 우리나라 행정소송의 독자성과 어떻게 보다 조화롭게 설명될 수 있는가 이다. 이는 행정소송법 제26조가 행정소송에 있어서 민사소송과는 구별되는 고유한 소송자료의 수집책임에 관한 독자적인 심리원칙을 규정한 것으로서 독자적인 의미를 가지는가라는 문제로 된다. 다시 말해서 행정소송 본안에 있어서 실체심리의 관건이 되는 소송자료의 수집책임에 관한 심리원칙의 근간을 결정함에 있어서 중요한 역할을 하는 규정이 민사소송법을 준용한다고 하는 입법기술상 준용규정인 행정소송법 제8조 제2항인가, 아니면 행정소송에 있어서 직권심리에 관한 규정인 제26조인가라고 하는 문제이다. 따라서 이는 궁극적으로는 우리나라 행정소송의 독자성의 인정문제와도 연결되는 문제라고도 할 수 있다.

실질적 내용면에서는 보다 근본적으로 행정소송에 있어서 직권심리에 관한 규정인 우리나라 행정소송법 제26조의 해석에 관한 기존 논의에 문제가 있다. 즉 우리나라 행정소송법 제26조를 해석함에 있어서 기존의 제 학설은 행정소송법 제26조의 그 실질적 내용적 의미가 행정소송법 제8조 제2항에 의하여 준용되는 민사소송법 제292조에서 규정한 이른바 보충적 직권증거조사의 내용과 같은 정도인가, 아니면 그것을 초과하는 것인가에만 집중하여 논의하여 왔다는 점이다.

이는 민사소송법 제292조가 공익을 고려하여 직권심리를 하여야 하는 행정소송법 제26조의 해석의 판단기준으로 기능하고 있다는 것을 의미한다. 민사소송에 있어서 보충적 직권증거조사는 변론주의를 채택하였다고 하여 실체적 진실을 완전히 포기할 수 없고 특히 사익을 다루는 민사소송에서 사적 당사자 간의 불대등을 시정하기 위한 실질적 평등의 관점 등 변론주의의 폐해를 시정한다고 하는 민사소송의 원리차원에서 논의되고 있는 제도이다.

따라서 공익과 관련된 직권심리에 관한 규정인 행정소송법 제26조의 해석에 있어서 민사소송상의 보충적 직권증거조사를 그 내용적 기준으로 삼는 것은 행정소송절차의 특수성이라고 하는 행정소송의 원리를 제대로 반영하지 못할 수도 있다는 것을 의미한다. 이러한 문제상황은, 주로 사익을 그 대상으로 하는 민사소송과 달리, 행정소송은 무엇보다 실체적 공·사익의 조정적 절차라고 하는 행정소송의 본질에 관한 인식의 부족에서 오는 것이라고 할 수 있다. 그뿐만 아니라 결과적으로 행정소송법 제26조를 해석함에 있어서 사적자치에 근거하여 실무상 소극적으로 운영되고 있는 민사소송 이론의 영향을 받을 수밖에 없다는 점에서도 문제이다.

요컨대 민사소송법 제292조와 행정소송법 제26조 간의 관계설정이 문제된다. 민사소송법 제292조는 행정소송의 성질에 반하지 아니하는 한 민사소송법을 준용하는 입법기술상의 준용규정인 행정소송법 제8조 제2항에 의하여 행정소송에서 인정될 수 있다. 그런데 행정소송법 제26조는 내용적으로 이러한 민사소송법 제292조상의 보충적 직권증거조사를 그 최소한의 내용으로 할 뿐만 아니라 더 나아가 그 이상의 직권탐지주의를 채택할 수 있는 법적 근거가 된다는 점에서 양자 간의 관계가 문제된다. 더구나 행정소송법 제26조는 공·사익의 조정절차가 본질인 행정소송에서 공익을 민사소송에서와 같이 사적자치의 소송법적 표현인 변론주의에 전적으로 맡길 수 없다고 하는 입법적 결단의 표현일 수도 있기 때문이다.

변론주의에 의하는 민사소송에서 변론주의의 폐해를 시정하는 근거로 실질적 평등이 논의되어 온 것은 사실이다. 그러나 이는 어디까지나 변론주의를 전제로 하여 변론주의의 테두리 내에서 문제점을 해결한다고 하는 기본 전제하에 있는 민사소송 내에서의 원리이다. 물론 당사자 간의 실질적 평등은 이러한 민사소송의 원리차원을 넘어서서 어느 절차이든지간에 지켜져야 하는 것으로서 이는 실질적 평등을 표방하는 현대 모든 국가에 있어서 절차의 보편적인 속성이라고 할 수 있다. 그렇다고 해서 모든 절차가 실체적 공·사익의 조정을 그 본질로 하는 것은 아니다. 실체적 공·사익의 조정과 당사자 간의 실질적 평등은 차원을 달리하는 문제이고 따라서 공·사익의 조정을 그 본질로 하는 행정소송의 경우 그 양립이 불가능한 것은 아니다. 소송법적 효과라는 점에서 보면, 실질적 평등을 기하기 위하여 법원이 어떠한 조치를 할 경우에는 변론주의가 원칙인 민사소송에서는 법원의 재량으로 하는 것이 자연스러울 수도 있다. 그러나 공·사익의 조정을 본질로 하는 행정소송에서는 경우에 따라서는 중대한 공익을 법원이 고려하지 아니하고 해태한 경우에는 법원에게 그 의무위반의 책임을 물어서 판결을 취소시킬 수 있는 경우도 있으므로 그 구별의 실익도 있다.

요컨대 우리나라 행정소송에 있어서 직권심리에 관한 규정인 행정소송법 제26조의 해석에 있어서는 변론주의와 실질적 평등에 근거한 그 수정원리인 민사소송의 원리와 실체적 공·사익의 조정이라고 하는 행정소송의 원리가 혼동되어 논의되고 있다는 점이 가장 큰 문제점으로 지적될 수 있다.

또한 변론주의와 직권탐지주의는 소송자료의 수집에 있어서 그 책임이 당사자에게 있는가 아니면 법원에 있는가에 따라서 구별되는 개념이기 때문에 이양 소송원칙 간의 절충이 불가능하지 않는가 하는 의문이 있을 수도 있다. 특히 변론주의와 직권탐지주의 간의 절충이라고 하는 소송원칙 간의 절충이라는 관점은, 우리나라 행정소송법 제26조의 해석 즉 행정소송에 있어서 변론주의와 직권탐지주의의 관계설정에 있어서 직권탐지주의의 보충 내지는 가미를 주장하는 견해의 전제가 된다는 점에서 매우 중요한 의미를 갖는다.

이와 관련하여 외국의 입법례를 보면, 현재 일본 행정소송은 사실상 민사소송상의 변론주의에 기울어져 있다고 평가받고 있다. 그 반면에 독일 행정소송은 역사적 전통을 가지는 직권탐지주의의 원형국가라고 할 수 있다. 따라서 변론주의의 일본 행정소송과 직권탐지주의의 독일 행정소송 외에는 우리가 참고할 만한 행정소송상 변론주의와 직권탐지주의의 절충형태를 지향하는 뚜렷한 입법례는 없다. 이런 이유로 우리나라 행정소송에 있어서 이론상 변론주의와 직권탐지주의의 절충에 대한 보다 체계적인 설명이 없었다고 할 수가 있다.

한편 우리나라 행정소송법 제26조에 관한 논의를 함에 있어서는 민사소송상 변론주의의 기본적인 내용과 함께, 증거자료와 관련된 직권증거조사와 그리고 당사자가 주장하지 아니한 사실에 관하여서도 판단할 수 있다는 사실자료에 관한 직권탐지라고 하는 직권탐지주의의 내용이 결합되어 서술되어 왔다. 이런 점에서 그간 행정소송법 제26조에 관한 논의를 함에 있어서 증거자료와 사실자료 간의 구별이 분명하지 않게 기술되어 왔다. 여기서 우리나라 행정소송법 제26조를 후단의 사실자료와 전단의 증거자료로 나누어 자세히 분석해 볼 필요성도 있게 된다.

기본적으로 어떠한 소송절차도 그러하겠지만 행정소송에 있어서 소송자료의 수집책임에 관한 심리원칙으로 변론주의나 직권탐지주의 어느 한 주의에 의하여야만 할 무슨 논리필연적인 이유는 없다. 따라서 행정소송에서 그 절차원칙을 민사소송이나 다른 나라의 소송절차와 달리 채택하는 것, 예컨대 변론주의와 직권탐지주의 간의 절충이라고 하는 소송원칙 간의 절충도 입법정책상 선택가능한 것임에는 틀림없다.

나아가 행정소송은 그 본질이 실체적 공·사익의 조정적 절차라고 하는 점에서 그러한 실체에 어떠한 절차원칙이 바람직한가 즉 실체와 절차의 조화 문제는 얼마든지 논해질 수 있다. 더군다나 그러한 논의가 예컨대 행정소송의 목적 내지는 공익성 그리고 특히 우리나라 행정소송에 있어서 직권심리에 관한 규정인 행정소송법 제26조 규정의 의미범위 내에서 포섭이 가능하고 거기에서 근거를 부여받을 수 있다고 한다면 이는 더욱 바람직한 것이다. 요컨대 우리나라 행정소송에 있어서 변론주의와 직권탐지주의에 관한 논의는 바로 우리나라 행정소송법 제26조의 의의를 제대로 밝혀보고자 한다.

제2절 변론주의

Ⅰ. 서 설

1. 변론주의의 의의

변론주의(Verhandlungsmaxime)라 함은 소송에 있어서 소송자료 즉 사실자료와 증거자료의 수집에 관하여 당사자의 지배와 책임을 뜻한다. 오늘날에는 변론주의라는 표현 그대로 민사소송에 있어서는 법원에서 변론을 열어야 한다는 것을 의미하는 것이 아니므로 적절한 용어는 아니다. 그 대신 당사자의 '제출'을 강조한다는 의미에서 제출주의(Beibringungsgrundsatz)라는 말을 쓰기도 한다. 변론주의하에서 당사자는 자신의 주장을 정당화하기 위하여 필요한 사실들을 주장하고 증명하여야 하며 법원은 이러한 사실자료와 증거자료만을 고려하여 재판해야 하는 것이 원칙이다. 따라서 변론주의가 적용되는 경우에 자백한 사실 또는 다툼이 없는 사실은 어떠한 증명을 요하지 아니하고, 법원은 바로 이를 판결의 기초로 삼아야 한다[12].

2. 처분권주의와 관계

처분권주의(Dispositionsmaxime, Verfügungsgrundsatz)와 직권주의(Offizialmaxime)는 사실관계의 조사를 대상으로 하지 아니하고 소송물을 대상으로 하는 원칙으로서, 전자는 절차의 개시와 종료 그리고 절차대상의 확정을 당사자의 권한으로 하는 것이고 후자는 그 권한을 법원에게 인정하는 원칙이다. 초기에 변론주의는 처분권주의를 포함하는 넓은 개념으로 사용하였다고 한다. Gönner도 그러하였다고 한다.[13]

그러나 오늘날에는 일반적으로 양자를 구별하여 처분권주의는 소송물 결정에 관한 원칙이고 변론주의는 그 바탕이 되는 소송자료 결정에 관한 원칙이라고 할 수 있으므로 일반적으로 구별하여 쓴다. 다만 변론주의나 처분권주의는 모두 소송에 있어서 당사자의 주도적인 역할을 나타내는 것으로서 사적 자치의 반영이라는 점에서는 공통된다.

---

12) 민사소송법 제150조 제1항 본문, 제288조 참조.

13) 우리나라에서도 이를 구별하지 아니하고 변론주의를 넓게 이해하는 경우에는 처분권주의를 포함하는 뜻으로 쓰이기도 한다

Ⅱ. 변론주의의 근거

1. 법적 근거

위에서 고찰한 독일과 일본 민사소송에서와 마찬가지로, 변론주의는 민사소송을 관통하는 대원칙임에도 불구하고 우리나라 민사소송법에도 변론주의를 인정하는 명문의 근거 규정은 없다.

다만 관련되는 조문에 비추어, 예컨대 민사소송법규칙 제69조에서 사실관계와 증거에 관한 사전조사정리의무를 부과한 것이 변론주의를 전제한 것이라고 하거나, 이 외에 기타 변론의 필요성을 규정한 민사소송법 제134조 제1항, 변론종결시까지 적시에 공격방어방법을 제출할 수 있다는 규정(제146조), 자백을 인정하고(제288조), 변론경신을 요구하는 규정(제204조)과 직권증거조사는 예외적으로 인정되고 있는 것(제292조), 답변서의 제출의무(제256조), 변론 없이 하는 판결(제257조), 변론 전의 조치(제258조)에 관한 규정 등도 간접적으로 변론주의가 채택되어 있음을 말하는 근거라고 할 수 있다.

또한 민사소송에서 변론주의를 취하였음을 당연한 전제로 하고, 행정소송이나 가사소송에서와 같이 소송자료의 수집을 당사자에게만 맡길 수 없는 절차의 경우에 민사소송에 대한 예외 규정으로 직권탐지를 할 수 있음을 밝히고 있다는 점도 하나의 중요한 법적 근거가 된다고 할 수 있다(예컨대 행정소송법 제26조, 가사소송법 제12조, 제17조, 소액사건심판법 제10조).

2. 이론적 근거

우리나라 민사소송에서 변론주의의 이론적 근거로는 사적자치에 근거하는 본질설, 실체적 진실발견을 중시하는 수단설, 하나의 근거보다는 다원적으로 설명하는 것이 타당하다고 하는 다원설 등이 논의되고 있다.

기타 절차보장설이 있으나 그 학설의 내용만이 소개되어 있을 뿐이고 현재 이를 변론주의의 단독적인 근거로 주장하는 경우는 없다고 할 수 있다.

Ⅲ. 변론주의의 내용

1. 소송자료(사실자료와 증거자료)

(1) 소송자료의 의의

소송자료는 넓은 의미에서 사실자료 외에 증거자료를 포함하나(=공격방어방법), 좁은 의미에서는 사실자료만을 가리킨다고 하는 경우도 있다. 또한 소송자료라는 용어 대신에 사실에 관한 주장 및 증거라고 하는 의미에서 재판자료라고 하는 용어를 쓰는 경우도 있고, 심판자료라고 하는 경우도 있다. 또 흔히 대부분 변론주의의 내용으로 소송자료와 증거자료의 준별이라는 용어를 사용하여 소송자료와 사실자료가 동일한 의미로 쓰는 경우가 있으나, 보다 정확히 말해서 소송자료란 사실자료와 증거자료를 포함하는 개념이다.

(2) 사실자료

1) 사실상의 주장

신청을 뒷받침하기 위하여 제출하는 일체의 소송자료를 공격방어방법[14]이라고 한다. 이러한 공격방어방법 중에서 주장은 법률상 주장과 사실상의 주장이 있다. 법률상의 주장이라 함은 법규의 존부, 내용 또는 그 해석적용에 관한 의견의 진술을 말한다. 이는 법률은 법원이 안다는 원칙에 따라서 법원의 전속적인 권한이다. 따라서 법률상의 주장은 법원을 구속할 수 없고 단지 법관의 주의를 환기시키는 의의밖에 없다. 이에 반하여 사실상의 주장이라 함은 구체적 사실의 존부에 대한 당사자의 지식이나 인식의 진술을 말한다. 변론주의하에서는 당사자주장의 사실 중에서 주요사실에 관한 한 변론에서 주장되지 아니하였으면 판결의 기초로 할 수 없는 것이 원칙이다.

2) 주장책임

변론주의에 의하는 사실자료는 당사자가 수집해야 하고 법원은 당사자가 수집한 자료만으로 재판하여야 한다. 그러므로 당사자가 승소에 필요한 사실이 있더라도 이를 변론에서 주장하지 않으면 법원은 그 사실이 존재한다는 것을

---

14) 이러한 공격방어방법은 법률상주장, 사실상주장, 부인, 증명 이외에도 그 밖에 증거항변, 개개의 소송행위의 효력·방식의 당부에 관한 주장도 포함된다. 공격방어방법은 소송물의 존부 판단의 전제이므로 소송물 자체와 달리 소송계속·기판력이 미치는 사항이 아니다.

다른 경로를 통해서 알았다 하더라도 이 사실을 인정할 수가 없다. 이처럼 당사자가 승소하기 위하여 필요한 사실을 주장하지 않으면 변론주의 때문에 패소하게 되는 위험부담을 주장책임이라고 한다. 이러한 주장책임은 그 사실을 주장하면 승소할 수 있는 당사자가 부담한다. 즉 각 당사자는 자기에게 유리한 사실에 대하여 주장책임을 진다.

그러나 어느 당사자이든 변론에서 주장하였으면 되고 반드시 주장책임을 지는 당사자가 진술을 하여야 하는 것은 아니다(주장공통의 원칙). 이러한 주장책임 분배의 구체적 기준은 증명책임의 분배 기준과 같다.

변론주의는 주요사실에 대하여서만 인정되고, 간접사실과 보조사실에는 적용이 없는 것이 원칙이다.[15] 이러한 주요사실은 증명의 목표이지만 간접사실은 그 수단인 점에서 기능상 증거자료와 같은 작용을 한다. 따라서 간접사실 등은 변론에서 당사자의 주장이 없어도 또 주장과 달리 증거로써 이를 인정할 수 있으며, 자백이 되어도 구속력이 없다.

3) 자백의 구속력

주요사실[16] 중에 당사자 사이에 다툼이 없는 경우[17] 증거조사를 할 필요 없이 그대로 사실로 인정하여야 한다. 여기에는 당사자가 적극적으로 자백한 사실과 명백히 다투지 않은 사실이 포함된다. 후자는 자백한 것으로 보므로(민사소송법 제150조 제1항 본문) 결국 법원은 당사자의 자백에 구속됨을 뜻한다(민사소송법 제288조). 즉 자백이 있으면 법원의 증거에 의한 사실인정권이 배제된다. 이러한 규율도 변론주의가 전제된 것이다. 한 당사자가 어떤 사실을 주장하고 상대방이 이를 자백하면 주장된 사실과 반대되는 사실은 주장된 바가 없으므로 법원은 그 반대사실을 인정하기 위하여 증거조사를 할 수가 없다.

---

15) 주요사실이란 일반적으로 법률효과를 발생시키는 법규의 직접 요건사실(예컨대 등기의 이전, 계약체결, 계약의 주요내용)을 말한다. 간접사실은 주요사실의 존부를 추측하게 하는 사실(예컨대 등기이전의 경위, 계약체결 경위)로서, 징빙이라고 한다. 보조사실이란 제출된 증거방법의 증거능력이나 증거력을 판단할 자료가 되는 사실(증인이 사기전과범이라는 사실, 서증이 위조되었다는 사실)을 말한다.

16) 자백의 대상은 주요사실에 한하므로 간접사실, 경험법칙 또는 법률상 진술에 대한 자백 또는 자기에게 불리한 권리관계나 법률효과의 존부를 인정하는 권리자백은 법원은 구속하지 아니한다. 다만 현저한 사실에 반하는 자백에는 구속력을 인정할 수 없다고 한다. 송상현, 445면.

17) 민사소송법 제288조상의 자백과 제150조상의 의제자백을 의미한다.

(3) 증거자료

증거자료에 관하여도 변론주의가 적용되므로 원칙적으로 당사자가 신청한 것을 조사하여 사실인정에 사용하여야 한다.

우리 민사소송법은 증거에 관해서는 변론주의를 약간 후퇴시켜 당사자가 신청한 증거를 조사하여도 그로써 심증을 얻지 못하거나 기타 필요한 경우에는 예외적으로 직권으로 증거를 조사할 수 있도록 규정하였다(민사소송법 제292조).[18] 그러나 이 조항은 '기타 필요한 경우'까지 포함하여 광범위하게 예외를 인정하기 때문에 자칫 변론주의를 무색하게 만들 우려가 있으므로 엄격하게 적용해야 한다. 본래 직권증거조사는 보충적이고 예외적일 수밖에 없기 때문이다. 소액사건의 경우에는 증거조사에 관하여 직권주의를 채택하였다(소액사건심판법 제10조 제1항).

(4) 사실자료와 증거자료의 준별

주장책임의 결과 당사자가 변론에서 주장하지 않은 주요사실은 비록 법원이 증거조사로 심증을 얻더라도 판단자료로 쓸 수 없다. 그런데 심리 중 당사자가 주장하지 않은 사실이 증거조사에서 나타나는 경우 법원이 이를 당사자가 주장하였다고 인정해 줄 수 있는지가 문제된다. 이런 경우 사실자료와 증거자료를 구별하여 증거에 나타난 사실이라도 당사자가 주장하거나 채용하지 않으면 이를 주장한 것으로 인정할 수 없는 것이 원칙이다. 증거자료를 함부로 판결의 기초로 한다면 상대방은 제대로 방어를 못한 채 뜻밖의 재판을 받게 되기 때문이다.

2. 적용범위

(1) 의 의

변론주의는 민사소송에서 주요사실에만 적용된다. 따라서 민사소송에서 사실의 해석이 아닌 법률의 해석이나 적용에 관한 사항에는 변론주의가 적용되지 않는다. 또한 소송요건 등 주로 공익에 관련되는 사항 중에서 일정한 경우 당사자가 아니라 법원이 직권으로 조사하여야 하는 경우도 있다. 이러한 경우는 변론주의가 배제되거나 불완전하게 적용되는 영역이다.

---

18) 민사소송법상의 보충적 직권증거조사에 관해서는, 본장 제7절 법원의 석명의무와 보충적 직권증거조사 부분 참조.

(2) 직권판단사항

법발견은 법원의 전속적인 권한이다. 이는 오로지 법원에게만 맡겨져 있고 당사자는 이것에 아무런 영향력을 미칠 수 없는 것이 원칙이다. 따라서 법원은 당사자의 법률적 견해에 구속되지 아니하고, 법원이 당사자와 법적 대화(Rechtsgespräch)를 할 것이 요구되지 아니할 뿐만 아니라 이는 법원의 헌법적 의무도 아니다.

직권판단사항이란 당사자의 주장이나 항변과 관계없이 법원이 스스로 판단해야 할 사항을 말하는 것으로, 사실문제가 아닌 법률의 해석이나 적용에 관한 사항이 여기에 해당한다. 당사자의 주장, 증명으로 확정한 사실관계에 대하여 법원이 어떠한 법규정을 적용할 것인지, 그 사건에 적용할 구체적 법규정을 어떻게 해석할 것인지, 당사자의 주장이나 행위를 법적으로 어떻게 평가할 것인지는 법원이 직권으로 판단한다. 이러한 법률문제는 당사자가 처분할 사항이 아니므로 변론주의가 적용되지 않는다.[19]

(3) 직권조사사항

직권조사(Prüfung von Amts wegen, Grundsatz der Amtsprüfung)라고 함은 당사자의 신청 또는 이의에 의하여 지적되지 아니하더라도 법원이 반드시 직권으로 조사하여 적당한 조치를 취하는 것을 말하고 그 대상인 사항을 직권조사사항이라고 하는데 주로 공익과 관련된 소송요건에 관한 사항이므로 항변사항과 구별된다.

직권조사사항은 당사자의 주장에 구속되지 아니하고 직권으로 문제삼아 판단하여야 하고, 직권조사사항이라고 하더라도 그 판단의 기초가 되는 사실과 증거에 관하여 소송자료에 나타난 것 외에는 직권으로 탐지할 필요는 없다. 한편 공익성이 강한 소송요건을 조사함에 있어서 주로 문제되는 것은 증거자료인데 우리 법에서 보충적 직권증거조사를 인정하므로 일반적으로 직권탐지를 인정하지 않더라도 공익을 해하는 일은 없다고 한다. 만일 소송요건에 관한 자료의 수집에 직권탐지를 적용하게 되면 민사소송이 직권탐지주의 절차로 변모

19) 한편 이러한 직권판단사항에 해당하는 판례로는 다음을 들 수 있다. 즉 신의칙이나 권리남용 등 강행규정 위반(대법원 1989. 9. 29. 선고 88다카 17181판결; 대법원 1995. 12. 22. 선고 94다42129 판결), 과실상계(대법원 2000. 1. 21. 선고 99다50538 판결), 가집행선고(대법원 1998. 11. 10. 선고 98다42141 판결), 사실인 관습(대법원 1977. 4. 12. 선고 76다1124 판결) 등의 경우를 들고 있는 것에는, 호문혁, 322-323 이하 참조.

하므로 소송요건을 조사하는 방법으로 직권탐지까지 인정하는 것은 타당하지 않다고 한다.

Ⅳ. 변론주의에 대한 비판

1. 비판 내용

변론주의는 개인주의, 자유주의에 입각한 원칙으로 이에 대하여는 과거부터 많은 비난이 가해졌다. 19세기에는 Menger에 따르면 민사소송제도는 유산자에게 매우 유리하게 되어 있다고 하고, 20세기 전반에는 나치(Nazis) 법학자들이 민사소송법상의 변론주의는 개인과 공동체의 관계를 신경 쓰지 않던 시대의 산물이라고 비판하였고, 20세기 후반에는 구동독의 학자 등 공산주의자에 의하면 변론주의를 배제할 것과 사회주의적 법의식의 표현으로서 '객관적 진실'의 조사 등을 주장하였다. 1970년대에 들어와서 독일에서 Bender, Wassermann 등이 변론주의를 대체할 새로운 이론으로 이른바 사회적 소송관을 주장하여 구체적 사건에 있어서 약자를 보호하는 것이 법관의 새로운 임무라고 하였다.

2. 재 비 판

이러한 변론주의에 대한 비판에 대하여 이를 재비판하는 견해가 있다. 즉 민사소송에서는 사권의 보호에 민사소송의 본질이 있는 것이고 다른 것들은 부차적인 목적에 불과하다는 점에서 국가의 법질서유지가 민사소송제도의 목적이라고 하는 국가사회주의적 발상은 배격되어야 한다는 것이다. 소송은 대립당사자 간에 싸우는 과정에 불과한 것이지 실체적 진실이란 보물을 찾기 위하여 팀을 구성하여 합심·협력하여 밀림을 탐험하는 과정이 아니므로 Wassermann의 협동주의와 같은 이론은 문제가 있다고 한다. 변론주의가 사회적 약자에게 무관심한 것으로 보일 수도 있으나, 이러한 약점을 보완하기 위하여 오늘날 민사소송법은 법관의 석명의무와 소송구조 등 여러가지 제도들을 갖추고 있다고 한다. 어느 법제에서든 순수한 변론주의나 순수한 직권탐지주의를 취하는 일은 없고 다소간의 혼합형태를 취하나, 그러나 우리 민사소송법은 역시 직권탐지주의적 요소보다는 변론주의적 요소가 압도적이라고 한다.

요컨대 어느 민사소송에서든지 변론주의를 완전히 철저하게 관철하는 것은 불가능할 뿐만 아니라 불필요한 일이다. 다만 변론주의는 실제에 있어서 실질적 평등에 비추어 문제가 전혀 없다고 할 수 없는 것도 또한 사실이다. 그렇다고 해서 변론주의를 완전히 배제하는 것 또한 개인의 자유의사에 근거한 사적자치를 완전히 무시한다는 점에서 이는 보다 큰 근본적인 문제가 있는 것이다. 따라서 민사소송에 있어서는 변론주의의 기조를 유지하되 이를 실질적 평등의 관점에서 어느 정도 수정하는가가 관건이 된다고 할 수 있다.

V. 변론주의의 보충 - 진실의무

본래 소송에서 당사자는 소송을 수행하는 주체이므로 주장책임, 증명책임과 같은 책임은 부담하지만 증인과 같이 진실만을 말할 법적인 의무를 부담하지 아니하는 것이 원칙이다. 그러나 이러한 민사소송에 있어서 진실의무가 논의되는 것은 일방 당사자가 간계를 부려서 사실을 왜곡하여 소송에 있어서 승패가 뒤바뀌는 것을 도저히 용납할 수 없다는 취지에서 이다. 이런 취지를 가지고 있는 진실의무는 당사자에 의하여 사실이 왜곡될 가능성이 있는 변론주의의 약점을 보충하는 역할을 한다.

진실의무란 당사자가 어떤 사실이 진실이 아님을 인식하거나 확신하면서 그 사실을 주장하여서는 안 되고, 상대방의 주장이 진실임을 알거나 확신하면서 이를 다투어서도 안 된다는 의무를 말한다. 이 의무는 객관적인 진실을 지향하는 것이 아니라, 주관적 진실을 추구하는 의무(Pflicht zur subjektiven Wahrhaftigkeit), 즉 정직의무(Pflicht zur Wahrhaftigkeit)를 말한다.

진실의무는 학설상 그 인정 여부가 논의되어 오다가 오스트리아 민사소송법 제178조, 독일 민사소송법 제138조 제1항에 의하여 규정됨으로써 인정되게 되었다.

우리나라 민사소송법은 이에 대한 규정을 가지고 있지 않음에도 불구하고 이를 인정하고 있는 것이 일반적이다. 해석상 진실의무의 법적 근거로는 민사소송법 제1조상의 신의칙상 당연한 요청이라고 하는 견해, 민사소송법 제363조(문서성립부인에 대한 제재), 제370조(거짓 진술에 대한 제재)등이 진실의무를 전제로 하는 규정이라고 하는 견해가 있으나, 진실의무는 어느 한 두 조문을 근거로 인정되는 것이 아니라, 민사소송법상의 여러 제도를 종합적으로 고려하여 추출한 민사소송법의 기본원칙에 기하여 인정되는 제도라고 하는 것이 타당하다.

변론주의 원칙상 소송자료의 수집책임을 당사자에게 부담시키고, 당사자가 수집한 소송자료만을 재판의 기초로 삼아야 한다. 본래 소송에서 당사자는 소송을 수행하는 주체이므로 주장책임, 증명책임과 같은 책임은 부담하지만 증인처럼 진실만을 말할 법적인 의무를 부담하지 않는 것이 원칙이다. 따라서 이러한 변론주의를 원칙으로 하는 민사소송에서 진실의무가 인정되는 여부가 문제된다.

제3절 직권탐지주의

Ⅰ. 서 설

1. 직권탐지주의의 의의

변론주의(Verhandlungsmaxime, Beibringungsgrundsatz)라는 개념과 함께 그 대립의 쌍을 이루는 것으로 직권탐지주의(Untersuchungsmaxime, Inquisitionsmaxime)가 있다. 직권탐지주의라 함은, 독일 행정소송법 제86조 제1항에서 법원은 사실관계를 직권으로 탐지한다고 규정한 바와 같이, 법원이 소송자료를 수집할 책임을 부담하는 원칙을 말한다. 즉 판결의 기초가 되는 사실의 수집에 관한 책임분배에 관한 절차원칙으로는 이를 당사자에게 맡기는 것이 변론주의라고 한다면, 이를 당사자에게 맡기지 아니하고 법원에 맡기는 것이 직권탐지주의이다.

2. 소송의 종류와 직권탐지주의

직권탐지주의는 공익이 전면에 나서는 형사소송이나 행정소송인 경우에만 배타적으로 인정되는 소송원칙이 아니다. 그러나 아무리 사적자치 및 그 소송법적 표현인 변론주의에 의하는 민사소송이라고 하더라도 일정한 공익과 관련되는 경우 민사소송법에 직권탐지주의를 인정하는 특별한 규정을 예외적으로 두는 것이 일반적이다.

Ⅱ. 직권탐지주의의 근거

1. 이론적 채택근거

(1) 공 익

행정법원의 목적은 공익인데, 이는 Ule가 행정소송에서는 공익의 실현이 주목적이라고 하는 것과 같다. Menger는 행정소송에서 문제가 되는 공익은 완전한 사실해명을 필요로 하는 것이므로 이 사실을 당사자의 처분권한에 맡길 수는 없다고 한다. 왜냐하면 직권탐지주의는 그 대상으로 공법과 '실체적 진실(materielle Wahrheit)'을 대상으로 하기 때문이라는 것이다. 이러한 공익은 분쟁사안에 있어서 관련된 제 이익을 초월하게 된다.

실제 행정소송 절차에서는 판결의 객관적 정확성에 대한 공익[20]이 부각되고 그리고 행정의 실체적 적법성과 행정재판의 법률구속성[21]이 요구된다. 이러한 행정과 행정재판의 법률에의 구속으로부터 행정재판의 객관적-법치국가적 통제목적이 도출되며 여기에서 직권탐지주의가 정당화된다.

(2) 진실발견

Gönner는 변론주의와 직권탐지주의 양 소송원칙을 진실개념을 결부시켜 설명하지는 않았다. Gönner는 변론주의와 직권탐지주의가 '본질적으로 구별되는 것(wesentliche Verschiedenheit)'임에도 불구하고 법관의 확신형성이라고 하는 목적 달성을 위한 동등한 가치가 있는 방법으로 간주하였다. 변론주의와 직권탐지주의 양 원리는 '모든 소송절차의 최고의 목적(hoher Zweck des ganzen Verfahrens)', 즉 진실탐지에 기여하는 데에 똑 같이 적합한 방법이라고 하였다.

2. 직권탐지주의의 헌법적 근거

직권탐지주의의 헌법적 근거로 논의되고 있는 독일 헌법 조문으로는 독일 헌법 제3조 제1항, 제19조 제4항, 제20조 제3항, 제92조, 제97조 제1항 등을 들 수가 있다. 특히 누구든지 자기의 권리가 공권력에 의하여 침해당한 때에는 소를 제기할 수 있다고 하는 독일 헌법 제19조 제4항[22]이 직권탐지주의의 근거인

---

20) Ule, S. 134.

21) Schoch/Schmidt-Aβmann/Pietzner, §86 Rdnr. 16.

22) 독일 헌법 제19조 제4항 누구든지 자기의 권리가 공권력에 의하여 침해당한 때에는 소를 제

가 여부에 관해서 학설이 대립되고 있을 뿐만 아니라, 처분권주의와 직권탐지주의의 관계설정에 관하여도 논의되는 근거 규정이 된다.

Ⅲ. 직권탐지주의의 내용

독일 행정소송법 제86조 제1항 제1문 전단 "법원은 직권으로 사실관계를 탐지한다."에 의하여 사실관계의 확정은 법원의 단독책임이다. 이러한 법원의 주도적인 역할에 의하여 당사자는 단지 관중의 지위로 전락하게 된다고 한다.[23] 그러나 이와 같은 순수한 직권탐지주의의 형태는 독일 행정소송법에 의하여 의도된 것이 아니라고 하는 사실은 독일 행정소송법 제86조 제1항 제1문 후단에 나타난다. 즉 당사자는 완벽하게 수동적인 지위에 처하는 것이 아니라 법원이 사실관계를 탐지하는 경우 반드시 참여하여야 한다.

이 경우 법원과 당사자의 관계가 문제된다. 즉 당사자가 단순히 법원의 이행보조자(Erfüllungsgehilfe)에 준하는가 아니면 법원과 당사자가 동등하게 책임을 지는가가 논해지기도 한다. 이에 관하여는 판례와 학설이 명백하지 아니하고 구체적 개별적으로 판단하기는 하지만, 독일 행정소송법 제86조 제1항의 원칙상 판결의 기초가 되는 사실은 법원이 당사자로부터 독립하여 탐지하여야 한다고 한다.

'직권으로(von Amts wegen)'이란 법원이 사실관계를 탐지함에 있어서 다음과 같은 이중적인 관점에서 보아야 한다. 즉 한편으로는 사실관계를 탐지하는 것이 당사자가 아니라 법원이 수행해야 할 임무라는 것과, 다른 한편으로는 법원은 이러한 임무를 수행함에 있어서 직권으로 행해야 한다. 따라서 독일 행정소송법 제86조 제1항의 원칙상 법원은 사실관계를 탐지함에 있어서는 당사자의 신청이나 당사자의 진술에 구속되지 아니하고 법원 자신이 주도하여야 한다.

법원의 직권탐지의무는 제86조 제1항 제1문 전단에 의하여 형성된다. 그런데 이 경우 독일 행정소송법 제86조 제1항 제1문 후단에 의하여 법원은 사실관계를 탐지하는 경우에 있어서 당사자를 '참여'시켜야 한다. 이는 법원이 당사자의 지식, 경험 등을 원용하여 활용하여야 하는 것을 의미한다. 법원이 소송당사자의 지식을 활용하는 것은 법원에게 직권탐지의무의 일부로서 부과된 의무이다.

기할 수 있다.

23) Renate Köhler-Rott, S. 18.

법원은 당사자의 사실제출과 증거신청에 구속되지 아니한다(독일 행정소송법 제86조 제1항 제2문)에서 '구속되지 아니한다(nicht gebunden)'라는 의미는 법적인 구속으로부터 자유로움을 의미하는 것이다. 따라서 법원이 탐지할 것인가 여부 및 만일 탐지하기로 결정하였다면 어떠한 방향으로 할 것인가 그리고 어떠한 증거방법을 법원이 사용할 것인가는 법원의 재량에 속한다. 따라서 당사자의 진술과 증거신청은 이에 대하여 어떠한 법적 구속력이 있는 한계를 설정할 수 없다는 것을 의미하게 된다.

Ⅳ. 직권탐지주의의 비판

종래 행정소송에서 직권탐지주의에 대한 주요한 비판점은 사실탐지를 법원의 단독책임으로 함으로 인한 법원의 부담가중이다. 이는 결국 독일 행정소송에서 직권탐지주의가 소송현실에서는 원형 그대로 관철될 수 없다는 것을 의미하게 된다. 그에 대한 대책으로서 직권탐지주의의 완화 또는 궁극적으로 민사소송상의 변론주의를 행정소송에 도입하려는 계기가 논의되고 있다.

직권탐지주의에 대한 모순과 비판은 다음과 같다. 첫째로, 처분권주의와 소송상 사실관계탐지 간의 헌법적인 관점에서 유발되는 긴장관계를 설득력 있게 해결할 수 없다. 둘째로, 직권탐지주의는 잠재적으로 무한정한 탐지를 의미한다는 전제가 당사자의 사실제출과 법원의 사실관계탐지 간의 필연적인 상호작용으로 인하여 유지될 수 없다. 셋째로, 당사자의 협력을 법적으로 근거부여하기가 불가능하다는 것이다.

제4절 변론주의와 직권탐지주의의 절충

Ⅰ. 서 설

1. 행정소송의 특수성

행정소송의 경우에는 사익과 공익의 충돌을 그 본질로 하고 있다는 점에서 변론주의와 직권탐지주의의 양자 간에 절충의 필요성이 크다고 할 수 있다. 즉 행정소송에 있어서 변론주의와 직권탐지주의의 문제는 단지 소송자료를 수집하는 문제로만 한정할 수는 없는 문제이다. 행정소송은 그 기능이 당사자의 권리구제와 적법성통제 간의 그 중점을 어디에 두는가라고 하는 점과, 그리고 실제 민사소송과 어느 정도로 다른가 하는 점도 고려하여야 한다. 나아가 모든 소송에서 일반적인 문제이기도 한, 법원의 부담경감, 당사자의 절차참여권, 소송의 신속화, 소송경제, 무기평등의 원칙 등과도 관련되는 등 한 나라의 전반적인 법문화, 실제와 관련되는 문제이기도 하다.

소송심리에 있어서 법원과 당사자는 각기 일정한 일을 분담하게 되는데, 구체적인 절차에서 이들 사이의 역할분담은 각 시대의 사조와, 각 절차의 종류에 따라 입법자의 결단에 의하여 달라지게 된다.[24]

2. 문제의 제기

변론주의와 직권탐지주의와 밀접한 관련을 가지고 있는 우리나라 행정소송법 제26조의 해석과 관련하여 보면 변론주의와 직권탐지주의의 보충 내지는 가미라는 해석을 하는 경우가 있다. 그런데 변론주의와 직권탐지주의는 소송자료의 수집에 있어서 책임이 당사자에게 있는가 아니면 법원에 있는가에 따라서 구별되는 개념이기 때문에 이 양 소송원칙 간의 절충이 불가능하지 않는가 하는 의문이 있다.

Ⅱ. 변론주의와 직권탐지주의의 절충

변론주의와 직권탐지주의는 소송자료의 수집책임을 당사자 또는 법원에게 단독으로 분배한다. 따라서 이 양 주의는 다분히 원리적인 측면에서 상정해 본 것에 불과한 하나의 이념형(Idealtypus)에 지나지 않는다.

어떠한 소송에서든지 어느 정도의 변론주의와 직권탐지주의 양 소송원칙 간의 절충적인 형태를 취하는 것이 일반적이라 할 수 있다. 즉 어느 법제에서든 순수한 변론주의나 순수한 직권탐지주의를 취하는 일은 없고 다소간의 혼합형태를 취한다고 할 수 있다. 그리고 이러한 절충의 모습은 서로 다른 소송절차

24) 독일 민사소송법은 제정 당시에는 철저한 자유주의, 개인주의에 입각하였으나 점차 직권주의적, 사회적 요소를 가미하여 오늘날은 절충형태를 취하고 있다. 또한 민사소송법에 있어서도 가장 철저히 자유주의, 개인주의에 입각한 1806년의 프랑스 민사소송법이 있는가 하면 전체주의에 터 잡은 가장 철저한 직권주의에 입각한 구동독이나 북한 민사소송법이 있고 그 중간 형태로 사회적 요소를 많이 가미한 오스트리아 민사소송법도 있다고 한다.

간은 물론이고 같은 소송절차 내에서도 시대와 나라에 따라서 그 절충의 모습이 다르게 나타난다. 직권탐지주의와 변론주의라는 원래의 개념은 이념형으로 상정한 것에 불과한 것이다. 따라서 전부 아니면 전무라는 원칙(alles oder nichts)에 따라 소송자료의 수집책임을 당사자와 법원 간에 분배한다고 하면 이는 극단적인 해결방안만을 의미할 뿐이다. 따라서 어떤 한 소송에서 어느 한 주의를 철저히 관철시키는 것은 현실적으로 불가능하고 바람직하지도 아니한 것이다.

어느 소송에서든지 판단기초사실에 대한 책임이 어떻게 분배되는가는, 당해 소송이 추구하는 소송의 목적과도 관련되는 것이기는 하다. 그러나 이는 논리의 문제라기보다는 입법자의 가치판단이 개입하는 입법정책적인 문제이다. 문제는 어느 주의로부터 출발하여 어떠한 기준에 의하여 어느 정도로 절충할 것인가 이고 또한 그 절충한 결과를 가지고 실정소송법 규정과 실무를 어떻게 체계적·합리적으로 조화롭게 설명할 수 있는가에 있다.

Ⅲ. 소송실무에서 절충의 모습

1. 변증법적 절충

직권탐지주의와 변론주의는 행정소송법과 민사소송법에서 그리고 무엇보다도 법원의 실무에서는 극단적인 대립물로서 존재하지 아니한다고 한다.

변론주의와 직권탐지주의는 본래 진정으로 대립하는 것이었다. 그러나 오늘날 민사소송에서는 수차의 개정을 통하여 법관의 사실자료 확정수단을 넓혀가고 있다. 다른 한편으로는 행정소송에서 직권탐지주의는 당사자를 위하여 점점 더 절차법적인 구속을 받는다고 한다. 즉 독일 행정소송법에서는 직권탐지주의를 원칙으로 하고 있음에도 사실인정에 있어 당사자의 배제나 자의적인 증거신청의 거부는 허용되지 않고 있다.

2. 민사소송에서 절충의 모습

실무상으로도 변론주의와 직권탐지주의의 대립은 완화되어 있다. 즉 변론주의에 의하는 민사소송에서 직권탐지주의적인 요소가 도입되어 있다는 것을 확인할 수 있다.[25] 이러한 직권탐지주의적인 요소로는 직권조사 그리고 특히 우리나라의 경우 민사소송법 제292조에서 변론주의의 보충으로서 직권증거조사를 들 수 있다. 이것 외에도 오늘날에는 진실의무가 독일에서는 물론 우리나라에서도 인정되고 있다.

3. 행정소송에서 절충의 모습

직권탐지주의가 지배한다고 하는 독일 행정소송은 커다란 비판을 받고 있는 상황에 처해 있다. 특히 직권탐지주의는 그 본질상 소송자료를 원칙적으로 법원이 책임지게 되어 있으므로 행정법원의 부담이 너무 과중하고 이로 인하여 절차의 신속화를 기하기 어렵다고 한다.

순수한 형태의 직권탐지주의는 행정소송뿐만 아니라 어떠한 소송에서도 재정적인 능력 등으로 인하여 실현하기가 곤란하다고 한다. 그리하여 독일 행정소송법에서는 직권탐지주의를 원칙으로 하고 있음에도 사실인정에 있어 당사자의 배제나 자의적인 증거신청의 거부는 허용되지 않는다고 한다. 그리고 법원이 과중한 부담을 경감시키기 위한 목적에서이겠지만 변론주의 요소의 도입이 문제되고 구체적으로는 행정소송에서 협력의무(Mitwirkungspflicht)가 논의되고 있다고 함은 전술한 바와 같다.

결국은 독일 민사소송에서는 개정을 통하여 법관이 사실자료를 확정하거나 그 해명할 수단이 강화되었고 직권탐지주의의 행정소송에서는 직권탐지주의가 당사자를 위하여 절차법적인 제한을 받게 되었다고 한다. 따라서 독일의 경우 민사소송은 변론주의가 원칙이고 행정소송은 직권탐지주의가 원칙임에도 불구하고 서로 접근하고 있다고 한다. 즉 행정소송의 심리방법이 민사소송의 심리방법에 접근해가고 있다고 한다.

최근의 이론적 동향으로서는 민사소송상의 변론주의를 인정하자는 견해와 행정소송은 민사소송과 유사한 당사자주도형소송(Parteienprozeβ)이라는 견해가 나타나고 있다. 특히 후자의 견해는 행정소송은 법관이 소송을 주도하는 법관주도형소송(Richterprozeβ)이 아니라 민사소송과 같이 당사자가 소송을 주도하는 당사자주도형소송(Parteienprozeβ)이라고 이론구성하여 그러한 전제하에서 민사

---

25) 변론주의하에서도 법원은 석명권행사에 의하여 소송자료의 수집에 깊숙이 간여하며, 직권탐지주의가 지배한다고 하는 가사소송이나 행정소송에서도 당사자가 제1차적으로 소송자료의 수집책임을 담당하고 법원의 직권탐지도 석명권의 행사에 의하여 당사자를 통한 간접적인 방법에 의하고 있다.

소송상의 주장책임 내지는 증명책임을 행정소송에서도 인정하려고 하는 것이다.

제5절 법원의 석명의무와 보충적 직권증거조사

I. 서 설

1. 석명의무의 의의

석명의무라 함은 소송관계를 분명하게 하기 위하여 당사자에게 사실상 또는 법률상 사항에 대하여 질문, 시사할 수 있고, 증명을 하도록 촉구할 수 있는 것을 말한다(민사소송법 제136조 제1항[26]). 이러한 석명권은 법관의 권능 내지는 권한이라는 관점에서 본 것이고 이것을 법관이 행사하여야 하는 의무라는 관점에서 파악하게 되면 석명의무가 된다.

민사소송에서 변론주의를 보완 내지는 수정하는 제도로서 법원의 소송지휘권과 관련하여 대표적으로 인정되고 있는 것이 법원의 석명권 내지 석명의무이다. 석명의무는 소송관계의 명료화를 그 제도적 취지로 하는 소송지휘권의 일환으로 행하여지는 것이다. 석명의무는 오늘날 변론주의하에서만 인정되는 것이 아니라 독일 행정소송에서와 같이 직권탐지주의하에서도 인정되므로 석명의무와 변론주의 외에도 석명의무와 직권탐지주의에 관하여 논하여지기도 한다.

2. 소송지휘권

소송은 절차를 형성하고 내용을 심리하는 것으로 이루어진다. 민사소송법은 내용의 심리는 기본적으로 당사자들의 손에 맡기고 절차의 형성은 법원의 권한에 맡기고 있다. 그러나 이러한 분담이 서로 영향을 미칠 수 없는 절대적인 것은 아니다. 법원의 절차진행에 당사자가 이의를 할 수 있는 반면 그에 협력하여야 하고, 당사자의 소송자료 제출에 관하여 법원은 석명을 하여 보충할 수 있다. 그로써 공정, 신속하고 경제적인 소송절차가 이루어질 것을 기대한다.

행정소송은 민사소송과 달리 적법성통제와 공익도 중시되고 있으므로 행정소송에 있어서 법원의 소송지휘권은 민사소송의 그것보다 적극적으로 인정될

---

26) 2002년 1월 26일 법률 제6626호로 개정된 민사소송법 제136조 제1항: 재판장은 소송관계를 분명하게 하기 위하여 당사자에게 사실상 또는 법률상 사항에 대하여 질문할 수 있고, 증명을 하도록 촉구할 수 있다.

가능성이 크다. 즉 행정소송절차에서 공익과 관련된 사실관계가 제출되지 아니하여 공익이 충분히 고려되지 아니한 경우 직권탐지가 필요하게 된다. 여하튼 행정소송의 목적이나 공익에 비추어 보면 행정소송에서 직권탐지주의적 요소가 필요하므로 행정소송에 있어서 법원의 소송지휘권이 민사소송보다는 넓게 인정될 수도 있다.

3. 연 혁

우리나라에서는 1960. 4. 4. 법률 제547호로 제정된 민사소송법 제126조 제1항[27]은 석명에 관하여 일본 민사소송법 제127조를 받아들여 일본과 마찬가지로 석명을 재량적인 것으로 규정하였다.

이 규정에 대하여 석명의 연혁적 의의 및 기능의 성질, 직권증거조사에 관한 2002. 1. 26. 법률 제6626호로 전문 개정되기 전의 민사소송법 제265조[28](2002. 1. 26. 법률 제6626호로 전문 개정된 현행 민사소송법 제292조[29])의 규정 등을 고려하여 초기부터 그 의무성을 긍정하여 왔다.

한편 1990. 1. 13. 민사소송법 개정으로 민사소송법 제126조에 제4항[30]을 신설하여 법률상의 사항에 관한 진술기회를 부여하도록 의무적으로 규정하였다. 그 후 이 규정은 2002. 1. 26 법률 제6626호로 전문 개정되어 새로이 민사소송법 제136조[31]에 규정되었다. 이 규정의 입법이유는 '당사자가 명백히 간과한 법

27) 1960년 민사소송법 제126조 제1항: 재판장은 소송관계를 명료하게 하기 위하여 당사자에게 사실상과 법률상의 사항에 관하여 발문하고 또는 증명을 촉구할 수 있다.

28) 2002. 1. 26. 법률 제6626호로 전문 개정되기 전의 민사소송법 제265조 [직권증거조사] 법원은 당사자의 신청한 증거에 의하여 심증을 얻을 수 없거나 기타 필요하다고 인정한 때에는 직권으로 증거조사를 할 수 있다.

29) 2002. 1. 26. 법률 제6626호로 전문 개정된 신 민사소송법 제292조 (직권에 의한 증거조사) 법원은 당사자가 신청한 증거에 의하여 심증을 얻을 수 없거나, 그 밖에 필요하다고 인정한 때에는 직권으로 증거조사를 할 수 있다.

30) 제126조 제4항: 법원은 당사자가 명백히 간과한 것으로 인정되는 법률상의 사항에 관하여 당사자에게 의견진술의 기회를 주어야 한다. 이 신설된 제도의 명칭에 관해서는 호문혁, 민사소송에 있어서의 법률적 사항에 관한 법관의 석명의무, 민법학논총, 후암곽윤직선생고희기념, 1995, 716면 이하 참조.

31) 구법 제126조와 비교하여 보면 용어상 명료 → 분명, 발문 → 질문, 입증 → 증명으로 바꾸었다. 제136조(석명권(釋明權)·구문권(求問權) 등) ① 재판장은 소송관계를 분명하게 하기 위하여 당사자에게 사실상 또는 법률상 사항에 대하여 질문할 수 있고, 증명을 하도록 촉구할 수 있다. ② 합의부원은 재판장에게 알리고 제1항의 행위를 할 수 있다. ③ 당사자는 필요한 경우 재판장에게 상대방에 대하여 설명을 요구하여 줄 것을 요청할 수 있다. ④ 법원은 당사

률상의 사항에 대한 법원의 석명의무를 명시하여 민사소송의 적정을 도모'하는 것이라고 한다.[32] 이 제136조 제4항의 명칭에 관해서는 '법률적 관점에 관한 지적의무'라고도 하고, "법률적 사항에 관한 시사의무"라고도 한다.

Ⅱ. 석명의무와 보충적 직권증거조사

1. 제도적 취지

변론주의는 당사자 간의 능력이 평등하다는 것을 전제로 하는데 실제로는 소송능력이 뛰어난 당사자의 농간으로 승소하여야 할 당사자가 패소하게 되는 등 실질적 평등에도 어긋나는 사태를 도외시할 수만은 없다. 즉 소송관계를 명료하게 하지 못하는 경우와 당사자 간의 불대등한 경우에 변론주의의 보충을 필요로 하고 이점에서 변론주의의 보충이 요구되고 있다. 전자가 즉 소송관계의 명료가 석명의무의 제도적 취지이고 후자 즉 실질적 평등이 보충적 직권증거조사의 제도적 취지라고 할 수 있다.[33]

2. 이념적 검토

우리나라 민사소송법학자들은 민사소송법 제136조상의 석명권과 제292조상의 직권증거조사를 민사소송의 이념 가운데 재판의 적정에 거의 모두가 예외가 없이 분류하고 설명하고 있으나 이는 의문이다.

석명의무와 보충적 직권증거조사 제도는 당사자 간의 사실관계 등에 법원이 개입하여 명확하게 밝히거나 증거를 조사한다는 점에서는 이러한 사태의 해결

자가 간과하였음이 분명하다고 인정되는 법률상 사항에 관하여 당사자에게 의견을 진술할 기회를 주어야 한다.

32) 법무부, 민사소송제도 —민사소송법개정자료—, 법무자료 제103집, 220면.

33) 석명의무와 보충적 직권증거조사는 반드시 변론주의가 원칙인 절차에서만 인정되는 것은 아니다. 석명의무와 보충적 직권증거조사는 소송관계의 명료화와 당사자의 실질적 평등이라는 관점하에서는 어느 소송에서도 인정가능하다. 예컨대 우리나라 형사소송에서는 형사소송규칙 제141조 석명권과 형사소송법 제295조 직권증거조사가 당사자주의적 관점에서 논의되고 있다. 형사소송에서도 법원의 직권탐지의 한계를 고려하여 이해관계가 대립하고 있는 당사자 간에 증거수집을 맡기는 것이 효율적이라고 할 수 있으나 실체적 진실발견의 문제가 있고 민사소송에서와 같이 변론주의의 폐해라고 할 수 있는 소송의 스포츠화가 우려된다. 따라서 이를 시정하기 위하여 실체적 진실발견과 실질적으로 검사와 피고인 간의 실질적 평등을 위하여 피고인의 이익을 위한 직권증거조사도 인정된다.

을 당사자에게만 전적으로 맡겨 두었을 경우에 비교하면 어느 정도 소송의 신속 및 경제의 이념에도 어느 정도 부합한다고 할 수 있다. 또한 보충적 직권증거조사제도는 당사자의 실질적 평등에 기한 제도적 성격을 가지므로 재판의 공평이념에도 어느 정도 부합한다고 할 수 있다.

3. 판례의 태도

우리나라 대법원은 석명의무와 직권증거조사의 제도적 취지에 관하여,

> "민사소송에 있어 변론주의를 채택함은 민사소송의 성질상 자료의 수집을 당사자의 책임으로 함이 일반적으로 진실을 얻는 첩경이며 국가의 노력경감과 당사자에 대한 공평을 꾀할 수 있다는 고려하에서 취하여진 것으로서 변론주의가 시행된다고 하여 실체적 진실발견주의를 버리고 형식적 진실로서 만족하는 것은 아니며 변론주의가 당사자의 책임을 인정하는 것은 당사자의 소송진행의 능력이 완전히 대등한 것을 전제로 하는 것이나 사실에 있어서는 당사자는 지식경험이나 경제력에 있어서 대등하지 않으며 특히 법률지식이 없는 본인 소송에 있어서는 충분한 법률상의 변론을 기대할 수 없으므로 민사소송법은 석명권의 행사 또는 직권증거조사의 규정을 두어 그 조절을 하게 한 것이다." [34)]

라고 판시한다.

이러한 판례의 취지를 보면, 흔히 형식적 진실에 빠지기 쉬운 변론주의와 실체적 진실에 치중한다고 하는 직권탐지주의라고 하는 2분법적으로 구분하는 편협한 시각에서 벗어나 현실적으로 일찍부터 변론주의와 실체적 진실발견의 조화점을 모색하는 것을 기본 출발점으로 명정하고 있다. 그러한 정신하에서 판례는 오래 전부터 석명의무와 보충적 직권증거조사를 변론주의의 완화 내지 보충으로 파악하여 왔다는 것을 알 수 있다.

다만 위와 같이 석명의무도 보충적 직권증거조사와 함께 실질적 평등에 근거하는 것으로 보는 판례의 태도에 관해서는 다소 의문점이 있다. 특히 석명의무는 사회적 약자를 적극적으로 돕는 제도라기보다는 사실관계와 법률관계를 명료하게 하는 것에 그 취지가 있기 때문이다.

---

34) 대법원 1959. 7. 2. 선고 58다336 판결(집7, 민137), 밑줄 필자.

Ⅲ. 석명의무와 변론주의

1. 변론주의의 보충

석명의무는 변론주의하에서 스스로 사실의 수집책임을 지는 당사자가 제대로 소송자료를 제출하도록 한다는 의미에서 민사소송에서 변론주의의 완화 내지는 보충하는 제도로 파악하기도 한다. 이와 같은 석명의무가 변론주의의 완화 내지는 보충이라고 보는 태도는 독일 민사소송에서 뿐만 아니라 우리나라 민사소송의 경우에도 마찬가지이다.

2. 법관의 중립성

독일에서 석명의무와 당사자의 실질적 평등을 관련시켜 보면, 석명의무는 사회적 법치국가의 특성이 각인된 제도(Ausprägung des sozialen Rechtsstaats)로서 분쟁자료를 완전하게 하기 위한 가장 중요한 소송지휘의 수단이라고 한다. 따라서 법관이 석명을 행사한다고 해서 법관의 중립성을 침해하는 것이 아니라고 한다.

3. 변 호 사

변호사가 소송을 대리하는가 여부에 따른 석명의무의 인정에 관하여 위에서 인용한 바 있는 우리의 판례에서도 일찍부터,

> "변론주의가 당사자의 책임을 인정하는 것은 당사자의 소송진행의 능력이 완전히 대등한 것을 전제로 하는 것이나 사실에 있어서는 당사자는 지식경험이나 경제력에 있어서 대등하지 않으며 특히 법률지식이 없는 본인 소송에 있어서는 충분한 법률상의 변론을 기대 할 수 없으므로 민사소송법은 석명권의 행사 또는 직권증거조사의 규정을 두어 그 조절을 하게 한 것이다."[35]

라고 하여 석명이 특히 변호사의 조력을 받지 아니한 당사자의 본인소송인 경우에 변호사가 대리하는 소송인 경우보다 더 필요하다고 판시하고 있다. 이러한 판례의 입장은 실제 소송에서 당사자 간의 실질적 평등을 고려하고 있음을 알 수 있다. 석명의무가 특히 변호사를 선임하지 아니한 당사자에게는 일종의 법적 조언의 역할을 하는 것은 사실이라고 한다.

---

35) 대법원 1959. 7. 2. 선고 58다336 판결(집7, 민137), 밑줄 필자.

4. 우리나라에서 변론주의의 완화문제

전술한 연혁에서 고찰한 바와 같이, 우리나라에서 과거 1990. 1. 13. 민사소송법 개정으로 민사소송법 제126조에 제4항(2002. 1. 26. 법률 제6626호로 전문 개정된 현행 신 민사소송법 제136조 제4항)이 신설되었다. 그런데 이 제4항에서 법률상의 사항에 관한 진술기회를 부여하도록 의무적으로 규정함으로써 석명의 의무성이 명시적으로 표현된 것인지 그리하여 나아가 변론주의의 완화 내지는 법원의 역할변화 등에 관하여 논의되는 계기가 되었다.

이 규정이 신설되자 이제 법적관점에 관한 적극적 석명이 인정되게 되었고, 당사자들도 법적관점에 관한 석명을 받으면 새로운 사실을 진술하게 될 것이므로 변론주의는 더 이상 적용되지 않게 되었다고 하거나, 우리나라 민사소송도 앞으로는 처분권주의, 변론주의의 완화, 법원의 역할 강화, 지적의무를 통한 당사자의 보호라는 방향으로 나아가야 한다는 견해가 나오게 되었다.

그러나 위와 같은 견해에 대하여 처분권주의와 변론주의가 자유롭게 협동하고 그 결과에 대하여 스스로 책임을 지는 평등한 시민이 살아가는 시민사회에서 어떠한 기능을 하는지를 간과한 견해로서 타당하지 않다고 하는 견해가 있다.

Ⅳ. 석명의무와 직권탐지주의

행정소송에 있어서도 민사소송과 마찬가지로 당사자가 신청이나 진술을 제대로 분명하게 하지 못함으로 인한 불이익한 결과를 회피하기 위하여 법원이 석명할 의무가 인정될 필요가 있다. 특히 독일 민사소송법 제139조와는 별도로 독일 행정소송법 제86조 제3항[36)]에서 석명의무가 규정되어 있고, 이 규정들의 내용은 거의 일치한다. 독일 행정소송에 있어서 석명의무의 내용은 민사소송의 그것과 거의 일치한다고 파악함이 보통이다.

독일 행정소송의 경우 민사소송법과 별도로 행정소송법상 명문으로 규정되어 있다. 따라서 석명의무를 독일 행정소송의 기본원칙인 직권탐지주의와 정면으로 배치되는 것으로 이론구성할 수 없다는 점에 기본적으로 그 한계가 있다. 이 점에서는 논의의 실익이 없다.

---

36) 독일 행정소송법 제86조 제3항의 석명의무는 제87a조와 제87b조가 도입되었다고 하여 아무것도 변한 것이 없다. 제6조에 의한 단독판사도 동일한 의무를 가지고 있다.

요컨대 독일에서는 석명의무를 적정한 재판을 기하는 제도로 이해하고 있다는 점에서는 적어도 석명의무가 변론주의나 직권탐지주의와 배치되는 것으로 보지 않는다. 즉 석명의무는 모든 절차의 일반적 원칙과 같은 지위를 갖는다고 할 수 있다.

V. 민사소송법상 보충적 직권증거조사

1. 서 설

우리나라 민사소송법 제292조에서 인정되는 보충적 직권증거조사라 함은 법원이 당사자가 신청한 증거를 조사하여도 심증을 얻을 수 없거나 기타 필요하다고 인정할 때에는 보충적으로 직권으로 증거조사를 할 수 있는 것을 말한다.

보충적 직권증거조사는 증거자료의 수집만을 직권으로 한다는 것을 의미하고 증명주제인 사실에 대하여는 어디까지나 변론주의의 원칙에 따라 당사자의 주장을 전제로 한다는 점에서 직권탐지주의나 직권조사사항과 다르다. 즉 직권탐지주의의 경우는 당사자의 주장이나 나아가 당사자의 증거신청에 구속되지 아니하는 것이고, 직권조사의 경우 당사자의 주장은 직권조사를 촉구하는 의미만을 가진다.

2. 직권증거조사의 방식과 정도

첫째로 보충적이기 때문에 처음부터 조사하여야 하는 것이 아니고 심리의 최종단계에 이르러 당사자가 신청한 증거로 심증형성이 안 될 때에 문제된다. 만일 처음부터 직권증거조사에 이른다면 변론주의 원칙에 반하기 때문이다. 둘째로 법원에 의무를 과한 것이 아니므로 심증형성이 어렵다고 하여도 직권조사를 할 것이냐는 법원의 재량이다. 심증형성이 안 될 때에 증명책임분배의 원칙에 의하여 재판하는 것이 정의와 형평의 이념에 반하고 증명책임 부담자 스스로의 증명은 그 능력상 기대하기 어려울 때에 직권증거조사를 요한다.[37] 셋째로 당사자에 의하여 철회된 증거조사도 조사할 수 있으며 또 조사결과에 대하여는

---

37) 판례는 배상의무가 있음을 인정하면서 손해액에 관한 증명이 없다는 이유만으로 청구를 기각함은 부당하므로 경우에 따라서 손해액에 대해 직권심리를 요한다고 하는 것에는, 이시윤, 405면 참조.

당사자로부터 의견을 들어야 한다(소액사건심판법 제10조 제1항 후문 참조).

우리나라 실무상 법원이 직권증거조사를 직접 하기보다는 당사자가 신청하지 아니한 증거방법을 조사하려고 하는 경우에도 대개는 증명책임이 있는 당사자에게 증명을 촉구하는 형식을 밟아서 즉 석명권을 행사하여서 당사자의 신청에 의한 증거조사를 하고 있다고 한다.

3. 직권조사와 직권조사사항

민사소송에서 변론주의의 폐해를 시정하기 위하여 실체적 진실발견과 실질적 평등이라는 관점하에서 인정되는 민사소송법 제292조상의 보충적 직권증거조사와 구별하여야 하는 개념으로서 직권조사라고 하는 것이 있다. 이 직권조사 및 그 대상이 되는 직권조사사항은 전술한 바 있는 변론주의에 의하는 민사소송에서 뿐만 아니라 행정소송[38]에서도 널리 인정되고 있다.

Ⅵ. 결 어 - 행정소송에서의 논의

일본의 경우에는 민사소송법상 보충적 직권증거조사제도가 폐지되었으나 일본 행정사건소송법 제27조에 이 보충적 직권증거조사제도를 규정하여 인정하고 있다. 따라서 일본에서는 민사소송상의 석명의무만이 행정사건소송법의 규정에 의하여 준용되어 인정되고 있다.

독일의 경우에는 석명의무가 민사소송법의 규정과는 별도로 행정소송법에서 독립적으로 규정되어 있다. 다만 독일에서는 민사소송에서는 변론주의, 행정소송에서는 직권탐지주의가 인정되는 관계로 인하여 석명의무와 변론주의의 관계 그리고 석명의무와 직권탐지주의의 관계가 논의되고 있다. 이에 관하여는 전술하였다.

우리나라 행정소송에 있어서도 민사소송에서와 마찬가지로 소송관계를 명료하게 하여 적정한 재판을 할 필요성과 행정청과 국민 간의 실질적 평등을 기할 필요가 있다. 또한 우리나라 행정소송법 제26조의 해석상 행정소송에 관한 심

---

38) 행정소송에 있어서의 특유한 것으로는, 행정행위의 존부(대법원 1993. 7. 27. 선고 92누15499 판결), 행정행위의 적법 여부(대법원 1967. 4. 4. 선고 66누171 판결), 행정행위의 목적물 특정(대법원 1961. 12. 7. 선고 4293행상27 판결), 쟁송의 대상이 되는 행정처분의 존부(대법원 1990. 10. 10. 선고 89누4673 판결) 등이 있다.

리원칙으로 변론주의가 기본적으로 인정된다고 한다면, 우리나라 행정소송법 제8조 제2항에서 민사소송법을 준용하고 있다는 점에서, 민사소송에 있어서 변론주의를 보충하는 제도로서 석명의무와 보충적 직권증거조사가 행정소송에서도 인정될 수 있다. 다만 실질적 평등에 근거하여 변론주의를 보충한다고 하는 민사소송의 원리에 근거를 둔 보충적 직권증거조사를 규정한 민사소송법 제292조와, 행정소송에 있어서 공익을 고려하여 직권심리를 할 수 있다고 하는 행정소송의 원리에 근거를 둔 행정소송법 제26조의 관계가 문제될 수 있다. 즉 실질적 평등과 공익의 양립가능성에 관한 문제가 있다.

제6절 행정소송법 제26조의 해석

I. 의 의

우리나라 행정소송법 제26조[39]의 해석은 행정소송에 있어서 소송자료의 수집책임의 분배에 관한 심리원칙으로 변론주의 또는 직권탐지주의의 채택 여부에 관한 견해의 대립이다. 이러한 해석의 문제가 발생하게 되는 계기는 행정소송법 제8조 제2항에 의하여 준용되는 민사소송법 제292조[40]와 행정소송법 제26조가 의미하는 바가 동일한가 여부가 분명하지 않다는 점이다. 다시 말해서 행정소송법 제26조의 의미가 최소한으로는 행정소송법 제8조 제2항에 의하여 준용되는 민사소송법 제292조에 규정된 보충적 직권증거조사와 실질적으로 동일한 의미로 한정하여 해석될 수 있다. 그뿐만 아니라, 그 의미가 최대한으로는

---

39) 1951. 8. 24. 법률 제213호로 제정된 구 행정소송법 제9조에서 "법원은 필요한 경우에 직권으로써 증거조사를 할 수 있고 또 당사자가 주장하지 않는 사실에 관하여도 판단할 수 있다."라고 규정하고 있었고, 이러한 규정은 1984. 12. 15. 법률 제3754호로 전문 개정된 이래로 행정소송법 제26조에서 다음과 같이 규정하고 있다. 행정소송법 제26조 (직권심리) 법원은 필요하다고 인정할 때에는 직권으로 증거조사를 할 수 있고, 당사자가 주장하지 아니한 사실에 대하여도 판단할 수 있다.

40) 민사소송법상 직권증거조사에 관한 규정은 1960. 4. 4. 법률 제547호로 제정된 민사소송법 제265조(직권증거조사)에서 "법원은 당사자의 신청한 증거에 의하여 심증을 얻을 수 없거나 기타 필요하다고 인정한 때에는 직권으로 증거조사를 할 수 있다."라고 규정하여 오다가, 2002. 1. 26. 법률 제6626호로 전문 개정된 현행 민사소송법 제292조에서 자구의 수정이 있을 뿐 거의 그대로 규정되고 있다. 현행 민사소송법 제292조 (직권에 의한 증거조사) 법원은 당사자가 신청한 증거에 의하여 심증을 얻을 수 없거나, 그 밖에 필요하다고 인정한 때에는 직권으로 증거조사를 할 수 있다.

독일 행정소송법 제86조 제1항에 규정된 바와 같이 원칙적인 직권탐지주의의 채택근거로도 해석될 여지가 있다는 점이다.

요컨대 행정소송법 제26조의 해석 여하에 따라서 우리나라 행정소송이 민사소송과의 구별뿐만 아니라, 일본, 독일 등 관련 외국 행정소송과의 구별이 좌우된다는 점에서 행정소송법 제26조의 해석문제는 곧 우리나라 행정소송의 독자성 인정문제에로까지 나아가게 되는 매우 중요한 문제가 된다.

Ⅱ. 학 설

1. 학설의 내용

(1) 보충적 직권증거조사주의설

행정소송에 있어서 소송자료의 수집책임분배에 관한 심리원칙으로는 민사소송과 마찬가지로 변론주의를 원칙으로 하고 공익을 이유로 민사소송법 제 292조상의 보충적 직권증거조사가 인정된다고 하는 설이다. 이 설은 직권증거조사주의설, 변론보충설이라고도 불리나, 행정소송법 제26조가 의미하는 내용이 실질적으로는, 전술한 바와 같이, 민사소송법 제292조상 보충적 직권증거조사의 내용과 사실상 동일하다는 것이다. 그 이론적인 논거는 민사소송법상 보충적 직권증거조사에 관한 내용과 특히 일본 행정소송에서의 논의하는 내용과 유사하다고 할 수 있다.

이 설은 행정소송법 제26조 후단에 "당사자가 주장하지 아니한 사실에 관해서도 판단할 수 있다."라는 규정이 있음에도 불구하고 이를 무시하게 된다. 그 결과 행정소송법 제26조의 의미를, 행정소송에 있어서도 단지 민사소송에서와 같이 당사자의 증명활동이 불충분하여 심증을 얻기 어려운 경우에 한하여 직권으로 증거조사를 할 수 있는 것으로 축소시켜 해석하게 된다. 따라서 행정소송법 제26조의 규정은 법원이 보충적으로 직권에 의한 증거조사를 할 수 있음을 주의적으로 규정한 것일 뿐이라고 하게 되므로 제26조의 규정은 행정소송에서 직권탐지주의를 채택한 규정은 아닌 것이 된다. 이 설에 따르면, 행정소송에 있어서 변론주의가 원칙적으로 적용된다는 점에서 주장책임, 증명책임의 문제도 여전히 민사소송상의 일반원칙에 의하게 된다.

(2) 절 충 설

절충설은 행정소송에 있어서 변론주의가 인정된다는 전제하에서 변론주의를 보충하는 보충적 직권증거조사가 인정된다고 하는 점은 보충적 직권증거조사주의설과 같이 한다. 그런데 절충설은 여기에서 그치는 것이 아니라 행정소송법 제26조 후단에 규정된 '당사자가 주장하지 아니한 사실에 대하여도 판단할 수 있다는 의미'에서의 '직권탐지주의'가 보충 내지는 가미된다고 하는 설이다.

행정소송의 기능 내지는 목적이라는 관점에서 보면, 국민의 권리보호와 동시에 민사소송과 달리 행정의 적법성을 보장하기 위하여 적정한 재판에 관한 공익을 확보해야 할 필요성이 있으므로, 행정소송법 제26조는 행정소송에 있어서 제한적인 범위에서 변론주의에 대한 예외로서 직권탐지주의를 인정하고 있다고 하는 설이다. 그 표현으로 '직권탐지주의의 가미' 또는 '변론주의를 원칙이며 직권탐지주의는 보충적인 것'이라고 한다.

절충설은 민사소송에 있어서 보충적 직권증거조사제도는 변론주의의 폐단을 시정하기 위한 것으로 어디까지나 보충적인 것이라는 점을 강조한다. 즉 민사소송에 있어서는 당사자가 신청한 증거가 불충분하여 심증을 얻을 수 없는 경우에 법원이 직권으로 증거를 조사할 수 있다고 한다. 이러한 보충적 직권증거조사가 행정소송에서도 행해질 수 있다는 것이다. 이 경우 행정소송의 특수성이라는 견지에서 법원에게 이러한 직권증거조사를 하여야 할 의무를 인정하는 견해도 있다.

그런데 절충설은 이러한 민사소송상의 보충적 직권증거조사에 그치지 아니하고 한걸음 더 나아가 '당사자가 주장하지 아니한 사실'에 대하여도 법원이 그 사실을 판단할 수 있다고 한다. 이런 의미에서 '행정소송법은 변론주의를 원칙으로 하여 직권증거조사를 포함한 직권탐지주의를 가미한 것'이라고 한다.

(3) 직권탐지주의원칙설

최근 우리나라 행정소송법 제26조는 독일 행정소송법 제86조 제1항의 규정과 유사한 규정으로서 우리나라 행정소송에 있어서 원칙적인 직권탐지주의를 정면으로 선언하여 인정한 규정이라고 하는 주장이 있다.

이러한 주장에 따르면, 행정소송법 제26조의 후단은 명백히 변론주의와 배치되는 것이 분명하고, 이는 당사자가 주장하지 아니하는 사실을 판결의 기초로 할 수 없다는 변론주의의 핵심원칙을 부정한 것이므로 이 행정소송법 제26조의 규정을 변론주의를 보충하는 것으로 해석하는 것은 극히 자의적인 해석이라고 한다. 따라서 위 규정은 항고소송에 있어서 직권탐지주의를 실현하기 위하여 둔 규정이고, 그와 같이 해석하는 것이 행정소송의 특질과 시대의 조류에 부합하는 것으로 보인다고 한다. 그리하여 궁극적으로는 우리나라 행정소송법을 개정할 경우 독일 행정소송법 제86조 제1항과 같은 규정으로 개정할 것도 제안하고 있다.

2. 학설의 검토

(1) 직권탐지주의원칙설에 대한 검토

우리나라 행정소송법 제26조의 규정을 독일 행정소송법 제86조 제1항과 마찬가지로 직권탐지주의가 원칙이라고 하는 독일 행정소송법유사설을 보면, 이 견해도 일단 행정소송법 제26조가 독일 행정소송법 제86조 제1항과 마찬가지로 행정소송에서 직권탐지주의를 인정하였다고 주장한다. 그리고 곧 이어서 "다만 무한정의 직권탐지주의를 취할 경우 법원이 실체적 진실발견을 위하여 담당하여야 하는 부담감이 너무 크고 현실적으로 당사자의 도움 없이는 이를 수행하기 어려우므로 독일의 다수설이나 판례와 같이 제한적 직권탐지주의의 입장에서 소송을 운영하고 해석한다면 큰 무리가 없을 것으로 보인다."라고 한다.

그렇다고 한다면 이러한 견해는 우리나라 행정소송에 있어서 과제가 독일 행정소송에 있어서와 같이 법원의 부담을 경감시키려고 직권탐지주의의 완화를 모색하는 것과 그 궤를 같이 하고 있는 결과가 된다. 이는 기존의 우리나라 행정소송에 있어서 논의의 방향이 행정소송에 있어서 공익을 고려하여 민사소송을 지배하는 원리로서의 변론주의를 완화하여 그 대신에, 물론 정도의 차이는 있으나[41], 직권탐지주의적 요소 내지는 직권탐지주의를 보충 내지 가미할 것인가 여부로부터 출발하고 있다는 것과는 다르다. 물론 전술한 바와 같이, 변론주의와 직권탐지주의는 본래 이념형을 상정한 것에 불과한 것이고 따라서 현실에서는 이 양 소송원칙 간에 절충되는 것이 보통이므로 우리나라나 독일 행정소송에 있어서 결국은 변론주의와 직권탐지주의를 절충하는 중간점에 수렴할 것이다.

그렇다고 하더라도 우리나라 행정소송은 법원의 부담을 완화하기 위하여 직권탐지주의를 완화하는 것이 아니라 그 역으로 이를테면 공익을 이유로 변론

41) 물론 여기서 정도의 차이를 독일식의 직권탐지주의를 의미하는 것도 상정 못할 바는 아니다.

주의를 완화하고 그 대신에 법원의 공익고려의무를 인정하여 법원의 부담을 가중시키는 것이 가능한가가 논의되고 있다는 점에서 독일 행정소송과는 그 출발방향을 달리한다. 직권탐지주의하에 있는 독일 행정소송에서는 법원의 부담을 경감하기 위하여 실질적으로 변론주의적 제도나 이론을 도입하려고 한다. 이에 반하여 우리나라 행정소송에서는 공익을 이유로 직권탐지주의적 제도나 이론을 도입하려고 논의하고 있는 것이다. 이는 행정소송 전반을 바라보는 기본적인 시각과 관련하여 중요한 문제이다.

(2) 보충적 직권증거조사주의설에 대한 검토

이 설은 주로 실무가들의 견해로서 법제도상 우리나라와 유사한 일본 행정소송에서의 지배적인 견해와 그 내용을 같이한다. 이 설에 따르면, '당사자가 신청한 증거'에 대한 당사자의 증명활동이 불충분하여 심증을 얻기 어려운 경우에 당사자의 증거신청에 의하지 아니하고 직권으로 증거조사를 할 수 있다는 것이다. 이는 결국 민사소송법 제292조의 보충적 직권증거조사에 관한 내용과 사실상 같다. 본래 민사소송상의 보충적 직권증거조사는 사적자치의 소송법적 표현인 변론주의가 실체적 진실발견이나 실질적 평등을 근거로 인정되는 예외적인 제도이고, 법원에게 직권증거조사의무도 인정하지 않는다. 행정소송에 있어서 이러한 보충적 직권증거조사만이 인정된다고 하는 것은, 민사소송법에서 변론주의를 강화하기 위하여 직권증거조사에 관한 규정을 삭제하고 그 유사한 규정이 일본 행정사건소송법에 규정되어 있는 일본 행정소송의 경우에는 타당할 수도 있다.

그러나 이 학설의 문제점은 행정소송에 있어서 공익을 고려한 결과가 민사소송에서와 같은 보충적인 직권증거조사만을 인정하는 정도에 머문다고 하는 점에서 적어도 민사소송과 구별되는 행정소송의 특수성을 고려한 실질적 내용이 전혀 없게 된다는 점이다. 민사소송과 마찬가지로 우리나라 행정소송에 있어서도 변론주의가 인정되는 한 변론주의의 폐해를 실체적 진실발견이나 특히 실질적 평등의 관점에서 시정할 필요성은 있다. 이는 행정소송법 제26조의 규정이 없다고 하더라도 행정소송법 제8조 제2항에 의하여 민사소송법 제292조가 준용될 수도 있다는 점에서 더욱 그러하다.

그런데 행정소송법 제26조의 해석 결과가 민사소송법 제292조 이상으로 의미하는 실질적 내용이 전혀 없다고 한다면, 이는 실정법상의 명문규정인 행정소송법 제26조를 해석에 의하여 부당하게 그 규정의 일부를 삭제시켜 개정한 것이 된다. 이는 행정소송법 제26조의 존재의의를 부정하는 것이 된다. 또한 행정소송법 제26조에 민사소송법 제292조 이상으로 아무런 의미를 부여할 수 없다는 것은 장차 법원에게 공익고려의 권한뿐만 아니라 그 의무를 부담시키는 것을 어렵게 한다.

물론 행정소송에서도 특히 변론주의가 인정된다고 하는 한 민사소송에서 변론주의의 폐해를 시정하기 위한 제도로서 사실관계를 명료하게 하기 위한 민사소송법 제136조상의 석명권 내지 석명의무뿐만 아니라, 실질적 평등을 고려한 같은 법 제292조상의 보충적 직권증거조사도 당연히 인정될 수 있다. 특히 행정소송에 있어서도 당사자 간에 실질적 평등에 근거한 민사소송법 제292조상의 보충적 직권증거조사를 고려할 필요성은 원고인 국민과 피고인 행정청과의 관계에서도 실질적 불평등이 있을 수 있으므로 엄연히 존재한다. 그뿐만 아니라 오히려 경우에 따라서는 예컨대 행정이 보유하고 있는 정보면에서 민사소송과 비교하면 행정소송에서는 원고측인 국민을 더 보호할 필요성도 있을 수 있다. 그러나 이것은 행정소송에 있어서 당사자의 실질적 평등만을 고려한 것이 되고 그 외에 공·사익의 조정이라고 하는 행정소송의 특수성을 고려하고 있지 않다는 문제점이 있게 된다.

보다 근본적인 문제는 민사소송법 제292조상의 보충적 직권증거조사제도가 행정소송법 제26조의 해석과 관련하여 그 내용적 판단기준으로서 기능하고 있는 상황이다. 그리하여 민사소송상의 보충적 직권증거조사가 행정소송법 제8조 제2항에 의하여 행정소송에 준용되어 전용되는 과정이 분명하지 아니하고, 민사소송법 제292조와 행정소송법 제26조 간의 체계상의 관계설정이 분명하게 않게 된다.[42)]

사적 당사자 간의 실질적 평등에 근거한 민사소송법 제292조상의 보충적 직권증거조사가 행정소송법 제26조의 해석의 판단기준이 된다는 것은, 행정소송에서 일정한 공익이 관련되는 경우에 변론주의가 제한되고 공익과 관련하여 적극적으로 직권탐지주의를 인정한다는 것에 대하여는 제대로 근거부여를 할 수 없다. 그뿐만 아니라 민사소송법 제292조에 관한 민사소송에서의 실무상 소

42) 후술하는 바와 같이 우리 판례는 매우 타당하게도 행정소송법 제26조를 해설함에 있어서 행정소송의 특수성만을 언급하고 있을 뿐 실질적 평등과 관련하여 행정소송법 제8조 제2항의 준용에 의한 민사소송법 제292조는 아예 전혀 언급조차 하지도 아니한다.

극적 운영실태에 의존하고 민사소송상 이론의 영향을 받을 수밖에 없는 것이 현실이다.

그 결과 행정소송에 있어서 공익이라는 행정소송의 특수성이 행정소송법 규정 자체의 해석에 의하여 제대로 부각될 수 없게 된다. 주로 사익과 사적 당사자 간의 실질적 평등과 관련된 민사소송과 달리 행정소송에서는 어느 절차에나 고려하여야 할 실체적 진실발견이나 실질적 평등 이외에도 공익의 고려가 중요하다고 할 수 있다. 요컨대 공·사익의 .조정적 절차라고 하는 행정소송에 있어서 공익의 고려라고 하는 행정소송의 독자성이 경시되는 문제가 있다.

당사자 간의 실질적 평등은 현대 실질적 법치국가에서 절차의 보편적인 속성이다. 실체적 공·사익의 조정적 절차라고 하는 행정소송도 역시 실질적 평등을 도외시할 수는 없다. 그렇다고 해서 모든 절차가 공·사익의 조정을 본질로 하는 것은 아니다. 즉 당사자 간의 실질적 평등과 실체적 공·사익의 조정은 차원을 달리하는 문제로서 공·사익의 조정을 본질로 하는 행정소송의 경우 이 양자는 양립불가능한 것이 아니다. 특히 전자는 법원의 재량적 권한에 속하는 것인데 비하여, 후자는 법원의 의무에 속하고 따라서 판결의 취소사유가 될 수도 있으므로 그 구별의 실익도 있다. 그렇다고 한다면 행정소송에 있어서 직권증거조사를 민사소송과 같은 차원에서 파악할 수 없다.

(3) 절충설에 대한 검토

절충설(직권탐지주의를 보충 내지는 가미한다는 설)을 주장하는 내용은 민사소송법상 보충적 직권증거조사주의설과 같이 현재의 민사소송이나 행정소송에 있어서 소송실무에 대한 인식을 부정하는 것이 아니다. 이런 점에서 절충설 스스로 보충적 직권증거조사주의설과 별다른 실질적 차이는 없다고 평가하고 있는 것으로 보인다. 다만 절충설은 보충적 직권증거조사주의설에 머무르지 아니하고 이에서 한걸음 더 나아가 행정소송에 있어서 공익을 고려할 필요성이 크고 따라서 직권탐지주의의 도입이 필요하다고 하는 입장이라고 할 수 있다. 바로 이것을 행정소송법 제26조가 문맥상 적절하게 근거지워 준다는 것이다.

또한 절충설은 행정소송법 제26조의 의미를 적극적으로 해석하여 바람직한 행정소송의 모습을 상정한다고 하는 입장에서의 주장이라고 할 수 있다. 예컨대 행정소송을 권리구제뿐만 아니라 오히려 행정통제를 목적으로 하는 소송으로 보는 경우에는 직권탐지주의를 보다 강화하는 것이 타당하다고 하는 견해를 들 수 있다. 또한 법관의 업무량이 과다한 우리 법원의 실정상 직권탐지주의의 기능에 의문을 제기하는 견해가 없는 것은 아니나, 항고소송의 결과는 공공복리와 밀접한 관계가 있으므로 법원의 적극적인 개입으로 재판의 적정을 확보할 필요성이 강하다는 점을 염두에 두어 적극적으로 직권증거조사를 행하는 것이 바람직하다고 하는 견해도 그 예라고 할 수 있다.

다만 절충설은 행정소송법 제26조가 그 구조상 사실자료와 증거자료에 관한 내용이 동시에 한 조문에 규정되어 있어서 변론주의의 내용과 직권탐지주의의 내용이 혼합되어 주장되는 관계로 인하여 다소 그 내용의 설명에 문제가 있다. 즉 절충설은 불고불리의 원칙인 처분권주의와 소송자료의 분배책임에 관한 변론주의와 직권탐지주의, 증거자료와 사실자료 그리고 민사소송법상의 직권증거조사의 보충성 등에 관하여 명백하게 구별하여 설명하지는 못하는 경우가 있다.

흔히 절충설의 내용을 설명하면서 행정소송법 제26조를 불고불리의 원칙이라고 하는 처분권주의와 관련시켜 설명하는 경우가 있다. 그러나 행정소송법 제26조 후단에서 "당사자가 주장하지 아니한 사실에 대하여도 판단할 수 있다"에서의 '당사자가 주장하지 아니한 사실'은 원고의 청구와 직접적인 관계는 없는 소송자료 중 사실자료에 관한 내용이다. '판단할 수 있다'라고 함은 법원이 당사자가 주장하지 아니한 사실을 당사자가 주장 내지 원용한 것으로 간주한다는 의미이다. 이와 관련하여 절충설에서 흔히 인용하고 있는 판례 예컨대 "원고의 청구범위를 초월하여 그 이상의 청구를 인용할 수 있다는 의미는 아니고 원고의 청구범위를 유지하면서 그 범위 내에서 필요에 따라 신청 외의 사실에 관하여도 판단할 수 있음을 규정한 것"(대법원 1956. 3. 30. 선고 1959행상18 판결)이라는 구절의 내용은 행정소송법 제26조와 관계없이 불고불리라고 하는 처분권주의의 원칙상 당연한 내용을 설시한 것에 불과한 것이다. 즉 당사자가 주장하지 아니한 사실을 법원이 아무리 당사자가 주장한 것으로 간주할 수 있다고 하더라도 당초의 청구범위를 초월할 수는 없다는 것으로 이는 민사소송뿐만 아니라 행정소송이 처분권주의에 따르는 한 당연한 것을 설명한 것에 불과한 것이다.

과거 변론주의에 처분권주의를 포함하는 경우가 있었다고 하나 오늘날에는 일반적으로 양자를 구별하여 처분권주의는 소송물 결정에 관한 원칙이고 변론주의는 그 바탕이 되는 소송자료 결정에 관한 원칙이므로 양자는 엄격히 구별하여 쓰는 것이 일반적이다. 따라서 특별히 변론주의에 처분권주의를 포함시켜 설명할 필요가 없는 한, 행정소송에 있어서 불고불리의 원칙 및 그 예외와 관련된 처분권주의 문제는 행정소송법 제8조 제2항의 준용규정에 의한 민사소송법 제203조의 행정소송에 준용 여부의 문제[43]이지 소송자료의 수집책임에 관한 규정인 행정소송법 제26조와 관련시켜서 논의할 문제는 아니다.

또한 절충설은 우리나라 행정소송법 제26조의 규정이 의미하는 바를 우선은 직권증거조사의 범위와 관련하여 설명한다. 그러면서 행정소송법 제26조 전단의 직권증거조사와 관련된 증거자료를 후단의 사실자료와 혼합하여 설명하고 있다는 점이다. 예컨대 "취소소송에서 변론주의에 대한 특례규정을 두어 직권증거조사를 인정한 것은 어느 범위까지의 직권조사를 의미하는지에 대해서 견해가 갈린다."라고 하고 이어서 직권탐지주의설을 설명하는 항에서 "당사자가 주장한 사실에 대하여 보충적으로 증거조사를 할 수 있을 뿐만 아니라 당사자가 주장하지 아니한 사실에 대하여도 직권으로 이를 탐지할 수 있다는 뜻으로 이해한다."라고 하는 것이 그것이다. 즉 직권증거조사의 범위에 증거자료와 사실자료가 혼동되어 기술되고 있는 것이다.

민사소송상의 보충적 직권증거조사라는 것은 당사자가 신청한 증거에 의하여 증거조사를 하여도 심증을 형성할 수 없을 때에 법원이 직권으로 증거조사를 하는 것을 말한다(민사소송법 제292조). 그런데 행정소송법 제26조 조문상에는 민사소송법 제292조에서 "당사자가 신청한 증거에 의하여 심증을 얻을 수 없거나, 그 밖에 필요하다고 인정한 때"라고 하는 이른바 직권증거조사의 보충성과 유사한 내용이 규정되어 있지 아니하다.[44] 또한 행정소송법 제26조는 비록 한 조문의 형식으로 되어 있기는 하지만, 그 내용상 제26조 전단은 증거자료에 관한 내용이고 제26조 후단은 사실자료에 관한 내용으로서 원리상 엄격히 구분되어야 한다. 따라서 증거자료와 관련된 직권증거조사의 보충성을 설명하면서 바로 사실자료의 탐지와 직접적으로 연결하여 기술할 성질의 것이 아니다.

또한 절충설에서 흔히 설명하는 "당사자가 주장한 사실에 대하여 보충적으로 증거조사한다"라는 것도 그 의미가 불분명하다. 변론주의 원칙상 증거조사는 당사자가 증거신청을 하고 법원의 결정에 의하여 증거조사를 하고 그 결과에

---

43) 물론 행정소송에 있어서 민사소송법 제203조상의 처분권주의는 행정소송법 제8조 제2항에 의하여 당연히 준용된다.

44) 물론 이 민사소송법 제292조의 구절은 행정소송법 제8조 제2항에 의하여 행정소송에 있어서 준용되어 인정될 수 있다. 이것이 바로 보충적 직권증거조사주의설의 내용이다.

의하여 심증형성을 하는 것이다. 따라서 당사자가 주장한 사실에 대하여 법원이 바로 직권으로 증거조사를 하는 것이 허용되지 아니한다. 민사소송법 제292조상의 보충적 직권증거조사도 원래 증거신청이 되어 법원의 결정에 의하여 증거조사를 하여도 심증형성이 안 될 경우 법원이 보충적 예외적으로 직권으로 증거조사한다는 의미이다. 따라서 당사자가 주장한 사실에 대하여 보충적으로 증거조사를 한다는 것과도 바로 직접적으로 연결하여 기술될 성질의 것이 아니다.

법원이 당사자의 증거신청에 의하지 아니하고 직권으로 증거조사를 한다는 것 이것이 바로 직권탐지주의의 원칙적인 한 내용이다. 따라서 변론주의와 직권탐지주의의 절충이라는 견지에서 절충설에서는, 행정소송에 있어서 공익을 이유로 법원이 일정한 경우 당사자의 증거신청과 관계없이 직권으로 증거조사할 수 있을 뿐만 아니라 당사자의 주장과 관계없이 사실을 탐지할 수 있다는 직권탐지주의를 변론주의에 보충 내지 가미한다는 내용으로 얼마든지 주장하여 설명할 수 있다.

여하튼 절충설은 행정소송에 있어서 변론주의를 완전히 배제하여 소송자료 즉 사실자료와 증거자료의 수집책임을 당사자가 아니라 법원에 일임하는 순수한 직권탐지주의를 인정한 것은 아니다. 어디까지나 우리나라 행정소송에서는 변론주의가 인정된다고 하는 것이다. 이 점에서는 민사소송법상 보충적 직권증거조사주의설과 같다. 다만 행정소송의 심리에 있어서 공익을 이유로 경우에 따라서는 '당사자가 주장하지 아니한 사실'이라고 하더라도 법원이 그 사실의 존부를 인정할 수 있을 뿐만 아니라 공익을 이유로 당사자의 증거신청과 관계없이 직권으로 증거조사를 할 수 있다고 하는 점이 보충적 직권증거조사주의설과 구별되는 점이다. 이 점에서 절충설은 민사소송법상 보충적 직권증거조사주의설보다는 적극적인 견해라고 할 수 있다. 그리고 이러한 내용을 가지는 절충설은 무엇보다도 행정소송법 제26조의 문언과 제대로 잘 어울린다. 다만 절충설은 이론상 그렇다고 하더라도 실무상으로는 보충적 직권증거조사주의설과 명칭만큼이나 실질적인 큰 차이는 없다고 하기도 한다.

(4) 보충적 직권증거조사주의설과 절충설의 관계

보충적 직권증거조사주의설과 절충설의 관계를 보게 되면, 서로 다수설이라고도 주장하는 경우도 있다. 그런데 보충적 직권증거조사주의설에서는 절충설을 변론주의를 배제하고 직권탐지주의를 원칙으로 하는 직권탐지주의원칙설이라고 공격하기가 쉬우나, 전술한 바와 같이, 사실 절충설은 직권탐지주의를 행정소송의 원칙으로 하자는 것은 아니다. 즉 행정소송에 있어서 직권탐지주의를 일부 인정한다고 하더라도 변론주의를 완전히 배제하여 소송자료의 수집책임을 전적으로 법원에게 부담시키자고 하는 것은 결코 아니다. 물론 이 점에서는 양 학설의 차이는 실질적으로(명칭만큼이나) 크지 않다고 할 수 있다. 또한 어느 학설에 의하더라도 구체적인 한계를 제시하지 못하고 있는 점이 아쉬운 점으로서 지적될 수 있다고 하기도 한다.

결국 양 학설은 우리나라 행정소송에 있어서 직권심리에 관한 규정인 행정소송법 제26조의 해석에 있어서 법원의 직권에 의한 개입문제를 기본적으로 우리나라 민사소송을 포함한 행정소송실무의 관점과 행정소송의 특수성 내지 독자성을 감안하는 관점 간의 대립이라고 할 수 있다. 즉 행정소송법 제26조 규정을 법원의 직권탐지가 보다 활발히 행해지기를 기대하여 적극적으로 해석하려는 입장과, 반대로 이 규정을 기존의 실무에 의거하여 소극적으로 해석하려는 입장으로 나누어진다고 할 수 있다.

문제는 이러한 견해들 중 어느 견해가 실정 소송법 체계 및 규정 그리고 우리나라 행정소송의 독자성과 어떻게 조화롭게 설명될 수 있는가라고 하는 점이다. 여기서 우리나라 행정소송법 제26조의 의의를 재조명할 필요성이 있게 된다.

Ⅲ. 판례의 태도

1. 초기 대법원 판례에 관한 논의

초기 행정소송의 소송자료에 관한 심리원칙에 관한 1950년대에 약 20여 건의 귀속재산처리사건과 관련된 일련의 판례[45]에 따르면, 행정소송에서는 민사소송사건과 그 기초관계를 달리하여 소위 절대진실주의와 직권주의가 인정되므로 법원은 이러한 절대진실을 발견하기 위하여 직권으로서 원고의 청구 및 주장의 진부와 그 증거를 조사하여야 한다고 하고 있다.

또한 판례는 구 행정소송법 제9조(현행 행정소송법 제26조[46])의 입법취지에

45) 예컨대 대법원 1961. 11. 2. 선고 4294행상23 판결(집9, 행 42).

관하여, 행정소송에 있어서는 공익과 관련된 경우 직권으로 증거조사를 하고 당사자가 주장하지 아니한 사실까지도 직권으로 재판자료로 삼아 타당한 재판 결과를 보장하도록 하고 있다고 설시하고 있다.[47)]

(3) 평 가

위와 같이 우리나라의 초기 대법원 판례의 태도가 행정소송에 있어서 소송자료에 관한 심리원칙으로 직권탐지주의가 원칙적으로 적용된다고 하는 견해는 초기의 대법원 판례가, 후술하는 바와 같이, 현재의 판례의 주류적인 태도[48)]와 구별되는 것으로 파악하고 있다는 점을 그 특징으로 한다.

그런데 위에서 본 초기 대법원 판례는 건국 후 귀속재산처리라고 하는 극히 예외적인 특수한 사정에 한정된 일련의 사례들의 경우라고 할 수 있다. 즉 위에서 예를 들고 있는 판례는 귀속재산처리 외에 모든 행정사건을 포함하여 행정소송 전반에 걸쳐서 변론주의를 완전히 배제하고 직권탐지주의가 원칙적으로 적용된다고 선언하고 있는 것으로 볼 수는 없기 때문이다.[49)]

따라서 위 초기 대법원 판례의 의미는 행정소송에서 공익성이 농후한 경우에 직권탐지주의가 인정되는 경우가 예외적으로 있을 수 있다고 판시하고 있는 것으로 해석된다. 그러므로 물론 정도의 차이는 있을 수 있으나, 행정소송에서 직권탐지주의가 인정될 수 있다고 하는 점에 관한 한, 후술하는 바와 같이, 현재 대법원의 주류적 판례의 태도와 정면으로 배치되는 것은 아니라고 할 수 있다.

---

46) 1951. 8. 24. 법률 제213호로 제정된 구 행정소송법 제9조는 1984. 12. 15. 법률 제3754호로 전문 개정되어 현재까지 유지되어 온 행정소송법 제26조에 해당한다.

47) 대법원 1961. 11. 2. 선고 4294행상23 판결(집9, 행42), 대법원 1962. 8. 30. 선고 62누33 판결 등이 있다.

48) 후술하는 바와 같이, 1984년 행정소송법이 전문 개정된 후 판례상 확립된 용어로 굳어진 '일건 기록에 현출된 사항'이라는 용어가 등장한 것을 의미한다.

49) 이런 점에서 초기의 대법원 판례가 행정소송에서 직권탐지주의가 적용된다고 평가하는 견해 중에서, 초기의 대법원 판례 중 대법원 1961. 11. 2. 선고 4294행상23 판결(집9, 행42) 판례의 사안에 관하여는, "위 판례의 사안은, (징계)처분의 사유에 관한 자료가 기록에 편철되어 있음에도 불구하고 피고가 이를 증거로 제출하지 아니하였다는 이유로, 원심법원이 처분사유를 인정할 증거가 없다고 판시한 것이므로, 대법원이 행정소송에서 직권탐지주의 원칙을 표명한 것이 아니라 당해 사건에 관하여 구체적 타당성 있는 결론을 도출하는 과정에서의 표현이라고 볼 여지도 있다고 할 것이다."라고 하고 있는 경우도 있다(이혁우, 44면 주 20) 참조); 이와 같이 다소 유보적인 입장을 취하는 것은 초기의 대법원 판례 역시 귀속재산처리 사건 이외의 모든 행정소송에서 변론주의가 완전히 배제되고 직권탐지주의가 원칙적으로 적용된다는 것을 의미하는 것은 아니라는 것을 의미한다.

2. 현재 판례의 주류적 태도

(1) 변론주의와 직권탐지주의의 기본적 관계 - 절충(원칙과 예외)

행정소송법 제26조를 해석함에 있어서 전제가 되는 변론주의와 직권탐지주의의 기본적 관계설정에 관한 대표적인 판결로서는 다음의 대법원 판례[50)]를 들 수 있다. 위 판결의 핵심이 되는 내용은, '행정소송에 있어서 ... 그 위법된 구체적인 사실을 먼저 주장하여야' 하고, '행정소송에 있어서 직권주의가 가미되었다고 하여서 당사자주의 변론주의를 그 기본구조로' 한다고 설시하고 있는 부분이다.

이를 좀 더 자세히 부연설명하면 다음과 같다. 행정소송에 있어서 변론주의와 직권탐지주의에 관한 행정소송법 제26조의 해석에 있어서 우리나라 대법원은 '구체적인 사실을 먼저 주장하여야'한다는 점에서 이는 행정소송에서 변론주의를 '기본구조'로 하고 있음을 밝힌 것이라고 할 수 있다. 또한 판례는 "행정소송에 있어서 직권탐지주의가 가미되었다"고 한다는 점에서 행정소송에서 소송자료의 수집에 관해서는 변론주의에다가 직권탐지주의가 가미되었다고 하는 즉 변론주의와 직권탐지주의가 절충되어 있음을 밝힌 것이다. 나아가 '행정소송에 있어서 직권주의가 가미되었다고 하여서 당사자주의 변론주의를 그 기본구조로 하는'이라는 설시는 직권탐지주의가 가미되어 있다고 하더라도 여전히 변론주의를 기본구조로 하는 점은 변함이 없다는 것을 의미한다. 즉 이러한 태도는 현행 실무상 행정소송에서는 변론주의를 기본원칙으로 인정하고 직권탐지주의를 예외로 인정하고 있다는 것을 의미한다.

이러한 행정소송에 있어서 변론주의를 원칙으로 하고 직권탐지주의를 예외로 하는 원칙-예외관계는 다음의 판례에서 명백하게 나타난다.

> "행정소송법 제26조가 법원은 필요하다고 인정할 때에는 직권으로 증거조사를 할 수 있고, 당사자가 주장하지 아니한 사실에 대하여도 판단할 수 있다고 규정하고 있지만, 이는 행정소송의 특수성에 연유하는 당사자주의, 변론주의에 대한 일부 예외규정일 뿐"[51)]

---

50) 동일취지의 판례로는 대법원 1977. 7. 12, 선고 76누51 판결, 대법원 1981. 6. 23. 선고 80누510 판결(공1981, 14104) 등을 들 수 있다.

51) 대법원 1994. 10. 11. 선고 94누4820 판결(공1994하, 3014); 이와 같은 취지의 판결은 다음과 같다. 대법원 1986. 6. 24. 선고 85누321 판결(공1986, 948), 대법원 1987. 11. 10. 선고 86누491 판결(공1988, 102), 대법원 1988. 4. 27. 선고 87누1182 판결(공1988, 926), 대법원 1991. 11.

즉 위 판례에서 보듯이, '행정소송법 제26조, (중략) 이는 행정소송의 특수성에 연유하는 당사자주의, 변론주의에 대한 일부 예외규정'이라고 한 부분이 행정소송에서 변론주의와 직권탐지주의 간의 관계는 변론주의의 원칙과 직권탐지주의의 예외를 선언하고 있음을 알 수 있다. 그 결과 위 인용 판례에서 '행정소송에 있어서 직권주의가 가미되었다고 하여서 당사자주의 변론주의를 그 기본구조로 하는 이상 주장·증명책임이 전도된 것이라고 할 수 없는바'라고 있는 바와 같이, 행정소송에서도 변론주의하에서만 원칙적으로 인정되는 주장·증명책임이 자연스럽게 인정되게 된다.

요컨대 행정소송법 제26조[52] 규정의 의미에 관하여 우리나라의 판례는 행정소송에 있어서 변론주의와 직권탐지주의 간의 기본적 관계설정에 있어서는 변론주의와 직권탐지주의를 절충적으로 파악하여 변론주의가 원칙이고 직권탐지주의가 예외라고 하는 입장을 견지하여 왔다고 할 수 있다.

(2) 구체적 기준 - 일건 기록에 현출된 사항

앞서 본 바와 같이 초기의 대법원 판례의 태도를 현재의 주류적인 대법원 판례의 태도와 배치되는 것으로 보는 견해가 있다. 즉 현재의 대법원의 주류적 판례가 1984년 행정소송법이 전문 개정된 이후에 확립된 표현인 '일건 기록에 현출된 사항'이라고 하는 것을 초기의 판례에서 인정하는 직권탐지주의를 제한하는 의미로 해석한다는 것이다.

그러나 이와 같은 초기의 판례와 현재의 판례는 원칙적으로 배치되는 것이 아니다. 왜냐하면 현재의 주류적 판례의 태도도 행정소송에서 공익성을 고려하여 직권탐지주의가 인정될 여지가 있다고 하는 점에서는 초기의 대법원 판례와 전혀 다른 것은 아니다. 현재의 판례에서는 초기의 판례와는 달리 판례상 확립된 표현인 '일건 기록에 현출된 사항'이라는 용어를 사용하는 것이 초기의 판례를 부정하는 것이 아니다. 그것은 행정소송에서 공익성을 이유로 직권탐지주의가 인정될 수 있고 그 인정의 정도가 '일건 기록에 현출된 사항'이라고 표

---

8. 선고 91누 2854 판결(공1992, 130), 대법원 1992. 3. 10. 선고 91누6030 판결(공1992, 1327), 대법원 1992. 7. 10. 선고 92누3199 판결(공1992, 2434), 대법원 1995. 2. 14. 선고 94누5069 판결(공1995상, 1345), 대법원 1997. 10. 28. 선고 96누14425 판결(공1997하, 3698), 대법원 1999. 5. 25. 선고 99두1052 판결(공1999하, 1301).

52) 1951. 8. 24. 법률 제213호로 제정되고 1984. 12. 15. 법률 제3754호로 전문 개정되기 전의 구 행정소송법 제9조.

현한 것에 불과하다. 즉 판례상의 '일건 기록에 현출된 사항'이라는 것은 그러한 변론주의와 직권탐지주의 간의 기본적 관계설정을 구체화하는 한 기준에 불과한 것이라고 할 수 있다. 이런 점에서 본다면, 이와 같이 원칙과 예외라고 하는 기본적 관계설정과 그 구체적 기준은 상호 대립하는 관계가 아니다. 다시 말해서 변론주의와 직권탐지주의 간의 절충적인 기본적 관계는 유지하고 그 구체적 기준은 장래 판례에 맡겼다고 보는 것이 타당하다.

요컨대 현재의 우리나라 판례는 변론주의와 직권탐지주의 간의 관계설정에 있어서 원칙과 예외라고 하는 일종의 절충적이라고 할 수 있는 기본적 관계를 설정하고 그 절충의 정도에 관한 구체적 기준은 '일건 기록에 현출된 사항'이라고 할 수 있다.

대법원은 변론주위 직권탐지주의 간의 절충의 정도, 즉 직권탐지주의의 가미의 구체적 기준에 관하여 특히 행정소송법이 1984. 12. 15. 법률 제3754호로 전문 개정된 후에 다음과 같이 판결하여 왔다.

> "행정소송법 제26조가 법원은 필요하다고 인정할 때에는 직권으로 증거조사를 할 수 있고, 당사자가 주장하지 아니한 사실에 대하여도 판단할 수 있다고 규정하고 있지만, 이는 행정소송의 특수성에 연유하는 당사자주의, 변론주의에 대한 일부 예외규정일 뿐 법원이 아무런 제한 없이 당사자가 주장하지 아니한 사실을 판단할 수 있는 것은 아니고, 일건 기록에 현출되어 있는 사항에 관하여서만 직권으로 증거조사를 하고 이를 기초로 하여 판단할 수 있을 따름이고, 그것도 법원이 필요하다고 인정할 때에 한하여 청구의 범위 내에서 증거조사를 하고 판단할 수 있을 뿐이다"[53]

위 설시내용을 보면, 우리나라 대법원은 '행정소송법 제26조 ... 이는 행정소송의 특수성에 연유하는 당사자주의, 변론주의에 대한 일부 예외규정일 뿐'이라고 하므로 위 규정에 따라서 '당사자가 주장하지 아니한 사실'도 판단할 수 있다고 규정하고 있지만 '아무런 제한 없이 당사자가 주장하지 아니한 사실을 판단할 수 있는 것은 아니'라고 한다. 더 나아가 대법원은, "일건 기록에 현출되어 있는 사항에 관하여서만 직권으로 증거조사를 하고 이를 기초로 하여 판단할 수 있을 따름이고, 그것도 법원이 필요하다고 인정할 때에 한하여 청구의 범위 내에서 증거조사를 하고 판단할 수 있을 뿐이다"라고 판시하여 '일건 기록

53) 대법원 1994. 10. 11. 선고 94누4820 판결(공1994하, 3014); 이와 같은 취지의 판결은 전술한 주698) 참조.

에 현출된 사항', '법원이 필요하다고 인정할 때', '청구범위 내에서'라고 하는 구체적 기준을 밝혀 왔음을 알 수 있다. 다만 '청구범위 내에서'라고 하는 기준은 행정소송에서도 처분권주의가 인정된다고 하는 당연한 내용을 설시하였을 뿐이므로 소송자료와 관한 심리원칙과는 특별한 관련성이 없다.

3. 판례에 대한 기존학설의 평가

행정소송법 제26조의 해석에서 상세히 고찰한 바와 같이, 행정소송법 제26조에 관한 제 학설은 우리나라 대법원의 판례의 태도가 각자 자신의 학설에 가깝다고 평가하고 있다. 즉 대법원 판례의 태도가 민사소송상 보충적 직권증거조사주의설과 절충설 즉 직권탐지주의를 가미한다고 하는 설의 입장에 서서 각각 판례가 자신들의 학설을 따르고 있다고 평가하고 있는 문제점에 관해서 고찰하기로 한다.

결국 동일한 판례를 놓고 판례가 서로 자설을 대변한다고 한다. 그런데 위에서 인용된 판례를 보면, 우리나라 행정소송에서 극히 제한적으로 행정소송의 특수성 및 행정소송법 제26조를 의식한 나머지 변론주의의 예외가 인정된다고 하고는 있다. 그러나 이는 원칙론적인 설시에 지나지 아니하고 실상은 민사소송상의 보충적인 직권증거조사와 같이 운영되고 있다. 흔히 위에서 언급한 바와 같이 인용되고 있는 행정소송에 관한 판례상의 용어인 '일건 기록에 나타난 사실'이라는 것은 민사소송에 있어서 직권증거조사를 하는 경우의 '법원에 현출된 모든 소송자료'[54]와 문언상 그 의미가 크게 다르지 않다는 점에서도 그러하다.

그러나 행정소송의 경우의 판례는, 비록 많은 제한을 가하고는 있으나, '당사자가 주장하지 아니한 사실'이라 하더라도 법원이 탐지하여 당사자가 주장 또는 인용한 사실로 하여 그 사실을 판단의 자료로 삼을 '가능성'은 인정한다. 이 점에서 최소한 단순히 민사소송상의 보충적 직권증거조사와 다른 의미가 있다. 또한 다음의 예에서 보듯이 '당사자가 주장하지 아니한 사실'을 법원이 인정한 예가 전혀 없는 것은 아니다. 예컨대 대법원은,

> "원심판결 이유에 의하면, 원심은, 이 사건 주택건설사업계획이 안산자연공원에 대한 환경파괴로 이어져 공익을 현저히 해칠 염려가 있다는 이유로 입지심의 및 사전결정을 여러 차례에 걸쳐 반려해 오다가, 대통령비서실 경제행정규제완화점검단

---

54) 예컨대 대법원 1996. 5. 14. 선고 95다50875 판결(공1996하, 1850)

> 의 지시로 인하여 부득이 임지심의 및 사전결정을 해주지 않을 수 없었던 것이라고 인정한 다음, 입지심의 및 사전결정을 함에 있어서 이 사건 주택건설사업계획이 위 안산의 자연생태계를 파괴하여 지역주민 전체의 쾌적한 자연환경에 관한 권리를 현저히 침해할 염려가 있다는 점에 대한 고려가 충분히 이루어지지 않았을 개연성이 있다고 추단하였는바, 기록에 의하면, 원심의 이러한 사실인정과 판단은 원고가 피고를 상대로 이 사건 주택건설사업계획승인거부처분의 취소를 구하는 행정소송을 제기한 사건에 관하여 서울고등법원이 선고한 판결(갑 제54호증)을 근거로 한 것이므로, 비록 피고가 위와 같은 주장을 하지 아니하였다고 하더라도, 원심의 이러한 조치는 정당하고, 거기에 소론과 같은 위법이 있다고 할 수 없다."[55]

라고 하여 환경과 관련하여 '당사자가 주장하지 아니한 사실'을 판단한 예라고 할 수 있다.

이와 같이 판례가 '당사자가 주장하지 아니한 사실'이라고 하더라도 무제한적으로 인정한다는 것은 아니고, 변론조서나 기록 등을 가리지 아니하고 어디에든지 '일건 기록에 나타난 사실'에 한정하는 논거가 문제된다. 이는 결국 아무런 기록에도 조차 없는 사실을 임의로 인정하게 되면 적정한 재판이 문제된다는 점과 관련된 법관의 자의성 방지와, 그리고 하급심의 불복에 대한 상급심에서의 현실적인 심사가능성을 염두에 둔 것이라고 할 수 있다.

판례를 종합하여 보면, 당사자가 주장하지 아니한 사실을 판단하기 위한 요건으로는, 행정소송의 특수성이 인정되는 예외적인 경우에, 일건 기록에 현출되어 있는 사실로서 당사자가 주장하지 아니한 사실을, 물론 당연히 청구의 범위 내에서, 법원이 필요하다고 인정하는 경우이다. 법원이 공익상 필요하다고 인정되는지 여부를 판단함에 있어서는 법원에게 법적 통제로부터 완전히 자유로운 재량을 인정한 것이라고 하기는 어렵다고 할 수 있다.

Ⅳ. 결론적 고찰 – 합리적 해석의 시도

1. 민사소송법 제292조와 행정소송법 제26조의 관계 – 민사소송의 원리와 행정소송의 원리

우리나라 행정소송법 제26조의 해석에 관한 기존의 논의를 보게 되면, 민사소송에서 실체적 진실발견이나 사적 당사자 간의 실질적 평등의 관점에서 변

---

55) 대법원 1999. 5. 25. 선고 99두1052 판결(공1999하, 1301) 밑줄 필자.

론주의의 폐해를 시정한다고 하는 민사소송의 원리차원에서 논의되고 있는 민사소송법 제292조의 직권증거조사의 보충성 초과 여부가 그 중요한 내용이 되고 있다. 이러한 행정소송법 제26조에 관한 기존의 해석방법은 행정소송에 있어서 법원이 직권으로 개입할 경우를 공익이라고 하는 행정소송의 원리차원에서 독자적으로 판단하지 못하고 민사소송의 원리에 근거한 '보충적' 직권증거조사를 그 내용적 기준으로 하고 있다는 것을 의미한다. 다시 말해서 이는 어디까지나 사익을 그 대상으로 하는 민사소송의 원리에 근거한 민사소송상의 제도적 취지와 동일선상에서 행정소송법 제26조를 해석하는 것을 의미하게 된다. 이는 결국 공·사익의 대립·충돌을 조정하는 절차를 그 본질로 하는 행정소송의 원리를 소홀히 하게 되는 계기가 된다는 점에서 문제가 있다. 여기서 행정소송법 제26조를 해석함에 있어서는 민사소송의 원리와는 구별되는 실체적 공·사익의 조정적 절차를 본질로 하는 행정소송의 원리가 제대로 인식되어 반영될 필요성이 있게 된다.

변론주의에 의하는 민사소송에서 변론주의의 폐해를 시정하는 근거로 실질적 평등이 논의되어 온 것은 사실이다. 그러나 이는 어디까지나 변론주의를 전제로 하여 변론주의의 테두리 내에서 문제점을 해결한다고 하는 기본 전제하에 있는 민사소송 내에서의 원리이다. 물론 당사자 간의 실질적 평등은 이러한 민사소송의 원리차원을 넘어서서 어느 절차이든지간에 지켜져야 하는 것으로서 이는 실질적 평등을 표방하는 현대 모든 국가에 있어서 절차의 보편적인 속성이라고 할 수 있다. 그렇다고 해서 모든 절차가 실체적 공·사익의 조정을 그 본질로 하는 것은 아니다. 실체적 공·사익의 조정과 당사자 간의 실질적 평등은 차원을 달리하는 문제이고 따라서 공·사익의 조정을 그 본질로 하는 행정소송의 경우 그 양립이 불가능한 것은 아니다.

소송법적 효과라는 점에서 보면, 실질적 평등을 기하기 위하여 법원이 어떠한 조치를 할 경우에는 변론주의가 원칙인 민사소송에서는 법원의 재량으로 하는 것이 자연스러울 수도 있다. 그러나 공·사익의 조정을 본질로 하는 행정소송에서 경우에 따라서는 중대한 공익을 법원이 고려하지 아니하고 해태한 경우에는 법원에게 그 의무위반의 책임을 물어서 판결을 취소시킬 수 있는 경우도 있으므로 그 구별의 실익도 있다.

행정소송에서도 민사소송의 원리차원에 근거한 민사소송법 제292조상의 보충적 직권증거조사가 행정소송법 제8조 제2항의 준용규정에 의하여 인정될 수 있다. 이 경우 특별히 행정소송의 원리인 공익을 전면에 내세울 필요는 없다. 현대 실질적 법치국가의 원리상 어떠한 소송에서도 실질적 평등은 논의되어 고려될 필요성은 있다. 즉 대등 당사자를 전제로 한 결과 현실적인 당사자 간의 불평등 문제는 민사소송에서만의 고유한 문제가 아니라 행정소송에서도 당연히 존재하는 문제이다.

예컨대 행정소송에 있어서는 원고 국민과 피고 행정청 간에는 정보면에서 불대등한 경우가 있을 수 있다. 이를 대비하기 위해서 예컨대 행정소송법 제25조에서 행정심판기록의 제출명령을 규정하고 있는 것이다. 따라서 행정소송에서도 민사소송에서와 같이 당사자 간의 실질적 평등 관점 등 변론주의의 폐해를 시정한다고 하는 민사소송의 원리차원에 근거한 민사소송상의 제도가 인정될 필요가 있다. 그것이 바로 행정소송법 제8조 제2항에 의하여 준용될 수 있는 민사소송법 제292조상의 보충적 직권증거조사라고 할 수 있다.

그 외에도 당사자 간의 실질적 평등이라는 관점보다는 사실관계를 명료하게 하기 위한 제도로서 민사소송법 제136조상의 석명권 내지 석명의무가 있다. 이들은 변론주의를 보충하는 제도라는 점에서 공통이다. 대법원도 이를 "변론주의가 당사자의 책임을 인정하는 것은 당사자의 소송진행능력이 완전히 대등한 것을 전제로 하는 것이나 사실에 있어서는 당사자는 지식경험이나 경제력에 있어서 대등하지 않으며 특히 법률지식이 없는 본인 소송에 있어서는 충분한 법률상의 변론을 기대할 수 없으므로 민사소송법은 석명권의 행사 또는 직권증거조사의 규정을 두어 그 조절을 하게 한 것이다."[56)]라고 판시함으로써 확인하고 있다.

따라서 행정소송에서 민사소송상의 보충적 직권증거조사는 특별히 공익을 내세우지 아니하여도 변론주의의 폐해를 시정한다는 차원에서 석명권 내지 석명의무와 함께 얼마든지 인정될 수 있다. 그렇다고 한다면 행정소송에 있어서 특유한 공익에 대한 고려는 행정소송의 목적 및 행정소송법 규정 예컨대 행정소송법 제26조의 해석에 의하여 독자적으로 판단되어야 한다.

행정소송은 공·사익의 조정적 절차이므로 주로 사적자치의 소송법적 표현인 변론주의에 의해서만 처리하는 것은 불가능한 것은 아니나 반드시 바람직하다고 할 수는 없다. 실체가 공·사익 조정이라고 한다면 그것을 다루는 절차도 그에 상응하는 것이 바람직할 수도 있다. 즉 행정소송에서는 사익 이외에도 공익

56) 대법원 1959. 7. 2. 선고 58다336 판결(집7민, 137).

이 관련된다고 한다면, 일단은 민사소송에서 실무상 운영되고 있는 변론주의에만 의존하는 것은 바람직하지 않다. 더구나 공·사익의 실체적 조정에 상응하는 절차원칙을 우리나라 행정소송법 규정 자체에서 재발견할 수 있다고 한다면 이는 매우 바람직스러운 것이다. 그러므로 행정소송에서 공익을 고려하는 정도는 행정소송의 목적 내지는 공익성과 예컨대 특히 독일이나 일본과는 다르게 규정되어 있는 우리 행정소송법 제26조 등 행정소송법 규정 자체에 비추어서 독자적으로 모색해 볼 필요성이 있게 된다.

2. 행정소송법 제26조의 의의

어떠한 소송절차도 그러하겠지만 행정소송의 심리절차가 변론주의나 직권탐지주의에 의하여야만 할 무슨 논리필연적인 이유는 없다. 따라서 행정소송에서 그 절차원칙을 민사소송이나 다른 나라와 달리 채택하는 것, 예컨대 변론주의와 직권탐지주의 간의 절충이라고 하는 즉 소송원칙 간의 절충도 입법정책상 선택가능한 것임에는 틀림없다. 나아가 행정소송은 그 본질이 실체적 공·사익의 조정적 절차라고 하는 점에서 그러한 실체에 어떠한 절차원칙이 바람직한가 즉 실체와 절차의 조화 문제는 얼마든지 논해질 수가 있다. 이러한 행정소송에 있어서 실체와 절차의 조화 문제는 우리나라 행정소송법 규정 중에서 특히 공익을 이유로 직권심리를 인정하는 근거 규정인 행정소송법 특히 제26조의 의미범위 내에서 포섭될 수 있고 거기에서 법적 근거를 확보할 수 있게 된다면 이는 더욱 바람직스러운 것이다. 그렇다고 한다면, 우리나라 행정소송에 있어서 공·사익의 조정이라고 하는 실체와 이러한 실체를 실제 소송에서 심리하는 절차, 즉 실체와 절차 간의 조화가 가능한지는 먼저 현재의 우리나라 행정소송법을 포함한 소송 관련 법규정의 의미범위 내에서 포섭이 가능한지를 먼저 확인해 보아야 한다. 그러한 작업을 위해서 먼저 기본적으로 우리나라 행정소송법 제26조의 규정을 일본, 독일에서의 행정소송 관련 법규정과 자세히 비교하여 검토하여 볼 필요성이 있다.

무엇보다도 본질적으로 우리나라 행정소송법 제26조는 '가능규정(Kannvorschrift)'의 형식을 취하고 있다는 점에서 '강행규정(Muβvorschrift)'의 형식으로 규정됨으로써 경직되어 있는 독일의 행정소송법 제86조 제1항과 결정적으로 구별된다. 즉 독일 행정소송법 제86조 제1항에서 "법원이 사실관계를 직권으로 탐지하여야 한다"라고 규정함으로써 직권탐지주의를 원칙으로 선언하고 있는 독일과 달리, 우리나라 행정소송법 제26조는 "법원은 필요하다고 인정할 때에는 직권으로 증거조사를 할 수 있고, 당사자가 주장하지 아니한 사실에 대하여도 판단할 수 있다."라고 규정됨으로써 "법원은 … 할 수 있고, … 할 수 있다."라고 하는 '가능규정'의 형식으로 규정되어 있다는 점이 특징이다. 이 점에서 우리나라 행정소송법 제26조는 행정소송에 있어서 해석상 직권탐지주의가 적용된다고 하더라도 그러한 직권탐지주의의 원칙적 적용뿐만 아니라 그 직권탐지주의 자체가 완화되어 적용될 수 있는 유연성을 구비하고 있음을 법적으로 근거 짓고 있다고 할 수 있다. 바로 이러한 탄력성을 갖추었다는 점에서 우리나라 행정소송법이 독일의 행정소송법과 차별화된다고 할 수 있다.

한편 우리나라 행정소송법 제26조 전단에서 직권증거조사를 규정하고 있는 부분 즉 '법원은 필요하다고 인정할 때에는 직권으로 증거를 조사할 수 있고'라고 하는 부분을 우리나라 민사소송법 제292조상의 보충적 직권증거조사와 비교해 볼 필요가 있다. 이 민사소송상의 보충적 직권증거조사는 일본 민사소송법에서는 변론주의를 강화하기 위한 목적으로 삭제되었으나 우리나라의 경우에는 민사소송법 제정시부터 규정되어 현재까지 유지되어 왔다. 이 보충적 직권증거조사를 규정한 현행 민사소송법 제292조상의 '법원은 당사자의 신청한 증거에 의하여 심증을 얻을 수 없거나, 그 밖에 필요하다고 인정한 때에는'이라고 하는 규정과 현행 행정소송법 제26조 전단과 비교하여 보면, 우리나라 행정소송법 제26조의 전단에서 '법원은 필요하다고 인정할 때에는 직권으로 증거를 조사할 수 있고'라고 한다는 점에서 법문상으로는 직권증거조사가 '보충적'이 아니라 '원칙적'으로 '가능하다'고 규정하고 있음을 알 수 있다. 즉 우리나라 행정소송법 제26조 전단의 규정에 의하여 우리나라 행정소송에 있어서 증거자료에 대한 '원칙적'인 직권증거조사도 '가능'하다.

또한 변론주의가 원칙이고 보충적 직권증거조사를 인정하는 일본 행정사건소송법 제24조에서 한걸음 더 나아가, 우리나라 행정소송법 제26조는 그 후단에서 " … 당사자가 주장하지 아니한 사실에 대하여도 판단할 수 있다."라는 부분을 가지고 있다는 점에서 우리나라 행정소송에 있어서는 사실자료에 대한 직권탐지의 법적 근거도 가지고 있음을 알 수 있다. 즉 우리나라 행정소송법은 제26조는 그 전단 규정에 의하여 증거자료에 관한 직권증거조사가 보충적이 아니라 원칙적으로 가능할 뿐만 아니라, 특히 그 후단에서 사실자료에 대한 직권탐지의 법적 근거도 가지고 있다는 점에서 일본 행정사건소송법과 구별된다고 할 수 있다.

이와 같이 행정소송에 있어서 소송자료에 관한 책임의 분배에 관하여 일본, 독일 그리고 우리나라의 소송법 체계 및 규정들을 비교해 보면, 상대적이기는 하지만 일본 행정소송은 변론주의에 치우쳐 있고, 독일 행정소송은 직권탐지주의에 치우쳐 있는 반면에, 우리나라 행정소송은 변론주의와 직권탐지주의의 절충적 입장을 취하고 있다는 점에서 일본 행정소송과 독일 행정소송의 중간에 위치하고 있다고 할 수 있다.

이상에서 본 바와 같이, 우리나라 행정소송법 제26조의 규정은 민사소송법 제292조상의 보충적 직권증거조사에 한정되지 아니하고 그것을 넘어서서 증거자료에 관한 원칙적인 직권증거조사뿐만 아니라 사실자료에 관한 직권탐지주의가 인정될 여지가 있다는 점에서 '개방적'인 규정이고, 그 인정 여지가 '가능규정'의 형식으로 규정되어 있다는 점에서 '탄력적'인 규정이다. 이러한 점에서 우리나라 행정소송법 제26조는 독일, 일본과 구별되는 '독창적'인 규정이라고 할 수 있다. 요컨대 우리나라 행정소송법 제26조는 변론주의와 직권탐지주의를 절충적으로 포괄하는 개방적이고 탄력적이고 독창적인 규정이다.

그리고 우리나라 행정소송법 제26조는 직권탐지주의의 인정범위를 미리 특정하여 상정한 것이 아니라는 점이다. 행정소송이 공익과 관련된다고 하더라도 반드시 공익에 대한 직권탐지의 범위를 미리 선험적으로 정해야만 할 필연적인 이유는 없다. 우리나라 행정소송법 제26조는 공·사익의 조정적 절차에 있어서 변론주의와 직권탐지주의의 절충을 허용하고 그러한 절충에 대한 정당성을 법적으로 담보하는 근거 규정으로 기능하는 계기가 될 뿐이다. 다만 우리나라 행정소송 실무에 있어서 어느 정도로 직권탐지주의가 인정된 것인가에 관한 기준은 추상적이기는 하지만 적정한 재판에 관한 공익에 의하여 정해질 수밖에 없을 것이다. 이와 같이 우리나라 행정소송에 있어서는 변론주의와 직권탐지주의 그 외에 처분권주의 등을 비롯한 절차상의 제 원칙도 적정한 재판에 관한 공익에 의하여 상대화될 수 있다. 행정소송에서 공익을 이유로 한다는 것은 행정소송의 특수성을 의미하는 것이고 이러한 행정소송에 있어서 공익의 고려는 행정소송의 심리원칙을 규정한 행정소송법 제26조에 그 법적 근거가 있다. 따라서 행정소송법 제26조에 관한 해석도 적정한 재판에 관한 공익에 따라야 한다.

이런 점에서 우리 행정소송법 제26조는 행정소송의 심리원칙에 관한 지도이념적인 규정이고 그리고 민사소송과 구분 짓는 근본결단적인 규정이다. 따라서 예컨대 민사소송상의 제 제도의 행정소송에의 도입, 인정문제나 해석문제는 단순히 준용 여부만을 검토해서는 아니 되고, 이는 적극적으로 행정소송의 목적 내지는 공익성과 행정소송법 제26조의 상관관계하에서 고려하여야만 한다. 특히 우리나라 행정소송의 실제에 있어서는 기존 민사소송상의 제 제도나 독일이나 일본의 이론의 도입 내지는 해석문제가 관심사가 되고 있다. 이 경우 독일 행정소송법 제86조 제1항이나 일본 행정사건소송법 제24조와 달리, 우리나라 행정소송법 제26조는 개방적이고 탄력적인 규정 형식상 변론주의와 직권탐지주의를 적절히 절충하여 포섭하는 데에 정당성을 부여하는 법적 근거로서 기능하고 있다.

따라서 우리나라 행정소송법하에서는 특히 민사소송상의 제 제도를 도입 내지는 해석함에 있어서도 행정소송법 제8조 제2항의 준용규정에 의하여 일단 인정되면서도 다른 한편으로는 공익이라는 관점에서 이를 적절히 제한 또는 확대하여 조절하면서 합리적으로 근거지울 수 있다는 점에서도 대단히 유용하다. 사익을 다루는 민사소송과 달리 행정소송에 있어서는 공익과 사익 간의 조정이 그 절차의 본래 모습이라고 할 수 있다. 따라서 사익을 다루는 민사소송의 원리차원에서 논의되는 보충적 직권증거조사가 공익을 다루는 행정소송에서 전용되어 인정되는 계기가 단지 행정소송법상의 준용규정인 행정소송법 제8조 제2항에만 소극적으로 한정되어서 논의될 것이 아니다. 행정소송에 있어서 공익과 관련하여 인정되는 법원의 직권에 의한 증거조사를 비롯한 사실탐지는 보다 적극적으로 행정소송의 목적 내지는 공익성, 그리고 행정소송법 제26조의 직권심리 규정과의 유기적인 관계에서만 제대로 설명이 가능하게 된다.

3. 처분권주의와의 관계

행정소송법 제26조를 처분권주의와 관련하여 설명하는 견해가 있다. 즉 행정소송에 있어서도 민사소송의 경우와 같이 불고불리의 원칙이 적용되는데, 우리 행정소송법 제26조는 공익적 관점에서 불고불리의 원칙에 대한 예외를 규정하고 있다고 한다.

그러나 이러한 견해는 행정소송법 제26조의 '당사자가 주장하지 아니한 사실'은 원고의 신청 즉 소송물이 아니고, 재판의 기초로 되는 자료의 제출이라는 면을 간과한 것이다. 법문상으로도 행정소송법 제26조는 직권심리라는 표제하에 '당사자가 주장하지 아니한 사실'이라고 하는 반면에, 민사소송법 제203조는 처분권주의라는 표제하에 '당사자가 신청하지 아니한 사항'이라고 규정하고 있다는 점에 비추어 보아도 그러하다. 판례가 "행정소송법 제26조는 … 행정소송에 있어서 원고의 청구범위를 초월하여 그 이상의 청구를 인용할 수 있다는 뜻이 아니라 원고의 청구범위를 유지하면서 그 범위 내에서 필요에 따라 주장 외의 사실에 관하여 판단할 수 있다는 뜻이라고 할 것 … "[57]이라고 하는 것은 행정소송에서도 원칙적으로 처분권주의가 인정된다[58]는 전제를 설시한 것에 불과하다.

따라서 행정소송에 있어서 처분권주의는 행정소송법 제8조 제2항에 의하여 준용되는 민사소송법 제203조의 처분권주의와 관련되는 문제이다. 물론 행정소송의 공익성에 의하여 처분권주의의 인정 범위 내지 제한 여부가 검토되어야 할 것이다.[59]

---

57) 대법원 1992. 3. 10. 선고 91누6030 판결(공1992, 1327).

58) 대법원이 처분권주의를 인정한 예, "피고가 1994. 5. 3. 원고에 대한 사설묘지 설치를 위한 국토이용계획변경허가신청을 불허한 처분(반려처분)"의 취소만을 구하고 있고 이에 앞서 한 "피고의 1993. 7. 27. 사설묘지설치허가신청 반려처분"에 대하여는 그 재판대상으로 신청하지 아니하였음이 분명하므로 원심이 피고의 1993. 7. 27. 사설묘지설치허가신청 반려처분에 대하여 판단하지 아니하였다 하여, 거기에 상고이유 주장과 같은 심리미진이나 판단유탈 또는 석명권을 행사하지 아니한 위법이 있다고는 볼 수 없다." 대법원 1995. 4. 28. 선고 95누627 판결[국토이용계획변경승인신청반려처분취소] (공1995, 1991).

59) 우리나라 행정소송상 처분권주의는 행정소송법 제26조와는 일단 관계가 없다. 다만 행정소송법 제26조에서 변론주의와 직권탐지주의가 상호 절충되어 있는 규정이라는 점은 우리나라 행정소송에서 처분권주의를 해석함에 있어서 하나의 시사점을 준다. 그러나 행정소송법 제26조는 사실자료의 수집에 관한 심리원칙에 관한 규정이다. 따라서 일단 행정소송상 처분권주의는 민사소송을 준용하는 행정소송법 제8조 제2항에 의하여 행정소송에서 인정된다고 할 수는 있다. 그러나 행정소송에서의 처분권주의도 변론주의와 마찬가지로 공익상의 이유로 인하여 일정 정도로 제한되어야 할 필요가 있으므로, 행정소송에서 처분권주의가 인정되었다고 하는 것만으로 끝난 것이 아니라 오히려 그 한계를 설정하는 것이 더욱 중요한데 이 역시 준용규정인 행정소송법 제8조 제2항만에 의해서라기보다는 행정소송의 목적 등과 관계하여 논의하여야 한다. 따라서 행정소송에서의 처분권주의는 행정소송법 제1조상의 국민의 권익구제의 목적, 행정소송법 제8조 제2항의 준용규정에 의한 개정된 민사소송법 제203조에 의하여 처분권주의는 원칙적으로 허용된다. 다만 처분권주의의 제한 등의 소극적인 한계는 특히 행정소송의 목적 내지는 공익고려에 의하여 결정되어야 한다.

제7절 행정소송법 제26조의 구조

Ⅰ. 행정소송법 제26조의 체계적 구조

1. [직권심리] 표제의 의의

행정소송법이 1984. 12. 15. 법률 제3754호로 전문 개정된 이래로 우리나라 행정소송법 제26조의 표제는 [직권심리]이다. 이러한 [직권심리]라는 표제는 일본 행정사건소송법 제24조의 표제인 [직권증거조사]와 구별되고, 독일 행정소송법 제86조의 표제인 [직권탐지주의(Untersuchungsgrundsatz)]와 구별된다.

일본 행정소송에서는 행정사건소송법 제24조는 이른바 민사소송상의 '보충적' 직권증거조사를 의미하는 것이 통설·판례이고, 이런 일본 행정소송은 사실상 변론주의에 의하는 민사소송에 기우는 것으로 평가된다. 이 일본 행정사건소송법 제24조의 표제가 [직권증거조사]라는 점에서 이미 소송자료 중 사실자료가 제외됨을 의미한다. 이 점에서 사실자료와 증거자료를 모두 포함하는 의미를 가지는 우리나라 행정소송법 제26조의 표제인 [직권심리]와 구별된다. 이에 반하여 독일 행정소송은 직권탐지주의의 원형국가이다. 독일 행정소송에서는 소송자료의 수집은 법원의 책임이고 이 경우 법원은 당사자의 사실에 관한 주장과 증거신청에 구속되지 아니한다(독일 행정소송법 제86조 제1항).

우리나라 행정소송법 제26조의 표제인 [직권심리]는 행정소송에서 공익을 고려하여 법원이 직권으로 심리할 수 있는 경우가 있을 수 있다는 것을 의미한다고 보아야 한다. 즉 반드시 모든 경우에 법원이 직권으로 심리하여야 하는 것을 의미하는 것은 아니다.[60] 그리고 법원이 직권으로 심리할 수 있는 대상인 소송자료는 사실자료와 증거자료를 포함한다. 이런 점에서 우리나라 행정소송법 제26조 표제인 [직권심리]는, 증거자료에만 관련되어 한정된 의미를 가지는 일본 행정사건소송법의 표제인 [직권증거]와는 구별된다. 바로 이와 같이 3국의 표제를 비교함에 의해서도 이미 우리나라 행정소송은 일단 일본과 독일의 중간형태로 자리매김될 수 있다.[61]

---

60) 이런 점에서도 행정소송법 제26조의 해석론에 관한 명칭으로 '직권증거조사주의'나 '직권탐지주의' 보다는 '직권심리주의'라고 하는 것이 타당하다.

61) 물론 제3장 행정소송에서의 변론주의, 제8절 행정소송법 제26조의 해석 부분에서 보듯이, 엄밀히 말하면 우리나라 행정소송법 제26조의 규정은 매우 포괄적인 의미를 가지고 있으므로

2. 사실자료와 증거자료

행정소송법 제26조는 규정 자체를 놓고 보면, 사실자료에 관한 부분과 증거자료에 관한 부분이 함께 규정되어 있음을 알 수 있다. 즉 제26조는 전단에서 직권증거조사라고 하는 증거자료와 관련된 부분과 후단에서 당사자가 주장하지 아니한 사실에 대하여 판단한다고 하는 사실자료에 관한 부분으로 구성되어 있다.

그런데 이 제26조의 규정의 특징은 전단에 증거자료에 관한 부분이 먼저 나오고 이어 후단에서 사실자료에 관한 부분이 나온다는 사실이다. 사실 사실자료와 증거자료 간의 개념논리 및 실무상 본조에는 사실자료에 관한 부분이 먼저 규정되고 증거자료에 관한 부분이 사실자료에 이어서 규정되는 것이 보다 자연스러울 수 있다.[62] 따라서 제26조는 "법원이 필요하다고 인정할 때에는 당사자가 주장하지 아니한 사실에 관하여 판단할 수 있고, 직권으로 증거조사를 할 수 있다."고 규정하는 것이 보다 타당한 것으로 보일 수 있다.

그러나 우리나라 행정소송법 제26조 전단에서 민사소송법 제292조상의 보충적 직권증거조사[63]의 보충성을 포함하는 직권증거조사뿐만 아니라, 제26조 후단에서는 이에서 한걸음 더 나아가서, 변론주의하에서는 원칙적으로 불가능한, 당사자가 주장하지 아니한 사실에 관해서도 법원이 직권으로 탐지할 수 있다는 입법적인 결단을 내리고 이를 강조하는 조문형식 규정하고 있는 것으로 보아야 한다.[64] 즉 행정소송에서는 민사소송에서와 같이 법원이 직권으로 증거조사를 할 수 있다는 것에 그치지 아니하고 이에서 한걸음 더 나아가, 변론주의하에서는 원칙적으로 인정될 수 없고 불가능한, 당사자가 주장하지 아니한 사실에 관해서도 판단할 수 있다는 것을 강조하고 있는 의미로 볼 수 있다.

경우에 따라서는 일본식 행정소송의 변론주의나 독일식 행정소송의 직권탐지주의도 해석론상 하나의 선택가능한 형태로 얼마든지 고려할 수 있다.

62) 독일 행정소송법 제86조 제1항 제2문에서 "법원은 당사자의 주장과 증거신청에 구속되지 아니한다." 라고 규정하고 있는 바와 같이, 사실주장 부분이 먼저 나오고 이어서 증거신청 부분이 나온다. 이 규정의 원문은 다음과 같다. §86 I VwGO [Untersuchungsgrundsatz]: Das Gericht erforscht den Sachverhalt von Amts wegen; die Beteiligten sind dabei heranziehen. Es ist an das Vorbringen und an die Beweisanträge der Beteiligten nicht gebunden.

63) 우리나라 민사소송법 제292조와 같이 보충적 직권증거조사에 관한 일반적인 근거 규정은 독일 민사소송법에는 없다.

64) 따라서 이러한 민사소송법상의 규정과 유사하게 보충적 직권증거조사만을 규정한 일본 행정사건소송법 제24조와도 차별화된다.

이런 점에서 본다면 민사소송법 제292조상의 보충적 직권증거조사는 행정소송법 제26조의 해석에 있어서 기본적으로 전제되는 최소한의 내용이 된다. 따라서 행정소송법 제26조의 내용이 민사소송법 제292조의 내용과 같다고 하는 것은, 제26조 전단에서 민사소송법에서와 같은 보충성이라는 제한적인 문구가 없다는 점을 차치하고서라도, 이미 행정소송법 제26조 후단의 내용을 전혀 무시한다는 점에서 의문이다.

한편 이러한 우리나라 행정소송법 제26조의 규정 내용은 일본 행정사건소송법 제24조[65]와 비교하면, 우리나라 행정소송법 제26조 전단에서 '법원은 필요하다고 인정할 때에는 직권으로 증거조사를 할 수 있고'라는 부분은 일본 행정사건소송법 제24조와 공통된다. 그러나 우리나라 행정소송법 제26조 후단에서 "당사자가 주장하지 아니한 사실에 대하여도 판단할 수 있다."라고 하는 부분을 추가로 가지고 있다는 점에서 일본의 행정사건소송법 제24조와 결정적으로 구별되는 점이 된다. 바로 이러한 점 때문에 우리나라 행정소송법 제 24조의 해석론에서, 일본 행정소송으로부터 주장되어 유래된, 민사소송상 보충적 직권증거조사주의설을 취할 수 없는 명문상의 근거가 된다.

요컨대 우리나라 행정소송법 제26조의 조문체계상 증거자료뿐만 아니라 사실자료에 관하여서도 법원이 직권으로 심리할 수 있도록 규정되어 있다.

3. 공통요소로서의 공익판단 – '법원이 필요하다고 인정할 때에는'의 의미

행정소송법 제26조 전단 중 '법원이 필요하다고 인정할 때에는'의 의미는 행정소송에서 공익을 고려하여야 하는 경우를 의미한다. 이는 행정소송의 본질이 공·사익의 조정적 절차라는 점에서 당연하다. 즉 우리나라 행정소송법 제26조에서 공익을 이유로 법원이 필요하다고 인정할 때에는 소송자료 즉 사실자료와 증거자료에 관하여 직권으로 탐지할 수 있는 경우가 있다는 것을 규정하고 있다. 따라서 이러한 '법원이 필요하다고 인정할 때에는'이라는 문구는 행정소송법 제26조 전단의 '직권으로 증거조사를 할 수 있고'라는 부분뿐만 아니라, 후단의 "당사자가 주장하지 아니한 사실에 대하여도 판단할 수 있다."라고 하는 부분에도 공통적으로 연결된다.

행정소송법 제26조에서의 '법원이 필요하다고 인정할 때에는'이라고 하는 것

65) 일본 행정사건소송법 제24조[직권증거조사] 법원은 필요하다고 인정하는 때에는 직권으로 증거조사를 할 수 있다.

은 보충적 직권증거조사를 규정한 민사소송법 제292조에서의 '법원은 당사자가 신청한 증거에 의하여 심증을 얻을 수 없거나, 그 밖에 필요하다고 인정한 때에는'이라고 하는 보충성의 제한이 없다는 점에서 민사소송법 제292조와 구별된다. 물론 '법원이 필요하다고 인정하는 때'라는 문구는 민사소송법 제292조와 행정소송법 제26조에 공통적으로 규정되어 있다. 민사소송법 제292조 문언의 규정형식상 '그 밖에 필요하다고 인정한 때에는'은 앞의 '법원은 당사자가 신청한 증거에 의하여 심증을 얻을 수 없'는 경우에 준하는 경우를 말한다. 이에 반하여 행정소송법 제26조상의 '법원이 필요하다고 인정할 때에는'은 원칙적으로 이러한 민사소송법상의 보충성을 전제하지 아니한다는 점에서 민사소송법 제292조와 구별된다.

행정소송에서 공익이 관련되기만 하면 무조건 법원이 직권을 발동하여 소송자료 즉 사실자료와 증거자료를 탐지하여야 할 것이 요구되는 것은 아니다. 또한 이러한 법원의 판단은 법원의 통제받지 아니하는 재량권에 속하는 것도 아니다. 결국 이는 공·사익의 조정적 절차라고 하는 행정소송의 본질에 비추어 구체적·개별적으로 판단되어야 하고 판례의 축적을 기대하여야 할 것이다.

Ⅱ. 행정소송법 제26조 후단 - 사실자료

1. 의 의

행정소송법 제26조 후단 "당사자가 주장하지 아니한 사실에 대하여도 판단할 수 있다." 부분은 사실자료에 관한 법원의 직권심리에 관련된 규정이다. 이러한 규정과 함께 행정소송에서 사실자료와 관련되어서 고찰되어야 하는 것으로는 행정소송법 제26조 후단에서 규정한 '당사자가 주장하지 아니한 사실', 주장책임 그리고 법원의 석명의무를 들 수 있다.

그 외에 관련되는 문제로서, 비록 처분권주의등과도 관련되는 문제이기도 하지만, 소송상 화해, 청구의 포기, 인락 등에 관하여서는 편의상 이곳에서 고찰하도록 한다.

2. "당사자가 주장하지 아니한 사실에 대하여도 판단할 수 있다"의 의미

변론주의에 의하는 민사소송에서는 주요사실은 당사자가 변론에서 주장하여야 하며, 당사자가 주장하지 아니한 사실을 판결의 기초로 할 수 없는 것이 원칙이다.

그런데 행정소송법 제26조 후단에서는 "당사자가 주장하지 아니한 사실에 대하여도 판단할 수 있다."고 규정하고 있다. 여기서 '당사자가 주장하지 아니한 사실'이라 함은 주요사실에 관하여 당사자가 변론에서 주장하지 아니한 사실을 말한다. '판단할 수 있다'라는 것은 당사자가 변론에서 주장하지 아니한 사실에 관해서 법원이 당사자가 주장 또는 원용한 것으로 인정할 수 있다는 의미이다.

문제는 당사자가 주장하지 아니한 사실의 범위이다. 이에 관하여는 앞에서 고찰한 바와 같이, 실무상 법원이 무제한적으로 당사자가 주장하지 아니한 사실에 대해서 판단할 수 있다는 것은 아니다. 이는 이른바 판례상 확립된 용어례인 '일건 기록에 현출된 사항'에 한정된다고 하는 것이 현재 대법원 판례의 주류적인 경향이다.

> "법원이 아무런 제한 없이 당사자가 주장하지 아니한 사실을 판단할 수 있는 것은 아니고, 일건 기록에 현출되어 있는 사항에 관하여서만 직권으로 증거조사를 하고 이를 기초로 하여 판단할 수 있을 따름이고, 그것도 법원이 필요하다고 인정할 때에 한하여 청구의 범위 내에서 증거조사를 하고 판단할 수 있을 뿐이다"[66]

그러나 이는 '현재'의 대법원 판례의 태도가 '일건 기록에 현출된 사항'에 한정된다는 것에 불과하다.

또한 "당사자가 주장하지 아니한 사실에 대하여도 판단할 수 있다."는 '할 수 있다'는 가능규정의 형태로 되어 있다. 따라서 행정소송에서 공익이 관련되어 법원이 필요하다고 판단하는 경우라고 하더라도, 법원이 본조 후단에서 규정한 바와 같이, 당사자가 주장하지 아니한 사실을 반드시 직권으로 판단하여야 하는 것은 아니다. 그렇다고 해서 이러한 직권탐지는 법원의 통제받지 아니하는 재량권에 속하는 것도 아니다. 결국 이는 공·사익의 조정적 절차라고 하는 행정소송의 본질에 비추어 구체적·개별적으로 판단되어야 하고 판례의 축적을 기대하여야 할 것이다.

66) 대법원 1994. 10. 11. 선고 94누4820 판결(공1994하, 3014).

3. 주장책임

(1) 의 의

주장에는 법률상 주장과 사실상의 주장이 있다. 변론주의하에서는 당사자주장의 사실 중에서 주요사실에 관한 한 변론에서 주장되지 아니하였으면 판결의 기초로 할 수 없는 것이 원칙이다. 변론주의가 적용되는 심리절차에서는 사실과 증거의 수집책임을 당사자에게 맡기므로 주장책임은 변론주의하에서만 인정됨이 원칙이라고 할 수 있다. 변론주의하에서는 증명이 문제로 되기 이전에 먼저 주장되어야 한다는 점에서 주장책임은 증명책임과는 별개의 문제로서 독자적 의의를 가진다. 주장책임을 논의하는 실익은 당사자가 변론기일에 출석하지 아니하거나 또는 변론하지 아니한 경우 등에서 나타난다. 즉 주요사실을 변론에 현출시키지 아니하면 자기에게 이익이 되는 법률판단을 받지 못한다는 점이다.

이러한 변론주의하에서 주장책임이 우리나라 행정소송에서도 인정될 것인가가 문제되는데 이는 우리 행정소송의 심리원칙과 관련된 행정소송법 제26조의 해석에서 변론주의가 기본원칙으로 인정될 수 있는 것과 관계된다.

(2) 행정소송에서의 주장책임의 인부

1) 독일과 일본의 경우

가. 독일의 경우

독일 행정소송법은 직권탐지주의를 기본원칙으로 한다. 따라서 변론주의의 고유한 현상인 주장책임뿐만 아니라 주관적 증명책임은 인정되지 않고 단지 객관적 증명책임만을 인정하고 있을 뿐이다. 그런데 독일 행정소송의 직권탐지주의하에서는 당사자가 소송심리의 객체가 되므로 변론주의의 요소의 도입이 문제가 되고 있고, 구체적으로는 행정소송에서 협력의무(Mitwirkungspflicht), 협력책임(Mitwirkungslast)이 인정되는가의 문제로 귀착되고 있음은 전술한 바와 같다.[67]

---

67) 이러한 독일의 상황을 우리나라 행정소송에도 적용하여 이른바 제한적 직권탐지주의자들이 사용하는 협력의무와 협력책임이라는 개념을 도입하려는 시도와 이를 기초로 하고 있는, 민사소송상의 증명책임분배와 유사한 규범수익원칙을 설명하는 경우가 있을 있으나, 우리나라 행정소송의 심리원칙이 직권탐지주의(혹은 제한적 직권탐지주의)가 아니라 변론주의가 기본원칙이라고 할 것이므로 객관적 증명책임은 물론이고 주장책임 및 주관적 증명책임이 인정

나. 일본의 경우

일본 행정소송은 변론주의를 기본원칙으로 한다는 것이 통설·판례라고 할 수 있고 따라서 주장책임은 물론이고 주관적 증명책임도 인정된다고 함이 통설·판례라고 할 수 있다.

2) 학 설

가. 부 정 설

행정소송법 제26조의 해석에 관하여 변론주의 배제로서의 직권탐지주의설에 의하면, 동법 제26조는 "법원은 필요하다고 인정할 때에는 직권으로 증거조사를 할 수 있고, 당사자가 주장하지 아니한 사실에 대하여도 판단할 수 있다."라고 규정하고 있으므로 행정소송에 있어서는 변론주의가 배제되는 것이라고 아니할 수 없다고 하여, 행정소송에 있어서는 민사소송에 있어서와는 달리 주장책임의 개념은 인정되지 않고 증명책임의 관념만을 인정할 뿐이라고 한다.

즉 주장책임은 변론주의를 전제로 하기 때문에 변론주의의 적용이 없고 직권탐지주의가 적용되는 사항이나 소송절차에서는 증명책임과 독립하여 주장책임의 관념을 인정할 여지가 없다. 따라서 직권탐지주의하에서는 법원이 소송자료의 수집에 관하여 주도권을 갖고 있기 때문에 법원이 당사자의 주장을 기다려 법률효과의 판단을 하여야 한다는 제약이 없으며, 법원은 당사자의 주장이 있거나 없거나 간에 당사자의 주장과는 관계없이 증거자료에 의하여 인정되는 사실을 당연히 재판의 기초로 할 수 있는 것이므로 주장책임의 문제는 생겨나지 않는다고 한다.

민사소송법학자들은 행정소송을 변론주의가 적용되지 않는 절차 즉 직권탐지주의가 적용되는 절차라고 하므로 행정소송에 있어서 주장책임을 일치하여 부인한다.

나. 인 정 설

변론주의보충설에 의하면 행정소송의 심리에 있어서 변론주의의 지배를 인정하고 행정소송법 제26조에 관하여는 변론주의에 대한 보충으로서 직권증거조사를 인정할 뿐이라고 하므로 주장책임을 원칙적으로 인정한다고 할 수 있다.

절충설에 의하면 현행 행정소송법은 변론주의를 기본으로 하면서 예외적으

된다는 점에서 위와 같은 이론은 의문이다.

로 직권탐지주의를 보충 내지 가미하고 있으므로 행정소송에 있어서도 변론주의가 채택되어 있으므로 주장책임은 인정되나, 행정소송법 제26조에 의하면 예외적으로 법원이 당사자가 주장하지 아니한 사실에 대하여도 판단할 수 있도록 규정하고 있는바 이는 당사자가 주장한 사실에 대하여 보충적으로 증거를 조사할 수 있을 뿐만 아니라 더 나아가서 당사자가 주장하지 않는 사실에 대하여도 직권으로 증거를 조사하여 이를 판단의 자료로 삼는 직권탐지주의까지를 인정할 수 있다고 한다. 그러나 이 규정은 변론주의에 대한 예외에 불과한 것으로서 법원은 원고의 청구범위를 유지하면서 공익상 필요하다고 인정할 때 예외적으로 그 범위 안에서 당사자가 주장하지 아니한 사실에 대하여도 판단할 수 있다는 의미로 해석한다고 한다.

또한 주장책임은 변론주의의 특유한 현상이고 행정소송의 심리에 있어서도 변론주의를 취하고 있기 때문에 주장책임도 민사소송법상의 원칙에 의한다고 하고, 주장책임은 증명책임과는 별개의 문제로서 직권탐지주의하에서는 법원이 직권으로 당사자가 주장하지 아니한 사실을 탐지할 수 있으므로 원칙적으로 문제되지 않겠지만 행정소송법 제26조가 무제한적인 직권탐지를 허용하는 것이 아니므로, 행정소송의 심리에 있어서 직권탐지라고 해도 법원이 전적으로 소송자료의 수집책임을 지는 것이 아니고 원칙적인 변론주의를 인정하므로 동조를 주장책임의 예외를 인정한 것이라고 한다.

이들 변론주의보충설이나 절충설의 견해를 종합하면 행정소송절차에서 변론주의가 기본원칙임이라고 함에 공통적이라고 할 수 있고, 따라서 원칙적으로 주장책임을 인정하고 있다.

3) 판 례

판례[68]는 행정소송절차에서 변론주의가 기본원칙이고 직권탐지주의가 가미되었다고 하고 있다.

또한 대법원은,

> "행정처분의 위법을 주장하여 그 처분의 취소를 구하는 소위 항고소송에 있어서는 그 처분이 적법하였다고 주장하는 피고에게 그가 주장하는 적법사유에 대한 증

---

68) 예컨대 대법원 1988. 4. 27. 선고 87누1182 판결(공1988, 927), 대법원 1991. 11. 8. 선고 91누2854 판결(공1992, 130), 대법원 1992. 3. 10. 선고 91누6030 판결(공1992, 1327), 대법원 1994. 10. 11. 선고 94누4820 판결(공1994하, 3014).

명책임이 있다고 하는 것이 당원 판례의 견해"[69]

라고 하여 주장책임을 인정하고 있다.

4) 결 어

주장책임은 변론주의하에서만 인정되기 때문에 주장책임의 인부는 행정소송의 심리원칙 즉 행정소송법 제26조의 해석문제로 귀착된다고 할 것이고, 이는 우리나라 현재 행정소송의 심리원칙은 변론주의를 기본원칙으로 하고 예외적으로 직권탐지주의가 절충되어 있다고 함이 타당하므로(절충설), 행정소송절차에서 변론주의가 원칙적으로 인정되는 한 주장책임이 인정된다.

(3) 주장책임의 분배

1) 원 칙

주장책임은 논리적·시간적으로 증명책임에 선행하는 관념이나 주장책임과 증명책임은 전혀 별개의 관념이 아니고 동일한 양 측면이라고 할 수 있다. 어느 당사자가 주장책임을 지는가에 관한 주장책임의 분배의 문제는 원칙적으로 증명책임의 분배의 문제와 내용을 같이 한다. 따라서 원고가 권리의 존재를 주장하는 통상의 경우에 있어서는 증명책임의 분배와 같이 권리근거규정의 요건사실은 원고가 권리장애·멸각 및 저지규정의 요건사실은 피고가 주장하여야 한다.

2) 예 외

다만 예외적으로 소극적 확인소송에 있어서는 원고가 어떠한 권리 또는 법률관계의 부존재를 소송물로 삼느냐 하는 점에 대하여 청구원인으로서 특정하지 않으면 안 되므로 그 한도에서 필요한 권리관계의 주장은 원고가 하지 않으면 안 된다. 처분등부존재확인소송과 같은 소극적 확인의 소에서는 부존재로 주장된 권리관계의 주장책임은 원고가 지고 그 권리관계의 증명책임은 피고가 진다고 하겠다. 그러나 이러한 것들은 본래 변론주의 문제가 아니고 처분권주의 문제이다.

---

69) 대법원 1966. 10. 18, 선고 66누134 판결(집14(3)행, 14)

4. 행정소송에서의 석명의무

(1) 서 설

1) 의 의

전술한 바와 같이, 소송자료에 관한 심리원칙상 우리나라 행정소송은 절충적 입장을 취하고 있다. 따라서 우리나라 행정소송에 있어서 석명의 의무성 인정 필요성이나 범위 그리고 그 위반의 효과도 직권탐지주의가 지배하는 독일 행정소송과 다르고 그리고 변론주의가 지배하는 일본 행정소송의 경우와 다르다.

행정소송의 석명의무에 관한 문제에 있어서는 변론주의가 지배하는 민사소송상의 석명의무보다는 보다 적극적으로 넓게 인정할 필요성은 있다.

2) 사실상 법적 조언

행정소송에서도 민사소송과 마찬가지로 법원은 판결이 기초가 되는 소송당사자가 상정할 수 있는 모든 법적 관점에 관하여 시사할 의무는 없다. 따라서 석명의무가 법원의 일반적인 법적 조언(Rechtsberatung)을 하는 의무로 오해되어서는 안 된다. 또한 석명은 본래 소송관계가 불명료한 경우 이를 밝히기 위한 것이므로 본인소송이든 변호사소송이든 차이를 둘 이유가 없다.

그러나 사실상 변호사를 선임하지 아니한 당사자에게 있어서는 석명의무가 일종의 사실상의 법적 조언의 역할을 하는 것은 부인할 수 없다고 한다. Jauernig가 적절히 지적한 바와 같이, 법원은 오로지 경기규칙을 준수하고 있는가를 지켜보고 승, 패를 결정하는 단순한 심판이 아니므로 변호사에 의해 대리되는 당사자가 법률에는 문외한인 '보통사람'보다 더 적은 원조를 필요로 하는 것은 자명한 이치라고 한다.

행정소송에서는 행정청이 국민보다 정보 면에서 우위를 점하고 있기 때문에 사실상 국민에 대한 법적 조언의 문제는 민사소송과 마찬가지로 있게 된다.[70]

---

70) 원심으로서는 이 사건 소를 각하하기에 앞서 원고에게 불복하는 취지와 그 대상이 무엇인지를 석명하여 소송관계를 명료하게 하였어야 할 터인데도 이에 이르지 아니한 채 변호사의 조력을 받지 않는 당사자가 작성한 청구취지의 형식적 문언에 집착하여 직권으로 행정청에 대하여 직접 구체적인 의무를 이행할 것을 구하는 소송은 인정되지 아니한다는 이유로 이 사건 소가 부적법하다고 판단하여 이를 각하하고 말았으니 원심판결에는 행정소송에 있어서의 석명의무를 다하지 아니하고 … 판결 결과에 영향을 미친 위법이 있다. 대법원 1997. 4. 25. 선고 96누17868 판결(공1997상, 1669).

(2) 인정 근거

1) 법적 근거

석명의무는 직권증거조사와 함께 변론주의의 폐해를 시정하기 위한 민사소송상의 대표적인 제도 중에 하나이다. 그런데 전술한 바와 같이 우리나라 행정소송법 제26조의 해석에 관하여 고찰한 바와 같이, 우리나라 행정소송에서도 변론주의가 기본적으로 인정된다고 하는 입장에 서게 되면 석명의무도 변론주의를 시정하는 민사소송상의 제도로서 행정소송에서도 인정될 수 있다. 왜냐하면 행정소송에서도 변론주의의 폐해를 시정하고자 하는 것은 민사소송과 마찬가지이기 때문이다. 그리고 그 법적인 근거는 민사소송법을 준용한다고 하는 행정소송법 제8조 제2항이다.

민사소송상의 석명의무가 행정소송에 준용되어 인정되는가 여부에 관하여 대법원은,

> "행정소송법 제8조 제2항은 행정소송에 관하여 이 법에 특별한 규정이 없는 경우에는 민사소송법을 준용한다고 하고 있는바, 조세소송에서도 법원의 석명의무 및 법률사항 지적의무를 규정한 민사소송법 제126조의 규정이 준용된다."[71]

라고 하여 행정소송에서도 민사소송상의 석명의무가 준용되어 인정된다고 하고 있다.

2) 근거 규정의 신설문제

행정소송에 있어서 석명의무의 법적 근거에 관하여 입법론상 석명의무를 행정소송법에 명시하는 주장이 있다. 즉 행정소송에서는 민사소송에서보다 객관적, 실체적 진실발견을 더 중시할 뿐만 아니라, 형식적인 제한이 매우 많고 소송이 난해하고, 증거의 취사선택 내지 그 해석능력이 열등한 원고에게 변론주의의 무조건적인 적용은 커다란 부담이 되므로, 법원은 민사소송절차에서보다 더 강한 석명의무를 부과할 필요성이 있는데, 이에 대한 명문규정이 없어 이를 신설할 필요성이 있다고 한다.

이런 주장은, 우리나라 행정소송법 제26조를 독일 행정소송법 제86조와 동일

---

71) 대법원 1997. 8. 22. 선고 96누5285 판결(공1997하, 2939); 이와 같은 동일 취지의 판례는 다음과 같다. 대법원 1995. 2. 28. 선고 94누4325 판결(공1995상, 1500), 대법원 1996. 7. 30. 선고 95누16165 판결(공1996하, 2729), 대법원 1996. 10. 15. 선고 96누7878 판결(공1996하, 3468)

시하여, 우리나라 행정소송법 제26조는 직권탐지주의를 선언한 규정으로서 독일 행정소송법 제86조 제1항의 규정과 유사하다고 하고 궁극적으로는 독일 행정소송법 제86조 제1항으로 개정하자고 하는 주장에 연장선상에서 나온 것이라고 할 수 있다. 이는 다분히 독일 행정소송법 제86조 제1항에서 직권탐지주의를 선언함에 이어 제3항의 규정[72)]에서 석명의무를 인정한 것을 의식한 것이라고 할 수 있다. 또한 전술한 바와 같이 행정소송의 특수한 상황하에서는 법원의 직권활동의 강화가 필요하고, 따라서 현재의 행정소송법 개정논의의 기회에 석명의무에 대한 명확히 명문의 근거를 규정하는 것이 바람직하다는 주장으로 보인다.

독일 행정소송법은 제86조 제1항에서 직권탐지주의를 선언하는 등 비교적 자체완결적인 규정체계를 가지고 상세한 규정을 두고 있다. 또한 석명의무를 규정한 독일 행정소송법 제86조 제3항은 직권탐지주의와 민사소송상 변론주의를 시정하는 석명의무와의 관계를 보다 명확히 한다는 의미에서 그 입법적 의의가 크다. 그러나 우리나라 행정소송법 제26조의 해석에서 보듯이 우리나라에 있어서는 행정소송에서 변론주의가 기본적으로 인정된다는 입장을 취하고 민사소송법을 준용한다는 행정소송법 제8조 제2항을 가지고 있으므로 행정소송법상 석명의무의 법적 근거 규정의 신설의 의미는 그만큼 반감된다. 물론 행정소송법의 개정의 기회를 이용하여 조문을 정비하는 차원에서 석명의무에 관한 근거 규정을 둘 수는 있다. 설령 행정소송법에 새로이 규정된다고 하더라도 석명의무에 관한 규정 내용은, 독일의 예에서 보듯이, 민사소송과 별다른 차이가 없다. 그뿐만 아니라, 그러한 규정이 없더라도 우리나라 판례에서 이미 행정소송에 있어서 석명의무를 인정하여 왔다. 따라서 행정소송법에 석명의무를 규정하는 것이 법원의 직권심리의 강화와 직결되는 문제가 아니다. 이런 점에서도 석명의무는 모든 절차의 일반원칙적인 성격을 가진다고 할 수 있다.

(3) 인정범위와 한계

1) 석명의무의 인정범위

행정소송의 소송자료에 관한 심리원칙은 행정소송법 제26조에 의하여 공익목적을 위한 직권탐지주의가 가미되어 있으므로 행정소송의 석명의무는 민사소송의 석명의무보다 넓게 인정할 필요성은 있다. 즉 공·사익의 조정을 목적으

---

72) 독일 행정소송법 제86조 제3항.

로 하는 행정소송에서는 민사소송과 달리 공익도 석명의 대상으로 한다는 점에서 민사소송과 구별된다.

그런데 행정소송에서의 공익에 관한 석명의무는 민사소송법 제136조상의 석명의무가 행정소송법 제8조 제2항에 의하여 준용된다는 것만으로는 부족하다. 즉 행정소송법 제8조 제2항에 의해서는 민사소송상 주로 변론주의를 시정하는 의미에서의 석명의무가 인정되는 것을 의미한다. 준용규정에 의해서는 보다 공익에 대한 법원의 적극적 권한발동이라고 하는 계기가 나오기 어렵다. 따라서 행정소송에서는 공익에 관한 석명의무는 별도의 근거부여가 필요하다. 바로 이러한 근거로는 행정소송의 목적 내지는 공익성 그리고 공·사익의 조정절차로서의 행정소송의 본질에 근거하여 직권심리에 관하여 규정하고 있는 행정소송법 제26조 등을 들 수가 있다. 요컨대 행정소송에 있어서 공익에 대한 석명의무의 근거는 행정소송의 특수성이다. 이에 의하여 행정소송에서는 민사소송상의 석명의무보다 그 대상이 확대된다. 따라서 행정소송에서 법원의 석명의무를 강화한다는 의미는 공익과 관계없는 경우라도 무조건적으로 민사소송보다는 실체적 진실발견을 강화한다는 의미가 아니다. 구체적인 석명의무의 범위는 역시 판례의 축적을 기다려야 한다.

2) 판례의 태도

행정소송에서 석명의무의 인정 여부가 문제가 된 사례를 보면 다음과 같다.

소의 대상,[73] 청구취지와 청구권인,[74] 당사자 원피고의 지정,[75][76] 행정심판전

---

73) 제약회사가 보건복지부장관의 형성재결과 처분성이 결여된 취소처분 중 어느 쪽을 당해 소의 대상으로 삼은 것인지 여부가 불분명함에도 적절한 석명권을 행사하지 아니한 원심을 파기한 사례. 대법원 1998. 4. 24. 선고 97누17131 판결(공1998상, 1517); 청구취지에서 그 취소를 구하는 대상으로 항고소송의 대상이 될 수 없는 제2차 계고처분을 표시하고 있는 경우 석명을 구함이 없이 소를 부적법하다 하여 각하한 원심판결을 석명권불행사 등 위법으로 파기한 사례. 대법원 1992. 3. 13. 선고 91누5372 판결(공1992, 1322); "이 사건 소는 단지 피고의 지정이 그릇된 경우가 아니라 행정소송의 대상 즉 본건에 있어서는 중앙토지 수용위원회의 재결이 행정소송의 대상임에도 불구하고 전남토지수용위원회의 재결을 소송의 대상으로 하고 있음이 분명하므로 원심이 원고에게 피고경정의 기회를 주지 않았다 하여 반드시 소론과 같이 석명권불행사의 위법이 있다고도 단정할 수는 없다." 대법원 1978. 2. 14. 선고 77누107 판결(공1978, 10733).

74) 행정소송을 제기하면서 청구취지에 처분성이 결여된 위 통지를 소송의 대상으로 기재하였으나 청구원인에 비추어 볼 때 사업계획승인취소처분을 소송의 대상으로 삼았다고 봄이 합리적인 경우, 법원은 석명권을 행사하여 청구취지를 확정한 후 심리하여야 한다고 한 사례 대법원

치,[77] 주장내용,[78] 법률적 관점의 지적의무,[79] 계고처분의 위법사유,[80] 개별토지

2000. 9. 26. 선고 99두646 판결(공2000하, 2228); "청구취지 자체가 법률적으로 부당하거나 그 청구원인과 서로 맞지 아니함이 명백한 경우, 법원으로서는 원고가 소로써 달성하려는 진정한 목적이 무엇인가를 석명하여 청구취지를 바로잡아야 한다." 대법원 2001. 11. 13. 선고 99두2017 판결(공2002상, 63).

75) 당사자를 직장주택조합이 아니라 그와 별개의 비법인사단인 연합주택조합인 것으로 확정하고 당사자(원고)의 표시를 연합주택조합에서 직장주택조합으로 정정하게 하는 조치를 취하지 아니한 채 당사자적격의 흠결을 이유로 소를 각하한 조치에 석명권불행사의 위법이 없다고 한 사례. 대법원 1999. 12. 24. 선고 97누3569 판결(공2000상, 318).

76) "세무서장의 위임에 의하여 성업공사가 한 공매처분에 대하여 피고 지정을 잘못하여 피고적격이 없는 세무서장을 상대로 그 공매처분의 취소를 구하는 소송이 제기된 경우, 법원으로서는 석명권을 행사하여 피고를 성업공사로 경정하게 하여 소송을 진행하여야 한다." 대법원 1997. 2. 28. 선고 96누1757 판결(공1997상, 966); 동지의 판례 대법원 1990. 1. 12. 선고 89누1032 판결(공1990, 471), 대법원 1979. 7. 24. 선고 78누485 판결, 대법원 1985. 11. 12. 선고 85누621 판결.

77) "행정소송에서 행정심판전치절차를 거쳤는지 여부는 소송요건으로 직권조사사항이므로, 법원은 행정소송에서 당사자가 행정심판전치절차를 거쳤는지 여부를 직권으로 심사하여 그 경유 여부가 불분명한 경우에나 석명권을 행사하여야 한다." 대법원 1995. 1. 12. 선고 94누9948 판결(공1995, 917).

78) "도시설계지구 안의 택지로서 택지초과소유부담금 부과대상이 아니라는 주장이 있는 경우, 당해 택지가 도시설계 미공고 택지에 해당하여 부과대상에서 제외된다는 취지도 포함하고 있는지에 대하여 석명하여야 하여야 한다." 대법원 1997. 7. 11. 선고 96누18625 판결(공1997하, 2534); "농지개량조합측에서 징계쟁송중인 조합 직원이 파면처분 후 아무런 이의를 유보함이 없이 퇴직금의 지급청구를 하고 이를 수령하였다고 주장하면서, 징계파면일자를 퇴직일자로 하여 조합 직원으로서의 지위와 양립할 수 없는 조합장 선거에 입후보하였다가 낙선한 사실에 관한 자료를 제출하였다면, 그 직원이 파면처분에 따른 퇴직의 결과를 받아들였음에도 이를 다투는 것은 금반언의 원칙이나 신의칙에 반한다는 취지의 주장을 한 것으로 볼 수도 있으므로, 원심으로서는 석명권을 행사하여 그 주장취지를 명백하여야 한다." 대법원 1995. 6. 9. 선고 94누10870 판결(공1995, 2401).

79) 이미 두 차례의 전심절차에서 심사청구가 적법한 기간 내에 제기되었음을 전제로 본안판단을 한 바 있음을 감안하면, 원심으로서는 마땅히 처분에 대한 심사청구가 적법한 기간 내에 제기되었는지 여부에 관하여 석명을 구하고 증명을 촉구하여야 함에도, 이에 이르지 아니한 채 적법한 전심절차를 거치지 아니하였음을 들어 소를 부적법 각하한 것은 행정소송법 제8조에 의하여 준용되는 민사소송법 제126조 제4항 소정의 당사자가 명백히 간과한 것으로 인정되는 법률적인 관점에 관하여 당사자에게 의견진술의 기회를 주지 아니한 잘못이 있다 하여 원심판결을 파기한 사례. 대법원 1995. 12. 26. 선고 95누14220 판결 (공1996상, 613).

80) "하천유수인용(河川流水引用)허가신청이 불허되었음을 이유로 하천유수인용행위를 중단할 것과 이를 불이행할 경우 행정대집행법에 의하여 대집행하겠다는 내용의 계고처분은 대집행의 대상이 될 수 없는 부작위의무에 대한 것으로서 그 자체로 위법함이 명백한바, 이러한 경우 법원으로서는 마땅히 석명권을 행사하여 원고로 하여금 위 계고처분의 위법사유를 밝히게 하고, 나아가 위와 같은 법리에 따라 그 취소 여부를 가려 보아야 한다." 대법원 1998. 10.

가격의 산정방식[81], 주유소설치허가신청반려처분이 공익상의 필요에 의한 것으로서 적법한 것인지 여부,[82] 취소판결이 확정되었다는 사실의 고지[83] 등이 있다.

3) 석명의무의 한계

석명의무의 내용 및 한계에 관하여는 대법원은,

> "법원의 석명권 행사는 당사자의 주장에 모순된 점이 있거나 불완전·불명료한 점이 있을 때에 이를 지적하여 정정·보충할 수 있는 기회를 주고, 계쟁 사실에 대한 증거의 제출을 촉구하는 것을 그 내용으로 하는 것으로, 당사자가 주장하지도 아니한 법률효과에 관한 요건사실이나 독립된 공격방어방법을 시사하여 그 제출을 권유함과 같은 행위를 하는 것은 변론주의의 원칙에 위배되는 것으로 석명권 행사의 한계를 일탈하는 것이 된다."[84]

라고 하여 민사소송에서 일반적으로 설시되고 있는 다른 판결과 별다른 차이를 두지 아니한다.[85] 다만 행정소송에 있어서 석명의무의 내용과 한계를 정면으로 설시한 판례를 보면,

> "행정소송법 제26조는 법원이 필요하다고 인정할 때에는 직권으로 증거조사를 할 수 있고 당사자가 주장하지 아니한 사실에 대하여 판단할 수 있다고 규정하고 있으나, 이는 행정소송에 있어서 원고의 청구범위를 초월하여 그 이상의 청구를 인용할 수 있다는 뜻이 아니라 원고의 청구범위를 유지하면서 그 범위 내에서 필요에 따라 주장 외의 사실에 관하여 판단할 수 있다는 뜻이고 또 <u>법원의 석명권은 당사자의 진술에 모순, 흠결이 있거나 애매하여 그 진술의 취지를 알 수 없을 때 이를 보완하여 명료하게 하거나 증명책임 있는 당사자에게 입증을 촉구하기 위하여 행사하는 것이지 그 정도를 넘어 당사자에게 새로운 청구를 할 것을 권유하는 것은 석</u>

---

2. 선고 96누5445 판결(공1998하, 2608).

81) 개별토지가격 산정방식에 대한 석명권 행사를 게을리한 잘못이 있다고 한 사례. 대법원 1998. 7. 10. 선고 97누1051 판결(공1998하, 2126).

82) 공익상 필요에 관한 심리 없이 인근 주민들의 동의서 불제출을 이유로 한 주요소설치허가신청반려처분을 적법하다고 본 원심판결을 파기한 사례. 대법원 1996. 7. 12. 선고 96누5292 판결(공1996하, 2523).

83) 영업허가취소 처분의 전제가 된 영업정지처분에 관하여 그 취소판결이 확정된 사실을 당사자가 고지하지 않은 경우 법원의 석명의무가 없다고 한 사례. 대법원 1984. 5. 15. 선고 84누94 판결(공1984, 1042).

84) 대법원 2001. 1. 16. 선고 99두8107 판결(공2001상, 464).

85) 이와 동일 취지의 민사판례로는 다음을 들 수 있다. 대법원 1999. 4. 23. 선고 98다61463 판결(공1999상, 1014), 대법원 1999. 7. 9. 선고 98다13754, 13761 판결(공1999하, 1579), 대법원 2000. 8. 22. 선고 2000다22362 판결(공2000하, 2010).

명권의 한계를 넘어서는 것이다."[86]

라고 한다. 즉 법원은 원고의 청구범위 내에서 필요에 따라 주장 외의 사실에 대하여 판단할 수 있고, 법원의 석명권은 당사자의 진술을 보완하여 명료하게 하거나 증명을 촉구하는 정도를 넘어 당사자에게 새로운 청구를 할 것을 권유하는 것은 석명권의 한계를 넘어서는 것이라고 한다.

(4) 석명의무의 의무성

이미 앞에서 검토한 바와 같이 우리나라의 석명의무의 의무성에 관하여는 구체적 개별적으로 고찰하여 석명권의 현저한 불행사 내지는 부적정한 행사가 사건의 공평하고 적정한 해결에 영향을 미치었다고 보여질 경우에 한하여 석명권의 의무성을 인정하는 절충적인 입장이 주류적이다.

5. 기타 관련 문제

(1) 소송상화해

우리나라에서 행정소송상 화해의 허용성에 관하여 보면 다음과 같다. 즉 첫째, 행정소송에서 직권탐지주의가 강하게 지배하고 있는 독일에서도 직권탐지는 '사실'의 심리에 관한 것인 반면 재판상화해는 '소송물'에 관한 처분권주의의 표현이기 때문에 소송상화해를 인정함에 있어서 직권탐지주의가 장해가 되지 않는다고 한다. 둘째 우리나라에서는 행정소송법상 직권심리주의는 변론주의를 기조로 하여 당사자가 주장하는 사실에 관해 증거불충분으로 인해 확실한 심증을 얻을 수 없는 경우에 보충적으로 증거조사를 직권으로 할 수 있는 권능을 부여한 것에 불과한 것으로 파악되기 때문에 더욱 더 직권심리주의가 소송상화해의 걸림돌이 되지 않는다고 한다.

또한 소송상화해는 화해계약적 요소와 소송행위적 요소가 있고, 전자는 예컨대 독일식의 공법상계약[87]으로 설명하고, 후자 또한 우리 행정소송법 제8조 제

86) 대법원 1992. 3. 10. 선고 91누6030 판결(공1992, 1327); 동일 취지의 판례 대법원 1987. 11. 10. 선고 86누491판결(공1988, 102), 대법원 1990. 4. 27. 선고 89다카7563 판결(공1990, 1155), 대법원 1991. 4. 12. 선고 90다17491 판결(공1991, 1372).

87) 우리나라에서는, 독일에서와는 달리, 공법상 계약을 허용하는 일반적인 법률적 근거가 없기 때문에, 공법상계약의 체결 가능성에 관해 법률유보 원칙과 관련하여 문제가 있다. 국고행정과 비권력행정에 관해서는 이를 인정하는 데 어려움이 없으나, 권력행정, 특히 침익적 행정에 있어 행정행위에 갈음하는 공법상계약에 관해서는 이를 부정하거나 신중한 태도를 취하

2항에 의하여 준용되어 행정소송에서도 인정된다고 설명할 수는 있다. 특히 후자 즉 행정소송법 제8조 제2항에 중점을 두게 되면 전자의 독일식의 공법상계약의 인정 여부와 무관하게 소송법적 측면에서의 소송행위를 강조하여 소송상화해를 인정할 수 있게 된다. 즉 "행정청의 소송상화해 행위는 바로 행정청이 당해 사안에 관한 자신의 결정권한을 소송절차 내에서 소송행위의 형식으로 행사한 것이 되고, 그것이 원고의 그것과 일치하여 이에 법원의 공적 관여가 이루어짐으로써 소송상화해가 성립되는 것이다."라고 하는 것이 그것이다.

소송상 화해가 행정소송에 있어서 인정은 원칙적으로 행정소송법 제8조 제2항에 의하여 인정될 수 있다. 그러나 행정소송의 목적 내지는 공익성 및 행정소송법 제26조에 의하여 가미되어 있는 직권탐지주의를 이유로 어느 정도 제한될 여지는 충분히 있다.

(2) 청구의 포기와 인락

행정소송상 청구의 포기와 인락의 인부에 관하여 '직권탐지주의가 작용' 혹은 '직권탐지주의의 개입' 때문에 인정할 수 없다는 주장이 있으나, 이는 변론주의나 직권탐지주의와는 관계없는 처분권주의의 제한 문제이다.

Ⅳ. 행정소송법 제26조 전단 - 증거자료

1. 서 설

행정소송법 제26조 전단 '직권으로 증거조사를 할 수 있고' 부분은 증거자료에 관련된 직권증거조사에 관한 규정이다. 행정소송에서 행정소송법 제26조와 직권증거조사와 관련하여서는 이미 전술하였다.

행정소송에서 증거자료와 관련되어서 고찰되어야 하는 것으로는 우선 변론주의하에서만 원칙적으로 인정되는 주관적 증명책임을 들 수 있는데 그 인정 여부가 문제된다. 또한 여기에서는 당사자의 증거신청에 의한 증거조사와 친하지 아니하다는 점에서 자백 등 민사소송상의 제 제도의 인정 여부를 포함하여 검토하기로 한다.

는 것이 다수설이라고 할 수 있다.

2. '직권으로 증거조사를 할 수 있고'의 의미

행정소송법 제26조 전단에서 직권증거조사는 법원이 공익을 이유로 필요하다고 인정하는 때에 증거자료를 직권으로 수집할 수 있다는 것을 의미한다.

본래 변론주의에 의하는 민사소송에서는 당사자가 증거를 세워야 하기 때문에 당사자가 신청한 증거에 대해서만 증거조사를 하여야 한다. 변론주의에 의하는 절차에서는 당사자의 증거신청이 없으면 다툼 있는 사실에 대하여 증거가 없는 것으로 인정될 수 있기 때문에 증거신청은 소송의 승패를 가름하는 중요한 소송행위가 된다. 따라서 법원은 당사자가 신청하지 아니한 증거를 직권으로 조사하여서는 아니 된다. 다만 민사소송에서는 이러한 당사자가 신청한 증거에 의하여 심증을 얻을 수 없는 경우에 한하여 보충적으로 직권증거조사를 할 수 있을 뿐이다.[88)]

그러나 전술한 바와 같이 행정소송에서는 당사자 간의 불평등을 시정하고자 하는 민사소송상의 보충적 직권증거조사 이외에도 행정소송은 그 본질상 공·사익의 조정이므로 공익을 고려하여야 한다. 즉 행정소송에서는 실질적 평등과 공익의 고려가 양립불가능한 것이 아니다. 그러므로 행정소송법 제26조상의 '직권으로 증거조사를 할 수 있고'의 의미는 행정소송에서는 공익을 이유로 법원이 필요하다고 판단될 때에는 법원이 당사자의 증거신청과 관계없이 직권으로 증거조사를 할 수 있다는 것을 의미한다.

또한 '직권으로 증거조사를 할 수 있고'는 '할 수 있다'는 가능규정의 형태로 되어 있기 때문에 행정소송에서 공익이 관련되어 법원이 필요하다고 판단하는 경우라고 하더라도 법원이 본조 전단에서 증거조사를 반드시 직권으로 하여야 하는 것은 아니다. 이러한 직권탐지는 법원의 통제받지 아니하는 재량권에 속하는 것도 아니다. 결국 이는 공·사익의 조정적 절차라고 하는 행정소송의 본질에 비추어 구체적·개별적으로 판단되어야 하고 판례의 축적을 기대하여야 할 것이다.

88) 이러한 민사소송상의 보충적 직권증거조사를 행정소송에서도 그대로 관철시키는 것이 이른바 민사소송상의 보충적 직권증거조사설이라고 할 수 있다.

3. 주관적 증명책임

(1) 문제의 소재

증명책임은 객관적 증명책임과 주관적 증명책임으로 구분된다. 객관적 증명책임은 심리원칙과는 상관없이 모든 소송에서 인정되므로 행정소송에서도 당연히 객관적 증명책임은 인정된다. 그러나 주관적 증명책임은 변론주의하에서만 인정되므로 그 인부는 전술한 바와 같이 행정소송에 있어서 주장책임의 인부와 같이 행정소송의 심리원칙 즉 직권심리를 규정한 행정소송법 제26조 전단의 해석과 관련되는 문제이다.

(2) 객관적 증명책임과 주관적 증명책임

1) 객관적 증명책임

가. 의 의

소송의 최종의 단계에서 소송상의 어느 요증사실의 존부가 확정되지 않을 때에(진위불명, non liquet) 당해 사실이 존재하지 않는 것으로 취급되어 법률판단을 받게 되는 당사자 일방의 위험(Risiko der Beweislosigkeit) 또는 불이익 즉 증명되지 않았을 때의 패소위험을 객관적 증명책임이라고 한다.

객관적 증명책임 개념의 등장 이전의 변론주의하에서는 당사자가 패소의 위험을 피하기 위하여 주요사실의 존재를 증명하여야 하는 현실적 필요나 부담만으로 증명책임을 이해하였다. 따라서 증명책임이란 오로지 증거를 제출하여야 할 당사자의 주관적인 행위책임의 의미로만 사용하였다. 그러나 객관적 증명책임은 심리의 최종단계에서 문제되므로 순전히 객관적인 결과책임이고 법조적용의 문제이다. 따라서 객관적 증명책임은 구체적인 소송의 경과나 당사자의 증명활동과는 아무런 관계가 없는 개념이다. 객관적 증명책임이란 당사자의 주관적 증명의 필요(이른바 증명의 현실적 필요)에 의하여 영향을 받지 않는 점을 분명히 하기 위한 표현이다. 여기에 객관적 증명책임의 관념이 강조되는 계기가 되며 객관적 증명책임만이 증명책임의 본질적 개념이라고 하는 근거를 찾아볼 수 있게 된다.

요컨대 객관적 증명책임은 모든 소송절차의 최종단계에서 법관이 주요사실의 존부를 확정할 수 없는 경우에 비로소 문제되는 객관적인 관념이다.

나. 객관적 증명책임과 심리원칙

일견 변론주의하에서는 증거의 수집이 당사자에게 일임되는 결과로 사실의 확정이 불가능한 경우가 직권탐지주의에서보다 더 많이 생길 수 있다고 할 수 있다. 그러나 직권탐지주의라 하여도 절대 무제한의 사실의 탐지를 뜻하는 것은 아니므로 직권탐지주의하에서도 사실이 존부불명인 경우가 생길 수는 있다. 따라서 진위불명의 사태라고 하는 결과책임인 객관적 증명책임은 모든 소송에 공통적으로 요청되는 개념으로서 변론주의뿐만 아니라 직권탐지주의 등 모든 절차에서도 인정된다. 객관적 증명책임은 당해 절차가 직권탐지주의를 채용하느냐 변론주의를 채용하느냐에 따라 차이가 생기는 것은 아니다.

따라서 객관적 증명책임은 소송절차상의 심리원칙과 직접적인 관계가 없다. 즉 변론주의가 적용되는 민사소송뿐만 아니라 일반적으로 직권탐지주의가 적용된다고 하는 가사소송[89]과 비송사건절차, 변론주의냐 직권탐지주의냐 혹은 그 절충이냐에 관하여 다투어 지고 있는 행정소송에서도 객관적 증명책임은 인정된다. 나아가 형사소송의 경우라도 예외는 아니다.

2) 주관적 증명책임

객관적 증명책임에 의해 진위불명의 경우에 불이익한 판단 즉 패소위험 때문에 증명책임 부담자는 패소를 면하기 위하여 증거를 제출하여 증명활동을 하여야 할 필요에 직면하게 된다. 따라서 승소를 하기 위하여 증명책임을 지는 사실에 대하여 증거를 대야 하는 일방 당사자의 행위책임이 문제된다. 주관적 증명책임은 변론주의가 지배하는 민사소송에 있어서 특히 요청되는 개념으로서 변론주의하에서는 당사자는 패소의 위험을 피하기 위하여 자기에게 유리한 사실을 주장·증명하지 않으면 안 된다. 따라서 주장책임과 더불어 행위책임의 일종으로서 주관적 증명책임은 실제로 소송에서 중요한 기능을 담당하게 된다.

3) 객관적 증명책임과 주관적 증명책임의 관계

과거에는 객관적 증명책임의 개념을 부정하고 주관적 증명책임의 개념만을 인정하는 설도 있었으나 객관적 증명책임과 주관적 증명책임으로 구별하는 것이 통설화되었다고 할 수 있다. 그런데 주관적 증명책임의 개념을 내세우는 입

89) 통설이 직권탐지주의에 의한다는 인사소송절차는 판례(대법원 1987. 12. 22. 선고 86므90 판결)의 태도에 의하면 원칙적으로 변론주의에 의한다고 한다.

장에서도 주관적 증명책임을 객관적 증명책임과 전혀 관계가 없는 것이라고 하거나 또는 이와 등가치적인 것으로 이해하는 것은 아니다. 주관적 증명책임은 객관적 증명책임의 존재를 전제로 하는 것이고 그 책임의 소재도 객관적 증명책임의 존재에 따라 결정되는 것으로서 주관적 증명책임은 객관적 증명책임의 존재가 '변론주의를 통하여 특수하게 투영'된 것이 된다. 주관적 증명책임과 객관적 증명책임의 상관관계의 문제는 양자가 나란히 존재하는 변론주의하의 소송절차에서만 부각된다. 객관적 증명책임이 핵심이고 주관적 증명책임은 이와 더불어 그 윤곽이 결정되는 것으로 이해되어야 하며 주관적 증명책임의 범위는 객관적 증명책임의 범위와 일치하고 그보다 더 넓거나 좁은 것이 아니다.

(3) 주관적 증명책임과 심리원칙

주관적 증명책임은 객관적 증명책임의 존재를 전제로 하여 성립하는 것이고 그 책임의 소재도 객관적 증명책임의 존재에 따라 결정되는 것이다. 주관적 증명책임은 객관적 증명책임이 변론주의를 통하여 특수하게 투영된 것이므로 주관적 증명책임은 변론주의하에서만 인정되는 관념이라고 할 수 있다. 따라서 객관적 증명책임은 직권탐지주의, 변론주의, 또는 양 소송원칙 간의 절충형태 중 그 어느 것이 지배하는 절차이든가 상관없이 모든 소송의 최종단계에서 법관이 주요사실의 존부를 확정할 수 없을 때 비로소 문제되는 관념이나, 주관적 증명책임은 변론주의가 지배하는 절차에 있어서만 성립한다.

(4) 행정소송에서의 주관적 증명책임의 인부

행정소송법 제26조의 해석에 관하여 변론주의 배제로서의 직권탐지주의설은 행정소송에서 주장책임뿐만 아니라 주관적 증명책임도 부정한다. 주관적 증명책임은 객관적 증명책임의 존재를 전제로 하여 유출되는 것이고 즉 객관적 증명책임의 존재가 변론주의를 통하여 특수하게 투영된 것이므로 주관적 증명책임은 변론주의하에서만 인정되므로 변론주의가 배제되는 한 주관적 증명책임의 인정의 여지가 없게 된다. 그러나 행정소송의 심리원칙은 변론주의를 기본원칙으로 하고 예외적으로 직권탐지주의가 보충 내지는 가미되어 있다고 함이 타당하므로(절충설), 행정소송절차에서 변론주의를 원칙적으로 인정하는 한 주관적 증명책임은 인정된다.

그런데 절충설에 입장에 있는 우리나라 행정소송법학자들은 행정소송에서 주장책임과 증명책임은 인정하고는 있으나, 증명책임을 객관적 증명책임과 주관적 증명책임으로 명시적으로 구별하여 인정함에는 대체적으로 소극적인 것 같다. 그러나 객관적 증명책임과 주관적 증명책임은 구별되는 관념이고 행정소송절차에서는 변론주의가 기본원칙이라 함이 타당하므로 따라서 행정소송에서 주관적 증명책임은 인정된다고 하여야 한다.

4. 행정소송에서의 자백

(1) 문제의 소재

민사소송에서는 자백한 사실은 증거조사를 필요로하지 아니하고 법원은 이를 재판의 기초로 하여야 한다. 그런데 행정소송상 직권증거조사와 직권탐지주의와 관련하여 행정소송상의 자백을 인정할 것인가가 문제된다. 주로 소송요건에 관한 직권조사사항은 민사소송에서는 물론 행정소송에서도 자백의 대상이 되지 않으므로, 소송요건의 존재 등을 제외한 사항 즉 행정소송의 본안에 관계되는 사실에 대하여 당사자의 불리한 진술이 소송상의 자백으로 성립할 수 있는가가 문제된다.

(2) 학 설

1) 긍 정 설

행정소송에서 자백이 인정되는가 여부에 관하여는 행정소송절차에서는 화해, 인락은 별론으로 하고 자백의 효력이 인정된다고 하는 긍정설이 있다.

2) 부 정 설

위 긍정설에 대하여 다음과 같은 논거에 근거한 부정설이 있다. 즉 자백의 구속력은 변론주의에 고유한 것이고, 우리 행정소송법은 직권탐지주의를 채택하고 있으므로 직권탐지주의를 채택한 이상 자백의 효력을 인정할 것은 아니라고 한다. 더욱이 행정소송의 판결의 효력은 당사자뿐만 아니라 제3자에 대하여도 미치고, 법원은 적극적으로 소송에 개입하여 재판의 적정타당을 기하여야 한다고 한다. 또한 우리나라 행정소송법 제26조는 일본 행정소송법 제24조와 달리 단순한 직권증거조사만을 규정한 것이 아니라 나아가 직권탐지주의 즉 당사자가 주장하지 않은 사실에 대해서도 판단할 수 있다고 규정하고 있다고 한다. 행정소송에서 직권탐지주의를 채택한 독일에서도 이를 부인하고 있다고 한다.

3) 절 충 설

한편 원고에게는 긍정되나 피고행정청에는 부정된다는 설(절충설)이 있다. 이 설에 의하면 행정소송법 제26조를 규정한 이유는 행정소송이 공익과 관련이 있고 행정처분이 부당하게 취소되는 것을 막으려는 데에 있다고 한다. 이는 부당한 행정처분이 원고의 소송수행의 졸렬로 취소되지 못하는 것도 바람직한 사태는 아니지만 행정소송에도 당사자 처분주의가 적용되는 결과로 아무리 부당한 행정처분이 있더라도 당사자의 제소가 없으면 행정소송의 심판대에 상정되지 아니하는 현법제하에서는 그러한 사태의 발생을 참아 넘길 수밖에 없다고 한다. 결국 행정소송에서 법원이 우려하는 것은 행정청인 피고가 원고주장의 청구원인사실 또는 그 공격방어방법인 사실주장을 자백하여 법원이 이에 구속되어 정당한 행정처분을 취소하게 되는 점이라고 한다. 그리하여 동법 제26조는 그러한 염려가 있는 경우에는 법원이 직권으로 증거조사도 하고 당사자가 명백히 주장하지 아니한 사실에 대하여도 판단하여 정당한 행정처분이 부당하게 취소되는 일이 없도록 하라는 취지라고 한다.

(3) 결 어

민사소송상의 자백의 구속력을 행정소송에 인정할 것인가의 문제에 있어 위 절충설 즉 원고에게는 긍정하고 피고행정청에게는 부정하는 설은 부당하게 소송에서 일방 당사자만을 우대하므로 문제이다. 또한 공공의 복지를 유지한다는 것이 청구를 기각하거나 행정처분을 유지하는 것이 아니고 진실에 즉응한 적정한 재판을 하는 것 자체가 공공의 복지를 유지하는 것이라는 점에서 문제가 있다고 한다.

위 긍정설과 부정설은 결국 행정소송법 제26조의 해석으로 되돌아간다고 할 수 있고 행정소송법 제26조의 해석상 행정소송의 심리에 있어 변론주의가 기본적으로 채택되었으므로 그렇다면 행정소송에 있어서 재판상 자백을 인정함이 타당하다. 다만 행정소송의 목적 내지는 공익성 및 행정소송법 제26조에 의하여 제한된다.

제8절 결론적 고찰

Ⅰ. 심리원칙과 입법정책

본래 변론주의와 직권탐지주의는 소송의 심리절차에 있어서 소송자료의 수집책임을 법원 아니면 당사자 어느 한쪽에게 단독으로 부담시킨다는 것을 상정한 이념형에 불과한 이원적인 원리이다. 또한 어떤 소송절차에 있어서 소송자료를 수집하는 책임을 어떻게 분배할 것인가에 관한 기본적 심리원칙으로 변론주의를 채택할 것인가, 직권탐지주의를 채택할 것인가 아니면 그 절충적 형태를 취할 것인가는 각국의 입법정책적 결정에 따라 얼마든지 다르게 정할 수 있는 문제이다. 따라서 실제 소송에 있어서 그 심리원칙으로 위 양 원리 중 어느 한 주의를 극단적으로 관철시킬 필연적인 이유는 없다. 현실의 실무에서도 이 양 원리는, 물론 정도의 차이는 있으나, 어느 정도 절충되어 나타나는 것이 일반적이라고 할 수 있다. 어떠한 소송절차와 마찬가지로, 특히 행정소송에 있어서도 그 심리원칙이 변론주의나 직권탐지주의에 의하여야만 할 무슨 논리필연적인 이유는 없다. 따라서 행정소송에서 그 절차원칙을 같은 나라 내에서의 민사소송이나 형사소송 그리고 다른 나라에서의 행정소송과 달리 채택하는 것, 예컨대 변론주의와 직권탐지주의 간의 절충이라고 하는 즉 소송원칙 간의 절충도 입법정책상 선택가능한 것임에는 틀림없다.

Ⅱ. 비교법적 고찰

1. 일본 행정소송

일본 행정소송에 있어서는 소송자료의 수집에 관하여 변론주의를 보충하는 직권탐지주의적 요소로서 민사소송법상의 보충적 직권증거조사를 인정하는 데에 머무르고 있다는 것이 일반적인 학설·판례의 태도이다. 우리나라 행정소송법 제26조에서는 이에 그치지 아니하고 '당사자가 주장하지 아니한 사실'에 관해서도 판단할 수 있다는 의미에서 직권탐지주의까지도 인정된다는 점에서 일본 행정소송과 구별된다.

2. 독일 행정소송

독일 행정소송에 있어서는 독일 행정소송법 제86조 제1항에서 직권탐지주의를 명문으로 규정하였다. 그럼에도 불구하고 독일 행정소송에서는 이러한 직권탐지주의를 행정소송에서 관철한다는 것은 법원의 부담을 가중시키는 결과가 되므로 이러한 법원의 부담을 경감시켜야 한다는 현실적인 필요성의 차원에서 직권탐지주의를 완화할 수 있는 방안을 모색하거나 또는 민사소송상의 변론주의를 행정소송에 도입하는 것이 가능한지 여부를 타진하는 이론구성을 하여 왔다.

3. 우리나라 행정소송의 특징

그러나 이러한 독일 행정소송법과 달리 일본 및 우리나라 행정소송법의 해석에 관해서 보면, 물론 반대의 견해가 없는 것은 아니지만, 행정소송에 있어서 원칙적으로 변론주의가 인정된다고 하는 것이 일반적인 견해라고 할 수 있다. 즉 이러한 견해에 따르면, 일본과 우리나라 행정소송에 있어서 소송자료에 관한 책임이 일차적으로 법원이 아니라 당사자에게 인정된다고 할 수 있다. 그런데 소송자료에 관한 책임에 관한 한 사실상 민사소송과 같이 운영되고 있는 일본 행정소송과 달리, 우리나라 행정소송은 소송자료에 관한 책임을 일차적으로 당사자에게 인정하면서도 동시에 공익을 고려하여 소송자료를 직권으로 탐지할 수 있는 권한을 법원에게 부여하고 있다고 하는 것이 우리나라의 학설과 판례의 일반적인 경향이라고 할 수 있다. 이는 우리나라 행정소송이 변론주의와 직권탐지주의를 절충하는 입법정책을 취하고 있다는 것을 의미한다고 할 수 있다.

Ⅲ. 행정소송법 제26조의 해석

우리나라 행정소송법 제26조의 해석에 관한 기존의 논의를 보게 되면, 민사소송에서 실체적 진실발견이나 사적 당사자 간의 실질적 평등의 관점에서 변론주의의 폐해를 시정한다고 하는 민사소송의 원리차원에서 논의되고 있는 민사소송법 제292조의 직권증거조사의 보충성 초과 여부가 그 중요한 내용이 되고 있다. 이러한 행정소송법 제26조에 관한 기존의 해석방법은 행정소송에 있어서 법원이 직권으로 개입할 경우를 공익이라고 하는 행정소송의 원리차원에서 독자적으로 판단하지 못하고 민사소송의 원리에 근거한 '보충적' 직권증거조사를 그 내용적 기준으로 하고 있다는 것을 의미한다. 다시 말해서 이는 어디까지나 사익을 그 대상으로 하는 민사소송의 원리에 근거한 민사소송상의 제도적 취지와 동일선상에서 행정소송법 제26조를 해석하는 것을 의미하게 된다. 이는 결국 공·사익의 대립·충돌을 조정하는 절차를 그 본질로 하는 행정소송의 원리를 소홀히 하게 되는 계기가 된다는 점에서 문제가 있다. 여기서 행정소송법 제26조를 해석함에 있어서는 민사소송의 원리와는 구별되는 실체적 공·사익의 조정적 절차를 본질로 하는 행정소송의 원리가 제대로 인식되어 반영될 필요성이 있게 된다.

변론주의에 의하는 민사소송에서 변론주의의 폐해를 시정하는 근거로 실질적 평등이 논의되어 온 것은 사실이다. 그러나 이는 어디까지나 변론주의를 전제로 하여 변론주의의 테두리 내에서 문제점을 해결한다고 하는 기본 전제하에 있는 민사소송 내에서의 원리이다. 물론 당사자 간의 실질적 평등은 이러한 민사소송의 원리차원을 넘어서서 어느 절차이든지간에 지켜져야 하는 것으로서 이는 실질적 평등을 표방하는 현대 모든 국가에 있어서 절차의 보편적인 속성이라고 할 수 있다. 그렇다고 해서 모든 절차가 실체적 공·사익의 조정을 그 본질로 하는 것은 아니다. 실체적 공·사익의 조정과 당사자 간의 실질적 평등은 차원을 달리하는 문제이고 따라서 공·사익의 조정을 그 본질로 하는 행정소송의 경우 그 양립이 불가능한 것은 아니다. 소송법적 효과라는 점에서 보면, 실질적 평등을 기하기 위하여 법원이 어떠한 조치를 할 경우에는 변론주의가 원칙인 민사소송에서는 법원의 재량으로 하는 것이 자연스러울 수도 있다. 그러나 공·사익의 조정을 본질로 하는 행정소송에서 경우에 따라서는 중대한 공익을 법원이 고려하지 아니하고 해태한 경우에는 법원에게 그 의무위반의 책임을 물어서 판결을 취소시킬 수 있는 경우도 있으므로 그 구별의 실익도 있다.

행정소송에서도 민사소송의 원리차원에 근거한 민사소송법 제292조상의 보충적 직권증거조사가 행정소송법 제8조 제2항의 준용규정에 의하여 인정될 수 있다. 이 경우 특별히 행정소송의 원리인 공익을 전면에 내세울 필요는 없다. 현대 실질적 법치국가의 원리상 어떠한 소송에서도 실질적 평등은 논의되어 고려될 필요성은 있다. 즉 대등 당사자를 전제로 한 결과 현실적인 당사자 간의 불평등 문제는 민사소송에서만의 고유한 문제가 아니라 행정소송에서도 당연히 존재하는 문제이다. 예컨대 행정소송에 있어서는 원고 국민과 피고 행정청 간에는 정보면에서 불대등한 경우가 있을 수 있다. 이를 대비하기 위해서 예컨대 행정소송법 제25조에서 행정심판기록의 제출명령을 규정하고 있는 것이다. 따라서 행정소송에서도 민사소송에서와 같이 당사자 간의 실질적 평등 관점 등 변론주의의 폐해를 시정한다고 하는 민사소송의 원리차원에 근거한 민사소송상의 제도가 인정될 필요가 있다. 그것이 바로 행정소송법 제8조 제2항에 의하여 준용될 수 있는 민사소송법 제292조상의 보충적 직권증거조사라고 할 수 있다. 그 외에도 당사자 간의 실질적 평등이라는 관점보다는 사실관계를 명료하게 하기 위한 제도로서 민사소송법 제136조상의 석명권 내지 석명의무가 있다. 이들은 변론주의를 보충하는 제도라는 점에서 공통이다. 따라서 행정소송에서 민사소송상의 보충적 직권증거조사는 특별히 공익을 내세우지 아니하여도 변론주의의 폐해를 시정한다는 차원에서 석명권 내지 석명의무와 함께 얼마든지 인정될 수 있다. 그렇다고 한다면 행정소송에 있어서 특유한 공익에 대한 고려는 행정소송의 목적 및 행정소송법 규정 예컨대 행정소송법 제26조의 해석에 의하여 독자적으로 판단되어야 한다.

Ⅳ. 행정소송의 본질

행정소송은 그 본질이 실체적 공·사익의 조정적 절차라고 하는 점에서 그러한 실체에 어떠한 절차원칙이 바람직한가 즉 실체와 절차의 조화 문제는 얼마든지 논해질 수가 있다. 행정소송에 있어서 사익 이외에도 공익이 관련된다고 한다면, 일단은 민사소송에서 실무상 운영되고 있는 변론주의에만 의존하는 것이 반드시 바람직스럽다고 할 수 없다. 이러한 행정소송에 있어서 실체와 절차의 조화 문제는 특히 우리나라 행정소송법 규정 중에서 특히 공익을 이유로 직권심리를 인정하는 근거 규정인 행정소송법 특히 제26조의 의미범위 내에서 포섭될 수 있고 거기에서 법적 근거를 확보할 수 있게 된다면 더욱 바람직스럽다고 할 수 있다. 그렇다고 한다면, 우리나라 행정소송에 있어서 공·사익의 조정이라고 하는 실체와 이러한 실체를 실제 소송에서 심리하는 절차, 즉 실체와 절차 간의 조화가 가능한지는 먼저 현재의 우리나라 행정소송법을 포함한 소송 관련 법규정의 의미범위 내에서 포섭이 가능한지를 먼저 확인해 보아야 한다. 그러한 작업을 위해서 먼저 기본적으로 우리나라 행정소송법 제26조의 규정을 일본, 독일에서의 행정소송 관련 법규정과 자세히 비교하여 검토하여 볼 필요성이 있다.

무엇보다도 본질적으로 우리나라 행정소송법 제26조는 '가능규정(Kannvorschrift)'의 형식을 취하고 있다는 점에서 '강행규정(Muβvorschrift)'의 형식으로 규정됨으로써 경직되어 있는 독일의 행정소송법 제86조 제1항과 결정적으로 구별된다. 즉 독일 행정소송법 제86조 제1항에서 "법원이 사실관계를 직권으로 탐지하여야 한다"라고 규정함으로써 직권탐지주의를 원칙으로 선언하고 있는 독일과 달리, 우리나라 행정소송법 제26조는 "법원은 필요하다고 인정할 때에는 직권으로 증거조사를 할 수 있고, 당사자가 주장하지 아니한 사실에 대하여도 판단할 수 있다."라고 규정됨으로써 "법원은 … 할 수 있고, … 할 수 있다."라고 하는 '가능규정'의 형식으로 규정되어 있다는 점이 특징이다. 이 점에서 우리나라 행정소송법 제26조는 행정소송에 있어서 해석상 직권탐지주의가 적용된다고 하더라도 그러한 직권탐지주의의 원칙적 적용뿐만 아니라 그 직권탐지주의 자체가 완화되어 적용될 수 있는 유연성을 구비하고 있음을 법적으로 근거 짓고 있다고 할 수 있다. 바로 이러한 탄력성을 갖추었다는 점에서 우리나라 행정소송법이 독일의 행정소송법과 차별화된다고 할 수 있다.

V. 행정소송법 제26조의 구조

한편 우리나라 행정소송법 제26조 전단에서 직권증거조사를 규정하고 있는 부분 즉 '법원은 필요하다고 인정할 때에는 직권으로 증거를 조사할 수 있고'라고 하는 부분을 우리나라 민사소송법 제292조상의 보충적 직권증거조사와 비교해 볼 필요가 있다. 이 민사소송상의 보충적 직권증거조사는 일본 민사소송법에서는 변론주의를 강화하기 위한 목적으로 삭제되었으나 우리나라의 경우에는 민사소송법 제정시부터 규정되어 현재까지 유지되어 왔다. 이 보충적 직권증거조사를 규정한 현행 민사소송법 제292조상의 '법원은 당사자의 신청한 증거에 의하여 심증을 얻을 수 없거나, 그 밖에 필요하다고 인정한 때에는'이라고 하는 규정과 현행 행정소송법 제26조 전단과 비교하여 보면, 우리나라 행정소송법 제26조의 전단에서 '법원은 필요하다고 인정할 때에는 직권으로 증거를 조사할 수 있고'라고 한다는 점에서 법문상으로는 직권증거조사가 '보충적'이 아니라 '원칙적'으로 '가능하다'고 규정하고 있음을 알 수 있다. 즉 우리나라 행정소송법 제26조 전단의 규정에 의하여 우리나라 행정소송에 있어서 증거자료에 대한 '원칙적'인 직권증거조사도 '가능'하다. 또한 변론주의가 원칙이고 보충적 직권증거조사를 인정하는 일본 행정사건소송법 제24조에서 한걸음 더 나아가, 우리나라 행정소송법 제26조는 그 후단에서 " … 당사자가 주장하지 아니한 사실에 대하여도 판단할 수 있다."라는 부분을 가지고 있다는 점에서 우리나라 행정소송에 있어서는 사실자료에 대한 직권탐지의 법적 근거도 가지고 있음을 알 수 있다. 즉 우리나라 행정소송법은 제26조는 그 전단 규정에 의하여 증거자료에 관한 직권증거조사가 보충적이 아니라 원칙적으로 가능할 뿐만 아니라, 특히 그 후단에서 사실자료에 대한 직권탐지의 법적 근거도 가지고 있다는 점에서 일본 행정사건소송법과 구별된다고 할 수 있다. 이와 같이 행정소송에 있어서 소송자료에 관한 책임의 분배에 관하여 일본, 독일 그리고 우리나라의 소송법 체계 및 규정들을 비교해 보면, 상대적이기는 하지만 일본 행정소송은 변론주의에 치우쳐 있고, 독일 행정소송은 직권탐지주의에 치우쳐 있는 반면에, 우리나라 행정소송은 변론주의와 직권탐지주의의 절충적 입장을 취하고 있다는 점에서 일본 행정소송과 독일 행정소송의 중간에 위치하고 있다고 할 수 있다.

Ⅵ. 행정소송법 제26조의 의의

이상 결론적으로 우리나라 행정소송의 독자성을 모색하면서 우리나라 행정소송에 있어서 변론주의와 직권탐지주의와 관련되어 논의되는 근거 조문인 우리나라 행정소송법 제26조를 평가하고 그 의의를 재조명하면 다음과 같다.

우리나라 행정소송법 제26조의 규정은 민사소송법 제292조상의 보충적 직권증거조사에 한정되지 아니하고 그것을 넘어서서 증거자료에 관한 원칙적인 직권증거조사뿐만 아니라 사실자료에 관한 직권탐지주의가 인정될 여지가 있다는 점에서 '개방적'인 규정이고, 그 인정 여지가 '가능규정'의 형식으로 규정되어 있다는 점에서 '탄력적'인 규정이다. 이러한 점에서 우리나라 행정소송법 제26조는 독일, 일본과 구별되는 '독창적'인 규정이라고 할 수 있다. 요컨대 우리나라 행정소송법 제26조는 변론주의와 직권탐지주의를 절충적으로 포괄하는 개방적이고 탄력적이고 독창적인 규정이다.

그리고 우리나라 행정소송법 제26조는 직권탐지주의의 인정범위를 미리 특정하여 상정한 것이 아니라는 점이다. 행정소송이 공익과 관련된다고 하더라도 반드시 공익에 대한 직권탐지의 범위를 미리 선험적으로 정해야만 할 필연적인 이유는 없다. 우리나라 행정소송법 제26조는 공·사익의 조정적 절차에 있어서 변론주의와 직권탐지주의의 절충을 허용하고 그러한 절충에 대한 정당성을 법적으로 담보하는 근거 규정으로 기능하는 계기가 될 뿐이다. 다만 우리나라 행정소송 실무에 있어서 어느 정도로 직권탐지주의가 인정된 것인가에 관한 기준은 추상적이기는 하지만 적정한 재판에 관한 공익에 의하여 정해질 수밖에 없을 것이다. 이와 같이 우리나라 행정소송에 있어서는 변론주의와 직권탐지주의 그 외에 처분권주의 등을 비롯한 절차상의 제 원칙도 적정한 재판에 관한 공익에 의하여 상대화될 수 있다. 행정소송에서 공익을 이유로 한다는 것은 행정소송의 특수성을 의미하는 것이고 이러한 행정소송에 있어서 공익의 고려는 행정소송의 심리원칙을 규정한 행정소송법 제26조에 그 법적 근거가 있다. 따라서 행정소송법 제26조에 관한 해석도 적정한 재판에 관한 공익에 따라야 한다.

이런 점에서 우리 행정소송법 제26조는 행정소송의 심리원칙에 관한 지도이념적인 규정이고 그리고 민사소송과 구분 짓는 근본결단적인 규정이다. 따라서 예컨대 민사소송상의 제 제도의 행정소송에의 도입, 인정문제나 해석문제는 단순히 준용 여부만을 검토해서는 아니 되고, 이는 적극적으로 행정소송의 목적 내지는 공익성과 행정소송법 제26조의 상관관계하에서 고려하여야만 한다. 특히 우리나라 행정소송의 실제에 있어서는 기존 민사소송상의 제 제도나 독일이나 일본의 이론의 도입 내지는 해석문제가 관심사가 되고 있다. 이 경우 독일 행정소송법 제86조 제1항이나 일본 행정사건소송법 제24조와 달리, 우리나라 행정소송법 제26조는 개방적이고 탄력적인 규정 형식상 변론주의와 직권탐지주의를 적절히 절충하여 포섭하는 데에 정당성을 부여하는 법적 근거로서 기능하고 있다. 따라서 우리나라 행정소송법하에서는 특히 민사소송상의 제 제도를 도입 내지는 해석함에 있어서도 행정소송법 제8조 제2항의 준용규정에 의하여 일단 인정되면서도 다른 한편으로는 공익이라는 관점에서 이를 적절히 제한 또는 확대하여 조절하면서 합리적으로 근거지울 수 있다는 점에서도 대단히 유용하다. 사익을 다루는 민사소송과 달리 행정소송에 있어서는 공익과 사익 간의 조정이 그 절차의 본래 모습이라고 할 수 있다. 따라서 사익을 다루는 민사소송의 원리차원에서 논의되는 보충적 직권증거조사가 공익을 다루는 행정소송에서 전용되어 인정되는 계기가 단지 행정소송법상의 준용규정인 행정소송법 제8조 제2항에만 소극적으로 한정되어서 논의될 것이 아니다. 행정소송에 있어서 공익과 관련하여 인정되는 법원의 직권에 의한 증거조사를 비롯한 사실탐지는 보다 적극적으로 행정소송의 목적 내지는 공익성, 그리고 행정소송법 제26조의 직권심리 규정과의 유기적인 관계에서만 제대로 설명이 가능하게 된다.

입법정책적인 면에서 보면, 우리나라 행정소송법 제26조는 그 해석상 현실적으로 다양한 스펙트럼하에서 공존할 수밖에 없는 사익과 공익을 적절하게 조정하고 포용할 수 있다. 그뿐만 아니라 그 수위 조절을 현실의 발전 추이에 탄력적으로 연동시킬 수 있다는 점에서 다양하고 복잡한 현대 사회에 탄력적으로 대응하는 좋은 입법적인 규정이라고 할 수 있다. 실체적인 공·사익의 충돌은 당연히 절차상으로도 실체적인 공·사익의 적절한 조정에 합당한 절차를 통하여 형량하여 심사하는 것이 가장 이상적이라고 할 수 있다. 나아가 실체적 공·사익의 조정과 그 절차에 있어서 변론주의와 직권탐지주의 간의 절충이라고 하는 우리나라 행정소송은 개인의 권익구제와 행정에 대한 적법성통제를 한다고 하는 우리나라 행정소송의 목적 내지는 기능과도 제대로 조화를 이룬다는 점에서 매우 바람직한 입법태도이다.

Ⅶ. 결 어

실체적인 공·사익을 변론주의와 직권탐지주의가 적절하게 절충된 절차에서 적절하게 형량하여 심사하는 방식, 요컨대 실체에 상응하는 절차 이것이야말로 우리나라 행정소송법의 독자성이자 우수성이다.

토론할 문제

1. 변론주의와 직권탐지주의는 절충이 가능한가?
2. 독일 직권탐지주의의 헌법적 근거
3. 민사소송상 보충적 직권증거조사와 직권탐지주의
4. 판례에서 설시하고 있는 일건 기록에 현출된 사항의 의미
5. 독일 행정소송의 심리원칙과 우리나라 행정소송의 심리원칙의 차이
6. 행정소송에서 직권탐지주의는 필연적인 심리원칙인가?
7. 우리나라 행정소송의 심리원칙을 독일 행정소송의 심리원칙인 직권탐지주의로 개정하여야 하는가?

관련판례

Ⅰ. 직권심리

2010. 2. 11. 선고 2009두18035 판결 〔복구설계승인신청불승인처분취소〕 (공2010, 578)

[1] 행정청이 문서에 의하여 처분을 하였으나 그 처분서의 문언만으로는 행정처분의 내용이 불분명한 경우, 처분 경위나 처분 이후의 상대방의 태도 등을 고려하여 처분서의 문언과 달리 그 처분의 내용을 해석할 수 있는지 여부(적극)

[2] 산지전용허가를 받은 자가 산지전용기간이 만료되자 복구설계승인을 신청하였으나 목적사업이 완료되지 않았다는 이유로 행정청이 이를 불승인하는 처분을 한 사안에서, 그 처분이 위법하다고 한 사례

[3] 행정소송에서 기록상 자료가 나타나 있다면 당사자가 주장하지 않더라도 판단할 수 있는지 여부(적극)

[1] 행정절차법 제24조 제1항에서 행정청이 처분을 하는 때에는 다른 법령 등에 특별한 규정이 있는 경우를 제외하고는 문서로 하도록 규정한 것은 처분 내용의 명확성을 확보하고 처분의 존부나 내용에 관한 다툼을 방지하기 위한 것인바, 이와 같은 행정절차법의 규정 취지를 감안해 보면, 행정청이 문

서에 의하여 처분을 한 경우 원칙적으로 그 처분서의 문언에 따라 어떤 처분을 하였는지 확정하여야 하나, 그 처분서의 문언만으로는 행정청이 어떤 처분을 하였는지 불분명하다는 등 특별한 사정이 있는 때에는 처분 경위나 처분 이후의 상대방의 태도 등 다른 사정을 고려하여 처분서의 문언과 달리 그 처분의 내용을 해석할 수도 있다.

[2] 산지전용허가를 받은 자가 산지전용기간이 만료되자 복구설계승인을 신청하였으나 목적사업이 완료되지 않았다는 이유로 행정청이 이를 불승인하는 처분을 한 사안에서, 산지관리법 제39조 제1항, 제40조 제1항에 의하면 산지전용허가의 산지전용기간이 만료된 이상 목적사업이 완료되지 않았다고 하더라도 산지전용허가를 받은 자에게는 위 규정에 의한 산지복구의무가 발생하므로, 그 의무 이행을 위한 복구설계승인신청을 목적사업이 완료되지 않았다는 이유로 불승인한 처분은 위법하다고 한 사례.

[3] 행정소송에서 기록상 자료가 나타나 있다면 당사자가 주장하지 않았더라도 판단할 수 있고, 당사자가 제출한 소송자료에 의하여 법원이 처분의 적법 여부에 관한 합리적인 의심을 품을 수 있음에도 단지 구체적 사실에 관한 주장을 하지 아니하였다는 이유만으로 당사자에게 석명을 하거나 직권으로 심리·판단하지 아니함으로써 구체적 타당성이 없는 판결을 하는 것은 행정소송법 제26조의 규정과 행정소송의 특수성에 반하므로 허용될 수 없다.

2010. 2. 11. 선고 2009두18035 판결 〔복구설계승인신청불승인처분취소〕(공2010, 578)

[1] 행정청이 문서에 의하여 처분을 하였으나 그 처분서의 문언만으로는 행정처분의 내용이 불분명한 경우, 처분 경위나 처분 이후의 상대방의 태도 등을 고려하여 처분서의 문언과 달리 그 처분의 내용을 해석할 수 있는지 여부(적극)

[2] 산지전용허가를 받은 자가 산지전용기간이 만료되자 복구설계승인을 신청하였으나 목적사업이 완료되지 않았다는 이유로 행정청이 이를 불승인하는 처분을 한 사안에서, 그 처분이 위법하다고 한 사례

[3] 행정소송에서 기록상 자료가 나타나 있다면 당사자가 주장하지 않더라도 판단할 수 있는지 여부(적극)

[1] 행정절차법 제24조 제1항에서 행정청이 처분을 하는 때에는 다른 법령 등에 특별한 규정이 있는 경우를 제외하고는 문서로 하도록 규정한 것은 처분 내용의 명확성을 확보하고 처분의 존부나 내용에 관한 다툼을 방지하기 위한 것인바, 이와 같은 행정절차법의 규정 취지를 감안해 보면, 행정청이 문서에 의하여 처분을 한 경우 원칙적으로 그 처분서의 문언에 따라 어떤 처분을 하였는지 확정하여야 하나, 그 처분서의 문언만으로는 행정청이 어떤 처분을 하였는지 불분명하다는 등 특별한 사정이 있는 때에는 처분 경위나 처분 이후의 상대방의 태도 등 다른 사정을 고려하여 처분서의 문언과 달리 그

처분의 내용을 해석할 수도 있다.

[2] 산지전용허가를 받은 자가 산지전용기간이 만료되자 복구설계승인을 신청하였으나 목적사업이 완료되지 않았다는 이유로 행정청이 이를 불승인하는 처분을 한 사안에서, 산지관리법 제39조 제1항, 제40조 제1항에 의하면 산지전용허가의 산지전용기간이 만료된 이상 목적사업이 완료되지 않았다고 하더라도 산지전용허가를 받은 자에게는 위 규정에 의한 산지복구의무가 발생하므로, 그 의무 이행을 위한 복구설계승인신청을 목적사업이 완료되지 않았다는 이유로 불승인한 처분은 위법하다고 한 사례.

[3] 행정소송에서 기록상 자료가 나타나 있다면 당사자가 주장하지 않았더라도 판단할 수 있고, 당사자가 제출한 소송자료에 의하여 법원이 처분의 적법 여부에 관한 합리적인 의심을 품을 수 있음에도 단지 구체적 사실에 관한 주장을 하지 아니하였다는 이유만으로 당사자에게 석명을 하거나 직권으로 심리·판단하지 아니함으로써 구체적 타당성이 없는 판결을 하는 것은 행정소송법 제26조의 규정과 행정소송의 특수성에 반하므로 허용될 수 없다.

대법원 2006.9.22. 선고 2006두7430 판결 【주유소설치허가처분무효확인등】 [미간행]

주유소간 거리제한 요건을 충족하였는지 여부를 심사함에 있어서 개발제한구역 내의 주유소간의 간격에 관하여 규정하고 있는 지방자치단체 고시 조항의 요건 구비 여부를 심리 · 판단하지 않은 조치에 직권심리를 다하지 아니한 잘못이 있다고 한 사례

행정소송에서 기록상 자료가 나타나 있다면 당사자가 주장하지 않았더라도 판단할 수 있고, 당사자가 제출한 소송자료에 의하여 법원이 처분의 적법 여부에 관한 합리적인 의심을 품을 수 있음에도 단지 구체적 사실에 관한 주장을 하지 아니하였다는 이유만으로 당사자에게 석명을 하거나 직권으로 심리 판단하지 아니함으로써 구체적 타당성이 없는 판결을 하는 것은 행정소송법 제26조의 규정과 행정소송의 특수성에 반하므로 허용될 수 없다. 따라서 위 각 법리에 비추어 보면, 원심이 기록에 나타난 자료에 의하여 소외 천계준의 신청지로부터 일반지역을 포함하여 자연주유소까지의 거리가 2km 이상이라는 사실을 인정하고서도 일반지역을 포함하여 이 사건 변경고시 제3조 제2항의 요건을 갖추었는지 여부를 판단할지에 대하여 심리 · 판단하지 않은 데에는 필요한 직권심리를 다하지 아니한 잘못이 있다.

대법원 1990.12.26. 선고 90누1076 판결 【토지수용재결처분취소】

기준지가가 고시된 지역안에 있는 토지에 대한 수용재결처분취소소송에서 표준지와 수용대상토지의 현실적 이용상황이 동일한 것인지의 여부에 대한 법원의 직권심

리 여부(소극)

보상액산정기준의 선택이 적법하다는 주장, 입증책임은 재결청인 피고에게 있으므로 표준지의 현실적 이용상황이 수용대상토지의 그것과 동일한 것인지의 여부에 대하여 주장, 입증이 없는 한 법원이 이를 심리하지 않은 것이 위법하다고 할 수 없다.

대법원 1989.8.8. 선고 88누3604 판결 【손실보상금】
행정소송에 있어서의 직권심리

행정소송에 있어서 법원이 필요하다고 인정할 때에는 당사자의 명백한 주장이 없는 사실에 관하여서도 일건기록에 나타난 사실을 기초로 하여 직권으로 판단할 수 있다.

Ⅱ. 변 론

2008. 12. 24. 선고 2006두13497 판결 〔부가가치세경정청구거부처분취소〕 (공2009, 119)

[1] 외관상 재화가 공급된 것처럼 보이나 실제로는 상품의 거래 없이 투자금만 수수된 경우, 부가가치세 과세원인이 되는 재화의 공급에 해당하는지 여부(소극) 및 그 판단 기준

[2] 정당한 본세액이 납세의무자가 신고·납부한 본세액에 미달하나 정당한 본세액과 가산세액을 합한 세액이 신고·납부한 본세액을 초과하는 경우, 과세관청이 납세의무자의 경정청구를 거부할 수 있는지 여부(소극)

[3] 경정거부처분 취소소송에서 과세관청이 당초의 거부처분사유 외의 새로운 사유를 주장할 수 있는지 여부(적극)

[4] 경정거부처분 취소소송에서 거부처분이 적법한지 여부의 판단 기준 및 취소의 범위(=감액을 구하는 세액 중 당초 신고한 세액에서 정당한 세액을 차감한 부분)

[1] 외관상 재화가 공급된 것처럼 보이는 경우에도 그것이 재화의 공급을 가장하거나 빙자한 것에 불과하고 실제로는 상품의 거래 없이 투자금만 수수된 경우에는 부가가치세의 과세원인이 되는 재화의 공급이 있었다고 볼 수 없다. 이에 해당하는지 여부는 당해 재화의 객관적 가치 및 그에 따른 공급가액이 합리적인 가액인지, 공급을 받는 자가 실제로 그 재화를 사용·소비할 의도가 있었는지, 당사자 사이에 투자금의 회수가 예정되어 있었는지 여부 등 제반 사정을 종합적으로 고려하여 개별적·구체적으로 판단하여야 한다.

[2] 정당한 본세액이 당초 납세의무자가 신고·납부한 본세액에 미달한다면, 설령 그 정당한 본세액에 가산세액을 합산한 세액이 신고·납부한 본세액을

초과하더라도 과세관청으로서는 그러한 사유만으로 납세의무자의 경정청구를 거부할 수 없다.

[3] 감액경정청구를 받은 과세관청으로서는 과세표준신고서에 기재된 과세표준 및 세액이 세법에 의하여 신고하여야 할 객관적으로 정당한 과세표준 및 세액을 초과하는지 여부에 관하여 조사·확인할 의무가 있다. 그러므로 통상의 과세처분 취소소송에서와 마찬가지로 감액경정청구에 대한 거부처분 취소소송 역시 그 거부처분의 실체적·절차적 위법 사유를 취소원인으로 하는 것으로서 그 심판의 대상은 과세표준신고서에 기재된 과세표준 및 세액의 객관적인 존부이고, 경정청구가 이유 없다고 내세우는 개개의 거부처분사유는 과세표준신고서에 기재된 과세표준 및 세액이 세법에 의하여 신고하여야 할 객관적으로 정당한 과세표준 및 세액을 초과하는 것이 아니라고 주장하는 공격방어방법에 불과한 것이다. 따라서 과세관청은 당초 내세웠던 거부처분사유 이외의 사유도 그 거부처분 취소소송에서 새로이 주장할 수 있다.

[4] 경정거부처분 취소소송에서 그 거부처분의 적법 여부는 과세표준신고서에 기재된 과세표준 및 세액이 정당한 과세표준 및 세액을 초과하느냐의 여부에 따라 판단되는 것으로서, 당사자는 사실심 변론종결시까지 객관적인 조세채무액을 뒷받침하는 주장과 자료를 제출할 수 있고, 이러한 자료에 의하여 정당한 세액이 산출되는 때에는 감액을 구하는 세액 중 당초 신고한 세액에서 정당한 세액을 차감한 부분만 취소하여야 하고 전체를 취소할 것이 아니다.

참고문헌

강봉수, 법원의 법률사항 지적의무 -민사소송법 제126조 제4항-, 민사재판의 제문제 제7호, 한국사법행정학회, 1993.

강영호, 행정소송법 제26조[직권심리]에 대한 검토, 행정재판실무편람(Ⅲ), 서울행정법원, 2003.

강영호, 2002년도 행정소송법 법관세미나 자료, 사법연수원

김홍규, 민사소송에 있어서의 진실의무, 법조춘추, 1974.

박규하, 행정소송의 심리, 고시계, 1989. 5.

박정훈, 인류의 보편적 지혜로서의 행정소송 - 다원적 법비교를 통해 본 우리나라 행정소송의 현상과 발전방향, 재판관할과 소송유형을 중심으로 -, 법학, 서

울대학교, 제42권 제4호, 2001. 12.
박정훈, 처분사유의 추가·변경과 행정행위의 전환-제재철회와 공익상철회 -, 행정판례연구 Ⅶ, 박영사, 2002.
박정훈, 취소소송의 성질과 처분 개념, 고시계, 2001. 9.
박정훈, 취소소송의 소송물에 관한 연구, 취소소송의 관통개념으로서 소송물개념의 모색, 법조 2000. 7.
박정훈, 행정소송법 개정의 기본방향 - 행정소송의 구조·종류·대상을 중심으로 - 현대 공법학의 과제, 청담 최송화교수화갑기념논문집, 2002. 6.
박정훈, 행정소송법 개정의 주요쟁점, 행정소송제도의 개편방향, 한국공법학회, 제105회 학술발표회, 2002.
박정훈, 행정소송에 있어 소송상화해, 인권과 정의 제279호
박정훈, 헌법과 행정법 - 행정소송과 헌법소송의 관계, 1999. 2.
박정훈, 환경위해시설의 설치·가동 허가처분을 다투는 취소소송에서 인근주민의 원고적격 - 독일법의 비판적 검토와 행정소송법 제12조의 해석을 중심으로 - , 판례실무연구(IV), 박영사, 2000.
박정훈, 환경위해시설의 설치·가동 허가처분을 다투는 취소소송에서 인근주민의 원고적격 - 독일법의 비판적 검토와 행정소송법 제12조의 해석을 중심으로 - , 행정법연구 제6호, 2000년 하반기, 행정법이론실무연구회, 2000.
백윤기, 행정소송제도의 개선, 행정법원의 좌표와 진로
선정원, 행정소송상 사실해명과 그 한계 -직권심리주의에 관한 일 고찰-, 서울대학교 박사학위논문, 1995.
오용호, 변론주의에 관한 고찰, 방순원선생 고희기념, 1984.
유지태, 행정심판에서의 직권심리주의, 법제, 1999. 7.
윤일영, 행정소송과 직권주의, 대한변호사협회보, 1975. 1.
윤일영, 행정소송에서의 문제점; 소송물의 가액 및 자백에 관해서, 법조, 1977. 6.
이원우, 항고소송의 원고적격과 협의의 소의 이익 확대를 위한 행정소송법개정방향, 행정법연구 제8호, 2002년 상반기, 행정법이론실무학회, 2002.
이재성, 행정소송과 자백, 사법행정, 1986. 9.
이재성, 행정소송과 자백, 사법행정, 1986. 9.
이혁우, 행정소송에서의 직권심리범위 - 행정소송법 제26조의 해석과 관련하여 -, 특별법연구(제5권), 법문사, 1997, 법조 제45권 제11호, 1996.
장석조, 법원의 법적관점 표명의무, 경허김홍규박사화갑기념 I 민사소송법의 제문제, 삼영사, 1992.
최송화, 판례에 있어서 공익, 행정판례연구 IV, 2001.
최송화, 한국의 행정소송법 개정과 향후방향, 한·일 행정소송법제의 개정과 향후방향, 한국법제연구원·한국행정판례연구회.

한견우, 행정소송의 소송관과 우리나라 행정소송의 문제점, 고시연구, 1991. 1.
허상수, 항고소송의 법리, 행정소송에 관한 제문제(상), 법원행정처, 재판자료 제67집, 1995.
호문혁, 민사소송에 있어서의 법률적 사항에 관한 법관의 석명의무, 민법학논총, 후암곽윤직선생고희기념, 1995.
호문혁, 민사소송에 있어서의 이념과 변론주의에 관한 연구, 서울대 법학 제30권 3·4호.
호문혁, 민사소송에 있어서의 진실의무, 고시연구 1988.

제3장 증명책임[1)]

제1절 증명책임 일반론

Ⅰ. 증명책임

1. 의 의

증명책임이라 함은 소송의 최종의 단계에서 소송상의 어느 요증사실의 존부가 확정되지 않을 때에(진위불명, non liquet) 당해사실이 존재하지 않는 것으로 취급되어 법률판단을 받게 되는 당사자 일방의 위험 또는 불이익을 말한다. 즉 증명되지 않았을 때의 패소위험을 뜻한다.

2. 객관적 증명책임과 주관적 증명책임

객관적 증명책임에 의해 진위불명의 경우에 불이익한 판단 즉 패소위험 때문에 증명책임 부담자는 패소를 면하기 위하여 증거를 제출하여 증명활동을 하여야 할 필요에 직면하게 되고 따라서 승소를 하기 위하여 증명책임을 지는 사실에 대하여 증거를 대야 하는 일방 당사자의 행위책임이 문제되는데 이를 주관적 증명책임, 형식적 증명책임(subjektive od. formelle Beweislast), 또는 증거제출책임(Beweisführungslast)이라고 하며 이는 영미법상의 증거제출책임(burden of producing evidence)에 해당한다.

주관적 증명책임과 객관적 증명책임의 상관관계의 문제는 양 자가 나란히 존재하는 변론주의하의 소송절차에서만 부각된다.

3. 증명책임과 심리원칙의 관계

객관적 증명책임은 모든 소송에 공통적으로 요청되는 개념이므로 직권탐지주의를 채용하느냐 변론주의를 채용하느냐에 따라 차이가 생기는 것은 아니다.

---

1) 이와 관한 상세한 내용 및 주석은, 최선웅, 행정소송의 원리, 진원사, 2007, 551-734면 참조.

따라서 객관적 증명책임은 소송절차상의 심리원칙과 직접적인 관계가 없다.

주관적 증명책임은 객관적 증명책임의 존재를 전제로 하여 성립하는 것이고 그 책임의 소재도 객관적 증명책임의 존재에 따라 결정되는 것이다. 주관적 증명책임은 객관적 증명책임이 변론주의를 통하여 특수하게 투영된 것이므로 주관적 증명책임은 변론주의하에서만 인정되는 관념이라고 할 수 있다.

4. 증명책임의 분배 – 법률요건분류설

권리의 발생·변경·소멸의 요건을 규율하는 실체법규는 그 요건에 해당하는 사실의 존재가 증명된 경우에만 적용된다. 따라서 실체법규는 그 요건에 해당하는 사실이 존부불명(non liquet)인 경우에는 적용되지 않으며, 그에 따른 불이익은 그 법규의 적용을 바라는 당사자가 부담하지 않으면 안 된다.

권리의 발생·변경·소멸의 요건은 적극적 요건(권리발생사유)이나 소극적 요건(권리장애사유, 권리행사저지사유, 권리소멸사유)의 어느 하나로 일률적으로 분류된다. 따라서 적극적 요건의 법률효과를 주장하는 당사자는 권리근거규정의 요건에 해당하는 사실을 증명하지 않으면 안 되고 소극적 요건의 법률효과를 주장하는 당사자는 권리장애규정, 권리행사저지규정, 권리소멸규정의 요건에 해당하는 사실을 증명하지 않으면 안 된다.

권리근거규정과 권리장애규정, 권리근거규정과 권리소멸규정 등의 구별은 실체법규의 규정형식에 의하여 결정된다. 그리하여 증명책임은 권리근거규정, 권리장애규정, 권리행사저지규정, 권리소멸규정이라고 하는 실체법규의 구별에 따라 그 분배가 결정되고 요건사실 역시 그에 따라 권리근거사실, 권리장애사실, 권리행사저지사실, 권리소멸사실로 분류된다.

Ⅱ. 주장책임

1. 주장책임의 의의

법률효과의 발생 또는 불발생의 요건을 이루는 주요사실이 변론에 나타나지 않는 결과로 자기에게 이익되는 법률판단을 받지 못하는 측의 당사자가 입는 위험 내지 불이익을 주장책임이라고 한다. 변론주의가 지배하는 소송의 판결에서 고려해야 할 주요사실은 모두 주장되지 않으면 안 되는데 원고건 피고건 자기에게 유리한 법규의 추상적 요건이 구체적 주장으로 현출되지 않으면 안 되는 것이다. 이처럼 주장책임은 변론주의의 존재를 전제로 하는 것이므로 변론주의의 적용이 없고 직권탐지주의가 적용되는 절차에서는 증명책임과 독립하여 주장책임의 관념을 인정할 여지가 없다.

2. 주장책임과 증명책임의 관계

변론주의하에서는 소송에 있어서 '무엇이 주장되어야 하는가'를 먼저 묻고 다음으로 증명책임에 관한 문제가 제기되는 것이 옳으므로 주장은 논리적으로나 시간적으로나 증거신청과 증거제출에 선행하는 것이나 증명책임문제를 해결하지는 못한다. 그러나 주장책임의 대상과 범위에 관한 문제는 증명책임의 문제와 동일한 방법으로 해결되지 않으면 안 된다. 따라서 주장책임과 증명책임은 상이한 두 개의 문제가 아니라 동일 문제의 양 측면이며 이것은 판결기초의 확정을 지향한 당사자의 활동이 주장과 증명이라는 양면성에 대응되는 것이라고 한다.

3. 주장책임의 분배

주장책임은 논리적·시간적으로 증명책임에 선행하는 관념이고 주장책임과 증명책임은 전혀 별개의 관념이 아니고 동일한 양 측면이라고 말할 수 있으므로 주장책임의 대상과 범위에 관한 문제는 증명책임분배의 문제와 동일한 방법으로 해결되어야 한다. 주장책임은 증명책임과 마찬가지로 처음부터 추상적·일률적으로 예정되어 있어 개개의 구체적인 소송심리의 경과에 좌우되는 일이 없다. 따라서 주장책임은 원칙적으로 증명책임의 분배와 동일한 원칙에 따라 분배된다고 말할 수 있다.

Ⅲ. 표현증명, 법률상의 추정, 증명책임의 전환

1. 표현증명과 간접반증

(1) 표현증명

표현증명(일응의 충분한 증명, prima-facie-Beweis)이라 함은 고도의 개연성이 있는 경험칙(정형적사상경과, typischer Geschehensablauf)을 이용하여 행하는 사실상의 추정을 말한다.

일응의 추정은 사실관계를 보통의 경우와 같이 상세하게 증명할 필요가 없다는 점에서 증명책임을 그대로 두면서 증명의 정도만을 경감하는 것이다. 일응의 추정은 고도의 개연성을 가진 경험칙에 의하여 심증을 형성하는 것이므로 자유심증의 범위 내의 문제이다.

(2) 간접반증(일응의 추정의 복멸)

간접반증(indirekter Gegenbeweis)이라 함은 상대방이 주장하는 사실에 대하여 일응의 추정이 생긴 경우에 직접적이 아니라 그 추정의 전제되는 간접사실과 양립되는 별개의 간접사실을 증명하여 일응의 추정을 방해하기 위한 증명활동을 말한다.

2. 법률상의 추정

법률상의 추정은 추정규정(경험칙이 이미 법규화되어 있는 것)을 적용하여 행하는 추정으로 여기에는 다시 사실추정과 권리추정이 있다. 법률상의 사실추정은 "갑사실(전제사실)있을 때에는 을사실(추정사실)이 있는 것으로 추정한다"고 규정되어 있는 경우이고, 법률상의 권리추정은 "갑사실(전제사실)이 있을 때에는 을권리(추정권리)가 있는 것으로 추정한다"고 규정되어 있는 경우이다.

3. 증명책임의 전환

증명책임의 전환이라 함은 특정한 경우에 증명책임분배의 일반원칙에 대한 예외를 인정하여 반대사실에 관하여 상대방에게 증명책임을 지우는 것을 말한다.

증명책임에는 객관적 증명책임과 주관적 증명책임이 있다. 그런데 소송심리과정에서 증명책임을 부담하는 당사자가 증명에 성공한 경우 상대방이 그 증명의 효과를 뒤엎지 않으면 안 될 필요가 생긴 결과로 증거의 제출책임이 상대방에게 이전하게 됨을 뜻하는 경우(예컨대 사실상의 추정의 경우) 증명책임의 전환은 객관적 증명책임과는 아무런 관계가 없고 단순히 법원의 심증형성의 변동에만 관계되는 개념이므로 주관적 증명책임만이 전환되는 것이다.

4. 행정소송에서의 논의

행정소송이나 세무소송의 경우 일반 민사소송에서와 같이 그 표현증명, 법률상의 추정, 증명책임의 전환을 인정할 필요성이 있게 된다. 따라서 가령 행정소송에 있어서 특정한 사실관계에 대한 법적 추정(rechtliche Vermutung)이 있을 때에는 증명책임의 전환이 이루어진다고 하는 견해가 나타타고 있으며 판례[2] 또한 인정하고 있다. 이는 행정소송이나 세무소송의 문제상황이 민사소송과 크게 다르지 않으므로 바람직하다고 할 수 있다. 따라서 환경책임문제라든가 핵발전소의 안전성판단과 같이 전문기술적 판단을 요하는 행정소송의 경우나 후술할 추계과세 등의 세무소송의 경우에도 표현증명, 법률상의 추정, 증명책임의 전환 등을 인정하기 위하여 특별한 노력이 기울여지고 있음도 주목을 요한다.

Ⅳ. 증명의 정도

1. 증명의 정도

권리가 있다는 것만으로는 충분하지 못하고 자기의 권리를 증명할 수 있어야 한다. 따라서 소송에 있어서 당사자의 관심은 법률의 적용에 못지않게 사실관계의 확정에 관한 것이므로, 현실적으로 법원이 사실관계를 확정할 때 어떠한 정도의 증명을 요하는지가 중요하다고 할 수 있다.

증명의 정도 혹은 증명도(degree of proof, Beweisgrad)라 함은 법관이 요증사실을 인정함에 있어서 필요한 심증형성의 정도를 말한다. 민사소송에 있어서는 증명의 정도를 자유심증주의와 관련하여 '객관적으로 고도의 개연성과 주관적으로 법관의 확신', '주장사실의 진위에 대한 확신', '증거의 우월'등으로 파악하고 있다. 대체로 법관에게 100%의 확신을 요구할 수는 없으므로 '확실성에 밀접한 개연성'이면 충분하다. 이러한 법관의 확신 형성에는 일응의 입증도 포함되는데 이는 경험법칙이 그것만으로 또는 증명된 사실과 함께 어느 사실주장의 진실성을 확신케 할 만한 것인 경우에는 이를 존중해야 한다는 것을 뜻한다.

이러한 증명의 정도의 문제는 특히 새로운 유형의 불법행위소송(예컨대 의료과오소송, 제조물책임소송, 유독성물질로 인한 불법행위소송)의 과실과 인과관계에 대한 증명에서 부각되고 있으며, 행정소송 중 세무소송에서는 그 소송상

2) 대법원 1983. 12. 13. 선고 83누492 판결; 대법원 1985. 3. 12. 선고 84누362 판결; 대판 1987. 12. 22. 선고 87누811 판결; 대법원 1989. 8. 8. 선고 88누9798 판결; 대법원 1989. 9. 12. 선고 89누183 판결; 대법원 1989. 12. 12. 선고 88누9145 판결; 대법원 1990. 2. 13. 선고 89누2851 판결.

특수성 때문에 증명책임의 분배보다도 오히려 증명의 정도와 중요한 관계를 가진다고 할 수 있다.

2. 일응의 입증

일응의 추정이라 함은 고도의 개연성이 있는 경험칙(정형적사상경과)을 이용하여 행하는 사실상의 추정을 말한다. 사실상의 추정은 경험칙에 기하여 증명이 된 간접사실(전제사실)을 추인·인정하는 것인데, 이 과정에서 이용되는 경험칙이 고도의 개연성을 가지는 때에는 전제사실이 입증되면 추정사실의 심증도 일거에 확신에 가까워진다. 왜냐하면 개연성이 높은 경험칙을 이용하는 경우에는 그 예외현상(특단의 사정)이 드물기 때문이다. 이러한 사실상의 추정이 바로 일응의 추정이다. 그리고 이 경우에 증명에 가까운 상태를 가리켜 표현증명 또는 일응의 입증이라고 부른다.

일응의 입증은 일반 행정소송뿐만 아니라 특히 세무소송에서 간접적 방법에 의한 추계과세의 경우 행정청의 증명의 경감 내지는 완화를 위하여 고려된다.

3. 행정소송에서의 논의

행정소송 중에서도 공법상의 당사자소송, 예컨대 토지수용법상의 손실보상에 관한 소송이나 이와 유사한 소송은 모두 당사자 간의 사적·경제적 이해에 관한 것으로서 연혁적으로도 민사소송에 속하는 것이므로 그 증명도의 문제는 민사소송에 준하여 생각할 수 있다 하겠다.

그러나 항고소송에 있어서는 이와는 사정이 다르다고 할 것이다. 즉 항고소송에 있어서는 소송의 대상이 되는 행정처분은 행정청이 우월적 지위에서 공권력을 발동하여 행하는 것이므로 그 실질에 있어서 형벌권의 행사와 다를 것이 없다. 양 자는 모두 대등한 당사자 간의 관계에서 이루어지는 것이 아니고 상하우열의 관계에서 행하여지는 권력작용인 점에서 그 성질을 같이 한다고 할 것이다. 따라서 이를 관철하면 항고소송에 있어서도 '의심스러운 때에는 피고인의 이익으로'라는 형사소송상의 원칙의 적용을 긍정하게 되며, 행정처분의 적법성에 대한 증명책임은 행정청이 부담하고 그 증명의 정도도 합리적 의심의 여지가 없는 정도에까지 이르게 된다.

그러나 현재 행정소송의 경우를 형사소송과 같은 정도의 증명의 정도를 요구함은 무리라고 보여지므로 그 증명의 정도는 일반 민사소송의 경우와 같다고 함이 보통이고, 나아가 민사소송에서와 증명곤란의 문제상황이 유사한 분야에서는 일응의 입증이 고려되고 있다고 할 수 있다.

제2절 소송유형별 증명책임

Ⅰ. 개 설

민사소송에 있어서의 증명책임은 민사소송법상의 규정에 의한 것이라기보다는 다분히 이론적 산물이다. 민사소송법과 마찬가지로 행정소송법상에는 증명책임에 관한 직접적인 규정이 없으며 행정소송은 민사소송의 특별절차이므로 행정소송에서의 증명책임문제는 민사소송이론을 기초로 하여 논의할 수밖에 없다. 다만 행정소송의 특수성을 고려해야 한다는 점에서 민사소송보다는 논의의 여지는 많게 된다.

특히 행정소송의 특수성과 결부하여 논의되고 있는 행정소송에서의 증명책임분배에 관하여는 학설이 다양하게 대립하고 있으며 학설의 구분과 그 명칭에 관하여서 조차도 견해가 일치되지 못하고 있는 것이 현재의 상황이다.

Ⅱ. 행정소송에서의 주장책임과 주관적 증명책임의 인부

1. 주장책임

주장책임은 변론주의하에서만 인정되기 때문에 주장책임의 인부는 행정소송의 심리원칙 즉 행정소송법 제26조의 해석문제로 귀착된다. 우리나라 행정소송의 심리원칙은 변론주의를 기본원칙으로 하고 예외적으로 직권탐지주의가 절충되어 있다고 함이 타당하므로(절충설), 행정소송절차에서 변론주의가 원칙적으로 인정되는 한 주장책임이 인정된다.

판례[3]는 행정소송절차에서 변론주의가 기본원칙이고 직권탐지주의가 가미되었다고 하고 있으므로 변론주의가 인정되는 한 주장책임을 인정하고 있다.[4]

---

3) 대법원 1994. 10. 11. 선고 94누4820 판결 및 앞의 제1절 행정소송의 심리원칙 주 61)의 판례 참조.

다만 행정소송법 제26조의 규정은 변론주의에 대한 예외에 불과한 것으로서 법원은 원고의 청구범위를 유지하면서 공익상 필요하다고 인정할 때 예외적으로 그 범위 안에서 당사자가 주장하지 아니한 사실에 대하여도 판단할 수 있다고 한다.[5)]

2. 주관적 증명책임

행정소송의 심리원칙에서 자세히 고찰한 바와 같이 행정소송의 심리원칙은 변론주의를 기본원칙으로 하고 예외적으로 직권탐지주의가 보충 내지는 가미되어 있다고 함이 타당하므로(절충설), 행정소송절차에서 변론주의를 원칙적으로 인정하는 한 주관적 증명책임은 인정된다고 할 것이다.

Ⅲ. 취소소송

1. 서 설

행정소송의 증명책임에 관한 학설은 취소소송의 증명책임 특히 그 증명책임의 분배에 집중되어 논의되어 오고 있으며, 무효등확인소송의 경우도 취소소송에서의 논의를 기초로 하고 있다. 이는 취소소송이 행정청의 처분등을 소송의 대상으로 하는바 이 처분등에는 행정청의 구체적 사실에 관한 공권력의 행사가 주로 해당되게 되므로 행정소송의 특수성이 가장 잘 반영되기 때문이라 할 것이다.

2. 증명책임

(1) 학 설

행정소송 특히 취소소송의 증명책임의 분배에 관하여는 학설이 다양하게 대립하고 있으며 학설의 구분과 그 명칭에 관하여 견해가 일치되지 못하고 있다.

이 학설들을 개략적으로 예시하여 보면, 과거의 공정력 개념에 근거한 원고책임설, 행정청의 적법성 담보에 근거한 피고책임설, 민사소송에서의 증명책임과 통일적으로 고찰하려는 법률요건분류설, 행정소송의 특수성이라는 견지에

4) 대법원 1966. 10. 18. 선고 66누134 판결.
5) 대법원 1994. 10. 11. 선고 94누4820 판결.

서 주장되는 특수성인정설(행정법독자분배설) 그리고 개인의 자유우월이라는 헌법질서를 강조하는 헌법질서귀납설 등이 있다고 할 수 있다.

(2) 평 가

원고책임설은 그 존립 기반인 과거의 공정력개념이 무너지게 되어 오늘날 그 세력이 약화되어 주로 연혁적인 의미만이 있을 뿐이라고 하겠고, 피고책임설도 현재 주장되고 있지 않고, 헌법질서귀납설은 주로 일본에서 주장되고 있으나 그 내용은 우리나라에서는 특수성인정설에서 포함하여 설명하고 있다. 우리나라에서는 현재 행정소송의 증명책임분배에 관하여 일반 민사소송의 경우와 같이 보려는 법률요건분류설과 행정법의 독자성을 강조하는 특수성인정설이 주로 주장되고 있는 상황이다.

원고책임설과 피고책임설은 현재는 다분히 연혁적 의의만 있을 뿐, 앞에서 고찰한 바와 같이 그 주장 근거에 문제점이 있어 현재 그 주장하는 견해를 찾기 어려운 실정이다. 또한 헌법질서귀납설은 주로 일본에서 주장되고 있는 것이나, 이 학설은 기본적으로 법률요건분배설을 비판하면서 등장한 특수성인정설을 기반으로 하고 있으며 그 내용은 특수성인정설의 한 내용으로 포함가능하므로 이 학설 자체의 독립성이 의심스러우므로 이 학설의 내용을 특수성인정설의 한 내용으로 파악하고 있는 우리나라 학자들의 견해가 타당하다. 또한 특수성인정설이 옹호하는 내용의 대부분은 법률요건분류설에 의해서도 동일한 결론에 이르고 있다. 이는 법률요건분류설이 봉쇄된 이론이 아니기 때문에 이러한 결론을 충분히 수용할 수 있기 때문이다.

(3) 법률요건분류설에 따른 분배

증명책임의 문제는 소송당사자의 이해관계에 종국적이고도 결정적인 영향을 미치는 것이므로 그 기준의 명확성, 예측가능성이 중요하다. 이러한 점에서 행정소송의 증명책임은 현단계에 있어서는 법률요건분류설에 의하여 분배된다고 하여야 한다.

그런데 취소소송은 권리관계의 존부나 형성을 다투는 것이 아니라 처분이나 재결의 위법성을 다투는 것이므로, 당사자의 주장·증명의 대상은 일반적인 법률효과의 발생 또는 불발생에 관한 요건사실의 존부가 아니라 당해 처분이나 재결에 관한 처분권한 행사상의 법률요건의 존부인 것이다. 따라서 원고가 하는 처분 등의 위법주장은 당해 권한행사에 관하여 정하는 법규의 요건사실의 부존재 또는 권한불행사에 관하여 정하는 법규의 요건사실의 존재인 것인데 대하여, 피고행정청에 의한 처분 등의 위법주장은 그 반대가 된다. 이와 같이 법률요건분류설에 의하면 권한행사규정(민사소송상의 권리근거규정)의 요건사실의 존재는 그 처분권한의 행사를 주장하는 자 즉 처분권한의 행사(적극적 처분)에 대한 취소소송에 있어서는 피고행정청이, 처분권한행사의 거절(거부처분)에 대한 취소소송에 있어서는 원고가 각각 증명책임을 지는 것인데 대하여, 권한불행사규정(민사소송상의 권리장해규정)의 요건사실의 존재는 처분권한의 불행사를 주장하는 자 즉 적극적 처분에 대한 것은 원고, 거부처분에 대한 것은 피고행정청이 증명책임을 진다.

그 외의 환경책임문제라든지 핵발전소의 안전성판단과 같이 고도의 전문기술적 판단을 요하는 분야에 관하여는 특별법을 통하여 또는 분야별 특성을 고려한 판례이론의 형성에 의하여 별도의 개별 구체적인 증명책임법리(가령 '일응의 추정'의 법리라든가 개연성이론, 증명책임의 전환 등)를 발전시켜야 할 필요는 있다. 이것은 세무소송의 특수성을 반영하여야 하는 세무소송에서도 마찬가지이고, 특히 추계과세의 취소소송에 있어서 피고 과세청이 부담하는 증명책임을 완화 내지는 감경시키는 이른바 일응의 입증, 증명책임의 전환 등을 고려하여 법률요건분류설을 수정하려는 수정법률요건분류설의 입장도 법률요건분류설을 기본으로 한다는 점에서 법률요건분류설이 수용가능하다.

Ⅳ. 무효등확인소송

1. 무효등확인소송의 의의

무효등확인소송은 행정청의 처분이나 재결의 효력유무 또는 그 존재여부를 확인하는 소송으로서 처분 등의 무효확인소송·유효확인소송·부존재확인소송·존재확인소송 및 실효확인소송을 말한다(행정소송법 제4조 제2호). 무효등확인소송의 성질에 관하여는 확인소송설, 항고소송설이 있으나, 실질적으로는 일종의 확인소송이라고 할 수 있고 형식적으로는 처분의 효력의 유무를 직접 소송의 대상으로 한다는 점에서 항고소송적인 측면도 아울러 지니는 것으로 보는 준항고소송설이 타당하다고 하는 것이 다수설이고 판례[6]의 입장이다.

6) 대법원 1982. 7. 27. 선고 82다173 판결.

2. 주장책임

무효등확인소송에 관하여는 소송의 쟁점을 명확히 할 필요성과 일반적으로 취소소송을 위한 제소기간을 도과시킨 제재라는 견지에서 무효원인에 관한 주장책임은 원고에게 있고 그 주장방법으로는 행정처분에 하자가 있고 그 하자가 중대하고도 명백하다는 것을 구체적 사실에 기하여 주장하여야 한다는 것이 통설·판례[7])이다.

3. 증명책임의 분배

(1) 원고 및 피고 부담설의 문제점

원고가 증명책임을 부담한다는 설은, 무효등확인소송이 취소소송을 위한 제소기간경과 후에 제기되는 것이라는 사실만으로 주로 당사자 간의 공평을 이유로 하여 원고에게 위에서 본 바와 같은 엄격한 주장책임을 부담시키면서도 취소소송의 경우와는 정반대로 무효원인 즉 당해 처분이 위법하고 또 그 위법이 중대하고도 명백하다는 것의 전부에 대한 증명책임을 부담시키고 있다는 점에 문제가 있다는 비판이 있다. 피고가 모든 증명책임을 부담한다는 설은 결국은 피고행정청이 일방적으로 모든 증명책임을 부담하게 된다는 점에서 이는 공평의 이념에 어긋나게 된다.

이상에서 보듯이 원고가 증명책임을 부담한다고 하거나, 피고가 증명책임을 부담한다고 하는 설은 당사자 일방을 근거 없이 우대하게 되는 결과를 초래하므로 공평이라는 증명책임의 분배의 이념에도 어긋나고 결과적으로 증명책임의 분배가 없게 되는 문제점이 발생한다.

(2) 법률요건분류설

무효등확인소송은 그 법적성질이 준항고소송으로서 항고소송의 성질을 가지고 있고, 행정소송법 제4조 2호에서 항고소송의 일종으로 규정하고 있으며, 그 원고적격은 보충적인 것이 아니고, 다투어지는 것은 처분 등의 적법여부인 점에서 취소소송과 다를 바가 없다고 함이 타당하고 따라서 취소소송에서 고찰한 바와 같이 증명책임분배에 관하여는 법률요건분류설에 의함이 타당하다.

이는 결정적인 결과적 차이도 없이 즉 뚜렷한 실익도 없이 행정소송에서의

---

7) 대법원 1976. 1. 13. 선고 75누175 판결.

증명책임분배에 관하여 취소소송과 무효등확인소송를 구별하여 서로 다른 증명책임분배기준을 취함은 추상적·일률적이어야 하고 예측가능성을 가져야 할 증명책임의 본질면에서 볼 때에 의문이라는 점도 감안하여야 할 것이다.

법률요건분류설에 의하면, 무효원인인 중대하고도 명백한 위법은 행정행위를 무효로 하는 예외규정의 요건사실로서의 성질을 가지기 때문에 원고가 증명책임을 진다. 판례의 태도는 단순히 이러한 법률요건분류설에 의한 증명책임의 분배 결과를 심판의 대상이 된 특정한 사건에서 확인하고 있는 것뿐인 것이다. 따라서 판례가 모든 경우에 있어서 원고가 증명책임을 부담하도록 하는 취지는 아니라고 할 것이다.

(3) 판 례

대법원은,

> 행정처분의 당연무효를 주장하여 그 무효확인을 구하는 소송과 그 무효확인을 구하는 뜻에서 그 처분의 취소를 구하는 소송에 있어서는 그 무효를 구하는 사람(원고)에게 행정처분에 존재하는 하자(위법성)가 중대하고 명백하다는 것을 주장·입증할 책임이 있다고 할 것이다[8])

라고 하여 대법원 1976. 1. 13. 선고 75누175 판결 이래로 무효등확인소송에서의 행정처분에 존재하는 하자가 중대하고 명백하다는 주장·증명책임에 관하여 원고에게 있다고 일관하고 있다. 다만 위 대법원 1976. 1. 13. 선고 75누175 판례 중 '그 무효확인을 구하는 뜻에서 그 처분의 취소를 구하는 소송'은 대법원 1976. 2. 24. 선고 75누128 전원합의체 판결[9])에 의하여 취소소송으로 취급되고 있으므로 판례적 의의를 상실하였다고 할 것이다.

4. 증명의 정도 문제

무효등확인소송에서의 명백성에 관하여 일응의 증명을 인정한다는 일설에 의하면, 명백성은 처분청에 대한 관계의 것을 기준으로 하는 것이므로 처분청

---

8) 대법원 1976. 1. 13. 선고 75누175 판결; 대법원 1984. 2. 28. 선고 82누154 판결; 대법원 1992. 3. 10. 선고 91누6030 판결.

9) "무효선언으로서의 취소청구는 그것이 외관상 존재하는 행정처분에 관하여는 권한 있는 기관에 의한 취소를 구하고 있는 점에서 하나의 항고소송이므로 전심절차가 그 소송요건이 된다" 대법원 1976. 2. 24. 선고 75누128 판결.

은 당해 처분에 관한 법률적 지식이 우월한 지위에 있으므로 그 처분의 요건사실을 조사하여 처분을 하고 또 그 처분관계문서 내지 증거자료를 일정기간 보존하고 있어서 적어도 그 기간 내에는 그 처분의 위법이 처분시에는 명백한 것이 아니었다고 판단될 사실관계를 증명함이 용이하다고 한다. 따라서 이와 같은 사정을 도외시하고서 원고에게 특히 명백성에 관한 증명책임을 부담시키는 것은, 법률적 지식이 부족하고 증거와의 거리가 먼 지위에 있는 원고로 하여금 처분청의 사정에 속하는 사항을 증명하게 하는 것이어서 결국에는 원고의 권리구제를 원천적으로 봉쇄하는 결과를 초래하여 오히려 당사자 간의 공평에 반하거나 행정처분의 무효 내지 무효등확인소송제도 자체를 형해화한다는 것이다.

따라서 위 제반 사정을 고려하여 증명책임의 적절한 분배가 이루어져야 할 필요성이 있으며, 이러한 관점에서 원고에게는 엄격한 주장책임을 부담시킴에 부가하여 당해 처분의 위법성에 관한 '일응의 입증'을 하도록 한다면 당사자 간의 공평은 충분히 이루어진다고 한다. 한편 처분의 위법이 중대한 것이라고 판단될 개연성이 있는 경우에는 피고행정청에게 당해 처분의 적법성에 관한 주관적 증명책임을 부담하게 하거나 처분의 위법이 처분시에는 명백한 것이 아니었다는 그 기초사실에 관한 증명책임을 부담하여야 한다고 함이 타당하다고 한다.

그러나 이러한 결론은 특수성인정설, 증거거리설, 위험영역설적인 입장만이 도달할 수 있는 논리적 귀결이나 독점물인 것은 아니고, 법률요건분류설의 입장에서도 이미 증명의 정도를 고려하고 있는 것이고 일응의 입증(표현증명)은 일반적으로 인정되고 있는 것이다. 따라서 법률요건분류설은 봉쇄된 이론이 아니라는 점이 또 한 번 강조될 수 있는 계기가 된다.

V. 무효선언을 구하는 의미의 취소소송

뚜렷한 구별 실익이나 근거없이 취소소송과 무효등확인소송의 증명책임분배기준을 달리 볼 이유도 없는 것이므로, 적어도 증명책임에 관한 한 무효선언을 구하는 의미의 취소소송의 법적성질에 의하여 좌우될 것은 아니라고 할 것이고, 따라서 이 점에 관한 한 위 학설의 대립은 실익이 없는 논의에 불과하다고 할 것이고, 더우기 무효등확인소송의 증명책임에 관하여 취소소송과 구별하지 아니한다는 설을 취한다면 더욱 그러하다 할 것이다. 따라서 이미 무효등확인소송에서 고찰한 바와 같은 이유로 무효선언을 구하는 의미의 취소소송의 경우에도 법률요건분류설에 의함이 타당하다.

판례가 무효등확인소송과 무효선언을 구하는 항고소송에 관하여는 대법원 1976. 2. 24. 선고 75누128 전원합의체 판결 이래로 무효선언을 구하는 항고소송을 무효등확인소송과 구별하여 항고소송과 같이 취급하고 있다고 하여 그 법적성질에 관하여 판례가 적극적 입장을 취한다고 주장함은 무효선언을 구하는 의미의 취소소송의 법적성질면에서는 취소소송의 성질을 지닌다고 하는 점을 명백히 한 것에 지니지 아니하고, 그 증명책임 즉 법률요건분류설에 의한 증명책임분배에 관하여는 하등의 영향을 미치는 것이 아니라고 할 것이다.

Ⅵ. 부작위위법확인소송

부작위위법확인소송의 증명책임분배는 그 성격이 확인소송이므로 이미 무효등확인소송에서 고찰한 바와 같은 이유로 법률요건분류설에 의한다고 할 것이다.

다만 부작위위법확인소송에서는 일정한 처분의 신청을 한 자만이 원고적격을 가지기 때문에(행정소송법 제36조) 그 신청한 것에 대한 증명책임은 원고가 진다. 이 당사자적격은 후술하는 바와 같이 소송요건이므로 원고가 증명책임을 부담하기 때문이라고 할 것이다.

부작위의 성립요건으로서 행정청이 처분을 하여야 할 법률상 의무의 존부 및 상당한 기간의 판단은 증명의 문제가 아니라 구체적 사안에 따르는 법률판단의 문제인 것이나, 행정청이 상당한 기간의 경과의 불가피성을 주장하는 경우에는 그것을 정당화할 만한 특별한 사유에 대하여 피고인 행정청이 증명책임을 지게 된다.

Ⅶ. 공법상 당사자소송

당사자소송이라 함은 대등하게 대립되고 있는 당사자 상호간의 공법상 권리관계에 관한 소송을 말하며 항고소송보다는 훨씬 민사소송에 유사하다. 그 심리원칙도 변론주의를 기본원칙으로 하므로(행정소송법 제26조, 제44조 제1항) 객관적 증명책임은 물론이고 주장책임 및 주관적 증명책임이 인정된다.

당사자소송은 실질적 당사자소송의 경우는 처분등의 무효를 전제로 하는 공법상의 부당이득반환소송, 공무원의 직무상 불법행위로 인한 국가배상청구소송, 공법상의 신분·지위 등의 확인소송, 공법상의 금전지급청구소송 등 소의 종류가 다양하고, 형식적 당사자소송의 법적성질에 관하여는 형성소송설, 이행소송설, 확인소송설 등이 대립하고 있는 실정에 있다. 이렇게 민사소송에서 가능한 다양한 소의 종류를 감안하여 그 증명책임분배를 추상적·일률적으로 설정하려면 민사소송상의 법률요건분류설의 적용을 배제할 수 없다.

판례가 공법상 당사자소송인 행정상 손실보상청구소송, 공무원의 봉급청구소송을 민사소송으로 보는 것이 일반적이기 때문에 당사자소송의 증명책임분배의 원칙은 특수성인정설이나 헌법질서귀납설에 따라서 정하여져야 할 것이라는 주장이 있으나, 앞 취소소송의 증명책임분배에서 고찰한 바와 같이 특수성인정설이나 헌법질서귀납설등은 그 자체가 난점이 있고 또 이 설들이 고려하는 것들은 법률요건분류설이 충분히 포섭할 수 있고 따라서 법률요건분류설에 의하는 것이 타당하고, 이는 당사자소송이 사적 경제성이라는 면에서 상대적으로 일반 항고소송과 달리 민사소송과 유사하다는 점에서 더욱 그러하다.

따라서 당사자소송에 있어서의 증명책임은 민사소송의 일반원칙 즉 법률요건분류설에 따라서 분배된다.

다만 성질상 당사자소송이나 실무상 민사소송으로 다루어 지고 있는 국가배상청구소송의 경우 과실의 객관화 경향등이 있으므로 그 증명책임도 경감 내지 완화할 필요성은 있는 것이므로 일응의 입증이나 증명의 정도 등도 고려된다고 할 것이다.

Ⅷ. 민중소송과 기관소송

민중, 기관소송은 객관적 소송으로서 고도의 공익적 요구에 의하여 인정되는 것이므로 주관적 소송인 항고소송 또는 민사소송에 관한 일반이론은 적용되지 않음을 원칙으로 한다.

따라서 증명책임분배의 원칙도 각 개별법규의 해석을 통하여 결정되어야 할 것이나 일반적으로 원고에게 증명책임이 있다는 주장이 있다. 즉 이러한 소송에 있어서는 그 공익적 성격이 특히 선명하고 분쟁의 대상인 공법행위(예컨대 선거, 당선인결정, 지방의회의 의결 등)가 고도의 공익성, 정치성, 법적 안정성, 신속 집행성, 공정성 등의 특질을 갖기 때문이라고 한다.

그러나 민중, 기관소송도 행정소송법 제46조의 준용규정을 가지고 있기 때문에 그 개별법규에 규정된 민중, 기관소송의 성격에 따라서 가령 항고소송이나, 당사자소송 등등의 성질을 갖는 경우에는, 그 본질에 반하지 않는 한 행정소송상의 증명책임분배의 원칙이 적용될 여지는 있다고 함이 타당할 것이다.

제3절 개별사항별 증명책임분배

Ⅰ. 소송요건

소송요건에 대한 법원의 직권조사는 직권탐지가 아닌 일반의 직권조사로서 법원은 당사자가 제출한 소송자료에 의하여 독자적으로 적정한 판단을 하면 되고 법원이 나서서 증거를 수집할 책임이 있는 것은 아니다. 법원이 직권으로 조사하여야 하는 것은 소송요건의 존재인 것이고 그 부존재를 직권으로 조사하는 것은 아니다. 소송요건에 대한 법원의 직권조사는 소송요건을 갖추지 못한 사건에 대하여는 본안판결을 할 수가 없다는 것에 초점이 맞추어질 것이고 소송을 제기한 원고에게 소송요건이 갖추어졌다는 점에 대한 주장책임이나 증명책임을 감면하여 주는 의미는 아니다. 왜냐하면 소송요건의 존부가 불확정한 경우의 불이익부담은 소를 제기한 원고에게 돌아가게 되는 것이므로 소송요건사실의 증명책임은 원고에게 있기 때문이다.

이는 행정소송사건이라고 하여 달라지는 것이 아니다. 따라서 항상 원고가 제소한 사건이 소송요건을 갖추었다는 점을 구체적으로 주장하고 증명할 책임이 있는 것이고 그것을 다하지 못하면 소각하판결을 받게 된다.

Ⅱ. 행정처분

1. 통상 행정처분

행정처분은 반드시 법률의 규정을 근거로 하여 그 규정내용에 따라 행하여지도록 되어 있으므로 그 행정청인 피고는 그 행정처분의 근거규정에 정하여져 있는 요건사실을 증명하여야 한다.

판례[10]가 행정소송법에 있어서 특단의 사정이 있는 경우를 제외하면 당해

---

10) 대법원 1976. 3. 9. 선고 74누7 판결.

행정처분의 적법성의 증명책임이 피고인 행정기관에 있다고 한 의미는, 행정소송 일반의 경우를 상정하여 통상 행정처분은 그 권리발생규정을 적용한 것이 많으므로 그러한 경우 그 취소를 구하는 것이 행정소송에서의 원칙적인 형태로 보고 권리발생규정의 적용을 거부한 행정처분은 예외적인 것이라고 보아서, 그러한 경우에 그 처분의 취소를 구하는 행정소송에서는 피고가 권리발생요건사실에 대한 증명책임을 부담하게 된다는 말을 그렇게 표현한 것이라고 해석한다.

이에 해당하는 예로서는, 공무원 징계처분 취소소송에 있어서 국가공무원법 제78조, 지방공무원법 제69조 등에서 규정하고 있는 징계요건사실, 개간촉진법에서 정한 개간허가의 요건사실[11], 건물철거 대집행계고처분 취소소송에 있어서 대집행계고의 요건사실[12], 세무소송에 있어서 각종 세법에 규정되어 있는 과세요건사실[13]을 들 수 있다.

2. 취소처분

(1) 직권취소

일단 행정처분이 행하여지면 행정청 스스로도 여기에 구속되고 처분청이 원처분을 할 권한을 가졌다 하여 당연히 별개의 행정처분인 취소처분을 할 권한을 가진다고는 할 수 없다.

즉 전통적으로 행정의 법률적합성의 원칙에 따라 하자있는 행정행위는 행정청이 자유로이 취소할 수 있는 것으로 인정되고 있었으나(취소자유원칙), 1950년대 후반부터 독일에서는 판례를 중심으로 하여 신뢰보호의 원칙에 기한 이익형량의 원리에 따라 종래의 취소자유의 원칙은 취소제한의 원칙으로 전환되었고 따라서 직권취소는 기본적으로 행정의 법률적합성 원칙과 신뢰보호의 원칙의 비교형량에 따르는 제한을 받게 되었다.

따라서 행정청은 명문의 규정이 없는 경우에도 하자 있는 행정처분은 이를

11) 대법원 1965. 7. 20. 선고 65누72 판결.
12) 대법원 1970. 8. 18. 선고 70누84 판결; 대법원 1981. 3. 24. 선고 80누341 판결; 대법원 1981. 8. 11. 선고 80누595 판결; 대법원 1982. 5. 11. 판결 81누232 선고; 대법원 1983. 7. 12. 선고 83누150 선고; 대법원 1993. 9. 14. 선고 92누16690 판결.
13) 대법원 1981. 5. 26. 선고 80누521 판결; 대법원 1983. 6. 28. 선고 83누118 판결; 대법원 1987. 7. 7. 선고 85누393 판결; 대법원 1989. 10. 24. 선고 87누285 판결.

취소할 수 있으나, 다만 그 처분이 국민에게 권리나 이익을 부여하는 수익적 행정행위인 때에는 그 처분을 취소하여야 할 공익상 필요와 그 취소로 인하여 당사자가 입게 될 기득권과 신뢰보호 및 법률생활 안정의 침해 등 불이익을 비교 교량한 후 공익상 필요가 당사자가 입을 불이익을 정당화할 만큼 강한 경우에 한하여 취소할 수 있다는 제한을 받는다고 하고, 또 취소권을 유보한 경우에 있어서도 무조건으로 취소권을 행사할 수 있는 것이 아니고 취소를 필요로 할 만한 공익상의 필요가 있는 경우에 한하여 취소권을 행사할 수 있는 것이라고 한다.[14)]

따라서 행정청은 첫째 원처분이 위법일 것, 둘째 취소를 정당화할 만한 공익상의 필요가 있을 것의 두 가지 요건이 있을 때에만 원처분을 취소할 수 있는 것이다. 따라서 이 두 가지의 요건은 행정처분의 취소라고 하는 별개의 행정처분 즉 취소처분의 권리발생사실이라고 풀이할 수 있다. 그러므로 피고행정청이 위의 두 가지 요건을 증명하지 않으면 안 된다.[15)]

그 결과 원처분의 적법요건(권리발생사실)의 존재가 불분명한 경우에는 원처분취소소송에 있어서는 원처분이 취소를 당하게 되나 원처분을 취소한 행정처분의 취소소송에 있어서는 반대로 그 취소처분이 취소되어 원처분이 되살아나게 된다. 이것은 원처분취소소송과 취소처분취소소송은 각각 그 권리근거규정을 달리하는 관계로 전자에 있어서는 원처분의 적법성이 후자에 있어서는 그 위법성이 각각 증명주제가 되기 때문이다.

(2) 쟁송취소

재결청이 처분청과 동일한 견지에 서서 원처분의 요건(권리발생사실)이 존재한다고 인정할 때에는 행정심판을 기각하여야 하고 그 존재를 부정할 때에는 원처분 취소의 재결을 하여야 하는데 이 재결은 처분청을 구속하는 효력이 있다(행정심판법 제37조 제1항). 이 경우에는 법률에 특별한 제한규정이 없는 한 취소사유가 있으면 원칙적으로 취소하여야 하고 처분청에 의한 취소의 경우와는 달리 취소에 관한 특별한 요건은 존재하지 않는다. 따라서 재결청의 재결에 따라 처분청이 원처분을 취소한 처분에 대한 취소소송에 있어서는 원처분이 적법하다고 주장하는 원고가 원처분의 요건(권리발생사실)을 증명하여야 한다.

---

14) 대법원 1964. 6. 9. 선고 63누40 판결.
15) 대법원 1964. 5. 26. 선고 63누142 판결.

그러나 위와 같은 처분청의 취소처분에 대하여 다시 취소를 구할 소의 이익을 가진 자는 없는 것이 보통이므로 이러한 취소소송은 거의 그 예를 볼 수 없다.

3. 철회처분

철회처분의 취소도 취소처분의 취소에 준하여 당해 행정행위를 더 이상 존속시킬 수 없는 새로운 사정이 발생하였다는 것과 개인의 권리 이익의 침해를 정당화할 중대한 공익상의 필요가 있을 것의 두 가지를 요건으로 하여 이것의 증명책임은 피고인 행정청이 부담하도록 할 것이다.[16)]

4. 거부처분

(1) 통상 행정행위의 거부처분

법규가 사인의 신청에 의하여 어떠한 통상의 행정처분(신청인에게 유리한 내용이 될 것이다)을 할 것을 규정하고, 그 처분의 요건(권리발생사실)을 정하고 있는 경우에 있어서는 행정청이 그 신청에 따르는 행정행위를 할 것을 명시적으로 거부하였을 때에는 그 거부처분취소소송에서는 원고가 그 처분의 요건에 관하여 증명책임을 진다.

이는 법규가 사인의 신청에 의하여 어떠한 행정처분을 하도록 규정한 경우 그 신청을 거부한 처분의 취소를 구하는 때에는 그 행정처분(거부처분이 아니고 신청인이 바라는 행정처분)의 적법요건 사실에 대한 증명책임은 원고에게 있다. 이는 행정처분의 근거가 되는 요건사실은 그 요건사실의 존재가 당해 행정처분에 대하여는 권리발생요건사실이 되겠지만 반대로 그 거부처분에 대하여는 권리장애요건사실에 해당되는 것으로 볼 수 있기 때문이다.

그런데 거부처분의 대상이 허가나 특허신청인 경우에는 허가나 특허의 성질상 이와 다른 고찰을 요한다. 특히 우리나라의 실정법상 허가, 면허, 인가, 등록 등의 용어가 혼용되어 사용되고 있으므로 법령상 허가라고 하더라도 학문상의 특허, 인가에 해당하는 경우가 있기 때문에 주의를 요할 뿐만 아니라, 특히 허가, 특허의 취소의 경우 오늘날 행정청의 자유원칙에서 제한원칙이 인정되고 있기 때문이다.

---

16) 대법원 1960. 9. 12. 선고 4291행상30 판결.

(2) 허가거부처분

허가는 자연적 자유의 회복에 그치고 권리나 능력의 설정행위는 아니므로 허가의 결과 일정한 독점적 이익을 받더라도 그것은 반사적 이익에 그칠 것으로 파악될 것이나 관계규정의 목적·취지가 공익뿐만 아니라 사인의 이익도 보호하는 것으로 해석되는 때에는 법적으로 보호되는 이익이 되고, 이러한 논리는 오늘날 국민의 권리구제의 확대를 도모하기 위하여 공권의 성립요소를 상대방에게 유리하게 해석하려는 경향에 편승하여 실질적인 의미를 가지게 된다.

따라서 이러한 경우에는 행정청이 허가를 함이 원칙이고 불허가는 예외이고 허가를 거부하는 것은 본질적으로 새로운 금지처분을 하는 것이 되기 때문에 허가신청을 거부한 처분의 취소를 구하는 때에는 피고행정청이 그 적법요건사실에 대한 증명책임을 진다. 따라서 위의 행정대서허가의 경우도 피고행정청이 증명책임을 진다고 하여야 한다.

대법원도 원고의 중기대여업 허가신청이 허가기준 미달로 인한 피고의 불허가처분의 적법성에 관한 주장과 증명의 책임은 처분청인 피고에게 있다고 한다.

(3) 특허거부처분

특허는 국민에게 새로운 권리, 능력을 설정하여 주는 행위이고, 공익적 관점에서 특허여부에 관한 행정청의 판단의 여지가 인정될 소지 즉 재량행위의 성질을 가지는 경우가 많을 것이다.

그러나 특허가 어느 경우에나 획일적으로 재량행위라는 것을 의미하지는 않으므로 관계법의 규정방식에 따라서는 기속행위의 성격을 갖는 경우가 있을 것이다. 이러한 경우 증명책임은 위의 허가거부처분에서 고찰한 바와 같은 이유로 피고행정청이 부담하여야 한다.

Ⅲ. 재량권의 일탈·남용

1. 증명책임의 분배

1) 기속재량행위와 자유재량행위를 나누어 자유재량의 경우 그 재량을 그르친 행위는 원칙적으로 부당행위에 그친다는 설이 있으나, 오늘날 재량행위도 그 일탈·남용의 경우에는 당연히 재판통제의 대상이 되므로 즉 모든 재량은 일

정한 한계에 의하여 기속을 받게 되므로 기속재량일 수밖에 없으므로 자유재량 아닌 재량이 없고 기속재량 아닌 재량이 없는 것이므로 따라서 제한적이나마 재판통제를 가능하게 하기 위한 개념으로서의 기속재량의 관념은 이미 그 의의를 상실하였고, 또한 기속재량은 법규상으로는 행정청에 재량적 판단이 인정된 것으로 보이나 그 요건이나 효과는 일률적으로 확정되어 있어서 기속행위와 구별할 이유와 실익도 없는 것이다. 따라서 행정행위는 그 근거법규와의 관련에서 기속행위와 재량행위로 구분할 수 있으나 재량행위를 기속재량행위와 자유재량행위로 구분하는 것은 논리적 근거도 없고 그 구별의 실익도 없다.

더군다나 오늘날 재량권의 영으로의 수축(Ermessensreduzierung auf Null)의 경우의 예외적 상황하에서는 오직 하나의 결정 내지 처분만이 의무에 합당한 재량권행사로 인정된다고 하므로, 당해 재량행위는 내용적으로 기속행위로 전화되는 것이다. 이 때는 행정청이 당해 행위를 하지 않으면 위법행위가 된다.

따라서 자유재량행위 관념을 인정하면서 증명책임을 언급하는 방법은 오늘날 받아들이기가 어렵다.

2) 종래의 재량행위 관념에 근거한 법률요건분류설에 대한 비판은, 행정행위를 자유재량행위와 기속행위 또는 기속재량행위로 구분하고 자유재량행위에 대하여는 언제나 원고인 국민이 그 위법에 대한 증명책임을 부담한다고 논하는 것은 도리어 헌법상의 제 원리, 당해 법규의 근본취지에 반한다는 것이다. 그러나 위와 같이 기속재량과 자유재량의 구별을 부정하는 입장에서는 이러한 문제점은 없어질 것이다.

3) 재량행위가 재량권의 한계를 벗어났다는 이유로 예외적으로 위법하게 되는 것은 그 권리근거규정에 위반하였기 때문이 아니고, 헌법 또는 법질서일반에서 도출되는 제 원칙이나 각 실정법규에 내재하는 목적에 위반하였기 때문이다. 재량행위의 권리근거규정과 재량권의 한계를 지우는 제 원칙 내지 목적과는 원칙·예외의 관계에 있고 후자는 일종의 권리장해규정이라고 할 수 있다. 따라서 재량행위의 취소소송에 있어서는 피고행정청은 당해 처분의 재량사항 이외의 요건을 증명하면 되고 그것이 재량권의 한계를 벗어났다는 사실 즉 위의 제 원칙 내지 목적에 위반되었다는 점을 인정함에 필요한 사실은 원고가 증명해야 한다.

4) 다만 행정처분이 재량권의 한계를 일탈하였는지의 여부에 관한 판단은 사실판단이라기보다도 심리과정에 나타난 모든 자료를 기초로 한 가치판단으로서의 성격이 강하다고 할 것이고, 따라서 실무상 그 판단이 법원의 전권에 속하는 듯이 처리되어 왔음인지 재량권의 한계일탈에 관한 쟁점이 증명책임의 문제로 해석된 사례를 찾아보기 힘들다고 한다.

5) 재량행위에 관하여 원고가 책임을 진다는 입장은 특히 행정소송에서의 증명책임의 분배에 관하여 특수성인정설에서 주장하는 것이나 이는 법률요건분류설의 입장에서도 동일한 결론에 이른다. 법률요건분류설이나 특수성인정설의 경우 모두 재량권의 일탈·남용 시 원고가 증명책임을 지는 것에 공통적이므로 사실은 실익이 없는 논의에 불과하다. 제3절 행정소송의 종류별 증명책임에서 고찰한 바와 같이 특수성인정설은 현단계에서 법률요건분류설을 대체할 정도로 성숙된 이론이 아니고 그 주장하는 결론이 법률요건분류설에서도 받아들여지고 있는데, 이것은 법률요건분류설은 그 자체가 봉쇄된 이론이 아니기 때문에 이와 같은 결과를 포섭할 수 있기 때문이다. 특수성인정설은 이 재량행위의 경우 이외에는 별다른 예를 들지 못하고 있고 따라서 재량행위의 증명책임 문제가 행정소송의 증명책임분배이론의 결정적인 고려사항은 되지 못한다.

2. 증명의 정도

위와 같이 행정청이 재량권의 일탈·남용시 원고에게 증명하게 하는 것은 공평의 이념에 반하므로 가령 평등원칙의 위반이 문제될 경우 원고가 행정청이 행정규칙, 행정선례, 관행에서 이탈한 사실만 일응의 입증을 하면 족하고, 피고 행정청은 그와 같은 행정규칙, 행정선례, 관행을 따르지 않은 정당사유 또는 합리적인 근거 등 재량권행사의 합리성을 증명하여야 한다는 주장이 타당하다. 이러한 결론은 법률요건분류설의 입장에서도 충분히 수용가능하다.

Ⅳ. 행정처분절차

행정처분이 적법하기 위해서는 그 절차도 적법하여야 하고 행정기관의 절차라고 하여도 그 적법이 추정되는 것이 아니다. 따라서 일반적으로 행정처분의 절차에 관한 규정도 그 실체규정과 마찬가지로 법률요건분류설에 의하여 권리

근거규정으로 보아야 하므로 피고행정청에게 그 절차의 적법성에 대한 증명책임이 있다.

예를 들면 하천법에 의한 허가취소처분을 하려면 사전에 관계인의 의견을 들어야 하고(하천법 제67조 제2항), 압류재산공매처분을 하려면 사전에 관계인의 의견을 들어야 하고(국세징수법 제68조), 건설업 면허취소처분을 하려면 청문을 하여야 하며(건설업법 제54조 제1항), 공무원에 대한 징계처분을 하려면 징계위원회의 의결을 거쳐야 하는데(국가공무원법 제82조 제1항, 경찰공무원법 제27조, 교육공무원법 제64조, 경찰공무원법 제53조, 제55조 등), 이와 같은 절차에 관하여 다툼이 있게 되면 피고행정청이 이를 증명하여야 한다.

다만 그 위반이 단순한 취소사유이냐 당연무효사유이냐가 문제로 될 것이나 당연무효확인소송의 형식을 취한다면 법률요건분류설에 의하여 그 무효사유에 대한 것은 예외규정이라 할 것이므로 증명책임이 원고에게 있다 할 것이고, 무효선언의 의미로서의 취소소송의 형태를 취한 경우에도 일반 행정소송에서와 같이 해결하면 된다.

과세처분의 취소를 구하는 소송에서 과세처분의 절차적 적법요건에 관하여 증명책임도 피고인 과세관청에 있다.[17)]

V. 행정의 실효성확보수단

1. 행정대집행

행정대집행의 경우에 그 요건에 관한 증명책임에 있어서, 대법원은 실체적 요건에 관한 규정과 같이 보통 권리발생규정이라고 풀이하여 행정처분이 적법한 절차를 거쳐서 행하여 졌다는 사실은 피고행정청의 증명책임에 속한다고 판시하고 있다.[18)]

2. 집행벌, 직접강제, 행정상 강제징수

이와 같은 경우에 각각 그 요건에 관하여서도, 행정대집행에서 본 바와 같이 실체적 요건에 관한 규정과 같이 권리발생규정이라고 할 것이므로 피고행정청

---

17) 대법원 1984. 12. 11. 선고 84누225 판결; 대법원 1986. 10. 28. 선고 85누555 판결.
18) 대법원 1970. 8. 18. 선고 70누84 판결.

에게 증명책임이 있다.

3. 행정형벌

손금의 과다계상이나 허위계상 등의 방법으로 기소된 조세포탈범의 경우 대법원은 필요경비의 용도의 증명책임은 피고인에게 있다고 판시하고 있다.[19] 필요경비는, 학설이 대립하나, 보통 예상되는 범위 내의 경비의 존재에 대하여는 과세청에게 그 증명책임이 있으나 이 범위를 초과하는 특별한 경비의 존재에 대한 증명책임은 피고인(행정소송에서의 원고에 해당)에게 있다.

토론할 문제

1. 공정력과 증명책임의 관계
2. 증명책임분배에 관한 법률요건분류설과 특수성인정설의 관계
3. 재량행위와 증명의 정도
4. 재량하자와 증명책임분배
5. 판단여지설과 증명의 정도

19) 대법원 1989. 10. 10. 선고 87도966 판결.

관련판례

대법원 2010.11.25. 선고 2009두9543 판결 【시정명령처분등취소】

독점규제 및 공정거래에 관한 법률 제29조 제1항에서 정한 사업자의 최저재판매가격유지행위도 정당한 이유가 있는 경우 예외적으로 허용되는지 여부 및 '정당한 이유'가 있는지 여부의 판단 기준과 그에 관한 증명책임자(=사업자)

독점규제 및 공정거래에 관한 법률 제2조 제6호, 제29조 제1항 등 독점규제 및 공정거래에 관한 법률의 입법 목적과 재판매가격유지행위를 금지하는 취지에 비추어 볼 때, 최저재판매가격유지행위가 당해 상표 내의 경쟁을 제한하는 것으로 보이는 경우라 할지라도, 시장의 구체적 상황에 따라 그 행위가 관련 상품시장에서의 상표 간 경쟁을 촉진하여 결과적으로 소비자후생을 증대하는 등 정당한 이유가 있는 경우에는 이를 예외적으로 허용하여야 할 필요가 있다. 그리고 그와 같은 정당한 이유가 있는지 여부는 관련시장에서 상표 간 경쟁이 활성화되어 있는지 여부, 그 행위로 인하여 유통업자들의 소비자에 대한 가격 이외의 서비스 경쟁이 촉진되는지 여부, 소비자의 상품 선택이 다양화되는지 여부, 신규사업자로 하여금 유통망을 원활히 확보함으로써 관련 상품시장에 쉽게 진입할 수 있도록 하는지 여부 등을 종합적으로 고려하여야 할 것이며, 이에 관한 증명책임은 관련 규정의 취지상 사업자에게 있다고 보아야 한다.

2010. 5. 13. 선고 2009두3460 판결 〔양도소득세부과처분무효확인〕 (공2010, 1161)

행정처분무효확인소송에서 행정처분의 무효 사유에 대한 증명책임자(=원고) 및 구치소 등에 구속된 사람에 대한 납세고지서의 송달 방법

행정처분의 당연무효를 주장하여 그 무효확인을 구하는 행정소송에 있어서는 원고에게 그 행정처분이 무효인 사유를 주장·입증할 책임이 있다. 한편 국세기본법에는 민사소송법 제182조(구속된 사람 등에게 할 송달)와 같은 특별규정이나 민사소송법 중 송달에 관한 규정을 준용하는 규정이 없으므로, 구치소 등에 구속된 사람에 대한 납세고지서의 송달은 특별한 사정이 없으면 국세기본법 제8조 제1항에 따라 주소·거소·영업소 또는 사무소로 하면 되고, 이 경우 그 곳에서 송달받을 사람을 만나지 못한 때에는 그 사용인 기타 종업원 또는 동거인으로서 사리를 판별할 수 있는 사람에게 송달할 수 있다.

2009. 11. 26. 선고 2009두8786 판결 〔채무부존재확인〕 (공2010, 44)

[1] 국민건강보험법 제52조 제1항에 의한 국민건강보험공단의 환수처분 또는 징수처분의 요건 및 그 요건 사실에 대한 증명책임의 소재(=국민건강보험공단)

[2] '건강보험 요양급여행위 및 그 상대가치점수'(보건복지부 고시 제2005-88호)에 의하여 약사법에 의한 의약분업 예외조항의 범위가 확장되는지 여부(소극)

[3] 질병군 진료 요양기관이 환자들을 진료한 후 처방전을 발행하여 환자들로 하여금 약국에서 약제를 구입하게 하고도 포괄수가제에 따라 약제비 상당이 포함된 요양급여비용을 받은 것이, '사위 기타 부정한 방법으로' 요양급여비용을 받은 것으로 볼 수 없다고 한 사례

[1] 국민건강보험법 제52조 제1항에 의한 국민건강보험공단의 환수처분 또는 징수처분은 요양기관이 환자에게 실제로 제공한 진료행위 등에 비하여 과다한 요양급여비용을 받았다고 하여 곧바로 행할 수 있는 것이 아니라 그러한 과다한 요양급여비용을 지급받은 것이 요양기관의 사위 기타 부당한 방법에 의한 것일 때 행할 수 있는 것이고, 그러한 경우 요양기관이 사위 기타 부당한 방법으로 요양급여비용을 지급받았다는 점을 증명할 책임은 국민건강보험공단에 있다.

[2] 구 국민건강보험 요양급여의 기준에 관한 규칙(2006. 12. 29. 보건복지부령 제377호로 개정되기 전의 것) 제8조 제3항에 따라 보건복지부장관이 정하여 고시한 '건강보험 요양급여행위 및 그 상대가치점수'(보건복지부 고시 제2005-88호)의 취지는 포괄수가제의 적용범위와 그 질병군의 진료수가의 산정기준을 정한 것일 뿐, 약사법의 위임을 받은 것은 아니어서, 위 고시에 의하여 약사법에 의한 의약분업 예외조항의 범위가 확장되는 것으로는 보기 어렵다.

[3] 질병군 진료 요양기관이 혈전성치핵절제술 등의 시술을 하고 귀가시킨 환자들에게 퇴원약제를 직접 조제하여 지급하지 않고 처방전을 발행하여 그 환자들로 하여금 약국에서 약제를 구입하게 하고도 질병군별 포괄수가제에 따라 약제비 상당이 포함된 요양급여비용을 받은 것이, 국민건강보험법 제52조 제1항에 정한 '사위 기타 부정한 방법으로' 요양급여비용을 받은 것으로 볼 수 없다고 한 사례.

2009. 11. 26. 선고 2009두8786 판결 〔채무부존재확인〕 (공2010, 44)

[1] 국민건강보험법 제52조 제1항에 의한 국민건강보험공단의 환수처분 또는 징수처분의 요건 및 그 요건 사실에 대한 증명책임의 소재(=국민건강보험공단)

[2] '건강보험 요양급여행위 및 그 상대가치점수'(보건복지부 고시 제2005-88호)에 의하여 약사법에 의한 의약분업 예외조항의 범위가 확장되는지 여부(소극)

[3] 질병군 진료 요양기관이 환자들을 진료한 후 처방전을 발행하여 환자들로 하여금 약국에서 약제를 구입하게 하고도 포괄수가제에 따라 약제비 상당이 포함된 요양급여비용을 받은 것이, '사위 기타 부정한 방법으로' 요양급여비용을 받은 것으로 볼 수 없다고 한 사례

[1] 국민건강보험법 제52조 제1항에 의한 국민건강보험공단의 환수처분 또는 징수처분은 요양기관이 환자에게 실제로 제공한 진료행위 등에 비하여 과다한 요양급여비용을 받았다고 하여 곧바로 행할 수 있는 것이 아니라 그러한 과다한 요양급여비용을 지급받은 것이 요양기관의 사위 기타 부당한 방법에 의한 것일 때 행할 수 있는 것이고, 그러한 경우 요양기관이 사위 기타 부당한 방법으로 요양급여비용을 지급받았다는 점을 증명할 책임은 국민건강보험공단에 있다.

[2] 구 국민건강보험 요양급여의 기준에 관한 규칙(2006. 12. 29. 보건복지부령 제377호로 개정되기 전의 것) 제8조 제3항에 따라 보건복지부장관이 정하여 고시한 '건강보험 요양급여행위 및 그 상대가치점수'(보건복지부 고시 제2005-88호)의 취지는 포괄수가제의 적용범위와 그 질병군의 진료수가의 산정기준을 정한 것일 뿐, 약사법의 위임을 받은 것은 아니어서, 위 고시에 의하여 약사법에 의한 의약분업 예외조항의 범위가 확장되는 것으로는 보기 어렵다.

[3] 질병군 진료 요양기관이 혈전성치핵절제술 등의 시술을 하고 귀가시킨 환자들에게 퇴원약제를 직접 조제하여 지급하지 않고 처방전을 발행하여 그 환자들로 하여금 약국에서 약제를 구입하게 하고도 질병군별 포괄수가제에 따라 약제비 상당이 포함된 요양급여비용을 받은 것이, 국민건강보험법 제52조 제1항에 정한 '사위 기타 부정한 방법으로' 요양급여비용을 받은 것으로 볼 수 없다고 한 사례.

2009. 8. 20. 선고 2008두19871 판결 〔개인택시운송사업면허제외처분취소〕 (공2009, 1552)

[1] 구 여객자동차 운수사업법 시행규칙 제17조와 이에 근거하여 지방자치단체가 제정한 '개인택시 운송사업면허 업무처리규정'에서 정한 '운전경력'에 대한 증명책임자(=운전자) 및 그 증명의 방법

[2] 운전자가 개인택시면허 발급신청 당시 제출한 소득금액증명서, 운전경력증명서, 고용계약서 등은 자가용 자동차 운전경력에 관하여 구 여객자동차 운수사업법 시행규칙 제17조에 의하여 제정된 '서산시 개인택시면허 업무처리규정' 제8조 제2항 제2호에서 정하는 서류에 준하는 객관적이고 합리적인 증거자료에 해당한다고 보기 어렵다고 한 사례

[1] 구 여객자동차 운수사업법 시행규칙(2008. 11. 6. 국토해양부령 제66호로 개정되기 전의 것) 제17조 및 이에 근거하여 지방자치단체가 제정한 '개인택시 운송사업면허 업무처리규정'에서 말하는 '운전경력'은 수익적 행정행위인 개인택시 운송사업면허의 발급요건을 구성하므로 그 행정행위의 상대방인 운전자가 그 사실의 증명책임을 부담하고, 그 증명은 원칙적으로 사실심 변론종결 당시까지 할 수 있다. 그러나 개인택시 운송사업면허는 한정된 면

허대수의 범위 내에서 그 발급에 필요한 요건을 갖춘 다수의 신청자들 중 그 범위 내의 순위에 해당하는 신청자들에게만 발급하게 되므로, 기본적 요건이 되는 운전경력의 증명은 위 업무처리규정에서 정하는 서류와 동등한 정도의 객관적이고 합리적인 증거자료에 의하여야 한다.

[2] 운전자가 개인택시면허 발급신청 당시 제출한 소득금액증명서, 운전경력증명서, 고용계약서 및 각서, 사실확인서, 폐업사실증명원은 운전자의 실제 업무내용이 어떠하였고 운전자가 업무시간 동안 어느 정도로 직접 운전에 종사하였는지, 운전자가 운전에 종사한 기간이 구체적으로 얼마나 되는지 등 운전자의 자가용 자동차 운전경력에 관하여 구 여객자동차 운수사업법 시행규칙(2008. 11. 6. 국토해양부령 제66호로 개정되기 전의 것) 제17조에 의하여 제정된 '서산시 개인택시면허 업무처리규정' 제8조 제2항 제2호에서 정하는 서류(고용계약서류, 급여지급명세서, 갑근세납세필 증명서 등)에 준하는 객관적이고 합리적인 증거자료에 해당한다고 보기 어렵다고 한 사례.

2009. 8. 20. 선고 2007두1439 판결 〔부가가치세부과처분취소〕 (공2009, 1561)

납세의무자가 신고한 비용 중 일부 금액에 관한 세금계산서가 허위로 작성되었다는 점이 과세관청에 의해 상당한 정도로 증명된 경우, 그것이 실지비용이라는 점에 관한 증명책임자(=납세의무자)

납세의무자가 신고한 비용 중의 일부 금액에 관한 세금계산서가 실물거래 없이 허위로 작성되었다는 점이 과세관청에 의해 상당한 정도로 증명되어 그것이 실지비용인지 여부가 다투어지고 납세의무자가 주장하는 비용의 용도와 그 지급의 상대방이 허위임이 상당한 정도로 증명된 경우에는, 그러한 비용이 실제로 지출되었다는 점에 관하여 장부와 증빙 등 자료를 제시하기가 용이한 납세의무자가 이를 증명할 필요가 있다.

대법원 2009.6.11. 선고 2009두3583 판결 【부당승무정지구제재심판정취소】 [미간행]

단체협약 등에 정한 퇴직사유가 발생하였다고 하여 퇴직처분이 근로기준법에서 정한 정당한 이유가 있는 것인지 여부(소극) 및 근로기준법에 의한 부당해고구제재심판정을 다투는 소송에서 해고의 정당성에 관한 증명책임의 소재

단체협약 등에서 어떤 사유의 발생을 퇴직사유로 규정하고 있는 경우에 그 퇴직사유가 사망, 정년, 근로계약기간의 만료 등과 같이 근로관계의 자동소멸을 가져오는 경우를 제외하고는 그 단체협약 등에 따른 퇴직처분도 근로기준법의 제한을 받는 해고에 해당하므로, 형식적으로 단체협약 등에 정한 퇴직사유가 발생하였다는 것만으로 그 퇴직처분이 근로기준법에서 정한 정당한 이유가 있게 되는 것은 아니다(대법원 1996. 10. 29. 선고 96다21065 판결 등 참조). 그리고 근로기준법에 의한 부당해고구제재심판정을 다투는 소송에 있어서 해고의 정당성에 관한 증명책임은 이를 주장하는 자가 부담한다(대법원 1999. 4. 27. 선고 99두202 판결 등 참조).

대법원 2009.6.11. 선고 2007두23484 판결 【재임용제외처분무효확인및재임용재심사기각결정취소】 [미간행]

기간제로 임용되어 임용기간이 만료되는 사립대학 교원에 대한 재임용 거부결정이 무효인 경우 및 재량권의 일탈·남용으로 인한 재임용 거부결정의 무효사유에 관한 증명책임의 소재

대학교원 기간임용제 탈락자 구제를 위한 특별법(이하 '구제특별법'이라 한다)에 의하면, 기간제로 임용되어 임용기간이 만료되는 사립대학 교원은 교원으로서의 능력과 자질에 관하여 합리적인 기준에 의한 공정한 심사를 받아 위 기준에 부합되면 특별한 사정이 없는 한 재임용되리라는 기대를 가지고 재임용 여부에 관하여 합리적인 기준에 의한 공정한 심사를 요구할 권리를 가진다고 볼 것이며, 따라서 사립대학 교원에 대한 재임용 거부의 객관적 사유, 즉 재임용 심사기준에 미달된다는 사유가 전혀 존재하지 않거나 그 사유가 존재한다 하더라도 교원으로서의 능력과 자질을 검증하여 적격성 여부를 심사하기 위한 재임용 심사에 있어서 허용될 수 있는 정도의 재량권을 일탈·남용한 결과 합리적인 기준에 기초한 공정한 심사가 결여된 것으로 인정되어 그 사법상의 효력 자체를 부정하는 것이 사회통념상 타당하다고 인정될 경우에는 그 재임용 거부결정을 무효라고 볼 수 있을 것인데, 이러한 재량권의 일탈·남용으로 인한 재임용 거부결정의 무효 사유에 관하여는 이를 주장하는 사람이 입증책임을 부담한다. 그리고 헌법 및 교육 관련 법령의 취지에 비추어 보면, 사립대학의 교수로서는 구제특별법 및 학교법인의 정관에서 교수의 자격 심사기준으로 삼고 있는 덕목인 학문연구, 학생교육, 학생지도, 교육관계 법령의 준수 및 기타 교원으로서의 품위 유지에 관한 능력과 자질을 기본적으로 갖추고 있어야 하고, 이는 재임용의 경우에도 마찬가지라 할 것이며, 학문연구에 관한 능력과 자질을 갖추고 있다고 하더라도 학생교육 및 학생지도를 비롯하여 교육관계 법령의 준수 및 기타 교원으로서의 품위 유지에 관한 능력과 자질을 갖추지 못한 결과 교육을 받을 기본권을 가진 학생의 교육을 담당할 사립대학 교원으로서의 자격에 미달한다고 인정되는 경우에는 재임용을 거부할 수 있다(대법원 2006. 3. 9. 선고 2003다52647 판결, 대법원 2008. 2. 1. 선고 2007다9009 판결 등 참조).

2009. 5. 28. 선고 2007두9303 판결 〔관세등경정처분취소〕 (공2009, 1033)

[1] 관세법 제30조 제3항 제4호에서 정한 '특수관계가 당해 수입물품의 거래가격에 영향을 미쳤는지 여부'에 대한 증명책임자(=과세관청)

[2] 수입의약품의 매출원가율이 구매회사가 수입한 다른 의약품에 비하여 낮고 다른 업체들의 평균치에 미치지 못한다거나 그 재판매가격이 수출자인 판매회사의 가격정책에 부합하지 않는다는 사정만으로는, 수입의약품의 거래가격이 구매회사와 판매회사의 특수관계에 영향을 받아 부당하게 낮은 가격으로 책정된 것이라고 단정할 수 없다고 한 사례

[1] 관세법 제30조 제1항, 제3항 제4호 규정의 취지 및 내용, 과세요건 사실에 관한 증명책임은 원칙적으로 과세관청에게 있는 점, '관세 및 무역에 관한 일반협정 제7조의 시행에 관한 협약' 제1조 제2항 (a)는 "구매자와 판매자 간에 특수관계가 있다는 사실 자체만으로 그 실제 거래가격을 과세가격으로 수락할 수 없는 것으로 간주하는 근거가 되지 아니한다"고 정하고 있는 점 등을 종합하여 보면, 관세법 제30조 제3항 제4호를 적용하기 위하여는 구매자와 판매자 간에 특수관계가 있다는 사실 외에도 그 특수관계에 의하여 거래가격이 영향을 받았다는 점까지 과세관청이 증명하여야 한다.

[2] 수입의약품의 매출원가율이 구매회사가 수입한 다른 의약품에 비하여 낮고 다른 업체들의 평균치에 미치지 못한다거나 그 재판매가격이 수출자인 판매회사의 가격정책에 부합하지 않는다는 사정만으로는 수입의약품의 거래가격이 구매회사와 판매회사 의 특수관계에 영향을 받아 부당하게 낮은 가격으로 책정된 것이라고 단정할 수 없다고 한 사례.

대법원 2008.9.11. 선고 2008두6981,6998 판결 【재심요양급여비환수결정처분취소 · 재심요양급여비환수결정처분취소】 [미간행]

국민건강보험공단이 요양기관에 요양급여비용을 지급한 후 요양기관이 사위 기타 부당한 방법으로 요양급여비용을 지급받았다는 이유로 그 급여비용에 상당하는 금액의 전부 또는 일부를 징수하는 경우, 그 이유 사실에 대한 증명책임자(=국민건강보험공단)

국민건강보험법(이하 '법'이라 한다) 제52조 제1항은 "공단은 사위 기타 부당한 방법으로 보험급여를 받은 자 또는 보험급여비용을 받은 요양기관에 대하여 그 급여 또는 급여비용에 상당하는 금액의 전부 또는 일부를 징수한다."고 규정하고 있다. 그런데 법 제43조, 구 국민건강보험법 시행규칙(2006. 12. 30. 보건복지부령 제379호로 개정되기 전의 것, 이하 같다) 제12조, 제13조의 각 규정에 의하면, 요양기관이 피고 공단에 요양급여비용의 지급을 청구하기 위해서는 건강보험심사평가원(이하 '심사평가원'이라 한다)에 질병 또는 부상명, 요양개시 연월일 및 요양일수, 요양급여비용의 내용 및 처방전 내

용 등을 기재한 요양급여비용명세서를 첨부한 요양급여비용심사청구서를 제출하여야 하고, 심사평가원은 최대 40일 동안 요양기관으로부터 제출받은 자료의 검토 또는 현지출장에 의한 확인의 방법으로 그 심사청구내용이 법 제39조 제2항 및 제3항의 규정에 의한 요양급여기준과 법 제42조의 규정에 의하여 정하여진 요양급여비용의 내역에 적합한지를 심사하여 그 심사결정내용을 피고 공단 및 요양기관에 통보하여야 하며, 피고 공단은 위 심사결정내용에 따라 요양급여비용을 해당 요양기관에 지급하게 되므로, 요양기관이 요양급여비용의 지급을 청구하여 심사평가원의 심사를 거쳐 피고 공단으로부터 이를 지급받게 되면 특별한 사정이 없는 한 요양기관이 정당하게 피고 공단으로부터 요양급여비용을 지급받은 것으로 볼 수 있다. 또한, 피고 공단이 요양기관에 대하여 피고 공단으로부터 요양급여비용을 사위 기타 부당한 방법으로 지급받았음을 이유로 그 요양급여비용에 상당하는 금액의 전부 또는 일부를 징수하는 경우에 그 요양급여비용을 지급받은 것이 정당하다는 사실을 요양기관으로 하여금 증명하도록 하면, 피고 공단이 요양기관으로부터 요양급여비용에 관한 심사청구를 받은 후 제대로 심사를 하지 않고 요양급여비용을 지급하였다고 하더라도 아무런 제한 없이 요양기관에 대하여 지급한 요양급여비용 상당액을 징수할 수 있게 되는 반면, 요양기관으로서는 요양급여비용을 지급받은 뒤에도 그 요양급여비용 상당액을 징수당할 수 있는 위험에 대비하여 장기간 진료기록부 등의 자료를 계속해서 보관하고 있는 등의 조치를 할 수 밖에 없게 된다. 이러한 사정 등에 비추어 보면, 피고 공단이 요양기관에 대하여 요양급여비용을 지급한 후 요양기관이 사위 기타 부당한 방법으로 피고 공단으로부터 요양급여비용을 지급받았음을 이유로 법 제52조 제1항의 규정에 의하여 그 급여비용에 상당하는 금액의 전부 또는 일부를 징수하는 경우에는, 피고 공단에 요양기관이 사위 기타 부당한 방법으로 요양급여비용을 지급받았다는 점을 증명할 책임이 있다고 보는 것이 상당하다.

대법원 2007.6.1. 선고 2006두20587 판결 【행정정보공개청구거부처분취소】[미간행]

구 공공기관의 정보공개에 관한 법률상 당해 정보를 공공기관이 보유·관리하고 있다는 점에 관한 증명책임 및 그 증명의 정도

구 공공기관의 정보공개에 관한 법률(2004. 1. 29. 법률 제7127호로 전문개정되기 전의 것, 이하 '정보공개법'이라 한다)에 의한 정보공개제도는 공공기관이 보유 · 관리하는 정보를 그 상태대로 공개하는 제도라는 점 등에 비추어 보면, 당해 정보를 공공기관이 보유 · 관리하고 있다는 점에 관하여 정보공개를 구하는 자에게 입증책임이 있다 할 것이지만, 그 입증의 정도는 그러한 정보를 공공기관이 보유·관리하고 있을 상당한 개연성이 있다는 점을 증명하면 족하다 할 것이다(대법원 2005. 1. 28. 선고 2002두12854 판결 참조).

대법원 2006.9.8. 선고 2004두2202 판결 【시정명령등취소청구】 [미간행]
독점규제 및 공정거래에 관한 법률 제23조 제1항 제7호에 규정된 부당지원행위의 객체가 일정한 거래분야에서 시장에 직접 참여하고 있는 사업자일 것을 요건으로 하는지 여부(소극) 및 부당지원행위의 부당성에 관한 판단 기준과 그 증명책임의 소재(=공정거래위원회)

독점규제 및 공정거래에 관한 법률 제23조 제1항 제7호에 규정된 부당지원행위의 객체는 반드시 일정한 거래분야에서 시장에 직접 참여하고 있는 사업자이어야 하는 것은 아니지만, 지원행위의 부당성이 인정되려면 지원주체와 지원객체의 관계, 지원객체 및 지원객체가 속한 관련 시장의 현황과 특성, 지원금액의 규모와 지원된 자금 자산 등의 성격, 지원금액의 용도, 거래행위의 동기와 목적, 정당한 사유의 존부 등을 종합적으로 고려할 때 당해 지원행위로 인하여 일정한 거래분야에서 경쟁이 저해되거나 경제력 집중이 야기되는 등으로 공정한 거래를 저해할 우려가 있다는 점을 피고가 입증하여야 할 것이다(대법원 2004. 9. 24. 선고 2001두6364 판결 참조).

대법원 2006.3.16. 선고 2006두330 전원합의체 판결 【정부조치계획취소등】
공유수면매립면허의 취소 등의 사유를 규정한 구 공유수면매립법 제32조 제3호의 '사정변경'의 의미 및 그 증명책임

구 공유수면매립법(2005. 3. 31. 법률 제7482호로 개정되기 전의 것) 제32조 제3호, 제40조, 같은 법 시행령(2005. 9. 30. 대통령령 제19080호로 개정되기 전의 것) 제40조 제4항, 제1항의 규정을 종합하면, 구 농림수산부장관은 매립공사의 준공인가 전에 공유수면의 상황 변경 등 예상하지 못한 사정변경으로 인하여 공익상 특히 필요한 경우에는 같은 법에 의한 면허 또는 인가를 취소·변경할 수 있는바, 여기에서 사정변경이라 함은 공유수면매립면허처분을 할 당시에 고려하였거나 고려하였어야 할 제반 사정들에 대하여 각각 사정변경이 있고, 그러한 사정변경으로 인하여 그 처분을 유지하는 것이 현저히 공익에 반하는 경우라고 보아야 할 것이며, 위와 같은 사정변경이 생겼다는 점에 관하여는 그와 같은 사정변경을 주장하는 자에게 그 입증책임이 있다.

대법원 2005.11.10. 선고 2003두7507 판결 【토지수용이의재결처분취소】 [미간행]
공용수용에 있어서 공익사업을 위한 필요에 대한 증명책임의 소재(=사업시행자)

공용수용은 공익사업을 위하여 특정의 재산권을 법률에 의하여 강제적으로 취득하는 것을 내용으로 하므로 그 공익사업을 위한 필요가 있어야 하고, 그 필요가 있는지에 대하여는 수용에 따른 상대방의 재산권침해를 정당화할 만한 공익의 존재가 쌍방의 이익의 비교형량의 결과로 입증되어야 하며, 그 입증책임은 사업시행자에게 있다.

대법원 2005. 9. 15. 선고 2005두3257 판결 【과징금부과처분취소】
부동산 실권리자명의 등기에 관한 법률 시행령 제4조의2 단서에서 정한 등기권리자가 조세를 포탈하거나 법령에 의한 제한을 회피할 목적을 가지고 있는지의 여부에 관한 판단시점 및 그 증명책임

부동산 실권리자명의 등기에 관한 법률이 등기권리자가 장기간 소유권이전등기를 신청하지 아니한 목적을 불문하고 같은 법 시행일부터 3년 이내에 소유권이전등기를 신청하면 과징금을 부과하지 않도록 규정하고 있는 점에 비추어, 같은 법 시행일 이후 3년의 유예기간이 경과하도록 소유권이전등기를 신청하지 않고 있는 등기권리자가 조세를 포탈하거나 법령에 의한 제한을 회피할 목적을 가지고 있는지의 여부는 3년의 유예기간이 경과하는 시점을 기준으로 판단하여야 할 것이고, 조세를 포탈하거나 법령에 의한 제한을 회피할 목적이 아닌 경우에 해당한다는 점은 이를 주장하는 자가 입증하여야 한다.

대법원 2005. 7. 22. 선고 2005두999 판결 【개인택시운송사업면허제외처분취소】
개인택시운송사업의 면허기준에 관한 규정인 구 여객자동차운수사업법시행규칙 제17조 등에 정한 '무사고운전경력'의 의미 및 그 증명책임

구 여객자동차운수사업법시행규칙(2004. 2. 28. 건설교통부령 제394호로 개정되기 전의 것) 제17조나 이에 근거하여 지방자치단체가 제정한 개인택시운송사업면허 관련 규정에서 말하는 '무사고운전경력'이라 함은 그에 대한 처벌사실의 유무를 불구하고 운전자의 책임 있는 사유에 의한 사고가 없었다는 운전경력을 말하고, 운전자에게 귀책하는 사고가 있으면서 보험가입 또는 피해자와의 합의 등으로 교통사고처리특례법에 의하여 불기소처분(공소권 없음)된 경우는 이를 무사고운전경력에 포함시킬 수 없으며, 위 '무사고운전경력'은 수익적 행정행위인 개인택시운송사업면허의 발급요건을 구성하는 사실이므로 그 행정행위의 상대방인 운전자가 그 입증책임을 부담한다.

대법원 2005. 7. 14. 선고 2003두14666 판결 【폐기물처리업허가취소처분취소】 [미간행]
폐기물처리업의 허가취소사유인 폐기물관리법 제28조 제1호에서 정한 결

격사유 있는 임원의 개임기한 및 그에 대한 증명책임의 소재(=주장하는 자)

폐기물관리법 제27조 제6호, 제4호는 폐기물처리업의 허가를 받을 수 없는 사유로 "임원 중에 '이 법을 위반하여 징역 이상의 형의 집행유예의 선고를 받고 그 집행유예기간이 경과하지 아니한 자'에 해당하는 자가 있는 법인"을 규정하고 있고, 같은 법 제28조 제1호는 폐기물처리업의 허가취소사유로 "제27조 제1호 내지 제4호 또는 제6호에 해당된 경우. 다만, 법인의 임원 중 제27조 제6호에 해당하는 자가 있는 경우 2월 이내에 그 임원을 개임한 때에는 그러하지 아니하다."고 규정하고 있는바, 같은 법 제28조 제1호에서 '법인의 임원 중 제27조 제6호에 해당하는 자가 있는 경우 2월 이내에'라고 규정한 문언의 내용, 결격사유 있는 임원의 개임기한의 기산점을 원칙적으로 '임원이 결격사유에 해당하는 때'로 보지 아니하고 '법인이 임원의 결격사유를 확인하여 임원을 개임할 수 있는 때' 등으로 볼 경우에는 그 기산점이 불명확하여 신속하고 획일적인 행정처리가 곤란하게 되고 그 결과 임원의 결격사유를 허가취소사유로 정한 입법 취지가 몰각될 우려가 있는 점 등에 비추어 볼 때, 결격사유 있는 임원의 개임기한은 법인이 책임질 수 없는 사유로 말미암아 임원의 개임기한을 지킬 수 없었다는 등의 특별한 사정이 없는 한 '임원이 결격사유에 해당하는 때로부터 2월 이내'라 할 것이고, 특별한 사정에 대한 입증책임은 이를 주장하는 측에서 부담한다고 할 것이다.

대법원 2004. 12. 9. 선고 2003두12707 판결 【정보공개거부처분취소】

공개를 구하는 정보를 공공기관이 보유·관리하고 있을 상당한 개연성이 있다는 점에 대한 증명책임의 소재(=공개청구자) 및 그 정보를 더 이상 보유·관리하고 있지 아니하다는 점에 대한 증명책임의 소재(=공공기관)

정보공개제도는 공공기관이 보유·관리하는 정보를 그 상태대로 공개하는 제도로서 공개를 구하는 정보를 공공기관이 보유·관리하고 있을 상당한 개연성이 있다는 점에 대하여 원칙적으로 공개청구자에게 증명책임이 있다고 할 것이지만, 공개를 구하는 정보를 공공기관이 한 때 보유·관리하였으나 후에 그 정보가 담긴 문서등이 폐기되어 존재하지 않게 된 것이라면 그 정보를 더 이상 보유·관리하고 있지 아니하다는 점에 대한 증명책임은 공공기관에게 있다.

대법원 2004. 10. 15. 선고 2003두12226 판결 【토지수용재결처분취소등】
[미간행]

구 토지수용법 제75조의2 제2항에 의한 보상금의 증감에 관한 소송의 성질 및 증명책임의 소재(=원고)

구 토지수용법 제75조의2 제2항 소정의 손실보상금 증액청구의 소에 있어서 그 이의재결에서 정한 손실보상금액보다 정당한 손실보상금액이 더 많다는 점에 대한 입증책임은 원고에게 있다고 할 것이고, 위 보상금 증액청구소송은 재결청과 기업자를 공동피고로 하는 필수적 공동소송으로서 그 공동피고 사이에 소송의 승패를 합일적으로 확정하여야 하므로, 비록 이의재결이 토지소유자 또는 관계인의 입회 없이 작성된 조서를 기초로 하는 등의 사유가 있다고 하더라도 그 점만으로 위와 같은 입증책임의 소재를 달리 볼 것은 아니다(대법원 1997. 11. 28. 선고 96누2255 판결 참조).

제4장 판 결

제1절 개 요

행정소송의 판결은 민사소송과 같이 중간판결과 종국판결, 소송판결과 본안판결, 기각판결과 인용판결 등으로 구분할 수 있다.

특히 행정소송 중 취소소송의 판결은 취소소송의 목적인 구체적 쟁송을 해결하기 위한 법적인 판단을 선언하는 재판행위이다. 이러한 취소소송의 판결에 있어서는 위법판단의 기준시, 사정판결, 판결의 효력 등의 중요한 내용을 갖는다고 할 수 있다.

제2절 위법판단의 기준시

Ⅰ. 의 의

취소소송에 있어서 어느 시점의 사실 및 법령을 기준으로 당해 처분의 위법성을 판단하여야 하는가가 문제가 되는데, 이를 위법판단의 기준시라고 하고 이에 대하여는 종래부터 처분시설과 판결시설이 대립하고 있다.

Ⅱ. 학 설

1. 처분시설

취소소송에서의 당해 처분의 위법 여부의 판단은 처분시의 사실 및 법령을 기준으로 하여야 한다는 견해이다.

이 학설은 법원의 사후심적인 성격, 행정의 제1차적 판단권의 존중, 권력분립의 원리 등을 그 근거로 한다.

2. 판결시설

이 설은 취소소송에서의 당해 처분의 위법 판단의 기준은 판결시 즉 사실심 변론종결시를 기준으로 사실 및 법령을 반영하여야 한다는 견해이다.

이 학설은 취소소송은 법원에 의한 행정의 위법상태의 배제이므로 판결시의 사실 및 법령을 기준으로 하여야 한다고 한다.

Ⅲ. 판 례

2010. 1. 14. 선고 2009두11843 판결 〔시정명령등취소〕 (공2010, 339)
항고소송에서 행정처분의 위법 여부 판단 기준

항고소송에서 행정처분의 위법 여부는 행정처분이 있을 때의 법령과 사실상태를 기준으로 판단하여야 하며, 법원은 행정처분 당시 행정청이 알고 있었던 자료뿐만 아니라 사실심 변론종결 당시까지 제출된 모든 자료를 종합하여 처분 당시 존재하였던 객관적 사실을 확정하고 그 사실에 기초하여 처분의 위법 여부를 판단할 수 있다.

대법원 2008.7.24. 선고 2007두3930 판결 【난민인정불허가결정취소】
난민 인정 거부처분 후 국적국의 정치적 상황이 변화하였다고 하여 처분의 적법 여부가 달라지는지 여부(소극)

행정소송에서 행정처분의 위법 여부는 행정처분이 행하여졌을 때의 법령과 사실 상태를 기준으로 하여 판단하여야 하고, 처분 후 법령의 개폐나 사실상태의 변동에 의하여 영향을 받지는 않으므로, 난민 인정 거부처분의 취소를 구하는 취소소송에서도 그 거부처분을 한 후 국적국의 정치적 상황이 변화하였다고 하여 처분의 적법 여부가 달라지는 것은 아니다.

대법원 1993.5.27. 선고 92누19033 판결 【개인택시운송사업면허제외처분취소】
행정처분의 위법 여부를 판단하는 기준 시점이 처분시라는 의미

항고소송에 있어서 행정처분의 위법 여부를 판단하는 기준 시점에 대하여 판결시가 아니라 처분시라고 하는 의미는 행정처분이 있을 때의 법령과 사실상태를 기준으로 하여 위법 여부를 판단할 것이며 처분 후 법령의 개폐나 사실상태의 변동에 영향을 받지 않는다는 뜻이고 처분 당시 존재하였던 자료나 행정청에 제출되었던 자료만으로 위법 여부를 판단한다는 의미는 아니므로, 처분 당시의 사실상태 등에 대한 입증은 사실심 변론종결 당시까지

할 수 있고, 법원은 행정처분 당시 행정청이 알고 있었던 자료뿐만 아니라 사실심 변론종결 당시까지 제출된 모든 자료를 종합하여 처분 당시 존재하였던 객관적 사실을 확정하고 그 사실에 기초하여 처분의 위법 여부를 판단할 수 있다.

대법원 1981.12.8. 선고 80누412 판결 【도시계획시설변경등처분취소】
행정처분의 적법여부 판단의 기준시

행정처분의 적법 여부는 그 행정처분이 행하여진 때의 법령과 사실을 기준으로 하여 판단하여야 하므로, 피고 서울특별시가 기존 수원지를 확장할 목적으로 본건 대지에 대하여 도시계획시설(수도) 변경결정과 지적승인처분을 하였고, 그 각 행정처분이 적법하였다면, 그 후의 사정변경으로 본건 대지를 수도용지로서는 수용할 수 없게 되었다 하더라도 그러한 사유만으로는 위 각 행정처분을 하자 있는 행정처분이라 하여 취소를 명할 수는 없다.

제3절 사정판결

Ⅰ. 의 의

사정판결이라 함은 원고의 청구가 이유가 있다고 인정하는 경우에도 이를 인용하여 처분등을 취소하는 것이 현저히 공공복리에 적합하지 아니하다고 인정하는 경우에는 법원이 원고의 청구를 기각하는 판결을 말한다(행정소송법 제28조 제1항).

그 예로서는 대규모의 댐 건설이 이미 완공된 경우 댐 건설을 위한 토지수용재결이 위법하다고 하더라도 이를 취소하지 아니하고 원고의 청구를 기각하는 판결을 들 수 있다.

이 경우 법치행정의 원리가 기성사실의 존준에 후퇴하는 경우라고 할 수 있으므로 사정판결의 근거로는 기성사실의 존중을 드는 것이 일반적이다.

Ⅱ. 요 건

1. 취소소송일 것

사정판결은 존치시킬 효력이 있는 행정행위를 대상으로 하는 취소소송에서만 인정되고 그러한 것이 없는 무효등확인소송에는 인정되지 아니한다. 무효선언을 구하는 취소소송의 경우에도 취소소송이라는 점에서는 사정판결이 인정 가능하다.

2. 원고의 청구에 이유가 있을 것

사정판결은 원고의 청구에 이유가 있음에도 불구하여 그 청구를 기각하는 제도이므로 사정판결을 하기 위해서는 원고의 청구에 이유가 있을 것이 요구된다. 따라서 원고의 청구에 이유가 없는 경우에는 사정판결이 인정될 수 없다.

3. 현저히 공공복리에 적합하지 아니할 것

사정판결은 원고의 청구가 이유가 있는 경우에도 이를 인용하는 것이 현저히 공공복리에 적합하지 아니하는 경우에 인정되는 판결이므로, 무엇이 현저히 공공복리에 적합하지 아니한 것인가가 가장 중요한 요건이라고 할 수 있다. 이러한 개념은 결국 원고의 사적인 이익과 공공복리라고 하는 공익의 비교·형량의 문제이고 구체적 개별적으로 판단되어야 할 것이다. 결국 판례의 축적으로 해결될 문제이다.

4. 사정조사

법원이 사정판결을 함에 있어서는 미리 원고가 그로 인하여 입게 될 손해의 정도와 배상방법 그밖의 사정을 조사하여야 한다.

Ⅲ. 관련문제

1. 위법판단기준시

처분 후의 사정도 고려하여야 한다는 의미에서 판결시설을 주장하는 경우도 있으나 사정판결의 대상이 되는 처분의 위법결정이라는 점에서는 처분시설을 주장하는 경우도 있다.

2. 위법선언

행정소송법 제28조 제1항 후단에서는 사정판결의 경우 당해 처분의 위법성을 부정하는 것은 아니므로 이를 판결주문에서 명시하도록 규정하고 있다.

3. 비용부담

사정판결은 원고의 청구를 기각한다는 점에서는 형식적으로 원고패소이지만 실질적으로는 당해 처분의 위법성이 인정된다는 점에서는 피고가 부담하여야 한다(행정소송법 제32조).

4. 원고의 구제방법

원고는 피고인 행정청이 속하는 국가 또는 공공단체를 상대로 손해배상, 제해시설의 설치 그밖에 적당한 구제방법의 청구를 당해 취소소송등이 계속된 법원에 병합하여 제기할 수 있다(행정소송법 제28조 제3항).

Ⅳ. 판 례

2009. 12. 10. 선고 2009두8359 판결 〔예비인가처분취소〕(공2010, 135)

[1] 제3자에게 경원자(競願者)에 대한 수익적 행정처분의 취소를 구할 당사자 적격이 있는 경우

[2] 법학전문대학원의 설치·운영에 관한 법률 제13조에 정한 '당해 심의'의 범위

[3] 법학전문대학원의 설치인가 심사기준 중 법원행정처장 등에 대한 의견수렴절차 후에 추가·변경된 법조인 배출실적 등의 사항에 대하여 다시 위 의견수렴절차를 거치지 않은 것이 법학전문대학원의 설치·운영에 관한 법률 제21조의 절차에 위배되었다고 할 수 없고, 그 심사기준들이 교육과학기술부장관이 재정지원을 하여 제출된 용역보고서에 제시되지 않았었다고 하더라도 설치인가 심사기준을 설정함에 있어 신뢰이익을 침해하였거나 재량권을 일탈·남용한 위법이 없다고 한 사례

[4] 교육과학기술부장관이 법학전문대학원 설치인가를 할 때 고려해야 할 사항

[5] 사정판결을 하기 위한 요건인 '현저히 공공복리에 적합하지 아니한가' 여부의 판단 방법 및 사정판결제도의 위헌 여부(소극)

[6] 전남대에 대한 법학전문대학원 인가처분을 법학전문대학원의 설치·운영에 관한 법률 제13조에 위배되었음을 이유로 취소하는 것은 사정판결을 하기 위한 요건인 '현저히 공공복리에 적합하지 아니한 경우'에 해당한다고 인정한 사례

[1] 인·허가 등의 수익적 행정처분을 신청한 수인이 서로 경쟁관계에 있어서 일방에 대한 허가 등의 처분이 타방에 대한 불허가 등으로 귀결될 수밖에 없는 때 허가 등의 처분을 받지 못한 자는 비록 경원자에 대하여 이루어진

허가 등 처분의 상대방이 아니라 하더라도 당해 처분의 취소를 구할 원고 적격이 있다. 다만, 명백한 법적 장애로 인하여 원고 자신의 신청이 인용될 가능성이 처음부터 배제되어 있는 경우에는 당해 처분의 취소를 구할 정당한 이익이 없다.

[2] 법학전문대학원의 설치·운영에 관한 법률 제13조 제1호의 규정을 법학교수인 위원 본인과 심의대상 대학에 한정하여 보면 '법학교수인 위원이 심의대상인 대학에 재직하는 경우 당해 심의에 관여하지 못한다'라는 규정이 된다. 여기에서 '당해 심의'는 그 문언상 '법학교수인 위원이 재직하는 대학에 대한 심의'라고 볼 것이지만, 그것을 '법학교수인 위원이 재직하는 대학만을 다른 대학과 분리하여 독립적인 심의의 대상으로 삼은 경우'에 한정할 것은 아니다.

[3] 법학전문대학원의 설치인가 심사기준 중 법원행정처장 등에 대한 의견수렴절차 후에 추가·변경된 법조인 배출실적, 대학경쟁력 및 사회적 책무성 등의 사항에 대하여 다시 별도로 위 의견수렴절차를 거치지 않은 것이 법학전문대학원의 설치·운영에 관한 법률 제21조의 절차에 위배되었다고 할 수 없고, 그 심사기준들이 교육과학기술부장관이 재정지원하여 제출된 용역보고서에 제시되지 않았었다고 하더라도 설치인가 심사기준을 설정함에 있어 신뢰이익을 침해하였거나 재량권을 일탈·남용한 위법이 없다고 한 사례.

[4] 법학전문대학원의 설치·운영에 관한 법률이 우수한 법조인의 양성을 그 목적(제1조)으로 하면서도, 그 시행령에 교육과학기술부장관으로 하여금 법학전문대학원의 설치인가 등에서 지역 간 균형을 고려하도록 하는 규정(제5조)을 두고 있고, 헌법 제120조 제2항 및 제122조가 국토의 균형있는 발전에 관한 국가의 의무 등을 선언하고 있는 점을 종합하여 보면, 교육과학기술부장관은 교육역량이 우수한 대학의 선발과 지역 간 균형이 서로 조화를 이루는 범위 내에서 법학전문대학원에 대한 설치인가를 하여야 한다.

[5] 행정처분이 위법한 때에는 이를 취소함이 원칙이고 그 위법한 처분을 취소·변경하는 것이 도리어 현저히 공공의 복리에 적합하지 않은 경우에 극히 예외적으로 위법한 행정처분의 취소를 허용하지 않는다는 사정판결을 할 수 있으므로, 사정판결의 적용은 극히 엄격한 요건 아래 제한적으로 하여야 하고, 그 요건인 '현저히 공공복리에 적합하지 아니한가'의 여부를 판단할 때에는 위법·부당한 행정처분을 취소·변경하여야 할 필요와 그 취소·변경으로 발생할 수 있는 공공복리에 반하는 사태 등을 비교·교량하여 그 적용 여부를 판단하여야 한다. 아울러 사정판결을 할 경우 미리 원고가 입게 될 손해의 정도와 구제방법, 그 밖의 사정을 조사하여야 하고, 원고는 피고인 행정청이 속하는 국가 또는 공공단체를 상대로 손해배상 등 적당한 구제방법의 청구를 당해 취소소송 등이 계속된 법원에 청구할 수 있는 점(행정소송법 제28조 제

2항, 제3항) 등에 비추어 보면, 사정판결제도가 위법한 처분으로 법률상 이익을 침해당한 자의 기본권을 침해하고, 법치행정에 반하는 위헌적인 제도라고 할 것은 아니다.

[6] 법학전문대학원이 장기간의 논의 끝에 사법개혁의 일환으로 출범하여 2009년 3월초 일제히 개원한 점, 전남대 법학전문대학원도 120명의 입학생을 받아들여 교육을 하고 있는데 인가처분이 취소되면 그 입학생들이 피해를 입을 수 있는 점, 법학전문대학원의 인가 취소가 이어지면 우수한 법조인의 양성을 목적으로 하는 법학전문대학원 제도 자체의 운영에 큰 차질을 빚을 수 있는 점, 법학전문대학원의 설치인가 심사기준의 설정과 각 평가에 있어 법학전문대학원의 설치·운영에 관한 법률 제13조에 저촉되지 않는 점, 교수위원이 제15차 회의에 관여하지 않았다고 하더라도 그 소속대학의 평가점수에 비추어 동일한 결론에 이르렀을 것으로 보여, 전남대에 대한 법학전문대학원 인가처분을 취소하고 다시 심의하는 것은 무익한 절차의 반복에 그칠 것으로 보이는 점 등을 종합하여, 전남대에 대한 법학전문대학원 인가처분을 같은 법 제13조에 위배되었음을 이유로 취소하는 것은 사정판결의 요건인 현저히 공공복리에 적합하지 아니한 경우에 해당한다고 인정한 사례.

대법원 2009.5.28. 선고 2008두23252 판결 【개인택시운송사업면허발급제외처분취소】

사정판결을 하기 위한 요건인 현저히 공공복리에 적합하지 아니한 것인지 여부의 판단 방법

위법한 행정처분을 존치시키는 것은 그 자체가 공공복리에 반하는 것이므로 행정처분이 위법함에도 이를 취소하는 것이 현저히 공공복리에 적합하지 아니하다고 인정하여 사정판결을 함에 있어서는 극히 엄격한 요건 아래 제한적으로 하여야 할 것이고, 그 요건인 현저히 공공복리에 적합하지 아니한가의 여부를 판단함에 있어서는 위법 · 부당한 행정처분을 취소 · 변경하여야 할 필요성과 그로 인하여 발생할 수 있는 공공복리에 반하는 사태 등을 비교 · 교량하여 그 적용 여부를 판단하여야 한다.

대법원 2006.12.21. 선고 2005두16161 판결 【보험약가인하처분취소】

법원이 직권으로 사정판결을 할 수 있는지 여부(적극) 및 사정판결을 하기 위한 요건인 현저히 공공복리에 적합하지 아니한지 여부의 판단 기준

행정처분이 위법한 경우에는 이를 취소하는 것이 원칙이고, 예외적으로 그 위법한 처분을 취소 · 변경하는 것이 도리어 현저히 공공복리에 적합하지 아니하는 경우에는 그 취소를 허용하지 아니하는 사정판결을 할 수 있고, 이러

한 사정판결에 관하여는 당사자의 명백한 주장이 없는 경우에도 기록에 나타난 여러 사정을 기초로 직권으로 판단할 수 있는 것이나, 그 요건인 현저히 공공복리에 적합하지 아니한지 여부는 위법한 행정처분을 취소·변경하여야 할 필요와 그 취소·변경으로 인하여 발생할 수 있는 공공복리에 반하는 사태 등을 비교·교량하여 판단하여야 할 것이다.

대법원 2005.12.8. 선고 2003두10046 판결 【개발제한구역내행위허가취소처분무효확인등】

건축허가취소처분이 의견진술 절차 없이 이루어진 절차적인 위법사유가 있으나, 이를 이유로 취소처분을 취소하고 당초의 건축허가를 유지하는 것은 현저히 공공복리에 적합하지 아니하다는 이유로 사정판결을 할 사유가 있다고 한 사례

제4절 취소판결의 효력

Ⅰ. 기 판 력

1. 의 의

취소소송의 판결이 확정되면 확정판결의 내용과 모순되는 주장을 당사자는 할 수 없고 법원은 판단을 할 수 없는데, 이를 확정판결의 내용적인 효력인 기판력이라고 한다.

이러한 기판력을 인정하는 취지는 절차의 반복과 모순된 재판의 방지라고 하는 법적 안정성을 위하여 인정되는 것이라고 하는 것이 일반적이다.

2. 범 위

1) 주관적 범위

취소소송의 기판력의 범위로는, 당사자 및 당사자와 동일시할 수 있는 그 승계인에게만 미치는 것이 원칙이다. 따라서 취소소송의 기판력은 제3자에게 미치지 아니하는 것이 원칙이다.

2) 객관적 범위

취소소송의 기판력은 판결주문에 표시된 소송물에 대한 판단에만 미치는 것

이 원칙이므로 판결이유상의 판단에는 미치지 아니한다는 것이 일반적이다.

3) 시간적 범위

취소소송의 기판력은 소송자료를 제출할 수 있는 시점인 사실심변론종결실를 기점으로 발생한다고 하는 것이 일반적이다.

3. 다른 소송과의 관계

1) 무효확인소송과의 관계

① 의 의

취소소송의 기각판결이 확정되면 당해 처분은 위법하지 않다는 것이 확정되므로, 나중의 무효확인소송에도 법원은 전의 취소소송의 기각판결의 기판력에 구속된다.

② 판 례

대법원 1992. 12. 8. 선고 92누6891 판결 【면직처분무효확인】

행정처분의 취소를 구하는 소가 패소확정되었음에도 다시 그 무효확인을 구하는 소를 제기할 수 있는지 여부(소극)

행정처분취소청구를 기각하는 판결이 확정되면 그 처분이 적법하다는 점에 관하여 기판력이 생기고 그 소의 원고뿐만 아니라 관계 행정기관도 이에 기속된다 할 것이므로 면직처분이 위법하지 아니하다는 점이 판결에서 확정된 이상 원고가 다시 이를 무효라 하여 그 무효확인을 소구할 수는 없다.

대법원 1996. 6. 25. 선고 95누1880 판결 【수시분이자소득세등부과처분무효확인】

과세처분 취소소송에서 청구가 기각된 확정판결의 기판력이 과세처분 무효확인소송에 미치는지 여부(적극)

과세처분이란 당해 과세요건의 충족으로 객관적, 추상적으로 이미 성립하고 있는 조세채권을 구체적으로 현실화하여 확정하는 절차이고, 과세처분의 취소소송은 위와 같은 과세처분의 실체적, 절차적 위법을 그 취소원인으로 하는 것으로서 그 심리의 대상은 과세관청의 과세처분에 의하여 인정된 조세채무인 과세표준 및 세액의 객관적 존부 즉 당해 과세처분의 적부가 심리의 대상이 되는 것이며, 과세처분취소 청구를 기각하는 판결이 확정되면 그 처분이 적법하다는 점에 관하여 기판력이 생기고 그 후 원고가 다시 이를 무효라 하여 그 무효확인을 소구할 수는 없는 것이어서, 과세처분의 취소소송에서 청구가 기각된 확정판결의 기판력은 그 과세처분의 무효확인을 구하는 소송에도 미친다.

대법원 2003. 5. 16. 선고 2002두3669 판결 【기본재산압류등기말소】

[1] 압류처분에 기한 압류등기가 경료된 경우에도 압류처분의 무효확인을 구할 이익이 있는지 여부(적극)

[2] 학교법인이 매도하거나 담보에 제공할 수 없는 교지, 교사 등을 제외한 기본재산에 대한 압류가 허용되는지 여부(적극)

[3] 과세처분 취소소송에서 청구가 기각된 확정판결의 기판력이 그 과세처분 무효확인소송에도 미치는지 여부(적극)

[1] 체납처분에 기한 압류처분은 행정처분으로서 이에 기하여 이루어진 집행방법인 압류등기와는 구별되므로 압류등기의 말소를 구하는 것을 압류처분 자체의 무효를 구하는 것으로 볼 수 없고, 또한 압류등기가 말소된다고 하여도 압류처분이 외형적으로 효력이 있는 것처럼 존재하는 이상 그 불안과 위험을 제거할 필요가 있다고 할 것이므로, 압류처분에 기한 압류등기가 경료되어 있는 경우에도 압류처분의 무효확인을 구할 이익이 있다.

[2] 사립학교법 제28조 제1항, 제2항, 사립학교법시행령 제12조 제1항에 의하면, 학교법인이 매도하거나 담보에 제공할 수 없는 교지, 교사 등을 제외한 기본재산에 대하여는, 학교법인이 이를 매도, 증여, 임대, 교환 또는 용도변경하거나 담보에 제공하고자 할 때 또는 의무의 부담이나 권리의 포기를 하고자 할 때에는 관할청의 허가를 받아야 한다고 제한하고 있을 뿐이므로, 관할청의 허가를 받을 수 없는 사정이 확실하다고 인정되는 등의 특별한 사정이 없는 한, 이러한 기본재산에 대한 압류는 허용된다.

[3] 과세처분의 취소소송은 과세처분의 실체적, 절차적 위법을 그 취소원인으로 하는 것으로서 그 심리의 대상은 과세관청의 과세처분에 의하여 인정된 조세채무인 과세표준 및 세액의 객관적 존부, 즉 당해 과세처분의 적부가 심리의 대상이 되는 것이며, 과세처분 취소청구를 기각하는 판결이 확정되면 그 처분이 적법하다는 점에 관하여 기판력이 생기고 그 후 원고가 이를 무효라 하여 무효확인을 소구할 수 없는 것이어서 과세처분의 취소소송에서 청구가 기각된 확정판결의 기판력은 그 과세처분의 무효확인을 구하는 소송에도 미친다.

헌법재판소 1998. 3. 26. 97헌바13 전원재판부 【구소득세법제82조제2항등위헌소원】

가. 재판의 전제성의 의미

나. 과세처분취소청구소송에서 원고청구기각판결이 확정된 이후 선행처분인 과세처분이 무효임을 이유로 후행처분인 압류처분의 무효를 주장할 수 있는지 여부(소극)

> **다. 과세처분취소청구기각판결의 기판력에 의하여 과세처분의 무효를 주장할 수 없는 경우 그 과세처분의 근거법률의 위헌 여부가 후행처분인 압류처분의 무효확인을 구하는 재판의 전제가 되는지 여부(소극)**
>
> 가. 헌법재판소법 제68조 제2항의 헌법소원에 있어서는 법원에 계속된 구체적 사건에 적용할 법률의 위헌여부가 재판의 전제로 되어 있어야 하고, 이 경우 재판의 전제가 된다고 함은 문제되는 법률이나 법률조항이 당해 소송사건의 재판에 적용되는 것이어야 하며, 그 법률이나 법률조항의 위헌 여부에 따라 재판의 주문이 달라지거나 재판의 내용과 효력에 관한 법률적 의미가 달라지는 경우를 말한다
>
> 나. 청구인은 이 사건 과세처분에 관하여 취소청구소송을 제기하였으나 원고청구기각판결이 선고되어 확정되었고, 과세처분취소청구를 기각한 판결의 기판력은 동일한 과세처분에 대하여 제기한 무효확인청구소송에도 미치는 것이며, 전소(前訴)의 기판력 있는 법률효과가 후소(後訴)의 선결문제로 되는 때에는 후소는 선결문제로서 전소의 기판력을 받게 되어 전소판결 내용에 어긋나는 판단을 할 수 없는 것인바, 청구인은 이 사건 심판청구의 당해사건에서 이 사건 과세처분이 무효임을 이유로 그 후행처분인 압류처분이 무효라는 주장을 하고 있으므로 이 사건 과세처분이 무효인지 여부는 당해사건에 있어서의 선결문제이고, 따라서 이 사건 과세처분에 관한 전소인 앞의 원고청구기각판결의 기판력이 이 사건에도 미치게 되어 청구인은 당해사건에서 이 사건 과세처분이 무효임을 주장할 수 없다.
>
> 다. 이 사건 심판대상 조항이 위헌이어서 그에 기초한 이 사건 과세처분이 무효라고 하더라도 과세처분취소청구소송에서 원고청구기각판결이 선고되어 확정된 전소의 기판력에 의하여 당해사건에서 이 사건 과세처분이 무효라고 판단할 수 없고, 따라서 이 사건 심판청구는 이 사건 심판대상 조항의 위헌 여부에 따라 당해사건의 주문이 달라지거나 재판의 내용과 효력에 관한 법률적 의미가 달라지는 경우에 해당한다고 할 수 없으므로 이 사건 심판청구는 재판의 전제성 요건을 갖추지 못하였다.

2) 국가배상청구소송과의 관계

취소소송의 인용판결이 확정되면 국가배상청구소송에서 국가가 처분의 위법성을 부인하는 주장을 하거나 법원이 처분의 위법성을 부인하는 판단을 할 수 없다. 그러나 취소소송의 기각판결이 확정되면 원고가 국가배상청구소송에서 처분의 위법을 주장할 수 있는가에 관하여 견해가 나누어진다. 즉 취소소송의 위법성이 후소인 국가배성청구소송에서의 선결문제로 되는 경우이다.

이에 관하여는 취소소송의 위법성과 국가배상청구소송의 위법성의 이동에 따라서 결론을 달리한다. 즉 양자의 위법성이 다르다는 보는 견해에서는 취소소송에서 청구기각판결이 있는 경우에도 국가배상청구소소송에서 처분의 위법성을 주장할 수 있다고 하고, 그 반대로 즉 양자의 위법성이 동일하다고 보는 견해에서는 주장할 수 없다고 하는 견해가 있다.

Ⅱ. 기 속 력

1. 의 의

취소판결의 기속력은 처분 등을 취소하는 확정판결은 그 사건에 관하여 당사자인 행정청과 그 밖의 관계 행정청을 기속하는 효력을 말한다. 행정소송법 제30조 제1항은 이를 명시적으로 규정하고 있다.

2. 법적 성질

1) 기판력설

판결의 기속력은 기판력의 한 속성으로서 확정판결의 당연한 내용이라고 하는 설이다. 즉 확정판결이 있는 이상 당사자인 행정청 이외의 관계 행정청도 당연히 이에 구속되게 된다는 것이다.

2) 특수효력설

이 설에 따르면 기판력은 확정판결이 동일한 처분에 대한 것임에 대하여, 기속력은 확정판결 후에 행하여지는 새로운 처분에 관한 것이라고 한다. 즉 기속력은 행정에 대한 판결에 내용에 의한 새로운 처분을 할 의무를 부과한다는 점에서 동일한 처분에 관한 기판력과 다르다고 한다. 이 점에서 기판력과 다른 취소소송에서의 특수한 효력이라고 하는 설이다.

3. 내 용

(1) 의 의

기속력의 내용으로는 취소판결이 확정되면 동일한 처분의 반복이 허용되지 아니한다는 소극적 의미의 반복금지효와, 적극적으로 원상회복의무와 재처분의무가 인정된다.

(2) 반복금지효

1) 의 의

취소판결 특히 청구인용판결이 확정되면 처분청 및 관계행정청은 취소된 판결에서의 동일한 행위의 반복을 금지당하고 판결의 취지에 반하는 행위를 금지당하게 되는데 이러한 취소판결의 소극적 효력을 반복금지효라고 한다. 따라서 취소판결이 확정되면 처분청 및 관계행정청은 취소된 처분과 동일한 처분을 반복해서는 아니 된다.

반복금지효는 취소판결이 청구인용되어 확정된 경우이므로 청구기각판결인 경우에는 반복금지효과 인정될 여지가 없다.

2) 동일한 처분

① 내 용

이 경우에 동일한 처분이라고 함은 동일한 사실관계에서 동일한 당사자에 대한 동일한 내용의 처분을 말한다.

② 판 례

> **대법원 1989. 2. 28. 선고 88누6177 판결 【방위세부과처분취소】**
> **행정처분을 취소하는 확정판결의 구속력**
>
> 어떤 행정처분을 취소하는 판결이 확정된 경우 당사자인 행정청과 그 밖의 관계행정청은 동일한 사실관계 아래 동일당사자에 대하여 사실심변론종결 이전의 사유를 내세워 다시 확정판결에 저촉되는 새로운 행정처분을 할 수 없다.
>
> **대법원 1992. 7. 14. 선고 92누2912 판결 【견책처분취소】**
> **징계처분의 취소를 구하는 소에서 징계사유가 될 수 없다고 판결한 사유와 동일한 사유를 내세워 다시 징계처분할 수 있는지 여부(소극)**
>
> 징계처분의 취소를 구하는 소에서 징계사유가 될 수 없다고 판결한 사유와 동일한 사유를 내세워 행정청이 다시 징계처분을 한 것은 확정판결에 저촉되는 행정처분을 한 것으로서, 위 취소판결의 기속력이나 확정판결의 기판력에 저촉되어 허용될 수 없다.

판결의 취지는 판결의 주문과 이유에서의 위법사유를 말하는 것이므로, 처분청이 처분시에 존재하는 다른 사유를 근거로 동일한 처분을 하는 것은 허용된다. 처분의 위법성 판단기준시는 처분시이므로 처분청은 처분시 이후의 사유를 근거로 새로운 처분을 하는 경우에는 반복금지효를 위반하는 것은 아니다.

3) 위반의 효과

① 원 칙

만일 처분청이 반복금지효의 적용을 받아 금지되는 동일한 처분을 행한 경우, 예컨대 확정판결을 받은 처분행정청이 그 행정소송을 사실심 변론종결 이전의 사유를 내세워 다시 한 확정판결과 저촉되는 행정처분의 효력 유무에 관하여, 판례에 따르면, 이러한 행정처분은 그 하자가 중대하고도 명백한 것이어서 당연무효라 한다.[1)]

② 절차 또는 형식의 하자

행정처분의 절차 또는 형식에 위법이 있어 행정처분을 취소하는 판결이 확정된 후 행정관청이 그 위법사유를 보완하여 다시 새로운 행정처분을 하였다면 이는 취소된 종전의 행정처분과 중복된 행정처분이 아닌 별개의 처분이라 할 것인지 여부에 관하여, 판례에 따르면, 행정처분의 절차 또는 형식에 위법이 있어 행정처분을 취소하는 판결이 확정되었을 때는 그 확정판결의 기판력은 거기에 적시된 절차 및 형식의 위법사유에 한하여 미치는 것이므로 행정관청은 그 위법사유를 보완하여 다시 새로운 행정처분을 할 수 있고 그 새로운 행정처분은 확정판결에 의하여 취소된 종전의 행정처분과는 별개의 처분이라 할 것이어서 종전의 처분과 중복된 행정처분이 아니라고 한다.[2)]

③ 의견청취절차 위반

현행 행정실정법상 처분의 근거 · 이유제시를 존중하여야 하므로, 처분시에 제시되었던 처분의 근거 · 이유와 다른 근거 · 이유로 동일 내용의 처분을 반복

---

1) 대법원 1990. 12. 11. 선고 90누3560 판결 【토지형질변경허가신청불허가처분취소】; 이와 동일 취지의 판결로는 다음을 들 수 있다. 대법원 1982. 5. 11. 선고 80누104 판결(공1982, 571), 1989. 9. 12. 선고 89누985 판결(공1989, 1511).

2) 대법원 1992. 5. 26. 선고 91누5242 판결 【과징금부과처분취소】; 이와 동일한 취지의 판결로는 다음을 들 수 있다. 대법원 1986. 11. 11. 선고 85누231 판결(공1987, 22), 1987. 2. 10. 선고 86누91 판결(공1987,456), 1987. 12. 8. 선고 87누382 판결(공1988, 292).

하는 것은 상대방의 신뢰보호와 법적 안정성의 견지에서 고도의 공익성이 필요하므로, 고도의 공익성이 없으면서 동일 내용의 처분을 반복하는 것은 권한 남용의 위법이 된다는 견해가 있다.[3)]

(3) 원상회복의무

취소판결이 확정되면 행정청은 취소된 위법한 처분에 의하여 초래된 위법상태를 제거하여 원상회복을 할 의무를 부담한다. 예컨대 압류처분이 위법하여 취소되면 그 대상물을 반환하여야 하며, 파면처분이 위법하여 취소한다고 하는 취소판결이 확정되면 행정청은 파면된 원고를 복직시킬 뿐만 아니라, 경우에 따라서는 승진 등도 이행할 의무를 부담한다.

그럼에도 불구하고 행정청이 위와 같은 의무를 이행하지 아니하는 경우에는 이른바 공법상 결과제거청구권에 입각하여 청구할 수 있는 권리가 발생한다고 이해하기도 한다.[4)]

(4) 재처분의무

1) 의 의

재처분의무란 행정청이 판결의 취지에 따른 처분을 하여야 하는 적극적인 의무를 말한다. 행정소송에서의 재처분의무는 일반적으로 거부처분취소의 경우에 절차위반의 경우에 문제가 된다.

2) 거부처분취소와 재처분의무

① 내 용

행정소송법 제30조 제2항에 따르면, 판결에 의하여 취소되는 처분이 당사자의 신청을 거부하는 것을 내용으로 하는 경우에 행정청은 판결의 취지에 따라 다시 이전의 신청에 대한 새로운 처분을 할 의무를 부과하고 있다.

판결의 취지에 따른 처분은 반드시 원고의 신청한 바로 그 당해 처분을 다시 한다는 것이 아니라 판결의 취지를 고려하면 된다는 것이 일반적인 견해이다. 다시 말해서 이러한 견해는 거부처분의 취소에 따른 재처분의무가 행정청의 재처분의 구체적 내용까지를 구속하는 것은 아니라고 하는 것이다.

---

3) 김철용, 행정법 I , 박영사, 2010, 745면.
4) 김남진 · 김연태, 행정법 I , 2010, 799면.

다만 위법판단기준시에 관하여 판례와 같이 처분시설을 취하는 경우에는 거부처분 이후의 사유를 들어 다시 거부처분을 하는 것은 재처분의무 위반이 아니다. 또한 취소사유가 절차위반인 경우 처분청이 그 위법사유를 보완하여 한 거부처분이 허용된다고 하는 것이 판례의 입장이다. 다만 공격 방어의 수단에 진력하지 아니한 행정청에게 부당한 혜택을 준다든지, 행정절차법상의 신의성실 · 신로보호원칙이나 그 밖의 법원칙에 반하는 문제가 있다는 지적도 한다.[5)]

② 판 례

대법원 1998. 1. 7.자 97두22 결정 【간접강제】

[1] 행정처분 취소판결이 확정된 경우, 그 판결에 적시된 위법사유를 보완하여 행한 새로운 행정처분이 확정판결의 기판력에 저촉되는지 여부(소극)

[2] 거부처분 취소의 확정판결을 받은 행정청이 거부처분 후에 법령이 개정 · 시행된 경우, 새로운 사유로 내세워 다시 거부처분을 한 경우도 행정소송법 제30조 제2항 소정의 재처분에 해당하는지 여부(적극)

[3] 건축불허가처분취소 판결이 확정된 후 관계 법령이 개정된 경우, 당해 지방자치단체장이 개정된 신법령에서 정한 사유를 들어 재차 거부처분을 한 것이 행정소송법 제30조 제2항 소정의 확정판결의 취지에 따라 이전의 신청에 대한 처분을 한 경우에 해당하는지 여부(적극)

[1] 행정소송법 제30조 제2항의 규정에 의하면 행정청의 거부처분을 취소하는 판결이 확정된 때에는 그 처분을 행한 행정청이 판결의 취지에 따라 이전의 신청에 대하여 재처분할 의무가 있으나, 이 때 확정판결의 당사자인 처분 행정청은 그 확정판결에서 적시된 위법사유를 보완하여 새로운 처분을 할 수 있다.

[2] 행정처분의 적법 여부는 그 행정처분이 행하여 진 때의 법령과 사실을 기준으로 하여 판단하는 것이므로 거부처분 후에 법령이 개정 · 시행된 경우에는 개정된 법령 및 허가기준을 새로운 사유로 들어 다시 이전의 신청에 대한 거부처분을 할 수 있으며 그러한 처분도 행정소송법 제30조 제2항에 규정된 재처분에 해당된다.

[3] 건축불허가처분을 취소하는 판결이 확정된 후 국토이용관리법시행령이 준농림지역 안에서의 행위제한에 관하여 지방자치단체의 조례로써 일정 지역에서 숙박업을 영위하기 위한 시설의 설치를 제한할 수 있도록 개정된 경우, 당해 지방자치 단체장이 위 처분 후에 개정된 신법령에서 정한 사유를 들어 새로운 거부처분을 한 것이 행정소송법 제30조 제2항 소정의 확정판결

5) 김철용, 행정법 I, 박영사, 2010, 746면.

의 취지에 따라 이전의 신청에 대한 처분을 한 경우에 해당한다.

대법원 2001. 3. 23. 선고 99두5238 판결 【손실보상재결처분취소】

[1] 취소소송에서 처분 등을 취소하는 확정판결의 기속력의 범위 및 거부처분에 대한 취소판결이 확정된 경우 행정청이 사실심 변론종결 이전의 사유를 내세워 다시 거부처분을 할 수 있는지 여부(소극)

[2] 구 하천법 제10조와 같은법시행령 제3항의 규정에 의한 준용하천의 경우, 제외지(堤外地)로 편입된 토지에 대한 손실보상의 기준(=제외지 편입 당시의 현황에 따른 지료 상당액)

[1] 행정소송법 제30조 제1항에 의하여 인정되는 취소소송에서 처분 등을 취소하는 확정판결의 기속력은 주로 판결의 실효성 확보를 위하여 인정되는 효력으로서 판결의 주문뿐만 아니라 그 전제가 되는 처분 등의 구체적 위법사유에 관한 이유 중의 판단에 대하여도 인정되고, 같은 조 제2항의 규정상 특히 거부처분에 대한 취소판결이 확정된 경우에는 그 처분을 행한 행정청은 판결의 취지에 따라 다시 처분을 하여야 할 의무를 부담하게 되므로, 취소소송에서 소송의 대상이 된 거부처분을 실체법상의 위법사유에 기하여 취소하는 판결이 확정된 경우에는 당해 거부처분을 한 행정청은 원칙적으로 신청을 인용하는 처분을 하여야 하고, 사실심 변론종결 이전의 사유를 내세워 다시 거부처분을 하는 것은 확정판결의 기속력에 저촉되어 허용되지 아니한다.

[2] 구 하천법(1999. 2. 8. 법률 제5893호로 전문 개정되기 전의 것) 제10조와 같은법시행령(1999. 8. 9. 대통령령 제16535호로 개정되기 전의 것) 제9조 제3항의 규정에 의한 준용하천의 경우에 제외지(堤外地)와 같은 하천구역에 편입된 토지의 소유자가 그로 인하여 받게 되는 그 사용수익권에 관한 제한내용과 헌법상 정당보상의 원칙 등에 비추어 볼 때, 준용하천의 제외지로 편입됨에 따른 같은 법 제74조 제1항의 손실보상은 원칙적으로 공용제한에 의하여 토지 소유자로서 사용수익이 제한되는 데 따른 손실보상으로서 제외지 편입 당시의 현황에 따른 지료 상당액을 기준으로 함이 상당하고, 달리 이를 같은 법 제25조에서 정한 점용허가 등이 허용되지 아니하는 데 따른 손실보상이라거나, 혹은 같은 법 제33조의 점용료가 그 기준이 되어야 한다고 보아야 할 근거가 없는 한편, 같은법시행령 제9조 제3항이 1994. 10. 11. 대통령령 제14400호로 개정되면서 토지 소유자에게는 준용하천구역 내에서의 토지 점용허가 등의 경우에 점용료 징수에 관한 같은 법 제33조의 규정을 배제하는 규정을 두었으나, 이러한 규정에 기한 점용료의 징수 면제를 들어 준용하천의 제외지로 편입됨에 따른 손실보상 자체가 배제된다고 볼 수도 없다.

대법원 2005. 1. 14. 선고 2003두13045 판결 【종합유선방송사업승인거부처분취

소등】

[1] 행정청이 확정판결의 취지에 따라 절차, 방법의 위법사유를 보완하여 다시 종전의 신청에 대한 거부처분을 할 수 있는지 여부(적극) 및 그러한 처분도 행정소송법 제30조 제2항에 규정된 재처분에 해당하는지 여부(적극)

[2] 방송위원회가 중계유선방송사업자에게 한 종합유선방송사업 승인거부처분이 심사의 기준시점을 경원자와 달리하여 평가한 것이 위법이라는 사유로 취소하는 확정판결의 취지에 따라 재처분 무렵을 기준으로 재심사한 결과에 따라 이루어진 재승인거부처분도 행정소송법 제30조 제2항에 규정된 재처분에 해당한다고 한 사례

[3] 방송법 제9조 제3항에 따라 중계유선방송사업자로 하여금 종합유선방송사업을 할 수 있도록 하는 방송위원회의 전환승인처분이 위법하게 되는 경우

[4] 방송위원회가 중계유선방송사업자에게 한 종합유선방송사업으로의 전환승인처분이 재량권의 일탈 · 남용이 아니라고 한 사례

[1] 행정소송법 제30조 제2항의 규정에 의하면 행정청의 거부처분을 취소하는 판결이 확정된 경우에는 그 처분을 행한 행정청이 판결의 취지에 따라 이전의 신청에 대하여 재처분할 의무가 있다고 할 것이나, 그 취소사유가 행정처분의 절차, 방법의 위법으로 인한 것이라면 그 처분 행정청은 그 확정판결의 취지에 따라 그 위법사유를 보완하여 다시 종전의 신청에 대한 거부처분을 할 수 있고, 그러한 처분도 위 조항에 규정된 재처분에 해당한다.

[2] 방송위원회가 중계유선방송사업자에게 한 종합유선방송사업 승인거부처분이 심사의 기준시점을 경원자와 달리하여 평가한 것이 위법이라는 사유로 취소하는 확정판결의 취지에 따라 재처분 무렵을 기준으로 재심사한 결과에 따라 이루어진 재승인거부처분도 행정소송법 제30조 제2항에 규정된 재처분에 해당한다고 한 사례.

[3] 방송법 제9조 제3항에 의한 전환승인은 중계유선방송사업자로 하여금 종합유선방송사업을 할 수 있도록 하는 행정행위이고, 방송위원회는 전문성 및 사회 각 분야의 대표성을 갖춘 9인의 방송위원으로 구성되어 방송에 관한 전반적인 사항을 심의 · 의결하는 합의제 행정기관이라는 점 및 방송법의 관계 규정에 비추어 보면, 방송위원회는 시청자의 권익보호와 민주적 여론형성 및 국민문화의 향상을 도모하고 방송의 발전과 공공복리의 증진에 이바지한다는 법의 목적 및 위와 같은 전환승인제도를 둔 취지를 고려하여 시청자의 의견청취 및 그 의견의 반영 여부 공표 등의 절차를 거쳐 전환승인의 구체적인 심사기준 및 방법 등을 정할 수 있다고 할 것이고, 이렇게 정해진 기준 및 방법에 따라 심사가 이루어졌음에도 불구하고 그 심사결과에 따른 처분이 위법하다고 하기 위해서는 그 기준 자체가 법령의 규정에 위반되거나 방송법의 목적 및 전환승인제도의 취지에 비추어 객관적으로 합리성 또는 타당성을 현저히 결여한 것이라거나, 그 심사기준에 설정된 각 항목별 평가가 타당성 없

이 이루어졌다는 등의 사정이 있어야 한다.

대법원 1999. 12. 28. 선고 98두1895 판결 【토지형질변경불허가처분취소】

[1] 행정행위 중 신청에 의한 처분의 경우, 신청에 대하여 일단 거부처분이 행하여진 후 그 거부처분이 적법한 절차에 의하여 취소되지 않은 상태에서 사유를 추가하여 반복하여 행한 거부처분의 효력(무효)

[2] 거부처분 취소의 확정판결을 받은 행정청이 사실심 변론종결 이후 발생한 새로운 사유를 내세워 다시 이전의 신청에 대하여 거부처분을 한 경우, 행정소송법 제30조 제2항 소정의 재처분에 해당하는지 여부(적극)

[1] 행정행위의 취소라 함은 일단 유효하게 성립한 행정처분이 위법 또는 부당함을 이유로 소급하여 그 효력을 소멸시키는 별도의 행정처분을 말하고, 행정청은 종전 처분과 양립할 수 없는 처분을 함으로써 묵시적으로 종전 처분을 취소할 수도 있으나, 행정행위 중 당사자의 신청에 의하여 인·허가 또는 면허 등 이익을 주거나 그 신청을 거부하는 처분을 하는 것을 내용으로 하는 이른바 신청에 의한 처분의 경우에는 신청에 대하여 일단 거부처분이 행해지면 그 거부처분이 적법한 절차에 의하여 취소되지 않는 한, 사유를 추가하여 거부처분을 반복하는 것은 존재하지도 않는 신청에 대한 거부처분으로서 당연무효이다.

[2] 행정소송법 제30조 제2항에 의하면, 행정청의 거부처분을 취소하는 판결이 확정된 경우에는 그 처분을 행한 행정청은 판결의 취지에 따라 이전의 신청에 대하여 재처분할 의무가 있고, 이 경우 확정판결의 당사자인 처분 행정청은 그 행정소송의 사실심 변론종결 이후 발생한 새로운 사유를 내세워 다시 이전의 신청에 대하여 거부처분을 할 수 있으며, 그러한 처분도 이 조항에 규정된 재처분에 해당한다.

3) 절차위반과 재처분의무

행정소송법 제30조 제3항에 따르면, 제2항에서의 신청에 따른 처분이 절차의 위법을 이유로 취소되는 경우에 준용한다. 제2항은 신청을 거부당한 원고가 제기한 소에 대한 취소판결의 경우이고, 제3항은 신청이 인용된 결과 불이익을 받는 제3자가 제기한 소에 대한 취소판결의 경우이다. 이 후자의 경우 실체법적 위법사유가 아니라 절차상의 위법사유로 인해 취소된 경우 적법한 절차에 의하여 다시 원래의 신청이 인용될 여지가 있으므로 신청의 상대방에게 재처분의 이익이 있는 것이다. 예컨대 허가처분에 대하여 제3자인 경원자가 당해 면허처분의 절차상의 위법사유를 이유로 취소소송을 제기한 결과 인용되어 당해 면허처분이 취소된 경우 적법한 절차에 의하여 다시 원래의 신청이 인용될 여지가 있는 경원자에게 이익이 있을 수 있다.

이 경우에 절차위법에는 실체법적 위법뿐만 아니라 형식의 위법 등을 포함하는 광의의 개념으로 이해하는 것이 일반적이다.

4. 범 위

취소판결의 기속력의 주관적 범위는 당사자인 행정청과 그 밖의 관계 행정청을 말하고, 객관적 범위는 판결주문 및 그 전제가 된 요건사실의 인정과 판단에만 미친다.

취소판결의 기속력의 시간적 범위는 처분 당시를 기준으로 하는 점에서 사실심변론종결시를 기준으로 하는 기판력과 다르다.

5. 판 례

대법원 2005. 1. 14. 선고 2003두13045 판결 【종합유선방송사업승인거부처분취소등】

행정청이 확정판결의 취지에 따라 절차, 방법의 위법사유를 보완하여 다시 종전의 신청에 대한 거부처분을 할 수 있는지 여부(적극) 및 그러한 처분도 행정소송법 제30조 제2항에 규정된 재처분에 해당하는지 여부(적극)

행정소송법 제30조 제2항의 규정에 의하면 행정청의 거부처분을 취소하는 판결이 확정된 경우에는 그 처분을 행한 행정청이 판결의 취지에 따라 이전의 신청에 대하여 재처분할 의무가 있다고 할 것이나, 그 취소사유가 행정처분의 절차, 방법의 위법으로 인한 것이라면 그 처분 행정청은 그 확정판결의 취지에 따라 그 위법사유를 보완하여 다시 종전의 신청에 대한 거부처분을 할 수 있고, 그러한 처분도 위 조항에 규정된 재처분에 해당한다.

대법원 2004. 1. 15. 자 2002무30 결정 【간접강제】 [미간행]

거부처분 취소의 확정판결을 받은 행정청이 사실심 변론종결 이후 발생한 새로운 사유를 내세워 다시 이전의 신청에 대하여 거부처분을 한 경우, 행정소송법 제30조 제2항 소정의 재처분에 해당하는지 여부(적극)

[1] 행정소송법 제30조 제2항의 규정에 의하면 행정청의 거부처분을 취소하는 판결이 확정된 경우에는 그 처분을 행한 행정청이 판결의 취지에 따라 이전의 신청에 대하여 재처분할 의무가 있으나, 이 때 확정판결의 당사자인 처분 행정청은 그 행정소송의 사실심 변론종결 이후 발생한 새로운 사유를

내세워 다시 이전의 신청에 대한 거부처분을 할 수 있고 그러한 처분도 위 조항에 규정된 재처분에 해당된다고 할 것이다

[2] 토지형질변경 및 건축허가신청 반려처분의 취소판결이 확정되었음에도 확정판결의 취지에 따른 재처분을 하지 아니하여 간접강제절차가 진행중 새로이 그 지역에 건축법 제12조 제2항에 따라 건축허가제한공고를 하고 그에 따라 다시 한 거부처분이 행정소송법 제30조 제2항 소정의 재처분에 해당한다고 한 사례

대법원 1999. 12. 28. 선고 98두1895 판결 【토지형질변경불허가처분취소】

거부처분 취소의 확정판결을 받은 행정청이 사실심 변론종결 이후 발생한 새로운 사유를 내세워 다시 이전의 신청에 대하여 거부처분을 한 경우, 행정소송법 제30조 제2항 소정의 재처분에 해당하는지 여부(적극)

행정소송법 제30조 제2항에 의하면, 행정청의 거부처분을 취소하는 판결이 확정된 경우에는 그 처분을 행한 행정청은 판결의 취지에 따라 이전의 신청에 대하여 재처분할 의무가 있고, 이 경우 확정판결의 당사자인 처분 행정청은 그 행정소송의 사실심 변론종결 이후 발생한 새로운 사유를 내세워 다시 이전의 신청에 대하여 거부처분을 할 수 있으며, 그러한 처분도 이 조항에 규정된 재처분에 해당한다.

대법원 1998. 1. 7.자 97두22 결정 【간접강제】

[1] 행정처분 취소판결이 확정된 경우, 그 판결에 적시된 위법사유를 보완하여 행한 새로운 행정처분이 확정판결의 기판력에 저촉되는지 여부(소극)

[2] 거부처분 취소의 확정판결을 받은 행정청이 거부처분 후에 법령이 개정·시행된 경우, 새로운 사유로 내세워 다시 거부처분을 한 경우도 행정소송법 제30조 제2항 소정의 재처분에 해당하는지 여부(적극)

[3] 건축불허가처분취소 판결이 확정된 후 관계 법령이 개정된 경우, 당해 지방자치단체장이 개정된 신법령에서 정한 사유를 들어 재차 거부처분을 한 것이 행정소송법 제30조 제2항 소정의 확정판결의 취지에 따라 이전의 신청에 대한 처분을 한 경우에 해당하는지 여부(적극)

[1] 행정소송법 제30조 제2항의 규정에 의하면 행정청의 거부처분을 취소하는 판결이 확정된 때에는 그 처분을 행한 행정청이 판결의 취지에 따라 이전의 신청에 대하여 재처분할 의무가 있으나, 이 때 확정판결의 당사자인 처분 행정청은 그 확정판결에서 적시된 위법사유를 보완하여 새로운 처분을 할 수 있다.

[2] 행정처분의 적법 여부는 그 행정처분이 행하여 진 때의 법령과 사실을 기준으로 하여 판단하는 것이므로 거부처분 후에 법령이 개정·시행된 경우

에는 개정된 법령 및 허가기준을 새로운 사유로 들어 다시 이전의 신청에 대한 거부처분을 할 수 있으며 그러한 처분도 행정소송법 제30조 제2항에 규정된 재처분에 해당된다.

[3] 건축불허가처분을 취소하는 판결이 확정된 후 국토이용관리법시행령이 준농림지역 안에서의 행위제한에 관하여 지방자치단체의 조례로써 일정 지역에서 숙박업을 영위하기 위한 시설의 설치를 제한할 수 있도록 개정된 경우, 당해 지방자치 단체장이 위 처분 후에 개정된 신법령에서 정한 사유를 들어 새로운 거부처분을 한 것이 행정소송법 제30조 제2항 소정의 확정판결의 취지에 따라 이전의 신청에 대한 처분을 한 경우에 해당한다.

대법원 1997. 2. 4.자 96두70 결정 【토지형질변경허가거부처분취소판결간접강제】

거부처분 취소의 확정판결을 받은 행정청이 사실심 변론종결 이후 발생한 새로운 사유를 내세워 다시 거부처분을 한 경우도 행정소송법 제30조 제2항에 규정된 재처분에 해당하는지 여부(적극)

행정소송법 제30조 제2항의 규정에 의하면 행정청의 거부처분을 취소하는 판결이 확정된 경우에는 그 처분을 행한 행정청이 판결의 취지에 따라 이전의 신청에 대하여 재처분할 의무가 있으나, 이 때 확정판결의 당사자인 처분 행정청은 그 행정소송의 사실심 변론종결 이후 발생한 새로운 사유를 내세워 다시 이전의 신청에 대한 거부처분을 할 수 있고 그러한 처분도 위 조항에 규정된 재처분에 해당된다.

Ⅲ. 형 성 력

1. 의 의

취소판결이 확정되면 당해 처분은 소급적으로 효력을 상실한다. 이러한 취소판결의 효력을 형성력이라고 하는데 이는 취소소송의 형성소송설에 의한 것이라고 할 수 있다.

이에 관한 직접적인 근거는 없으나 취소판결의 제3자효를 규정한 제29조 제1항은 이를 전제로 한 규정이라고 한다.

2. 범 위

형성력은 소송의 당사자 외에도 제3자에게 미친다. 이를 취소판결의 제3자효라고 한다. 이는 원고가 취소소송에서 승소하여 제3자에게 처분의 효력의 소멸을 주장하도록 하여 취소판결의 실효성을 담보하기 위한 것이라고 할 수 있다.

이 경우 제3자에게도 자신의 권익의 방어를 위하여 행정소송법에서는 제3자의 소송참가(제16조)와 재심청구(제31조)를 인정하고 있다.

다만, 취소판결의 제3자효의 범위에 관하여는 특히 다수의 제3자에 대한 일반처분에 관하여 다투어지고 있다. 이에 관하여는, 일반처분은 불특정 다수인을 대상으로 하는 처분이라는 점, 행정상 법률관계를 통일적으로 규율하고자 하는 대세효 인정의 취지에 비추어 취소판결의 효력이 미치는 제3자는 모든 제3자를 의미하는 것이 일반적이다.

Ⅳ. 간접강제

1. 의 의

행정소송법은 이행소송을 명문으로 인정하고 있지 않으므로 강제집행의 문제는 없는 것이 원칙이나, 확정판결에 근거한 행정의 재처분의무의 실효성을 담보하기 위하여 간접강제제도를 채택하고 있다.

즉 행정청이 취소판결의 취지에 따른 처분을 하지 아니하는 경우에는 제1심 수소법원은 당사자의 신청에 의하여 결정으로써 상당한 기간을 정하고 행정청이 그 기간내에 이행하지 아니하는 때에는 그 지연기간에 따라 일정한 배상을 할 것을 명하거나 즉시 손해배상을 할 것을 명할 수 있다(행정소송법 제34조).

2. 판 례

대법원 2004. 1. 15. 선고 2002두2444 판결 【청구이의】
행정소송법 제34조 소정의 간접강제결정에 기한 배상금의 성질 및 확정판결의 취지에 따른 재처분이 간접강제결정에서 정한 의무이행기한이 경과한 후에 이루어진 경우, 간접강제결정에 기한 배상금의 추심이 허용되는지 여부(소극)

행정소송법 제34조 소정의 간접강제결정에 기한 배상금은 거부처분취소판결이 확정된 경우 그 처분을 행한 행정청으로 하여금 확정판결의 취지에 따른 재처분의무의 이행을 확실히 담보하기 위한 것으로서, 확정판결의 취지에 따른 재처분의무내용의 불확정성과 그에 따른 재처분에의 해당 여부에 관한 쟁송으로 인하여 간접강제결정에서 정한 재처분의무의 기한 경과에 따른 배상금이 증가될 가능성이 자칫 행정청으로 하여금 인용처분을 강제하여 행정청의 재량권을 박탈하는 결과를 초래할 위험성이 있는 점 등을 감안하면, 이는 확정판결의 취지에 따른 재처분의 지연에 대한 제재나 손해배상이 아니고 재처분의 이행에 관한 심리적 강제수단에 불과한 것으로 보아야 하므로, 특별한 사정이 없는 한 간접강제결정에서 정한 의무이행기한이 경과한 후에라도 확정판결의 취지에 따른 재처분의 이행이 있으면 배상금을 추심함으로써 심리적 강제를 꾀할 목적이 상실되어 처분상대방이 더 이상 배상금을 추심하는 것은 허용되지 않는다.

대법원 2002. 12. 11. 자 2002무22 결정 【간접강제】
거부처분취소판결의 간접강제신청에 필요한 요건

거부처분에 대한 취소의 확정판결이 있음에도 행정청이 아무런 재처분을 하지 아니하거나, 재처분을 하였다 하더라도 그것이 종전 거부처분에 대한 취소의 확정판결의 기속력에 반하는 등으로 당연무효라면 이는 아무런 재처분을 하지 아니한 때와 마찬가지라 할 것이므로 이러한 경우에는 행정소송법 제30조 제2항, 제34조 제1항 등에 의한 간접강제신청에 필요한 요건을 갖춘 것으로 보아야 한다.

부 록

행정소송법

행정소송법

제1장 총 칙

제1조 (목적) 이 법은 행정소송절차를 통하여 행정청의 위법한 처분 그밖에 공권력의 행사·불행사등으로 인한 국민의 권리 또는 이익의 침해를 구제하고, 공법상의 권리관계 또는 법적용에 관한 다툼을 적정하게 해결함을 목적으로 한다.

제2조 (정의) ①이 법에서 사용하는 용어의 정의는 다음과 같다.

1. "처분등"이라 함은 행정청이 행하는 구체적 사실에 관한 법집행으로서의 공권력의 행사 또는 그 거부와 그밖에 이에 준하는 행정작용(이하 "처분"이라 한다) 및 행정심판에 대한 재결을 말한다.
2. "부작위"라 함은 행정청이 당사자의 신청에 대하여 상당한 기간내에 일정한 처분을 하여야 할 법률상 의무가 있음에도 불구하고 이를 하지 아니하는 것을 말한다.

②이 법을 적용함에 있어서 행정청에는 법령에 의하여 행정권한의 위임 또는 위탁을 받은 행정기관, 공공단체 및 그 기관 또는 사인이 포함된다.

제3조 (행정소송의 종류) 행정소송은 다음의 네가지로 구분한다.〈개정 1988.8.5〉

1. 항고소송: 행정청의 처분등이나 부작위에 대하여 제기하는 소송
2. 당사자소송: 행정청의 처분등을 원인으로 하는 법률관계에 관한 소송 그밖에 공법상의 법률관계에 관한 소송으로서 그 법률관계의 한쪽 당사자를 피고로 하는 소송
3. 민중소송: 국가 또는 공공단체의 기관이 법률에 위반되는 행위를 한 때에 직접 자기의 법률상 이익과 관계없이 그 시정을 구하기 위하여 제기하는 소송
4. 기관소송: 국가 또는 공공단체의 기관상호간에 있어서의 권한의 존부 또는 그 행사에 관한 다툼이 있을 때에 이에 대하여 제기하는 소송 다만, 헌법재판소법 제2조의 규정에 의하여 헌법재판소의 관장사항으로 되는 소송은 제외한다.

제4조 (항고소송) 항고소송은 다음과 같이 구분한다.

1. 취소소송: 행정청의 위법한 처분등을 취소 또는 변경하는 소송
2. 무효등 확인소송: 행정청의 처분등의 효력 유무 또는 존재여부를 확인하는 소송
3. 부작위위법확인소송: 행정청의 부작위가 위법하다는 것을 확인하는 소송

제5조 (국외에서의 기간) 이 법에 의한 기간의 계산에 있어서 국외에서의 소송행위 추완에 있어서는 그 기간을 14일에서 30일로, 제3자에 의한 재심청구에 있어서는 그 기간을 30일에서 60일로, 소의 제기에 있어서는 그 기간을 60일에서 90일로 한다.

제6조 (명령 · 규칙의 위헌판결등 공고) ①행정소송에 대한 대법원판결에 의하여 명령 · 규칙이 헌법 또는 법률에 위반된다는 것이 확정된 경우에는 대법원은 지체없이 그 사유를 총무처장관에게 통보하여야 한다.
②제1항의 규정에 의한 통보를 받은 총무처장관은 지체없이 이를 관보에 게재하여야 한다.

제7조 (사건의 이송) 민사소송법 제34조제1항의 규정은 원고의 고의 또는 중대한 과실없이 행정소송이 심급을 달리하는 법원에 잘못 제기된 경우에도 적용한다. 〈개정 2002.1.26〉

제8조 (법적용예) ①행정소송에 대하여는 다른 법률에 특별한 규정이 있는 경우를 제외하고는 이 법이 정하는 바에 의한다.
②행정소송에 관하여 이 법에 특별한 규정이 없는 사항에 대하여는 법원조직법과 민사소송법 및 민사집행법의 규정을 준용한다. 〈개정 2002.1.26〉

제2장 취소소송

제1절 재판관할

제9조 (재판관할) ①취소소송의 제1심관할법원은 피고의 소재지를 관할하는 행정법원으로 한다. 다만, 중앙행정기관 또는 그 장이 피고인 경우의 관할법원은 대법원소재지의 행정법원으로 한다.
②토지의 수용 기타 부동산 또는 특정의 장소에 관계되는 처분등에 대한 취소소송은 그 부동산 또는 장소의 소재지를 관할하는 행정법원에 이를 제기할 수 있다.
[전문개정 1994.7.27]

제10조 (관련청구소송의 이송 및 병합) ①취소소송과 다음 각호의 1에 해당하는 소송(이하 "관련청구소송"이라 한다)이 각각 다른 법원에 계속되고 있는 경우에 관련청구소송이 계속된 법원이 상당하다고 인정하는 때에는 당사자의 신청 또는 직권에 의하여 이를 취소소송이 계속된 법원으로 이송할 수 있다.
1. 당해 처분등과 관련되는 손해배상 · 부당이득반환 · 원상회복등 청구소송

2. 당해 처분등과 관련되는 취소소송

②취소소송에는 사실심의 변론종결시까지 관련청구소송을 병합하거나 피고외의 자를 상대로 한 관련청구소송을 취소소송이 계속된 법원에 병합하여 제기할 수 있다.

제11조 (선결문제) ①처분등의 효력 유무 또는 존재 여부가 민사소송의 선결문제로 되어 당해 민사소송의 수소법원이 이를 심리·판단하는 경우에는 제17조, 제25조, 제26조 및 제33조의 규정을 준용한다.

②제1항의 경우 당해 수소법원은 그 처분등을 행한 행정청에게 그 선결문제로 된 사실을 통지하여야 한다.

제2절 당사자

제12조 (원고적격) 취소소송은 처분등의 취소를 구할 법률상 이익이 있는 자가 제기할 수 있다. 처분등의 효과가 기간의 경과, 처분등의 집행 그밖의 사유로 인하여 소멸된 뒤에도 그 처분등의 취소로 인하여 회복되는 법률상 이익이 있는 자의 경우에는 또한 같다.

제13조 (피고적격) ①취소소송은 다른 법률에 특별한 규정이 없는 한 그 처분등을 행한 행정청을 피고로 한다. 다만, 처분등이 있은 뒤에 그 처분등에 관계되는 권한이 다른 행정청에 승계된 때에는 이를 승계한 행정청을 피고로 한다.

②제1항의 규정에 의한 행정청이 없게 된 때에는 그 처분등에 관한 사무가 귀속되는 국가 또는 공공단체를 피고로 한다.

제14조 (피고경정) ①원고가 피고를 잘못 지정한 때에는 법원은 원고의 신청에 의하여 결정으로써 피고의 경정을 허가할 수 있다.

②법원은 제1항의 규정에 의한 결정의 정본을 새로운 피고에게 송달하여야 한다.

③제1항의 규정에 의한 신청을 각하하는 결정에 대하여는 즉시항고할 수 있다.

④제1항의 규정에 의한 결정이 있은 때에는 새로운 피고에 대한 소송은 처음에 소를 제기한 때에 제기된 것으로 본다.

⑤제1항의 규정에 의한 결정이 있은 때에는 종전의 피고에 대한 소송은 취하된 것으로 본다.

⑥취소소송이 제기된 후에 제13조제1항 단서 또는 제13조제2항에 해당하는 사유가 생긴 때에는 법원은 당사자의 신청 또는 직권에 의하여 피고를 경정한다. 이 경우에는 제4항 및제5항의 규정을 준용한다.

제15조 (공동소송) 수인의 청구 또는 수인에 대한 청구가 처분등의 취소청구와 관

련되는 청구인 경우에 한하여 그 수인은 공동소송인이 될 수 있다.

제16조 (제3자의 소송참가) ①법원은 소송의 결과에 따라 권리 또는 이익의 침해를 받을 제3자가 있는 경우에는 당사자 또는 제3자의 신청 또는 직권에 의하여 결정으로써 그 제3자를 소송에 참가시킬 수 있다.
②법원이 제1항의 규정에 의한 결정을 하고자 할 때에는 미리 당사자 및 제3자의 의견을 들어야 한다.
③제1항의 규정에 의한 신청을 한 제3자는 그 신청을 각하한 결정에 대하여 즉시항고할 수 있다.
④제1항의 규정에 의하여 소송에 참가한 제3자에 대하여는 민사소송법 제67조의 규정을 준용한다. 〈개정 2002.1.26〉

제17조 (행정청의 소송참가) ①법원은 다른 행정청을 소송에 참가시킬 필요가 있다고 인정할 때에는 당사자 또는 당해 행정청의 신청 또는 직권에 의하여 결정으로써 그 행정청을 소송에 참가시킬 수 있다.
②법원은 제1항의 규정에 의한 결정을 하고자 할 때에는 당사자 및 당해 행정청의 의견을 들어야 한다.
③제1항의 규정에 의하여 소송에 참가한 행정청에 대하여는 민사소송법 제76조의 규정을 준용한다. 〈개정 2002.1.26〉

제3절 소의 제기

제18조 (행정심판과의 관계) ①취소소송은 법령의 규정에 의하여 당해 처분에 대한 행정심판을 제기할 수 있는 경우에도 이를 거치지 아니하고 제기할 수 있다. 다만, 다른 법률에 당해 처분에 대한 행정심판의 재결을 거치지 아니하면 취소소송을 제기할 수 없다는 규정이 있는 때에는 그러하지 아니하다.〈개정 1994.7.27〉
②제1항 단서의 경우에도 다음 각호의 1에 해당하는 사유가 있는 때에는 행정심판의 재결을 거치지 아니하고 취소소송을 제기할 수 있다.〈개정 1994.7.27〉
1. 행정심판청구가 있은 날로부터 60일이 지나도 재결이 없는 때
2. 처분의 집행 또는 절차의 속행으로 생길 중대한 손해를 예방하여야 할 긴급한 필요가 있는 때
3. 법령의 규정에 의한 행정심판기관이 의결 또는 재결을 하지 못할 사유가 있는 때
4. 그밖의 정당한 사유가 있는 때
③제1항 단서의 경우에 다음 각호의 1에 해당하는 사유가 있는 때에는 행정심판을 제기함이 없이 취소소송을 제기할 수 있다.〈개정 1994.7.27〉

1. 동종사건에 관하여 이미 행정심판의 기각재결이 있은 때
2. 서로 내용상 관련되는 처분 또는 같은 목적을 위하여 단계적으로 진행되는 처분중 어느 하나가 이미 행정심판의 재결을 거친 때
3. 행정청이 사실심의 변론종결후 소송의 대상인 처분을 변경하여 당해 변경된 처분에 관하여 소를 제기하는 때
4. 처분을 행한 행정청이 행정심판을 거칠 필요가 없다고 잘못 알린 때

④제2항 및 제3항의 규정에 의한 사유는 이를 소명하여야 한다.

제19조 (취소소송의 대상) 취소소송은 처분등을 대상으로 한다. 다만, 재결취소소송의 경우에는 재결 자체에 고유한 위법이 있음을 이유로 하는 경우에 한한다.

제20조 (제소기간) ①취소소송은 처분등이 있음을 안 날부터 90일이내에 제기하여야 한다. 다만, 제18조제1항 단서에 규정한 경우와 그밖에 행정심판청구를 할 수 있는 경우 또는 행정청이 행정심판청구를 할 수 있다고 잘못 알린 경우에 행정심판청구가 있은 때의 기간은 재결서의 정본을 송달받은 날부터 기산한다.
②취소소송은 처분등이 있은 날부터 1년(제1항 단서의 경우는 재결이 있은 날부터 1년)을 경과하면 이를 제기하지 못한다. 다만, 정당한 사유가 있는 때에는 그러하지 아니하다.
③제1항의 규정에 의한 기간은 불변기간으로 한다.
[전문개정 1994.7.27]

제21조 (소의 변경) ①법원은 취소소송을 당해 처분등에 관계되는 사무가 귀속하는 국가 또는 공공단체에 대한 당사자소송 또는 취소소송외의 항고소송으로 변경하는 것이 상당하다고 인정할 때에는 청구의 기초에 변경이 없는 한 사실심의 변론종결시까지 원고의 신청에 의하여 결정으로써 소의 변경을 허가할 수 있다.
②제1항의 규정에 의한 허가를 하는 경우 피고를 달리하게 될 때에는 법원은 새로이 피고로 될 자의 의견을 들어야 한다.
③제1항의 규정에 의한 허가결정에 대하여는 즉시항고할 수 있다.
④제1항의 규정에 의한 허가결정에 대하여는 제14조제2항 · 제4항 및 제5항의 규정을 준용한다.

제22조 (처분변경으로 인한 소의 변경) ①법원은 행정청이 소송의 대상인 처분을 소가 제기된 후 변경한 때에는 원고의 신청에 의하여 결정으로써 청구의 취지 또는 원인의 변경을 허가할 수 있다.
②제1항의 규정에 의한 신청은 처분의 변경이 있음을 안 날로부터 60일 이내에 하여야 한다.

③제1항의 규정에 의하여 변경되는 청구는 제18조제1항 단서의 규정에 의한 요건을 갖춘 것으로 본다.〈개정 1994.7.27〉

제23조 (집행정지) ①취소소송의 제기는 처분등의 효력이나 그 집행 또는 절차의 속행에 영향을 주지 아니한다.

②취소소송이 제기된 경우에 처분등이나 그 집행 또는 절차의 속행으로 인하여 생길 회복하기 어려운 손해를 예방하기 위하여 긴급한 필요가 있다고 인정할 때에는 본안이 계속되고 있는 법원은 당사자의 신청 또는 직권에 의하여 처분등의 효력이나 그 집행 또는 절차의 속행의 전부 또는 일부의 정지(이하 "집행정지"라 한다)를 결정할 수 있다. 다만, 처분의 효력정지는 처분등의 집행 또는 절차의 속행을 정지함으로써 목적을 달성할 수 있는 경우에는 허용되지 아니한다.

③집행정지는 공공복리에 중대한 영향을 미칠 우려가 있을 때에는 허용되지 아니한다.

④제2항의 규정에 의한 집행정지의 결정을 신청함에 있어서는 그 이유에 대한 소명이 있어야 한다.

⑤제2항의 규정에 의한 집행정지의 결정 또는 기각의 결정에 대하여는 즉시항고할 수 있다. 이 경우 집행정지의 결정에 대한 즉시항고에는 결정의 집행을 정지하는 효력이 없다.

⑥제30조제1항의 규정은 제2항의 규정에 의한 집행정지의 결정에 이를 준용한다.

제24조 (집행정지의 취소) ①집행정지의 결정이 확정된 후 집행정지가 공공복리에 중대한 영향을 미치거나 그 정지사유가 없어진 때에는 당사자의 신청 또는 직권에 의하여 결정으로써 집행정지의 결정을 취소할 수 있다.

②제1항의 규정에 의한 집행정지결정의 취소결정과 이에 대한 불복의 경우에는 제23조제4항 및 제5항의 규정을 준용한다.

제4절 심리

제25조 (행정심판기록의 제출명령) ①법원은 당사자의 신청이 있는 때에는 결정으로써 재결을 행한 행정청에 대하여 행정심판에 관한 기록의 제출을 명할 수 있다.

②제1항의 규정에 의한 제출명령을 받은 행정청은 지체없이 당해 행정심판에 관한 기록을 법원에 제출하여야 한다.

제26조 (직권심리) 법원은 필요하다고 인정할 때에는 직권으로 증거조사를 할 수 있고, 당사자가 주장하지 아니한 사실에 대하여도 판단할 수 있다.

제5절 재판

제27조 (재량처분의 취소) 행정청의 재량에 속하는 처분이라도 재량권의 한계를 넘거나 그 남용이 있는 때에는 법원은 이를 취소할 수 있다.

제28조 (사정판결) ①원고의 청구가 이유있다고 인정하는 경우에도 처분등을 취소하는 것이 현저히 공공복리에 적합하지 아니하다고 인정하는 때에는 법원은 원고의 청구를 기각할 수 있다. 이 경우 법원은 그 판결의 주문에서 그 처분등이 위법함을 명시하여야 한다.

②법원이 제1항의 규정에 의한 판결을 함에 있어서는 미리 원고가 그로 인하여 입게 될 손해의 정도와 배상방법 그밖의 사정을 조사하여야 한다.

③원고는 피고인 행정청이 속하는 국가 또는 공공단체를 상대로 손해배상, 제해시설의 설치 그밖에 적당한 구제방법의 청구를 당해 취소소송등이 계속된 법원에 병합하여 제기할 수 있다.

제29조 (취소판결등의 효력) ①처분등을 취소하는 확정판결은 제3자에 대하여도 효력이 있다.

②제1항의 규정은 제23조의 규정에 의한 집행정지의 결정 또는 제24조의 규정에 의한 그 집행정지결정의 취소결정에 준용한다.

제30조 (취소판결등의 기속력) ①처분등을 취소하는 확정판결은 그 사건에 관하여 당사자인 행정청과 그밖의 관계행정청을 기속한다.

②판결에 의하여 취소되는 처분이 당사자의 신청을 거부하는 것을 내용으로 하는 경우에는 그 처분을 행한 행정청은 판결의 취지에 따라 다시 이전의 신청에 대한 처분을 하여야 한다.

③제2항의 규정은 신청에 따른 처분이 절차의 위법을 이유로 취소되는 경우에 준용한다.

제6절 보칙

제31조 (제3자에 의한 재심청구) ①처분등을 취소하는 판결에 의하여 권리 또는 이익의 침해를 받은 제3자는 자기에게 책임없는 사유로 소송에 참가하지 못함으로써 판결의 결과에 영향을 미칠 공격 또는 방어방법을 제출하지 못한 때에는 이를 이유로 확정된 종국판결에 대하여 재심의 청구를 할 수 있다.

②제1항의 규정에 의한 청구는 확정판결이 있음을 안 날로부터 30일이내, 판결이 확정된 날로부터 1년 이내에 제기하여야 한다.

③제2항의 규정에 의한 기간은 불변기간으로 한다.

제32조 (소송비용의 부담) 취소청구가 제28조의 규정에 의하여 기각되거나 행정청이 처분등을 취소 또는 변경함으로 인하여 청구가 각하 또는 기각된 경우에는 소송비용은 피고의 부담으로 한다.

제33조 (소송비용에 관한 재판의 효력) 소송비용에 관한 재판이 확정된 때에는 피고 또는 참가인이었던 행정청이 소속하는 국가 또는 공공단체에 그 효력을 미친다.

제34조 (거부처분취소판결의 간접강제) ①행정청이 제30조제2항의 규정에 의한 처분을 하지 아니하는 때에는 제1심수소법원은 당사자의 신청에 의하여 결정으로써 상당한 기간을 정하고 행정청이 그 기간내에 이행하지 아니하는 때에는 그 지연기간에 따라 일정한 배상을 할 것을 명하거나 즉시 손해배상을 할 것을 명할 수 있다.
②제33조와 민사집행법 제262조의 규정은 제1항의 경우에 준용한다. 〈개정 2002.1.26〉

제3장 취소소송외의 항고소송

제35조 (무효등 확인소송의 원고적격) 무효등 확인소송은 처분등의 효력 유무 또는 존재 여부의 확인을 구할 법률상 이익이 있는 자가 제기할 수 있다.

제36조 (부작위위법확인소송의 원고적격) 부작위위법확인소송은 처분의 신청을 한 자로서 부작위의 위법의 확인을 구할 법률상 이익이 있는 자만이 제기할 수 있다.

제37조 (소의 변경) 제21조의 규정은 무효등 확인소송이나 부작위위법확인소송을 취소소송 또는 당사자소송으로 변경하는 경우에 준용한다.

제38조 (준용규정) ①제9조, 제10조, 제13조 내지 제17조, 제19조, 제22조 내지 제26조, 제29조 내지 제31조 및 제33조의 규정은 무효등 확인소송의 경우에 준용한다.
②제9조, 제10조, 제13조 내지 제19조, 제20조, 제25조 내지 제27조, 제29조 내지 제31조, 제33조 및 제34조의 규정은 부작위위법확인소송의 경우에 준용한다.〈개정 1994.7.27〉

제4장 당사자소송

제39조 (피고적격) 당사자소송은 국가·공공단체 그밖의 권리주체를 피고로 한다.

제40조 (재판관할) 제9조의 규정은 당사자소송의 경우에 준용한다. 다만, 국가 또

는 공공단체가 피고인 경우에는 관계행정청의 소재지를 피고의 소재지로 본다.

제41조 (제소기간) 당사자소송에 관하여 법령에 제소기간이 정하여져 있는 때에는 그 기간은 불변기간으로 한다.

제42조 (소의 변경) 제21조의 규정은 당사자소송을 항고소송으로 변경하는 경우에 준용한다.

제43조 (가집행선고의 제한) 국가를 상대로 하는 당사자소송의 경우에는 가집행선고를 할 수 없다.

제44조 (준용규정) ①제14조 내지 제17조, 제22조, 제25조, 제26조, 제30조제1항, 제32조 및 제33조의 규정은 당사자소송의 경우에 준용한다.

②제10조의 규정은 당사자소송과 관련청구소송이 각각 다른 법원에 계속되고 있는 경우의 이송과 이들 소송의 병합의 경우에 준용한다.

제5장 민중소송 및 기관소송

제45조 (소의 제기) 민중소송 및 기관소송은 법률이 정한 경우에 법률에 정한 자에 한하여 제기할 수 있다.

제46조 (준용규정) ①민중소송 또는 기관소송으로써 처분등의 취소를 구하는 소송에는 그 성질에 반하지 아니하는 한 취소소송에 관한 규정을 준용한다.

②민중소송 또는 기관소송으로써 처분등의 효력 유무 또는 존재 여부나 부작위의 위법의 확인을 구하는 소송에는 그 성질에 반하지 아니하는 한 각각 무효등 확인소송 또는 부작위위법확인소송에 관한 규정을 준용한다.

③민중소송 또는 기관소송으로서 제1항 및 제2항에 규정된 소송외의 소송에는 그 성질에 반하지 아니하는 한 당사자소송에 관한 규정을 준용한다.

부칙 〈제3754호,1984.12.15〉

제1조 (시행일) 이 법은 1985년 10월 1일부터 시행한다.

제2조 (종전의 사항에 관한 경과조치) 이 법은 다른 법률에 특별한 규정이 있는 경우를 제외하고는 이 법 시행전에 생긴 사항에 관하여도 이를 적용한다. 다만, 이 법 시행전에 종전의 규정에 의하여 이미 생긴 효력에는 영향을 미치지 아니한다.

제3조 (제소기간이 경과된 종전 처분에 관한 경과조치) 이 법 시행당시 소송이 제기

되지 아니한 처분등으로서 이미 종전의 규정에 의한 제소기간이 경과된 처분에 대하여는 이 법에 의한 취소소송을 제기할 수 없다. 제소기간이 정하여진 당사자소송의 경우에도 또한 같다.

제4조 (계속중인 행정소송에 관한 경과조치) 이 법 시행당시 법원에 계속중인 행정소송은 이 법에 의하여 제기된 것으로 본다.

제5조 (소원등에 대한 재결등의 효력에 관한 경과조치) 이 법 시행당시 종전의 소원법 그밖의 법률의 규정에 의한 소원 · 심사청구 · 이의신청 그밖에 행정청에 대한 불복신청 또는 그에 대한 재결 · 결정등은 각각 이 법을 적용함에 있어서는 행정심판청구 또는 그에 대한 재결로 본다.

제6조 (다른 법률의 개정) ①행정소송법의 개정에 따라 관계법률을 다음과 같이 개정한다.

1. 국세기본법 제55조제5항 및 제56조제2항중 "행정소송법 제2조제1항 단서 및 제5조"를 "행정소송법 제18조제2항 · 제3항 및 동법 제20조"로 한다.
2. 관세법 제38조제5항 및 제38조의2제2항중 "행정소송법 제2조제1항 단서 및 제5조"를 "행정소송법 제18조제2항 · 제3항 및 동법 제20조"로 한다.
3. 지방세법 제58조제12항중 "행정소송법 제5조"를 "행정소송법 제20조"로 한다.

②제1항의 규정외에 이 법 시행당시 다른 법률에서 종전의 행정소송법의 규정을 인용 또는 준용한 경우에는 종전의 규정에 갈음하여 이 법의 새로운 조항을 인용 또는 준용한 것으로 본다.

부칙(헌법재판소법) 〈제4017호,1988.8.5〉

제1조 (시행일) 이 법은 1988년 9월 1일부터 시행한다. 〈단서 생략〉

제2조 내지 제7조 생략

제8조 (다른 법률의 개정) ①생략

②행정소송법중 다음과 같이 개정한다.

제3조제4호에 단서를 다음과 같이 신설한다.

다만, 헌법재판소법 제2조의 규정에 의하여 헌법재판소의 관장사항으로 되는 소송은 제외한다.

③내지 ⑪생략

부칙 〈제4770호,1994.7.27〉

제1조 (시행일) 이 법은 1998년 3월 1일부터 시행한다.

제2조 (경과조치) ①이 법은 이 부칙에 특별히 정한 경우를 제외하고는 이 법 시행

전에 행하여진 처분등에 관한 행정소송에 대하여도 적용한다. 다만, 이 법 시행당시 계속중인 행정소송에 대하여는 종전의 예에 의한다.
②이 법 시행당시 이미 종전의 규정에 의한 제소기간이 경과된 경우 이 법에 의하여 처분등에 대한 취소소송이나 부작위위법확인소송을 제기할 수 없다.
③법령의 규정에 의하여 행정심판청구를 할 수 있는 처분에 있어서 행정심판청구를 하지 아니하고 이 법 시행전에 그 심판청구기간이 경과된 경우의 취소소송의 제기에 관하여는 종전의 제18조의 예에 의한다.
④이 법 시행당시 종전의 제20조제2항 본문 전단에 해당하는 경우에 있어서의 제소기간은 종전의 예에 의한다.

부칙(민사소송법) 〈제6626호,2002.1.26〉

제1조 (시행일) 이 법은 2002년 7월 1일부터 시행한다.
제2조 내지 제5조 생략
제6조 (다른 법률의 개정) ①내지 〈24〉생략
〈25〉행정소송법중 다음과 같이 개정한다.
제7조중 "민사소송법 제31조제1항"을 "민사소송법 제34조제1항"으로 한다.
제16조제4항중 "민사소송법 제63조"를 "민사소송법 제67조"로 한다.
제17조제3항중 "민사소송법 제70조"를 "민사소송법 제76조"로 한다.
〈26〉내지 〈29〉생략
제7조 생략

부칙(민사집행법) 〈제6627호,2002.1.26〉

제1조 (시행일) 이 법은 2002년 7월 1일부터 시행한다.
제2조 내지 제5조 생략
제6조 (다른 법률의 개정) ①내지 〈51〉생략
〈52〉행정소송법중 다음과 같이 개정한다.
제8조제2항중 "민사소송법"을 "민사소송법 및 민사집행법"으로 한다.
제34조제2항중 "민사소송법 제694조"를 "민사집행법 제262조"로 한다.
〈53〉내지 〈55〉생략
제7조 생략

저 자 약 력

▸ **최 선 웅(崔善雄)**

〈약 력〉

· 서울대학교 인문대학 영어영문학과(경제학 부전공) 졸업
· 서울대학교 법과대학 공법학과(정치학 부전공) 졸업
· 동 대학원 졸업(법학석사 및 법학박사)
· 대법원 판례심사위원회 조사위원(1999. 2. - 2007. 10.)
· 명지대, 방송대, 시립대, 용인대, 인하대, 중앙대, 한세대, 홍익대 등 강사역임
· 각종 국가고시, 공무원임용고시, 승진시험 등 시험위원 역임
· 현) 충북대학교 법학전문대학원 조교수

〈학위논문〉

· 행정소송에서의 변론주의와 직권탐지주의, 서울대학교 법학박사학위 논문(2004. 8)
· 행정소송에서의 입증책임, 서울대학교 법학석사학위 논문(1997. 2)

〈논 문〉

· 불확정법개념과 판단여지, 행정법연구, 제28호(2010. 12)
· 행정소송에서의 원고적격 – 법원의 조사방법을 중심으로 –, 행정법연구, 제25호(2009. 12)
· 행정소송에서의 원고적격 – 기존 4개 학설의 의의를 중심으로 –, 행정법연구, 제22호(2008. 8)
· 행정소송에서의 처분권주의에 관한 일 고찰, 행정법연구, 제15호(2006. 5)
· 행정소송의 목적에 관한 일 고찰, 행정법연구, 제13호(2005. 5)
· 행정소송에서의 준용규정에 관한 일 고찰, 행정법연구, 제12호(2004. 10) 외.

행정소송세미나

저 자 최 선 웅
발행인 양 진 수
발행처 진 원 사

2011년 2월 16일 초판 인쇄
2011년 2월 23일 초판 발행

서울시 서초구 서초3동 1714-32 형덕빌딩 1층
전화 : 02) 916-1850 / 팩스 : 02) 916-3442
신고번호 제321-2512007002호
http://www.jinwonsa.co.kr
http://www.lawbookstore.co.kr

ISBN : 978-89-6346-102-1 94360
978-89-6346-044-4 94360 (세트)

정가 35,000원